AF899009

Praktische Grammatik der italienischen Sprache

Wolfgang Reumuth
Otto Winkelmann

Praktische Grammatik der italienischen Sprache

8. Auflage

gottfried egert verlag
2016

Praktische Grammatik der italienischen Sprache

von
Oberstudienrat Wolfgang Reumuth, Mannheim,
Prof. Dr. Otto Winkelmann, Justus-Liebig-Universität Gießen

Bibliografische Information der Deutschen Nationalbibliothek
Die Deutsche Nationalbibliothek verzeichnet diese Publikation in der Deutschen Nationalbibliografie; detaillierte bibliografische Daten sind im Internet über <http://dnb.d-nb.de> abrufbar.

ISBN 978-3-936496-35-2	8., durchgesehene Auflage 2016
ISBN 978-3-936496-35-2	7., neu bearbeitete Auflage 2012
ISBN 978-3-926972-83-5	unveränderter Nachdruck der 6. Auflage, 2009
ISBN 3-926972-83-1	6., neu bearbeitete Auflage 2001
ISBN 3-926972-11-4	5., unveränderte Auflage 1996
ISBN 3-926972-11-4	4., unveränderte Auflage 1993
ISBN 3-926972-11-4	3., unveränderte Auflage 1991
ISBN 3-926972-11-4	2., überarbeitete Auflage 1990
(ISBN 3-926972-08-4	Erstausgabe) 1989

www.egertverlag.de
Gedruckt auf Recyclingpapier aus 100% Altpapier

Herstellung: Sonnendruck GmbH, Wiesloch
Printed in Germany

klimaneutral
natureOffice.com | DE-291-206585
gedruckt

Vorwort zur 7. Auflage

Die *Praktische Grammatik der italienischen Sprache*, die seit vielen Jahren sowohl im universitären als auch im schulischen Unterricht ihren festen Platz hat, erscheint nunmehr in einer überarbeiteten und stark erweiterten Neuflage.

Alle Beispielsätze wurden gründlich überprüft und, wo nötig, modifiziert und aktualisiert. Die Erweiterungen betreffen fast alle Kapitel. Neu aufgenommen wurde die Wiedergabe deutscher Modalverben im Italienischen, die Lernenden erfahrungsgemäß oft große Schwierigkeiten bereitet. Darüber hinaus wurden viele Anmerkungen hinzugefügt, die auf besondere Sprachschwierigkeiten und Übersetzungsprobleme eingehen.

Die 7. Auflage der *Praktischen Grammatik der italienischen Sprache* erscheint in neuem Layout. Zur besseren Einprägung sind diejenigen Kästen, die Formen und veranschaulichende Beispiele enthalten, hellblau hinterlegt, während die übrigen Kästen in Hellgrau erscheinen.

Auch angesichts des gestiegenen Seitenumfangs bleibt der Charakter einer Lern- und Nachschlagegrammatik gewahrt. Daher hoffen wir, dass unsere Grammatik von den Italienisch-Lernenden auch weiterhin mit Gewinn benutzt wird.

Wir danken Frau Grazia Caiati und Frau Priv.-Doz. Dr. Livia Gaudino Fallegger, Justus-Liebig-Universität Gießen, die uns in Zweifelsfällen stets bereitwillig Auskunft gaben. Unserem Verleger, Herrn Gottfried Egert, danken wir für seine Bereitschaft, den gestiegenen Umfang der Neuauflage mitzutragen.

Mannheim und Grünberg, im September 2011
Wolfgang Reumuth & Otto Winkelmann

Inhaltsverzeichnis

Kapitel 1 Aussprache und Schrift (Pronuncia e segni)

Das Alphabet (l'alfabeto) 1

1. Das italienische Alphabet umfasst folgende Buchstaben:

a	(a)	***h***	(acca)	***o***	(o)	***v***	(vu/vi)
b	(bi)	***i***	(i)	***p***	(pi)	***w***	(doppia vu/vi)
c	(ci)	***j***	(i lunga)	***q***	(cu)	***x***	(ics)
d	(di)	***k***	(cappa)	***r***	(erre)	***y***	(ipsilon/i greca)
e	(e)	***l***	(elle)	***s***	(esse)	***z***	(zeta)
f	(effe)	***m***	(emme)	***t***	(ti)		
g	(gi)	***n***	(enne)	***u***	(u)		

Anmerkung: In Klammern ist der Name der Buchstaben angegeben; zu ihrer Aussprache vgl. § 2.

2. Zur Schreibung des italienischen Wortschatzes werden 21 Buchstaben verwendet. Die Buchstaben *j, k, w, x* und *y* kommen in Fremdwörtern, italienischen Wörtern fremden Ursprungs (z.B. *xilofono* Xylophon, *xenofobia* Ausländerfeindlichkeit, *kitsch* Kitsch, *yiddish* jiddisch, *walkman* Walkman) oder Eigennamen (z. B. *Craxi*) vor.

3. Die Buchstaben sind feminin oder [selten] maskulin. Im Plural bleiben sie unverändert mit Ausnahme von *h* und *z*, die eine besondere Pluralform bilden können (z.B. *una/un bi, due esse, due acca/acche, due zeta/zete*).

4. Beim Buchstabieren, zum Beispiel am Telefon (alfabeto telefonico), verwendet man in der Regel bekannte Ortsnamen zur Bezeichnung der einzelnen Buchstaben:

a	Ancona	***h***	hotel/acca	***o***	Otranto	***v***	Verona/Venezia
b	Bologna	***i***	Imola	***p***	Palermo	***w***	doppia vu/vi
c	Catania	***j***	i lunga	***q***	Quarto	***x***	ics
d	Domodossola	***k***	cappa	***r***	Roma	***y***	ipsilon/i greca
e	Empoli	***l***	Livorno	***s***	Savona	***z***	Zara
f	Firenze	***m***	Milano	***t***	Torino		
g	Genova	***n***	Napoli	***u***	Udine		

2 Die Aussprache (la pronuncia)

In der folgenden Tabelle wird, von den Buchstaben und Buchstabenkombinationen ausgehend, die italienische Aussprache nach dem Transkriptionssystem der *Association phonétique internationale* (API) angegeben:

Buchstabe	Laut	Beispiele
a	[a]	*anima* Seele, *amare* lieben
b	[b]	*bambola* Puppe
c + *a/o/u*/Konsonant	[k]	*casa* Haus, *cosa* Sache, *cubo* Würfel, *Cristo* Christus
c + *e/i*	[tʃ]	*cento* hundert, *cinque* fünf
ch (nur vor *e/i*)	[k]	*Michele* Michael, *chiamare* rufen
ci + Vokal	[tʃ]	*ciao* hallo/tschüs, *ciuco* Esel, *sufficiente* ausreichend, *ciò* dies
d	[d]	*dente* Zahn, *dormire* schlafen
e	[e]	*edera* Efeu, *esca* Köder
e	[ɛ]	*eco* Echo, *ecco* da/sieh
f	[f]	*fame* Hunger, *fare* machen
g + *a/o/u*/Konsonant	[g]	*gatto* Katze, *godere* genießen, *gusto* Geschmack, *grande* groß
g + *e/i*	[dʒ]	*gente* Leute, *giro* Rundfahrt
gh (nur vor *e/i*)	[g]	*ghepardo* Gepard, *ghiro* Siebenschläfer
gi + Vokal	[dʒ]	*giallo* gelb, *giovane* jung
gl + *i*	[ʎ/ʎʎ]	*gli* ihm, *gigli* Lilien
gli + Vokal	[ʎ/ʎʎ]	*aglio* Knoblauch, *figlia* Tochter, *glielo* es ihm, *pagliuzza* Strohhalm
gn	[ɲ/ɲɲ]	*gnocchi* Gnocchi, *bagno* Bad, *sogno* Traum
gni + Vokal	[ɲɲ]	*sogniamo* wir träumen, *sogniate* [Konjunktiv Präsens von *sognare* träumen]
h	-	*ho* ich habe
i	[i]	*inno* Hymne, *interessante* interessant
j	[j]	*Ajaccio, Jesolo*
j (in Fremdwörtern)	[dʒ]	*jeep, jazz*
k (in Fremdwörtern)	[k]	*kayak* Kajak, *killer* Killer
l	[l]	*lungo* lang, *lago* See
m	[m]	*madre* Mutter, *martello* Hammer
n	[n]	*naso* Nase, *notte* Nacht
o	[o]	*attore* Schauspieler, *sapone* Seife
o	[ɔ]	*cuore* Herz, *otto* acht

Buchstabe	Laut	Beispiele
p	[p]	*pane* Brot, *pazzo* verrückt
qu	[kw]	*quattro* vier, *questo* dieser
r	[r]	*rosso* rot, *rana* Frosch
s	[z]	*sbaglio* Fehler, *sveglia* Wecker, *rosa* Rose
s	[s]	*sole* Sonne, *santo* heilig, *casa* Haus
sc + *a/o/u*/Konsonant	[sk]	*scarpa* Schuh, *scoiattolo* Eichhörnchen, *scusa* Entschuldigung, *scrittura* Schrift
sch (nur vor *e/i*)	[sk]	*scherzo* Scherz, *schiavo* Sklave
sc + *e/i*	[ʃ/ʃʃ]	*scendere* herunterkommen, *scimmia* Affe, *pesce* Fisch
sci + Vokal	[ʃ/ʃʃ]	*sciagura* Unglück, *sciopero* Streik, *sciupare* verderben, *lasciare* lassen
t	[t]	*tatto* Takt, *prato* Wiese
u	[u]	*uva* Trauben, *uso* Gebrauch
v	[v]	*valle* Tal, *inverno* Winter
w (in Fremdwörtern)	[v]/[w]	*wafer* [v] Waffel, *week-end* [w] Wochenende
x	[ks]	*xerocopia* Xerokopie
y (in Fremdwörtern)	[j]	*yoga* Yoga, *yoghurt* Jog(h)urt
z	[dz]	*zero* null, *zoo* Zoo
z	[ts]	*zio* Onkel, *zucchero* Zucker

Anmerkung: [ʎ], [ɲ], [ʃ] werden intervokalisch [ʎʎ], [ɲɲ], [ʃʃ] gesprochen.

Besonderheiten der Aussprache

Die Angaben zur Aussprache folgen der toskanischen Norm, an der sich die gängigen italienischen Wörterbücher orientieren. Je nach Region kann die Aussprache mehr oder weniger stark von der Norm abweichen.

Die Vokale (le vocali) 3

1. ***a*** wird stets offen ausgesprochen.

2. ***e*** in unbetonter Silbe wird immer geschlossen [e] ausgesprochen. Das *e* am Ende italienischer Wörter ist stets kurz, aber im Gegensatz zum Deutschen als deutliches [e] auszusprechen. In betonter Silbe kann *e* offen [ɛ] oder geschlossen [e] sein. Die Gründe für die offene oder geschlossene Aussprache des *e* sind etymologischer oder regionalsprachlicher Natur.

3. **e** wird in folgenden Fällen **offen** [ɛ] ausgesprochen (durch *è* gekennzeichnet):

- im Diphthong *ie,* z.B. *piètra* Stein, *pensièro* Gedanke,
- wenn ein einfacher Vokal folgt, z.B. *assemblèa* Versammlung, *ebrèo* jüdisch,
- wenn ein einfacher Konsonant folgt – mit Ausnahme von *g* [g], – auf den zwei Vokale folgen, z.B. *prèmio* Preis/Belohnung, *sèrio* ernst, aber: *séguo* ich folge,
- in folgenden Endungen:

-edine	*raucèdine*	Heiserkeit
-ella/-o	*sorèlla*	Schwester
-embre	*novèmbre*	November
-enda/-o	*faccènda*	Angelegenheit
	orrèndo	entsetzlich
-enne	*perènne*	immerwährend
-ennio	*biènnio*	Zeitraum von zwei Jahren
-ense	*forènse*	forensisch/gerichtlich
-ente	*patènte*	Führerschein
-enza	*partènza*	Abfahrt
-estre	*trimèstre*	Trimester/Vierteljahr
-ette	*temètte*	er/sie fürchtete
-ettero	*temèttero*	sie fürchteten
-etti	*temètti*	ich fürchtete
-rebbe	*temerèbbe*	er/sie würde fürchten
-rebbero	*temerèbbero*	sie würden fürchten
-rei	*temerèi*	ich würde fürchten

- in Einzelwörtern, wie zum Beispiel:

apèrto	offen	*pèggio*	schlechter
argènto	Silber	*pèzzo*	Stück
bène	gut	*prèsto*	bald/früh
brève	kurz	*rèsto*	Rest
cènto	hundert	*sèmpre*	immer
cèrto	sicher	*sènso*	Sinn
dèvo	ich muss	*tèmpo*	Zeit
fèsta	Fest	*tèsta*	Kopf
gèsto	Geste	*vècchio*	alt
lèggere	lesen	*vènto*	Wind
mèglio	besser	*vèrso*	gegen
mèzzo	halb	*zèro*	null

4. ***e*** wird **geschlossen** [e] ausgesprochen (durch *é* gekennzeichnet):
- in folgenden Endungen:

-eccio	*mangeréccio*	essbar
-efice	*artéfice*	Schöpfer/Künstler
-eggio	*parchéggio*	Parkplatz
-ei	*teméi*	ich fürchtete
-emmo	*temémmo*	wir fürchteten
-emo	*temerémo*	wir werden fürchten
-ere	*temére*	fürchten
-erono	*credérono*	sie glaubten
-esco	*pazzésco*	verrückt
-ese	*torinése*	turinisch/Turiner
-eso	*accéso*	angezündet
-essa	*studentéssa*	Studentin
-esse	*credésse*	er/sie glaubte [Konj. Imp.]
-essero	*credéssero*	sie glaubten [Konj. Imp.]
-essi	*credéssi*	ich glaubte/du glaubtest [Konj. Imp.]
-essimo	*credéssimo*	wir glaubten [Konj. Imp.]
-este	*credéste*	ihr glaubtet [*pass. rem.*/Konj. Imp.]
-esti	*teméstì*	du fürchtetest [*pass. rem.*]
-eta	*pinéta*	Pinienhain
-ete	*credéte*	ihr glaubt
-eto	*fruttéto*	Obstgarten
-etta/-o	*giovinétta/-o*	Jugendliche(r)
-eva	*credéva*	er/sie glaubte
-evano	*credévano*	sie glaubten
-evi	*credévi*	du glaubtest
-evo	*credévo*	ich glaubte
-evole	*piacévole*	angenehm
-ezza	*ricchézza*	Reichtum
-mente	*lentaménte*	langsam
-mento	*monuménto*	Denkmal

- in Einzelwörtern, wie zum Beispiel:

allégro	fröhlich	*quéllo*	jener
appéna	kaum	*quésto*	dieser
capéllo	Haar	*sédici*	sechzehn
déntro	drinnen	*ségno*	Zeichen
fréddo	kalt	*trénta*	dreißig
invéce	dagegen	*vénti*	zwanzig
méno	weniger	*vérde*	grün
orécchio	Ohr	*férmo*	still/ruhig

5. ***i*** lautet vor und zwischen Vokalen wie dt. [j]:

vieni	(du) komm(st)	*febbraio*	Februar

6. ***o*** in unbetonter Silbe wird immer geschlossen [o] ausgesprochen. In betonter Silbe kann *o* offen [ɔ] oder geschlossen [o] sein. Die Gründe für die offene oder geschlossene Aussprache des *o* sind etymologischer oder regionalsprachlicher Natur.

7. ***o*** wird in folgenden Fällen **offen** [ɔ] ausgesprochen (durch *ò* gekennzeichnet):

- im Diphthong *uo*, z.B. *fuòco* Feuer, *uòmo* Mann/Mensch,

- vor einfachem Konsonanten, auf den zwei Vokale folgen, z.B. *memòria* Gedächtnis, *negòzio* Geschäft/Laden,

- in folgenden Endungen:

-occia	*saccòccia*	Tasche
-occio	*cartòccio*	Tüte
-oide	*tiròide*	Schilddrüse
-ola	*paròla*	Wort
-olo	*spagnòlo*	spanisch
-orio	*dormitòrio*	Schlafsaal
-osi	*artròsi*	Arthrose
-otta	*pagnòtta*	Brotlaib
-otto	*giovanòtto*	junger Bursche
-ottolo	*pianeròttolo*	Treppenabsatz
-ozza	*carròzza*	Wagen/Waggon
-ozzo	*predicòzzo*	Strafpredigt

- in Einzelwörtern, wie zum Beispiel:

còrpo	Körper	*nònno*	Großvater
còsa	Sache	*òcchio*	Auge
fòrte	stark	*pòi*	dann
giòia	Freude	*pòvero*	arm
gròsso	dick/groß	*sòlito*	gewöhnlich
mòdo	Art/Weise	*tròppo*	zu/zu viel

8. ***o*** wird in folgenden Fällen **geschlossen** [o] ausgesprochen (durch *ó* gekennzeichnet):

- in folgenden Endungen:

-ione	*religióne*	Religion
-oce	*velóce*	schnell
-ognolo	*verdógnolo*	grünlich
-oia	*tettóia*	Schutzdach
-oio	*corridóio*	Flur
-ona	*mangióna*	starke Esserin
-onda	*fiónda*	Schleuder
-ondo	*secóndo*	zweiter
-one	*testóne*	Dickkopf
-onte	*pónte*	Brücke
-onzolo	*pretónzolo*	Pfäfflein
-ore	*amóre*	Liebe
-oso	*nervóso*	nervös

- in Einzelwörtern, wie zum Beispiel:

allóra	damals/dann	*móglie*	Ehefrau
bisógno	Bedürfnis/Bedarf	*móstro*	Ungeheuer
bócca	Mund	*nipóte*	Neffe/Enkel
códa	Schwanz	*nóme*	Name
cólpo	Schlag	*ómbra*	Schatten
cóme	wie	*óra*	Stunde
dólce	süß	*prónto*	bereit
fórma	Form	*raccónto*	Erzählung
fórse	vielleicht	*rósso*	rot
giórno	Tag	*sóle*	Sonne
gióvane	jung	*sópra*	auf/oben
intórno	umher/herum	*tórre*	Turm
lavóro	Arbeit	*vóce*	Stimme

9. Die Dauer der Vokale

Die Vokale werden vor einem Konsonanten oder vor einem Konsonanten und folgendem *r* lang ausgesprochen, z.B. *vino* [i:] Wein, *amare* [a:] lieben, *amore* [o:] Liebe, *libro* [i:] Buch. Die Vokale sind kurz, wenn wenigstens zwei Konsonanten folgen, z.B. *freddo* kalt, *caldo* warm. Am Wortende sind die Vokale stets kurz, z.B. *fatto* gemacht, *eccellente* ausgezeichnet.

10. Vokalverbindungen

Bei den Vokalverbindungen unterscheidet man zwischen Hiat und Diphthong. Während bei einem Hiat jeder Vokal seinen vollen Lautwert behält (z.B. *Europa, paura* Angst), gibt bei einem Diphthong entweder der erste Vokal (z.B. *ia*: *piatto* Teller, *uo*: *fuoco* Feuer) oder der zweite Vokal (z.B. *oi*: *poi* dann, *ui*: *lui* er) seinen vollen Vokalwert auf.

4 Die Konsonanten (le consonanti)

1. ***b, d, g*** (mit Lautwert [g]) sind im Gegensatz zum Deutschen voll stimmhaft zu sprechen.

2. ***p, t, c*** (mit Lautwert) [k]) werden nicht aspiriert (behaucht).

3. ***qu*** ist wie [kw] zu sprechen, nicht wie deutsch [kv] in dem Wort „Quelle“.

4. ***r*** wird zumeist mit der Zungenspitze gerollt.

5. ***h*** ist stumm. Es kommt nur im Präsens des Hilfsverbs *avere* ‘haben’ vor: *ho/hai/ha/hanno* ich habe/du hast/er hat/sie haben, in Fremdwörtern, wie z.B.: *hotel, hockey* und in Interjektionen, wie z.B. *ah* ach, *ahimè* oh weh.

6. ***gli*** ist in folgenden Wörtern nicht wie [ʎ], sondern wie [gli] zu sprechen:

negligente	nachlässig	*negligenza*	Nachlässigkeit
glicerina	Glyzerin	*geroglifico*	Hieroglyphe
glicine	Glyzinie	*ganglio*	Ganglion

7. ***s*** wird stimmhaft [z] oder stimmlos [s] gesprochen.

7.1. **Stimmlos** ist es

- am Wortanfang vor folgendem Vokal, z.B. *sole* Sonne, *severo* streng,
- am Wortanfang oder im Wortinnern vor stimmlosem Konsonanten (*c, f, p, q, t*), z.B. *scuola* Schule, *sfida* Herausforderung, *spesa* Ausgabe/Einkauf, *squadra* Mannschaft, *distinto* verschieden,
- im Wortinnern nach einem Konsonanten, z.B. *polso* Handgelenk/Puls, *insicuro* unsicher, *morsa* Schraubstock,
- in vielen Fällen, wenn es zwischen zwei Vokalen steht, z.B. *casa* Haus, *cosa* Ding, *desiderio* Wunsch, *risotto* Reis.

7.2. **Stimmhaft** ist es

- am Wortanfang oder im Wortinnern, wenn ein stimmhafter Konsonant (*b, d, g, l, m, r, v*) folgt, z.B. *sbaglio* Fehler, *sguardo* Blick, *slancio* Schwung, *smettere* aufhören,
- in vielen Fällen, wenn es zwischen zwei Vokalen steht, z.B. *esatto* genau, *base* Grundlage, *misura* Maß, *rosa* Rose, *tesoro* Schatz.

Anmerkung: Zwischenvokalisches *s* wird in Norditalien meist stimmhaft, in Rom und in ganz Süditalien meist stimmlos ausgesprochen. In der Toskana wird es bald stimmhaft (*rosa*), bald stimmlos (*casa*) gesprochen. In diesem Falle bewirkt [s] oder [z] keinen Bedeutungsunterschied. Für die Lernenden ist die Unterscheidung unerheblich.

8. ***ss*** wird immer stimmlos [ss] gesprochen, z.B. *rosso* rot, *gesso* Gips/Kreide.

9. ***z*** wird entweder stimmhaft [dz] oder stimmlos [ts] ausgesprochen.

9.1. **Stimmlos** ist es

- am Wortanfang, wenn die zweite Silbe mit einem stimmlosen Konsonanten (*c, f, p, t*) beginnt, z.B. *zucca* Kürbis, *zitto* still, *zeppa* Keil; Ausnahmen: *zaffiro* [dz] Saphir, *zotico* [dz] lümmelhaft,
- wenn *l, n, r* vorangeht, z.B. *alzare* heben, *potenza* Macht, *terzo* dritter; Ausnahmen: *elzeviro* [dz] Feuilleton, *romanzo* [dz] Roman,
- im Wortinnern, wenn *i* und ein weiterer Vokal folgen, z.B. *stazione* Bahnhof, *anziano* alt/betagt; Ausnahme: *azienda* [ddz] Betrieb/Geschäft.

9.2. **Stimmhaft** ist es

- am Wortanfang, wenn zwei Vokale folgen, z.B. *zaino* Rucksack, *zoo* Zoo; aber: *zio* [ts] Onkel,
- am Wortanfang, wenn die zweite Silbe mit einem stimmhaften Konsonanten (*b, d, g, l, m, n, r, v*) beginnt, z.B. *zodiaco* Tierkreis, *zero* null, *zigzag,* Zickzack, *zona* Zone, *zavorra* Ballast, *zanzara* Stechmücke; aber: *zanna* [ts] Stoßzahn, *zazzera* Mähne/Haarschopf,
- wenn es zwischen zwei Vokalen steht, z.B. *azoto* Stickstoff, *azalea* Azalee; aber: *nazismo* [tts] Nazismus.

10. ***zz*** kommt nur im Wortinnern zwischen Vokalen vor. Es wird entweder stimmhaft [ddz] oder stimmlos [tts] gesprochen.

10.1. **Stimmlos** ist es z.B. in:

grandezza	Größe	*tazza*	Tasse
carrozza	Wagen	*spazzare*	fegen

10.2. **Stimmhaft** ist es z.B. in:

azzurro	blau	*mezzo*	halb/Mittel
razzo	Rakete	*pettegolezzo*	Klatsch

ferner in den Verbendungen *-ezzare/-izzare* und in den davon abgeleiteten Substantive, wie z.B. *battezzare* taufen, *organizzare* organisieren, *organizzazione* Organisation.

Anmerkung: Zwischen Vokalen wird stets [ddz] oder [tts] gesprochen, unabhängig davon, ob *z* oder *zz* geschrieben wird.

11. Bei einigen Wörtern wird zwischen *c* und *e* ein *i* eingeschoben, das etymologisch zu erklären ist, jedoch in der Aussprache stumm ist:

cielo	Himmel	*efficiente*	leistungsfähig
cieco	blind	*specie*	Art
sufficiente	ausreichend	*superficie*	Oberfläche

12. Die Gruppe *sce* wird immer ohne *i* geschrieben, mit Ausnahme von:

la scienza	die Wissenschaft	*la coscienza*	das Gewissen
lo scienziato	der Wissenschaftler	*coscienzioso*	gewissenhaft
l'usciere	der Amtsdiener	*incosciente*	gewissenlos

5 Die Verdoppelung (il rafforzamento consonantico)

1. Unter *rafforzamento consonantico* versteht man eine phonetische Erscheinung, bei der die Anfangskonsonanten von Wörtern, wenn ihnen bestimmte auf Vokal ausgehende Wörter vorausgehen, so ausgesprochen werden, als handle es sich um Doppelkonsonanten.

Anmerkung: Diese Erscheinung findet sich in Mittel- und Süditalien; besonders typisch ist sie für die Toskana. In Norditalien dagegen, wo dialektal ohnehin die Doppelkonsonanten einfach ausgesprochen werden, ist sie nicht anzutreffen.

2. *Rafforzamento consonantico* erfolgt nach

- einem auf der letzten Silbe betonten Wort: *sarà così* [sarakkosi] es wird so sein;
- einem betonten einsilbigen Wort: *va bene* [vabbɛne], einverstanden/ okay;
- einigen unbetonten einsilbigen Wörtern wie *a, e, o, ma, se, che, chi, tra, fra, su*: *che fai* [keffai]? – Was machst du?

3. Auch in der Schreibung hat sich diese Erscheinung bei den mit den Präfixen *a-,e-, o-, ra-, so-, su-, da-, se-, fra-, sopra-, sovra-* und *contra-* beginnenden Wörtern ausgewirkt:

ammaestrare	unterweisen	*raffigurare*	darstellen
ebbene	nun/gut	*contrappeso*	Gegengewicht
ovvero	oder/sonst	*sopportare*	ertragen

Anmerkung: *Contro-* bewirkt keine Verdoppelung: *controriforma* Gegenreformation, *controsenso* Widersinn.

Die Betonung (l'accento) 6

Italienische Wörter können auf der letzten Silbe (parole tronche), auf der vorletzten (parole piane), auf der drittletzten (parole sdrucciole), auf der viertletzten (parole bisdrucciole) oder auf der fünftletzten Silbe (parole trisdrucciole) betont werden:

città	(parola tronca)	Stadt
bambino	(parola piana)	Kind
fabbrica	(parola sdrucciola)	Fabrik
telefonano	(parola bisdrucciola)	sie telefonieren
Indicaglielo!	(parola trisdrucciola)	Zeig es ihm!

Anmerkung 1: Die Mehrzahl der italienischen Wörter wird auf der vorletzten Silbe betont.

Anmerkung 2: Zu beachten ist, dass in einigen Fällen bei ähnlich lautenden Substantiven die italienische Betonung von der deutschen abweicht, wie z.B. in *accademia* Akademie, *colonia* Kolonie, *copia* Kopie.

7 **Die Akzente** (gli accenti)

1. Im heutigen Italienisch gibt es zwei Akzentzeichen, den *accento grave* (`) und den *accento acuto* (´). Beide Akzente geben an, dass der betreffende Vokal betont ist. Bei den Vokalen *e* und *o* kennzeichnet der *accento grave* gleichzeitig die offene Aussprache [ɛ] und [ɔ], während der *accento acuto* die geschlossene Aussprache [e] und [o] anzeigt:

caffè	Kaffee	*portò*	er trug
perché	warum	*bótte*	Fass

Anmerkung: Bei Zusammensetzungen mit *-che* ist der *accento acuto* angebracht, weil ein geschlossenes *e* vorliegt: *benché* obwohl, *poiché* da, *fuorché* außer.

2. Für die Vokale *a, i* und *u* verwendet man gewöhnlich den *accento grave* (wie zum Beispiel in *già* schon, *così* so, *più* mehr), aber besonders bei *i* und *u* findet sich auch der *accento acuto.*

Anmerkung: Der *accento circonflesso* (^) ist aus dem Schriftbild des heutigen Italienisch weitgehend verschwunden. Er diente hauptsächlich dazu, den Plural der Substantive auf unbetontes *-io* zu kennzeichnen. So wurde der Plural von *studio* zunächst *studj*, dann *studii* und später *studî* geschrieben; heute verwendet man die vereinfachte Schreibweise *studi.*

3. Ein Akzent muss gesetzt werden

3.1. bei allen mehrsilbigen Wörtern, die auf der letzten Silbe betont werden:

verità	Wahrheit	*autogrù*	Kranwagen
così	so	*virtù*	Tugend
trentatré	dreiunddreißig	*parlò*	er/sie sprach
viceré	Vizekönig	*gioventù*	Jugend

Aber: *tre* drei, *re* König, *gru* Kranich/Kran.

3.2. bei einigen einsilbigen Wörtern, die auf einen Diphthong enden:

può	er/sie kann	*più*	mehr

Ebenso: *ciò* dies, *già* schon
Aber: *qui/qua* hier

3.3. bei folgenden einsilbigen Wörtern zur Bedeutungsunterscheidung:

ché	weil/damit	- *che*	Pronomen/Konjunktion
dà	er/sie gibt	- *da*	Präposition
dì	Tag	- *di*	Präposition
è	er/sie ist	- *e*	und
là	dort	- *la*	Artikel/Personalpronomen
lì	dort	- *li*	Personalpronomen
né...né	weder...noch	- *ne*	Pronominaladverb
sì	ja	- *si*	sich (unbetont)
sé	sich [betont]	- *se*	wenn/falls
tè	Tee	- *te*	dich [betont]

Anmerkung: Wenn auf *sé* 'sich' *stesso/medesimo* 'selbst' folgt, kann der Akzent fehlen.

4. Der Akzent kann benutzt werden, um die Tonstelle bedeutungsverschiedener Wörter zu kennzeichnen, die sich nur in der Betonung unterscheiden, wie zum Beispiel:

bàlia	Amme	- *balía*	Gewalt
àncora	Anker	- *ancóra*	noch
cómpito	Aufgabe	- *compíto*	höflich/artig
nòcciolo	Kern	- *nocciólo*	Haselnussstrauch
sùbito	sofort	- *subíto*	erlitten
prìncipi	Fürsten	- *princípi*	Grundsätze

5. In einigen Fällen haben Wörter verschiedene Bedeutungen, je nachdem ob sie mit offenem oder geschlossenem *e* oder *o* ausgesprochen werden. So lässt zum Beispiel der isolierte Satz *A Giovanni non piace la pesca* zwei Lesarten zu: 1. Giovanni schmeckt der Pfirsich [pɛska] nicht, 2. Giovanni mag nicht fischen ([peska] 'Fischfang'). Zur Vermeidung von Missverständnissen empfiehlt es sich, den *accento grave* bzw. den *accento acuto* zu setzen, wie zum Beispiel in:

accètta	er/sie nimmt an	- *accétta*	Beil
mèta	Ziel	- *méta*	Kuhfladen
fòro	Forum	- *fóro*	Loch
còlto	gepflückt	- *cólto*	gebildet
ròcca	Burg	- *rócca*	Spinnrocken
osservatòri	Observatorien	- *osservatóri*	Beobachter

Anmerkung: Manchmal wird auch ein Akzent gesetzt (z.B. in Lesebüchern), um zur richtigen Aussprache anzuleiten.

8 Die Elision (l'elisione)

Unter Elision versteht man den Wegfall des unbetonten Endvokals eines Wortes vor dem Anfangsvokal des folgenden Wortes. Die Elision wird durch einen Apostroph (apostrofo) angezeigt. Bei dieser Erscheinung herrscht im Italienischen große Freiheit; der Klang entscheidet, ob elidiert wird oder nicht. Allgemein ist festzustellen, dass im modernen Italienisch die Elision immer seltener vorkommt. Es lassen sich folgende Grundregeln aufstellen:

1. Die Elision gilt als verbindlich bei

1.1. den Artikeln ***lo/la***, den mit diesen Artikeln gebildeten Kontraktionsformen (preposizioni articolate) ***dello/della, allo/alla, dallo/dalla, nello/nella*** und ***sullo/sulla*** sowie ***una***:

l'uomo	der Mensch	*l'amica*	die Freundin
nell'armadio	im Schrank	*sull'acqua*	auf dem Wasser
dall'albero	vom Baum	*un'aquila*	ein Adler
all'amico	dem Freund	*dell'autostrada*	der Autobahn

Anmerkung: Mit zunehmender Tendenz finden sich nicht-elidierte feminine Formen: *la intenzione* die Absicht, *una amica* eine Freundin, *la autostrada* die Autobahn, aber nie **lo uomo*.

1.2. ***bello*** und ***santo/santa***:

un bell'uomo	ein schöner Mann	*sant'Ambrogio*	der hl. Ambrosius
sant'Agata	die hl. Agathe	*sant'Orsola*	die hl. Ursula

1.3. ***quello***:

quell'uomo	jener Mann	*quell'asino*	jener Esel

1.4. ***alcuna*** und ***nessuna***, wenn ***altra*** folgt:

senza alcun'altra intenzione	ohne irgendeine andere Absicht
nessun'altra donna	keine andere Frau

1.5. dem Ortsadverb ***ci***, wenn eine Form von *essere* folgt, die mit *e*-anlautet:

C'è ancora pane?	Ist noch Brot da?	*Tu non c'eri.*	Du warst nicht da.

1.6. einigen Ausdrücken mit der Präposition ***da*** (die sonst nicht elidiert werden darf, um Verwechslungen mit *di* zu vermeiden):

fin d'ora	von jetzt an/schon jetzt
d'altra parte	andererseits
d'ora in poi	von jetzt an/ab jetzt
d'altronde	übrigens/im Übrigen

2. Die Elision ist fakultativ, jedoch sehr häufig bei:

2.1. ***questo***:

quest'uomo	dieser Mann	*quest'anno*	dieses Jahr

2.2. den Personalpronomen ***lo*** und ***la***, wenn der Zusammenhang eindeutig ist:

L'accompagno.	Ich begleite ihn/sie.	*L'ho vista.*	Ich habe sie gesehen.

Anmerkung: *Li* und *le* werden nicht elidiert: *Li ho visti.* - Ich habe sie [mask. Pl.] gesehen. *Le ho viste.*- Ich habe sie [fem. Pl.] gesehen. *Le è arrivata una lettera.* - Sie hat einen Brief erhalten.

2.3. den Personalpronomen und Pronominaladverbien ***mi***, ***ti***, ***si***, ***ci*** und ***vi***, wenn das folgende Verb mit *i-* anlautet:

s'iscrive	er/sie schreibt sich ein
v'invito	ich lade euch ein
c'inviano	sie schicken uns

Anmerkung: Wenn auf ***mi***, ***ti***, ***si***, ***ci*** und ***vi*** eine Verbform folgt, die mit einem anderen Vokal anlautet, ist Elision ebenfalls möglich, aber seltener: *mi ha detto/m'ha detto* er hat mir gesagt, *ti aspetto/t'aspetto* ich erwarte dich, *se ne andarono/se n'andarono* sie gingen weg.

2.4. der Präposition ***di***, besonders vor *i*:

d'inverno	im Winter	*d'estate*	im Sommer
d'autunno	im Herbst	*la vita d'oggi*	das heutige Leben
un corso d'italiano	ein Italienischkurs	*un anello d'oro*	ein goldener Ring

2.4. dem Adverb ***anche***, wenn auf es ein Personalpronomen folgt:

anch'io	auch ich/ich auch	*anch'essi*	auch sie

3. Die Elision ist heute nur noch selten anzutreffen bei dem Artikel *gli* und den damit zusammengesetzten *preposizioni articolate*, dem Personalpronomen *gli* sowie dem Demonstrativadjektiv *quegli* vor mit *i-* anlautenden Wörtern: So schreibt man heute *gli Italiani* „die Italiener“ anstatt *gl'Italiani, gli inviai* „ich schickte ihm“ anstatt *gl'inviai.* Ebenso unterlässt man heute die Elision bei *questa, buona, grande, quanto* und *quanta, tutto* und *tutta, alcuna* und *nessuna* (aber vgl. § 8.1), *mezza, povero, quattro* und *senza.* Nur in bestimmten Wendungen wird die elidierte Form gebraucht:

mio nonno, buon'anima	mein seliger Großvater
senz'altro	gewiss/ohne weiteres
a quattr'occhi	unter vier Augen
pover'uomo/poveruomo	armer Mensch/armer Teufel

9 Das *Troncamento*

Unter *Troncamento* versteht man den Wegfall des unbetonten Endvokals oder auch der ganzen unbetonten Endsilbe eines Wortes vor einem Folgewort, unabhängig davon, ob dieses mit Vokal oder Konsonant beginnt. Dabei wird kein Apostroph gesetzt. Dem Auslautvokal muss *l, r, m* oder *n* vorausgehen.

1. Das *Troncamento* ist verbindlich bei

1.1. den Anredeformen und Titeln ***signore, professore, dottore, ingegnere, cavaliere, monsignore*** , ***frate*** und ***suora*** + Name (zur Verwendung dieser Substantive mit dem Artikel vgl. § 37.1):

signor Giacomini	Herr Giacomini
professor Fasola	Professor Fasola
dottor Russo	Doktor Russo
ingegner Colombo	Ingenieur Colombo
cavalier Mancini	Ritter Mancini
monsignor Alberti	Monsignore Alberti
suor Angela	Schwester Angela
fra Cristoforo	Bruder Christophorus

Anmerkung 1: Ebenso wird verfahren in den Ausdrücken *signor maestro/professore* Herr Lehrer, *signor sì/signorsì* jawohl, mein Herr und *signor no/signornò* nein, mein Herr.

Anmerkung 2: Aus Gründen des Wohlklangs sagt man *frate Francesco* Bruder Franz.

1.2. ***uno*** und Komposita (***alcuno, ciascuno, nessuno***) vor Vokal oder Konsonant, nicht aber vor *s* + Konsonant, *z* oder *ps* und meistens nicht vor *pn, gn* oder *i* + Vokal (vgl. § 34.4):

un amico	ein Freund
senza alcun motivo	ohne jeglichen Grund
ciascun alunno della scuola	jeder Schüler der Schule
non c'è nessun pericolo	es besteht keine Gefahr

Aber: *uno studente* ein Student, *uno zio* ein Onkel, *uno psicologo* ein Psychologe, *un(o) pneumatico* ein Reifen

Merke: *qualcun altro* jemand anders

1.3. ***quello, bello, buono*** vor Konsonant, nicht aber vor *s* + Konsonant, *z, x, gn, pn* oder *ps*:

quel giovane	jener Jüngling/junge Mann
un buon libro	ein gutes Buch
un bel ragazzo	ein schöner Junge

Aber: *quello sciocco* jener dumme Kerl, *un buono zio* ein guter Onkel

1.4. ***santo*** vor einem Eigennamen, der mit Konsonant beginnt, nicht aber vor *s* + Konsonant:

san Giuseppe	der heilige Joseph	*san Zeno*	der heilige Zeno

Aber: *santo Stefano* der heilige Stephanus, *sant'Ambrogio* der heilige Ambrosius

1.5. festen Ausdrücken, Wendungen und Sprichwörtern:

or ora	eben/soeben
essere di mal umore/d'umor nero	schlecht gelaunt sein
il Canal Grande	der Canal Grande (in Venedig)
il mal di testa	die Kopfschmerzen
in men che non si dica	im Nu
man mano	nach und nach
il dolce far niente	das süße Nichtstun
Can che abbaia non morde.	Bellende Hunde beißen nicht.
A caval donato non si guarda in bocca.	Einem geschenkten Gaul schaut man nicht ins Maul.
aver bisogno di qc	etwas brauchen

2. Das *Troncamento* ist zulässig bei

2.1. ***grande*** besonders vor einem mit dem unbestimmten Artikel versehenen maskulinen oder femininen Substantiv im Singular, das mit einem Konsonanten beginnt, aber nicht vor *s* + Konsonant, *z, x, gn, pn* oder *ps*:

una gran/grande folla	eine große Menge
un gran/grande poeta	ein großer Dichter

Aber: *un grande specchio* ein großer Spiegel, *un grande psicologo* ein großer Psychologe

Anmerkung 1: In der Umgangssprache kommt auch *gran* vor *s* + Konsonant, *z, x, gn, pn* oder *ps* vor.
Anmerkung 2: *Gran* hebt das folgende Substantiv besonders hervor und kann diesem auch eine ironische Note verleihen: *un gran giorno* ein großer Tag, *un gran chiacchierone* ein großer Schwätzer.
Anmerkung 3: *Gran* + Adjektiv entspricht dt. 'sehr': *una gran bella donna* eine sehr schöne/wunderschöne Frau.

2.2. ***tale*** und ***quale*** vor einem Substantiv:

qual uomo/quale uomo	welcher Mann
tal donna/tale donna	solch eine Frau

Ebenso: *Qual/Quale è il Suo nome* [nicht korrekt, aber häufig: *qual'è*]*?* - Wie ist Ihr Name?
Immer: *a tal punto* dermaßen/derart, *il signor tal dei tali* Herr Soundso

3. Sonderfälle des *Troncamento*

Im Gegensatz zu den bisher angeführten Fällen des *Troncamento* wird bei folgenden Formen aus sprachhistorischen Gründen ein Apostroph gesetzt:

3.1. in der 2. Person Singular Imperativ folgender Verben:

da'	gib	(zu *dare* geben)
fa'	mach	(zu *fare* machen)
sta'	bleib	(zu *stare* bleiben)
va'	geh	(zu *andare* gehen)
di'	sag	(zu *dire* sagen)

Anmerkung: Von *dare, fare, stare* und *andare* werden auch die nicht-gekürzten Formen *dai, fai, stai* und *vai* gebraucht.

3.2. bei ***po'*** anstelle von *poco* wenig. Folgt eine Ergänzung mit ***di*** steht immer die gekürzte Form:

un po'di pane	ein wenig/etwas Brot

Merke: *Guarda un po'.* – Schau mal!

Anmerkung: Es finden sich auch gekürzte Formen der Substantive *modo, piede* und *casa: a mo' d'esempio* beispielsweise, *a pie'* (heute *piè* geschrieben) *del monte* am Fuße des Berges, *nota a piè di pagina* Fußnote, *a ogni piè sospinto* auf Schritt und Tritt, *Ca' Foscari* Ca' Foscari (in Venedig).

Die euphonische Erweiterung (l'accrescimento eufonico) 10

Unter euphonischer Erweiterung versteht man das Anfügen eines Buchstabens aus Gründen des Wohlklangs. Es treten folgende Fälle auf:

1. Das euphonische ***d*** wird an die Präposition *a* und an die Konjunktionen *e* und [seltener] *o* angefügt, wenn das folgende Wort mit Vokal beginnt. Ist dieser Vokal mit der vorausgehenden Präposition bzw. Konjunktion identisch, so gilt das euphonische *d* als verbindlich:

Adamo ed Eva	Adam und Eva
ed egli disse	und er sagte
scrisse ad alcuni amici	er schrieb einigen Freunden
vado ad Ancona	ich fahre nach Ancona
tu od ogni altro	du oder jeder andere
settimo od ottavo	siebter oder achter

Anmerkung: Die euphonische Erweiterung mit *d* unterbleibt, wenn auf *e, a* oder *o* Wörter folgen, die mit *ed-, ad-* oder *od-* anlauten: *scrivo a Ada* ich schreibe an Ada (nicht: **scrivo ad Ada*).

2. Das prothetische ***i*** kann an den Anfang von Wörtern treten, die mit *s* + Konsonant beginnen, wenn ihnen *con, in, per* oder *non* vorausgehen, wie zum Beispiel in *con isconto* mit Skonto, *in iscuola* in die/der Schule, *per isbaglio* aus Versehen. Diese Erscheinung findet sich hauptsächlich in gehobener Sprache und in der Dichtung. In der Toskana ist sie lebendig. Allgemein gebräuchlich ist das prothetische *i* in den Ausdrücken:

per iscritto	schriftlich	*per ischerzo*	im Scherz

11 **Die Großschreibung** (l'uso della maiuscola)

Als verbindlich wird die Großschreibung in folgenden Fällen angesehen:

1. am Satzanfang, nach einem Punkt, nach einem Doppelpunkt, wenn direkte Rede folgt, nach einem Ausrufezeichen oder Fragezeichen, wenn ein neuer Satz folgt, der vom vorangehenden getrennt ist;

2. bei Namen von Personen, Städten, Regionen, Nationen, Flüssen, Bergen oder Seen: *i Rossi, Firenze, la Toscana, l'Italia, l'Arno, il Monte Rosa, il Lago Maggiore;*

3. bei der Bezeichnung von Völkern der Vergangenheit: *gli Etruschi* die Etrusker, *i Visigoti* die Westgoten; wird die Gesamtheit der Bewohner eines modernen Volkes, einer Region oder einer Stadt bezeichnet, ist Groß- oder Kleinschreibung zulässig: *i Tedeschi/tedeschi* die Deutschen, *gli Italiani/italiani* die Italiener, aber: *due tedeschi* zwei Deutsche;

4. bei Titeln von Büchern, Zeitungen, Erzählungen, Gedichten oder Kunstwerken: *La Divina Commedia di Dante* die Göttliche Komödie von Dante, *Il Corriere della Sera, Il Mosè di Michelangelo* der Moses von Michelangelo;

Anmerkung: Wenn der Titel aus mehreren Wörtern besteht, wird bisweilen nur das erste Wort groß geschrieben: *I promessi sposi* neben *I Promessi Sposi.*

5. bei den Namen von Jahrhunderten, Epochen und Feiertagen: *l'Ottocento* das Neunzehnte Jahrhundert, *il Rinascimento* die Renaissance, *Natale* Weihnachten, *Pasqua* Ostern;

6. bei Namen von Institutionen: *la Chiesa* die Kirche, *il Ministero della Difesa* das Verteidigungsministerium, *il Parlamento* das Parlament, *lo Stato* der Staat;

7. bei Amtsbezeichnungen, wenn kein Eigenname folgt: *il Papa* der Papst, aber: *papa Giovanni XXIII, il Ministro* der Minister, aber: *il ministro Cavour;*

8. bei Namen, die heilige Personen bezeichnen wie *Dio* Gott, *l'Onnipotente* der Allmächtige, *la Madonna* die Mutter Gottes, *la Vergine* die Heilige Jungfrau;

9. bei Personifizierungen: *l'Amore* die Liebe, *la Libertà* die Freiheit;

10. bei Namen von Sternen und Planeten: *Terra* Erde, *Sole* Sonne und *Luna* Mond werden in astronomischer Bedeutung groß geschrieben. *La Terra gira intorno al Sole.* Die Erde dreht sich um die Sonne.

Die Silbentrennung (la divisione in sillabe) 12

Bei der Silbentrennung ist Folgendes zu beachten:

1. Diphthonge und Triphthonge bilden eine eigene Silbe: *mie-le* Honig, *na-zio-ne* Nation, *miei* meine.

2. Ein Hiat ist zweisilbig zu sprechen: *pa-u-ra* Angst, *le-o-ne* Löwe, *Pa-o-lo* Paul *a-e-re-o* Flugzeug.

3. Ein einfacher Konsonant bildet mit einem folgenden Vokal eine Silbe: *fa-ci-le* leicht, *a-mo-re* Liebe.

4. Zwei oder mehr aufeinanderfolgende Konsonanten bilden eine Silbe mit dem folgenden Vokal, wenn diese Konsonantengruppen am Wortanfang stehen können: *bo-sco* Wald (*sc-* kann am Wortanfang stehen wie in *scoprire* entdecken), *mo-stra* Ausstellung (*str-* kann am Wortanfang stehen wie in *strada* Straße).

5. Wenn der erste Konsonant einer Konsonantengruppe *l, m, n* oder *r* ist, gehört dieser Konsonant zur vorangehenden Silbe: *al-ta-re* Altar, *pun-ge-re* stechen, *sem-pli-ce* einfach, *per-de-re* verlieren.

6. Doppelkonsonanten werden getrennt: *mam-ma* Mama, *fat-to* gemacht.

7. *cq*, das *qq* entspricht, wird getrennt: *ac-qua* Wasser, *nac-que* er wurde geboren (das einzige italienische Wort, das *qq* aufweist, ist *soqquadro* in der Wendung *mettere a soqquadro* in große Unordnung bringen).

8. Mit Präfixen (*dis-, in-, cis-, tras-/trans-* etc.) zusammengesetzte Wörter können entweder nach den oben angegebenen Regeln getrennt werden oder das Präfix bewahren: *di-so-no-ra-to* oder *dis-o-no-ra-to* entehrt [Part. Perf. Pass.], *tra-spor-ta-re* oder *tras-por-ta-re* befördern.

9. Heutzutage wird der Apostroph am Zeilenende akzeptiert. *Quell'uomo* kann folgendermaßen getrennt werden: *quel-l'uomo*, *quell'uo-mo* oder *quell'-uomo.* Als nicht korrekt gilt es, das elidierte Wort zu vervollständigen (wie es die Setzer oft tun), um den Apostroph zu vermeiden, also nicht: **quello | uomo.*

13 **Die Satzzeichen** (la punteggiatura)

Als Satzzeichen werden im Italienischen verwendet:

.	*il punto (fermo)*	der Punkt
,	*la virgola*	das Komma
;	*il punto e virgola*	der Strichpunkt
:	*i due punti*	der Doppelpunkt
?	*il punto interrogativo*	das Fragezeichen
!	*il punto esclamativo*	das Ausrufezeichen
...	*i punti/puntini di sospensione*	die Fortführungspunkte
–	*la lineetta*	der Gedankenstrich
-	*il trattino*	der Bindestrich
« »	*le virgolette*	die Anführungszeichen
( )	*le parentesi tonde*	die runden Klammern
/	*la sbarretta*	der Schrägstrich

14 Zum Gebrauch des Kommas im Italienischen

1. Das Komma wird gesetzt:

1.1. vor den beiordnenden Konjunktionen *ma/però* aber, *tuttavia* dennoch; ebenso vor dem Adverb *anzi* im Gegenteil:

Lo so, ma non lo dico.	Ich weiß es, aber ich sage es nicht.

1.2. vor den unterordnenden Konjunktionen *benché/sebbene* obwohl, *anche se* auch wenn, *per quanto* wie sehr auch, *poiché/giacché* da, *quando* als/wenn, *mentre* während, *se* in der Bedeutung 'wenn/falls':

Resto ancora un po', anche se è già tardi.	Ich bleibe noch ein wenig, auch wenn es schon spät ist.

Anmerkung: Vor den anderen unterordnenden Konjunktionen steht heute kein Komma mehr.

1.3. nach Nebensätzen, Partizipial- und Infinitivkonstruktionen, die dem Hauptsatz vorausgehen:

Dopo che gli ospiti furono partiti, la mamma si dovette riposare.	Nachdem die Gäste abgereist waren, musste sich Mama ausruhen.
Lavata la macchina, mi misi a riparare la bicicletta.	Nachdem das Auto gewaschen war, begann ich das Fahrrad zu reparieren.

1.4. vor und nach einem Einschub:

Mio padre, queste discussioni, non le può sopportare.	Mein Vater kann diese Diskussionen nicht ertragen.

2. **Kein** Komma wird im Italienischen gesetzt:

2.1. vor einem indirekten Fragesatz:

Sai dove sono?	Weißt du, wo sie sind?

2.2. vor *che* 'dass':

Gli ho detto che verrò.	Ich habe ihm gesagt, dass ich kommen werde.

2.3. vor einschränkenden Relativsätzen (vgl. § 130.1):

Non trovo più il libro che mi avevi prestato.	Ich finde nicht mehr das Buch, das du mir geliehen hattest.

2.4. vor einem Infinitiv:

Siamo qui per studiare il tedesco.	Wir sind hier, um Deutsch zu lernen.

Kapitel 2 Das Substantiv (Il sostantivo)

Ein italienisches Substantiv ist seinem Genus nach entweder maskulin oder feminin; ein Neutrum wie im Deutschen gibt es nicht. Jedes in einem Text vorkommende Substantiv kann grundsätzlich im Singular oder Plural stehen (Ausnahmen vgl. § 29). Genus und Numerus sind meistens, aber nicht immer, an der Endung des Substantivs abzulesen. Im Einzelnen gibt es viele Besonderheiten. Ein Substantiv kann mit bestimmten anderen Wortarten eine Nominalgruppe bilden (vgl. § 30) und im Satz verschiedene Funktionen erfüllen, wie z.B. Subjekt, Objekt, prädikative Ergänzung usw. (vgl. § 31).

15 **Das Genus** (il genere)

Substantive auf -***o*** sind meistens maskulin, Substantive auf -***a*** sind überwiegend feminin, während Substantive auf -**e** entweder maskulin oder feminin sind.

16 **Das maskuline Genus** (il genere maschile)

Maskulin sind:

1. Substantive auf -***o***:

il ragazzo	der Junge	*il tempo*	die Zeit
il quaderno	das Heft	*il libro*	das Buch

Ausnahmen: *la mano* die Hand, *l'eco* das Echo [im Sing. selten mask., im Pl. immer: *gli echi*], die mit *palla* zusammengesetzten Substantive: *la pallacanestro* Basketball, *la pallamano* Handball, *la pallanuoto* Wasserball, *la pallavolo* Volleyball und folgende Kurzwörter: *la moto* das Motorrad, *l'auto* das Auto, *la foto* das Foto, *la dinamo* der Dynamo, *la radio* das Radio (aber: *il radio* das Radium), *la flebo* der Tropf (*È attaccato alla flebo.* – Er hängt am Tropf.), *la sdraio (= la sedia a sdraio)* der Liegestuhl, *la biro* der Kuli (Kugelschreiber), *la polo* das Polohemd

Anmerkung: Die folgenden Substantive bezeichnen weibliche Personen: *il soprano* der Sopran, *il mezzosoprano* der Mezzosopran und *il contralto* der Alt. Inzwischen sind aber auch *la soprano* usw. gebräuchlich.

2. zahlreiche Substantive auf -**e**, wie zum Beispiel:

il dente	der Zahn	*il latte*	die Milch
il miele	der Honig	*il monte*	der Berg
il mare	das Meer	*il pane*	das Brot

Merke: *il fine* der Zweck/das Ziel – *la fine* das Ende (aber: *il fine settimana* das Wochen-ende, *un film a lieto fine* ein Film mit Happy End); *il fonte battesimale* das Taufbecken – *la fonte* die Quelle; *il carcere/*[lit.] *la carcere* der Kerker/das Gefängnis [im Plural jedoch stets feminin: *le carceri*]

3. Substantive auf -*(i)**one*** (nicht ***-zione*** oder ***-gione***, vgl. § 17.6):

il sapone	die Seife	*il cotone*	die Baumwolle
il carbone	die Kohle	*il rione*	das Stadtviertel
il lampione	die Laterne	*il bastione*	die Bastion

Ausnahme: *la canzone* das Lied

4. Substantive auf ***-ore***:

il cuore	das Herz	*il fiore*	die Blume
il colore	die Farbe	*il motore*	der Motor
il sapore	der Geschmack	*il rossore*	die Röte
il rancore	der Groll	*il malore*	das Unwohlsein

5. Substantive auf ***-ale***:

il canale	der Kanal	*lo scaffale*	das Regal
il giornale	die Zeitung	*il segnale*	das Zeichen
il pedale	das Pedal	*il cinghiale*	das Wildschwein
il caviale	der Kaviar	*il fanale*	der Scheinwerfer

Ausnahmen: *la cambiale* der Wechsel(brief), *la vocale* der Vokal, *la filiale/la succursale* die Zweigstelle, *la cattedrale* die Kathedrale, *la percentuale* der Prozentsatz, *la segale* der Roggen, *la spirale* die Spirale, *l'orizzontale* die Horizontale, *la verticale* die Vertikale/der Hand-/Kopfstand, *la tangenziale* die Umgehungsstraße

Merke: *il capitale* das Kapital - *la capitale* die Hauptstadt; *il morale* die Moral/der Geist/die Stimmung - *la morale* die Moral; *il finale* das Finale (eines Musikwerkes) - *la finale* das Finale (bei Sportwettkämpfen)

6. Substantive auf ***-ante/-ente***:

il calmante	das Beruhigungs-mittel	*il movente*	das Motiv
un istante	ein Augenblick	*un incidente*	ein Unfall

Ausnahmen: *la corrente* der Strom/die Strömung, *la sorgente* die Quelle, *la patente* der Führerschein

Anmerkung: Wenn Substantive auf *-ante/-ente* Personen bezeichnen, wird ihr grammatisches Geschlecht durch das natürliche Geschlecht bestimmt, z.B. *il/la cantante* der Sänger/die Sängerin.

7. Substantive auf ***-ile***:

il sedile	der Sitz	*il barile*	das Fass
il fucile	das Gewehr	*il campanile*	der Glockenturm
il cortile	der Hof	*il badile*	die Schaufel

Ausnahme: *la bile* die Galle (Flüssigkeit)

8. Substantive auf ***-me***:

il fiume	der Fluss	*il nome*	der Name
il catrame	der Teer	*l'albume*	das Eiweiß
il falegname	der Schreiner	*il pollame*	das Geflügel
il costume	der Brauch	*il sudiciume*	der Schmutz

9. Substantive auf ***-a*** und ***-à***, die eine männliche Person bezeichnen:

il poeta	der Dichter	*il collega*	der Kollege
il duca	der Herzog	*il profeta*	der Prophet
il despota	der Despot	*il pilota*	der Pilot
il belga	der Belgier	*il pascià*	der Pascha
il papà	der Papa	*il papa*	der Papst

10. Substantive auf ***-ma***:

il cinema	das Kino	*il problema*	das Problem
il sistema	das System	*il programma*	das Programm
il clima	das Klima	*il telegramma*	das Telegramm
il poema	das Gedicht	*l'enigma*	das Rätsel
il diploma	das Diplom	*il dramma*	das Drama
il pigiama	der Schlafanzug	*il tema*	das Thema

Ausnahmen: *la trama* die Intrige/die Handlung, *la dama* die Dame/das Damespiel, *la tema* die Furcht, *la cresima* die Firmung, *la crema* die Creme, *l'asma* [auch mask.] das Asthma, *la scherma* das Fechten, *la schiuma* der Schaum, *la gamma* die Auswahl/Palette

11. Substantive auf ***-i***, die nicht griechischen Ursprungs sind:

il dì	der Tag	*l'alibi*	das Alibi
il brindisi	der Trinkspruch	*il safari*	die Safari

Ebenso: *il tassì* (neben *taxi*) das Taxi

12. Komposita auf *-i*:

il cavaturaccioli	der Korkenzieher	*il saliscendi*	die Klinke
il portaombrelli	der Schirmständer	*il portachiavi*	der Schlüssel-anhänger
il tappabuchi	der Lückenbüßer		

13. Substantive auf *-ù* (nicht *-tù* vgl. § 17.4):

il tabù	das Tabu	*il ragù*	das Ragout
il caucciù	der Kautschuk	*il bambù*	der Bambus

Ausnahme: *la tribù* der Volksstamm und *l'autogrù* der Kranwagen

14. Substantive, die auf einen Konsonanten enden:

lo sport	der Sport	*il tram*	die Straßenbahn
il bar	die Bar	*il sud*	der Süden
il test	der Test	*il film*	der Film
il virus	das Virus	*l'airbag*	der Airbag

Aber: *la star* der (männliche oder weibliche) Star, *la partnership* (polit./milit./wirtschaftl.) Partnerschaft, *la hall dell'albergo* die Eingangshalle des Hotels, *la molotov* der Molotovcocktail, *la password* das Passwort

15. als Substantive gebrauchte Wörter anderer Wortarten:

il bene	das Gute	*il piacere*	das Vergnügen
il perché	das Warum	*il due*	die Zwei
il nulla	das Nichts	*il nonnulla*	die Kleinigkeit

16. die Namen von Meeren, Seen, Flüssen, Pässen und Bergen:

il Mediterraneo	das Mittelmeer	*il Po*	der Po
l'Arno	der Arno	*il Tevere*	der Tiber
l'Adige	die Etsch	*il Tamigi*	die Themse
il Reno	der Rhein	*il Danubio*	die Donau
il Vesuvio	der Vesuv	*il Volga*	die Wolga
l'Etna	der Ätna	*il Cervino*	das Matterhorn
il Brennero	der Brenner	*i Carpazi*	die Karpaten
l'Appennino	der Apennin	*gli Urali*	der Ural

Ausnahmen: *la Loira* die Loire, *la Marna* die Marne, *la Garonna* die Garonne, *la Senna* die Seine, *la Moldava* die Moldau, *la Vistola* die Weichsel, *le Alpi* die Alpen, *le Ande* die Anden

17. die Namen der Monate und Wochentage:

il febbraio	der Februar	*il mercoledì*	der Mittwoch

Ausnahme: *la domenica* der Sonntag

18. die Namen von Schiffen und Flugzeugen:

il Titanic	die Titanic	*il boeing*	die Boeing
il Kursk	die Kursk	*il Concorde*	die Concorde

19. die Namen von Weinen, wie z.B. *il Chianti*, *il Barbaresco, il Frascati, il Marsala, il Barolo*

Aber: *la Vernaccia*, meistens *la Barbera, il/la Malvasia*

17 Das feminine Genus (il genere femminile)

Feminin sind:

1. Substantive auf -***a***:

la ragazza	das Mädchen	*la finestra*	das Fenster
la scarpa	der Schuh	*la porta*	die Tür

Ausnahmen: *il vaglia bancario* die Banküberweisung, *il pianeta* der Planet (aber: *la pianeta* das Messgewand), *il viagra* das Viagra, *il delta* das Delta (aber: *la delta* griech. Buchstabe), *il samba* die/der Samba, *il tanga* der Tanga(slip), *il gianduia* der/das N(o)ugat

Anmerkung 1: Die folgenden Bildungen sind maskulin: *il dopobarba* das Rasierwasser, *l'anteguerra* die Vorkriegszeit, *il dopoguerra* die Nachkriegszeit, *il retroterra* das Hinterland, *il fuoristrada* der Geländewagen, *il bagnasciuga* die Strandlinie, *il cavalcavia* die Straßenüberführung, *il parabrezza* die Windschutzscheibe

Anmerkung 2: Folgende feminine Substantive auf *-a* bezeichnen männliche Personen: *la guardia* der Schutzmann, *la sentinella* die Schildwache, *la recluta* der Rekrut, *la vedetta* der Posten. Auf männliche oder weibliche Personen werden angewandt: *la comparsa* der Statist/die Statistin, *la guida* der Reiseführer/die Reiseführerin, *la spia* der Spion/die Spionin.

2. Substantive auf -**e**, wie zum Beispiel:

la fame	der Hunger	*la sete*	der Durst
la carne	das Fleisch	*la notte*	die Nacht
la salute	die Gesundheit	*la morte*	der Tod

3. Substantive auf *-**tà***:

la città	die Stadt	*la verità*	die Wahrheit
la sincerità	die Aufrichtigkeit	*la bontà*	die Güte

Unterscheide: *la varietà* die Vielfalt – *il varietà* das Varieté

4. Substantive auf *-**tù***:

la virtù	die Tugend	*la gioventù*	die Jugend

5. Substantive auf *-**i***, die griechischen Ursprungs sind:

la crisi	die Krise	*la tesi*	die These/Doktorarbeit
l'artrosi	die Arthrose		
la paralisi	die Lähmung	*la psicosi*	die Psychose
l'oasi	die Oase	*la parentesi*	die Klammer
l'estasi	die Ekstase	*l'analisi*	die Analyse

6. Substantive auf *-**zione*** oder *-**gione***:

la lezione	die Lektion	*la generazione*	die Generation
la soluzione	die Lösung	*la ragione*	die Vernunft
la stagione	die Jahreszeit	*la carnagione*	die Hautfarbe

7. Substantive auf *-**ice***:

la pendice	der Abhang	*la radice*	die Wurzel
la vernice	der Lack	*la cervice*	der Nacken
la cimice	die Wanze	*la pomice*	der Bimsstein

Ausnahmen: *il codice* das Gesetzbuch, *un indice* ein Anzeichen/Zeigefinger, *il calice* der Kelch, *il camice* der Labormantel, *il vertice* der Gipfel, *il giudice* der Richter

8. Substantive auf *-**ie***:

la serie	die Reihe	*la specie*	die Art
la superficie	die Oberfläche	*la calvizie*	die Kahlköpfigkeit

9. Substantive auf ***-ag(g)ine/-ig(g)ine/-ug(g)ine/-tudine***:

la cartilagine	der Knorpel	*la fuliggine*	der Ruß
la stupidaggine	die Dummheit	*la lanugine*	der Flaum
le vertigini	der Schwindel	*la ruggine*	der Rost
l'inquietudine	die Unruhe	*la gratitudine*	die Dankbarkeit

10. Städte- und Inselnamen:

la bella Napoli	das schöne Neapel	*la Sardegna*	Sardinien
la Berlino degli anni venti	das Berlin der zwanziger Jahre	*la Sicilia*	Sizilien
		la Corsica	Korsika

Ausnahmen: *il Cairo* Kairo, *il Pireo* Piräus, *il Madagascar* Madagaskar

11. Namen von Kontinenten, Ländern und Regionen auf ***-a***:

la vecchia Europa	das alte Europa	*la Lombardia*	die Lombardei
l'America latina	Lateinamerika	*la Francia*	Frankreich

Ausnahmen: *il Guatemala* Guatemala, *il Bengala* Bengalen

12. Namen von Automarken: *una Fiat, una Lamborghini, una Mercedes*

13. die Namen der meisten Fußballmannschaften: *la Juve(ntus), la Lazio, l'Inter*

Aber: *il Milan, il Bologna*

18 Besonderheiten des Genus bei Substantiven, die sich auf Menschen beziehen

1. Männliche und weibliche Personen können durch Substantive gleicher Form aber verschiedenen grammatischen Geschlechts bezeichnet werden, wenn diese auf ***-ista, -cida, -ante/-(i)ente*** oder ***-ese*** enden:

1.1. Substantive auf ***-ista/-ta***:

il turista	der Tourist	*- la turista*	die Touristin
il giornalista	der Journalist	*- la giornalista*	die Journalistin
il pianista	der Pianist	*- la pianista*	die Pianistin
il comunista	der Kommunist	*- la comunista*	die Kommunistin
il parassita	der Schmarotzer	*- la parassita*	die Schmarotzerin
il pilota	der Pilot	*- la pilota*	die Pilotin
l'analfabeta	der Analphabet	*- l'analfabeta*	die Analphabetin

1.2. Substantive auf ***-cida***:

un omicida	ein Mörder	- *un'omicida*	eine Mörderin
un infanticida	ein Kindes-mörder	- *un'infanticida*	eine Kindes-mörderin

1.3. Substantive auf ***-ante/-(i)ente***:

il cantante	der Sänger	- *la cantante*	die Sängerin
il cliente	der Kunde	- *la cliente*	die Kundin
il paziente	der Patient	- *la paziente*	die Patientin

Ausnahme: *lo studente* der Student – *la studentessa* die Studentin

1.4. Substantive auf ***-ese***:

il francese	der Franzose	- *la francese*	die Französin
il portoghese	der Portugiese	- *la portoghese*	die Portugiesin

2. Sehr häufig unterscheiden sich die Bezeichnungen für eine männliche und eine weibliche Person durch ein besonderes Suffix, wie zum Beispiel:

il traduttore	der Übersetzer	- *la traduttrice*	die Übersetzerin
il principe	der Prinz	- *la principessa*	die Prinzessin

Anmerkung: Substantive auf *-trice* können auch eine Maschine bezeichnen: *la lavatrice* die Waschmaschine; *la cucitrice* kann sowohl die Nähmaschine *(macchina da cucire)* als auch die Näherin bezeichnen (vgl. hierzu § 22.3).

3. In einigen wenigen Fällen werden männliche und weibliche Personen durch maskuline und feminine Substantive mit verschiedenem Wortstamm bezeichnet, wie zum Beispiel:

il padre	der Vater	- *la madre*	die Mutter
il fratello	der Bruder	- *la sorella*	die Schwester
il maschio	der Junge	- *la femmina*	das Mädchen
il marito	der Ehemann	- *la moglie*	die Ehefrau
l'uomo	der Mann	- *la donna*	die Frau
il genero	der Schwieger-sohn	- *la nuora*	die Schwieger-tochter
il compare	der Pate/Gevatter	- *la comare*	die Patin
il celibe	der Junggeselle	- *la nubile*	die Ledige

Merke: *Abbiamo due maschi e una femmina.* – Wir haben zwei Jungen und ein Mädchen.

19 Besonderheiten des Genus bei Substantiven, die sich auf Tiere beziehen

Es gibt in der italienischen Sprache verschiedene Möglichkeiten, das männliche und das weibliche Tier einer bestimmten Gattung voneinander zu unterscheiden:

1. Die Bezeichnungen für das männliche und das weibliche Tier haben denselben Wortstamm, unterscheiden sich jedoch in ihrer Endung:

il lupo	der Wolf	- *la lupa*	die Wölfin
l'orso	der Bär	- *l'orsa*	die Bärin
l'asino	der Esel	- *l'asina*	die Eselin

Merke: *l'Orsa Maggiore/Minore* der Große/Kleine Bär

2. Verschiedenen Wortstamm bzw. verschiedene Endung weisen auf:

il cane	der Hund	- *la cagna*	die Hündin
il gallo	der Hahn	- *la gallina*	die Henne

3. Männliches und weibliches Tier werden durch völlig verschiedene Wörter bezeichnet:

il toro	der Stier	- *la vacca*	die Kuh
il porco	das Schwein	- *la scrofa*	die Sau
il montone	der Schafbock	- *la pecora*	das Schaf
il becco	der Ziegenbock	- *la capra*	die Ziege

Anmerkung: Das Wort *vacca* wird oft gemieden, da es umgangssprachlich die Prostituierte bezeichnet. Stattdessen wird *mucca* verwendet.

4. Für die meisten Tiere gibt es in der italienischen Gemeinsprache nur eine maskuline oder feminine Gattungsbezeichnung, die dem natürlichen Geschlecht nicht Rechnung trägt. Will man in diesem Falle auf ein männliches oder weibliches Tier ausdrücklich Bezug nehmen, so setzt man entweder ***maschio*** oder ***femmina*** hinzu:

la volpe maschio	der (männliche) Fuchs
il leopardo femmina	die Leopardin

Das Genus bei Bezeichnungen von Bäumen und Früchten 20

1. Die Namen von Bäumen und Sträuchern sind in der Regel maskulin, während die Namen von Früchten feminin sind:

il noce	der Nussbaum	- *la noce*	die Nuss
il melo	der Apfelbaum	- *la mela*	der Apfel
il pero	der Birnbaum	- *la pera*	die Birne
l'arancio	der Orangenbaum	- *l'arancia/l'arancio*	die Orange
il cotogno	der Quittenbaum	- *la cotogna*	die Quitte

Ausnahmen: Feminin sind die Bezeichnungen folgender Bäume und Pflanzen: *la quercia* die Eiche, *la betulla* die Birke, *l'acacia* die Akazie, *la palma* die Palme, *la vite* die Rebe, *la felce* der Farn.

2. Die Namen der folgenden Bäume bzw. Sträucher und der dazugehörigen Früchte haben dasselbe Genus:

il dattero	die Dattelpalme/die Dattel
l'ananasso	der Ananasstrauch/die Ananas
il limone	der Zitronenbaum/die Zitrone
il fico	der Feigenbaum/die Feige
il lampone	der Himbeerstrauch/die Himbeere
il ribes	der Johannisbeerstrauch/ die Johannisbeere
il mirtillo	der Heidelbeerstrauch/die Heidelbeere

Das Genus der Buchstaben und der Grundzahlen 21

Die Buchstaben werden meist feminin gebraucht: *una di* (vgl. § 1.3). Die Grundzahlen sind maskulin: *il cinque* die Fünf (vgl. § 91 Anm. 4.).

Die Ableitung femininer Substantive (nur bei Bezeichnung von Lebewesen) 22

1. Ableitungsmuster mask. -***o***/fem. -***a***:

il figlio	der Sohn	- *la figlia*	die Tochter
lo zio	der Onkel	- *la zia*	die Tante
il ragazzo	der Junge	- *la ragazza*	das Mädchen
il cognato	der Schwager	- *la cognata*	die Schwägerin
il poliziotto	der Polizist	- *la poliziotta*	die Polizistin

il chirurgo	der Chirurg	- *la chirurga*	die Chirurgin
il nonno	der Großvater	- *la nonna*	die Großmutter
il modello	das Model	- *la modella*	das Model

Auch: *donna poliziotto*

Aber: *il soldato* der Soldat – *la soldatessa* die Soldatin; *l'avvocato* der Rechtsanwalt – *l'avvocata/l'avvocatessa* die Rechtsanwältin

2. Ableitungsmuster mask. -***e***/fem. -***a***:

il signore	der Herr	- *la signora*	die Dame
il cameriere	der Kellner	- *la cameriera*	die Kellnerin
il padrone	der Chef	- *la padrona*	die Chefin
il ragioniere	der Buchhalter	- *la ragioniera*	die Buchhalterin

Aber: *il nipote* der Neffe/Enkel - *la nipote* die Nichte/Enkelin
il preside der Direktor (eines Gymnasiums) - *la preside* die Direktorin
il custode der Aufseher - *la custode* die Aufseherin

Anmerkung: Zu *pedone* 'Fußgänger' gibt es keine feminine Entsprechung.

3. Ableitungsmuster mask. -***tore***/fem. -***trice***:

il traduttore	der Übersetzer	- *la traduttrice*	die Übersetzerin
l'attore	der Schauspieler	- *l'attrice*	die Schauspielerin
il rettore	der Rektor	- *la rettrice*	die Rektorin
lo scrittore	der Schriftsteller	- *la scrittrice*	die Schriftstellerin
lo spettatore	der Zuschauer	- *la spettatrice*	die Zuschauerin
il pittore	der Maler	- *la pittrice*	die Malerin
l'autore	der Autor	- *l'autrice*	die Autorin
l'allenatore	der Trainer	- *l'allenatrice*	die Trainerin
il compositore	der Komponist	-*la compositrice*	die Komponistin

Aber:	*il tintore*	der Färber	- *la tintora*	die Färberin
	il pastore	der Hirte	- *la pastora*	die Hirtin
	l'avventore	der Kunde	- *l'avventora*	die Kundin
	l'impostore	der Betrüger	- *l'impostora*	die Betrügerin
	il dottore	der Doktor	- *la dottoressa*	die Doktorin

4. Ableitungsmuster mask. -***e***/fem. -***essa***:

lo studente	der Student	- *la studentessa*	die Studentin
il professore	der Lehrer	- *la professoressa*	die Lehrerin
il conte	der Graf	- *la contessa*	die Gräfin
il presidente	der Präsident	- *la presidentessa*	die Präsidentin
il campione	der Meister	- *la campionessa*	die Meisterin

Auch: *la presidente*

Merke: *il/la vigile* der Polizist/die Polizistin; *la vigilessa* ist abwertend.

5. Unregelmäßige Ableitungen weisen auf:

il duca	der Herzog	- *la duchessa*	die Herzogin
il poeta	der Dichter	- *la poetessa*	die Dichterin
l'abate	der Abt	- *la badessa*	die Äbtissin
il dio	der Gott	- *la dea*	die Göttin
il re	der König	- *la regina*	die Königin
l'eroe	der Held	- *l'eroina*	die Heldin
il doge	der Doge	- *la dogaressa*	die Dogin
lo zar/czar	der Zar	- *la zarina/czarina*	die Zarin
l'aggressore	der Angreifer	- *l'aggreditrice*	die Angreiferin
il difensore	der Verteidiger	- *la difenditrice*	die Verteidigerin
il possessore	der Besitzer	- *la posseditrice*	die Besitzerin
il successore	der Nachfolger	- *la succeditrice*	die Nachfolgerin
l'estorsore	der Erpresser	- *l'estorcitrice*	die Erpresserin

Merke: *la strega* die Hexe – *lo stregone* der Hexer

Anmerkung 1: Zu *medico* 'Arzt' heißt die feminine Form *medico donna.* Die Form *medica* ist selten; *medichessa* bedeutet Quacksalberin/ Krauterin. Eine Ärztin sagt von sich *Faccio il medico.* – Ich bin Ärztin.

Anmerkung 2: Zu *posseditrice/difenditrice* existieren auch die volkstümlichen Formen *possessora/difensora.*

Anmerkung 3: Zu *il predecessore* der Vorgänger gibt es die selten gebrauchte feminine Form *predecessora.*

Paare maskuliner und femininer Substantive 23

1. Folgende Wortpaare weisen unterschiedliche Bedeutung auf:

il baleno	der Blitzstrahl	- *la balena*	der Wal
il banco	die Sitzbank	- *la banca*	die Bank (Geldinst.)
il battaglio	der Klöppel	- *la battaglia*	die Schlacht
il boa	die Boa	- *la boa*	die Boje
il bombo	die Hummel	- *la bomba*	die Bombe
il branco	die Herde	- *la branca*	die Klaue/Pfote
il calco	der Abdruck	- *la calca*	das Gedränge
il cappello	der Hut	- *la cappella*	die Kapelle
il capriolo	das Reh	- *la capriola*	der Purzelbaum
il cartello	das Schild/ Plakat/Kartell	- *la cartella*	die Aktentasche/ der Ordner (PC)
il casello	die Mautstelle	- *la casella*	das Fach (Schrank)
il cassetto	die Schublade	- *la cassetta*	der Kasten/die Kiste

il cavalletto	die Staffelei/ das Stativ	- *la cavalletta*	die Heuschrecke
il collo	der Hals	- *la colla*	der Leim
il colpo	der Schlag	- *la colpa*	die Schuld
il costo	die Kosten	- *la costa*	die Küste
il filo	der Faden	- *la fila*	die Reihe
il lotto	das Lotto	- *la lotta*	der Kampf
il manico	der Griff	- *la manica*	der Ärmel
il masso	der Felsblock	- *la massa*	die Masse
il mazzo	der Bund/Strauß	- *la mazza*	die Keule
il mento	das Kinn	- *la menta*	die Pfefferminze
il mostro	das Ungeheuer	- *la mostra*	die Ausstellung
il parallelo	der Vergleich	- *la parallela*	die Parallele
il pasto	die Mahlzeit	- *la pasta*	die Nudeln
il pianto	das Weinen	- *la pianta*	die Pflanze
il pizzo	die Spitze/der Spitzbart	- *la pizza*	die Pizza
il porto	der Hafen	- *la porta*	die Tür
il pozzo	der Brunnen	- *la pozza*	die Pfütze
il radio	das Radium	- *la radio*	das Radio
il razzo	die Rakete	- *la razza*	die Rasse
lo scapolo	der Junggeselle	- *la scapola*	das Schulterblatt
il taglio	der Schnitt	- *la taglia*	die (Konfektions-) Größe
il tappo	der Stöpsel/Korken	- *la tappa*	die Etappe
il tasso	der Dachs/die Rate	- *la tassa*	die Steuer
il visto	das Visum	- *la vista*	die Sicht

2. Zwischen den folgenden Paaren maskuliner und femininer Substantive besteht nur ein geringfügiger Bedeutungsunterschied:

il foglio	das Blatt (Papier)	- *la foglia*	das Blatt (Baum)
il buco	das Loch (z.B. in einer Mauer)	- *la buca*	das Loch/der Graben
il tavolo	der Tisch (z.B. als Arbeitsfläche)	- *la tavola*	der Tisch/der Esstisch/die Tafel
il raccolto	die Ernte	- *la raccolta*	die Ernte/die Sammlung
il cioccolato	die Schokolade (Tafel)	- *la cioccolata*	die Schokolade (Getränk/Tafel)

Merke: *la buca delle lettere* der Briefkasten, *il tavolo rotondo* der runde Tisch, *la tavola rotonda* das Round-table-Gespräch

3. Ohne Bedeutungsunterschied werden entweder maskulin oder feminin gebraucht:

il puzzo/la puzza [dial.]	der Gestank
il meteorite/la meteorite	der Meteorit
il terrazzo/la terrazza	die Terrasse
il rigo/la riga	die Zeile
il secchio/la secchia	der Eimer
l'orecchio/l'orecchia	das Ohr
il tegolo [tosk.]/*la tegola*	der Ziegel
il materasso/la materassa	die Matratze
il tomaio/la tomaia	das Oberleder
il briciolo/la briciola	der Krümel/[fig.] die Spur/der Funke
il cesto/la cesta	der Korb

Anmerkung: In Wendungen schwankt das Genus von *orecchio*: *essere tutt'orecchi* ganz Ohr sein, *aprire bene gli orecchi* die Ohren aufsperren, *tirare le orecchie a qd* jdm. die Ohren lang ziehen, *avere le orecchie foderate di prosciutto* Bohnen in den Ohren haben, *fare gli orecchi/le orecchie alle pagine* Eselsohren in die Seiten machen.

Ähnlichlautende Substantive mit unterschiedlichem Genus im Italienischen und Deutschen 24

l'agata [fem.]	der Achat	*il guardaroba*	die Garderobe
l'annuncio	die Annonce	*il mandarino*	die Mandarine
il bilancio	die Bilanz	*il mandolino*	die Mandoline
la boxe	(das) Boxen	*la marcia*	der Marsch
il bronzo	die Bronze	*la marijuana*	das Marihuana
la cannabis	der Cannabis	*il massaggio*	die Massage
la canoa	das Kanu	*il melone*	die Honigmelone
la chat	der Chat	*il metodo*	die Methode
la clorofilla	das Chlorophyll	*il miliardo*	die Milliarde
il cobra	die Kobra	*il milione*	die Million
il comico	die Komik	*il minuto*	die Minute
il controllo	die Kontrolle	*il mouse*	die Computermaus
il fronte	die Front [mil.]	*il panico*	die Panik
la gag	der Gag	*il party*	die Party
il garage	die Garage	*il poro*	die Pore
il gesto	die Geste	*la protesta*	der Protest
il gladiolo	die Gladiole	*la rovina*	der Ruin
la griglia	der Grill	*il Sahara*	die Sahara
il gruppo	die Gruppe	*la sala*	der Saal

il sandalo	die Sandale	*il talk-show*	die Talk-Show
lo schizzo	die Skizze	*la tariffa*	der Tarif
il sigaro	die Zigarre	*il tragico*	die Tragik
la sindrome	das Syndrom	*il vaso*	die Vase
la stoffa	der Stoff	*il violino*	die Violine
lo strapazzo	die Strapaze	*la vocale*	der Vokal

Anmerkung: Feminin sind die medizinischen/chemischen Begriffe auf *-ina*: *l'anfetamina, l'aspirina, la cocaina, l'insulina, la penicillina.*

Merke außerdem: *il CD* die CD, *il DVD* die DVD, *il DNA* die DNS

Der Plural (il plurale)

25 Die Pluralbildung

1. Substantive, die im Singular auf ***-o*** enden, bilden den Plural auf ***-i***:

il ragazzo	der Junge	*- i ragazzi*	die Jungen
il libro	das Buch	*- i libri*	die Bücher
la mano	die Hand	*- le mani*	die Hände

Ausnahmen: *l'uovo* das Ei – *le uova* die Eier; *il miglio* die Meile – *le miglia* die Meilen; *l'uomo* der Mann/Mensch – *gli uomini* die Männer/ Menschen; *l'euro* der Euro – *gli euro* die Euros; *la sdraio* der Liegestuhl – *le sdraio* die Liegestühle

Merke: *due cappuccini* – zwei Cappuccino

2. Nicht verändert werden die Kurzformen:

l'auto	das Auto	*- le auto*	die Autos
la moto	das Motorrad	*- le moto*	die Motorräder
la foto	das Foto	*- le foto*	die Fotos
la radio	das Radio	*- le radio*	die Radios

Ebenso: *la biro* der Kuli – *le biro* die Kulis (Kugelschreiber)

3. Substantive auf ***-co/-go***, die auf der vorletzten Silbe betont werden, bilden den Plural auf ***-chi/-ghi***:

il banco	die Schulbank	*- i banchi*	die Bänke
il cieco	der Blinde	*- i ciechi*	die Blinden
il tedesco	der Deutsche	*- i Tedeschi*	die Deutschen
il luogo	der Ort	*- i luoghi*	die Orte
l'albergo	das Hotel	*- gli alberghi*	die Hotels
il mago	der Magier	*- i maghi*	die Magier

Ausnahmen:	*l'amico*	der Freund	*- gli amici*	die Freunde
	il nemico	der Feind	*- i nemici*	die Feinde
	il greco	der Grieche	*- i Greci*	die Griechen
	il porco	das Schwein	*- i porci*	die Schweine

Anmerkung: Der Plural von *chirurgo* 'Chirurg' kann *chirurghi* oder *chirurgi* lauten.

Merke: *i Re Magi* die Heiligen Drei Könige

4. Substantive auf ***-co/-go***, die auf der drittletzten Silbe betont werden, bilden den Plural auf ***-ci/-gi***:

il medico	der Arzt	*- i medici*	die Ärzte
il monaco	der Mönch	*- i monaci*	die Mönche
l'austriaco	der Österreicher	*- gli Austriaci*	die Österreicher
l'asparago	der Spargel	*- gli asparagi*	die Spargel

Ausnahmen:	*il carico*	die Ladung/ Last	*- i carichi*	die Ladungen/ Lasten
	l'incarico	der Auftrag	*- gli incarichi*	die Aufträge
	il valico	der Bergpass	*- i valichi*	die Bergpässe
	l'obbligo	die Verpflichtung	*- gli obblighi*	die Verpflichtungen
	il profugo	der Flüchtling	*- i profughi*	die Flüchtlinge
	il naufrago	der Schiffbrüchige	*- i naufraghi*	die Schiffbrüchigen

Anmerkung 1: Der Plural der Substantive auf ***-logo*** lautet ***-logi***, wenn es sich um Personen handelt; bei Sachen lautet er ***-loghi***:
il teologo der Theologe - *i teologi* die Theologen
il biologo der Biologe - *i biologi* die Biologen
il cardiologo der Kardiologe - *i cardiologi* die Kardiologen
il catalogo der Katalog - *i cataloghi* die Kataloge
il monologo der Monolog - *i monologhi* die Monologe
il dialogo der Dialog - *i dialoghi* die Dialoge

Anmerkung 2: Schwankend ist die Pluralendung u. a. bei:
il manico der Griff - *i manici/i manichi* die Griffe
lo stomaco der Magen - *gli stomachi/gli stomaci* die Mägen
il sarcofago der Sarkophag - *i sarcofaghi/i sarcofagi* die Sarkophage

5. Substantive auf ***-io*** mit unbetontem ***i*** bilden den Plural auf ***-i***:

il figlio	der Sohn	*- i figli*	die Söhne
l'armadio	der Schrank	*- gli armadi*	die Schränke
l'augurio	der Glückwunsch	*- gli auguri*	die Glückwünsche

Anmerkung: Die moderne Schreibung ist in diesem Falle *-i*; andere Schreibweisen wie *-j*, *-ii*, *-î* sind heute veraltet (vgl. § 7.2 Anm.).

Ausnahmen: *il tempio* der Tempel - *i templi* die Tempel (inzwischen aber häufiger *i tempi*)
il paio das Paar (*un paio di scarpe* ein Paar Schuhe) - *le paia* die Paare (*tre paia di scarpe* drei Paar Schuhe)
il miglio die Meile - *le miglia* die Meilen
un centinaio etwa hundert - *centinaia* Hunderte
un migliaio etwa tausend - *migliaia* Tausende
molte centinaia di migliaia di morti - viele Hunderttausende von Toten

6. Substantive auf ***-io*** mit betontem ***i*** bilden den Plural auf ***-ii***:

lo zio	der Onkel	- *gli zii*	die Onkel
il pendio	der Abhang	- *i pendii*	die Abhänge
il leggio	das Lesepult	- *i leggii*	die Lesepulte

Ausnahme: *il dio* der Gott - *gli dei* die Götter

Anmerkung: Der Plural *gli zii* bedeutet auch 'Onkel und Tante'.

7. Feminine Substantive auf ***-a*** bilden den Plural auf ***-e***:

la figlia	die Tochter	- *le figlie*	die Töchter
la ragazza	das Mädchen	- *le ragazze*	die Mädchen
la turista	die Touristin	- *le turiste*	die Touristinnen
la strada	die Straße	- *le strade*	die Straßen
la scuola	die Schule	- *le scuole*	die Schulen

Ausnahmen: *l'ala* der Flügel – *le ali* die Flügel, *l'arma* die Waffe – *le armi* die Waffen

Anmerkung: Bei Abkürzungen wie *p.7* (*p.* = *pagina*) 'Seite 7' wird im Plural der Konsonant verdoppelt: *pp. 32-47* (*pp.* = *pagine*) Seite 32-47.

Merke: *due aranciate* zwei Orangenlimonaden; aber *due (coca-)cola*/[ugspr.] *due coche* zwei (Coca-)Cola

8. Feminine Substantive auf ***-ca/-ga*** bilden den Plural auf ***-che/-ghe***:

la collega	die Kollegin	- *le colleghe*	die Kolleginnen
la belga	die Belgierin	- *le belghe*	die Belgierinnen
l'amica	die Freundin	- *le amiche*	die Freundinnen
la bocca	der Mund	- *le bocche*	die Münder

9. Substantive auf ***-cia/-gia*** mit vorausgehendem Konsonanten bilden den Plural auf ***-ce/-ge***:

l'arancia	die Orange	*- le arance*	die Orangen
la mancia	das Trinkgeld	*- le mance*	die Trinkgelder
la buccia	die Schale (Hülle)	*- le bucce*	die Schalen
la spiaggia	der Strand	*- le spiagge*	die Strände

Anmerkung: Neben *le province* 'die Provinzen' findet sich auch *le provincie.*

10. Substantive auf ***-cia/-gia/-scia*** mit vorausgehendem Vokal bilden den Plural auf ***-cie/-gie/-sce***:

la camicia	das Hemd	*- le camicie*	die Hemden
l'acacia	die Akazie	*- le acacie*	die Akazien
la valigia	der Koffer	*- le valigie*	die Koffer
la ciliegia	die Kirsche	*- le ciliegie*	die Kirschen
la fascia	das Band/die Binde	*- le fasce*	die Bänder/Binden
l'angoscia	die Angst	*- le angosce*	die Ängste
l'ascia	die Axt	*- le asce*	die Äxte

Anmerkung: Neben *le camicie*, *le valigie* und *le ciliegie* finden sich auch die Schreibweisen *le camice, le valige* und *le ciliege.*

Merke: *il camice* der Labormantel - *i camici* die Labormäntel

11. Substantive auf ***-cia/-gia*** mit betontem ***i*** bilden den Plural auf ***-cie/ -gie***:

la farmacia	die Apotheke	*- le farmacie*	die Apotheken
la bugia	die Lüge	*- le bugie*	die Lügen

12. Substantive auf -***e*** bilden den Plural auf -***i***:

il padre	der Vater	*- i padri*	die Väter
la madre	die Mutter	*- le madri*	die Mütter
il cliente	der Kunde	*- i clienti*	die Kunden
la cliente	die Kundin	*- le clienti*	die Kundinnen
il ponte	die Brücke	*- i ponti*	die Brücken
il fiore	die Blume	*- i fiori*	die Blumen
la torre	der Turm	*- le torri*	die Türme
la valle	das Tal	*- le valli*	die Täler
la stagione	die Jahreszeit	*- le stagioni*	die Jahreszeiten
la stazione	der Bahnhof	*- le stazioni*	die Bahnhöfe

Merke: *il bue* der Ochse - *i buoi* die Ochsen

13. Maskuline Substantive auf ***-a*** bilden den Plural auf ***-i***:

il giornalista	der Journalist	*- i giornalisti*	die Journalisten
il poeta	der Dichter	*- i poeti*	die Dichter
il collega	der Kollege	*- i colleghi*	die Kollegen
il duca	der Herzog	*- i duchi*	die Herzöge
l'omicida	der Mörder	*- gli omicidi*	die Mörder
il programma	das Programm	*- i programmi*	die Programme
il problema	das Problem	*- i problemi*	die Probleme
il sistema	das System	*- i sistemi*	die Systeme
i pigiama	der Schlafanzug	*- i pigiami*	die Schlafanzüge
l'atleta	der Athlet	*- gli atleti*	die Athleten

Anmerkung 1: Neben *i pigiami* findet sich auch die Pluralform *i pigiama.*

Anmerkung 2: Unverändert bleiben im Plural: *il cinema* das Kino – *i cinema* die Kinos, *il vaglia (bancario)* die (Bank)Überweisung – *i vaglia* die Überweisungen, *il gorilla* der Gorilla – *i gorilla* die Gorillas, *il boia* der Henker – *i boia* die Henker, *il/la sosia* der/die Doppelgänger/in – *i/le sosia* die Doppelgänger/innen.

Merke: *il belga* der Belgier – *i Belgi* die Belgier

26 Unveränderliche Substantive

Gleiche Form im Singular und im Plural haben

1. Substantive, die auf betonten Vokal enden:

la città	die Stadt	*- le città*	die Städte
il caffè	der Kaffee	*- tre caffè*	drei Kaffee
il tassì	das Taxi	*- i tassì*	die Taxis
il falò	das Freudenfeuer	*- i falò*	die Freudenfeuer
la virtù	die Tugend	*- le virtù*	die Tugenden

2. einsilbige Substantive oder solche, die auf einen Konsonanten enden:

il film	der Film	*- i film*	die Filme
il test	der Test	*- i test*	die Tests
il lapis	der Bleistift	*- i lapis*	die Bleistifte
il computer	der Computer	*- i computer*	die Computer
il re	der König	*- i re*	die Könige
il bar	die Bar	*- i bar*	die Bars

Anmerkung: Bei Anglizismen (besonders jüngeren Datums) ist nicht selten der Plural mit *-s* zu finden: *computers, hooligans, films.*

3. Substantive, die auf ***-i*** oder ***-ie*** enden:

la crisi	die Krise	- *le crisi*	die Krisen
l'analisi	die Analyse	- *le analisi*	die Analysen
la serie	die Reihe	- *le serie*	die Reihen
la specie	die Art	- *le specie*	die Arten

Ausnahmen: *la moglie* die Ehefrau – *le mogli* die Ehefrauen, *la superficie* die Oberfläche – *le superfici*/[seltener] *le superficie* die Oberflächen, *l'effigie* das Bild – *le effigi*/[seltener] *le effigie* die Bilder

4. Familiennamen: *i Doria* die Dorias, *i Russo* die Russos, *i Fasola* die Fasolas, *gli A(b)sburgo* die Habsburger; aber: *i Borboni* die Bourbonen

5. Buchstaben:

una emme	ein M	- *tre emme*	drei M
una esse	ein S	- *due esse*	zwei S

Ausnahmen: *una zeta* ein Z – *due zete/zeta* zwei Z, *un'acca* ein H – *due acche/acca* zwei H (vgl. § 1.3)

Substantive mit zwei Pluralformen 27

Einige maskuline Substantive, die im Singular auf -***o*** enden, weisen zwei Pluralformen auf, die in der Regel verschiedene Bedeutungen haben: eine maskuline Pluralform auf -***i*** und eine feminine Pluralform auf -***a***:

il braccio der Arm	*i bracc**i*** die Arme [übertragen] *i bracci del fiume* die Flussarme *un candelabro a cinque bracci* ein fünfarmiger Leuchter	*le bracci**a*** die Arme (eines Menschen) *Mi fanno male le braccia* Mir tun die Arme weh.
il calcagno die Ferse	*i calcagn**i*** die Fersen *i calcagni delle calze* die Fersen der Strümpfe *avere il cervello nei calcagni* kopflos sein	*le calcagn**a*** die Fersen [in Wend.] *stare alle calcagna di qd* jdm. auf den Fersen sein
il cervello das Hirn	*i cervell**i*** die Hirne [übertragen] *cervelli balzani* verrückte Kerle	*le cervell**a*** die Hirnmasse *un fritto di cervella* gebratenes Hirn

il ciglio die Wimper	*i cigl**i*** die Ränder *i cigli delle strade* die Straßenränder	*le cigli**a*** die Wimpern *le ciglia degli occhi* die Augenwimpern
il corno das Horn	*i corn**i*** die Hörner (Instrumente) *i corni da caccia* die Jagdhörner	*le corn**a*** die Hörner/das Geweih *le corna del cervo* das Hirschgeweih
il cuoio das Leder/Fell	*i cuo**i*** die Felle *la lavorazione dei cuoi* die Bearbeitung der Felle	*le cuoi**a*** die Felle [in Wendungen] *tirare/stendere le cuoia* krepieren
il dito der Finger	*i dit**i*** die (einzelnen) Finger/ Zehen *i diti medi* die Mittelfinger	*le dit**a*** die Finger/Zehen (insges.) *avere le dita grosse* dicke Finger haben *leccarsi le dita* sich die Finger lecken
il filo der Faden	*i fil**i*** Fäden/Drähte *la telegrafia senza fili* die drahtlose Telegrafie	*le fil**a*** die Fäden [übertragen] *le fila della congiura* die Fäden der Verschwörung
il fondamento das Fundament	*i fondament**i*** die Grundlagen *i fondamenti della fede* die Grundlagen des Glaubens	*le fondament**a*** die Grundmauern *le fondamenta della casa* die Grundmauern des Hauses
il frutto die Frucht	*i frutt**i*** die Früchte [auch übertr.] *un albero carico di frutti* ein Baum voller Früchte *i frutti del lavoro* die Früchte der Arbeit	***la** frutt**a***/[selten] *le frutt**a*** das Obst *frutta fresca* frisches Obst *macedonia (di frutta)* Obstsalat
il gesto die Geste	*i gest**i*** die Gesten	*le gest**a*** die Taten/Heldentaten
il grido der Schrei	*i grid**i** (degli animali)* die Schreie (von Tieren)	*le grid**a** (degli uomini)* die Schreie (v. Menschen)
il labbro die Lippe	*i labbr**i*** die Ränder *i labbri della ferita* die Ränder der Wunde	*le labbr**a*** die Lippen *avere le labbra screpolate* aufgesprungene Lippen haben

il lenzuolo das Bettluch	*i lenzuol**i*** die Leintücher (einzeln) *Mancano tre lenzuoli.* Es fehlen drei Betttücher.	*le lenzuol**a*** die Betttücher (insgesamt) *cambiare le lenzuola* die Bettlaken wechseln
il membro das (Mit)Glied	*i membr**i*** die Mitglieder *i membri del parlamento* die Parlamentsmitglieder	*le membr**a*** die Gliedmaßen *le stanche membra* die müden Glieder
il muro die Mauer	*i mur**i** della casa* die Mauern des Hauses	*le mur**a** della città* die Stadtmauer
l'osso der Knochen	*gli oss**i*** die (einzelnen) Knochen *gettare gli ossi al cane* dem Hund die Knochen hinwerfen	*le oss**a*** die Knochen/das Knochen- gerüst *Mi fanno male le ossa.* Mir tun die Knochen weh.
l'urlo der Schrei	*gli url**i** (degli animali/* *degli uomini)* die Schreie (der Tiere/ der Menschen)	*le url**a** (degli uomini)* die Schreie (der Menschen)

Anmerkung: Ebenfalls zwei Pluralformen, die jedoch im Allgemeinen ohne Bedeutungsunterschied gebraucht werden, weisen auf: *il ginocchio* das Knie – *i ginocchi/le ginocchia* die Knie, *il sopracciglio* die Augenbraue – *i sopraccigli/le sopracciglia* die Augenbrauen.

Merke: *il riso* das Gelächter/der Reis – *i ris**i*** die Reissorten – *le ris**a*** das Gelächter (wird meist durch *le risate* ersetzt)

Der Plural zusammengesetzter Substantive 28

1. Bei den meisten zusammengesetzten Substantiven wird der Plural wie bei den einfachen Substantiven gebildet. Das bedeutet, dass nur der letzte Bestandteil verändert wird. Dieser Fall tritt insbesondere bei folgenden Zusammensetzungsmustern auf:

1.1. Substantiv + Substantiv (zusammengeschrieben):

la banconota	die Banknote	*- le banconote*	die Banknoten
la ferrovia	die Eisenbahn	*- le ferrovie*	die Eisenbahnen
l'arcobaleno	der Regenbogen	*- gli arcobaleni*	die Regenbogen

Merke: *il pescecane* der Hai – *i pescecani/i pescicani* die Haie; *il pomodoro* die Tomate – *i pomodori*/[reg.] *pomidoro/pomidori* die Tomanten; *il ficodindia* der Feigenkaktus – *i fichidindia* die Feigenkakteen, *la cassapanca* die Truhe – *le cassapanche/cassepanche* die Truhen

1.2. Adjektiv + Substantiv:

il francobollo	die Briefmarke	- *i francobolli*	die Briefmarken
l'altoparlante	der Lautsprecher	- *gli altoparlanti*	die Lautsprecher
la falsariga	das Linienblatt	- *le falsarighe*	die Linienblätter
la malalingua	das Klatschmaul	- *le malelingue*	die Klatschmäuler

Ausnahme: Die mit *mezzo* zusammengesetzten Komposita verändern im Plural beide Bestandteile: *la mezzaluna* der Halbmond – *le mezzelune* die Halbmonde, *la mezzanotte* die Mitternacht – *le mezzenotti* die Mitternachtsstunden, *la mezzatinta* die Zwischenfarbe/der Halbton – *le mezzetinte* die Zwischenfarben/die Halbtöne.

Merke: *il bassopiano* die Tiefebene – *i bassopiani/bassipiani* die Tiefebenen; *il bassorilievo* das Flachrelief – *i bassorilievi/bassirilievi* die Flachreliefs

1.3. Verb + Substantiv:

l'asciugamano	das Handtuch	- *gli asciugamani*	die Handtücher
il passatempo	der Zeitvertreib	- *i passatempi*	die Hobbys
il marciapiede	der Gehsteig	- *i marciapiedi*	die Gehsteige
il parafango	der Kotflügel	- *i parafanghi*	die Kotflügel

1.4. Präposition/Adverb + Substantiv:

il soprannome	der Spitzname	- *i soprannomi*	die Spitznamen
il sottufficiale	der Unteroffizier	- *i sottufficiali*	die Unteroffiziere
il contrattempo	der Zwischenfall	- *i contrattempi*	die Zwischenfälle
il lungomare	die Strandpromenade	- *i lungomari*	die Strandpromenaden

Ausnahmen: Unveränderlich sind: *il sottoscala* der Raum unter der Treppe – *i sottoscala* die Räume unter der Treppe, *il senzatetto* der Obdachlose – *i senzatetto* die Obdachlosen.

1.5. Nur der erste Bestandteil des zusammengesetzten Ausdrucks ist veränderlich, wenn zwei Substantive aneinander gereiht werden:

il vagone ristorante	der Speisewagen	- *i vagoni ristorante*	die Speisewagen
l'asilo nido	die Kinderkrippe	- *gli asili nido*	die Kinderkrippen

il pesce spada	der Schwertfisch	- *i pesci spada*	die Schwertfische
la parola chiave	das Schlüsselwort	- *le parole chiave*	die Schlüsselwörter
la donna poliziotto	die Polizistin	- *le donne poliziotto*	die Polizistinnen

Ausnahmen: *l'uccello predatore* der Raubvogel – *gli uccelli predatori* die Raubvögel, *la tartaruga gigante* die Riesenschildkröte – *le tartarughe giganti* die Riesenschildkröten, *il paese membro* das Mitgliedsland – *i paesi membri* die Mitgliedsländer; *il fine settimana* das Wochenende – *i fine settimana* die Wochenenden

1.6. Beide Bestandteile werden verändert, wenn das Kompositum aus einem Substantiv und einem nachgestellten Adjektiv oder Partizip besteht:

il pellerossa	die Rothaut	- *i pellirosse*	die Rothäute
la cassaforte	der Tresor	- *le casseforti*	die Tresore
la terracotta	die Terrakotta	- *le terrecotte*	die Terrakotten

Ausnahme: *il palcoscenico* die Bühne – *i palcoscenici* die Bühnen

2. Unverändert bleiben die Zusammensetzungen

2.1. wenn in der Kombination Verb + Substantiv das Substantiv im Plural steht oder ein Kollektivum ist:

il guastafeste	der Spielverderber	- *i guastafeste*	die Spielverderber
il salvagente	der Rettungsring	- *i salvagente*	die Rettungsringe
il bucaneve	das Schneeglöckchen	- *i bucaneve*	die Schneeglöckchen
il paracadute	der Fallschirm	- *i paracadute*	die Fallschirme
il tappabuchi	der Lückenbüßer	- *i tappabuchi*	die Lückenbüßer
lo stuzzicadenti	der Zahnstocher	- *gli stuzzicadenti*	die Zahnstocher
l'apriscatole	der Büchsenöffner	- *gli apriscatole*	die Büchsenöffner
il battiscopa	die Sockelleiste	- *i battiscopa*	die Sockelleisten

2.2. wenn sie auf ***-a*** ausgehen und maskulin sind:

lo sciogli-lingua	der Zungen-brecher	- *gli sciogli-lingua*	die Zungen-brecher
il cavalcavia	die Überführung	- *i cavalcavia*	die Überführungen

2.3. wenn sie aus zwei Verbformen oder aus Adverb und Verbform bestehen:

il saliscendi	die Klinke	- *i saliscendi*	die Klinken
il benestare	die Genehmi-gung	- *i benestare*	die Genehmi-gungen

3. Bei den mit ***capo***- gebildeten Komposita gibt es folgende Fälle:

3.1. Der erste Bestandteil wird verändert, wenn ***capo***- 'derjenige, der an der Spitze steht' bedeutet:

il capo-stazione	der Bahnhofs-vorsteher	- *i capistazione*	die Bahnhofs-vorsteher
il caporeparto	der Abteilungs-leiter	- *i capireparto*	die Abteilungs-leiter
il caposervizio	der Ressortleiter	- *i capiservizio*	die Ressortleiter
il capoclasse	der Klassen-sprecher	- *i capiclasse*	die Klassen-sprecher
il capo-squadra	der Vorarbeiter/ Mannschafts-führer	- *i capisquadra*	die Vorarbeiter/ Mannschafts-führer
il capogruppo	der Gruppen-führer	- *i capigruppo*	die Gruppen-führer

Anmerkung 1: Handelt es sich jedoch um eine weibliche Person, erfährt das Substantiv keine Veränderung: *la capoclasse* die Klassensprecherin – *le capoclasse* die Klassensprecherinnen, *la capolista* die Spitzenkandidatin – *le capolista* die Spitzenkandidatinnen.

Anmerkung 2: Zwei Pluralformen weisen z.B. auf: *il capocuoco* der Chefkoch – *i capicuoco/capicuochi* die Chefköche, *il capotreno* der Zugführer – *i capitreno/capotreni* die Zugführer.

Anmerkung 3: Wird *capo* nachgestellt, so wird es nicht verändert: *l'ingegnere capo* der leitende Ingenieur – *gli ingegneri capo* die leitenden Ingenieure.

3.2. Der zweite Bestandteil wird verändert, wenn das zusammengesetzte Substantiv als ein Begriff empfunden wird:

il capolavoro	das Meisterwerk	*- i capolavori*	die Meisterwerke
il capogiro	der Schwindel-anfall	*- i capogiri*	die Schwindel-anfälle

Numerusunterschiede zwischen italienischen und deutschen Substantiven 29

1. Nur im Singular werden im Italienischen gebraucht:

il canone televisivo	die Fernseh-gebühren	*la pasta*	die Nudeln
il costo della vita	die Lebens-haltungskosten	*la roba*	die Sachen/das Zeug
la forfora	die (Haar-) Schuppen	*la rosolia/ rubeola*	die Röteln
la mano d'opera	die Arbeitskräfte	*l'uva*	die Trauben
il morbillo	die Masern	*la varicella*	die Windpocken

Merke: *le uve* die Traubensorten; *l'acino (dell'uva)* die (einzelne) Weinbeere

2. Wendungen mit Substantiven im Singular:

Il dado è tratto.	Die Würfel sind gefallen.
Tutto ha un limite.	Alles hat seine Grenzen.
fare lo straordinario	Überstunden machen
Pesce grosso mangia pesce piccolo.	Die großen Fische fressen die kleinen.
Can che abbaia non morde.	Hunde, die bellen, beißen nicht.

3. Nur im Plural werden im Italienischen gebraucht:

gli abissi marini	die Tiefsee	*i Caraibi*	die Karibik
gli accessori	das Zubehör/ Accessoire	*le cesoie*	die Garten-schere
gli anabbaglianti	das Abblendlicht	*i cereali*	das Getreide
gli antecedenti	das Vorleben/die Vergangenheit	*le condizioni meteorologiche*	die Wetter-lage
i baffi	der Schnurr-bart	*la società dei consumi*	die Konsum-gesellschaft
i Balcani	der Balkan	*le dimissioni*	der Rücktritt

i dintorni	die Umgebung	*le Olimpiadi*	die Olympiade
le fauci	der Rachen/ Schlund	*i Paesi Baschi*	das Baskenland
le feci	der Stuhl/Kot	*i pantaloni*	die Hose
le ferie	der Urlaub/die Ferien	*le parallele*	der Barren
le forbici	die Schere	*il mercato delle pulci*	der Flohmarkt
i fuochi d'artificio	das Feuerwerk	*i reumatismi*	das Rheuma
le Hawaii	Hawaii	*i soldi*	das Geld
le immondizie	der Müll	*gli spiccioli*	das Kleingeld
le istruzioni per l'uso	die Gebrauchsanweisung	*gli spinaci*	der Spinat
le molle	die (Zucker) Zange	*le stoviglie*	das Geschirr
le mutande	die Unterhose	*i surgelati*	die Tiefkühlkost
le nozze	die Hochzeit	*le tenaglie*	die Zange
gli occhiali	die Brille	*le tenebre*	die Finsternis
		i vigili del fuoco	die Feuerwehr
		le zebre	der Zebrastreifen

Anmerkung: Werden die aus zwei gleichartigen Teilen bestehenden Kleidungsstücke oder Werkzeuge im Deutschen mit dem unbestimmten Artikel oder mit einem Zahlwort verbunden, so verwendet man *un paio/due* etc. *paia di*: eine Brille *un paio di occhiali*, eine Unterhose *un paio di mutande*, zwei Brillen *due paia di occhiali.*

4. Wendungen mit Substantiven im Plural:

salvare le apparenze	den Schein wahren
I tempi sono maturi.	Die Zeit ist reif.
Scherzi a parte.	Spaß bei Seite.
negli/in questi ultimi tempi	in der letzten Zeit
seguire i tempi/andare al passo coi tempi	mit der Zeit gehen
non avere tutti i torti	nicht ganz Unrecht haben
andarci a piedi	zu Fuß hingehen
dalla testa ai piedi	von Kopf bis Fuß
giocare a scacchi	Schach spielen
salire le scale	die Treppe hochgehen
Gli affari sono affari.	Geschäft ist Geschäft.
entrare in affari	ins Geschäft kommen

Le disgrazie non vengono mai sole.	Ein Unglück kommt selten allein.
È una questione di punti di vista.	Das ist Ansichtssache.
arrivare ai quarti di finale	ins Viertelfinale kommen
vivere ai margini della società	am Rande der Gesellschaft leben
Sentite condoglianze.	Herzliches Beileid.
Abbiamo gli stessi gusti.	Wir haben den gleichen Geschmack.
mettere gli occhi su qd/qc	ein Auge auf jdn./etw. werfen
mettere le dita nel naso	mit dem Finger in der Nase bohren
nei limiti del possibile	im Rahmen des Möglichen
Gli stessi diritti per tutti.	Gleiches Recht für alle.
dare appiglio alle critiche	Anlass zur Kritik geben
non sopportare le critiche	keine Kritik vertragen
fare i conti senza l'oste	die Rechnung ohne den Wirt machen

Anmerkung 1: Meist oder oft pluralisch kommen vor: *le piogge acide* der saure Regen; *le gengive* das Zahnfleisch; *i funerali* die Beerdigung, *ai tempi di Dante* zur Zeit von Dante, *avere una fame da lupi* einen Bärenhunger haben, *per i miei gusti* für meinen Geschmack, *lavorare alle poste* bei der Post arbeiten.

Anmerkung 2: In wenigen Fällen kommt es zu Bedeutungsveränderungen: *la gente* die Leute [mit Verb im Singular] – *le genti* [selten] die Völker (= *i popoli*); *la cenere* die Asche (einer Zigarette) – *le ceneri di Savonarola* die Asche Savonarolas; *il resto* der Rest/ Restbetrag/Wechselgeld – *i resti mortali* die sterblichen Überreste; *il saldo* Kontostand/Saldo – *i saldi* der Schlussverkauf, *nel primo tempo* in der ersten Halbzeit – *nei primi tempi* in der ersten Zeit.

Die Struktur der Nominalgruppe 30

Substantive können allein stehen oder sich mit anderen Wortarten, präpositionalen Fügungen oder Relativsätzen zu mehr oder weniger umfangreichen Nominalgruppen verbinden.

Nominalgruppen können bestehen aus:

1. einem Eigennamen: *Giovanni, Paola*;

2. einer Form des bestimmten Artikels, des unbestimmten Artikels oder des Teilungsartikels (vgl. Kap. 3) + Substantiv: *la ragazza* das Mädchen, *una ragazza* ein Mädchen, *delle ragazze* (einige) Mädchen, *del pane* (etwas) Brot;

3. einem Demonstrativadjektiv (vgl. Kap. 4) + Substantiv: *questa ragazza* dieses Mädchen;

4. einem Possessivadjektiv (vgl. Kap. 5) + Substantiv: *mia sorella* meine Schwester;

5. einem Indefinitadjektiv (vgl. Kap. 6) + Substantiv: *alcune ragazze* einige Mädchen;

6. einem Zahlwort (vgl. Kap. 7) + Substantiv: *tre ragazze* drei Mädchen;

7. einem Interrogativadjektiv (vgl. Kap. 8) + Substantiv: *che ragazza?* welches Mädchen?

8. einem Exklamativadjektiv (vgl. Kap. 8) + Substantiv: *Che ragazza!* Was für ein Mädchen!

9. einem Adjektiv + Substantiv bzw. einem Substantiv + Adjektiv (vgl. Kap. 11): *belle ragazze* schöne Mädchen, *ragazze intelligenti* intelligente Mädchen;

10. einem Substantiv + präpositionaler Fügung (vgl. Kap. 24): *ragazze dai capelli biondi* Mädchen mit blonden Haaren;

11. einem Substantiv + Relativsatz (vgl. Kap. 10): *ragazze che hanno i capelli biondi* Mädchen, die blonde Haare haben.

12. Ein Substantiv kann mehrere der aufgezählten Wortarten zu sich nehmen und außerdem durch eine präpositionale Fügung oder durch einen Relativsatz erweitert werden:

una bella ragazza	ein schönes Mädchen
queste belle ragazze	diese schönen Mädchen
le tre ragazze	die drei Mädchen
molte ragazze italiane	viele italienische Mädchen
una ragazza di quịndici anni	ein fünfzehnjähriges Mädchen
le ragazze che ho visto ieri	die Mädchen, die ich gestern gesehen habe
Quante belle ragazze!	Wie viele schöne Mädchen!

Die Funktionen der Nominalgruppe im Satz **31**

Die Nominalgruppe kann im Satz erscheinen als

1. Subjekt: ***La ragazza*** *ride*. Das Mädchen lacht.

2. direktes Objekt: *Hai visto* ***la ragazza****?* Hast du das Mädchen gesehen?

3. indirektes Objekt: *Ho già scritto* ***alla ragazza****.* Ich habe dem Mädchen schon geschrieben.

4. Präpositionalobjekt: *Parliamo sempre* ***della ragazza.*** Wir sprechen immer von dem Mädchen.

5. adverbiale Ergänzung: *Ciò che non mi piace* ***di questa ragazza*** *è il fatto che...* Was mir an diesem Mädchen nicht gefällt, ist die Tatsache, dass ...

6. prädikative Ergänzung: *Maria è diventata* ***una bella ragazza.*** Maria ist ein schönes Mädchen geworden.

(Zur Stellung der Nominalgruppe im Satz vgl. §§ 299-303, 306)

Kapitel 3 Der Artikel (L'articolo)

32 Übersicht über die Formen des bestimmten Artikels, des unbestimmten Artikels und des partitiven Artikels

Artikel	Numerus	maskulin	feminin
bestimmter Artikel (articolo determinativo)	Singular	*il, lo, l'*	*la, l'*
	Plural	*i, gli*	*le*
unbestimmter Artikel (articolo indeterminativo)	Singular	*un, uno*	*una, un'*
	Plural	*dei, degli*	*delle*
partitiver Artikel (articolo partitivo)	Singular	*del, dello, dell'*	*della, dell'*

33 Übersicht über die Kontraktionsformen des bestimmten Artikels (le preposizioni articolate)

Folgende Präpositionen verbinden sich mit dem bestimmten Artikel:

Präp.	*il*	*lo*	*l'*	*la*	*i*	*gli*	*le*
di	*del*	*dello*	*dell'*	*della*	*dei*	*degli*	*delle*
a	*al*	*allo*	*all'*	*alla*	*ai*	*agli*	*alle*
da	*dal*	*dallo*	*dall'*	*dalla*	*dai*	*dagli*	*dalle*
in	*nel*	*nello*	*nell'*	*nella*	*nei*	*negli*	*nelle*
su	*sul*	*sullo*	*sull'*	*sulla*	*sui*	*sugli*	*sulle*

Anmerkung 1: Von den Kontraktionsformen mit der Präposition *con* sind nur noch *col* und *coi* lebendig: *con il/col fratello* mit dem Bruder, *viaggiare col/con il treno* mit dem Zug reisen. *Queste arance non sono trattate coi/con i conservanti.* – Diese Orangen sind nicht mit Konservierungsmitteln behandelt. Die übrigen Formen *collo, coll' colla, cogli, colle* sind heute ungebräuchlich.

Anmerkung 2: Bei Titeln von Büchern, Werken usw. ist die Verwendung der Kontraktionsform oder der nicht-kontrahierten Form zulässig: *Ieri ho letto sulla/su La Stampa che ...* – Gestern habe ich in „La Stampa" gelesen, dass ... *Questo brano è tratto dal/da Il nome della rosa.* – Dieser Abschnitt ist „Der Name der Rose" entnommen. *I personaggi dei/de/di I Promessi Sposi* die Personen der „Promessi Sposi". *Ho trovato questa frase nei/ne/in I Promessi Sposi.* – Ich habe diesen Satz in den „Promessi Sposi" gefunden.

Der maskuline Artikel (l'articolo maschile) 34

1. Die Artikelformen ***il, i, del, dei*** werden vor Wörtern gebraucht, die mit Konsonant beginnen (mit Ausnahme von *s* + Konsonant, *z, ps, pn, gn, x, y* oder unbetontem *i* + Vokal):

il cane	der Hund	*i fiori*	die Blumen
il libro	das Buch	*i regali*	die Geschenke
del burro	(etwas) Butter	*dei ragazzi*	(einige) Jungen
il walkman	der Walkman	*dei giornali*	(einige) Zeitungen

2. Die Artikelformen ***lo, gli, uno, dello, degli*** stehen vor Wörtern, die mit *s* + Konsonant anlauten einschließlich des Lautes [ʃ], ferner vor Wörtern, die mit *z, ps, pn, gn, x, y* oder mit unbetontem *i* + Vokal beginnen:

lo studente	der Student	*dello sciroppo*	(etwas) Sirup
gli studenti	die Studenten	*lo pneumatico*	der Reifen
uno studente	ein Student	*uno psicologo*	ein Psychologe
degli studenti	(einige) Studenten	*gli gnocchi*	die Gnocchi
gli studi	die Studien	*lo zaino*	der Rucksack
lo spettatore	der Zuschauer	*uno zero*	eine Null
lo scambio	der Austausch	*lo zio*	der Onkel
lo scherzo	der Scherz	*lo xenofobo*	der Ausländerfeind
lo scellino	der Schilling	*uno xilofono*	ein Xylophon
lo sci	der Ski	*gli yacht* [jɔt]	die Yachten
lo sciacquone	der Spülkasten	*lo yoga*	das Yoga
lo sciopero	der Streik	*lo yoghurt*	der Joghurt
gli sciuponi	die Verschwender	*degli iugoslavi*	(einige) Jugo-slawen

Anmerkung 1: Die obige Regel gilt auch bei Fremdwörtern, die mit *ch* oder *sh* [ʃ] anlauten: *lo chef* der Chefkoch, *lo choc/shock* der Schock, *lo champagne* der Champagner, *lo sherry* der Sherry.

Anmerkung 2: Tritt zwischen Artikel und Substantiv ein Adjektiv, so richtet sich der Artikel nach dem Anfangsbuchstaben des folgenden Adjektivs: *un bambino* ein Kind, aber: *uno strano bambino* ein seltsames Kind.

Anmerkung 3: In Verbindung mit dem Substantiv *pneumatico* ist der Gebrauch des Artikels *il* heutzutage sehr häufig: *il/un pneumatico* und *i pneumatici.*

Anmerkung 4: Aus älterer Zeit haben sich erhalten: *per lo più/perlopiù* meistens/zum Großteil, *per lo meno/perlomeno* wenigstens und *gli dei* die Götter.

3. Die Artikelformen ***l', dell', gli, degli*** werden vor Wörtern gebraucht, die mit Vokal (einschließlich *h*, das nicht gesprochen wird) beginnen:

l'amico	der Freund	*gli amici*	die Freunde
l'albero	der Baum	*gli orologi*	die Uhren
dell'argento	(etwas) Silber	*degli uomini*	(einige) Menschen
l'editore	der Herausgeber	*gli Italiani*	die Italiener
l'odore	der Geruch	*gli esperti*	die Fachleute
l'hotel	das Hotel	*gli hobby*	die Hobbys

Anmerkung: Die Schreibung *gl'Italiani* ist nicht mehr gebräuchlich (vgl. § 8.3).

4. Die Artikelform ***un*** steht vor Vokal oder vor Konsonant (außer vor *s* + Konsonant, *z, ps, pn, gn, x* oder vor unbetontem *i* + Vokal):

un fiore	eine Blume	*un amico*	ein Freund
un libro	ein Buch	*un orologio*	eine Uhr

35 Der feminine Artikel (l'articolo femminile)

1. Die Artikelformen ***la, una, della*** stehen vor Wörtern, die mit Konsonant beginnen oder vor Wörtern, die mit unbetontem *i* anlauten, auf das ein Vokal folgt:

la ragazza	das Mädchen	*una macchina*	ein Auto
la bicicletta	das Fahrrad	*una matita*	ein Bleistift
della farina	(etwas) Mehl	*la iena*	die Hyäne

2. Die Artikelformen ***l', dell', un'*** gebraucht man vor mit Vokal anlautenden Wörtern:

l'abitudine	die Gewohnheit	*un'amica*	eine Freundin
l'erba	das Gras	*un'eccezione*	eine Ausnahme
dell'insalata	(etwas) Salat	*un'entrata*	ein Eingang

Anmerkung: Immer häufiger werden in diesem Fall die nicht-elidierten Artikelformen verwendet: *una amica* eine Freundin, *una e-mail* eine E-Mail, *la analisi* die Analyse. Immer: *la hall* [ɔ:l] *dell'albergo* die Hotelhalle, *la hit-parade* die Hitparade.

3. Im Plural werden die Artikelformen ***le, delle*** gebraucht:

le amiche	die Freundinnen	*le piante*	die Pflanzen
delle erbe	(einige) Kräuter	*delle gonne*	(einige) Röcke

Anmerkung: Veraltet sind Formen wie *l'erbe, l'isole* anstatt *le erbe* die Kräuter, *le isole* die Inseln.

Der Gebrauch des bestimmten Artikels 36

1. Wie im Deutschen steht der bestimmte Artikel im Italienischen bei Substantiven, die auf etwas Bekanntes verweisen. Die Bekanntheit kann dadurch gegeben sein, dass das betreffende Objekt/die betreffende Person im vorangehenden Text schon einmal erwähnt wurde oder dass es/sie beim Hörer als bekannt vorausgesetzt werden kann:

C'era una volta un re che aveva due figli. (...) Un giorno il re gli disse: ...	Es war einmal ein König, der hatte zwei Söhne. (...) Eines Tages sagte der König zu ihnen: ...
Ho aperto una porta, per fortuna era la porta giusta.	Ich habe eine Tür geöffnet; zum Glück war es die richtige Tür.
Mio marito è andato all'edicola a comprare il giornale.	Mein Mann ist zum Kiosk gegangen, um die Zeitung zu kaufen.

2. Ein mit dem bestimmten Artikel versehenes Substantiv kann auf eine gesamte Gattung verweisen:

La balena è un mammifero.	Der Wal ist ein Säugetier.
Il medico cura i malati.	Der Arzt behandelt die Kranken.

Anmerkung 1: Ein Satz wie *I bambini si devono sfogare* kann bedeuten 1. Kinder (ganz allgemein) müssen sich austoben. 2. Die Kinder (bestimmte Kinder) müssen sich austoben.

Anmerkung 2: Bei Aufzählungen kann der Artikel fehlen: *Nobili, popolani, uomini, donne, tutti volevano salutarlo.* – Adlige, Leute aus dem Volk, Männer, Frauen, alle wollten ihn begrüßen.

Der Gebrauch des bestimmten Artikels bei Namen 37

(zu geographischen Namen vgl. § 38)

1. Der bestimmte Artikel steht vor Titeln, ***signore/signora*** und ***signorina*** mit folgendem Namen (zum *Troncamento* vgl. § 9.1):

Il signor Bianchi fa l'insegnante.	Herr Bianchi ist Lehrer.
Il professor Fasola è desiderato al telefono.	Professor Fasola wird am Telefon verlangt.

La signorina Bramante non è ancora arrivata.	Fräulein Bramante ist noch nicht gekommen.
Bisogna chiedere alla dottoressa Pirera.	Man muss Frau Doktor Pirera fragen.
L'ingegner Russo è a Milano per affari.	Herr (Ingenieur) Russo ist geschäftlich in Mailand.
l'imperatore Carlo Magno	Kaiser Karl der Große
il duca Cesare Borgia	Herzog Cesare Borgia
il principe Carlo	Prinz Karl
il cardinale Lehmann	Kardinal Lehmann
il generale Wellington	General Wellington

Anmerkung 1: Kennt man den Titel einer Person, so sollte man ihn mit dem Familiennamen verbinden.

Anmerkung 2: In der Anrede entfällt der bestimmte Artikel: *Buona sera, signor Melzi.* – Guten Abend, Herr Melzi.

Anmerkung 3: Immer ohne Artikel werden gebraucht *don, donna, fra, suor, monsignor, padre* und *santo* (bezüglich der jeweiligen Form vgl. § 9.1): *don Giovanni, fra Cristoforo* Bruder Christophorus, *suor Virginia* Schwester Virginia, *monsignor/padre Domenico* Monsignore/Pater Domenico, *san Francesco* der heilige Franziskus, *santa Chiara* die heilige Klara. Aber: *Il San Francesco di Giotto* der heilige Franziskus von Giotto (Gemälde).

Anmerkung 4: Vor *re* und *papa* kann der bestimmte Artikel gesetzt werden, wenn auf den Namen eine Ordnungszahl folgt; sonst entfällt meist der Artikel: *(il) re Vittorio Emanuele II* König Viktor Emanuel II., *(il) papa Leone XIII* Papst Leo XIII.; aber meist: *re Vittorio Emanuele, papa Leone.*

2. Vor Familiennamen von Männern kann der Artikel stehen, vor Familiennamen von Frauen wird der Artikel gesetzt: *(il) Rossi, (il) Giacomini; la Deledda, la Ginzburg, la Loren, la Amadori* (nicht elidiert!).

3. Vor Familiennamen berühmter männlicher Persönlichkeiten der Vergangenheit kann der Artikel stehen: *(il) Boccaccio, (il) Manzoni, (il) Marconi, (il) Galilei, (il) Cavour.* Handelt es sich dagegen um Persönlichkeiten unserer Zeit, so wird kein Artikel gesetzt: *Ciampi, Moravia, Pirandello, Bocelli, Celentano, Berlusconi, Andreotti.*

Anmerkung 1: Der Artikel fehlt stets bei *Colombo* Kolumbus, *Giotto* und *Garibaldi*; dagegen heißt es immer *l'Alfieri* und *l'Alighieri.* Aber nur: *Dante* (Vorname!).

Anmerkung 2: Der Artikel entfällt vor Namen von Komponisten und Interpreten: *Verdi, Rossini.* Wendung: *Paganini non ripete.* – Ich sage das nicht zweimal (Antwort auf die Bitte, das Gesagte zu wiederholen).

Anmerkung 3: Beinamen, die als Familiennamen gebraucht werden, können mit dem Artikel stehen: *(il) Tintoretto, (il) Veronese.*

4. Vor Vornamen mit folgendem Familiennamen steht kein Artikel: *Giovanni Boccaccio, Alessandro Manzoni, Natalia Ginzburg* [g-], *Raffaella Carrà.*

5. Vor Vornamen steht kein Artikel: *Dante, Raffaello, Antonio, Maria.*

Anmerkung 1: In Norditalien wird in familiärer Ausdrucksweise der Artikel gebraucht: *l'Antonio, il Renato, la Maria, la Giulia, la Edda/l'Edda.*

Anmerkung 2: Wird der Vorname genauer bestimmt, muss der Artikel gesetzt werden: *Non è più la Maria/il Carlo di una volta.* – Sie/Er ist nicht mehr die Maria/der Karl von früher. Aber: *Maria Santissima* die Heilige Mutter Gottes

Anmerkung 3: Bezeichnet der Vorname ein Werk, wird der bestimmte Artikel verwendet: *Il Saul è una tragedia dell'Alfieri.* – „Saul" ist eine Tragödie von Alfieri. *Ti piace il Mosè (di Michelangelo)?* – Gefällt dir der Moses (von Michelangelo)? *la prova generale dell'Otello* die Generalprobe des Othello; aber: *Plácido Domingo nel ruolo di Otello* Plácido Domingo in der Rolle des Othello.

6. Die Namen der Planeten werden mit Ausnahme der Erde ohne Artikel gebraucht:

Al telescopio Marte appare come un disco rossastro.	Im Teleskop erscheint der Mars als eine rötliche Scheibe.
Saturno è molto simile a Giove.	Der Saturn ist dem Jupiter sehr ähnlich.

7. Der Name „Christus" wird im Italienischen teils mit, teils ohne Artikel gebraucht: *(Il) Cristo ci insegna che ...* – Christus lehrt uns, dass ...

8. Immer ohne Artikel werden *Gesù Bambino* 'das Christkind' und *Babbo Natale* 'der Weihnachtsmann' gebraucht: *Che cosa ti ha portato di bello Gesù Bambino/Babbo Natale?* – Was hat das Christkind/der Weihnachtsmann dir Schönes gebracht?

9. Namen von Sportmannschaften:

La Juventus ha vinto lo scudetto con due punti di vantaggio.	Juventus hat die Meisterschaft mit zwei Punkten Vorsprung gewonnen.
La Lazio ha battuto il Bologna per due a zero.	Lazio hat Bologna zwei zu Null geschlagen.
Ronaldo non gioca più nell'Inter.	Ronaldo spielt nicht mehr bei Inter (Mailand).

Merke: *giocare in/nella Nazionale* in der Nationalmannschaft spielen

10. Firmennamen:

Mio padre lavora alla Fiat/BMW [biemmevu]/*Volkswagen.*	Mein Vater arbeitet bei Fiat/BMW/ VW.
L'ho comprato al Lidl.	Ich habe es bei Lidl gekauft.

11. Der Name *Internet* wird ohne Artikel gebraucht:

un messaggio su Internet	eine Nachricht im Internet
collegarsi a Internet	ins Internet gehen
viaggiare/navigare in/su Internet	im Internet surfen

12. Im Gegensatz zu *la Mafia, la Camorra, la 'Ndrangheta* wird *Cosa nostra* ohne Artikel verwendet: *Cosa nostra è un'organizzazione mafiosa di famiglie italo-americane.* – Die *Cosa nostra* ist eine Mafiaorganisation italoamerikanischer Familien.

38 Der Gebrauch des bestimmten Artikels bei geographischen Namen

1. Der bestimmte Artikel wird im Gegensatz zum Deutschen vor Namen von Kontinenten, Ländern und Regionen verwendet:

L'Africa è più grande dell'Europa.	Afrika ist größer als Europa.
L'Italia è un bel paese.	Italien ist ein schönes Land.
Non conosco bene la Germania.	Ich kenne Deutschland nicht gut.
Mio zio è ritornato dal Brasile.	Mein Onkel ist aus Brasilien zurückgekehrt.
Abbiamo viaggiato per il Lazio.	Wir sind durch Latium gereist.
Ho letto un articolo sulla Liguria.	Ich habe einen Artikel über Ligurien gelesen.
Il Baden-Württemberg confina con la Renania-Palatinato, l'Assia e la Baviera.	Baden-Württemberg grenzt an Rheinland-Pfalz, Hessen und Bayern.

Ausnahmen: Immer ohne Artikel stehen: *Israele, Haiti, Cuba, San Marino, Monaco* und *Andorra.* Beachte: *San Marino è molto pittoresca.* – San Marino ist sehr malerisch.

Anmerkung 1: Bei Aufzählungen kann der Artikel entfallen: *Abbiamo già visitato Spagna, Francia, Inghilterra e Grecia.* – Wir haben schon Spanien, Frankreich, England und Griechenland besucht.

Anmerkung 2: Geht dem Ländernamen *mezzo* voran, so entfällt der Artikel: *mezza Italia* halb Italien. Merke auch: *fuori d'Italia* außerhalb Italiens.

Anmerkung 3: Während Aussagen wie 'Ich bin aus Frankreich/aus Deutschland' nur mit *Sono francese/tedesco* wiedergegeben werden, kann eine Aussage wie 'Ich bin aus Kalabrien/Molise' durch *Sono calabrese/molisano* oder *Sono della Calabria/del Molise* ausgedrückt werden.

2. Vor femininen Namen von Kontinenten, Ländern und Regionen im Singular steht auf die Frage 'wo?'/'wohin?' nur die Präposition ***in***:

Mi piacerebbe fare un viaggio in Asia.	Ich würde gerne eine Reise nach Asien machen.
Quando andate in Inghilterra?	Wann fahrt ihr nach England?
Il suo fidanzato lavora in Lombardia/in Toscana/in Puglia/in Emilia-Romagna.	Ihr Verlobter arbeitet in der Lombardei/in der Toskana/in Apulien/in der Emilia-Romagna.
in Renania-Palatinato/in Westfalia-Renania del Nord/ in Turinghia/in Bassa Sassonia/ in Baviera/in Sassonia Anhalt	in/nach Rheinland-Pfalz/Nordrhein-Westfalen/Thüringen/Niedersachsen/Bayern/Sachsen-Anhalt

Aber: *passare le vacanze nelle Marche* in den Marken Urlaub machen

Anmerkung 1: 'im/ins Aostatal' heißt *in Val d'Aosta* oder *in/nella Valle d'Aosta.*
Anmerkung 2: Statt *in Puglia* wird auch *nelle Puglie* verwendet.
Anmerkung 3: Seltener ist *nella Toscana, nella Lombardia.* In diesen Fällen steht offensichtlich der Raum im Vordergrund.

3. Vor maskulinen Ländernamen im Singular können in der Regel ***in*** oder die entsprechenden Kontraktionsformen (***nel, nell'***) gebraucht werden:

Ho intenzione di emigrare in/nel Canada.	Ich habe die Absicht, nach Kanada auszuwandern.
L'anno scorso abbiamo passato le vacanze in/nel Portogallo.	Letztes Jahr haben wir die Ferien in Portugal verbracht.
in/nell'Afghanistan	in/nach Afghanistan

Aber: *Nel Kenia, nel Kuwait, nel Laos, nello Zambia* (weniger empfehlenswert: *in Kenia, in Kuwait* etc.); *negli Stati Uniti* in den/die Vereinigten Staaten, *nei Paesi Bassi* in den Niederlanden/in die Niederlande, *nei Balcani* auf dem/in den Balkan.

4. Vor maskulinen Namen von Regionen steht ***in*** bzw. ***nel/nell'***:

in Piemonte	in/nach Piemont
in Abruzzo	in den/die Abruzzen
in/nel Friuli-Venezia Giulia	in/nach Friaul-Julisch Venetien
in/nel Trentino-Alto Adige	im/nach Trentino-Südtirol
in/nell'Alto Adige	in/nach Südtirol
nel/in Veneto	im/ins Veneto
nel/in Molise	in/nach Molise
nel Lazio	in/nach Latium

Anmerkung: Statt *in Abruzzo* wird auch *negli Abruzzi* verwendet.

Merke: *in Vaticano* im Vatikan

5. Vor Namen von Kontinenten, Ländern und Regionen mit Attribut stehen in der Regel die Kontraktionsformen von ***in*** und dem bestimmten Artikel:

nell'Europa dell'Est	in Osteuropa
trasferirsi nell'Italia settentrionale/centrale/meridionale	nach Nord-/Mittel-/Süditalien ziehen
nel Piemonte dell'Ottocento	im Piemont des 19. Jahrhunderts
nella Germania di Goethe	im Deutschland Goethes
rimanere nell'Arabia saudita	in Saudi-Arabien bleiben
nella Spagna di Carlo Quinto	im Spanien Karls V.
nella Francia del secondo dopoguerra	in Frankreich nach dem Zweiten Weltkrieg

Anmerkung: 'In/nach Norditalien/Süditalien' kann auch mit *nell'Italia del Nord/Sud/nel Nord/Sud(-)Italia/nel Nord/Sud dell'Italia* wiedergegeben werden. Auch *in Italia settentrionale/meridionale* gilt als korrekt. 'In/nach Mittel- und Süditalien' heißt *nell'Italia del centro-sud.*

Ausnahmen: *recarsi in Gran Bretagna* sich nach Großbritannien begeben, *fare un viaggio in Medio Oriente/in Terra Santa/in America latina/in Nuova Zelanda* eine Reise in den Mittleren Orient/ins Heilige Land/nach Lateinamerika/Neuseeland machen

6. Stellen Namen von Ländern und Regionen ein Attribut dar, steht die Kontraktionsform ***di*** + bestimmter Artikel:

le città del Portogallo	die Städte Portugals
la capitale del Brasile/della Francia/dell'Irlanda/dell'/d'Egitto	die Hauptstadt Brasiliens/Frankreichs/Irlands/Ägyptens
il clima dell'Italia	das Klima Italiens
nel resto dell'Italia	im übrigen Italien
in alcune regioni dell'Italia	in einigen Regionen Italiens

Anmerkung 1: In folgenden Verbindungen erscheint der Artikel nicht: *la capitale/ i comuni/le province/le regioni d'Italia* die Hauptstadt/die Gemeinden/die Provinzen/die Regionen Italiens, *le città d'Europa* die Städte Europas

Anmerkung 2: Nach einem Superlativ erscheint *di* oder *in*: *Genova è il porto più grande d'Italia.* Genua ist der größte Hafen Italiens. *I parchi nazionali più importanti in Italia sono: ...* – Die bedeutendsten Nationalparks in Italien sind: ...

Unterscheide: *fare il giro d'Italia* am Giro d'Italia teilnehmen – *fare il giro dell'Italia* eine Rundfahrt durch Italien machen

7. Wenn auf Titel oder Institutionen feminine Namen von Ländern oder Regionen als Attribut folgen, steht die Präposition *di* ohne Artikel:

l'ambasciata d'Italia	die italienische Botschaft
il re di Spagna	der spanische König
la regina d'Inghilterra	die englische Königin
il Granduca di Toscana	der Großherzog der Toskana

Anmerkung 1: Bei maskulinen Ländernamen steht *di* mit Artikel: *l'ambasciatore del Portogallo* der portugiesische Botschafter, *il re del Belgio* der belgische König.

Anmerkung 2: Neben *ambasciata d'Italia* (offizielle Bezeichnung) ist auch *ambasciata italiana* möglich. Dagegen muss es immer *la regina d'Inghilterra* heißen; **la regina inglese* ist nicht korrekt.

8. Wenn auf typische Erzeugnisse feminine Namen von Ländern oder Regionen als Attribut folgen, kann ***di*** mit oder ohne Artikel stehen, wobei sich ein Bedeutungsunterschied ergeben kann:

i vini di Francia	die französischen Weine (als Qualitätsbegriff)
i vini della Francia	die französischen Weine (in ihrer Gesamtheit)

Anmerkung: Folgt ein maskuliner Ländername, so steht *di* mit Artikel: *il caffè del Brasile* der brasilianische Kaffee. Jedoch ist wie im Deutschen in allen Fällen auch der Gebrauch des entsprechenden Adjektivs zulässig: *i vini francesi, il caffè brasiliano.*

9. Städtenamen stehen ohne Artikel: *Roma, Milano* Mailand, *Firenze* Florenz.

Aber: Wenn zu Städtenamen eine Ergänzung hinzutritt, steht der bestimmte Artikel: *la Firenze dei Medici* das Florenz der Medici, *l'industriosa Milano* das geschäftige Mailand, *nella Berlino degli anni venti* im Berlin der zwanziger Jahre.

Anmerkung: Bei einigen Städtenamen ist der Artikel Bestandteil des Namens: *La Spezia, L'Aquila* Aquila, *Il Cairo* Kairo, *L'Aia* den Haag, *L'Avana* Havanna, *La Mecca* Mekka, *La Valletta, Le Cinque Terre/Cinqueterre.* Der bestimmte Artikel kann in diesen Fällen auch klein geschrieben werden. Als Attribut erscheinen die Formen *di La Spezia, della Spezia* und *de la Spezia.* Steht vor diesem Städtenamen ein Adjektiv, so wird der Artikel nur einmal gesetzt: *la bella Spezia* das schöne La Spezia.

10. Inselnamen stehen im Allgemeinen mit dem bestimmten Artikel: *la Corsica, la Sardegna* Sardinien, *la Sicilia* Sizilien. Davon gibt es zahlreiche Ausnahmen: *Malta, Rodi* Rhodos, *Capri, Ischia, Creta, Cipro* Zypern.

Anmerkung: Es heißt meist *l'isola d'Elba*: *Andiamo all'isola d'Elba.* – Wir fahren nach Elba. *Siamo all'/sull'isola d'Elba.* – Wir sind auf Elba. Aber: *Hamburgo si trova sull'Elba.* – Hamburg liegt an der Elbe.

Abweichender Artikelgebrauch im Italienischen und im Deutschen

39 Bestimmter Artikel im Italienischen, kein Artikel oder unbestimmter Artikel im Deutschen

Grundsätzlich ist zu bemerken, dass der bestimmte Artikel im Italienischen viel häufiger auftritt als im Deutschen.

Im Gegensatz zum Deutschen steht der bestimmte Artikel bei:

1. Stoffnamen, wenn sie verallgemeinernd gebraucht werden, und Abstrakta:

Il ferro pesa più del legno.	Eisen ist schwerer als Holz.
L'oro costa molto.	Gold ist teuer.
La frutta fa bene.	Obst ist gesund.
Mangi la pizza?	Isst du Pizza?
Mi piace il pesce.	Ich mag Fisch.
Mio cognato mangia di tutto, tranne le carote.	Mein Schwager isst alles außer Karotten.
La birra dev'essere fredda.	Bier muss kalt sein.
Studio/Insegno lo spagnolo.	Ich lerne/unterrichte Spanisch.
La fisica m'interessa.	Physik interessiert mich.
La matematica è il suo punto debole.	Mathematik ist seine Schwäche.

La ginnastica è molto importante.	Gymnastik ist sehr wichtig.
Il calcio è il mio sport preferito.	Fußball ist mein Lieblingssport.
Con la pazienza supererai tutte le difficoltà.	Mit Geduld wirst du alle Schwierigkeiten überwinden.
Il turismo porta benessere.	(Der) Tourismus bringt Wohlstand.
Si portano di nuovo le gonne corte.	Man trägt jetzt wieder kurze Röcke.
L'unione fa la forza.	Einigkeit macht stark.
La violenza partorisce odio.	Gewalt erzeugt Hass.
L'ozio è il padre dei vizi.	Müßiggang ist aller Laster Anfang.
Le bugie hanno le gambe corte.	Lügen haben kurze Beine.

Anmerkung 1: Beim Prädikatsnomen steht kein Artikel: *Questa è birra.* – Das ist Bier. *È oro questo?* – Ist das Gold?

Anmerkung 2: *Con la pazienza* bezeichnet das Mittel, *con pazienza* die Art und Weise. *Il professore mi ha spiegato tutto con pazienza.* – Der Lehrer hat mir alles geduldig erklärt.

Anmerkung 3: In einer Reihe von Sprichwörtern wird der Artikel nicht gesetzt: *Acqua passata non macina più.* – Was geschehen ist, ist geschehen. *Can che abbaia non morde.* – Hunde, die bellen, beißen nicht.

Anmerkung 4: Bei paarweisen Ausdrücken und Aufzählungen sowie in Überschriften kann der Artikel entfallen: *Solitudine e miseria spingono un'anziana al suicidio.* – Einsamkeit und Not treiben eine alte Frau in den Selbstmord. *Alluvioni e frane sono all'ordine del giorno in Italia.* – Überschwemmungen und Erdrutsche sind in Italien an der Tagesordnung. *Argento, oro, platino sono metalli preziosi.* – Silber, Gold und Platin sind Edelmetalle.

Anmerkung 5: Der Artikel entfällt in der Regel, wenn die Präpositionen ***di*** oder ***in*** vorausgehen: *M'interesso di fisica.* – Ich interessiere mich für Physik. *Abbiamo parlato di calcio.* – Wir haben über Fußball gesprochen. *Mi occupo d'informatica.* – Ich beschäftige mich mit Informatik. *Oggi sono stato interrogato in matematica.* – Heute wurde ich in Mathematik abgehört. *È bravo/debole in latino.* – Er ist gut/schwach in Latein. *L'hanno accusato di furto.* – Man hat ihn des Diebstahls angeklagt. *È stata sospettata di omicidio.* – Sie wurde des Mordes verdächtigt. *L'impiegato si è reso colpevole di spionaggio industriale.* – Der Angestellte hat sich der Industriespionage schuldig gemacht.

Anmerkung 6: Handelt es sich um ein anerkanntes Studienfach, kann der Artikel fehlen: *Insegno francese/educazione fisica in un liceo.* – Ich unterrichte Französisch/Sport an einem Gymnasium. Es heißt jedoch immer: *studiare medicina/legge/elettronica/musica* Medizin/Jura/Elektronik/Musik studieren. *Abbiamo italiano alla terza ora.* – Wir haben in der dritten Stunde Italienisch.

Anmerkung 7: *Parlare il tedesco* bedeutet 'Deutsch sprechen' (= die deutsche Sprache beherrschen), *parlare (in) tedesco* 'deutsch sprechen' (= sich in deutsch unterhalten). Dieser Unterschied wird jedoch oft nicht mehr gemacht. Jedoch sagt man stets: *sapere/conoscere/capire il tedesco* Deutsch können/verstehen. Es heißt *avere buone conoscenze di inglese* gute Englischkenntnisse haben, aber *avere una buona conoscenza dell'inglese* eine gute Kenntnis der englischen Sprache haben.

Anmerkung 8: In Subjektfunktion fehlt selten der Artikel: *Fughe di gas tossici inquinano l'atmosfera e mettono gravemente in pericolo la salute dell'uomo.* – Das Ausströmen giftiger Gase verschmutzt die Atmosphäre und gefährdet in hohem Maße die Gesundheit des Menschen. *Intuizioni europeistiche si ebbero fin dal Medio Evo.* – Den Europagedanken betreffende Vorahnungen/Vorahnungen eines gemeinsamen Europa hatte man seit dem Mittelalter. *Progresso scientifico e tecnico non significa automaticamente progresso al servizio dell'uomo.* – Wissenschaftlicher und technischer Fortschritt bedeutet nicht automatisch Fortschritt im Dienste des Menschen.

2. Gegenständen, deren Besitz im modernen Leben vorausgesetzt werden kann, verlangt wird oder nicht unüblich ist:

Hai l'orologio?	Hast du eine Uhr?
Hai la patente?	Hast du einen Führerschein?
Non porto mai la cravatta.	Ich trage nie eine Krawatte.
Chi va in moto, deve portare il casco.	Wer Motorrad fährt, muss einen Helm tragen.
Abbiamo il riscaldamento centrale.	Wir haben Zentralheizung.
In hotel c'è la sauna.	Im Hotel gibt es eine Sauna.
Tutte le camere hanno il televisore.	Alle Zimmer haben Fernseher.
Ormai tutti hanno il cellulare.	Inzwischen haben alle ein Handy.
Hai il telefono? – No, non ho il telefono.	Hast du Telefon? – Nein ich habe kein Telefon.
Angela ha il piercing all'ombelico.	Angela hat ein Nabelpiercing.

3. Angabe der Uhrzeit:

È l'una (in punto).	Es ist (Punkt) ein Uhr.
Sono le tre (precise).	Es ist (genau) drei Uhr.
Sono le quattro passate.	Es ist vier Uhr vorbei.
Il treno è arrivato alle (ore) cinque.	Der Zug ist um fünf Uhr angekommen.
Ti aspetto alle/per le otto.	Ich erwarte dich um acht Uhr.
Lavoro dalle otto alle quattro.	Ich arbeite von acht bis vier.

I bambini escono di casa verso le sette e mezzo.	Die Kinder gehen gegen halb acht aus dem Haus.
Verremo fra le cinque e le sei.	Wir werden zwischen fünf und sechs kommen.
Servono la prima colazione dalle sette in poi.	Ab sieben Uhr kann man frühstücken.
Mio figlio ha giocato a tennis fino alle dieci.	Mein Sohn hat bis zehn Uhr Tennis gespielt.
Suonò la mezzanotte.	Es schlug Mitternacht.

Merke: *Ha l'ora esatta/precisa?* – Haben Sie genaue Uhrzeit?

4. Altersangaben:

Ha pubblicato tre romanzi tra i quaranta e i cinquanta anni.	Zwischen vierzig und fünfzig Jahren hat er drei Romane veröffentlicht.
Avrà tra i 50 e 60 anni.	Er/Sie wird zwischen 50 und 60 sein.
Fino a cento anni fa, la durata media della vita non superava i 40 anni.	Bis vor hundert Jahren lag die durchschnittliche Lebensdauer bei 40 Jahren.
In Italia, l'obbligo scolastico va dai 6 ai 14 anni.	In Italien geht die Schulpflicht von 6 bis 14 Jahre.
Se il figlio ha compiuto i sedici anni è necessario il suo consenso.	Hat das Kind das sechzehnte Lebensjahr vollendet, ist seine Zustimmung notwendig.
il 70% dei maschi al di sopra dei sessantacinque anni	70% der über 65 Jahre alten Männer

Aber: *Ho quindici anni.* – Ich bin fünfzehn (Jahre alt). *Ho compiuto vent'anni.* – Ich bin zwanzig (Jahre) geworden. *Mi sono sposato a venticinque anni.* – Ich habe mit fünfundzwanzig (Jahren) geheiratet. *È entrato un signore di circa sessant'anni.* – Ein Herr von ungefähr sechzig Jahren kam herein.

5. Namen von Körperteilen nach *avere* und den Präpositionen *da* und *con*, wenn eine konstatierende Aussage vorliegt:

Mio fratello ha i capelli biondi.	Mein Bruder hat blonde Haare.
Ho le gambe storte.	Ich habe krumme Beine.
Germana ha gli occhi celesti.	Germana hat blaue Augen.
Ho il naso aquilino.	Ich habe eine Adlernase.
Durante le vacanze ho conosciuto una ragazza dai/con i capelli rossicci.	In den Ferien habe ich ein Mädchen mit rötlichem Haar kennen gelernt.
Ho lo stomaco pesante.	Ich habe Magendrücken.

Anmerkung 1: Auch bei Ausdrücken im übertragenen Sinn steht der bestimmte Artikel: *Mia moglie ha il pollice verde.* – Meine Frau hat einen grünen Daumen. *Hai la pelle dura.* – Du hast ein dickes Fell.

Anmerkung 2: Enthält das Adjektiv eine Wertung oder wird eine in den Bereich des Ästhetischen gehende Aussage gemacht, so steht der unbestimmte Artikel: *Ha una voce stridula.* – Er/Sie hat eine schrille Stimme. *Ha un seno opulento.* – Sie hat einen üppigen Busen. *Tu hai (delle) belle gambe.* – Du hast schöne Beine. *Hai (dei) capelli meravigliosi.* – Du hast wunderbare Haare. *Angela ha (dei) grandi occhi celesti.* – Angela hat große blaue Augen.

Anmerkung 3: Erscheint anstelle eines Adjektivs eine mit ***da*** gebildete Fügung, so steht der unbestimmte Artikel: *avere una voce da baritono* eine Baritonstimme haben, *avere un viso da angioletto* ein Engelsgesicht haben, *avere una faccia da schiaffi* ein Ohrfeigengesicht haben, *avere un naso da calmucco/ubriacone* eine platte Nase/Säufernase haben.

6. Namen von Krankheiten:

La scarlattina è una malattia infettiva e contagiosa.	Scharlach ist eine ansteckende Infektionskrankheit.
Sua moglie ha il cancro.	Seine Frau hat Krebs.
Mio padre ha il diabete.	Mein Vater hat Diabetes (Zucker).
Il bambino ha la varicella.	Das Kind hat Windpocken.
Ho la tosse.	Ich habe Husten.
Mia figlia è a letto con la febbre.	Meine Tochter liegt mit Fieber im Bett.
Mia figlia ha il raffreddore da fieno.	Meine Tochter hat Heuschnupfen.
Non si sa, con esattezza, quale percentuale di sieropositivi svilupperà alla fine l'Aids.	Man weiß nicht genau, wie viel Prozent der Seropositiven schließlich Aids entwickeln werden.

Anmerkung 1: Nach den Präpositionen ***di*** oder ***da*** entfällt der Artikel: *morire di cancro/d'infarto* an Krebs/einem Herzinfarkt sterben, *soffrire di emicrania* unter Migräne leiden, *essere affetto da polmonite* eine Lungenentzündung haben, *operare qd di appendicite* jdn. am Blinddarm operieren, *essere malato di cuore* herzkrank sein, *essere colpito/stroncato da infarto* einen Infarkt erleiden, *avere una febbre da cavallo* sehr hohes Fieber haben.

Anmerkung 2: Auch bei der Angabe von körperlichen und seelischen Störungen steht der bestimmte Artikel: *avere i brufoli* Pickel haben, *avere la forfora* Schuppen haben, *avere i piedi sudati* Schweißfüße haben, *avere l'alito cattivo* Mundgeruch haben, *avere il mal d'amore* Liebeskummer haben.

7. Namen von Musikinstrumenten und Tänzen:

Il violino è uno strumento difficile da imparare.	Geige ist ein schwer erlernbares Instrument.
Abbiamo ballato il valzer/il tango.	Wir haben Walzer/Tango getanzt.
Sai suonare la chitarra?	Kannst du Gitarre spielen?

8. Farbbezeichnungen:

Il verde, il bianco, il rosso sono i colori della bandiera italiana.	Grün, Weiß, Rot sind die Farben der italienischen Fahne.
Non si era accorto di essere passato col rosso.	Er hatte nicht gemerkt, dass er bei Rot durchgefahren war.
Quest'anno va di moda il viola.	Dieses Jahr ist Violett Mode.

Aber: *È verde.* – Es ist Grün. (Ampel)

9. Prozentangaben:

Il tre/L'uno per cento della popolazione pensa che ...	Drei/Ein Prozent der Bevölkerung denkt, dass ...
Il 30% dei bambini è (in) sovrappeso.	30% der Kinder sind übergewichtig.
L'incremento è del 15%.	Die Steigerung beträgt 15%.
Circa il 70% viveva di agricoltura.	Ungefähr 70% lebte(n) vom Ackerbau.
La restante parte del territorio è occupata per il 42% da colline.	Der übrige Teil des Gebietes wird zu 42% von Hügeln eingenommen.
L'esportazione è aumentata del quattro per cento.	Der Export hat (um) 4% zugenommen.
Puoi risparmiare fino al 20%.	Du kannst bis zu 20% sparen.

Anmerkung: Folgt auf eine Prozentangabe eine Ergänzung im Plural, erscheint das Prädikat häufig im Plural: *L'88% delle denunce si riferiscono ad episodi di violenza familiare e coniugale.* – 88% der Anzeigen beziehen sich auf Vorfälle familiärer oder ehelicher Gewalt.

10. Jahreszahlen:

Il 1492/L'anno 1492 fu un anno ricco di avvenimenti.	1492 war ein ereignisreiches Jahr.
L'affresco è del/dell'anno 1321.	Das Fresco stammt aus dem Jahr 1321.
Sono nato nel 1942/nell'anno 1942.	Ich bin 1942 geboren.

Mia sorella è vissuta in Italia dal 1985 al 1988.	Meine Schwester hat von 1985 bis 1988 in Italien gelebt.
Era il 1989.	Es war 1989.
nella seconda metà del 1800	in der zweiten Hälfte des 19. Jahrhunderts

11. Speisen:

Fate gli gnocchi?	Machen Sie Gnocchi?
Le lasagne nessuno sa farle buone/bene come te.	Lasagne kann niemand so gut machen wie du.
Il tiramisù si fa con i savoiardi.	Tiramisù macht man mit Löffelbiskuits.
Per domani ho preparato gli involtini.	Für morgen habe ich Rouladen gemacht.
I cannelloni li facciamo solo il giovedì.	Cannelloni machen wir nur donnerstags.
Oggi abbiamo mangiato la pizza.	Heute haben wir Pizza gegessen.
Ora è possible comprare il pane nero anche in Italia.	Jetzt kann man Schwarzbrot auch in Italien kaufen.

12. *giocare*, wenn eine Ergänzung mit *con* oder *su* folgt:

giocare con le bambole	mit Puppen spielen
giocare con la play-station	Play-Station spielen
giocare con la sabbia/i fiammiferi	mit Sand/Streichhölzern spielen
giocare con le/sulle parole	mit Worten spielen

Anmerkung: Bei ***giocare a*** entfällt heute meist der bestimmte Artikel: *giocare a carte* Karten spielen, *giocare a tennis* Tennis spielen, *giocare a pallacanestro/basket* Basketball spielen, *giocare a calcio/pallone* Fußball spielen, *giocare a palla* Ball spielen, *giocare a biliardo* Billard spielen, *giocare a birilli* kegeln, *giocare a dadi* würfeln, *giocare a scacchi* Schach spielen, *giocare a flipper* flippern, *giocare al volano* Federball spielen, *giocare al lotto* Lotto spielen, *giocare al dottore* Doktor spielen.

Merke: mit dem Feuer spielen *scherzare con il fuoco*

13. Angabe des Begleitumstands mit der Präposition *con* (vgl. § 288.5):

con la luna piena	bei Vollmond
con lo stomaco vuoto	mit leerem Magen
dormire con le finestre aperte	bei offenem Fenster schlafen
parlare con la bocca piena	mit vollem Mund sprechen

viaggiare col buio	bei Dunkelheit reisen
con l'aiuto di suo padre	mit Hilfe seines Vaters
con il concorso di	unter Mitwirkung von
col favore delle tenebre	unter dem Schutz der Dunkelheit

14. Wendungen (im Deutschen kein Artikel):

amministrare la giustizia	Recht sprechen
andare al tappeto	zu Boden gehen (Boxen)
ascoltare (la) musica	Musik hören
ascoltare la radio	Radio hören
avere le borse sotto gli occhi	Tränensäcke haben
avere la musica nel sangue	Musik im Blut haben
avere le ferie/vacanze	Ferien/Urlaub haben
avere l'orario continuato	durchgehende Öffnungszeiten haben
avere le lacrime agli occhi	Tränen in den Augen haben
avere il senso dell'umorismo	Sinn für Humor haben
avere le idee chiare	klare Vorstellungen haben
avere la precedenza	Vorfahrt haben
cercare la lite (con qd)	Streit suchen (mit jdm.)
chiedere il permesso a qd	jdn. um Erlaubnis bitten
dare l'addio a qd/qc	von jdm./etw. Abschied nehmen
dare il gas	Gas geben
dare l'allarme	Alarm schlagen
dare il via a qc	für etw. grünes Licht geben
dare la buona notte a qd	jdm. gute Nacht sagen
donare il sangue	Blut spenden
essere il benvenuto	willkommen sein
fare la pace	Frieden schließen
fare le boccacce	Grimassen schneiden
fare la fila/coda	Schlange stehen
fare l'inventario	Inventur machen
fare lo slalom	Slalom fahren
fare gli straordinari	Überstunden machen
fare le uova	Eier legen
fischiare il fuorigioco	Abseits pfeifen
fumare la pipa	Pfeife rauchen
gettare il discredito su qd	jdn. in Misskredit bringen
mantenere il silenzio	Stillschweigen bewahren
mettersi il profumo	Parfüm nehmen/tragen
pagare il pedaggio	Maut zahlen
pagare il pizzo	Schutzgeld bezahlen
portare il lutto	Trauer tragen

portare il trentasette	(Schuh-)Größe 37 tragen
portare la quaranta	(Kleider-)Größe 40 tragen
prendere la mezza pensione/ la pensione completa	Halbpension/Vollpension nehmen
ricorrere alla violenza	Gewalt anwenden
saper leggere le note	Noten lesen können
scatenare il panico/l'odio	Panik/Hass auslösen
spalare la neve	Schnee schaufeln
stare sui carboni ardenti	(wie) auf glühenden Kohlen sitzen
tenere il passo con qc	mit etw. Schritt halten
vedere le stelle	Sterne sehen [fam.]
tra l'altro	unter anderem
C'è il divieto di sosta.	Es ist Halteverbot.
C'è subito la coincidenza per Bari.	Man hat sofort Anschluss nach Bari.
fin dalla giovinezza	von Jugend an
ai tempi di sua madre	zu Lebzeiten seiner Mutter
sul piano politico	auf politischer Ebene

Merke auch: *guardare la televisione/tivù* fernsehen, *fare (lo) zapping* (hin und her) zappen

15. Wendungen (im Deutschen unbestimmter Artikel):

avere il sonno leggero/pesante	einen leichten/festen Schlaf haben
avere la coscienza tranquilla/ sporca	ein gutes/schlechtes Gewissen haben
avere la bocca amara	einen bitteren Geschmack im Mund haben
avere il sesto senso	einen sechsten Sinn haben
avere la pelle d'oca	eine Gänsehaut haben
fare l'elemosina/la carità a qd	jdm ein Almosen geben
fare il biglietto	eine Fahrkarte lösen
fare lo scontrino alla cassa	einen Bon an der Kasse lösen
pagare il supplemento	einen Zuschlag zahlen
fare la barriera	eine Mauer bilden (Fußball)
fare la ruota	ein Rad schlagen
farsi crescere la barba	sich einen Bart wachsen lassen
avere il colesterolo alto	einen hohen Cholesterinspiegel haben
consegnare il foglio in bianco	ein leeres Blatt abgeben
avere la vita facile	ein leichtes Leben haben
avere/raggiungere l'orgasmo	einen Orgasmus haben/bekommen
In tutti i bar c'è il listino prezzi.	In allen Bars gibt es eine Preisliste.

Ci vuole il visto.	Man braucht ein Visum.
La gallina ha fatto l'uovo.	Das Huhn hat ein Ei gelegt.
Scoppiò il panico.	Es brach eine Panik aus.
Ha sempre la risposta pronta.	Er/Sie hat immer eine Antwort parat.
fare il nido	ein Nest bauen
avere l'occhio nero/pesto	ein blaues Auge haben
chiedere il bis	eine Zugabe verlangen
fare il ritratto a/di qd	von jdm. ein Porträt machen
cercare il pelo nell'uovo	ein Haar in der Suppe finden

16. Possessivadjektiven (vgl. hierzu § 56):

la mia valigia	mein Koffer
i miei libri	meine Bücher

17. *tutti/tutte* alle (vgl. hierzu § 90.1.2):

tutti i bambini	alle Kinder
tutte le case	alle Häuser

18. Firmennamen:

Il padre di Paolo lavora alla Fiat.	Der Vater von Paolo arbeitet bei Fiat.
La Garzanti è una casa editrice italiana.	Garzanti ist ein italienischer Verlag.

Kein Artikel im Italienischen, bestimmter Artikel im Deutschen 40

Im Gegensatz zum Deutschen fehlt der bestimmte Artikel im Italienischen bei

1. Räumlichkeiten im Haus:

Posso andare in bagno?	Kann ich ins Bad gehen?
Antonella è in camera sua.	Antonella ist in ihrem Zimmer.
Mario è sceso in cantina.	Mario ist in den Keller gegangen.
La mamma è in cucina a preparare il pranzo.	Mama ist in der Küche und bereitet das Mittagessen zu.
Passiamo in salotto.	Gehen wir ins Wohnzimmer!
Il vecchio armadio è in soffitta.	Der alte Schrank ist auf dem Speicher.

Stamattina abbiamo fatto colazione in terrazza.	Heute Morgen haben wir auf der Terrasse gefrühstückt.
L'ho incontrata in corridoio.	Ich habe sie auf dem Flur getroffen.

2. Geschäften, öffentlichen Gebäuden und Institutionen usw.:

Devo andare in banca.	Ich muss auf die Bank gehen.
Suo padre lavora in fabbrica.	Sein Vater arbeitet in der Fabrik.
È stato ricoverato in ospedale.	Er wurde ins Krankenhaus eingeliefert.
Il sindaco ci ha ricevuto in municipio.	Der Bürgermeister hat uns im Rathaus empfangen.
Io vado in chiesa ogni domenica.	Ich gehe jeden Sonntag in die Kirche.
Oggi sarò in ufficio fino alle otto.	Heute werde ich bis acht im Büro sein.
I genitori hanno deciso di mandare il figlio in collegio.	Die Eltern haben beschlossen, ihren Sohn ins Internat zu schicken.
Vieni con noi in discoteca?	Gehst/Kommst du mit uns in die Disco?
Abbiamo mangiato in osteria.	Wir haben im Wirtshaus gegessen.
Andiamo in piscina?	Gehen wir ins Schwimmbad?
Questa gonna la devo portare in tintoria.	Diesen Rock muss ich in die Reinigung bringen.

Anmerkung: Liegt die Betonung auf dem Raum, steht der bestimmte Artikel: *Ho perso un orecchino nel bagno.* – Ich habe im Bad einen Ohrring verloren. *I ladri si sono nascosti nella banca.* – Die Räuber haben sich in der Bank versteckt.

3. einigen Orts- und Richtungsangaben mit der Präposition ***a***, wenn gewohnheitsmäßig ausgeübte Tätigkeiten gemeint sind:

I bambini sono già a letto.	Die Kinder sind schon im Bett.
Oggi non vado a lezione/a scuola/a teatro.	Heute gehe ich nicht in den Unterricht/in die Schule/ins Theater.
Va a caccia anche lui?	Geht auch er auf die Jagd?
Domani andiamo a/per funghi.	Morgen gehen wir Pilze sammeln/ [reg.] in die Pilze.
Tutta la famiglia va a messa.	Die ganze Familie geht zur Messe.

Aber: *andare alla messa vespertina* zur Abendmesse gehen, *andare alla messa di mezzanotte* zur Mitternachtsmesse gehen, *andare alla scuola media* in die Realschule gehen

4. Namen von Straßen, Plätzen und ebenso bei Palästen mit nachfolgendem Familiennamen:

Dov'è Piazza San Marco/via Manzoni?	Wo ist der Markusplatz/die Manzonistraße?
Abito in via Dante.	Ich wohne in der Dantestraße.
Il cortile di Palazzo Pitti mi piace molto.	Der Hof des Pitti-Palastes gefällt mir sehr.
Ci siamo fermati un'ora in Palazzo Medici.	Wir haben uns eine Stunde im Medici-Palast aufgehalten.
Dobbiamo scendere in Piazza Cavour.	Wir müssen am Cavour-Platz aussteigen.
Come faccio per andare a Piazzale Michelangelo?	Wie komme ich zum Michelangeloplatz?

Aber: *il Palazzo Ducale* der Dogenpalast (kein Familienname!), *la via Aurelia, la via Flaminia* (alte römische Straßennamen)

5. Mahlzeiten, wenn sie mit den Präpositionen ***a*** oder ***dopo*** verbunden sind:

Dopo colazione vado a scuola.	Nach dem Frühstück gehe ich in die Schule.
Dopo pranzo ho riposato.	Nach dem Mittagessen habe ich mich ausgeruht.
Dopo cena siamo andati al cinema.	Nach dem Abendessen sind wir ins Kino gegangen.
A pranzo c'erano tutti.	Beim Mittagessen waren alle da.
Che cosa prendi a colazione?	Was isst du zum Frühstück?
Siamo invitati a cena.	Wir sind zum Abendessen eingeladen.
Devo portare qualcosa per cena?	Soll ich etwas zum Abendessen mitbringen?
Perché non restate a cena?	Warum bleibt ihr nicht zum Abendessen?

Merke: *prima di/della colazione* vor dem Frühstück, *prima di/del pranzo* vor dem Mittagessen, *prima di/della cena* vor dem Abendessen, *durante la colazione/il pranzo/la cena* während des Frühstücks/Mittagessens/Abendessens, *prendere la medicina prima dei pasti/dopo i pasti* die Medizin vor/nach den Mahlzeiten einnehmen, *prima e dopo i pasti* vor und nach den Mahlzeiten

6. Wochentagen, wenn die Adjektive *scorso* oder *prossimo* stehen können:

Sabato (scorso) sono rimasto a casa.	Am (letzten/vergangenen) Samstag bin ich zu Hause geblieben.
Lunedì (prossimo) andrò in città.	Am (nächsten) Montag werde ich in die Stadt gehen.

Aber: *Lo vedo il/di giovedì.* – Ich sehe ihn donnerstags (aber auf Schildern: *lunedì chiuso* montags geschlossen). *La domenica le banche sono chiuse.* – Sonntags haben die Banken geschlossen; *la domenica e i giorni festivi* an Sonn- und Feiertagen, *la seconda domenica di settembre* am zweiten Sonntag im September, *il giornale della domenica* die Sonntagszeitung, *il mercoledì seguente* am folgenden Mittwoch, *la domenica pomeriggio* Sonntag nachmittags.

7. Monatsnamen:

Aprile ha trenta giorni.	Der April hat dreißig Tage.
Ci siamo sposati in/a maggio/ nel mese di maggio.	Wir haben im Mai geheiratet.
Ci siamo andati la prima domenica di ottobre.	Wir sind am ersten Sonntag im Oktober hingegangen.
Ci resteremo da marzo a settembre.	Wir werden von März bis September dort bleiben.
Ho trascorso marzo a Creta.	Ich habe den März auf Kreta verbracht.
In aprile faceva freddo.	Der April war kalt.

Anmerkung: Ist der Monatsname genauer bestimmt, so steht der Artikel: *Trascorreremo il giugno di quest'anno a Rodi.* – Wir werden den Juni in diesem Jahr auf Rhodos verbringen. *Nell'aprile dell'anno 1950* im April des Jahres 1950, *nel maggio (del) 1859, alla fine del giugno 1944* Ende Juni 1944, *il luglio scorso* letzten Juli, *nel maggio dello stesso anno* im Mai desselben Jahres, *nel settembre scorso* im vergangenen September.

8. Jahreszeiten, wenn ihnen die Präpositionen ***in*** oder ***di*** vorausgehen:

in/a primavera	im Frühling
in estate/d'estate	im Sommer
in autunno/d'autunno	im Herbst
in inverno/d'inverno	im Winter

Anmerkung: Ist die Jahreszeitangabe genauer bestimmt, so steht der Artikel: *nella primavera dell'anno/(del) 1984* im Frühjahr 1984.
Aber: *Sta arrivando la primavera.* – Es wird Frühling.

9. Transportmitteln, wenn die Präposition ***in*** vorausgeht:

Vado a Roma in aereo.	Ich fliege nach Rom.
Sono andato in autostop da Firenze a Roma.	Ich bin von Florenz nach Rom getrampt.
Mi piace viaggiare in treno.	Ich fahre gern mit dem Zug.
Sai andare in bicicletta?	Kannst du Rad fahren?
andare in autobus/pullman/motocicletta/macchina/nave/barca	mit dem Bus/Reisebus/Motorrad/Auto/Schiff/Boot fahren

Aber: *Ho lasciato la patente nella macchina.* – Ich habe den Führerschein im Auto liegen lassen [Ortsangabe].

Anmerkung 1: Möglich sind auch *con l'aereo/con la macchina/con la nave.*

Anmerkung 2: Ist das Transportmittel genauer bestimmt, so steht die Präposition *con* mit dem bestimmten Artikel: *Sono andato a Milano con la macchina di mio fratello.* – Ich bin mit dem Auto meines Bruders nach Mailand gefahren. *Con quale treno siete partiti?* – Mit welchem Zug seid ihr gefahren? *Siamo partiti con il treno delle dieci.* – Wir sind mit dem 10-Uhr-Zug gefahren.

10. Himmelsrichtungen, die mit einer Präposition verbunden sind:

Il vento soffia da nord.	Der Wind bläst aus dem Norden.
La Lombardia confina a nord con la Svizzera, ad est con il Trentino-Alto Adige e il Veneto, a sud con l'Emilia-Romagna, ad ovest con il Piemonte.	Die Lombardei grenzt im Norden an die Schweiz, im Osten an Trentino-Südtirol und Venezien, im Süden an die Emilia-Romagna und im Westen an Piemont.
il vento da nord/sud/est/ovest	der Nord-/Süd-/Ost-/Westwind
a nord/a sud di Napoli	nördlich/südlich von Neapel
ad ovest/ad est di Torino	westlich/östlich von Turin
a sud-est di Ferrara	südöstlich von Ferrara
da nord a sud	von Norden nach Süden
verso sud	gegen Süden
dal punto più a nord al punto più a sud d'Italia	vom nördlichsten zum südlichsten Punkt Italiens

Anmerkung: Bezieht sich die Himmelsrichtung auf den Teil eines Landes, auch wenn dieses nur mitverstanden wird, so steht der bestimmte Artikel: *gli Italiani del Nord (= i Settentrionali)/del Sud (= i Meridionali)* die Norditaliener/Süditaliener; *abitare al/nel Nord/ Centro/Sud* im Norden/Zentrum/Süden (z.B. Italiens) wohnen; *venire dal Sud* aus dem Süden kommen; *il divario nord-sud/tra (il) Nord e (il) Sud* das Nord-Süd-Gefälle.

Merke: *i prodotti d'oriente* die Produkte aus dem Orient; *l'Impero Romano d'Occidente* das Weströmische Reich

11. ***Santo*** im Singular mit Namen (vgl. § 9.1.4):

san Paolo/santo Stefano	der heilige Paulus/Stephanus
santa Caterina	die heilige Katharina
il convento di San Francesco	das Kloster des Heiligen Franziskus

Aber: *i santi Pietro e Paolo* der heilige Petrus und Paulus, *il Santo Padre* der Heilige Vater, *il San Daniele* (Schinken)

12. Ausdrücken, die mit ***in*** + Substantiv + ***a*** zusammengesetzt sind:

in cima al monte	auf dem Berggipfel
in capo a un anno	innerhalb eines Jahres
in coda/testa al treno	am Zugende/an der Zugspitze
in base alle prove	auf Grund der Beweise
in merito al divorzio	was die Scheidung angeht
in mezzo alla strada	mitten auf der Straße
in odio al padre	aus Hass gegen den Vater
in seguito alla pioggia	infolge des Regens
essere in preda alle fiamme	ein Raub der Flammen sein
in confronto a suo figlio	im Vergleich zu seinem Sohn
in opposizione al Parlamento	im Gegensatz zum Parlament
in proporzione/rapporto alla clientela	im Verhältnis zur Kundschaft
in riva al mare	am Meer(esufer)

Merke: *in base alle/sulla base delle ultime scoperte* aufgrund der letzten Entdeckungen, *in fondo al pozzo/nel fondo del pozzo* auf dem Grund des Brunnes, *in mano al nemico/nelle mani del nemico* in der Hand des Feindes, *in margine alla società/ai margini della società* am Rand der Gesellschaft

13. Attributen, die ein Substantiv näher definieren und im Deutschen als Genitivergänzung erscheinen:

i verbi di percezione	die Verben der Wahrnehmung
in segno di lutto	zum Zeichen der Trauer
dopo un anno di convivenza	nach einem Jahr des Zusammenlebens
un sospiro di sollievo	ein Seufzer der Erleichterung
un sentimento di delusione	ein Gefühl der Enttäuschung
quell'atmosfera di tensione	jene Atmosphäre der Spannung
il mestiere di scrittore	der Beruf des/eines Schriftstellers

Aber: *il problema della disoccupazione* das Problem der Arbeitslosigkeit, *la virtù della pazienza* die Tugend der Geduld, *il vizio della pigrizia* das Laster der Faulheit

14. Wendungen:

per amor di pace	um des (lieben) Friedens willen
a capo dello Stato	an der Spitze des Staates
con la sigaretta in bocca	mit der Zigarette im Mund
portare a bollore	zum Kochen bringen
copiare in bella	ins Reine schreiben
dare in adozione un bambino	ein Kind zur Adoption freigeben
tenere un bambino in braccio	ein Kind auf dem Arm halten
in caso di bisogno/dubbio	im Notfall/im Zweifelsfall
abitare in centro/periferia	im Zentrum/in der Peripherie wohnen
in cerca di lavoro	auf der Suche nach Arbeit
senza battere ciglio	ohne mit der Wimper zu zucken
essere in condizione di fare qc	in der Lage sein, etwas zu tun
in confidenza	im Vertrauen
perdere conoscenza	das Bewusstsein verlieren
a differenza della lingua tedesca	im Unterschied zur deutschen Sprache
per fortuna	zum Glück
in gioventù	in der Jugend
scrivere a macchina	mit der Maschine schreiben
avere qc in mente	etwas im Sinn haben
oltre misura	über die Maßen
in offerta	im Angebot
prendere qd in parola	jdn. beim Wort nehmen
in gran parte	zum großen Teil
spedire qc per posta	etw. mit der Post schicken
in pratica/in teoria	in der Praxis/in der Theorie
È (una) questione di tempo.	Es ist eine Frage der Zeit.
in/a ricordo di	zur Erinnerung an
per (i)scherzo	im Scherz
in segno di amicizia	zum Zeichen der Freundschaft
in settimana	im Laufe der Woche
in sogno	im Traum
in senso proprio/figurato	im eigentlichen/übertragenen Sinn
a vantaggio/svantaggio di	zum Vorteil/Nachteil von
cadere a/per terra	auf den Boden fallen
tradurre dal tedesco in italiano	aus dem Deutschen ins Italienische übersetzen
conoscere qd di vista	jdn. vom Sehen kennen
essere fuori allenamento	aus der Übung sein
accusare ricevuta di qc	den Empfang von etw. bestätigen
perdere qd di vista	jdn. aus den Augen verlieren
essere fortunato in amore	Glück in der Liebe haben

Aber: *abitare nel/al centro/nella/alla periferia di Milano* im Zentrum/in den Außenbezirken Mailands wohnen

Merke: *per (l')amor di tuo padre* aus Liebe zu deinem Vater, *alla ricerca della fortuna* auf der Suche nach dem Glück, *sul serio* im Ernst, *nel sonno* im Schlaf

Unterscheide: *in poesia* in der Dichtung – *nella poesia* im Gedicht

15. Wendungen mit den Verben *cambiare, sbagliare, entrare, uscire, scappare/fuggire* und *togliere/trarre/levare/cavare*:

cambiare medico	den Arzt wechseln
cambiare mestiere	den Beruf wechseln
cambiare argomento	das Thema wechseln
cambiare vita	sein Leben ändern
cambiare casa	umziehen
cambiare treno	umsteigen
sbagliare porta/data/giorno	sich in der Tür/im Datum/imTag irren
sbagliare strada	sich in der Straße irren/sich verfahren
sbagliare numero	sich verwählen (beim Telefonieren)
entrare in aula	in den Hörsaal hineingehen
entrare in casa	ins Haus hineingehen
entrare in porto	in den Hafen einlaufen
uscire di scuola	aus der Schule kommen
uscire di casa	das Haus verlassen
uscire di clinica	die Klinik verlassen
scappare/fuggire di casa	von zu Hause weglaufen
togliere/trarre/levare/cavare di tasca	aus der Tasche ziehen

Anmerkung 1: Selten wird *cambiare* auch mit *di* verbunden: *cambiare (di) casa* umziehen, *cambiare (di) opinione* seine Meinung ändern. Wird das Objekt genauer bestimmt, verwendet man den bestimmten Artikel: *Quest'anno cambieremo soltanto il professore di matematica.* – Dieses Jahr werden wir nur einen neuen Mathematiklehrer bekommen. *Ho cambiato il numero di cellulare.* – Ich habe eine neue Handy-nummer.

Anmerkung 2: Hat *cambiare* die Bedeutung 'austauschen/ersetzen', so steht der bestimmte Artikel: *Bisogna cambiare la lampadina.* – Man muss die Glühbirne auswechseln. *Posso cambiare la merce?* – Kann ich die Ware umtauschen? *Devo cambiare la ruota.* – Ich muss das Rad wechseln. *Devo cambiare la zip ai pantaloni.* – Ich muss in die Hose einen neuen Reißverschluss einnähen.
Unterscheide: *Mio figlio ha cambiato scuola.* – Mein Sohn hat die Schule gewechselt. *Bisognerebbe cambiare la scuola.* – Man müsste die Schule verändern.

Anmerkung 3: Nach den Verben *uscire, fuggire/scappare* und *togliere/trarre/levare/cavare* ist auch die Präposition *da* mit dem bestimmten Artikel, teilweise auch artikellos, in gleicher Bedeutung möglich: *uscire da(lla) scuola/dalla clinica, scappare/fuggire da(lla) casa, togliere/trarre/levare/cavare dalla tasca,* aber nur: *togliere di mezzo* aus dem Weg räumen.

Der Gebrauch des unbestimmten Artikels 41

1. Wie im Deutschen steht der unbestimmte Artikel im Italienischen bei zählbaren Substantive, die auf Lebewesen, Gegenstände oder Sachverhalte verweisen, von denen der Sprecher nicht annimmt, dass sie dem Hörer bekannt sind oder die er bewusst unbestimmt lässt. Im Singular bezeichnet der unbestimmte Artikel ein Einzelobjekt oder eine Gattung, während er sich im Plural auf eine unbestimmte Anzahl bezieht. Er wird insbesondere verwendet, wenn Lebewesen, Gegenstände oder Sachverhalte zum ersten Mal in einem Text erwähnt werden. Es ist zu beachten, dass der Gebrauch des unbestimmten Artikels im Plural oft fakultativ ist (zum Gebrauch des Artikels im verneinten Satz vgl. § 267):

L'altro giorno ho letto un libro molto interessante.	Neulich habe ich ein sehr interessantes Buch gelesen.
Un padre aveva due figli.	Ein Vater hatte zwei Söhne.
Stamattina ho visto una cicogna vicino a casa nostra.	Heute Morgen habe ich einen Storch in der Nähe unseres Hauses gesehen.
Stamattina ho visto (delle) cicogne vicino a casa nostra.	Heute Morgen habe ich Störche in der Nähe unseres Hauses gesehen.
Delle tartarughe marine si recano ogni anno su una spiaggia particolare dell'isola di Lampedusa per deporvi le uova.	Meeresschildkröten begeben sich jedes Jahr zu einem besonderen Strand der Insel Lampedusa, um dort ihre Eier abzulegen.
Mi hanno portato (delle) castagne molto grosse.	Sie haben mir sehr große Kastanien gebracht.
Silvio legge (dei) fumetti dalla mattina alla sera.	Silvio liest von morgens bis abends Comics.
Ci sono ancora (dei) ravanelli nell'orto.	Es sind noch Radieschen im Garten.
Abbiamo vissuto (dei) momenti difficili.	Wir haben schwere Zeiten erlebt.
Le Guardie Svizzere hanno (delle) uniformi magnifiche con (dei) colori stupendi.	Die Schweizer Garde hat prächtige Uniformen mit wunderbaren Farben.

Anmerkung 1: Tritt ein Substantiv mit dem unbestimmten Artikel im Plural an den Satzanfang, so wird der unbestimmte Artikel durch *di* ersetzt oder entfällt: *(Di) ravanelli, ce ne sono ancora nell'orto.* – Radieschen sind noch im Garten. Kommt zu dem Substantiv ein Adjektiv hinzu, muss *di* stehen: *Di momenti difficili, ne abbiamo vissuti.* – Schwere Zeiten haben wir durchgemacht. Dagegen bedeutet *Dei ravanelli non ce ne sono più.* – Von den (bestimmten) Radieschen sind keine mehr da.

Anmerkung 2: Bei einer Aufzählung entfällt der unbestimmte Artikel: *Al mercato ho comprato mele, pere e pomodori.* Auf dem Markt habe ich Äpfel, Birnen und Tomaten gekauft.

2. Der unbestimmte Artikel kann zum Ausdruck bringen, dass eine Gattung als solche oder ein Typus gemeint ist:

Un cane è sempre fedele al suo padrone.	Ein Hund ist immer seinem Herrn treu.
Un bambino si deve sfogare.	Ein Kind muss sich austoben.

3. Der unbestimmte Artikel kann eine Intensität mit eventueller konsekutiver Ergänzung angeben:

Ho una fame!	Hab' ich einen Hunger!
Abbiamo una sete da non dirsi!	Wir haben einen unsäglichen Durst!
Ho un sonno che dormirei in piedi!	Ich bin so müde, dass ich stehend schlafen könnte!

4. In einigen Fällen erscheint im Italienischen der unbestimmte Artikel, während im Deutschen der bestimmte Artikel oder kein Artikel steht:

È stato ucciso da un fulmine.	Er wurde vom Blitz erschlagen.
È stato un inferno.	Es war die Hölle.
rendere la vita un inferno a qd	jdm. das Leben zur Hölle machen
È un attore nato.	Er ist der geborene Schauspieler.
in un baleno	im Nu
in un prossimo futuro	in nächster Zukunft
cavarsela con uno spavento	mit dem Schrecken davonkommen
È un fatto marginale.	Das ist Nebensache.
Ho un forte mal di denti.	Ich habe starke Zahnschmerzen.
avere una gran voglia di	große Lust haben zu
in un certo senso	in gewissem Sinne
ricevere una visita	Besuch bekommen
dopo un lungo tiremmolla	nach langem Hin und Her

Kein unbestimmter Artikel im Italienischen 42

Im Gegensatz zum Deutschen wird der unbestimmte Artikel in einigen Fällen nicht verwendet:

1. im Ausrufesatz:

Che piacere!	Was für eine Freude!
Che sorpresa!	Welch eine Überraschung!
Che cretino!	Was für ein Idiot!

2. vor *mezzo*:

Ho aspettato mezz'ora.	Ich habe eine halbe Stunde gewartet.
Mia moglie lavora mezza giornata.	Meine Frau arbeitet halbtags.
Ne prendo mezzo chilo.	Ich nehme ein Pfund (davon).

Anmerkung 1: Geht dem Adjektiv *mezzo* der unbestimmte Artikel voraus, hat er die Bedeutung von *quasi* 'fast': *una mezza bottiglia* fast eine halbe Flasche.

Anmerkung 2: In Wendungen mit übertragener Bedeutung findet sich der unbestimmte Artikel: *È una mezza cartuccia.* – Er/Sie ist eine halbe Portion. *È un mezzo dramma.* – Es ist ein halbes Drama *Aveva una mezza idea di emigrare in Brasile.* – Er spielte mit dem Gedanken, nach Brasilien auszuwandern.

Anmerkung 3: In folgenden Fällen wird 'halb' durch *metà* ausgedrückt: auf halber Höhe *a metà altezza*, auf halbem Weg *a metà strada*, zum halben Preis *a metà prezzo.* Er ist halb Italiener, halb Deutscher. – *È metà italiano e metà tedesco.*

3. bei *parte ... parte* sowie bei *gran parte* und *buona parte*:

Parte dei genitori era contraria alla proposta, parte favorevole.	Ein Teil der Eltern war gegen den Vorschlag, ein Teil dafür.
Gran parte della popolazione soffre la fame.	Ein großer Teil der Bevölkerung leidet Hunger.
Buona parte della frutta viene esportata.	Ein guter Teil des Obstes wird exportiert.

Aber: *Una parte degli scolari è restata/sono restati a casa.* – Ein Teil der Schüler ist zu Hause geblieben.

4. in bestimmten Wendungen:

avere buon cuore	ein gutes Herz haben
fare bella figura	einen guten Eindruck machen
fare brutta figura	einen schlechten Eindruck machen/ sich blamieren
fare strage	ein Blutbad anrichten
Il suo compleanno cade di domenica.	Sein Geburtstag fällt auf einen Sonntag.
È (una) questione di tempo.	Es ist eine Frage der Zeit.
avere fine	ein Ende haben
in caso di guerra	im Falle eines Krieges
prestare giuramento	einen Eid leisten
prendere esempio da qd	sich an jdm. ein Beispiel nehmen
mettere/porre fine a qc	einer Sache ein Ende bereiten
trovare moglie/marito	eine Frau/einen Mann finden
parlare in modo comprensibile	verständlich reden
Lupo non mangia lupo.	Eine Krähe hackt der anderen kein Auge aus.
Ho scarsa memoria per le persone.	Ich habe ein schlechtes Personengedächtnis.
per miracolo	(wie) durch ein Wunder
Ho preso dieci.	Ich habe eine Eins (geschrieben).
un tesoro di ragazza	ein Schatz von einem Mädchen

Aber: *La festa cade in un giorno feriale.* – Das Fest fällt auf einen Werktag; *fare una strage di contadini e sindacalisti* unter Bauern und Gewerkschaftlern ein Blutbad anrichten

Unterscheide: *far festa a qd* jdn. herzlich begrüßen – *fare la festa a qd* jdn. den Garaus machen; *fare eccezione* eine Ausnahme bilden – *fare un'eccezione* eine Ausnahme machen

43 Der Gebrauch des partitiven Artikels

1. Der partitive Artikel steht zum Ausdruck einer unbestimmten Menge:

Mi occorre (del) denaro.	Ich brauche Geld.
Ho bevuto (del) vino.	Ich habe Wein getrunken.
Ci vuole (del) latte.	Man braucht Milch.
C'è ancora (del) pane?	Ist noch Brot da?
Della polvere mi è entrata negli occhi.	Ich habe Staub in die Augen bekommen.

Anmerkung: Im Italienischen gelten für den partitiven Artikel nicht so strenge Regeln wie im Französischen. Oft ist sein Gebrauch fakultativ.

2. Wendungen mit dem partitiven Artikel:

darsi del tu/del Lei	sich duzen/sich siezen
far del bene	Gutes tun
dar del filo da torcere a qd	jdm. das Leben schwer machen
Ci vuole del bello e del buono per ...	Es bedarf einer ganz schönen Anstrengung, um zu ....
Faremo del nostro meglio.	Wir werden unser Bestes tun.
fare della musica	Musik machen
fare del lavoro straordinario	Überstunden machen
fare (del) windsurf	windsurfen
fare (dello) sci	Ski laufen
fare (dello) sport	Sport machen/treiben
fare (del) sesso	Sex haben
Le piacerebbe fare del cinema.	Sie würde gern zum Film gehen.
dormire della grossa	wie ein Toter schlafen

Unterscheide: *fare del male a qd* jdm. Böses tun – *fare male a qd* jdm. wehtun

Wegfall des partitiven und des unbestimmten Artikels 44

Der partitive Artikel und der unbestimmte Artikel im Plural entfallen:

1. in negativen Sätzen:

Non ho soldi.	Ich habe kein Geld.
Non c'è più latte.	Es ist keine Milch mehr da.
Non mangio carne.	Ich esse kein Fleisch.

Anmerkung: Auf einen Einzelfall bezogen kann der partitive Artikel stehen: *Oggi non ho mangiato della carne.* – Heute habe ich kein Fleisch gegessen. Bei einer Kontrastierung, wie im folgenden Fall, muss der unbestimmte Artikel im Plural stehen: *Non voglio dei libri, voglio i miei libri.* – Ich will keine Bücher, ich will meine Bücher (vgl. § 267.1 Anm.). *Non fare dell'ironia!* – Werd nicht ironisch!

2. nach Mengenangaben:

Ho molti amici.	Ich habe viele Freunde.
C'era poca gente.	Es waren wenige Leute da.
Ho bevuto mezzo litro di vino.	Ich habe einen halben Liter Wein getrunken.
Dammi un'altra fetta di torta.	Gib mir noch ein Stück Kuchen!

3. nach Wendungen mit der Präposition *di*:

Hai bisogno di soldi?	Brauchst du Geld?
Questi scolari s'interessano di problemi di fisica.	Diese Schüler interessieren sich für physikalische Probleme.

4. meist bei Aufzählungen:

Dobbiamo comprare panini, zucchero, burro e latte.	Wir müssen Brötchen, Zucker, Butter, und Milch kaufen.
Lavorare in proprio significa investire in continuazione tempo e denaro.	Selbständig zu sein bedeutet ständig Zeit und Geld zu investieren.

5. vorzugsweise nach Präpositionen:

Ho fatto una passeggiata con (degli) amici.	Ich habe mit Freunden einen Spaziergang gemacht.
Abbiamo gli operai in casa per (dei) lavori di ristrutturazione.	Wir haben wegen Umbauarbeiten die Arbeiter zu Hause.

Anmerkung: Der Gebrauch des partitiven Artikels und des unbestimmten Artikels im Plural ist möglich nach den Präpositionen *a*, *con*, *per*, *su*; ausgeschlossen ist er nach den Präpositionen *di*, *dopo*, *in*, *senza*, *sotto*: *Prendo il caffè senza zucchero.* – Ich trinke Kaffee ohne Zucker.

45 Der Artikel beim Prädikatsnomen

Hinsichtlich der Artikelsetzung beim Prädikatsnomen stimmt das Italienische weitgehend mit dem Deutschen überein. Folgende Fälle sind zu unterscheiden:

1. Prädikatsnomen ohne Artikel (vgl. auch § 267):

Sono insegnante.	Ich bin Lehrer/in.
Siamo insegnanti.	Wir sind Lehrer/innen.
Sono medico, ma non esercito più.	Ich bin Arzt/Ärztin, übe meinen Beruf aber nicht mehr aus.
Sono italiana.	Ich bin Italienerin.
Sono napoletano.	Ich bin Neapolitaner/aus Neapel.

Sono ancora principiante.	Ich bin noch Anfänger/in.
Era ancora vergine.	Sie war noch Jungfrau.
Sono vegetariano.	Ich bin Vegetarier.
Suo fratello è comunista.	Sein/Ihr Bruder ist Kommunist.
Niccolò Machiavelli (1469-1527) fu uomo politico e scrittore.	Niccolò Machiavelli (1469-1527) war Politiker und Schriftsteller.
San Francesco è autore di un grande rinnovamento religioso.	Der hl. Franz ist Urheber einer großen religiösen Erneuerung.
Il Vaticano è sede del Papato.	Der Vatikan ist (der) Sitz des Papsttums.
Nel 1870 Roma divenne capitale d'Italia.	1870 wurde Rom Hauptstadt Italiens.
Venezia è patrimonio di tutto il mondo.	Venedig ist Weltkulturerbe.

Anmerkung 1: Im Gegensatz zum Deutschen steht im Italienischen kein Artikel bei der Wiedergabe folgender Ausdrücke: *„pag." è abbreviazione di pagina* – „pag." ist die Abkürzung von *pagina. È segno che ...* – Es ist ein Zeichen dafür, dass ... *È convinzione assai diffusa che ...* – Es ist eine weit verbreitete Überzeugung, dass ...

Anmerkung 2: Bei Berufsbezeichnungen kann neben *essere* ohne Artikel auch *fare* mit dem bestimmten Artikel verwendet werden, unter der Voraussetzung, dass der Beruf auch ausgeübt wird: *Faccio l'insegnante.* – Ich bin Lehrer/in (= Ich bin als Lehrer/in tätig). *Facciamo i muratori.* – Wir sind Maurer. *Sono insegnante, ma faccio il tassista.* – Ich bin Lehrer, aber arbeite als Taxifahrer. Dagegen bedeutet der Ausdruck *fare da* + Berufsbezeichnung, dass man eine Tätigkeit nur gelegentlich ausübt: *Ti faccio da interprete.* – Ich mache für dich den Dolmetscher. *Fare* + bestimmter Artikel + Adjektiv entspricht dt. 'den/die ... spielen': *fare il gentile/furbo/lo/la gnorri/la misteriosa* 'den Freundlichen/ Oberschlauen/den/die Ahnungslose(n)/die Geheimnisvolle spielen'. Merke: *fare il/da tappabuchi* den Lückenbüßer spielen, *fare la/da cavia* das Versuchskaninchen spielen.

Anmerkung 3: Zur Angabe des Tierkreiszeichens kann *essere* ohne Artikel, mit dem unbestimmten Artikel oder mit der Kontraktionsform aus *di* + bestimmter Artikel verwendet werden: *Di che/quale segno sei? – Sono (un/del) sagittario.* In welchem Tierkreiszeichen bist du geboren? – Ich bin Schütze. *Sono (una/della) bilancia.* – Ich bin Waage. *Sono (un/dei) Pesci.* – Ich bin Fisch. Zur Vermeidung von Missverständnissen heißt es *Sono della Vergine.* – Ich bin Jungfrau. Daneben ist in allen Fällen auch die Formulierung *Sono nato/nata sotto il/nel segno di ...* möglich: *Sono nato/nata sotto/nel segno dell'aquario.* – Ich bin im Zeichen des Wassermanns geboren.

2. Prädikatsnomen mit bestimmtem Artikel:

Quella è stata la più grande delusione della mia vita.	Das war die größte Enttäuschung meines Lebens.
Questa è la macchina di mia moglie.	Das ist das Auto meiner Frau.
Questo è il miglior metodo.	Das ist die beste Methode.

3. Prädikatsnomen mit unbestimmtem Artikel:

Sandro è un bravo ragazzo.	Sandro ist ein guter Junge.
Sandro e Mario sono (dei) bravi ragazzi.	Sandro und Mario sind gute Jungs.
Suo marito è un accanito fumatore.	Ihr Mann ist ein starker Raucher.
Angelo è una donna attraente.	Angela ist eine attraktive Frau.

Anmerkung: Während in einem Satz wie *Luigi è dentista* 'Luigi ist Zahnarzt' das Subjekt charakterisiert wird und auf die Frage *Che cosa fa Luigi?* 'Was macht Luigi (beruflich)?' geantwortet wird, antwortet der Satz *Luigi è un dentista* 'Luigi ist ein Zahnarzt' auf die Frage *Chi è Luigi?* 'Wer ist Luigi?' und drückt die Zugehörigkeit zu einer Berufsgruppe aus.

46 Der Gebrauch des Artikels bei Appositionen

1. Im Allgemeinen fehlt im Italienischen der Artikel in Appositionen:

Michelangelo Buonarroti, scultore e pittore del '500, dipinse il Giudizio Universale.	Michelangelo Buonarroti, ein Bildhauer und Maler des 16. Jahrhunderts, malte das Jüngste Gericht.
Il bronzo, lega metallica, è formato di rame e di stagno.	Bronze, eine Metalllegierung, besteht aus Kupfer und Zinn.
Luciano, fratello di Valeria, non è stato promosso.	Luciano, ein Bruder Valerias, wurde nicht versetzt.
Orvieto è famosa per il suo Duomo, monumento gotico fra i più belli d'Italia.	Orvieto ist berühmt wegen seines Doms, eines der schönsten gotischen Bauwerke Italiens.
Dante, poeta immortale, nacque a Firenze.	Dante, der unsterbliche Dichter, wurde in Florenz geboren.
San Francesco, figlio di un ricco commerciante, rinunciò alle ricchezze e visse a contatto con la natura.	Der heilige Franziskus, der Sohn eines reichen Kaufmanns, verzichtete auf Reichtümer und lebte in Kontakt mit der Natur.

Anmerkung: Den schwankenden Gebrauch veranschaulicht folgendes Beispiel: *Si dà il caso che sono nata nel 1922, l'anno in cui Mussolini è salito al potere, e che mi sono sposata nel 1945, anno in cui il fascismo è stato debellato con la fine della guerra e la morte di Mussolini* (S. Agnelli*).* – Tatsache ist, dass ich 1922 geboren bin/ wurde, (in) dem Jahr, in dem Mussolini an die Macht kam/ gekommen ist, und dass ich 1945 geheiratet habe, (in) dem Jahr, in dem der Faschismus mit dem Ende des Krieges und dem Tod Mussolinis besiegt wurde/worden ist.

2. Wie im Deutschen erscheint der bestimmte oder der unbestimmte Artikel bei einigen Sonderfällen:

Luciano, il fratello minore di Valeria, non è stato promosso.	Luciano, der jüngere Bruder Valerias, wurde nicht versetzt.
il lago Trasimeno, il maggiore dei laghi dell'Italia del centro-sud	der Trasimenische See, der größte See in Mittel- und Süditalien
Sopra di noi abita Laura, una ragazza dai capelli biondi.	Über uns wohnt Laura, ein Mädchen mit blonden Haaren.

Anmerkung: Im Gegensatz zum Deutschen findet im Italienischen bei der Apposition keine Kasusangleichung statt: *Alessandro Magno era figlio di Filippo, re di Macedonia.* – Alexander der Große war der Sohn Philipps, des Königs von Mazedonien.

Kapitel 4 Die Demonstrativa (I dimostrativi)

Die Demonstrativa können entweder adjektivisch, d.h. als Demonstrativadjektive, oder pronominal, d.h. als Demonstrativpronomen, gebraucht werden. Demonstrativadjektive (aggettivi dimostrativi) begleiten das Substantiv, während Demonstrativpronomen (pronomi dimostrativi) das Substantiv ersetzen. Sie richten sich in Genus und Numerus nach ihrem Beziehungswort.

Adjektivischer Gebrauch:

***Questa** macchina è molto veloce.*	Dieses Auto ist sehr schnell.

Pronominaler Gebrauch:

***Quella** è ancora più veloce.*	Jenes ist noch schneller.

47 Übersicht über die Formen der Demonstrativadjektive

Bedeutung	Numerus	maskulin	feminin
diese(r)	Singular	*questo, quest'*	*questa, quest'*
diese	Plural	*questi*	*queste*
jene(r)	Singular	*quel, quello, quell'*	*quella, quell'*
jene	Plural	*quei, quegli*	*quelle*

Anmerkung 1: Bei *questo* ist die Elision fakultativ, bei *questa* unterbleibt sie heute meist (vgl. §§ 8.2.1, 8.3).

Anmerkung 2: Bei einigen femininen Substantive kann statt *questa* die verkürzte Form *sta* verwendet werden, die mit dem folgenden Substantiv verschmilzt: *questa mattina/stamattina* heute Morgen, *questa sera/stasera* heute Abend, *questa notte/stanotte* heute Nacht, *questa volta/stavolta* dieses Mal/diesmal, *questa mane* [selten]/ *stamane* [lit.]/*stamani* heute Morgen.
Merka: heute Mittag *oggi a mezzogiorno*, heute Nachmittag *oggi/ questo pomeriggio*, an diesem Abend *quella sera*

Anmerkung 3: In der gesprochenen Sprache sind die Kurzformen *'sto/'sti* und *'sta/'ste* häufig: *'sti ragazzi* diese Jungs, *'sta bambina* dieses Mädchen.

Anmerkung 4: *Questo* etc. können durch *qui/qua* 'hier', *quello* etc. durch *lì/là* 'dort' verstärkt werden.

Anmerkung 5: Für die einzelnen Formen von *quello/quella* gelten dieselben Regeln wie für die Formen des best. Artikels (vgl. §§ 34, 35): *il ragazzo* der Junge – *quel ragazzo* jener Junge, *lo scolaro* der Schüler – *quello scolaro* jener Schüler, *l'uomo* der Mann – *quell'uomo* jener Mann, *i ragazzi* die Jungen – *quei ragazzi* jene Jungen, *gli uomini* die Männer – *quegli uomini* jene Männer.

Anmerkung 6: In der italienischen Behördensprache und in der Toskana werden auch die Demonstrativadjektive *codesto, codesta, codesti, codeste* verwendet. Sie werden für Personen und Sachen gebraucht, die sich in der Nähe des Angeredeten befinden. Diese Nähe kann sich auf den Raum, die Zeit oder auf eine vorherige Äußerung des Angeredeten beziehen: *Dammi codesto libro che tieni in mano.* – Gib mir das Buch, das du in der Hand hältst. *Informiamo codesta spettabile ditta delle nostre offerte speciali.* – Wir geben hiermit Ihrer verehrten Firma unsere Sonderangebote bekannt.

Der Gebrauch der Demonstrativadjektive 48

1. ***Questo*** wird für Personen und Sachen verwendet, die sich in der Nähe des Sprechenden befinden. Diese Nähe kann sich auf den Raum, die Zeit oder auf eine Äußerung beziehen, die gerade gemacht worden ist oder unmittelbar bevorsteht:

Di chi sono queste scarpe (qui)?	Wem gehören diese Schuhe?
Con questo tempo non esco.	Bei diesem Wetter gehe ich nicht aus.
Questo signore parla tre lingue.	Dieser Herr spricht drei Sprachen.
Quest'anno andremo in Spagna.	Dieses Jahr fahren wir nach Spanien.
Questa tua risposta non mi piace.	Diese Antwort von dir gefällt mir nicht.
Ti do questo consiglio: ...	Ich gebe dir diesen/folgenden Rat: ..
Ci vedremo una di queste sere.	Wir werden uns an einem der nächsten Abende treffen.

Merke: *tutto questo problema* dieses ganze Problem, *in questi ultimi tempi/negli ultimi tempi* in letzter/der letzten Zeit, *in quest'ultima settimana* in der letzten Woche

2. ***Quello*** wird für Personen und Sachen verwendet, die vom Sprechenden und vom Angeredeten weit entfernt sind. Diese Ferne kann sich auf den Raum, die Zeit oder auf eine Äußerung beziehen, die früher gemacht worden ist:

Vedi quell'uccello (là)?	Siehst du den Vogel dort?
Conosci quel signore?	Kennst du jenen Herrn?
Quella porta non chiude bene.	Die Tür dort schließt nicht gut.
Quella sera faceva molto freddo.	An diesem/jenem Abend war es sehr kalt.
Mi riferisco a quella proposta che mi hai fatto qualche tempo fa.	Ich beziehe mich auf den Vorschlag, den du mir vor einiger Zeit gemacht hast.

Wendungen: *Li mando tutti a quel paese.* – Ich jage sie alle zum Teufel. *Perché fate quella faccia?* – Warum macht ihr so ein Gesicht? *Non fare quella faccia da stupido/-a.* – Mach nicht so ein dummes Gesicht!

Anmerkung: *Questo* und *quello* können auch affektiven oder emphatischen Wert annehmen: *Questo povero ragazzo!* – Dieser arme Junge! *L'ho visto con questi occhi!* – Ich habe es mit eigenen Augen gesehen! *quello stupido di tuo fratello* dein Bruder, dieser Dummkopf, *quel delinquente di Mario* Mario, dieser Verbrecher, *quel brav'uomo del maestro* der Lehrer, dieser gute Mann

49 Übersicht über die Formen der Demonstrativpronomen

Bedeutung	Numerus	maskulin	feminin
diese(r)	Singular	*questo*	*questa*
diese	Plural	*questi*	*queste*
jene(r)	Singular	*quello*	*quella*
jene	Plural	*quelli*	*quelle*

Weitere Demonstrativpronomen sind ***costui/colui*** etc. (vgl. § 52) und ***ciò*** (vgl. § 53). Auch ***stesso*** und ***medesimo*** (vgl. §§ 54, 55) werden im Allgemeinen zu den Demonstrativpronomen gerechnet.

50 Die Übereinstimmung des Demonstrativpronomens mit seinem Beziehungswort

1. Das Demonstrativpronomen stimmt in der Form mit dem Substantiv überein, das es ersetzt:

Delle due gonne preferisco questa.	Von den zwei Röcken ziehe ich diesen vor/gefällt mir dieser besser.
Questa giacca è più elegante di quella.	Diese Jacke ist eleganter als jene.
Questi pantaloni li ho già provati, quelli invece no.	Diese Hose habe ich schon anprobiert, die dort dagegen nicht.
È libera questa sedia? – No, questa è occupata, quella lì è libera.	Ist dieser Stuhl frei? – Nein dieser hier ist besetzt, der dort ist frei.

2. Das Demonstrativpronomen richtet sich nach dem Prädikatsnomen:

*Quest**i** sono i miei amici.*	Das sind meine Freunde.
*Ma che maniere sono quest**e**!*	Was sind das für Manieren!
*Quell**i** sono i miei colleghi.*	Das dort sind meine Kollegen.
*Quell**e** sono le mie colleghe.*	Das dort sind meine Kolleginnen.

1. Beziehen sich ***questo*** und ***quello*** auf zuvor erwähnte Personen oder Sachen, so gibt *questo* die zuletzt genannte Person oder Sache, *quello* die zuerst genannte an:

Londra e Parigi sono due grandi città: quella è in Inghilterra, questa in Francia.	London und Paris sind zwei große Städte: Erstere liegt in England, Letztere in Frankreich.

2. ***Quello*** wird auch verwendet, um die Wiederholung eines Substantivs zu vermeiden oder um auf ein anderes Substantiv zu verweisen:

Quale valigia prendi? – Quella più grande.	Welchen Koffer nimmst du? – Den größeren.
Il mio dizionario è migliore di quello di Luciano.	Mein Wörterbuch ist besser als das Lucianos/von Luciano.
I miei genitori e quelli di Mario si sono messi d'accordo.	Meine und Marios Eltern haben sich geeinigt.
Le rose vengono regalate di colore diverso secondo l'occasione. Quelle rosse significano amore e passione, quelle bianche sono simbolo di purezza.	Rosen schenkt man je nach Anlass in verschiedenen Farben. Die roten bedeuten Liebe und Leidenschaft, die weißen sind ein Symbol der Reinheit.
Anche quella fra "bianchi" e "neri" fu una lotta per il potere fra gruppi di famiglie rivali.	Auch der Kampf zwischen den "Weißen" und den "Schwarzen" war ein Kampf um die Macht zwischen Gruppen rivalisierender Familien.

Unterscheide: *quegli svedesi* jene Schweden [adjektivischer Gebrauch] – *quelli svedesi* die schwedischen [pronominaler Gebrauch]: *Hai comprato i francobolli tedeschi? – No, ho comprato quelli svedesi.* Hast du die deutschen Briefmarken gekauft? – Nein, ich habe die schwedischen gekauft.

3. In der Schriftsprache kann durch ***quello*** auf ein später folgendes Substantiv verwiesen werden:

Quella que stiamo vivendo è una crisi grave e sconcertante.	Die Krise, die wir durchleben, ist schwerwiegend und bestürzend.
Quella dell'analfabetismo è una questione da risolvere senza ulteriori ritardi.	Das Problem des Analphabetismus muss ohne weitere Verzögerungen gelöst werden.

4. ***Questo*** und ***quello*** werden auch als Neutrum gebraucht:

Questo non è vero.	Das ist nicht wahr.
Questo non è quello che avevo ordinato.	Das hatte ich nicht bestellt.
Non che mi sia antipatico, questo no, ma lo trovo un po' invadente.	Nicht dass er mir unsympathisch wäre, das nicht, aber ich finde ihn ein wenig aufdringlich.
Non ho detto questo.	Ich habe das nicht gesagt.
Non pensi che a quello.	Du denkst nur an das eine.

Anmerkung: *Non abbiamo parlato di questo.* – Wir haben nicht darüber gesprochen. = *Non ne abbiamo parlato* (vgl. § 121.2).

5. ***Quello*** etc. kann auch vor dem Relativpronomen ***che*** auftreten, wobei das neutrale *quello* zu *quel* verkürzt werden kann:

Tutti quelli che affermano questo non dicono la verità.	Alle, die das behaupten, sagen nicht die Wahrheit.
Conosci quella che è uscita di casa?	Kennst du die, die das Haus verlassen hat?
Quello/Quel che hai detto è proprio vero.	Was du gesagt hast, ist wirklich wahr.

6. Anstelle von *questo* und *quello* finden sich in literarischem Sprachgebrauch ***questi*** und ***quegli***, die jedoch nur auf eine männliche Person bezogen und nur als Subjekt gebraucht werden können (man beachte dabei, dass das Prädikat im Singular steht):

Questi diceva di sì, quegli di no.	Dieser sagte ja, jener nein.
Demostene e Cicerone furono due grandi oratori: questi fu romano, quegli greco.	Demosthenes und Cicero waren zwei große Redner: Ersterer war Grieche, Letzterer Römer.

7. Wendungen:

Questa è bella!	Das ist allerhand/ein starkes Stück!
Ci mancherebbe anche questa!	Das fehlte gerade noch!/Das hätte gerade noch gefehlt!
Sentite questa!	Hört euch das an!
Questa mi giunge nuova.	Das ist neu für mich.

Tua sorella ha questo di buono che ...	Das Gute an deiner Schwester ist, dass ...
Stavo per uscire e in quella squillò il telefono.	Ich wollte gerade das Haus verlassen, da läutete das Telefon.
in quel di Napoli	in der Gegend von Neapel
Ne ho passate di quelle!	Ich habe allerhand durchgemacht!
Ha fatto una figuraccia di quelle.	Er/Sie hat sich bis auf die Knochen blamiert.
Se non vieni, ti arriva una di quelle ...	Wenn du nicht kommst, fängst du eine (die sich gewaschen hat).
Mario è sempre quello.	Mario ist immer noch der Alte.
Quella sì che è una pizza!	**Das** ist eine Pizza!
La sai quella del fornaio?	Kennst du den (Witz) mit dem Bäcker?

Anmerkung: In Wendungen tritt sehr häufig die feminine Form *questa* ohne Bezugswort auf, das mitverstanden wird: *Questa te la sei proprio meritata.* – Das geschieht dir gerade recht. *Questa te la potevi risparmiare.* – Das hättest du dir ersparen können. *Sistemeremo anche questa.* – Wir werden das schon hinkriegen.

Die Demonstrativpronomen *costui/colui* 52

1. ***Costui/colui*** [maskulin Singular], ***costei/colei*** [feminin Singular] und ***costoro/coloro*** [Plural] beziehen sich nur auf Personen und können *questo, quello, codesto* etc. ersetzen. Sie werden im Allgemeinen in verächtlichem Sinn gebraucht und gehören dem Schriftitalienischen an:

Che cosa vuole costui?	Was will der da?
Con costoro non si ragiona.	Mit denen da kann man nicht vernünftig reden.
Rivolgiti a colei.	Wende dich an die da!

2. ***Colui/colei/coloro*** mit folgendem Relativpronomen gehören der Schriftsprache an:

Colui che vuole partecipare alla gara si iscriva alla lista.	Derjenige, der am Wettkampf teilnehmen will, trage sich in die Liste ein.
Coloro che hanno superato gli esami, hanno fatto una festa.	Diejenigen, die die Prüfung bestanden haben, feierten ein Fest.

Anmerkung: Im gesprochenen Italienisch werden anstelle von *colui che* die Pronomen *chi* (vgl. § 138) oder *quello che* verwendet.

53 Das neutrale Demonstrativpronomen *ciò*

Ciò che hai detto è giusto.	Was du gesagt hast, stimmt.
Ciò è assurdo.	Das ist absurd.
ciò nonostante/nonostante ciò	trotzdem
Ciò deriva dal fatto che ...	Das kommt daher, dass...
Da ciò nasce il conflitto con i genitori.	Daraus entsteht der Konflikt mit den Eltern.
Da ciò la tendenza ad isolarsi, a bere di nascosto.	Daher die Tendenz, sich abzusondern, heimlich zu trinken.
Che cosa intendi dire con ciò?	Was willst du damit sagen?
Tutti hanno notato ciò.	Alle haben das bemerkt.

Anmerkung 1: *Ciò* wird heute seltener gebraucht als *questo.*

Anmerkung 2: Man beachte, dass *ciò* nicht auf ein folgendes Substantiv hinweisen kann. Ein deutscher Satz wie 'Das ist ein schönes Auto' ist im Italienischen wiederzugeben mit *Questa è una bella macchina.*

Anmerkung 3: Dt. 'alles, was' kann durch *tutto quello che/tutto ciò che/(tutto) quanto* ausgedrückt werden: *Raccontami tutto quello che/tutto ciò che/quanto hai visto.* – Erzähle mir alles, was du gesehen hast.

Merke: *cioè* das heißt; *perciò* daher/deshalb

54 Übersicht über die Formen der Demonstrativa *stesso* und *medesimo*

Bedeutung	Numerus	maskulin	feminin
derselbe/dieselbe	Singular	*stesso, medesimo*	*stessa, medesima*
dieselben	Plural	*stessi, medesimi*	*stesse, medesime*

55 Der Gebrauch von *stesso* und *medesimo*

Stesso und ***medesimo*** können adjektivisch und pronominal verwendet werden; die jeweiligen Formen sind identisch. *Stesso* wird viel häufiger gebraucht als das einer höheren Stilebene angehörende *medesimo*:

1. Adjektivischer Gebrauch:

1.1. Gewöhnlich stehen *stesso/medesimo* vor dem Substantiv:

Questo scolaro fa sempre gli stessi sbagli.	Dieser Schüler macht immer dieselben Fehler.
Angela e Silvia hanno la stessa età.	Angela und Silvia sind gleich alt.

Non mi piace ascoltarlo, ripete sempre le stesse cose.	Ich höre ihm nicht gern zu; er sagt immer dasselbe.
nello/allo stesso tempo/al tempo stesso	zur selben Zeit/gleichzeitig
alla stessa/medesima ora	um dieselbe Zeit

Anmerkung 1: *Stesso* können der unbestimmte Artikel, ein Demonstrativ- oder ein Possessivadjektiv vorausgehen: *entro uno stesso Stato* innerhalb ein und desselben Staates, *vivere sotto uno stesso tetto con i genitori* mit den Eltern unter ein und demselben Dach wohnen, *L'ho visto con questi stessi occhi uscire dalla casa della vicina.* – Ich habe ihn mit eigenen Augen aus dem Haus der Nachbarin herauskommen sehen; *persone che hanno vissuto la mia stessa esperienza* Personen, die dieselbe Erfahrung gemacht haben wie ich.

Anmerkung 2: Von *stesso* gibt es in familiärer Ausdrucksweise einen absoluten Superlativ: *È la stessissima cosa.* – Es ist das allerselbe.

1.2. Stehen *stesso/medesimo* nach dem Substantiv oder einem Personalpronomen, so haben sie verstärkende Bedeutung:

Tuo padre stesso (= perfino tuo padre) me l'ha detto.	Selbst/sogar dein Vater hat es mir gesagt.
Tua sorella è la gentilezza stessa (= in persona).	Deine Schwester ist die Liebenswürdigkeit selbst/in Person.
Queste sono le parole medesime (= esatte) che egli ha pronunciato.	Das sind genau die Worte, die er gebraucht hat.

Anmerkung: Ist der Nominalausdruck sehr lang, geht ihm *stesso* voran: *Lo stesso presidente Putin non ha nascosto il suo disappunto.* – Selbst Präsident Putin hat seine Enttäuschung nicht verborgen.

Unterscheide: *Spedirò la lettera oggi stesso* (nicht: **medesimo*). Ich werde den Brief heute noch/gleich heute abschicken. *Ancora oggi si usano queste forme.* Diese Formen werden heute noch gebraucht.

2. Pronominaler Gebrauch:

Io penso lo stesso.	Ich denke dasselbe.
Angelo è sempre lo stesso.	Angelo ist immer noch derselbe/der Alte.
Suo marito è l'ombra di sé/se stesso.	Ihr Mann ist der Schatten seiner selbst.
Conosci te stesso.	Erkenne dich selbst!
Molti bambini sono abbandonati a sé/se stessi.	Viele Kinder sind sich selbst überlassen.

Unterscheide: *lo faccio lo stesso (= la stessa cosa).* Ich tue dasselbe. – *Io lo faccio lo stesso (= ugualmente;* nicht: **medesimo).* – Ich tue es trotzdem.

3. Ein Vergleich wird mit ***di*** angeschlossen:

Sono arrivato con lo stesso treno dell'ultima volta.	Ich bin mit demselben Zug wie das letzte Mal angekommen.
Claudio frequenta lo stesso corso di mia figlia.	Claudio besucht denselben Kurs wie meine Tochter.

Anmerkung 1: Folgt jedoch eine präpositionale Fügung, so steht *che*: *La lingua italiana è ancora sostanzialmente la medesima che nel Trecento o nel Cinquecento.* – Die italienische Sprache ist noch im Wesentlichen dieselbe wie im 14. und 16. Jahrhundert. Ebenso bei Erläuterungen: *imparare: lo stesso che studiare* - *imparare* bedeutet dasselbe wie *studiare*.

Anmerkung 2: Folgt im Deutschen auf 'wie' ein Personalpronomen, so gebraucht man im Italienischen das Possessivadjektiv: *Hai fatto i miei stessi errori.* – Du hast dieselben Fehler gemacht wie ich.

Merke: *È lo stesso che* + Konjunktiv bedeutet 'Es ist gleich, ob ...': *È lo stesso che tu venga o no.* – Es ist gleich, ob du kommst oder nicht.

Kapitel 5 Die Possessiva (I possessivi)

Die Possessiva können entweder adjektivisch, d.h. als Possessivadjektive, oder pronominal, d.h. als Possessivpronomen, gebraucht werden. Die Possessivadjektive (aggettivi possessivi) begleiten das Substantiv, während die Possessivpronomen (pronomi possessivi) das Substantiv ersetzen. Die Possessiva richten sich in Genus und Numerus nach ihrem Besitzobjekt. Ihnen geht in der Regel der bestimmte Artikel voraus.

Adjektivischer Gebrauch:

*Prendo la **mia** macchina.*	Ich nehme mein Auto.

Pronominaler Gebrauch:

*La **mia** ha un guasto al motore, prendiamo la **tua**.*	Meines hat einen Motorschaden; nehmen wir deines.

Übersicht über die Formen der Possessiva **56**

Bedeutung	Numerus	maskulin	feminin
mein(e)	Singular	*mio*	*mia*
meine	Plural	*miei*	*mie*
dein(e)	Singular	*tuo*	*tua*
deine	Plural	*tuoi*	*tue*
sein(e)/ihr(e)	Singular	*suo*	*sua*
seine/ihre	Plural	*suoi*	*sue*
unser(e)	Singular	*nostro*	*nostra*
unsere	Plural	*nostri*	*nostre*
euer/eure	Singular	*vostro*	*vostra*
eure	Plural	*vostri*	*vostre*
ihr(e)	Singular/Plural	*loro*	

Anmerkung 1: Bei Possessiva der dritten Person ist die Unterscheidung des Genus des Besitzers (dt. 'sein(e)/ihr(e)/Ihr(e)') im Italienischen ohne Belang:

*Mario ha trovato il **suo** libro.*	Mario hat **sein** Buch gefunden.
*Maria ha trovato il **suo** libro.*	Maria hat **ihr** Buch gefunden.
*Mario ha perso la **sua** chiave.*	Mario hat **seinen** Schlüssel verloren.
*Maria ha perso la **sua** chiave.*	Maria hat **ihren** Schlüssel verloren.
*Mario ha trovato i **suoi** libri.*	Mario hat seine Bücher gefunden.

Mario ha perso le ***sue*** *chiavi.*	Mario hat **seine** Schlüssel verloren.
Maria ha perso le ***sue*** *chiavi.*	Maria hat **ihre** Schlüssel verloren.
I bambini cercano il ***loro*** *pallone.*	Die Kinder suchen **ihren** Fußball.
I bambini cercano i ***loro*** *palloni.*	Die Kinder suchen **ihre** Fußbälle.

Anmerkung 2: Der Satz *Mario ha trovato il suo libro* kann auch bedeuten: 'Mario hat **ihr** Buch gefunden', und *Maria ha trovato il suo libro* kann auch als 'Maria hat **sein** Buch gefunden' verstanden werden. Um Missverständnisse zu vermeiden, ersetzt man in diesen Fällen das Possessivadjektiv durch nachgestelltes *di* + betontes Personalpronomen: *Mario ha trovato il libro di lei.* – Mario hat ihr Buch gefunden. *Voglio sentire l'opinione di lui, non quella di lei.* – Ich will seine, nicht ihre Meinung hören. In der geschriebenen Sprache und im Amtsstil finden sich auch Formulierungen wie *il di lui libro* sein Buch.

Anmerkung 3: Der Satz 'Wie geht es Ihren Kindern?' wird im Italienischen wie folgt wiedergegeben: *Come stanno i suoi figli?* (Frage an eine Person gerichtet), *Come stanno i vostri figli?* (Frage an mehrere Personen gerichtet), *Come stanno i Loro figli?* (Frage an mehrere Personen gerichtet, in förmlicher Ausdrucksweise). In Geschäftsbriefen wird üblicherweise *Vostro* etc. verwendet, wie zum Beispiel in: *Ringraziando in anticipo per le Vostre informazioni, con tutta stima...* – Ich danke Ihnen für Ihre Auskünfte und verbleibe mit freundlichen Grüßen ...

Anmerkung 4: In der Anrede können die Possessiva groß oder klein geschrieben werden.

57 Die Stellung des Possessivadjektivs

1. Das Possessivadjektiv steht in der Regel vor dem Substantiv:

Il mio orologio va avanti.	Meine Uhr geht vor.
Conosci la mia professoressa di tedesco?	Kennst du meine Deutschlehrerin?
Dove sono i tuoi genitori?	Wo sind deine Eltern?
È arrivata la tua amica.	Deine Freundin ist angekommen.
I suoi ultimi anni/Gli ultimi suoi anni li ha trascorsi in Sardegna.	Seine letzten Jahre hat er auf Sardinien verbracht.
Siamo molto contenti del nostro albergo.	Wir sind mit unserem Hotel sehr zufrieden.
Quando sono partiti i vostri amici?	Wann sind eure Freunde abgereist?

2. Bei besonderer Betonung kann das Possessivadjektiv nachgestellt werden:

Voglio la valigia mia!	Ich will **meinen** Koffer!
Non toccare la roba mia!	Rühr **meine** Sachen nicht an!
Al posto tuo non ci andrei.	An **deiner** Stelle würde ich nicht hingegen.
Fatti gli affari tuoi!	Kümmere dich um **deine** Angelegenheiten!
Questi sono i soldi miei!	Das ist **mein** Geld!

Anmerkung 1: Folgt eine weitere Ergänzung mit *di*, so wird das Possessivadjektiv nachgestellt: *Mi piace il disegno tuo e di Luciano.* – Mir gefällt deine und Lucianos Zeichnung. *Finito il valzer, Angelica propose a don Fabrizio di voler cenare alla tavola sua e di Tancredi.* (Lampedusa) – Nachdem der Walzer zu Ende war, schlug Angelika Don Fabrizio vor, an ihrem und Tancredis Tisch zu Abend zu speisen. *Inginocchiato a terra, ungeva le scarpe sue e dei miei fratelli con del grasso di balena.* (Ginzburg) – Auf dem Boden kniend rieb er seine Schuhe und die meiner Brüder mit Walfischfett ein.

Anmerkung 2: Nachstellung des Possessivadjektivs ist auch in Ausrufen (mit fehlendem Artikel, vgl. § 58.1.5) und in bestimmten Wendungen (vgl. § 58.1.7) möglich. Im Süditalienischen ist die Nachstellung weit verbreitet.

Besonderheiten der Verwendung des Possessivadjektivs 58

1. Der bestimmte Artikel fehlt:

1.1. bei Verwandtschaftsbezeichnungen im Singular (außer bei *loro*), die nicht genauer bestimmt sind:

Sua sorella si sposerà in maggio.	Seine Schwester wird im Mai heiraten.
Mio figlio studia lingue.	Mein Sohn studiert Sprachen.
Mia moglie/Mio marito non è a casa.	Meine Frau/Mein Mann ist nicht zu Hause.

Anmerkung: Folgt ein Vorname, steht meist kein Artikel: *mio fratello Roberto* mein Bruder Roberto.

In allen anderen Fällen steht jedoch der bestimmte Artikel:

il loro padre/la loro madre	ihr Vater/ihre Mutter
la mia cara madre	meine liebe Mutter
il mio primo marito	mein erster Mann

il suo figlio ventenne	sein/ihr zwanzigjähriger Sohn
le vostre sorelle	eure Schwestern
i miei fratelli/il tuo fratellino	meine Brüder/dein Brüderchen
i tuoi genitori	deine Eltern

Anmerkung : Bei einigen Verwandtschaftsbezeichnungen ist der Gebrauch des Artikels schwankend: *(la) mia nonna* meine Großmutter, *(il) mio cognato* mein Schwager, *(la) mia zia* meine Tante. Ebenso bei den Kosenamen *mamma, babbo, papà*: *Che cosa ha detto (il) tuo papà?* – Was hat dein Papa gesagt?

1.2. beim Prädikatsnomen und Prädikativum:

Carlo è mio amico.	Karl ist mein Freund.
È mio dovere aiutarlo.	Es ist meine Pflicht, ihm zu helfen.
È mia abitudine bere una tazzina di caffè dopo i pasti.	Ich bin es gewohnt, nach dem Essen ein Tässchen Kaffee zu trinken.
Lo considerano loro amico.	Sie halten ihn für Ihren Freund.
Cesare aveva lasciato Ottaviano come suo erede.	Cäsar hatte Oktavian zu seinem Erben bestimmt.
Suo scopo era raccogliere le conoscenze sulle medicine.	Sein Ziel war es, das Wissen über die Arzneien zu sammeln.

Aber: *È il mio amico.* – Es ist mein Freund (von dem ich dir erzählt habe). *È il mio amico Carlo.* – Es ist mein Freund Karl.

1.3. bei Appositionen:

Maria, mia compagna di scuola, era anche a Firenze.	Maria, meine Schulkameradin, war auch in Florenz.

Anmerkung: Wird jedoch der Inhalt der Apposition als bekannt vorausgesetzt, so steht der bestimmte Artikel: *Maria, la mia compagna di scuola,...* – Maria, meine Schulkameradin (wie du ja weißt) ...

1.4. bei der Anrede:

Miei cari ascoltatori, ...	Meine lieben Zuhörer, ...

1.5. beim Ausruf:

Mamma mia!	Mein Gott!
Figlio mio!	Mein Sohn!
Caro mio!	Mein lieber Mann!
Colpa loro!	Ihre Schuld!
Dammi un bacio, tesoro mio!	Gib mir einen Kuss, mein Schatz!

1.6. in bestimmten Wendungen mit Voranstellung des Possessivadjektivs:

a mio avviso/parere	meiner Meinung nach
una persona di mia conoscenza	jemand aus meiner Bekanntschaft
con mio dispiacere	zu meinem Bedauern
a nostro favore	zu unseren Gunsten
una persona di mia fiducia	eine Person meines Vertrauens
per mia fortuna	zu meinem Glück
una stanza di mio gusto	ein Zimmer nach meinem Geschmack
in suo nome	in seinem/ihrem Namen
in suo onore	ihm/ihr zu Ehren
in sua presenza	in seiner/ihrer Gegenwart
in nostra assenza	in unserer Abwesenheit
per tua (norma e) regola	damit du es weißt!
a sua richiesta	auf sein/ihr Ersuchen hin
a suo rischio	auf seine/ihre Gefahr
a mia sorpresa	zu meiner Überraschung
a mia volta	meinerseits
Tutto/Ogni cosa a suo tempo.	Alles zu seiner Zeit.
Mi sento a mio agio.	Ich fühle mich wohl.
Ho imparato a mie spese.	Ich bin durch Schaden klug geworden.
È venuto in nostro aiuto.	Er ist uns zu Hilfe gekommen.
Non abbiamo sue notizie/ notizie di lui.	Wir haben keine Nachricht von ihm.

Aber: *sentirsi a disagio* sich unbehaglich fühlen

1.7. in bestimmten Wendungen mit Nachstellung des Possessivadjektivs:

per amor tuo	dir zuliebe
a casa mia	bei mir zu Hause
in nome suo e di suo padre	in seinem/ihrem und seines/ihres Vaters Namen
in vita mia	in meinem Leben
... pensavo in cuor mio	... dachte ich bei mir
per conto mio	meinetwegen/was mich betrifft
Tanti saluti da parte mia!	Viele Grüße von mir!
Per colpa tua ho fatto tardi.	Deinetwegen bin ich zu spät gekommen.
L'ho pagato di tasca mia.	Ich habe es aus eigener Tasche bezahlt.

Vuol fare sempre di testa sua.	Er/Sie will immer seinen/ihren Kopf durchsetzen.
Moglie e buoi dei paesi tuoi.	Bleib im Land und nähr dich redlich.
una città con regole tutte sue	eine Stadt mit ganz eigenen Regeln
È colpa mia.	Es ist meine Schuld.

2. Das Possessivadjektiv kann in Verbindung mit dem unbestimmten Artikel, einem Demonstrativadjektiv, einem Indefinitadjektiv oder einem Zahlwort gebraucht werden:

un mio amico	ein Freund von mir
un suo buon amico	ein guter Freund von ihm/ihr
una tua collega	eine Kollegin von dir
quel suo modo di fare	diese Art von ihm
in questo nostro paese	in diesem unserem Lande
alcuni miei colleghi	einige Kollegen von mir
molte mie colleghe	viele Kolleginnen von mir
tre sue lettere	drei Briefe von ihm/ihr
ogni sua azione	jede Handlung von ihm/ihr
due suoi connazionali	zwei Landsleute von ihm/ihr
l'altra nostra nonna	unsere andere Großmutter
l'unico suo interesse	sein einziges Interesse
gli ultimi suoi anni	seine/ihre letzten Jahre

3. In einigen Wendungen bleibt das Substantiv, auf das sich das Possessivadjektiv bezieht, unausgedrückt:

Ha avuto le sue (botte).	Er hat seine Tracht Prügel bekommen.
È una delle sue (marachelle).	Das sieht ihm ähnlich.
Anche lui vuol dire la sua (opinione).	Auch er will seine Meinung sagen.
L'ho pagato del mio (denaro).	Ich habe es aus eigener Tasche bezahlt.
Ho ricevuto una lettera dai miei (genitori).	Ich habe von meiner Familie einen Brief bekommen.
Rispondo alla Sua (lettera) del 10 maggio.	Ich antworte auf Ihr Schreiben vom 10. Mai.
Beviamo alla tua (salute)!	Lasst uns auf deine Gesundheit trinken!
Sto dalla tua (parte).	Ich stehe auf deiner Seite.

4. In Ausdrücken, in denen der Besitzer eindeutig aus dem Zusammenhang hervorgeht, und in einigen Wendungen fehlt im Italienischen das Possessivadjektiv:

Prima vuota la bocca!	Mach zuerst deinen Mund leer!
Risparmia la voce!	Schon deine Stimme!
fare fagotto	sein Bündel schnüren
fare il dottorato di ricerca	seinen Doktor machen
cambiare idea	seine Meinung ändern
tentare/cercare la fortuna	sein Glück versuchen/suchen
riposare sugli allori	sich auf seinen Lorbeeren ausruhen
Ha il ciclo.	Sie hat ihre Periode
sputare veleno	sein Gift verspritzen
perdere il posto di lavoro	seinen Arbeitsplatz verlieren
rompere il silenzio	sein/das Schweigen brechen
prendere il coraggio a due mani	seinen ganzen Mut zusammennehmen
in veste di deputato	in seiner Eigenschaft als Abgeordneter
in fondo all'animo	im Grunde meines Herzens
smaltire la sbornia	seinen Rausch ausschlafen
Tutto ha un limite.	Alles hat seine Grenzen.
La ditta ha sede a Milano.	Die Firma hat ihren Sitz in Mailand.

Anmerkung: Der umgekehrte Fall (Possessivum im Italienischen, bestimmter Artikel im Deutschen) liegt vor in: *Ai vostri posti, pronti, via.* – Auf die Plätze, fertig, los. *Per il mio compleanno vorrei …* – Zum Geburtstag wünsche ich mir …

Weitere Möglichkeiten der Wiedergabe eines deutschen Possessivadjektivs im Italienischen 59

1. *avere* + bestimmter Artikel + Substantiv + Adjektiv/Partizip/Relativsatz:

Sein/Ihr Vater ist Italiener.	*Ha il padre italiano.*
Seine Frau ist reich.	*Ha la moglie ricca.*
Seine Tage sind gezählt.	*Ha i giorni contati.*
Mein Kind ist krank	*Ho il bambino ammalato.*
Ihr/Sein Vater war seit dem Unglück im Steinbruch behindert.	*Aveva il padre impedito dopo la disgrazia della cava di pietre.*
Dein Kleid schaut unter dem Mantel hervor.	*Hai il vestito che ti sporge dal cappotto.*
Meine Nase ist verstopft.	*Ho il naso intasato/chiuso.*
Ihre Lippen waren blau vor Kälte.	*Avevano le labbra blu dal freddo.*

2. unbetontes indirektes Objektpronomen + Verb + (bestimmter Artikel) + Substantiv:

Ich könnte dein Großvater sein.	*Ti potrei essere nonno.*
Vor ungefähr einem Jahr ist ihr einziger Sohn gestorben.	*Circa un anno fa le è morto l'unico figlio.*
Gott ist mein Zeuge, dass ...	*Dio mi è testimone che ...*
Mein Herz klopfte wie wahnsinnig.	*Il cuore mi faceva balzi enormi.*
Ihre Augen füllten sich mit Tränen.	*Gli occhi le si sono riempiti di lacrime.*
Ich genieße mein Leben.	*Mi godo la vita.*

3. Pronominaladverb *ne* (mit Bezug auf neutrales Substantiv obligatorisch):

Ich habe alle seine/ihre Werke gelesen.	*Ne ho letto tutto le opere./ Ho letto tutte le sue opere.*
Ich kenne ihre/seine Freundinnen.	*Ne conosco le amiche./Conosco le sue amiche.*
Kennst du den Besitzer dieses Hotels? – Nein, ich kenne seinen Besitzer nicht.	*Conosci il proprietario di questo hotel? – No, non ne conosco il proprietario.*

Anmerkung: In Einzelfällen kann ein deutsches Possessivadjektiv im Italienischen auch durch weitere Ausdrücke wiedergegeben werden: Sport ist sein Leben. – *Lo sport per lui è la vita.* Seine/Ihre Muttersprache ist Englisch. – *È di madrelingua inglese.* Bei seinem Glück wird er/sie sicher gewinnen. – *Con la fortuna che ha, vincerà di sicuro.*

60 Der Gebrauch des Adjektivs *proprio*

Das Adjektiv ***proprio*** kann folgendermaßen gebraucht werden:

1. Es kann ein Possessivadjektiv verstärken:

L'ho visto con i miei propri occhi.	Ich habe es mit eigenen Augen gesehen.
Gelato di produzione propria.	Eis aus eigener Herstellung.
Mario ha una sua propria opinione.	Mario hat seine eigene Meinung.
Mio figlio ha idee sue proprie per l'avvenire.	Mein Sohn hat seine eigenen Vorstellungen bezüglich der Zukunft.
Ogni letteratura nazionale ha una sua propria evoluzione.	Jede Nationalliteratur hat eine/ ihre eigene Entwicklung.

2. Es kann ein Possessivadjektiv ersetzen, um Missverständnisse zu vermeiden:

La donna condusse la ragazza nella propria casa.	Die Frau führte das Mädchen in ihr (eigenes) Haus.

Anmerkung: Sagte man *in casa sua*, so wäre der Bezug nicht eindeutig. *Proprio* bezieht sich immer auf das Subjekt des Satzes.

3. Ist das Subjekt des Satzes unbestimmt, so verwendet man *proprio* anstelle von *suo* etc.:

Non si è mai contenti della propria fortuna.	Man ist nie mit seinem Los zufrieden.
Bisogna difendere la propria opinione.	Man muss seine Meinung verteidigen.
Chi non fa uso delle cinture di sicurezza mette a repentaglio la propria vita.	Wer keine Sicherheitsgurte anlegt, setzt sein Leben aufs Spiel.

Anmerkung 1: Ist kein Bezugswort angegeben, wie z.B. bei Angaben im Wörterbuch, so erscheint *proprio*: *far proprio qc* sich etw. zu Eigen machen. Aber: *Mio figlio ha fatto sua l'opinione del suo amico.* – Mein Sohn hat sich die Meinung seines Freundes zu Eigen gemacht. *Invitare qd a casa propria* jdn. zu sich (nach Hause) einladen. Aber: *Li ha invitati a casa sua.* – Er/Sie hat sie zu sich (nach Hause) eingeladen. *Dimostrare meno dei propri anni* – jünger aussehen, als man ist. Aber: *Angela dimostra meno dei suoi anni.* – Angela sieht jünger aus, als sie ist.

Anmerkung 2: Bei *ognuno* und *ciascuno* ist auch die Verwendung von *suo* etc. zulässig: *Ognuno tira l'acqua al suo mulino.* – Jeder denkt nur an seinen eigenen Vorteil. *Ciascuno ha la sua/propria macchina.* – Jeder hat sein Auto. *Noi abbiamo ciascuno la sua/propria/nostra macchina.* – Jeder von uns hat sein eigenes Auto.

Merke: *lavorare in proprio* selbständig sein (geschäftlich)
mettersi in proprio sich selbstständig machen
Mi piacerebbe fare qualcosa di mio. – Ich würde gerne etwas Eigenes machen.

Der Gebrauch des Possessivpronomens 61

1. Das Possessivpronomen wird benutzt, um die Wiederholung eines Substantivs zu vermeiden:

Dammi la tua chiave, ho smarrito la mia.	Gib mir deinen Schlüssel, ich habe meinen verlegt.
Tuo padre e il mio giocano spesso insieme a carte.	Dein und mein Vater spielen oft zusammen Karten.

Dove hai messo le tue scarpe? - Le mie sono qui.	Wo hast du deine Schuhe hingelegt? – Meine sind hier.
Un paese moderno come il nostro ...	Ein modernes Land wie unseres ...

Anmerkung: Als Prädikatsnomen in Sätzen mit den Verben *essere* (sein), *sembrare* (scheinen), *divenire* (werden) usw. kann das Possessivpronomen ohne oder mit Artikel stehen: *Questa macchina è (la) mia.* – Dieses Auto gehört mir. *Questi regali sono (i) loro.* – Diese Geschenke gehören ihnen.

2. Das Possessivpronomen kann auf ein später folgendes Substantiv verweisen:

Il suo è stato un gesto folle.	Er hat eine Wahnsinnstat begangen.
Non credo che la tua sia una bell'idea.	Ich glaube nicht, dass deine Idee sehr gut ist.
Il loro deve essere stato un grande amore.	Ihre Liebe muss sehr groß gewesen sein.
Sua è, ad esempio, la statua dell'eroe greco Perseo.	Von ihm stammt die Statue des griechischen Helden Perseus.

Kapitel 6 Die Indefinita (Gli indefiniti)

Indefinita können entweder adjektivisch, d.h. als Indefinitadjektive, oder pronominal, d.h. als Indefinitpronomen, gebraucht werden. Indefinitadjektive (aggettivi indefiniti) begleiten das Substantiv, während Indefinitpronomen (pronomi indefiniti) das Substantiv ersetzen. Man beachte jedoch, dass einige Indefinita nur adjektivisch, andere nur pronominal verwendet werden können. Im Allgemeinen bezeichnen Indefinita unbestimmte Mengen.

Adjektivischer Gebrauch:

*È caduta **molta** neve.*	Es ist viel Schnee gefallen.

Pronominaler Gebrauch:

***Molti** guardano, **pochi** comprano.*	Viele schauen, wenige kaufen.

Übersicht über die Formen der Indefinita 62

1. Sowohl adjektivisch als auch pronominal mit verschiedenen Genus- und Numerusformen werden gebraucht:

Bedeutung	Singular		Plural	
	maskulin	feminin	maskulin	feminin
viel(e)	*molto*	*molta*	*molti*	*molte*
wenig(e)	*poco*	*poca*	*pochi*	*poche*
ziemlich viel(e)	*parecchio*	*parecchia*	*parecchi*	*parecchie*
zu viel/zu viele	*troppo*	*troppa*	*troppi*	*troppe*
(so) viel(e)	*tanto*	*tanta*	*tanti*	*tante*
ebenso viel(e)	*altrettanto*	*altrettanta*	*altrettanti*	*altrettante*
so viel(e)...wie	*quanto*	*quanta*	*quanti*	*quante*
etwas/einige	*alquanto*	*alquanta*	*alquanti*	*alquante*
andere(r)	*altro*	*altra*	*altri*	*altre*
irgendein(e)/ einige	*alcuno*	*alcuna*	*alcuni*	*alcune*
manche(r)	*taluno*	*taluna*	*taluni*	*talune*
ganz(e)/alle	*tutto*	*tutta*	*tutti*	*tutte*
gewisse(r)	*certo*	*certa*	*certi*	*certe*
solche(r)	*tale*		*tali*	

2. Nur im Singular werden adjektivisch und pronominal mit verschiedener Genusform gebraucht:

Bedeutung	maskulin	feminin
jede(r)	*ciascuno*	*ciascuna*
kein(e,er)/niemand	*nessuno*	*nessuna*
ein(e,er)	*uno*	*una*

Anmerkung: Anstelle von *nessuno/nessuna* finden sich literarisch auch *niuno/niuna.*

3. Nur im Singular und nur adjektivisch mit gleicher Form im Maskulinum und Femininum werden verwendet:

Bedeutung	maskulin/feminin
jede(r)	*ogni*
irgendein(e)/einige	*qualche*
jede(r) beliebige	*qualunque*
jede(r) beliebige	*qualsi̱asi*/[selten] *qualsisi̱a*

Anmerkung: Zu *qualsi̱asi/qualsisi̱a* existieren die Pluralformen *qualsi̱ansi/qualsisi̱ano,* die jedoch kaum benutzt werden.

4. Nur pronominal und nur im Singular mit verschiedener Genusform werden gebraucht:

Bedeutung	maskulin	feminin
jemand/eine(r)	*qualcuno*	*qualcuna*
jede(r)	*ognuno*	*ognuna*

Anmerkung: Statt *qualcuno/qualcuna* bzw. pronominalem *ciascuno/ciascuna* finden sich selten *qualcheduno/qualcheduna* bzw. *ciascheduno/ciascheduna.*

5. Nur pronominal und nur im Plural mit verschiedener Genusform kommen vor:

Bedeutung	maskulin	feminin
manche	*certuni*	*certune*

6. Nur pronominal und nur mit einer Form im Singular werden gebraucht:

Bedeutung	maskulin/feminin
jedermann/jede(r)	*chiunque*
etwas	*qualcosa/qualche cosa*
nichts	*niente/nulla*

Anmerkung: Neben *chiunque* findet sich veraltetes *chicchessi̱a.*

7. Als maskulines Indefinitpronomen im Singular und nur als Subjekt wird *altri* 'ein anderer/eine andere' (*non altri che lui* niemand anderes als er) gebraucht; das Verb steht dabei im Singular. Das dazugehörige Indefinitpronomen in Objektfunktion lautet *altrui* 'von anderen/der anderen' (*immischiarsi nelle faccende altrui* sich in anderer Leute Angelegenheiten einmischen), das auch adjektivisch verwendet werden kann (*l'altrui bramosia* die Gier der anderen). Dieser Sprachgebrauch ist literarisch.

Der Gebrauch der Indefinita

molto 63

1. Adjektivischer Gebrauch:

Ci vuole molta stoffa per fare questo vestito.	Man braucht viel Stoff für dieses Kleid.
Non disponiamo di molto denaro.	Wir verfügen nicht über viel Geld.
Te l'ho detto molte volte.	Ich habe es dir oftmals gesagt.
Molte grazie!	Vielen Dank!

2. Pronominaler Gebrauch:

Molti dei miei amici sono insegnanti.	Viele meiner Freunde sind Lehrer.
Molte sono arrivate in ritardo.	Viele (Frauen) sind zu spät gekommen.
Molta della verdura venduta al mercato è trattata chimicamente.	Viel von dem auf dem Markt verkauften Gemüse ist chemisch behandelt.
Ho imparato molto/molte cose.	Ich habe viel gelernt.

Anmerkung 1: Auf *molto* kann ein Possessivadjektiv folgen: *molti nostri connazionali* viele Landsleute von uns; *molti suoi film* viele Filme von ihm/ihr, *molte sue opere* viele Werke von ihm/ihr.

Anmerkung 2: Bei der Wiedergabe von 'viel mehr/weniger' + Substantiv ist zu beachten, dass sich *molto* in Numerus und Genus nach dem folgenden Substantiv richtet: So könnte man erreichen, dass viel mehr Touristen nach Italien kommen. – *Così si potrebbe ottenere che molti più turisti venissero in Italia.* Vollwertreis enthält viel mehr Vitamine als polierter Reis. – *Il riso integrale contiene molte più vitamine di quello brillato.* Dieses Jahr ist viel weniger Schnee gefallen. – *Quest'anno è caduta molta meno neve.*

Anmerkung 3: Zur Wiedergabe von dt. 'die meisten' gibt es folgende Formulierungen: Das meiste Geld gebe ich für Bücher aus. – *La maggior parte dei soldi la spendo in libri.* Mario hat die meisten Fehler gemacht. – *Quello che ha fatto più errori è stato Mario./Mario ha fatto la maggior parte degli errori./Chi ha fatto la maggior parte degli errori è stato Mario.* Die meisten waren orthographische Fehler. – *La maggior parte degli errori erano d'ortografia.* Die meisten Bewohner des Aostatals sind zweisprachig. – *La maggior parte dei valdostani sono bilingui/è bilingue.* Den meisten geht es schlecht. – *I più/Quasi tutti stanno male.* Die meisten wissen es nicht. – *I più non lo sanno./Pochissimi lo sanno./Lo sanno pochissimi./Sono pochissimi a saperlo.* Silvio hat das meiste Geld. – *Silvio è quello che ha più soldi./Silvio ha più soldi di tutti./Chi ha più soldi di tutti è Silvio.*

Anmerkung 4: Vor *molto/molta* kann kein Artikel stehen. Ein Satz wie 'Der viele Regen hat die Kulturen zerstört' lautet im Italienischen: *La troppa pioggia ha rovinato le culture.* Vor *molti/molte* dagegen kann der bestimmte Artikel erscheinen: das viele Geld, das du ausgegeben hast *i molti soldi che hai speso.*

Anmerkung 5: Dt. 'viel' + substantiviertes Adjektiv wird mit *molto di* + Adjektiv wiedergegeben: viel Altes bewahren *conservare molto di vecchio. C'è molto di vero in quanto dici.* – Es ist viel Wahres an dem, was du sagst. Viel Weibliches hat sie nicht. – *Non ha molto di femminile.*

Anmerkung 6: Dt. 'viel(es)' in Subjektfunktion wird durch *molte cose* ausgedrückt: Vieles hat sich geändert. – *Molte cose sono cambiate.*

Anmerkung 7: Von *molto* gibt es den absoluten Superlativ *moltissimo*: *Ho mangiato moltissimo.* – Ich habe sehr viel gegessen.

Anmerkung 8: Dt. 'ziemlich viel' wird durch *parecchio* wiedergegeben: Heute habe ich ziemlich viel geraucht. – *Oggi ho fumato parecchio.*

Anmerkung 9: Dt. 'so viel' wird durch *tanto* oder *così tanto* ausgedrückt: *Non posso spendere così tanto.* – Ich kann nicht so viel ausgeben.

Anmerkung 10: *Molto* wird auch als Adverb verwendet: *Questo libro è molto istruttivo.* – Dieses Buch ist sehr lehrreich.

Anmerkung 11: Weitere Ausdrucksmöglichkeiten, um eine große Menge zu bezeichnen, sind: *un mucchio/un sacco di*: *un mucchio di problemi* eine Menge Probleme; *un sacco di soldi* ein Haufen Geld *una montagna di compiti* ein Haufen Hausaufgaben.
Merke auch: *Questa macchina costa la bellezza di ... euro.* – Dieses Auto kostet die Kleinigkeit von ... Euro.

Merke: *Ho molta fame/sete.* – Ich habe großen Hunger/Durst.
Ho molto sonno. – Ich bin sehr schläfrig.
ein viel versprechender Junge *un ragazzo che promette bene*
Viel Glück! – *Buona fortuna!* (Vor einer Prüfung: *In bocca al lupo!*)

1. Adjektivischer Gebrauch:

C'è poco pane.	Es ist wenig Brot da.
Ho poca voglia di andarci.	Ich habe wenig Lust, dorthin zu gehen.
Ho solo pochi soldi.	Ich habe nur wenig Geld.
L'ho visto poche volte.	Ich habe ihn wenige Male gesehen.

2. Pronominaler Gebrauch:

Pochi sanno quello che hai fatto.	Wenige wissen, was du getan hast.
Pochi di noi parlano bene lo spagnolo.	Wenige von uns sprechen gut Spanisch.

Anmerkung 1: Vor *poco* kann auch der Artikel oder ein Demonstrativadjektiv stehen, wenn eine Ergänzung folgt: *Il/Quel poco che guadagna gli basta per vivere.* – Das wenige, was er verdient, reicht ihm zum Leben.

Anmerkung 2: *Poco* kann durch *molto* verstärkt werden: *Ho letto molto pochi libri.* – Ich habe sehr wenige Bücher gelesen.

Anmerkung 3: Zur Wiedergabe von dt. 'die wenigsten' gibt es folgende Formulierungen: Ich habe die wenigsten Fehler gemacht. – *Quello che ha fatto meno errori sono stato io.* Die wenigsten Schüler wissen es. – *Lo sanno pochissimi alunni./Sono (in) pochi gli alunni che lo sanno./A saperlo sono pochissimi alunni.* Die wenigsten Seeleute können schwimmen. – *Sono pochi i marinai che sanno nuotare./Pochissimi marinai sanno nuotare./La minoranza dei marinai sa nuotare.* Silvia hat von uns das wenigste Geld. – *Silvia ha meno soldi di noi tutti./Quella che ha meno soldi di noi tutti è Silvia./Quella che ha meno soldi fra di noi è Silvia.*

Anmerkung 4: Vor Adjektiven steht *un po'*: *Sono un po' deluso.* – Ich bin ein wenig enttäuscht. Ebenso heißt es: *Ho un po' di soldi* (nicht: **un poco*). – Ich habe ein wenig Geld.
Merke: *un bel po'* eine Weile, *un po' dappertutto* fast überall

Anmerkung 5: Von *poco* gibt es den absoluten Superlativ *pochissimo*: *Mia figlia legge pochissimo.* – Meine Tochter liest sehr wenig.

Anmerkung 6: *Poco* + Adjektiv dient auch zur Wiedergabe eines deutschen Adjektivs mit dem Präfix 'un-': unwichtig *poco importante*, eine unklare Antwort *una risposta poco chiara*, ein uninteressantes Buch *un libro poco interessante*. Es ist unklug von dir. – *È poco saggio da parte tua.* Sie hat sich unkameradschaftlich verhalten – *Si è comportata in modo poco solidale.*

Anmerkung 7: *Poco* wird auch als Adverb verwendet: *Mio figlio studia (molto) poco.* – Mein Sohn lernt (sehr) wenig. *Oggi sto poco bene.* – Heute geht es mir nicht sehr/besonders gut. *Poco prima di mezzogiorno* kurz vor Mittag.

Wendungen: *(Ci) mancò poco che* + Konj./*Per poco* + Ind.: Es fehlte wenig, und/Beinahe...*(Ci) mancò poco che finisse/Per poco finiva sotto il tram.* – Es fehlte wenig, und er wäre unter die Straßenbahn gekommen/Beinahe wäre er ...

65 *parecchio*

1. Adjektivischer Gebrauch:

C'erano parecchie persone.	Es waren mehrere/ziemlich viele Personen da.
Suo zio ha parecchi soldi.	Sein Onkel hat ziemlich viel Geld.
L'ho visto parecchio tempo fa.	Ich habe ihn vor ziemlich langer Zeit gesehen.

Anmerkung: Dt. 'mehrere' kann auch durch *diversi/-e* (vor dem Substantiv) oder *più* ausgedrückt werden: Ich habe mehrere Bücher gekauft. – *Ho comprato diversi libri.* Ich war mehrere Tage weg. – *Sono stato via più giorni.* Ich habe ihn mehrere Male gesehen. – *L'ho visto più volte.*

2. Pronominaler Gebrauch:

Siamo (in) parecchi.	Wir sind ziemlich viele.

Anmerkung: *Parecchio* wird auch als Adverb verwendet: *Mi sono divertito parecchio.* – Ich habe mich ziemlich gut amüsiert. *Oggi ho mangiato parecchio.* – Heute habe ich ziemlich viel gegessen.

66 *troppo*

1. Adjektivischer Gebrauch:

Ho bevuto troppo vino.	Ich habe zu viel Wein getrunken.
Non mangiare troppe caramelle!	Iss nicht zu viele Bonbons!
Hai fatto troppi sbagli.	Du hast zu viele Fehler gemacht.
Le difficoltà sono troppe.	Es gibt zu viele Schwierigkeiten.
Signora, suo figlio ha fatto troppe assenze.	Ihr Sohn hat zu häufig gefehlt.
La prudenza non è mai troppa.	Man kann nie vorsichtig genug sein.

2. Pronominaler Gebrauch:

Troppi promettono senza poi mantenere.	Zu viele machen Versprechungen, ohne sie zu halten.
Le ciliegie erano ottime, ma ne ho mangiate troppe.	Die Kirschen waren sehr gut, aber ich habe zu viele (davon) gegessen.

Anmerkung 1: Vor *troppo* kann der bestimmte Artikel stehen: *la troppa fiducia* das zu große Vertrauen/zu großes Vertrauen.

Anmerkung 2: *Troppo* wird auch als Adverb gebraucht: *troppo caro* zu teuer. *I bambini bisticciano troppo.* – Die Kinder zanken zu viel. *Sono troppo stanco per uscire stasera.* – Ich bin zu müde, um heute Abend auszugehen.

Anmerkung 3: Häufig entfällt *troppo* vor Adjektiven: *Questa gonna mi è/va stretta.* – Dieser Rock ist mir zu eng. Alle Kleider sind mir zu weit geworden. – *Tutti i vestiti mi sono diventati larghi.*

Anmerkung 4: Dt. 'viel zu viel' heißt einfach *troppo* oder *veramente troppo*: Du trinkst zu viel. – *Bevi (veramente) troppo.*

Anmerkung 5: Dt. Subst. + 'zu viel' wird mit Subst. + *di troppo* wiedergegeben: Du hast ein Glas zu viel getrunken. – *Hai bevuto un bicchiere di troppo.* Ich habe einige Kilo zu viel. – *Ho qualche chilo di troppo.*

Merke: *Il troppo stroppia.* – Allzu viel ist ungesund.

tanto 67

1. Adjektivischer Gebrauch:

Tante grazie!/Grazie tante!	Vielen Dank!
Tanti bei fiori!	(So) viele schöne Blumen!
Dove sei stato tanto tempo?	Wo bist du so lange gewesen?
Ho tanta fretta.	Ich habe es sehr eilig.
Tante cose!	Alles Gute!
Non fare tante cerimonie!	Mach nicht so viele Umstände!
Ci siamo fermati in una delle tante enoteche.	Wir waren in einer der vielen Weinhandlungen.

2. Pronominaler Gebrauch:

È stato visto da tanti.	Er wurde von vielen gesehen.
Tanto disse e tanto fece che riuscì a convincerlo.	Er ließ nichts unversucht, bis er ihn überzeugt hatte.

Anmerkung 1: In einigen Wendungen kann das Beziehungswort nur durch *ne* vertreten sein: *Gliene ho date tante (, di botte).* – Ich habe ihm eine ordentliche Tracht Prügel verpasst. *Ne ha combinate tante (, di marachelle).* – Er hat viel angestellt. *Ne racconta tante quel chiacchierone (, di storie).* – Dieser Schwätzer erzählt allerhand Unsinn.

Anmerkung 2: Zu *tanto* gibt es den absoluten Superlativ *tantissimo*: *Viaggia tantissimo.* – Er reist sehr viel.

Anmerkung 3: In verneinten Sätzen bedeutet *tanto* soviel wie *troppo*: *senza tante cerimonie* ohne (allzu) viele Umstände.

Anmerkung 4: *Tanto* steht oft in Verbindung mit *quanto/tanto/che*: *Quanti/Tanti sono i cervelli, tante sono le opinioni.* – So viele Köpfe, so viele Meinungen; *tanto io che lei* sowohl ich als auch sie.

Anmerkung 5: *Tanto* mit dem unbestimmten Artikel bedeutet 'soundso viel': *Mi pagano un tanto al mese.* – Sie zahlen mir soundso viel im Monat.

Anmerkung 6: *Tanto* kann mit *da* + Infinitiv fortgeführt werden: *Ho tante prove in mano da farli finire in galera.* – Ich habe so viele Beweise in der Hand, dass ich sie ins Gefängnis bringen kann.

Anmerkung 7: *Tanto* kann auch adverbial verwendet werden: *una traduzione tanto difficile* eine so schwierige Übersetzung.

Anmerkung 8: Dt. 'so viel' als Subjekt wird durch *tante cose* ausgedrückt: Es kann so viel passieren. – *Tante cose possono succedere.*

Wendungen:

Tanto di cappello!	Hut ab!
un uomo con tanto di baffi	ein Mann mit einem großen Schnurrbart
guardare con tanto d'occhi	mit (so) großen Augen anschauen
con tanto di nome e cognome	mit vollem Namen
tant'è vero che ...	jedenfalls spricht dafür, dass ...

68 *altrettanto*

1. Adjektivischer Gebrauch:

dieci ragazzi e altrettante ragazze	zehn Jungen und ebenso viele Mädchen
cinque libri e altrettanti quaderni	fünf Bücher und ebenso viele Hefte

2. Pronominaler Gebrauch:

Ho tradotto dieci pagine e ho da tradurne altrettante.	Ich habe zehn Seiten übersetzt und muss noch einmal so viele übersetzen.

Anmerkung: *Altrettanto* wird auch adverbial verwendet: *Questo esercizio è altrettanto facile.* – Diese Übung ist ebenso leicht. *Grazie altrettanto!* – Danke ebenfalls!

quanto 69

1. Adjektivischer Gebrauch:

Puoi mangiare quanta torta vuoi.	Du kannst so viel Kuchen essen, wie du willst.
Potete rimanere quanto tempo volete.	Ihr könnt so lange bleiben, wie ihr wollt.

2. Pronominaler Gebrauch:

Noi abbiamo tante stanze quante ne avete voi.	Wir haben so viele Zimmer wie ihr.

Anmerkung 1: Relativisch gebrauchtes *quanto* entspricht (*tutto*) *ciò che* (vgl. § 53, Anm. 3).

Anmerkung 2: *Quanto* verstärkt vorausgehendes *tutto*: *Li conosco tutti quanti.* – Ich kenne sie alle miteinander.

Anmerkung 3: *Tanto (...) quanto* kann entweder 'sowohl ... als auch' oder 'so viel wie' bedeuten: *Tanto la squadra italiana quanto quella tedesca può vincere.* – Sowohl die italienische Mannschaft als auch die deutsche kann siegen. *Lavoro tanto quanto mio fratello.* – Ich arbeite so viel wie mein Bruder.

Anmerkung 4: Mit *quanto mai* kann ein Adjektiv, ein Adverb oder ein Verb verstärkt werden: *È quanto mai gentile.* – Er ist äußerst freundlich. *Le voglio bene quanto mai.* – Ich habe sie außerordentlich gern.

Wendungen:

quanto a me	was mich anbelangt
per quanto ne so	soviel ich weiß
a quanto dicono/a quanto pare	nach dem, was man sagt/ anscheinend
quanto prima	so schnell wie möglich
quanto più si può	so viel man kann
quanto più ... tanto meno	je mehr ... desto weniger

alquanto 70

1. Adjektivischer Gebrauch:

Aveva speso alquanto denaro.	Er/Sie hatte etwas Geld ausgegeben.
Ne leggerò alquante pagine.	Ich werde einige Seiten davon lesen.

2. Pronominaler Gebrauch:

Delle pesche ne sono rimaste alquante.	Von den Pfirsichen sind einige übrig geblieben.
Alquanti sono dell'avviso che ...	Einige sind der Meinung, dass ...

Anmerkung: *Alquanto* wird auch adverbial verwendet: *Tu esageri alquanto.* – Du übertreibst etwas. Heute wird *alquanto* zumeist nur noch schriftsprachlich gebraucht.

71 *altro*

1. Adjektivischer Gebrauch:

Dove sono gli altri piatti?	Wo sind die anderen Teller?
Chi ha mangiato l'altra mela?	Wer hat den anderen Apfel gegessen?
Desidera altre informazioni?	Wünschen Sie weitere Informationen?

Anmerkung: Der Ausdruck *un'altra cosa* bedeutet: 1. noch eine Sache/noch etwas, 2. eine andere Sache (= *una cosa diversa*).

Wendungen:

l'altro giorno	neulich
Domani è un altro giorno.	Morgen ist auch noch ein Tag.
ieri l'altro/l'altro ieri	vorgestern
quest'altro mese	nächsten Monat
un'altra volta	noch einmal/ein anderes Mal
Amo il mio mestiere più di ogni altra cosa.	Ich liebe meinen Beruf über alles.
un'altra tazza di caffè	noch eine Tasse Kaffee
Scusi, ci può portare altri due bicchieri?	Entschuldigen Sie, können Sie uns noch zwei Gläser bringen?
un altro/secondo Caruso	ein zweiter Caruso
altri due giorni	zwei weitere Tage

2. Pronominaler Gebrauch:

Dove sono gli altri?	Wo sind die anderen?
Ne vuoi un altro?	Willst du noch einen?
Si aiutano l'un l'altro.	Sie helfen einander.

un giorno come gli altri	ein Tag wie jeder andere
Non fare agli altri ciò che non vorresti fosse fatto a te.	Was du nicht willst, dass man dir tu', das füg auch keinem andern zu.
Uno piange, l'altro ride.	Der eine weint, der andere lacht.
parlare d'altro	von anderem sprechen

Anmerkung: *Altri/altre* kann ein vorausgehendes *noi/voi* verstärken: *Che cosa fate voi altri* (auch *voialtri*)? – Was macht ihr?

Wendungen:

Lo attendo da un giorno all'altro/da un momento all'altro.	Ich erwarte ihn jeden Tag/jeden Augenblick.
Ti serve qualcos'altro/qualche altra cosa/qualcosa d'altro?	Brauchst du sonst noch etwas?
(Desidera) altro, signora?	(Wünschen Sie) sonst noch etwas?/ Wär's das?
in un modo o nell'altro	auf irgendeine Art
Questo libro è tutt'altro che interessante.	Dieses Buch ist alles andere als interessant.
La situazione è tutt'altra che rosea.	Die Lage ist alles andere als rosig.
Suo marito fuma una sigaretta dopo/dietro l'altra.	Ihr Mann raucht eine Zigarette nach der anderen.
senz'altro	gewiss/unverzüglich
tra l'altro	unter anderem
Sono abituato a ben altro.	Ich bin ganz andere Dinge gewöhnt.
Chi altro?	Wer sonst noch?
un giorno o l'altro	eines Tages/über kurz oder lang

Merke: Immer langsam, eins nach dem anderen. – *Piano, piano, una cosa alla volta.*

Anmerkung: *Altro* dient auch zum Ausdruck der Gegenseitigkeit: *Siamo fatti l'una per l'altro.* – Wir sind für einander geschaffen (Mann und Frau). *Gli uomini hanno bisogno gli uni degli altri.* – Die Menschen brauchen einander. *Si scagliarono l'uno addosso all'altro.* – Sie stürzten sich aufeinander. *Persone che non hanno niente a che fare l'una con l'altra.* – Personen, die nichts miteinander zu tun haben. *I principi si superarono l'un l'altro in mecenatismo.* – Die Fürsten überboten sich gegenseitig im Mäzenatentum. *Città indipendenti le une dalle altre.* – Voneinander unabhängige Städte. *I due fratelli sono molto attaccati l'uno all'altro.* – Die beiden Brüder hängen sehr aneinander. *Questo linguaggio ci fa diventare uguali gli uni agli altri.* – Diese Sprache lässt uns einander gleich werden.

72 *alcuno*

Vor einem Substantiv verhält sich ***alcuno*** wie der unbestimmte Artikel *uno* (vgl. § 9.1.2). Im Singular tritt das Indefinitadjektiv *alcuno* meist nur mit *non* oder *senza* auf.

1. Adjektivischer Gebrauch:

senza alcuna speranza	ohne jede Hoffnung
senza alcun impegno	ohne jegliche Verpflichtung
Non c'è alcun dubbio che ...	Es besteht kein Zweifel, dass ...
alcuni libri	einige Bücher
alcune donne	einige Frauen
alcune centinaia di libri	einige/ein paar hundert Bücher

Anmerkung: *Alcuno* kann auch nachgestellt werden: *senza speranza alcuna* [lit.] ohne jede Hoffnung.

2. Pronominaler Gebrauch:

alcuni di voi	einige von euch
Dei nomi in -co *alcuni fanno il plurale in* -ci , *altri in* -chi.	Von den Substantive auf *-co* bilden einige den Plural auf *-ci*, andere auf *-chi*.
alcune delle mie colleghe	einige meiner Kolleginnen
senza che alcuno me lo dicesse	ohne dass es mir jemand gesagt hätte

73 *taluno*

1. Adjektivischer Gebrauch:

Talune proposte sono accettabili.	Manche Vorschläge sind annehmbar.

Anmerkung: Als Indefinitadjektiv ist *taluno* nur im Plural gebräuchlich. Es wird in formeller Ausdrucksweise verwendet.

2. Pronominaler Gebrauch:

Taluni pensano che lui abbia ragione.	Manche denken, dass er Recht hat.

certo 74

1. Adjektivischer Gebrauch:

Certa gente non sa comportarsi.	Gewisse Leute können sich nicht benehmen.
Certe cose non si dicono.	Gewisse Dinge sagt man nicht.
È arrivato un certo signor Bianchi.	Ein gewisser Herr Bianchi ist angekommen.

Anmerkung: Emphatische Bedeutung liegt vor in Sätzen wie: *In questo negozio ci sono certi prezzi!* – Die haben vielleicht Preise in diesem Geschäft! *Vostro figlio ha certe uscite!* – Euer Sohn macht manchmal Bemerkungen! *Un pezzo d'uomo alto due metri, con certe spalle da facchino.* (Moravia) – Ein Baum von einem Mann, zwei Meter groß, mit ein Paar Schultern wie ein Gepäckträger. *Non dire certe cose!* – Sag nicht solche Sachen!

Unterscheide: *una certa prova* ein gewisser Beweis – *una prova certa* ein sicherer Beweis

Merke: *A un certo punto mi sono svegliato.* – Auf einmal/Da bin ich aufgewacht.
in un certo senso in gewissem Sinne

2. Pronominaler Gebrauch [nur im Plural]:

Certi pensano che sia stato tu a farlo.	Manche meinen, dass **du** es getan hast.

Anmerkung: *Certo* wird auch adverbial gebraucht in der Bedeutung 'sicher/gewiss'. *Sarai promosso? – Certo!* Wirst du versetzt werden? – Sicher! (Schüler)

tale 75

1. Adjektivischer Gebrauch (zum *Troncamento* von *tale* vgl. § 9.2.2):

Non posso accettare tali condizioni.	Ich kann solche/derartige/diese Bedingungen nicht annehmen.
Non mi sarei aspettato una tale risposta da lui.	Ich hätte von ihm eine solche Antwort nicht erwartet.
Di tali persone non ci si può fidare.	Solchen Leuten kann man nicht trauen.
in tal modo	so/auf solche Weise
un tale Giorgio	ein gewisser Georg

Anmerkung 1: Vor *tale* kann der unbestimmte Artikel fehlen: *un film su tale argomento* ein Film über ein solches Thema.

Anmerkung 2: *Tale* kann korrelativ zu *quale* auftreten: *È una casa tale quale io la desideravo.* – Es ist so ein Haus, wie ich es wünschte.

Merke: *Mario è tale (e) quale suo padre.* – Mario ist genau wie sein Vater.

2. Pronominaler Gebrauch:

Un tale ha chiesto di te.	Einer/Jemand hat nach dir gefragt.
Il Piemonte è una regione di confine e, come tale, è luogo d'incontro tra popoli e culture diverse.	Piemont ist eine Grenzregion und als solche ist sie ein Treffpunkt verschiedener Völker und Kulturen.
il signor tal dei tali	ein Herr Soundso

Anmerkung: Mit *Un tale* werden auch Witze eingeleitet: *Un tale si reca al commissariato.* – Einer geht aufs Kommissariat.

76 *ciascuno*

1. Adjektivischer Gebrauch (zum *troncamento* von *ciascuno* vgl. § 9.1.2):

ciascun albero	jeder Baum
ciascuno scolaro	jeder Schüler
ciascuna bambina	jedes Mädchen

2. Pronominaler Gebrauch:

Ciascuno di voi riceve dieci euro./ Ricevete, ciascuno, dieci euro.	Jeder von euch bekommt zehn Euro.
Ciascuna delle ragazze pratica uno sport.	Jedes der Mädchen übt einen Sport aus.
A ciascuno il suo.	Jedem das Seine.

Anmerkung: Auf *ciascuno* kann kein Relativsatz folgen (vgl. auch § 84 Anm.2). Ein Satz wie 'Jeder, der Angst hat, kann es ruhig zugeben' kann folgendermaßen wiedergegeben werden: *Tutti quelli che/Coloro che hanno paura possono pure ammetterlo./Chiunque abbia paura può pure ammetterlo.* – Jeder, der Lust hat, kann mitmachen. – *Può partecipare chiunque lo voglia.*

Merke: Jeder irrt sich mal. – *Tutti sbagliano.* Das kann jedem passieren. – *Può succedere a chiunque.*

nessuno 77

1. Adjektivischer Gebrauch (zum *troncamento* von *nessuno* vgl. § 9.1.2; zur Verneinung vgl. §§ 267.2, 268):

nessun bambino	kein Kind
nessuno sbaglio	kein Fehler
nessuna scuola	keine Schule
Non c'è nessuna ragione di ...	Es gibt keinen Grund zu ...

Merke: *da nessuna parte* nirgends/nirgendwohin. Aber: kein Geringerer als Umberto Eco *niente meno che Umberto Eco*

2. Pronominaler Gebrauch:

Nessuno è venuto./[häufiger] *Non è venuto nessuno.*	Keiner/niemand ist gekommen.
Non abbiamo visto nessuno.	Wir haben keinen/niemanden gesehen.

Anmerkung: Folgt *nessuno* auf die Präposition *senza*, so bedeutet es adjektivisch 'jeder' und pronominal 'jemand': *senza nessun motivo* ohne jeden Grund, *senza veder nessuno* ohne jemanden zu sehen.

uno 78

1. Adjektivischer Gebrauch (zum *troncamento* von *uno* vgl. § 9.1.2):

un (bel) giorno	eines (schönen) Tages
un tempo	einst/früher
i giovani di un tempo	die Jugendlichen von früher
In un primo tempo pensavo che ...	Anfänglich/Zunächst dachte ich, ...
C'era una volta ...	Es war einmal ...

Anmerkung: *Uno* kann auch unbestimmter Artikel oder Zahlwort sein: ***Una** casalinga ha sempre molto da fare.* – Eine Hausfrau hat immer viel zu tun (zum unbestimmten Artikel vgl. § 41). *Quante volte ci sei stato? – **Una** volta.* – Wie oft bist du dort gewesen? – Ein Mal (zum Zahlwort vgl. § 91 Anm. 1).

2. Pronominaler Gebrauch:

Prendo uno di questi libri.	Ich nehme eines dieser Bücher
C'è una che ti vuole.	Da ist eine, die dich (zu sprechen) wünscht.

Anmerkung: Im Plural kommt *uno* nur in den folgenden Ausdrücken vor: *gli uni ... gli altri/le une ... le altre* die einen ... die anderen. *Gli uomini hanno bisogno gli uni degli altri.* Die Menschen brauchen einander.

79 *ogni*

ogni giovedì	jeden Donnerstag
ogni dizionario	jedes Wörterbuch
ogni ragazza	jedes Mädchen
Ci vado ogni anno/tutti gli anni.	Ich fahre jedes Jahr dahin.
Andiamo in palestra ogni due giorni/un giorno sì e un giorno no/a giorni alterni.	Wir gehen jeden zweiten Tag ins Fitnesscenter.
Ogni cosa ha il suo prezzo.	Alles hat seinen Preis.
Ogni quanto passa l'autobus?	Wie oft fährt der Bus?

Anmerkung 1: Anstelle von *ogni mattina/ogni sera/domenica* kann *tutte le mattine/tutte le sere/tutte le domeniche* verwendet werden.

Anmerkung 2: Auf *ogni* kann ein Possessivadjektiv folgen: *Ogni tuo desiderio per me è un ordine.* – Dein Wunsch ist mir Befehl.

Merke: zu jeder Tageszeit *a tutte le ore*; jeder dritte *uno su tre*; jeder fünfte Italiener *un italiano su cinque*; Er muss jeden Augenblick kommen. – *Deve arrivare da un momento all'altro.*

Wendungen:

ogni cinque minuti	alle fünf Minuten
in/ad ogni modo	auf jeden Fall/jedenfalls
ogni tanto	ab und zu
Ci sono quattro auto ogni dieci abitanti.	Auf zehn Einwohner kommen vier Autos.
Farò ogni tuo volere.	Ich werde alles tun, was du willst.
67 persone ogni cento	67 Personen von hundert

Aber: *non tutti gli uomini* nicht jeder Mensch

80 *qualche*

Abbiamo passato qualche giorno al mare.	Wir haben einige Tage am Meer verbracht.
Manca qualche pagina.	Es fehlen einige Seiten.
Ho comprato qualche bottiglia di vino rosso.	Ich habe einige Flaschen Rotwein gekauft.
Mi arrangio con qualche lavoretto.	Ich komme mit Gelegenheitsjobs zurecht.

Anmerkung 1: Auf *qualche* folgt immer ein Substantiv im Singular: *Qualche giorno* ist gleichbedeutend mit *alcuni giorni/un paio di giorni.*

Anmerkung 2: *Qualche* kann auch '(irgend)ein' bedeuten: *Intanto puoi leggere qualche libro.* – Inzwischen kannst du (irgend)ein Buch lesen. *Sai suonare qualche strumento?* – Kannst du ein Instrument spielen? Merke: *andare da qualche parte* irgendwo hingehen, *in qualche modo* irgendwie.

Anmerkung 3: *Qualche* kann der unbestimmte Artikel vorausgehen: *una qualche influenza* ein gewisser Einfluss. *Esiste una qualche tendenza a minimizzare la gravità della situazione.* – Es besteht eine gewisse Tendenz, den Ernst der Lage zu bagatellisieren.

qualunque 81

Esco con qualunque tempo.	Ich gehe bei jedem Wetter aus.
Qualunque scolaro lo saprebbe.	Jeder Schüler wüsste es.
a qualunque costo e con qualunque mezzo	um jeden Preis und mit jedem Mittel

Anmerkung 1: Wenn *qualunque* nach dem Substantiv steht, hat es verächtliche Bedeutung: *Non vorrei andare in un albergo qualunque.* – Ich will nicht in jedes x-beliebige Hotel gehen.

Anmerkung 2: *Qualunque* + *essere* im Konjunktiv bedeutet 'welches auch immer': *Qualunque sia la sua opinione, la devi tollerare.* – Welches auch immer seine/ihre Meinung ist, du musst sie tolerieren.

Anmerkung 3: *Qualunque cosa* [selten *checché*] + Verb im Konj. (vgl. § 243) gibt dt. 'was auch immer' wieder: *Qualunque cosa tu faccia ...* – Was du auch immer tust, ...

Anmerkung 4: *Qualunque* kann der unbestimmte Artikel vorausgehen: *Se vi fosse un qualunque collegamento ...* – Wenn es irgendeine Verbindung gäbe, ...

Merke: *Non è uno qualunque.* – Er ist nicht irgendwer.

qualsiasi 82

Puoi chiedere a qualsiasi professore.	Du kannst jeden (beliebigen) Lehrer fragen.
a qualsiasi ora	zu jeder Stunde/jederzeit
Farei qualsiasi cosa per lui.	Ich würde alles für ihn tun.
Scommetto qualsiasi cosa che non ce la faranno.	Ich gehe jede Wette ein, dass sie es nicht schaffen werden.
Questo libro lo trovi in qualsiasi libreria.	Dieses Buch bekommst du in jeder Buchhandlung.

Anmerkung: Tritt *qualsiasi* mit dem unbestimmten Artikel auf, so steht es meist nach dem Substantiv: *L'oroscopo lo trovi in un giornale qualsiasi.* – Ein Horoskop findest du in jeder beliebigen Zeitung.

83 *qualcuno*

Conosco qualcuno che sa il giapponese.	Ich kenne jemanden, der Japanisch kann.
C'è qualcuno di voi che non è/sia contento?	Gibt es jemanden von euch, der nicht zufrieden ist?
È venuta qualcuna che desidera un'informazione.	Es ist eine gekommen, die eine Auskunft wünscht.
Mi rivolgerò a qualcun altro.	Ich werde mich an jemand anderen wenden.
Qualcuno venga ad aiutarmi.	Jemand soll kommen und mir helfen.
Ha fatto qualche intervista? – Qualcuna.	Haben Sie ein Interview gemacht? – Das eine oder andere.

Anmerkung 1: Dt. jemand + ein substantiviertes Adjektiv wird durch *qualcuno* + Adjektiv wiedergegeben: jemand Schönes *qualcuno bello*, jemand Besseres *qualcuno migliore*, jemand anderes *qualcun'altro*.

Anmerkung 2: 'Von jemandem, der ..., sagen wir, dass ...' wird durch *Di un tale che ... diciamo che ...* ausgedrückt.

84 *ognuno*

Ognuno faccia il suo dovere.	Jeder tue seine Pflicht.
Ognuno tace.	Jeder schweigt.
Andranno ognuno per la loro strada.	Jeder wird seinen eigenen Weg gehen.
Ognuno è libero di fare come crede.	Jedem steht es frei zu tun, was er für richtig hält.
Ognuno ha i suoi problemi.	Jeder hat seine Probleme.

Anmerkung 1: *Ognuno* und *ciascuno* sind weitgehend bedeutungsgleich. Folgt eine Ergänzung mit *di,* so verwendet man häufiger *ciascuno*: *ciascuno dei miei amici* jeder meiner Freunde.

Anmerkung 2: Auf *ognuno* kann kein Relativsatz folgen (vgl. auch § 76.2 Anm.).

Merke: Hier kennt jeder jeden. – *Qui si conoscono tutti.*

85 *certuni*

Certuni la pensano come te.	Manche denken so wie du.

Anmerkung: Sehr selten steht dieses Pronomen, das als veraltet gilt, im Singular (*certuno/certuna*).

chiunque 86

Puoi chiedere a chiunque.	Du kannst jedermann fragen.
Chiunque avrebbe agito così.	Jeder hätte so gehandelt.
Chiunque può sbagliare.	Jeder kann sich irren.
meglio di chiunque altro	besser als jeder andere

Anmerkung: *Chiunque* kann auch in konzessiver Funktion verwendet werden: *Chiunque l'abbia detto, ...* – Wer es auch immer gesagt hat, ... (vgl. § 243).

qualcosa/qualche cosa 87

Ti ha detto qualcosa?	Hat er dir etwas gesagt?
Ho trovato qualcosa.	Ich habe etwas gefunden.
Se ti occorre qualcosa dimmelo.	Sag mir, wenn du etwas brauchst.

Anmerkung 1: Richtet sich ein Adjektiv oder Partizip Perfekt nach *qualcosa/ qualche cosa*, so erscheint es gewöhnlich in der maskulinen Form: *È successo qualcosa?* – Ist etwas passiert?

Anmerkung 2: Adjektive und Partizipien werden mit der Präposition *di* angeschlossen: *Abbiamo trovato qualcosa di bello.* – Wir haben etwas Schönes gefunden. *Non hai qualcosa di meglio da fare?* – Hast du nicht etwas/nichts Besseres zu tun? *qualcosa di già detto* etwas bereits Gesagtes.

Anmerkung 3: In einigen Fällen kann *qualcosa* entfallen: *Ho trovato di meglio.* – Ich habe Besseres gefunden.

Anmerkung 4: Infinitive werden mit der Präposition *da* angeschlossen. In diesem Fall kann *qualcosa* fehlen: *Dammi (qualcosa) da bere, per favore.* – Gib mir bitte (etwas) zu trinken.

Anmerkung 5: Dt. 'etwas ... nicht' wird durch *c'è qualcosa* + verneinter Relativsatz ausgedrückt: Etwas verstehe ich nicht. – *C'è qualcosa che non capisco.* Etwas funktioniert nicht. – *C'è qualcosa che non funziona.*
Merke auch: *Che c'è che non va?* – Was ist nicht in Ordnung?/ Was fehlt Ihnen/dir? (beim Arzt)

Anmerkung 6: Dt. 'so etwas' wird durch *una cosa simile/del genere/così* ausgedrückt: Ich hätte nie so etwas erwartet. – *Non mi sarei mai aspettato una cosa simile.*

Anmerkung 7: 'Etwas Anderes' wird mit *qualcos'altro/qualcosa d'altro/un'altra cosa/qualche altra cosa* ausgedrückt.
Merke: Das ist etwas ganz Anderes. – *È qualcosa di completamente diverso./Questo è un altro paio di maniche* (= Das sind zwei Paar Stiefel)*./Questa è tutt'un'altra cosa.*

Anmerkung 8: *Qualcosa* kann auch adverbial gebraucht werden: *cento euro e qualcosa/e rotti* hundert und etwas/ein paar Zerquetschte.

88 Die Wiedergabe von dt. ‘etwas’

Dt. ‘etwas’ wird in folgenden Fällen im Italienischen anders ausgedrückt:

1. durch ***niente/nulla*** im verneinten Satz (vgl. § 268.3):

Suo zio non gli dà mai niente.	Sein Onkel gibt ihm nie etwas.
Se ne andò senza dir nulla.	Er ging weg, ohne etwas zu sagen.

Aber: *Non se ne andò senza dir qualcosa.* – Er ging nicht weg, ohne etwas zu sagen. (In diesem Fall ist der Sinn des Satzes positiv: Er hat etwas gesagt).

2. durch ***un po’ di*** in der Bedeutung von ‘ein wenig’:

Ho mangiato un po’ di carne.	Ich habe etwas Fleisch gegessen.
Parlo un po’ di tedesco.	Ich spreche etwas Deutsch.
Ho risparmiato un po’ di soldi.	Ich habe ein wenig Geld gespart.

Auch: *Parlo un po’ tedesco/un po’ il tedesco.*

3. durch ***una cosa***, wenn ‘etwas Bestimmtes’ gemeint ist:

Ho dimenticato una cosa. – Che cosa? – Il mio ombrello.	Ich habe etwas vergessen. – Was? – Meinen Regenschirm.

4. Wendungen mit ‘etwas’:

Am Sonntag Abend habe ich schon etwas vor.	*Domenica sera ho già un impegno.*
Können Sie ihm etwas ausrichten?	*Può trasmettergli un messaggio?*
Seine Frau hat das gewisse Etwas.	*Sua moglie ha un/quel certo non so che.*
Nein, so etwas!	*Ma guarda che roba!*
So etwas tut/sagt man nicht.	*Non si fanno/dicono queste cose.*
Er ist so etwas wie ein Vater für mich.	*È una specie di padre per me.*
Aus diesem Mädchen wird bestimmt einmal etwas.	*Questa ragazza diventerà sicuramente qualcuno/farà strada.*
Der Junge hat es wirklich zu etwas gebracht!	*Ne ha fatta di strada quel ragazzo!*
Hast du etwas von ihm gehört?	*Hai avuto sue notizie?*

An dieser Angelegenheit ist etwas (Wahres) dran.	*C'è del vero in quella faccenda.*
Er hat etwas mit der Frau des Metzgers.	*Se la intende con la moglie del macellaio./Tra lui e la moglie del macellaio c'è del tenero.*
Macht es Ihnen etwas aus, wenn ich das Fenster öffne?	*Le dispiace se apro la finestra?*
Träum was Schönes!	*Sogni d'oro!*
Wünsch dir was!	*Esprimi un desiderio!*
So was kommt vor.	*Sono cose che capitano.*
Er wohnt seit etwas mehr als einem Monat dort.	*Ci abita da poco più di un mese.*
Er verdient etwas nebenbei.	*Ha delle entrate extra.*

niente/nulla (zur Verneinung vgl. §§ 268.2, 269.4) **89**

Non è successo niente./ Niente è successo.	Es ist nichts passiert.
Non hanno fatto nulla.	Sie haben nichts getan.

Anmerkung 1: Richtet sich ein Adjektiv oder ein Partizip Perfekt nach *niente/nulla*, so steht es in der maskulinen Form: *Ancora non è perduto nulla.* – Noch ist nichts verloren. *Nulla è eterno.* – Nichts ist ewig.

Anmerkung 2: Adjektive werden mit der Präposition *di* angeschlossen: *Non c'è niente di più bello.* – Es gibt nichts Schöneres.
Merke: Ich will dir nichts Falsches sagen. – *Non voglio dirti una cosa sbagliata.*

Anmerkung 3: Infinitive werden mit der Präposition *da* angeschlossen. In diesem Fall kann *niente/nulla* auch fehlen: *Non mi ha offerto (niente) da bere.* – Er hat mir nichts zu trinken angeboten.

Anmerkung 4: In der Umgangssprache wird *niente* (nicht *nulla*!) auch als Indefinitadjektiv verwendet: *Niente paura!* – Nur keine Angst! *Niente compiti per domani!* – Keine Hausaufgaben für morgen! *Niente lettere!* – Keine Post!

Anmerkung 5: *Niente/nulla* können auch als Substantive auftreten: *Dio ha creato il mondo dal nulla.* – Gott hat die Welt aus dem Nichts geschaffen. *È venuto su dal niente.* – Er hat sich aus dem Nichts hochgearbeitet; *incominciare dal nulla* mit nichts anfangen.

Anmerkung 6: In Fragesätzen bedeuten *niente/nulla* so viel wie *qualcosa*: *Hai visto niente?* – Hast du etwas gesehen? Aber: *Non hai visto niente?* – Hast du nichts gesehen?

Anmerkung 7: *Niente/Nulla* können durch *un bel* verstärkt werden: *Non ne sapevano un bel nulla.* – Sie wussten überhaupt nichts davon.

Anmerkung 8: In der gesprochenen Sprache werden *niente/nulla* oft durch folgende Substantive ersetzt: *un accidente, un'acca* [fam.], *un tubo* [pop.], *un cavolo* [pop.], *un cazzo* [vulg.]: *Non capisco un tubo.* – Ich verstehe nur Bahnhof.

Wendungen mit dt. 'nichts':

Dieser Junge ist nichts für dich.	*Quel ragazzo non fa per te.*
Besser als nichts.	*Meglio di/che niente.*
Von nichts kommt nichts.	*Da niente non viene niente.*
Daraus wird nichts.	*Non se ne fa niente/nulla.*

90 *tutto*

1. Adjektivischer Gebrauch:

1.1. ***Tutto/tutta*** + bestimmter Artikel, Demonstrativadjektiv oder Possessivadjektiv + Substantiv im Singular bedeutet 'ganz':

Ho perduto tutto il denaro.	Ich habe das ganze Geld verloren.
Lo scolaro sa tutta la poesia a memoria.	Der Schüler kann das ganze Gedicht auswendig.
Di chi è tutta questa roba?	Wem gehört dieses ganze Zeug?
Ha venduto tutta la sua biblioteca.	Er hat seine ganze Bibliothek verkauft.

Anmerkung 1: Fakultativ ist der Gebrauch des bestimmten Artikels vor Ländernamen in Verbindung mit *tutto/tutta*: *Ho girato (per) tutta (l')Italia.* – Ich bin durch ganz Italien gefahren.

Anmerkung 2: Vor Städtenamen, Autorennamen und Monatsnamen fehlt der bestimmte Artikel in Verbindung mit *tutto/tutta*: *tutta Firenze* ganz Florenz. *Ho letto tutto Verga.* – Ich habe den ganzen Verga gelesen. *Siamo restati al mare tutto agosto.* – Wir sind den ganzen August am Meer geblieben.

Anmerkung 3: In folgenden Ausdrücken und Wendungen fehlt der bestimmte Artikel:

di tutto cuore	von ganzem Herzen
a tutta forza	mit aller Kraft
in tutta fretta	in aller Eile
a tutto gas	mit Vollgas
a tutta birra	mit einem Affenzahn
a tutta velocità	mit voller Geschwindigkeit
a tutto vapore	mit Volldampf
con tutta probabilità	aller Wahrscheinlichkeit nach
in tutta segretezza	in aller Heimlichkeit
di tutto punto	vollständig/ganz/völlig
armato di tutto punto	bis an die Zähne bewaffnet
vestito di tutto punto	geschniegelt und gebügelt
Per tutta risposta mi diede uno schiaffo.	Als Antwort gab er mir eine Ohrfeige.

Anmerkung 4: Geht dt. 'ganz' der unbestimmte Artikel im Singular oder kein Artikel voraus, so wird im Italienischen in der Regel das Adjektiv *intero* verwendet: eine ganze Provinz *un'intera provincia/una provincia intera,* ein ganzes Brot *un pane intero*, ganze Familien *intere famiglie,* Wir verbringen ganze Tage am Strand. – *Passiamo delle intere giornate in spiaggia.*
Aber: *Hanno tutta una vita davanti a loro.* – Sie haben ein ganzes Leben vor sich.

Merke: *un errore pieno* ein ganzer Fehler
Ho dormito tutto un sonno. – Ich habe durchgeschlafen.

1.2. ***Tutti/tutte*** + bestimmter Artikel, Demonstrativadjektiv oder Possessivadjektiv + Substantiv im Plural bedeuten 'alle':

Quasi tutti i genitori si comportano così.	Fast alle Eltern verhalten sich so.
Ho risposto a tutte le sue lettere.	Ich habe auf all seine/ihre Briefe geantwortet.
Dove metto tutte queste sedie?	Wo soll ich all diese Stühle hinstellen?

Anmerkung: In den folgenden Beispielen entfällt im Italienischen das Indefinitum: aus allen Wolken fallen *cadere dalle nuvole,* nach allen Regeln der Kunst *a regola d'arte*

Merke: *in tutte lettere* ausgeschrieben/in Buchstaben (auf Schecks etc.), *a tutte le ore* zu jeder Tageszeit

2. Pronominaler Gebrauch:

Pensi a tutto.	Du denkst an alles.
Quello lì è capace di tutto.	Der ist zu allem fähig.
Tutti sono partiti./Sono partiti tutti.	Alle sind abgereist.
Sono tutte bugie.	Es sind alles Lügen.
Tutte chiacchiere!	Alles Geschwätz!
Queste sono tutte spese che appesantiscono il bilancio dello Stato.	Das sind alles Ausgaben, die den Staatshaushalt belasten.
Così fan tutte. (Oper)	So machen es alle.

Anmerkung: In zusammengesetzten Zeiten steht *tutto* etc. nach dem Partizip Perfekt: *Ho mangiato tutto.* – Ich habe alles gegessen. *I suoi romanzi li ho letti tutti.* – Seine Romane habe ich alle gelesen.

Merke: Alles Gute! – *Tante belle cose!*

Ausdrücke und Wendungen:

Te lo dico una volta per tutte.	Ich sage es dir ein für allemal.
Tutto è bene quel che finisce bene.	Ende gut, alles gut.
Mio figlio le studia tutte.	Mein Sohn kommt auf alles (auf alle möglichen Gedanken).
Ho letto tutto quell'autore.	Ich habe alles von diesem Autor gelesen.
Tutte a me devono capitare.	Mir bleibt auch nichts erspart.
Hanno tentato il tutto per il tutto.	Sie haben alles aufs Spiel gesetzt.
Per amore si fa di tutto.	Aus Liebe tut man alles.
Bevo di tutto, tranne/salvo il vino.	Ich trinke alles, außer Wein.
Questi sono tutti i miei libri.	Das sind alles meine Bücher.
Scendere tutti!	Alles aussteigen!
Fecero di tutto per salvarlo.	Sie taten alles, um ihn zu retten.
Tutti noi/Noi tutti ci andiamo.	Wir alle gehen dorthin.
Fin qui tutto bene.	So weit, so gut.
Tutto bene a casa?	Alles in Ordnung daheim?

Merke: *il tutto* das Ganze, *del tutto* ganz/völlig

3. Adverbialer Gebrauch:

Adverbial gebrauchtes ***tutto*** (dt. 'ganz') richtet sich in Numerus und Genus nach seinem Beziehungswort:

Antonia si fece tutta rossa.	Antonia wurde ganz rot.
Sono tutto bagnato.	Ich bin ganz nass.
Hai le mani tutte sporche.	Du hast ganz schmutzige Hände.

Anmerkung: Tritt zu einem reflexiven Verb in einer zusammengesetzten Zeit *tutto* etc., so steht es vor oder nach dem Partizip Perfekt: *Pioveva a dirotto e si è tutta bagnata/bagnata tutta.* Es regnete in Strömen, und sie ist ganz nass geworden.

Unterscheide: *Siete tutti sporchi.* Ihr seid ganz schmutzig. – *Tutti siete sporchi.* Ihr seid alle schmutzig.

Wendungen:

Mia moglie è tutta casa e famiglia.	Meine Frau geht ganz in ihrem Haushalt und in ihrer Familie auf.
Sono tutt'occhi.	Ich halte die Augen offen.
Sono tutt'orecchi.	Ich bin ganz Ohr.
È tutta naso.	Sie hat eine sehr große Nase.
È tutto muscoli.	Er ist sehr muskulös.
È tutto suo padre.	Er ist ganz sein Vater.

4. ***tutti/tutte e due***

Dt. 'alle beide' wird durch ***tutti e due*** [maskulin] bzw. ***tutte e due*** [feminin] wiedergegeben. Sowohl für das Maskulinum als auch für das Femininum kann die elidierte Form ***tutt'e due*** verwendet werden. Dasselbe gilt für 'alle drei' etc. Folgt auf *tutti/tutt'e due* ein Substantiv, so muss ihm der bestimmte Artikel vorausgehen:

Tutti e due i centravanti sono feriti.	Alle beiden Mittelstürmer sind verletzt.
Li ho visti tutti e due.	Ich habe (sie alle) beide gesehen.
Ho visitato tutt'e due i musei.	Ich habe alle beiden Museen besucht.
Conosco tutte e tre le maestre.	Ich kenne alle drei Lehrerinnen.

Anmerkung: Anstelle von *tutti/tutte e due* finden sich, wenn auch seltener, *ambedue, entrambi/entrambe* oder *ambo* (wenig gebraucht werden die Pluralformen *ambi/ambe*): *ambedue/entrambe/ambo le mani* beide Hände. *Ambedue/entrambi frequentano la stessa scuola.* – Beide besuchen dieselbe Schule.
Aber: *questi due begli armadi* diese beiden schönen Schränke, *lungo le due rive del Tagliamento* entlang der beiden Ufer des Tagliamento, *Non c'è nessun altro, a parte voi due?* Ist sonst niemand da außer euch beiden? *i due fratelli* die beiden Brüder, *stare con i piedi per terra* mit beiden Beinen auf der Erde stehen, *i primi due romanzi* die ersten beiden Romane

Merke: Ich möchte beides. *Vorrei ambedue le cose/l'una e l'altra cosa.*
Wie steht's? – Zwei beide. – *A quanto siamo? – Due pari.*

5. ***tutto*** + angeschlossener Relativsatz

Auf das Indefinitpronomen ***tutto*** kann kein Relativpronomen unmittelbar folgen; zwischen beide muss im Italienischen ein Demonstrativpronomen als Stützwort eingeschoben werden:

Tutti quelli/coloro che si sono pronunciati a favore di questa soluzione...	Alle, die sich für diese Lösung ausgesprochen haben, ...
Raccontami tutto ciò/quello che ti ha detto.	Erzähle mir alles, was er dir gesagt hat.

Anmerkung: Anstelle *von tutto quello che/tutti quelli che* kann *quanto/quanti* verwendet werden: *Raccontami quanto ti ha detto. Ringrazio quanti hanno contribuito alla riuscita di questa festa.* – Ich danke allen, die zum Gelingen dieses Festes beigetragen haben.
Aber: *Noi tutti che siamo venuti per ...* – Wir alle, die wir gekommen sind, um zu ...

Kapitel 7 Die Zahlwörter (I numerali)

Man unterscheidet Grundzahlen (numeri cardinali), Ordnungszahlen (numeri ordinali), Vervielfältigungszahlen (numeri moltiplicativi), Bruchzahlen (numeri frazionari), Distributivzahlen (numeri distributivi) und Kollektivzahlen (numeri collettivi).

91 Die Grundzahlen (i numeri cardinali)

0	*zero*	40	*quaranta*
1	*uno*	50	*cinquanta*
2	*due*	60	*sessanta*
3	*tre*	70	*settanta*
4	*quattro*	80	*ottanta*
5	*cinque*	90	*novanta*
6	*sei*	100	*cento*
7	*sette*	101	*centouno/centuno/cento e uno*
8	*otto*	108	*centootto*
9	*nove*	111	*centoundici*
10	*dieci*	180	*centottanta*
11	*undici*	200	*duecento*
12	*dodici*	300	*trecento*
13	*tredici*	400	*quattrocento*
14	*quattordici*	500	*cinquecento*
15	*quindici*	600	*seicento*
16	*sedici*	700	*settecento*
17	*diciassette*	800	*ottocento*
18	*diciotto*	900	*novecento*
19	*diciannove*	1.000	*mille*
20	*venti*	1.001	*milleuno/mille e uno*
21	*ventuno*	1.050	*millecinquanta*
22	*ventidue*	1.100	*millecento*
23	*ventitré*	1.555	*millecinquecentocinquantacinque*
24	*ventiquattro*	1.988	*millenovecentoottantotto*
25	*venticinque*	2.000	*duemila*
26	*ventisei*	10.000	*diecimila*
27	*ventisette*	21.685	*ventunmila seicentoottantacinque*
28	*ventotto*	100.000	*centomila*
29	*ventinove*	1.000.000	*un milione*
30	*trenta*	2.000.000	*due milioni*
31	*trentuno*	1.000.000.000	*un miliardo*
32	*trentadue*	2.000.000.000	*due miliardi*
38	*trentotto*	3.500.000.000	*tre miliardi cinquecento milioni*

Anmerkung 1: Die Grundzahlen sind unveränderlich, mit Ausnahme von *uno* und *mille.* Das Zahlwort *uno* verhält sich wie der unbestimmte Artikel, und *mille* hat die Pluralform *mila*: *un libro* ein Buch, *uno studente* ein Student, *una sedia* ein Stuhl, *mille libri* tausend Bücher, *mille euro* 1.000 Euro, *duemila libri* zweitausend Bücher, *cinquemila euro* 5.000 Euro.

Anmerkung 2: Bei den mit *uno* zusammengesetzten Zehnerzahlen steht vor den Substantiven [maskulin oder feminin] die Form *un*: *ventun libri* 21 Bücher, *trentun lettere* 31 Briefe, *quarantun cavalli* 41 Pferde, *cinquantun pagine* 51 Seiten. Aber: *ventuno studenti* 21 Studenten, *cento e una pagina/centouno pagine* 101 Seiten, *Mille e una notte* Tausendundeine Nacht. Seltener findet sich die Bildungsweise *ventun libro* 21 Bücher, *trentuna lettera* 31 Briefe usw. Geht diesen Zahlwörtern jedoch der bestimmte Artikel voraus, so steht das Substantiv immer im Plural: *i ventun libri.*

Anmerkung 3: In der Handelssprache werden die Zahlen nachgestellt: *libri ventuno, lettere trentuno.*

Anmerkung 4: Die Grundzahlen sind maskulin: *È stato estratto il sedici.* – Es wurde die 16 gezogen. *Ho preso un otto in matematica.* – Ich habe in Mathematik eine Zwei bekommen.

Anmerkung 5: *Zero, milione* und *miliardo* sind Substantive und bilden den Plural auf *-i*: *una cifra a sei zeri* eine Zahl mit sechs Nullen. *Milione* und *miliardo* schließen das folgende Substantiv mit der Präposition *di* an, außer wenn diesen kleinere Zahlen folgen: *un milione di euro* eine Million Euro, *due miliardi di euro* zwei Milliarden Euro. Aber: *un milione duecentomila euro* 1.200.000 Euro.

Der Gebrauch der Grundzahlen 92

Die Grundzahlen werden unter anderem gebraucht

1. zur Angabe des Alters:

Quanti anni hai? – Ho vent'anni.	Wie alt bist du? – Ich bin zwanzig. –
– E tu? – Io ne ho venticinque.	Und du? – Ich bin fünfundzwanzig.
Mi sono sposato a ventitré anni/all'età di ventitré anni.	Ich habe mit dreiundzwanzig (Jahren) geheiratet.
Io compio trent'anni in ottobre.	Ich werde im Oktober dreißig.
un professore di cinquant'anni	ein fünfzigjähriger Lehrer

Anmerkung 1: Im Amtsstil auch mit Nachstellung: *il professor X. Y. di anni cinquanta.* Dieser Ausdruck betont die genaue Altersangabe.

Anmerkung 2: Der unbestimmte Artikel vor einem Zahlwort entspricht *circa*: *Il mio collega ha un cinquant'anni/circa cinquant'anni/*[häufiger] *una cinquantina di anni.* – Mein Kollege ist etwa fünfzig.

Ausdrücke und Wendungen:

una quindicenne	eine Fünfzehnjährige
una donna sui sessant'anni	eine Frau um die Sechzig
Ho superato la quarantina.	Ich habe die Vierzig überschritten.
Avrà cinquant'anni e passa.	Er/Sie wird gut fünfzig Jahre alt sein.
Maria ha due anni più di me/ è più vecchia di me di due anni/ è maggiore di me di due anni.	Maria ist zwei Jahre älter als ich.
Luigi ha due anni meno di me/ è più giovane/è minore di me di due anni.	Luigi ist zwei Jahre jünger als ich.
Sono del doppio più vecchio di lui.	Ich bin doppelt so alt wie er.
Il nostro preside è sulla cinquantina.	Unser (Schul)Direktor ist in den Fünfzigern.
Suo padre è vicino alla sessantina.	Sein Vater geht auf die Sechzig zu.
Abbiamo bevuto un Merlot del 94.	Wir haben einen 94er Merlot getrunken.

2. zur Angabe des Datums:

Compio gli anni il 14 (di) settembre.	Ich habe am 14. September Geburtstag.
Siamo arrivati il quindici (di) luglio.	Wir sind am 15. Juli angekommen.
Partiremo il due.	Wir werden am 2. abreisen.
Oggi è l'otto (di) novembre.	Heute ist der 8. November.

Anmerkung 1: Nur für den Ersten des Monats wird die Ordnungszahl verwendet: *il primo (di) marzo* der erste März.

Anmerkung 2: In Briefen wird das Datum folgendermaßen angegeben: *Firenze, 5 maggio 1984* oder in Kurzform: *Firenze, 5/5/1984, 5-5-1984, 5.5.1984, 5.V.1984* Florenz, (den) 5. Mai 1984.

Anmerkung 3: Im gesprochenen Italienisch kann die Monatsangabe nicht durch die Ordnungszahl ausgedrückt werden: Ich bin am 15.5.1983 geboren. *Sono nato/a il 15 (di) maggio 1983.*

Ausdrücke und Wendungen:

Quanti ne abbiamo oggi?	Den Wievielten haben wir heute?
Qual è la data di oggi?	Welches Datum ist heute?
oggi a otto	heute in acht Tagen
fra otto giorni	in acht Tagen
quindici giorni fa	vor vierzehn Tagen
Nel 19... (nel millenovecento e fischia/e passa/e qualcosa) ...	Im Jahre 19... (soundso viel)

3. zur Jahresangabe:

nell'anno 1988/nel 1988	(im Jahre) 1988
nel maggio (del) 1995	im Mai 1995
Dante nacque nel 1265 e morì nel 1321.	Dante wurde 1265 geboren und starb 1321.
Dante visse dal 1265 al 1321.	Dante lebte von 1265 bis 1321.
negli anni sessanta/Sessanta	in den sechziger Jahren

Anmerkung: Die Angabe der Lebensdaten (*1265-1321*) wird gelesen als: *(dal) milleduecentosessantacinque (al) milletrecentoventuno.*

4. zur Angabe der Uhrzeit (vgl. § 39.3):

Sono le dieci e cinque	Es ist fünf nach zehn.
Sono le dieci e un quarto.	Es ist Viertel nach zehn.
Sono le dieci e mezzo/mezza.	Es ist halb elf.
Sono le dieci e trentacinque/Mancano venticinque minuti alle undici.	Es ist fünf nach halb elf.
Sono le undici meno un quarto.	Es ist Viertel vor elf.
Sono le undici meno dieci.	Es ist zehn vor elf.
Il treno per Basilea arriva alle ore ventitré zero cinque.	Der Zug nach Basel kommt um $23.^{05}$ Uhr an.
dopo le tre/prima delle cinque	nach drei/vor fünf
alle sei di mattina/del mattino/di sera	um sechs Uhr morgens/abends
alle undici di notte	um elf Uhr nachts

5. in idiomatischen Wendungen:

partire da zero	ganz von vorne anfangen
fare due passi	ein paar Schritte gehen
scrivere due righe	ein paar Zeilen schreiben
in due parole	in wenigen Worten
Non c'è due senza tre.	Aller guten Dinge sind drei.
Ti faccio due spaghetti.	Ich mache dir ein paar Spaghetti.
Tra due litiganti il terzo gode.	Wenn zwei sich streiten, freut sich der Dritte.
farsi in quattro per qd/qc	sich für jdn./etw. zerreißen
fare quattro salti	das Tanzbein schwingen
a quattr'occhi	unter vier Augen
C'erano quattro gatti. [fam.]	Es waren nur wenige Leute da.
Gliene ha dette quattro!	Der hat es ihm/ihr aber gegeben!
una pizza quattro stagioni	eine Pizza vier Jahreszeiten
sudare sette camicie	sich sehr abmühen

andare sull'otto volante	Achterbahn fahren
dare gli otto giorni a qd	jdm. kündigen
portare il cappello sulle ventitré	den Hut schief tragen
fare un quarantotto	Krach schlagen
un pezzo da novanta	ein Kerl wie ein Baum
un ottimista al cento per cento	ein hundertprozentiger Optimist
Mi par/sa/sembrano mille anni.	Es scheint mir eine Ewigkeit.

Merke: Wir sind zu dritt/fünft. – *Siamo in tre/cinque.*

93 Die Ordnungszahlen (i numeri ordinali)

Die Ordnungszahlen sind Adjektive und richten sich somit in Genus und Numerus nach ihrem Beziehungswort: *il primo libro* das erste Buch, *la prima macchina* das erste Auto, *i primi treni* die ersten Züge, *le prime esperienze* die ersten Erfahrungen. Ab 11. werden die Ordnungszahlen durch Anhängen der Endung ***-esimo*** an die Grundzahlen gebildet, deren letzter Vokal wegfällt. Erhalten bleibt der Endvokal der Grundzahl bei *tre*, schwankend ist der Gebrauch bei *sei* (z.B. *ventiseiesimo/ventiseesimo*):

1°	*primo*	40°	*quarantesimo*
2°	*secondo*	50°	*cinquantesimo*
3°	*terzo*	60°	*sessantesimo*
4°	*quarto*	70°	*settantesimo*
5°	*quinto*	80°	*ottantesimo*
6°	*sesto*	90°	*novantesimo*
7°	*settimo*	100°	*centesimo*
8°	*ottavo*	101°	*centesimoprimo/centunesimo*
9°	*nono*	102°	*centesimosecondo*
10°	*decimo*	200°	*duecentesimo*
11°	*undicesimo*	300°	*trecentesimo*
12°	*dodicesimo*	400°	*quattrocentesimo*
13°	*tredicesimo*	500°	*cinquecentesimo*
14°	*quattordicesimo*	600°	*seicentesimo*
15°	*quindicesimo*	700°	*settecentesimo*
16°	*sedicesimo*	800°	*ottocentesimo*
17°	*diciassettesimo*	900°	*novecentesimo*
18°	*diciottesimo*	1.000°	*millesimo*
19°	*diciannovesimo*	1.001°	*millesimoprimo*
20°	*ventesimo*	1.002°	*millesimosecondo*
21°	*ventunesimo*	2.000°	*duemillesimo*
22°	*ventiduesimo*	3.000°	*tremillesimo*
23°	*ventitreesimo*	10.000°	*diecimillesimo*
30°	*trentesimo*	100.000°	*centomillesimo*
31°	*trentunesimo*	1.000.000°	*un milionesimo*

Anmerkung 1: Die Ordnungszahlen 11. - 99. können auch in der Weise gebildet werden, dass die Ordnungszahl für die Zehner und die Ordnungszahl für die Einer aneinander gefügt werden. Diese Bildungsweise ist weniger geläufig, wird aber bei der Angabe von Jahrhunderten vorgezogen und auch bei der Nennung von Päpsten und Königen verwendet, die denselben Namen tragen: *nel secolo decimonono* im 19. Jahrhundert, *Luigi Decimoquarto* Ludwig XIV. Weitere Beispiele:

11°	*decimoprimo*	24°	*ventesimoquarto*
12°	*decimosecondo*	35°	*trentesimoquinto*
13°	*decimoterzo*	86°	*ottantesimosesto*
19°	*decimonono*	97°	*novantesimosettimo*

Anmerkung 2: Für die Ordnungszahlen 11. - 16. existieren auch die folgenden Formen, die fast nur auf die Reihenfolge von Päpsten und Königen angewendet werden:

11°	*undecimo*	14°	*quartodecimo*
12°	*duodecimo*	15°	*quintodecimo*
13°	*terzodecimo*	16°	*sestodecimo*

Pio undecimo Pius XI.

Anmerkung 3: Für die Zehnerzahlen 20. - 70. und 90. gibt es auch die folgenden gelehrten Bildungen, die sehr selten gebraucht werden:

20°	*vigesimo*	60°	*sessagesimo*
30°	*trigesimo*	70°	*settuagesimo*
40°	*quadragesimo*	90°	*nonagesimo*
50°	*quinquagesimo*		

Die Ordnungszahlen von Einern werden nachgestellt: *vigesimo primo/vigesimoprimo* 21.

Anmerkung 4: Im Gegensatz zum Deutschen wird im Italienischen nach den Ordnungszahlen kein Punkt gesetzt, sondern der letzte Buchstabe der Ordnungszahl wird hochgestellt: *il 2° piano* der 2. Stock, *la 3ª lezione* die dritte Lektion.

Der Gebrauch der Ordnungszahlen **94**

Die Ordnungszahlen werden unter anderem gebraucht

1. zur Angabe des Jahrhunderts/Jahrtausends:

il secolo decimoquarto	das 14. Jahrhundert
nel ventesimo secolo	im 20. Jahrhundert
nel primo secolo a.C. (=avanti Cristo)/d.C. (= dopo Cristo)	im ersten Jahrhundert v. Chr./ n. Chr.
nell'XI e XII secolo/nei secoli XI e XII	im 11. und 12. Jahrhundert
il terzo millennio	das dritte Jahrtausend

Anmerkung 1: *il ventesimo secolo* wird abgekürzt *il s. XX* (ohne Punkt!).

Anmerkung 2: Die Ordnungszahl kann *secolo* vorausgehen oder folgen.

Anmerkung 3: Ab dem 13. Jahrhundert werden die Jahrhunderte auch mit den Grundzahlen bezeichnet, wobei *mille* entfällt. In diesem Fall wird die Grundzahl im Allgemeinen groß geschrieben: *il Duecento* (1201-1299) das 13. Jahrhundert, *i narratori del Novecento* die Erzähler des 20. Jahrhunderts, *i poeti del Quattro e del Cinquecento* die Dichter des 15. und 16. Jahrhunderts.

2. bei Päpsten, Königen usw., die denselben Namen tragen:

Paolo VI (sesto)	Paul VI.
Giovanni XXIII (ventitreesimo)	Johannes XXIII.
Vittorio Emanuele II (secondo)	Viktor Emanuel II.
Napoleone III (terzo)	Napoleon III.

Anmerkung 1: In diesen Fällen steht vor der Ordnungszahl kein Artikel.

Anmerkung 2: Die Ordnungszahl kann auch groß geschrieben werden.

3. in Verbindung mit weiteren Ordnungsbegriffen (Reihe, Klasse, Paragraph, Szene, Akt, Kapitel usw.):

viaggiare in prima (classe)	in der 1. Klasse reisen
nell'aula sesta	im (Klassen-)Zimmer 6
in quinta fila	in der fünften Reihe
§ 16 (paragrafo sedicesimo)	§ 16
capitolo decimo	Kapitel 10
nella quinta riga	in der 5. Zeile
al terzo verso	im 3. Vers
atto quinto, scena prima	V. Akt, 1. Szene
salmo ventesimo	Psalm 20
al settimo piano	im 7. Stock

Anmerkung 1: In Verbindung mit einigen Ordnungsbegriffen ist auch die Verwendung der entsprechenden Grundzahl möglich, wie zum Beispiel in *nell' aula sei, nella fila cinque, al/nel paragrafo tre, nel capitolo dieci, nella riga/al rigo cinque, al verso tre.*

Anmerkung 2: Seitenzahlen werden mit Grundzahlen angegeben: *a pagina dieci* auf Seite 10, *alle pagine 35-58 (trentacinque-cinquantotto)* auf den Seiten 35-58.

Unterscheide: *a pagina uno* auf Seite eins – *in prima pagina* auf der ersten Seite (einer Zeitung), *a pagina tre* auf Seite drei – *in terza pagina* im Feuilleton

4. in den folgenden Ausdrücken und Wendungen:

primo/in primo luogo	erstens
in un primo tempo	anfänglich/zunächst/zuerst
nel primo pomeriggio	am frühen Nachmittag
nel primo tempo	in der ersten Halbzeit
La prima cosa che ...	Das Erste, was ...
ingranare la prima (marcia)	den ersten Gang einlegen
Hai mangiato il primo (piatto)?	Hast du den ersten Gang gehabt?
Che cosa c'è di primo?	Was gibt es als ersten Gang?
a prima vista	auf den ersten Blick
Vado in Sicilia per la prima volta./È la prima volta che vado in Sicilia.	Ich fahre zum ersten Mal nach Sizilien.
È sempre il primo ad alzarsi./ Si alza sempre per primo.	Er steht immer zuerst/als Erster auf.
Maria è stata interrogata per prima.	Maria wurde zuerst/als Erste abgehört.
Si è classificato primo./È arrivato primo.	Er ist Erster geworden.
Si è attaccata al primo venuto.	Sie hat sich an den ersten Besten gehängt.
nei primi due paragrafi/ nei due primi paragrafi	in den beiden ersten/ersten beiden Paragraphen
negli ultimi due capitoli	in den letzten beiden Kapiteln
ai primi del mese	am Anfang des Monats
uno spettacolo di prim'ordine	eine erstklassige Aufführung
sulle prime	zunächst
secondo/in secondo luogo	zweitens
in un secondo tempo	später
passare in secondo piano	in den Hintergrund treten
passare a seconde nozze	wieder heiraten
andare in terza	im dritten Gang fahren
passare un brutto quarto d'ora	schlimme fünf Minuten durchmachen
dietro le quinte	hinter den Kulissen
essere al settimo cielo	im siebten Himmel sein
la tredicesima	das dreizehnte Monatsgehalt
partire in quarta	mit Volldampf loslegen
per l'ennesima volta	zum x-ten Male

95 Die Vervielfältigungszahlen (i numeri moltiplicativi)

1. Es gibt zwei Reihen von Vervielfältigungszahlen:

doppio	doppelt	*duplice*	zweifach
triplo	dreifach	*triplice*	dreifach
quadruplo	vierfach	*quadruplice*	vierfach
quintuplo	fünffach	*quintuplice*	fünffach
sestuplo	sechsfach	*sestuplice*	sechsfach
decuplo	zehnfach		
centuplo	hundertfach		

2. ***Doppio, triplo*** usw. geben eine Menge an, die zweimal, dreimal usw. größer ist als eine andere:

A chi lo whisky doppio?	Wer bekommt den doppelten Whisky?
la doppia contabilità	die doppelte Buchführung
la doppia cittadinanza	die doppelte Staatsangehörigkeit
una camera doppia	ein Doppelzimmer
un doppio salto mortale	ein Doppelsalto
un doppio fallo/doppio errore	ein Doppelfehler (Tennis/Schule)
il salto triplo	der Dreisprung
un guadagno quadruplo	ein vierfacher Gewinn

Anmerkung: Ein dt. Satz wie 'Er hat das Vierfache von mir verdient' kann wiedergegeben werden als *Ha guadagnato il quadruplo di quello che ho guadagnato io/il quadruplo di me/quattro volte quello che ho guadagnato io.*

Merke: ein Doppelzentner Kartoffeln *un quintale di patate,* der Doppelpunkt *i due punti*

3. ***Duplice, triplice*** usw. geben an, dass etwas aus zwei, drei usw. Teilen besteht oder zwei, drei usw. Zwecke erfüllt:

Questa medicina ha un duplice effetto.	Diese Arznei hat eine zweifache Wirkung.
La Triplice Alleanza	der Dreibund

Anmerkung 1: Oft besteht zwischen diesen beiden Reihen kein Bedeutungsunterschied: so kann es heißen: *una fattura in duplice/doppia copia* eine Rechnung in zweifacher Ausfertigung.

Anmerkung 2: *Doppio, triplo* usw. werden auch als Substantive gebraucht: *Qual è il doppio di diciotto?* Was ist das Doppelte von 18? *Ci servono almeno il doppio degli stranieri che il ministero ci ha assegnato.* – Wir brauchen mindestens doppelt so viel Ausländer, wie das Ministerium uns zugewiesen hat.

Anmerkung 3: Dem deutschen Ausdruck 'dreimal, viermal so viel' entspricht im Italienischen *tre volte, quattro volte tanto*: *Suo zio guadagna cinque volte tanto.* Sein Onkel verdient fünfmal so viel. Der Satz 'Er verdient viermal so viel wie ich' kann folgendermaßen wiedergegeben werden: *Guadagna il quadruplo di quello che guadagno io./Guadagna il quadruplo di me./Guadagna quattro volte quello che guadagno io.*

Die Bruchzahlen (i numeri frazionari) 96

1. Die Bruchzahlen sind Substantive, die mit Ausnahme von $\frac{1}{2}$ durch Verbindung von Grundzahlen mit Ordnungszahlen gebildet werden:

un terzo	ein Drittel	*un ventesimo*	ein Zwanzigstel
tre quarti	drei Viertel	*sette centesimi*	sieben Hundertstel
due noni	zwei Neuntel	*due e due settimi*	zwei zwei Siebtel

Aber: $\frac{1}{2}$ *una metà/un mezzo;* $\frac{742}{112}$ *settecentoquarantadue fratto/su centododici*

Merke: *Facciamo a metà/metà e metà.* – Machen wir halbe-halbe.

2. ***Mezzo*** kann als Substantiv oder als Adjektiv gebraucht werden:

tre euro e mezzo	dreieinhalb Euro
alle undici e mezzo/mezza	um halb zwölf (Uhr)
mezzo litro	ein halber Liter
mezza porzione	eine halbe Portion
per mezza città	durch die halbe Stadt

(Zum Gebrauch des Artikels bei *mezzo* vgl. § 42.2)

Anmerkung: Erscheint *mezzo* in adverbialer Funktion vor einem Adjektiv, bleibt es unverändert oder wird angeglichen: *una bottiglia mezzo/mezza vuota* eine halb leere Flasche, *spettattori mezzo addormentati* halb eingeschlafene Zuschauer, *donne mezze nude* halb nackte Frauen.

Merke: vor einem halben Jahr *sei mesi fa.* Aber: vor anderthalb Jahren *un anno e mezzo fa*

Die Distributivzahlen (i numeri distributivi) 97

Die Distributivzahlen geben an, wie Personen oder Sachen verteilt sind:

Entrarono uno per volta.	Es trat jeweils einer ein.
Uscirono uno alla volta.	Einer nach dem andern ging hinaus.

Salì gli scalini a due a due	Er nahm zwei Stufen auf einmal.
entrare a due a due	jeweils zu zweit eintreten
mettersi in fila per tre	sich in Dreierreihen aufstellen
ogni sei minuti	alle sechs Minuten

Merke: *tre litri a testa/per ciascuno* drei Liter pro Kopf
il reddito pro capite das Pro-Kopf-Einkommen
dieci euro al/il chilo 10 Euro pro/das Kilo

98 Die Kollektivzahlen (i numeri collettivi)

1. Kollektivzahlen sind ***una decina/diecina***, ***una ventina*** usw. ***un centinaio, un migliaio***:

una decina di libri	etwa zehn Bücher
una ventina di ragazze	etwa zwanzig Mädchen
un centinaio di persone	etwa hundert Personen
a centinaia	zu Hunderten
migliaia di spettatori	Tausende von Zuschauern
decine di migliaia di spettatori	Zehntausende von Zuschauern
centinaia di migliaia di spettatori	Hunderttausende von Zuschauern

Merke: *una dozzina* ein Dutzend
un paio/due paia di guanti ein/zwei Paar Handschuhe
un paio d'anni ein paar Jahre

Aber: *una coppia felice* ein glückliches Paar

2. Weitere Kollektivzahlen:

biennio	Zeitraum von 2 Jahren	*bimestre*	Zeitraum von 2 Monaten
triennio	Zeitraum von 3 Jahren	*trimestre*	Vierteljahr
quadriennio	Zeitraum von 4 Jahren	*semestre*	Halbjahr/Semester
quinquennio	Zeitraum von 5 Jahren	*duo/duetto*	Duo/Duett
decennio	Zeitraum von 10 Jahren/Jahrzehnt	*trio/terzetto*	Trio/Terzett
		quartetto	Quartett
ventennio	Zeitraum von 20 Jahren	*quintetto*	Quintett
millennio	Jahrtausend	*sestetto*	Sextett

Die vier Grundrechnungsarten (le quattro operazioni) 99

Quanto fa ...?	Wie viel ist/sind ...?
Quattro più cinque fa/uguale a nove.	4 plus 5 ist (gleich) 9.
Sette meno due fa/uguale a cinque.	7 minus 2 ist (gleich) 5.
Sei per tre fa/uguale a diciotto.	6 mal 3 ist (gleich) 18.
Cinquanta diviso (per) due fa/uguale a venticinque.	50 (geteilt) durch 2 ist (gleich) 25.

Wendungen:

Scrivo due e riporto uno.	Schreibe 2, behalte 1.
Il quattro ci sta/è contenuto nel ventisei sei volte con il resto di due.	4 ist in 26 6 mal enthalten, Rest 2.
Abbasso l'otto.	Ich hole die 8 herunter.

Merke: 3,5 gelesen: *tre virgola cinque*
5^2 gelesen: *cinque al quadrato/alla seconda*
5^3 gelesen: *cinque (elevato) alla terza potenza/al cubo*

Maße und Gewichte (pesi e misure) 100

1 mm	*un millimetro*	100 g	*un etto(grammo)*
1 cm	*un centimetro*	200 g	*due etti*
1 m	*un metro*	1 kg	*un chilo(grammo)*
1 km	*un chilometro*	50 kg	*mezzo quintale*
1 m^2	*un metro quadro/quadrato*	100 kg	*un quintale*
		1 t	*una tonnellata*
1 m^3	*un metro cubo*	1°+/-	*un grado sopra/sotto zero*
1 l	*un litro*		

Anmerkung 1: Substantive, die auf diese Angaben folgen, werden mit der Präposition *di* angeschlossen: *due etti di formaggio* 200 g Käse, *tre metri cubi di sabbia* 3 m^3 Sand, *due litri di birra* 2 l Bier, (vgl. hierzu § 44.2).

Anmerkung 2: Dt. 'Pfund' wird mit *mezzo chilo* wiedergegeben: *mezzo chilo di prugne* ein Pfund Pflaumen.

Merke: 12 m^2 gelesen: *dodici metri quadri*

Kapitel 8 Die Interrogativa (Gli interrogativi)

Zu den Interrogativa gehören die Interrogativadjektive (aggettivi interrogativi), die Interrogativpronomen (pronomi interrogativi) und die Interrogativadverbien (avverbi interrogativi).

101 Die Formen der Interrogativa

1. Adjektivisch wird verwendet:

che	welcher/welche/welches

2. Pronominal werden gebraucht:

chi	wer/wen
che cosa/che/cosa	was

3. Sowohl adjektivisch als auch pronominal werden gebraucht:

Bedeutung	Singular		Plural	
	maskulin	feminin	maskulin	feminin
wie viel(e)	*quanto*	*quanta*	*quanti*	*quante*
welche(r)	*quale*		*quali*	

4. Als Interrogativadverbien fungieren:

wie	*come*
wo/wohin	*dove*
wann	*quando*
warum	*perché*

Anmerkung 1: Alle Fragewörter, außer *come* und *perché*, können mit Präpositionen verbunden werden (vgl. aber § 300.7).

Anmerkung 2: Die Interrogativa haben in der direkten und in der indirekten Frage dieselbe Form (zu den indirekten Fragesätzen vgl. § 318).

Anmerkung 3: In der Umgangssprache finden sich verstärktes *Cos'è che, com'è che, dov'è che, quand'è che.*

Der Gebrauch der Interrogativa

102 *che*

che fragt nach Art oder Eigenschaft von Personen oder Sachen:

Che mestiere fa tuo padre?	Was ist dein Vater von Beruf?
Che tipo di libro vuoi?	Was für ein Buch willst du?

Che compiti devi fare?	Was hast du auf?
Che autori italiani conosci?	Welche italienischen Autoren kennst du?
A che piano abiti?	Im wievielten Stock wohnst du?
A che nome?	Auf welchen Namen?
In che anno sei nato?	In welchem Jahr bist du geboren?
in che senso?	inwiefern?/in welchem Sinn?
In che modo Ungaretti cercò di rinnovare la poesia?	Auf welche Weise versuchte Ungaretti die Dichtung zu erneuern?
Di che colore è la tua gonna?	Welche Farbe hat dein Rock?
A che ora arriva il treno?	Um wie viel Uhr kommt der Zug an?

chi 103

chi fragt nach Personen:

Chi è?	Wer ist es?
Chi hai visto?	Wen hast du gesehen?
I bambini chi hanno visto?/ Chi hanno visto i bambini?	Wen haben die Kinder gesehen?
A chi l'hai detto?	Wem hast du es gesagt?
Con chi sei andato a teatro?	Mit wem warst du im Theater?
Da chi sei stato?	Bei wem bist du gewesen?
Di chi è morto il padre?/Il padre di chi è morto?	Wessen Vater ist gestorben?
Dal punto di vista di chi è raccontata la storia?	Aus wessen Sicht wird die Geschichte erzählt?
Di chi è questa macchina?	Wem gehört dieses Auto?
Per chi è questo regalo?	Für wen ist dieses Geschenk?

che cosa/che/cosa 104

che cosa/che/cosa fragt nach Sachen, Begriffen, Sachverhalten usw.:

Che cosa c'è di buono da mangiare?	Was gibt es Gutes zu essen?
Che cosa ha detto Giovanni al suo amico?	Was hat Giovanni seinem Freund gesagt?
Cos'è che vuoi dire? [fam.]	Was willst du sagen?
Che c'entra lui?	Was hat er damit zu tun?
A (che) cosa pensi?	Woran denkst du?

Da che cosa l'ha riconosciuto?	Woran haben Sie ihn erkannt?
Di che cosa avete parlato?	Worüber habt ihr gesprochen?
Di che cosa hai bisogno?	Was brauchst du?
In che cosa posso servirLa?	Womit kann ich Ihnen dienen?

Anmerkung 1: Das Fragepronomen *che* kann von dem Verb nur durch Pronomen getrennt werden (s. Beispiele). In einem Satz wie 'Was z.B. gefällt dir nicht?' kann *che* nicht verwendet werden: *Che cosa/Cosa, per esempio, non ti piace?*

Anmerkung 2: In Norditalien wird *cosa* auch anstelle von *quanto* gebraucht: *Cosa pesi?* – Was wiegst du?

Merke: Weißt du was? – *Sai una cosa?* Was erlauben Sie sich! – *Come si permette?*

105 *quale*

quale wird bei Fragen nach einer Auswahl aus einer bestimmten Menge gebraucht:

1. Adjektivischer Gebrauch (zum *Troncamento* vgl. § 9.2.2):

Quale cravatta hai scelto?	Welche Krawatte hast du gewählt?
Quale colore preferisci tra il giallo e il verde?	Welche Farbe hast du lieber, gelb oder grün?
A quale conclusione sei giunto?	Zu welchem Schluss bist du gekommen?
Con quale treno siete arrivati?	Mit welchem Zug seid ihr angekommen?
Per quale ragione te ne sei andato?	Aus welchem Grund bist du gegangen?
Di quali argomenti avete parlato?	Über welche Themen habt ihr gesprochen?

Anmerkung 1: Adjektivisch gebrauchtes *quale* wird besonders in der gesprochenen Sprache durch das kürzere *che* ersetzt. Im indirekten Fragesatz kommt *quale* sehr häufig vor.

Anmerkung 2: Man beachte folgende weitere Bedeutungen von *quale*: *il linguista quale scrittore* der Linguist als Schriftsteller, *molti alberi, quali la betulla, la quercia, ecc.* viele Bäume, wie (zum Beispiel) die Birke, die Eiche usw., *poeti quali Dante e Leopardi* Dichter wie (= von der Größe eines) Dante und Leopardi, *oltre a fenomeni quali l'estorsione, il traffico di droga, il contrabbando* außer Erscheinungen wie Erpressung, Drogenhandel, Schmuggel; *Erano quasi sempre coppie, quali giovani, quali mature, quali anziane.* – Es waren fast immer Paare, sowohl junge als auch reife, wie auch auch alte. (zu *tale quale* vgl. § 75.1 Anm. 2; zu *il quale* vgl. §§ 131, 136).

2. Pronominaler Gebrauch:

Quale (delle tre cravatte) prendi?	Welche (der drei Krawatten) nimmst du?
Qual è il Suo nome?	Wie ist Ihr Name?
Qual è la differenza tra scoperta e invenzione?	Was ist der Unterschied zwischen Entdeckung und Erfindung?
Qual è la Sua domanda?	Wie lautet Ihre Frage?
Qual è la Sua professione? – Sono medico.	Was sind Sie von Beruf? – Ich bin Arzt.
Qual è l'orario di ambulatorio?	Wann ist Sprechstunde?

quanto 106

quanto fragt nach der Menge:

1. Adjektivischer Gebrauch:

Quanto denaro hai speso?	Wie viel Geld hast du ausgegeben?
Quante bottiglie avete bevuto?	Wie viele Flaschen habt ihr getrunken?
Quanto (tempo) dura il viaggio?	Wie lange dauert die Reise?
Per quanto (tempo) resterà in Italia?	Wie lange werden Sie in Italien bleiben?

2. Pronominaler Gebrauch:

Quanto costa?	Wie viel kostet es?
Quanto pesi?	Wie viel wiegst du?
Quanti erano?	Wie viele waren es?
Quante delle tue amiche hai invitato?	Wie viele deiner Freundinnen hast du eingeladen?
Quanto si deve lasciare di cauzione?	Wie viel Kaution muss man hinterlegen?
Quanto pagate di affitto?	Wie viel Miete zahlt ihr?
Quanto ti hanno dato di resto?	Wie viel hat man dir herausgegeben?
Quante sono le lettere dell'alfabeto italiano? – Ventuno.	Wie viele Buchstaben hat das italienische Alphabet? – Einundzwanzig.
Quanti saranno gli ospiti?	Wie viele Gäste werden es sein?

107 *come*

1. ***come*** fragt nach Eigenschaften oder Art und Weise:

Come sta?	Wie geht es Ihnen?
Come ti chiami?	Wie heißt du?
Com'è la camera?	Wie ist das Zimmer?
Come si dice di una persona che ... ?	Wie nennt man eine Person, die ... ?
Com'è che tu sai tutto questo?	Wieso weißt du das alles?
Come il governo ha risolto il problema?	Wie hat die Regierung das Problem gelöst?
Come arrivo alla stazione?	Wie komme ich zum Bahnhof?

Anmerkung 1: Der Ausdruck 'Wie gefällt es dir in ...?' wird wiedergegeben mit *Come ti trovi a* bzw. *in ...?*: *Come ti trovi a Venezia?/in Italia?* – Wie gefällt es dir in Venedig/Italien?

Anmerkung 2: Fragen der Art 'Wie gefällt/schmeckt ...?' werden folgendermaßen ausgedrückt: *Ti piace la casa?/Come trovi la casa?* – Wie gefällt dir/Wie findest du das Haus? *Le piace il vino?/Come trova il vino?* – Wie schmeckt Ihnen der Wein?/Wie finden Sie den Wein? Aber: *Come Le piacciono le patate, lesse o fritte? (= Le patate, Le piacciono lesse o fritte?/Come le vuole/preferisce le patate, lesse o fritte?)* – Wie möchten Sie die Kartoffeln, gekocht oder gebraten?

2. Im Gegensatz zum Deutschen kann *come* nicht mit einem Adjektiv oder einem Adverb verbunden werden. Man merke sich folgende Ausdrücke:

Wie alt bist du?	*Quanti anni hai?*
Wie lange hast du gewartet?	*Quanto tempo hai aspettato?*
Wie lange wartest du schon?	*Da quanto tempo stai aspettando?*
Wie spät ist es?	*Che ora è?/Che ore sono?*
Wie hoch sind wir?	*A che altezza siamo?*
Wie hoch ist dieser Kirchturm?	*Quanto è alto questo campanile?/ Qual è l'altezza di questo campanile?*
Wie groß bist du?	*Quanto sei alto?*
Wie breit ist diese Straße?	*Quant'è larga questa strada? Qual è la larghezza di questa strada?*
Wie lang ist dieser Fluss?	*Quanto è lungo questo fiume?/Qual è la lunghezza di questo fiume?*
Wie tief ist dieser See?	*Quant'è profondo questo lago?/Qual è la profondità di questo lago?*
Wie weit ist es von hier zum Bahnhof?	*Quanto c'è da qui alla stazione?*

Wie weit bist du mit deiner Arbeit (gekommen)?	*Dove sei arrivato col tuo lavoro?*
Wie teuer ist dieses Buch?	*Quanto costa/è/fa questo libro?*
Wie schwer ist dieser Koffer?	*Quanto pesa questa valigia?*
Wie gut sprichst du Englisch?	*Qual è il livello del tuo inglese?/A che livello parli l'inglese?/Com'è il tuo inglese?/Quanto bene parli l'inglese?*

Auch: *Che altezza ha questa torre? – È alta trenta metri.* Wie hoch ist dieser Turm? – Er ist dreißig Meter hoch.

Unterscheide: *Con quale frequenza/Ogni quanto (tempo) va in Italia?* – Wie oft fahren Sie nach Italien? – *Quante volte è stato in Italia?* Wie oft sind Sie in Italien gewesen?

dove 108

dove fragt nach dem Ort:

Dove siete?/Di dov'è?	Wo seid ihr?/Woher sind Sie?
Dove vai?	Wohin gehst du?
Da/Di dove vieni?	Woher kommst du?
Per dove è partito?	Wohin ist er gereist?
Fin dove si può nuotare?	Wie weit kann man hinausschwimmen?

Anmerkung: In der Literatursprache kommen *ove* statt *dove* und *onde/donde* anstelle von *da dove* vor.

Merke: Woher kannst du wissen, wann...? – *Come puoi sapere/Come fai a sapere quando...?* Ich weiß nicht, wo ich anfangen soll. – *Non so da dove cominciare.*

quando 109

quando fragt nach der Zeit:

Quando partirete?	Wann werdet ihr abreisen?
Quand'è che compi gli anni? [fam.]	Wann hast du Geburtstag?
A quando i confetti/le nozze?	Wann wird Hochzeit gefeiert?
Da quando sei qui?	Seit wann bist du hier?
Di quando sono questi mobili?	Von wann sind diese Möbel?
Fino a quando resterai?	Bis wann wirst du bleiben?
(Per) quando avrai finito?	(Bis) Wann bist du fertig?
Per quando devo liberare la camera?	Bis wann muss ich das Zimmer räumen?

110 *perché*

perché fragt nach dem Grund:

Perché la tua famiglia si è trasferita a Roma?/Perché si è trasferita a Roma la tua famiglia?	Warum ist deine Familie nach Rom gezogen?
Perché non hai accettato l'offerta?	Warum hast du das Angebot nicht angenommen?

Anmerkung 1: Alleinstehendes 'Wozu?' wird durch *Per che fare?/Per fare che cosa?* wiedergegeben.

Anmerkung 2: Anstelle von *perché* erscheint besonders in der gesprochenen Sprache *come mai* 'wieso/warum/wie kommt es, dass ...?' *Come mai non sei venuto a lezione?* – Wieso bist du nicht zum Unterricht gekommen?

111 In Ausrufesätzen verwendete Interrogativa

Die Interrogativadjektive, die Interrogativpronomen sowie das Interrogativadverb *come* werden auch in Ausrufesätzen (proposizioni esclamative) verwendet, wobei das Prädikat fehlen kann:

Quanto sei gentile!	Wie freundlich du bist!
Quanti errori (hai fatto)!	Wie viele Fehler (du gemacht hast)!
Quale/Che sfrontatezza!	Was für eine Frechheit!
A chi lo dici!	Wem sagst du das!
Com'è bello!	Wie schön das ist!
Come sei permaloso!	Du bist aber empfindlich!
Come parli bene l'inglese!/ Quanto sai/parli bene l'inglese!	Wie gut du Englisch sprichst!
Che mal di testa che ho!	Hab' ich Kopfschmerzen!
Che scocciatore che sei!	Bist du eine Nervensäge!
Che noia quel film!	Was für ein langweiliger Film!

Anmerkung: Besonders in der Umgangssprache wird im Ausruf *che* + Adjektiv gebraucht: *Che bello!* – Wie schön! *Che bello che è!* – Wie schön das ist!

Kapitel 9 Die Personalpronomen (I pronomi personali)

Man unterscheidet Subjektpronomen (pronomi personali soggetto), betonte Objektpronomen (forme toniche dei pronomi personali complemento) und unbotonte Objektpronomen (forme atone dei pronomi personali complemento). Hinzu kommen die Pronominaladverbien (particelle pronominali) *ne* und *ci/vi*. Die unbetonten Objektpronomen und die Pronominaladverbien können sich untereinander sowie mit finiten oder infiniten Verbformen verbinden.

Die Formen der Subjektpronomen 112

Person		Singular	Bedeutung	Plural		Bedeutung
1. Pers.		*io*	ich	*noi*		wir
2. Pers.		*tu*	du	*voi*		ihr
3. Pers.	mask.	*egli, lui, esso*	er	*essi*	*loro*	sie
	fem.	*ella, lei, essa*	sie	*esse*		

Anmerkung 1: Die Pronomen *egli/ella, esso/essa* und *essi/esse* können nur in Verbindung mit einem Verb gebraucht werden; die übrigen Pronomen können auch ohne Verb stehen.

Anmerkung 2: *Egli* und *ella* beziehen sich nur auf Personen; *lui* und *lei* beziehen sich auf Personen, in der gesprochenen Sprache auch auf Tiere und Sachen; *loro* bezieht sich auf Personen und in der gesprochenen Sprache auch auf Tiere; *essa, essi* und *esse* beziehen sich auf Personen, Tiere oder Sachen, *esso* auf Tiere oder Sachen (selten auf Personen). *È chiara l'importanza di questa opera: essa offriva uno strumento di prim'ordine per coloro che, non essendo fiorentini o toscani, volevano però adottare quel volgare come lingua comune «letteraria»; essi potevano ricorrere al vocabolario per la scelta e per il controllo delle parole.* (Maria Luisa Altieri Biagi) – Die Bedeutung dieses Werkes ist klar: Es gab denjenigen ein erstklassiges Arbeitsinstrument an die Hand, die, obwohl sie keine Florentiner oder Toskaner waren, dieses Volgare als gemeinsame Literatursprache annehmen wollten; sie konnten für die Wahl und für die Überprüfung der Wörter auf das Wörterbuch zurückgreifen.

Anmerkung 3: *Egli/ella* und auf Personen bezogene *essi/esse* werden in der gesprochenen Sprache und immer häufiger auch in der Schriftsprache durch *lui/lei* und *loro* ersetzt.

Anmerkung 4: *Egli* und *lui* sind nicht völlig identisch. Während *lui* mehr demonstrative Bedeutung hat, dient *egli* dazu, den Namen einer im Text vorkommenden Person wieder aufzunehmen. Die entsprechenden femininen Pronomen *ella* und *essa* dagegen kommen nur noch selten vor.

Anmerkung 5: Dt. 'es' in unpersönlichen Ausdrücken wird nicht übersetzt, bzw. man verwendet eine andere Ausdrucksweise: *Piove.* – Es regnet. *Hanno suonato.* – Es hat geläutet (vgl. § 252.3). *Si mangia e si beve molto.* – Es wird viel gegessen und getrunken (vgl. § 252.2).
Merke: Es läuft schlecht. – *Le cose vanno male.*

Anmerkung 6: Für die höfliche Anrede benutzt man, wenn man sich an eine Person wendet, *Lei* + 3. Person Singular: *Lei è contento/contenta?* – Sind sie zufrieden? *Professore, è andato anche Lei alla conferenza?/Professoressa, è andata anche Lei alla conferenza?* – (Herr Professor/Frau Professorin), sind auch Sie zum Vortrag gegangen? *Voi* + 2. Person Plural wird regional in Süditalien verwendet: *Voi mi sembrate un po' stanco/stanca.* – Sie sehen mir etwas müde aus. *Siete andato/andata anche voi al cinema?* – Sind Sie auch ins Kino gegangen? Außerdem findet *voi* in der Handelssprache Verwendung: *Se (Voi) avete a disposizione del materiale illustrativo, Vi pregherei di spedirmelo il più presto possibile.* – Wenn Sie Anschauungsmaterial zur Verfügung haben, möchte ich Sie bitten, es mir so schnell wie möglich zuzuschicken. Im Hotel: *Avete due camere per questa notte?* – Haben Sie zwei Zimmer für heute Nacht? *Ella* + 3. Person Singular, mit Adjektiv und Partizip meist in femininer Form, ist literarisch und wird nur noch selten benutzt. Wendet man sich an mehrere Personen, so gebraucht man *Voi* + 2. Person Plural: *Ci andate anche voi?* – Gehen Sie auch dorthin? Selten und sehr formell ist *Loro* + 3. Person Plural: *Ci vanno anche Loro?* Die zur höflichen Anrede benutzten Pronomen können groß oder klein geschrieben werden.

113 Der Gebrauch der Subjektpronomen

Im Italienischen ist der Gebrauch der Subjektpronomen sehr eingeschränkt. Sie werden nur verwendet,

1. wenn sie betont sind, besonders bei Gegenüberstellungen:

Io non ho detto ciò.	**Ich** habe das nicht gesagt.
Sono stato io!	**Ich** war's.
Il caffè lo pago io.	Den Kaffee zahle **ich**!
Ci penso io!	Lass das **meine** Sorge sein!
Avete sempre ragione voi.	**Ihr** habt immer Recht!
L'idea, l'abbiamo avuta noi.	Die Idee haben **wir** gehabt!
Lui è di Napoli, lei è di Milano.	Er ist aus Neapel, sie ist aus Mailand.
Perché non lo fai tu?	Warum machst **du** es nicht?
Lei è italiano/italiana?	Sind Sie Italiener/Italienerin?

Anmerkung 1: In dem Beispielsatz *Lui è di Napoli, lei è di Milano* können in der 3. Person nur die Pronomen *lui* und *lei* gebraucht werden.

Anmerkung 2: Umgangssprachlich erscheint *te* gelegentlich anstelle von *tu*: *Lo sai anche te* statt *anche tu*. – Auch du weißt es.

Merke: ich und du *tu ed io*/[fam.] *io e te*

2. um Eindeutigkeit bezüglich des Subjekts herzustellen, besonders bei Gleichheit der Verbformen im Konjunktiv:

Voglio che tu stia a casa.	Ich will, dass du zu Hause bleibst.
Voglio che egli/lui stia a casa.	Ich will, dass er zu Hause bleibt.
Se io sapessi che ...	Wenn ich wüsste, dass ...
Se tu sapessi che ...	Wenn du wüsstest, dass ...

Die Formen der betonten Objektpronomen 114

direktes Objekt					
Person		Singular	Bedeutung	Plural	Bedeutung
1. Pers.		*me*	mich	*noi*	uns
2. Pers.		*te*	dich	*voi*	euch
3. Pers.	mask.	*lui*	ihn	*loro*	sie
	fem.	*lei*	sie		
	refl.	*sé*	sich	*sé*	sich

Anmerkung 1: Den betonten Formen des indirekten Objekts geht die Präposition **a** voran: *a me* mir, *a te* dir, *a lui* ihm, *a lei* ihr, *a sé* sich, *a noi* uns, *a voi* euch, *a loro* ihnen.

Anmerkung 2: Auf Sachen und Tiere bezogen werden nach Präpositionen die Pronomen *esso*, *essa*, *essi* und *esse* verwendet (vgl. § 112). Mit Ausnahme von *esso* können diese Pronomen auch in Bezug auf Personen angewandt werden (vgl. § 112 Anm. 2): *le informazioni in esso (= nell'articolo) contenute* die darin (= im Artikel) enthaltenen Informationen, *gran parte di essi (= dei soldi)* ein großer Teil davon (= des Geldes), *gli oggetti da essi (= dagli Etruschi) fabbricati* die von ihnen (= von den Etruskern) hergestellten Gegenstände, *Sono uscito da essa (= dalla clinica) a mezzogiorno.* – Ich habe sie (= die Klinik) am Mittag verlassen. *Preferisco non dovermi occupare di essi (= di questi problemi/dei miei fratelli).* – Ich will mich lieber nicht darum (= um diese Probleme)/um sie (= meine Geschwister) kümmern müssen. *Abbiamo parlato dell'alcolismo e dei problemi a esso connesso.* – Wir haben über Alkoholismus und die damit zusammenhängenden Probleme gesprochen.

Anmerkung 3: Ebenfalls für Sachen wird im heutigen Italienisch auch oft *loro* gebraucht: *cifre fra loro comparabili* untereinander vergleichbare Zahlen, *idee in contrapposizione tra loro* im Widerspruch zu einander stehende Ideen.

115 Der Gebrauch der betonten Objektpronomen

Die betonten Objektpronomen werden verwendet:

1. bei Hervorhebung und Gegenüberstellung:

Ho visto te non lei.	Ich habe dich, nicht sie gesehen.
Vorrei vedere te al posto mio!	Ich möchte **dich** an meiner Stelle sehen.
A me è simpatica.	Mir ist sie sympathisch.
La custodia dei bambini è stata assegnata a lei.	Die Kinder wurden **ihr** zugesprochen.
La faccenda riguarda solo me.	Die Angelegenheit geht nur mich etwas an.
L'egoista non vede che sé.	Der Egoist sieht nur sich.
A sentir lui hanno torto gli altri.	Wenn man ihn hört, haben die anderen Unrecht.
Tocca a me.	Ich bin dran/an der Reihe.
I compiti più ingrati toccano sempre a me.	Die undankbarsten Aufgaben fallen immer mir zu/muss immer ich erledigen.
Dico a voi!	Euch meine ich!
L'ho detto a te e non a lui.	Ich habe es dir, nicht ihm gesagt.
Sono cose che capitano quasi tutti i giorni a noi professori.	Diese Dinge passieren uns Lehrern fast täglich.

2. wenn ein weiteres nominales Objekt hinzutritt:

Ho incontrato lui e i suoi colleghi.	Ich habe ihn und seine Kollegen getroffen.
Hanno scritto a noi e ai nostri amici.	Sie haben uns und unseren Freunden geschrieben.

3. nach allen Präpositionen:

Questo regalo è per te.	Dieses Geschenk ist für dich.
Abbiamo parlato di lui.	Wir haben über ihn gesprochen.
Non vuoi giocare con me?	Willst du nicht mit mir spielen?
Ci hanno invitati a cena da loro.	Sie haben uns zu sich zum Abendessen eingeladen.
Siamo andati da lei.	Wir sind zu ihr gegangen.
le dosi a loro necessarie	die für sie notwendigen Dosen

Anmerkung 1: Zwischen den Präpositionen *contro, dopo, presso, senza, sopra, sotto, su* und *verso* und einem folgenden Pronomen wird in der Regel die Präposition *di* eingeschoben: *Non ho nulla contro di te.* – Ich habe nichts gegen dich. *È arrivata dopo di me.* – Sie ist nach mir angekommen. *Non posso vivere senza di te.* – Ich kann nicht ohne dich leben. *Puoi contare su di me.* – Du kannst dich auf mich verlassen. *Si è comportato male verso di voi.* – Er hat sich euch gegenüber schlecht benommen. *Giovanni abita sopra/sotto/presso di noi.* – Giovanni wohnt über/unter/bei uns. Merke auch: *dopo di che/dopodiché* darauf/danach. Nach den Präpositionen *tra/fra* ist der Gebrauch von *di* fakultativ: *Tra (di) noi è finita.* Zwischen uns ist es aus. *Quando sono tra (di) loro ...* – Wenn sie unter sich sind ...

Anmerkung 2: Veraltet sind die Formen *meco (= con me), teco (= con te)* und *seco (= con sé).*

Anmerkung 3: Man beachte, dass in einigen Fällen eine im Deutschen aus Präposition + Personalpronomen bestehende Verbindung im Italienischen durch einen komplexeren Ausdruck wiedergegeben wird/werden kann: *Tanti saluti da parte mia.* – Viele Grüße von mir. *Quante cose hanno raccontato sul mio conto!* – Was für Sachen man über mich erzählt hat! *Mi sono sbagliato sul suo conto.* – Ich habe mich in ihm geirrt. *È sempre gentile nei miei confronti.* – Er ist immer freundlich zu mir. *Ho una buona notizia da darLe.* – Ich habe eine gute Nachricht für Sie. *Avrei una preghiera da rivolgerLe.* – Ich hätte eine Bitte an Sie. *Vorrei vivere per conto mio.* – Ich will für mich leben. *Questo è un lato simpatico del suo carattere.* – Das ist ein sympathischer Zug an ihm. *Il suo compagno ha già due matrimoni alle spalle.* – Ihr Freund/Lebenspartner hat schon zwei Ehen hinter sich; *il processo a suo carico* der Prozess gegen ihn/sie.

Merke ferner:	*un gruppo a sé (stante)*	eine Gruppe für sich
	pensare fra sé (e sé)	bei sich denken
	Questo parla da sé.	Das spricht für sich.

Unterscheide: *Maria mi ha invitato da lei.* Maria hat mich zu sich eingeladen. – *Maria mi ha invitato da sé.* Maria hat mich von sich aus eingeladen.

4. anstelle der deutschen Subjektpronomen

4.1. nach der Vergleichspartikel *di*, sowie nach *come* und *quanto*:

Lui è più furbo di te.	Er ist schlauer als du.
Tu sei come me.	Du bist wie ich.
Lei è più brava di te.	Sie ist tüchtiger als du.
Sono alto quanto te.	Ich bin so groß wie du.

4.2. im Ausruf nach ***povero, beato*** und ***felice***:

Povera te!	Du Arme!
Povero te, se lo fai un'altra volta!	Wehe dir, wenn du das noch einmal tust!
Beata te!/Felici loro!	Du Glückliche!/Die Glücklichen!

4.3. als prädikative Ergänzung:

Se io fossi (in) te/lui ...	Wenn ich du/er wäre, ...
Tu non sei me.	Du bist nicht ich.
Non è più lui.	Er ist nicht mehr er.

Anmerkung: Bei Subjektgleichheit gebraucht man für die 1. und 2. Person Singular das jeweilige Subjektpronomen: *Io non sono più io.* Ich bin nicht mehr ich. *Non sembri più tu.* Du scheinst nicht mehr du zu sein.

4.4. bei absoluten Partizipialkonstruktionen:

Partito me, anche gli altri andarono a casa.	Nachdem ich weggefahren war, gingen auch die anderen nach Hause.

Anmerkung: In diesem Fall sind auch die Subjektpronomen *io* und *tu* möglich: *Partito io, anche gli altri ...*

116 Die Formen der unbetonten Objektpronomen

1. direktes Objekt:

Person		Singular	Bedeutung	Plural	Bedeutung
1. Person		*mi*	mich	*ci*	uns
2. Person		*ti*	dich	*vi*	euch
3. Person	maskulin	*lo*	ihn	*li*	sie
	feminin	*la*	sie	*le*	
	reflexiv	*si*	sich	*si*	sich

2. indirektes Objekt:

Person		Singular	Bedeutung	Plural	Bedeutung
1. Person		*mi*	mir	*ci*	uns
2. Person		*ti*	dir	*vi*	euch
3. Person	maskulin	*gli*	ihm	*gli, loro*	ihnen
	feminin	*le*	ihr		
	reflexiv	*si*	sich	*si*	sich

Anmerkung 1: *Loro* wird immer nachgestellt: *Scriverò loro.* – Ich werde ihnen schreiben. *Loro* kann vor dem Partizip stehen: *Ho scritto loro./Ho loro scritto.* – Ich habe ihnen geschrieben. *Non poteva esser loro sfuggito che ...* – Es konnte ihnen nicht entgangen sein, dass ... *La ragazza era stata loro affidata per il viaggio di ritorno.* – Das Mädchen war ihnen für die Rückreise anvertraut worden, *la ragazza loro affidata* das ihnen anvertraute Mädchen. *Loro* erscheint auch vor Adjektiven: *le attività più facilmente loro accessibili* die ihnen am leichtesten zugänglichen Tätigkeiten, *gli autori loro più familiari* die ihnen vertrautesten Schriftsteller.

Anmerkung 2: *Gli* wird immer häufiger anstelle von *loro* gebraucht: *Ho visto i bambini e gli ho detto che...* – Ich habe die Kinder gesehen und habe ihnen gesagt, dass... Auch auf Sachen bezogen: *L'acqua non gli (= alle piante) è mancata.* – An Wasser mangelte es ihnen (= den Pflanzen) nicht.

Anmerkung 3: In der Umgangssprache ersetzt maskulines *gli* auch feminines *le* als indirektes Objekt (gilt als nicht korrekt): *Se vedo la signora Rossi gli dirò che ...* – Falls ich Frau Rossi sehe, werde ich ihr sagen, dass ...

Anmerkung 4: Bei der höflichen Anrede benutzt man, wenn man sich an eine Person wendet, für das direkte Objekt *la/La*, wobei sich das Partizip Perfekt fast immer nach dem natürlichen Geschlecht richtet: *Signora Olivati, L'ho vista ieri.* – Frau Olivati, ich habe Sie gestern gesehen. *Signor Olivati, l'ho visto ieri.* – Herr Olivati, ich habe Sie gestern gesehen. Für das indirekte Objekt wird *le/Le* verwendet. Wendet man sich an mehrere Personen, so gebraucht man für das direkte und indirekte Objekt *vi/Vi*; nur sehr formell werden *li/Li* [maskulin] und *le/Le* [feminin] für das direkte Objekt und *loro/Loro* für das indirekte Objekt verwendet.

Der Gebrauch der unbetonten Objektpronomen 117

Die unbetonten Objektpronomen treten immer in Verbindung mit einem Verb auf (Ausnahme *ecco*, vgl. § 129), dem sie vorausgehen oder an das sie angehängt werden können (zur Stellung der Pronomen vgl. §§ 124-129). Sie können im Satz auftreten

1. als direktes Objekt (zur Elision vgl. § 8.1.1, 8.2.2; zur Veränderlichkeit des Partizips vgl. § 189.3):

Mi accompagni?	Begleitest du mich?
Ti amo.	Ich liebe dich.
Conosci Valerio? - Sì, lo conosco.	Kennst du Valerio. - Ja, ich kenne ihn.
Vedi Maria? - No, non la vedo.	Siehst du Maria. - Nein, ich sehe sie nicht.

La ragazza si guarda allo specchio.	Das Mädchen betrachtet sich im Spiegel.
Professore/Professoressa, La prego di avere un po' di pazienza.	Herr Professor/Frau Professorin, ich bitte Sie, ein wenig Geduld zu haben.
Perché ci hai chiamati/ chiamato?	Warum hast du uns gerufen?
Vi invito a cena.	Ich lade euch zum Abendessen ein.
Signore e Signori, Vi prego di seguirmi.	Meine Damen und Herren, ich bitte Sie, mir zu folgen.
Hai comprato i libri? – Sì, li ho comprati.	Hast du die Bücher gekauft? – Ja, ich habe sie gekauft.
Hai trovato le chiavi? – No, non le ho trovate.	Hast du die Schlüssel gefunden? – Nein, ich habe sie nicht gefunden.

Anmerkung: Wird *avere* als Vollverb gebraucht, so muss dem unbetonten Objektpronomen *lo/la* **ce** vorausgehen: *Hai la borsa? – Sì,* ***ce*** *l'ho.* Hast du die Tasche? – Ja, ich habe sie. *Avete un indirizzo in Italia? – No, non ce l'abbiamo.* Haben Sie/habt ihr eine Adresse in Italien? – Nein, wir haben keine. Im Plural verwendet man *ce li/ce le*: *Avete i soldi? – Sì, ce li abbiamo.* Habt ihr das Geld? – Ja, wir haben es. *Avete le lettere? – Sì, ce le abbiamo.* Habt ihr die Briefe? – Ja, wir haben sie. Schriftsprachlich ist auch einfaches *li/le* möglich.

2. als indirektes Objekt:

Perché non mi rispondi?	Warum antwortest du mir nicht?
Ti hanno dato i soldi?	Haben sie dir das Geld gegeben?
Che cosa hai regalato a tuo marito? – Gli ho regalato due camicie.	Was hast du deinem Mann geschenkt? – Ich habe ihm zwei Hemden geschenkt.
Che cosa hai regalato a tua moglie? – Le ho regalato un braccialetto.	Was hast du deiner Frau geschenkt? – Ich habe ihr ein Armband geschenkt.
Scusi, Le posso dare una mano?	Entschuldigen Sie, kann ich Ihnen helfen?
Non ci hanno più scritto.	Sie haben uns nicht mehr geschrieben.
Vi ho mandato una cartolina.	Ich habe euch eine Postkarte geschickt.
Che cosa Vi posso offrire?	Was kann ich Ihnen anbieten?
Scrivi spesso ai tuoi amici/alle tue amiche? – Si, scrivo loro spesso/gli scrivo spesso.	Schreibst Du deinen Freunden/deinen Freundinnen oft? – Ja, ich schreibe ihnen oft.

Anmerkung: Zur Wiedergabe von dt. 'einem/einen' werden die Personalpronomen *ti/vi/ci* und *gli* verwendet: *Quando si vive il trauma della separazione si prova un grande bisogno di parlare, di raccontare, di spiegare ciò che ci accade.* (Corriere della Sera) – Wenn man das Trauma der Trennung erlebt, empfindet man ein großes Bedürfnis zu sprechen, zu erzählen und zu erklären, was einem widerfährt. *Chissà perché, quando uno sta solo, tutto quello che gli viene in mente è di cercarsi una ragazza, oppure di fumarsi una sigaretta in santa pace leggendo le ultime dello sport.* (Moravia) – Wer weiß warum, wenn man allein ist, so ist alles, was einem in den Sinn kommt, sich ein Mädchen zu suchen oder in aller Ruhe eine Zigarette zu rauchen und dabei die Sportnachrichten zu lesen.

Besonderheiten des Gebrauchs des unbetonten Objektpronomens *lo* 118

1. ***Lo*** ersetzt nicht nur ein maskulines direktes Objekt im Singular (vgl. §§ 116, 117), sondern es kann auch

1.1. sich auf einen ganzen vorausgehenden Satz beziehen:

Dove ho messo i miei occhiali? – Non lo so.	Wo habe ich meine Brille hingelegt? – Ich weiß es nicht.
Mario non è stato promosso. – Me l'ha detto sua madre.	Mario ist nicht versetzt worden. – Seine Mutter hat es mir gesagt.

1.2. auf eine folgende Aussage hinweisen, besonders in der gesprochenen Sprache:

Lo sai che Mario non è stato promosso?	Weißt du (es), dass Mario nicht versetzt worden ist?
L'ha detto che ti ha visto.	Er hat (es) gesagt, dass er dich gesehen hat.

Anmerkung: *Lo* wird nicht als vorläufiges Objekt gebraucht in einem Fall wie: Ich wage es nicht, ihm die Wahrheit zu sagen. – *Non oso dirgli la verità.*

1.3. sich auf ein Prädikativum (Adjektiv/Substantiv) beziehen:

Lui crede di essere intelligente, ma non lo è.	Er glaubt, intelligent zu sein, ist es aber nicht.
Non si nasce donna, lo si diventa. (Simone de Beauvoir)	Man wird nicht als Frau geboren, man wird es.
Siamo amici e lo resteremo.	Wir sind Freunde und werden es bleiben.

Anmerkung 1: Zur Konstruktion mit *lo* gibt es folgende Varianten: *Lui crede di essere intelligente, ma intelligente non è. Siamo amici e resteremo tali/e amici resteremo.*

Anmerkung 2: In der Verbindung von *essere* + Personalpronomen bleibt dt. 'es' im Italienischen unausgedrückt: *Chi è la madre di questa bambina? – Sono io.* Wer ist die Mutter dieses Mädchens? – Ich bin es. *Chi era? – Era lui.* Wer war es? – Er war es.

2. Im Gegensatz zum Deutschen muss *lo* gesetzt werden, wenn ***questo*** (vgl. § 51.4) oder ein ***che***-Satz (vgl. § 241.2) vorausgeht:

Questo te l'ho già detto.	Das habe ich dir schon gesagt.
Che tu abbia detto una bugia, lo sanno tutti.	Dass du gelogen hast, (das) wissen alle.
Com'è andata davvero, dovrà stabilirlo un'inchiesta giudiziaria.	Wie es wirklich war, muss eine gerichtliche Untersuchung feststellen.

3. Wiedergabe von 'es' (Akkusativ) in Wendungen:

es sich bequem machen	*mettersi comodo*
Du hast es gut!	*Beato te!*
Mach's gut!	*Stammi bene!*
Mach's kurz!	*Taglia corto!*
Haben Sie es passend? (beim Bezahlen)	*Li ha giusti?*
Sie hat's nicht leicht.	*(Lei) non ha (una) vita facile.*
Er wird es noch weit bringen.	*È uno che farà strada/andrà lontano.*
Ich habe es satt.	*Ne sono stufo.*
Sie hat es sich bei ihm verscherzt.	*Si è giocata la sua amicizia.*
Ich habe es eilig.	*Ho fretta.*
Und damit hat sich's.	*Buona notte al secchio.*

119 Idiomatische Wendungen mit dem unbetonten Objektpronomen *la*

L'ha bevuta.	Er ist darauf hereingefallen.
In furberia non la cede a nessuno.	An Schlauheit steht er keinem nach.
Chi la dura la vince.	Beharrlichkeit führt zum Ziel.
Chi la fa l'aspetti.	Wie du mir, so ich dir.
Falla finita!	Mach Schluss damit!
Il ragazzo l'ha fatta grossa.	Der Junge hat eine große Dummheit gemacht.

per farla breve, ...	um es kurz zu machen, ...
Finiscila (di fischiare)!	Hör auf (zu pfeifen)!
Non tutti la pensano come te.	Nicht alle sind derselben Meinung/ denken so wie du.
La vedo diversamente./Non la vedo così.	Ich sehe das anders/nicht so.
Piantala (di fare tante storie)!	Hör auf (so viel Theater zu machen)!
Suo figlio la sa lunga.	Sein Sohn ist schlau/hat es faustdick hinter den Ohren.
L'abbiamo scampata bella.	Wir sind glücklich davongekommen.
L'ho spuntata.	Ich habe es geschafft.
Smettetela (di gridare)!	Hört auf (zu schreien)!
Mettila come vuoi, la sostanza non cambia.	Du kannst es drehen und wenden, wie du willst, im Grunde ändert sich nichts.
farla a letto	ins Bett machen
darla vinta	sich geschlagen geben

Idiomatische Wendungen mit dem unbetonten Objektpronomen *le* 120

Mio figlio le pensa tutte.	Mein Sohn kommt auf alle möglichen dummen Gedanken.
Le/Ne ha prese.	Er hat Schläge bekommen.
Le sballa grosse.	Er lügt das Blaue vom Himmel herunter.
Le hanno suonate a Mario.	Sie haben Mario verprügelt.

Wendungen mit zwei unbetonten Objektpronomen vgl. § 123.6.

Der Gebrauch des Pronominaladverbs *ne* 121

Das Pronominaladverb ***ne*** erfüllt mehrere Funktionen:

1. Es ersetzt als Ortsadverb Ergänzungen mit ***da*** (= *di lì, di là*):

Vieni dal cinema? – Sì, ne vengo ora.	Kommst du vom Kino? – Ja, ich komme gerade von dort.
Arrivai a Roma il mattino e ne ripartii la sera.	Ich kam am Morgen in Rom an und fuhr am Abend wieder von dort ab.
Proprio in quel momento la porta si aprì e ne uscì un uomo grasso, enorme, sulla cinquantina.	Gerade in diesem Augenblick ging die Tür auf, und ein dicker, riesiger Mann um die Fünfzig trat heraus.

2. Es ersetzt als unbetontes Pronomen Ergänzungen mit ***di*** (= *di ciò, di questo, -a, -i, -e, di lui, di lei, di loro*) und Ergänzungen mit ***da*** (= *da lui, da lei, da loro, da questo, -a, -i, -e*):

È contento del risultato? – Sì, ne sono contento.	Sind Sie mit dem Ergebnis zufrieden? – Ja, ich bin damit zufrieden.
Hai bisogno della matita? – No, non ne ho bisogno.	Brauchst du den Bleistift? – Nein, ich brauche ihn nicht.
Avete parlato del viaggio? – Sì, ne abbiamo parlato.	Habt ihr über die Reise gesprochen? – Ja, wir haben darüber gesprochen.
Ti fidi di quei tipi? – No, non me ne fido.	Traust du den Kerlen dort? – Nein, ich traue ihnen nicht.
Ne volevano fare un prete.	Sie wollten einen Priester aus ihm machen.
La città ne (= dal terremoto) fu distrutta.	Die Stadt wurde durch es zerstört.
Bisogna invitare il giovane a discutere insieme del suo problema, a esaminarne insieme i vari aspetti, a trarne le soluzioni positive e negative.	Man muss den Jugendlichen auffordern, zusammen über sein Problem zu diskutieren, zusammen dessen verschiedene Aspekte zu untersuchen und daraus die positiven und negativen Lösungen zu gewinnen.
Il Re di Napoli odia il Papa e ne è ricambiato. (Montanelli/Gervaso)	Der König von Neapel hasst den Papst und dieser erwidert dessen Gefühl.
Se ne (= dalla politica) era sempre tenuto lontano.	Er hatte sich immer von ihr fern gehalten.
Ho chiesto a suo marito, ma non ne ho ricavato nulla.	Ich habe ihren Mann gefragt, aber ich habe nichts von ihm erfahren.

3. Es erfüllt partitive Funktion (zur Veränderlichkeit des Partizips vgl. § 189.3):

Vuole di queste mele? – Sì, ne prendo un chilo.	Wollen Sie von diesen Äpfeln? – Ja, ich nehme ein Kilo (davon).
Quante bottiglie hai comprato? – Ne ho comprate cinque.	Wie viele Flaschen hast du gekauft? – Ich habe fünf (davon) gekauft.
Questo ristorante è buono, ma io ne conosco uno migliore.	Dieses Restaurant ist gut, aber ich kenne ein besseres.
Questo comportamento aggrava i vecchi problemi e ne aggiunge di nuovi.	Dieses Verhalten verschlimmert die alten Probleme und fügt neue hinzu.
Facce come se ne incontrano tante per strada.	Gesichter, wie man viele auf der Straße antrifft.

A questa minaccia altre ne seguirono.	Auf diese Drohung folgten weitere.
Lui ha quindici anni, lei ne ha dodici.	Er ist fünfzehn Jahre alt, sie ist zwölf.

Anmerkung: Folgt ein Adjektiv, muss diesem die Präposition *di* vorangestellt werden: Ich will schöne (= Äpfel). – *Ne voglio di belle./Ne voglio alcune (di) belle./* Nicht: **Ne voglio belle.*

4. Es drückt ein possessives Verhältnis aus:

Andiamo a Firenze per ammirarne le bellezze.	Wir fahren nach Florenz, um seine Sehenswürdigkeiten zu bewundern.
Galileo fissa la sua attenzione sulla natura per scoprirne le leggi.	Galilei richtet seine Aufmerksamkeit auf die Natur, um ihre Gesetze zu entdecken.
Cosimo ne (= del convento di San Marco a Firenze) aveva fatto affrescare le mura dal Beato Angelico.	Cosimo hatte dessen/seine Wände von Beato Angelico mit Fresken versehen lassen.

5. Es kündigt eine Nominalgruppe *di/da* + Substantiv an oder nimmt sie wieder auf; im zweiten Fall ist *ne* obligatorisch. Im Deutschen bleibt es unübersetzt:

Di pane non ce n'è più.	Brot ist keines mehr da.
Di lavoro ce n'è sempre.	Arbeit gibt es immer.
Da lui non ne ho ricavato nulla.	Aus ihm habe ich nichts herausbekommen.
Che ne sai tu di questa storia?	Was weißt du von dieser Geschichte?
Che ne dici di questa casa?	Was sagst du zu diesem Haus?

6. Idiomatische Wendungen mit dem Pronominaladverb *ne*:

Quanti ne abbiamo oggi?	Den Wievielten haben wir heute?
Non ne posso più.	Ich kann nicht mehr.
Se ne hai ancora per tre ore, ti aspetto a casa.	Wenn du noch drei Stunden zu tun hast, warte ich zu Hause auf dich.
Ne ha combinate/fatte di tutti i colori.	Er/Sie hat es bunt getrieben.
Non se ne può più del traffico.	Man hält den Verkehr nicht mehr aus.
Ne va del suo onore.	Seine Ehre steht auf dem Spiel.
Ne ho le tasche piene.	Ich habe die Nase voll.
Ne è valsa la pena.	Es hat sich gelohnt.
Ne ho fin sopra i capelli!	Mir steht's bis zum Hals!

122 Der Gebrauch des Pronominaladverbs *ci*

Das Pronominaladverb ***ci*** (seltener *vi*) erfüllt mehrere Funktionen:

1. Es ersetzt als Ortsadverb Ergänzungen mit ***a, da*** 'zu', ***in, per*** und ***su***:

Vai spesso a Roma? – Sì ci vado spesso.	Fährst du oft nach Rom? – Ja, ich fahre oft dorthin.
Si trova bene in Germania? – Sì, mi ci trovo bene.	Gefällt es Ihnen in Deutschland? – Ja, es gefällt mir hier/dort.
Siete passati per Pavia? – No, non ci siamo passati.	Seid ihr durch Pavia gefahren? – Nein, wir sind nicht durchgefahren.
Non ci passo: è troppo stretto.	Ich komme nicht durch; es ist zu eng.
Perché non metti i jeans? – Non ci sto più dentro.	Warum ziehst du nicht die Jeans an? – Ich passe nicht mehr rein.
Salite sul Vesuvio? – Sì, ci saliamo.	Steigt ihr auf den Vesuv? – Ja, wir steigen hinauf.
Vai oggi dal dottore? – No, ci vado domani.	Gehst du heute zum Arzt? – Nein, ich gehe morgen hin.

Anmerkung: In dem zuletzt aufgeführten Beispielsatz steht *ci*, weil nicht an die Person, sondern an die Praxis gedacht ist. 'Zu ihm' wird als *da lui* wiedergegeben: *Vado da lui.* – Ich gehe zu ihm.

2. Es wird gebraucht in den Ausdrücken ***c'è/ci sono*** [Inf. *esserci*]:

2.1. am Satzanfang:

C'è ancora un po' di latte.	Es gibt noch ein bisschen Milch./ Es ist noch ein bisschen Milch da.
C'era molta gente.	Es waren viele Leute da.
C'è Mario? – No, non c'è.	Ist Mario da? – Nein, er ist nicht da.
C'è (della) farina.	Es ist Mehl da.
Non c'è più farina.	Es ist kein Mehl mehr da.
Ci sono ancora delle pere.	Es sind noch Birnen da.
Non c'è problema.	Kein Problem!
C'è di peggio.	Es gibt Schlimmeres.
Ci sono molti giovani che studiano all'estero.	Es gibt viele junge Leute, die im Ausland studieren.
C'è odore di gas.	Es riecht nach Gas.
C'è un incendio.	Es brennt.
C'è differenza fra i prezzi al banco e al tavolo.	Es besteht ein Unterschied zwischen den Preisen an der Theke und am Tisch.

C'è qualcosa di buono da mangiare.	Es gibt etwas Gutes zu essen.
C'è poco da ridere.	Da gibt es nichts zu lachen.
C'è tanto da fare.	Es gibt so viel zu tun.
Scusi, c'è una farmacia qui vicino?	Entschuldigen Sie, gibt es hier in der Nähe eine Apotheke?
C'è la luce accesa nel suo studio.	In seinem Arbeitszimmer brennt Licht.
C'è il divieto di sosta.	Es ist Halteverbot.
C'è subito la coincidenza per Bari.	Man hat sofort Anschluss nach Bari.
C'è (il) sole.	Die Sonne scheint.
C'è foschia/afa.	Es ist diesig/schwül.
C'è vento.	Es ist windig.
C'è la neve.	Es liegt Schnee.
C'è bassa marea.	Es ist Ebbe.
C'è tempo.	Das hat Zeit.
Non c'è fretta.	Es hat keine Eile.
C'è l'obbligo di mettere il casco.	Es besteht Helmpflicht.

Merke: *C'è da impazzire.* – Es ist zum Verrücktwerden. *C'era da aspettarselo.* – Es war zu erwarten.

2.2. nach einer adverbialen Bestimmung:

In Germania ci sono moltissimi tipi di pane.	In Deutschland gibt es sehr viele Brotsorten.
Nella nostra ditta c'è una signora che parla correntemente cinque lingue.	In unserer Firma ist eine Frau, die fünf Sprachen fließend spricht.
Il venerdì c'è il mercato di pesce.	Freitags ist Fischmarkt.
Fra tre settimane ci sono gli esami.	In drei Wochen sind (die) Prüfungen.
Alla facoltà di medicina c'è il numero chiuso.	Die medizinische Fakultät hat einen Numerus clausus.
Domani non c'è scuola.	Morgen ist keine Schule.
In questo cinema c'è l'aria condizionata.	Dieses Kino hat Klimaanlage.
Per la strada non c'era anima viva.	Auf der Straße war keine Menschenseele.
Guardi, lì c'è la fermata.	Schauen Sie, dort ist die Haltestelle.

2.3. nach dem Subjekt:

La farina c'è.	Mehl ist da.
Che cosa c'è per pranzo oggi?	Was gibt es heute zum Mittagessen?
Il treno da Firenze non c'è ancora.	Der Zug aus Florenz ist noch nicht da.
Quando uscì, la bicicletta non c'era più.	Als er herauskam, war sein Fahrrad nicht mehr da.
Quando il gatto non c'è i topi ballano.	Wenn die Katze aus dem Haus ist, tanzen die Mäuse (auf dem Tisch).
Un cambiamento c'è stato.	Eine Veränderung hat es gegeben.
Una differenza però c'è.	Einen Unterschied jedoch gibt es.
Dio c'è.	Gott existiert.
La scuola c'è tutti i giorni esclusa la domenica.	Schule ist jeden Tag außer sonntags.
Chi c'era alla festa?	Wer war auf dem Fest?
Che male c'è?	Was ist dabei?

Anmerkung 1: *Ci* kann nicht in allen Fällen durch *vi* ersetzt werden. So heißt es immer: *La chiave, ce l'hai?* – Hast du den Schlüssel? In Wendungen: *Farcela* es schaffen. *Ce l'ha con sua nuora.* – Er/Sie ist auf seine/ihre Schwiegertochter böse. In gehobener Sprache erscheint *vi* anstelle von *ci*: *Il Cristianesimo vi si propagò rapidamente.* – Das Christentum breitete sich dort schnell aus.
Unterscheide: *Ci si vede ogni giorno.* – Man sieht sich jeden Tag – *Vi si vede una bella statua.* – Dort sieht man eine schöne Statue.

Anmerkung 2: In literarischer Sprache erscheint zuweilen einfaches *essere* anstelle von *esserci*: *Vicino a lui era un posto libero.* (Lampedusa) – In seiner Nähe war ein Tisch frei. *Sul tavolo era un mezzo agnello sanguinante.* (Silone) – Auf dem Tisch lag ein halbes blutiges Lamm.

Anmerkung 3: Umgangssprachlich erscheint *c'è* + Plural: *Soldi non ce n'è.* – Geld ist keins da.

Anmerkung 4: Nicht immer wird dt. 'es gibt' durch *c'è/ci sono* ausgedrückt: Es gibt sieben Sakramente. – *I sacramenti sono sette.* Es gibt zwei Gründe. – *Le ragioni sono due.* Es gibt zwanzig Regionen. – *Le regioni sono venti.* Es gibt Krieg. – *È la guerra.* Es gibt zwei Möglichkeiten: Entweder nimmst du an, oder du lehnst ab. – *I casi sono due: o accetti o rifiuti.*

Wendungen:

Come sta? – Non c'è male.	Wie geht es Ihnen? – Es geht.
Tante grazie. – Prego, non c'è di che.	Vielen Dank. – Bitte, keine Ursache.

3. Es ersetzt als unbetontes Objektpronomen Ergänzungen mit ***a***, ***con*** oder ***su***, die sich auf Sachen oder Sachverhalte beziehen:

Hai pensato al suo compleanno? – Sì, ci ho pensato.	Hast du an seinen/ihren Geburtstag gedacht? – Ja ich habe daran gedacht.
Avete rinunciato ai soldi? – No, non ci abbiamo rinunciato.	Hat ihr auf das Geld verzichtet? – Nein, wir haben nicht darauf verzichtet.
Posso contare sul tuo appoggio? – Sì, ci puoi contare.	Kann ich mit deiner Unterstützung rechnen? – Ja, du kannst damit rechnen.
Suo figlio ha un sacco di giocattoli, ma non ci gioca quasi mai.	Sein Sohn hat eine Menge Spielsachen, aber er spielt fast nie damit.
Sei riuscito a riparare il guasto? – Sì, ci sono riuscito.	Ist es dir gelungen, den Schaden zu reparieren? – Ja, es ist mir gelungen.
Hai provato a fargli cambiare idea? – Sì, ci ho provato.	Hast du versucht ihn umzustimmen? – Ja, ich habe es versucht.
Scrive bene con questa penna stilografica? – Sì, ci scrivo bene.	Schreiben Sie gut mit diesem Füller? – Ja, ich schreibe gut damit.
Non ci avevo fatto caso.	Ich hatte nicht darauf geachtet.

Anmerkung 1: *Ci* wird in der gesprochenen Sprache auch für Personalergänzungen mit *con, su, in* und *da* gebraucht: *Non ci puoi contare (= su di lui/lei/loro).* – Du kannst dich auf ihn/sie nicht verlassen. *Ci sono andata a letto.* – Ich bin mit ihm ins Bett gegangen. *È una cara persona e ci parlo volentieri.* – Er/Sie ist ein lieber Mensch und ich spreche gern mit ihm/ihr. *Lui non crede in Dio, io invece ci credo.* – Er glaubt nicht an Gott, ich dagegen glaube an ihn.

Anmerkung 2: Bei *pensare* kann *ci* zur Wiederaufnahme dienen: *A Valerio non (ci) penso più.* – An Valerio denke ich nicht mehr.
Bezüglich *pensare* merke man sich folgende Verbindungen: *Penserò sempre a te/a voi./Ti/Vi penserò sempre.* – Ich werde immer an dich/euch denken. *Penserò sempre a lui/lei./**Lo/La** penserò sempre.* – Ich werde immer an ihn/sie denken. *Penserò sempre a loro.* – Ich werde immer an sie denken. ***Li/Le** penserò sempre.* – Ich werde immer an sie [mask./fem.] denken.

Anmerkung 3: Dialektal ist der süditalienische Gebrauch von *ci* statt *gli, le* und *loro: Ci ho detto che ...* – Ich habe ihm/ihr/ihnen gesagt, dass ...

4. Es wird pleonastisch gebraucht (im Deutschen unübersetzt):

A Firenze, ci vado spesso.	Nach Florenz fahre ich oft.
In questa casa (ci) abitano cinque famiglie.	In diesem Haus wohnen fünf Familien.
Non (ci) avete pensato ai libri?	Habt ihr nicht an die Bücher gedacht?
Non ci vedo.	Ich sehe nichts./Ich kann nichts sehen.
Dall'orecchio destro non (ci) sento bene.	Auf dem rechten Ohr höre ich nicht gut.
In questa valigia non ci sta più niente.	In diesen Koffer geht nichts mehr hinein.

Anmerkung: In familiärer Ausdrucksweise wird *avere* als Vollverb oft mit *ci* verbunden: *Ci avresti un euro?* – Hättest du mal einen Euro? Gesprochen wird [tʃavresti].

5. Idiomatische Wendungen mit dem Pronominaladverb *ci*:

Ci penso io!	Lass das meine Sorge sein!
Io ci sto.	Ich bin dabei./Ich mache mit.
È una che ci sta.	Bei der läuft was.
Che c'entro io?	Was habe ich damit zu tun?
Che ci posso fare io?	Was kann ich dafür?
Lui ci sa fare.	Er versteht sich darauf.
C'era una volta ...	Es war einmal ...
Ci ho messo un'ora a/per fare questo lavoro.	Ich habe eine Stunde für diese Arbeit gebraucht.
Ci vuole un metro/ci vogliono due metri di stoffa.	Man braucht einen/zwei Meter Stoff (dazu).
Ci tengo molto a mangiar bene.	Ich lege großen Wert auf gutes Essen.
Ci sei cascato!	Du bist reingefallen!
Non provarci!	Untersteh dich!
Ci ha rimesso la pelle.	Er ist draufgegangen.
Non mi ci raccapezzo.	Daraus werde ich nicht schlau.
Ci ho dato dentro e ho ottenuto buoni risultati.	Ich habe mich reingekniet und habe gute Ergebnisse erzielt.
Ci mancherebbe altro!	Das hätte gerade noch gefehlt!
Avrebbe potuto arrivarci da solo.	Er hätte alleine dahinterkommen/draufkommen können.
Come va? – Non c'è male, grazie.	Wie geht's? – Nicht schlecht, danke.

Kombinationen unbetonter Objektpronomen

1. Die Objektpronomen *mi, ti, gli, le, ci, vi, si* können mit *lo, la, li, le* und *ne* eine Verbindung laut folgender Tabelle eingehen. Hierbei steht das indirekte Objekt an erster und das direkte Objekt an zweiter Stelle. Bei den Verbindungen *me ne, te ne,* etc. kann das an erster Stelle stehende Pronomen auch direktes Objekt sein:

	lo	*la*	*li*	*le*	*ne*
mi	*me lo*	*me la*	*me li*	*me le*	*me ne*
ti	*te lo*	*te la*	*te li*	*te le*	*te ne*
gli *le*	*glielo*	*gliela*	*glieli*	*gliele*	*gliene*
ci	*ce lo*	*ce la*	*ce li*	*ce le*	*ce ne*
vi	*ve lo*	*ve la*	*ve li*	*ve le*	*ve ne*
si	*se lo*	*se la*	*se li*	*se le*	*se ne*

Anmerkung: Bis auf die Verbindungen *glielo* etc. werden die aufeinander folgenden Pronomen getrennt geschrieben. Werden sie jedoch angehängt, so werden sie zusammengeschrieben.

Non me lo dice.	Er/Sie sagt es mir nicht.
Non volevano dirmelo.	Sie wollten es mir nicht sagen.
Te ne ha parlato?	Hat er/sie mit dir darüber gesprochen?
Glielo abbiamo promesso.	Wir haben es ihm/es ihr/es ihnen versprochen.
Non ce la vende (= la casa).	Er verkauft es uns nicht.
Fatecelo sapere.	Teilt es uns mit!
Ve le faccio vedere (= le foto).	Ich zeige sie euch.
Non se lo fece dire due volte.	Er ließ es sich nicht zweimal sagen.
Non me ne curo.	Ich kümmere mich nicht darum.
Ce ne siamo liberati.	Wir haben uns davon befreit.
Se ha ancora una domanda può farmela.	Wenn Sie noch eine Frage haben, können Sie sie mir stellen.

Anmerkung 1: Man beachte, dass die Objektpronomen – mit Ausnahme der Verbindung mit *ne* – im Italienischen in umgekehrter Reihenfolge wie im Deutschen erscheinen.

Anmerkung 2: Bei *se ne* kann es sich um die Verbindung von reflexivem oder unpersönlichem *si* handeln: *Se ne meraviglia.* – Er/Sie wundert sich darüber [reflexiv]. *Se ne è pentita.* – Sie hat es bereut. *Se ne parla.* – Man spricht davon [unpersönlich]. *Se ne continua a discutere.* – Man diskutiert weiterhin darüber.

Anmerkung 3: Selten ist die Verbindung des Pronominaladverbs *ci/vi* mit *lo/la, li/le*: *Ce lo vediamo spesso.* – Wir sehen ihn oft dort.

Anmerkung 4: Eine Verbindung von *lo/la, li/le* mit *ne* findet im gesprochenen Italienisch nicht statt (*ne lo* usw. ist literarisch). Anstelle von *ne* verwendet man in diesem Fall die Ausdrücke *di ciò/di questo*: *L'abbiamo informato di ciò/di questo.* – Wir haben ihn darüber informiert.

Anmerkung 5: Die Pronomen können nicht von einander getrennt werden; nicht: **Gli posso dirlo* oder **Lo posso dirgli.*

2. Die Pronomen *mi,ti, gli, le, ci, vi* können sich mit dem reflexiven *si* verbinden:

presentarsi a qd	sich jdm vorstellen
mi si presenta	er/sie stellt sich mir vor
ti si presenta	er/sie stellt sich dir vor
gli si presenta	er/sie stellt sich ihm vor
le si presenta	er/sie stellt sich ihr vor
ci si presenta	er/sie stellt sich uns vor
vi si presenta	er/sie stellt sich euch vor
gli si presenta/si presenta loro	er/sie stellt sich ihnen vor

3. Verbindungen der Pronomen *mi, ti, gli, le, ci vi* untereinander werden vermieden. Stattdessen wird das indirekte Objekt durch die Präposition *a* + betontes Personalpronomen ausgedrückt. Bei *loro* fällt *a* meist weg:

Mi presento a te.	Ich stelle mich dir vor.
Ti presenti a lei.	Du stellst dich ihr vor.
Ci presentiamo a lui.	Wir stellen uns ihm vor.
Vi presentate (a) loro.	Ihr stellt euch ihnen vor.

4. Die Pronomen *mi, ti, gli, le, ci, vi* und *si* können mit dem Pronominaladverb *ci/vi* verbunden werden:

abituarcisi/abituarvisi	sich daran gewöhnen
mi ci abituo/mi vi abituo	ich gewöhne mich daran
ti ci abitui/ti vi abitui	du gewöhnst dich daran
ci si abitua/vi si abitua	er/sie gewöhnt sich daran
vi ci abituiamo	wir gewöhnen uns daran
vi ci abituate	ihr gewöhnt euch daran
ci si abituano/vi si abituano	sie gewöhnen sich daran

Merke: *Gli/Le ci vuole molta pazienza.* – Er/Sie braucht viel Geduld.

Anmerkung 1: Da das Italienische Verbindungen von gleichlautenden Pronomen vermeidet, verwendet man *vi ci* statt **ci ci* und **vi vi.* Aus demselben Grund gebraucht man die Verbindung *ci si,* wenn reflexives *si* und unpersönliches *si* aufeinandertreffen: *Ci si lava.* – Man wäscht sich. *Ci si è lavati.* – Man hat sich gewaschen (zur Veränderlichkeit des Partizips vgl. § 252.2 Anm. 2). *Non ci si deve meravigliare se ...* – Man darf sich nicht wundern, wenn ... *Ci si incomincia a preoccupare.* – Man fängt an sich Sorgen zu machen.

Anmerkung 2: In Sätzen wie 'Man gewöhnt sich daran' oder 'Man fühlt sich dort wohl' muss 'man' durch *uno* ausgedrückt werden: *Uno ci si abitua./Uno ci si trova bene.*

5. Das unpersönliche *si* steht unmittelbar vor dem Verb. Einzige Ausnahme ist die Verbindung *se ne* (vgl. § 123.1 Anm. 2):

mi si dice	man sagt mir	*mi si vede*	man sieht mich
ti si dice	man sagt dir	*ti si vede*	man sieht dich
gli si dice	man sagt ihm	*lo si vede*	man sieht ihn/es
le si dice	man sagt ihr	*la si vede*	man sieht sie
ci si dice	man sagt uns	*ci si vede*	man sieht uns
vi si dice	man sagt euch	*vi si vede*	man sieht euch
gli si dice/si dice loro	man sagt ihnen	*li/le si vede*	man sieht sie

Unterscheide: *Lo si compra.* Man kauft es. – *Se lo compra.* Er/Sie kauft es sich.

Anmerkung 1: Ein Satz wie 'Man sieht sie [Pl.]' wird im Italienischen folgendermaßen wiedergegeben: *Si vedono* (vgl. § 252) oder *Vengono visti/viste./Li/Le si vede/*[selten] *vedono.* Enthält der Satz ein Modalverb, gibt es folgende Möglichkeiten: *Si possono vedere* oder *Li/Le si può/*[selten] *possono vedere* oder [weniger gut] *Si può vederli/vederle.* – Man kann sie sehen.

Anmerkung 2: Verbindungen von drei Pronomen kommen vor (vgl. zum Beispiel *Me lo si dice.* – Man sagt es mir.), werden jedoch in der Regel gemieden. Besser erscheint in diesem Fall: *Me lo dicono.* Weitere Beispiele mit drei Pronomen: *Mi ce/ve lo comprerò.* – Ich werde es mir dort kaufen. *Ti ce/ve lo comprerò.* – Ich werde es dir dort kaufen. *Gli ce/ve lo comprerò.* – Ich werde es ihm dort kaufen. *Le ce/ve lo comprerò.* – Ich werde es ihr dort kaufen. *Ci ve lo comprerò.* – Ich werde es uns dort kaufen. *Vi ce lo comprerò.* – Ich werde es euch dort kaufen. *Ci se ne occupa.* – Man kümmert sich darum. *Ci se ne accorge.* – Man merkt es. *Ci se ne ordina.* – Man bestellt sich welche/s/n. *Vi ci si reca.* – Man begibt sich dorthin. *Te lo si legge in faccia.* – Man sieht es dir an. Auf den Gebrauch von Verbindungen mit vier oder mehr Objektpronomen verzichtet man aus Gründen der Verständlichkeit.

6. Idiomatische Wendungen mit zwei unbetonten Objektpronomen:

Se la cava abbastanza bene.	Er kommt ganz gut zurecht.
Se la dette a gambe.	Er nahm Reißaus.
Se la dormono saporitamente.	Sie schlafen sanft.
Legatela al dito!	Schreib es dir hinter die Ohren!
Come te la passi?	Wie geht's dir?
Se la spassano tutto il giorno.	Sie lassen es sich den ganzen Tag gut gehen.
Non te la prendere./ Non prendertela.	Ärgere dich nicht!
Se la prende comoda.	Er reißt sich kein Bein aus.
Con lui me la sbrigo io.	Mit ihm werde ich schon fertig.
Non me la sento di dirglielo.	Ich bringe es nicht übers Herz, es ihm/ihr/ihnen zu sagen.
Non me la sento di andare a ballare stasera.	Ich habe keine Lust, heute Abend tanzen zu gehen.
Se l'è svignata.	Er/Sie hat sich aus dem Staub gemacht.
Vedetevela voi.	Seht zu, wie ihr zurecht kommt.
Se la vede brutta.	Er/Sie sitzt in der Klemme.
Con chi ce l'hai?	Auf wen bist du böse?
Ce l'hai fatta?	Hast du es geschafft?
Non ce la può con lui.	Er kann ihm nicht das Wasser reichen.
Non avertene a male.	Sei nicht gekränkt!
Me ne lavo le mani.	Ich wasche meine Hände in Unschuld.
Me ne frego.	Das ist mir Wurst.
Me ne impipo.	Ich pfeife darauf.
Non me ne importa niente.	Das geht mich nichts an.
Te la vendo come l'ho comprata.	Ich gebe nur weiter, was ich gehört habe.
Sbrigatevela da soli.	Macht es unter euch aus!
Gliela farò vedere io!	Dem werde ich es zeigen!
Se la fa con la segretaria.	Er treibt es mit der Sekretärin.

Die Stellung der unbetonten Objektpronomen

Die unbetonten Objektpronomen können im Italienischen entweder dem Verb vorausgehen oder an das Verb angehängt werden, wobei sich die Betonung des Verbs nicht ändert. In manchen Fällen ist sowohl Voranstellung als auch Anfügung möglich. Für die Pronominaladverbien gelten dieselben Regeln.

Die unbetonten Objektpronomen bei einem konjugierten Verb 124

Unbetonte Objektpronomen stehen vor einem konjugierten Verb, bei zusammengesetzten Zeiten vor dem Hilfsverb:

Lo vedo ogni giorno.	Ich sehe ihn jeden Tag.
Dove li hai conosciuti?	Wo hast du sie kennen gelernt?
Non me ne ha parlato.	Er hat mit mir nicht darüber gesprochen.
Gliel'hai detto?	Hast du es ihm/ihr/ihnen gesagt?
Non ci hanno detto niente.	Man hat uns nichts gesagt.

Anmerkung: Angehängt finden sich die unbetonten Objektpronomen in formelhaften Wendungen in Anzeigen und im Telegrammstil: *Cercasi cuoco.* – Koch gesucht. *Vendesi terreno.* – Grundstück zu verkaufen. *Vendonsi*/[nicht korrekt, aber häufig] *Vendesi terreni* – Grundstücke zu verkaufen *Affittansi*/[nicht korrekt, aber häufig] *Affittasi camere* – Zimmer [Pl.] zu vermieten. *Vedremoci mercoledì* – Sehen uns Mittwoch. *Come dovevasi dimostrare.* – Was zu beweisen war. *Lo stesso dicasi di ...* – Das Gleiche gilt für ...

Die unbetonten Objektpronomen beim Imperativ 125

1. Beim bejahten Imperativ der 2. Person Singular und Plural und der 1. Person Plural werden die unbetonten Objektpronomen angehängt:

Portamelo.	Bring es mir!
Ditecelo.	Sagt/Sagen Sie [Pl.] es uns!
Andiamoci.	Gehen wir hin!
Aiutatemi.	Helft mir!

2. Beim verneinten Imperativ der 2. Person Singular und Plural und der 1. Person Plural können die unbetonten Objektpronomen entweder vorangestellt oder angehängt werden:

Non ci andare./Non andarci.	Gehe nicht hin!
Non ne parlate più./Non parlatene più.	Sprecht nicht mehr darüber!
Non ce ne lamentiamo più./ Non lamentiamocene più.	Beklagen wir uns nicht mehr darüber!

3. Beim bejahten und verneinten Imperativ der 3. Person Singular und Plural [Höflichkeitsform] werden die unbetonten Objektpronomen vorangestellt:

Me lo porti, per favore.	Bringen Sie es mir, bitte!
Non lo dica a nessuno.	Sagen Sie es niemandem!
Ce ne diano.	Geben Sie uns davon!
Non ci vadano.	Gehen Sie nicht hin!

4. Werden unbetonte Objektpronomen an die einsilbigen Imperative *da', di', fa', sta'* und *va'* angehängt, so wird, außer bei *gli*, ihr Konsonant verdoppelt:

Daccene./Vattene.	Gib uns davon!/Geh weg!
Dillo a tuo fratello.	Sag es deinem Bruder!
Fammelo vedere.	Zeig es mir!
Stammi a sentire.	Hör mir zu!

126 Die unbetonten Objektpronomen beim Infinitiv

1. Die unbetonten Objektpronomen werden an den Infinitiv angehängt, der dabei seinen Endvokal verliert:

Sono pronto ad aiutarlo.	Ich bin bereit, ihm zu helfen.
È partito senza salutarci.	Er ist abgereist, ohne sich von uns zu verabschieden.
Non ho voglia di occuparmene.	Ich habe keine Lust, mich darum zu kümmern.

Anmerkung: *Porre* und Komposita, *trarre* und Komposita, sowie die mit *-durre* zusammengesetzten Verben verlieren die letzte Silbe: *per condurci* um uns zu führen, *sottrarsi* sich entziehen; *invece di tradurtelo* anstatt es dir zu übersetzen, *porsi a tavola* sich zu Tisch setzen.

2. Folgt auf ein Verb der Wahrnehmung ein Infinitiv, so stehen die unbetonten Objektpronomen beim Verb der Wahrnehmung (vorangestellt bzw. angehängt):

Li vedo arrivare.	Ich sehe sie ankommen.
Lo guardo lavorare.	Ich schaue ihm beim Arbeiten zu.
Mi piace sentirti suonare il pianoforte.	Ich höre dich gern Klavier spielen.
Ne ho sentito parlare.	Ich habe davon gehört.
L'ho sentito cantare la canzone./ Gliela ho sentita cantare.	Ich habe ihn das Lied singen hören./ Ich habe es ihn singen hören.

Anmerkung 1: Hat ein Verb der Wahrnehmung, dem ein Infinitiv folgt, zwei pronominale Objekte, so wird das Personenobjekt indirekt konstruiert (s. Beispiel).

Anmerkung 2: Das Pronomen wird an den Infinitiv angehängt, wenn es zu diesem gehört: *Ho visto Mario scriverla (= la lettera).* – Ich habe Mario ihn schreiben sehen.

3. Geht einem Infinitiv ein Modalverb *(dovere, volere, potere, sapere, solere)* voraus, so stehen die unbetonten Objektpronomen entweder vor dem Modalverb oder werden an den Infinitiv angehängt:

La devi aiutare./Devi aiutarla.	Du musst ihr helfen.
Ci vogliamo andare./Vogliamo andarci.	Wir wollen hingehen.
Non te lo voglio dire./Non voglio dirtelo.	Ich will es dir nicht sagen.
Ti puoi informare./Puoi informarti.	Du kannst dich informieren.
Mi sa dire/Sa dirmi dov'è via Dante?	Können Sie mir sagen, wo die Dantestraße ist?
Ci soleva passare/Soleva passarci le vacanze.	Er pflegte dort die Ferien zu verbringen.

Ebenso: *Gli sono stato a far visita./Sono stato a fargli visita.* – Ich habe ihn besucht.

Aber nur: *Ci si deve lavare./Bisogna lavarsi.* – Man muss sich waschen.

4. Folgt auf ***fare*** ('lassen' im Sinne von 'veranlassen') ein Infinitiv, so stehen die unbetonten Objektpronomen bei ***fare*** (vorangestellt bzw. angehängt). In diesem Fall können sie nicht an den Infinitiv angehängt werden:

Hai già fatto riparare la macchina? – Sì, l'ho già fatta riparare.	Hast du das Auto schon reparieren lassen? – Ja, ich habe es schon reparieren lassen.
Mi faccio crescere i baffi.	Ich lasse mir einen Schnurrbart wachsen.
Il professore fa copiare il brano allo scolaro? – Sì, gli fa copiare il brano./Sì, glielo fa copiare.	Lässt der Lehrer den Schüler das Stück abschreiben? – Ja, er lässt ihn das Stück abschreiben./Ja, er lässt es ihn abschreiben.
Faglielo vedere.	Lass es ihn sehen! Zeige es ihm!

Anmerkung 1: Wenn der mit *fare* + Infinitiv gebildete Satz zwei Objekte hat, so wird das Personenobjekt indirekt konstruiert (s. Beispiele).

Anmerkung 2: Folgt auf *fare* ein reflexives Verb, so entfällt das Reflexivpronomen: *Alzarsi* 'aufstehen'. Aber: *L'ho fatto alzare.* – Ich habe ihn aufstehen lassen. *Non far arrabbiare tuo padre.* – Ärger deinen Vater nicht! *Mi hanno fatto inginocchiare.* – Man hat mich hinknien lassen.

Anmerkung 3: Im Italienischen gibt es Verben, bei denen im Gegensatz zum Deutschen 'lassen' Bestandteil der Verbbedeutung ist und daher *fare* nicht verwendet wird: *I suoi genitori hanno divorziato due anni fa.* – Seine Eltern haben sich vor zwei Jahren scheiden lassen. *Queste esperienze mi hanno maturato.* – Diese Erfahrungen haben mich reifen lassen. *Gli mancano di rispetto.* – Sie lassen es ihm gegenüber an Respekt fehlen. *Non si disturbi.* – Lassen Sie sich nicht stören.

Anmerkung 4: Ausdrücke wie 'sich gut verkaufen/bügeln lassen' werden einfach mit dem *si passivante* wiedergegeben: Dieses Produkt lässt sich gut verkaufen. – *Questo prodotto si vende bene.* So lassen sich (die) Hemden besser bügeln. – *Così le camicie si stirano meglio.*

Wendungen mit ***fare*** + Infinitiv:

Le ho fatto capire che ...	Ich habe ihr zu verstehen gegeben, dass ...
Lui mi fa disperare.	Er bringt mich zur Verzweiflung.
Ti fai sempre pregare.	Du lässt sich immer bitten.
Il mio amico mi ha fatto sapere che non può venire.	Mein Freund hat mir mitgeteilt, dass er nicht kommen kann.
Fammi accendere!	Gib mir Feuer!
Mi fai vedere la tua giacca nuova?	Zeigst du mir deine neue Jacke?
Gli farò vedere io!	Dem werd' ich's aber zeigen!
Mi ha fatto perdere del tempo.	Er hat mich aufgehalten.
Mi sono fatto osservare che ...	Man hat mich darauf hingewiesen, dass ...
Il caffè non mi fa dormire.	Nach Kaffee kann ich nicht schlafen.

5. Folgt auf ***lasciare*** ('lassen' im Sinne von 'zulassen') ein Infinitiv, so stehen die unbetonten Objektpronomen bei ***lasciare*** (vorangestellt bzw. angehängt). In diesem Fall können sie nicht an den Infinitiv angehängt werden:

Lasciala dormire.	Lass sie schlafen!
Hai lasciato giocare i bambini? – Sì, li ho lasciati giocare.	Hast du die Kinder spielen lassen? – Ja, ich habe sie spielen lassen.
Gli ho/L'ho lasciato guidare la mia macchina./Gliel'ho lasciata guidare.	Ich habe ihn mein Auto fahren lassen./Ich habe es ihn fahren lassen.

Unterscheide: *Faccio giocare i bambini in giardino.* – Ich lasse die Kinder im Garten spielen (= Ich schicke sie zum Spielen in den Garten). *Lascio giocare i bambini in giardino.* – Ich lasse die Kinder im Garten spielen (= Sie dürfen im Garten spielen); *far credere* glauben machen – *lasciar credere* hinweisen auf

Merke: den Tee ziehen lassen *lasciare il tè in infusione*

Anmerkung 1: Hat der mit *lasciare* + Infinitiv gebildete Satz ein pronominales Personenobjekt und ein nominales Sachobjekt, so kann das Personenobjekt direkt oder indirekt konstruiert werden. Sind beide Objekte Pronomen, so muss das Personenobjekt indirekt konstruiert werden (siehe Beispiel).

Anmerkung 2: In einigen Fällen werden *lasciare/fare* + Infinitiv ohne Bedeutungsunterschied gebraucht: *Lasciami/Fammi passare.* – Lass mich durch! *Fammi/Lasciami copiare.* – Lass mich abschreiben!

6. Wie die oben in § 126.3 behandelten Modalverben verhalten sich auch ***andare/venire, mandare*** und ***cominciare a*** + Infinitiv:

Lo vado a prendere/Vado a prenderlo alla stazione.	Ich hole ihn vom Bahnhof ab.
Quando ci vieni a trovare?/ Quando vieni a trovarci?	Wann besuchst du uns?
La mandano a chiamare./ Mandano a chiamarla.	Sie lassen sie rufen./Sie schicken nach ihr.
Mi comincio a domandare se .../ Comincio a domandarmi se ...	Ich fange an mich zu fragen, ob ...

Anmerkung: Ebenso bei *tornare a fare qc* 'wieder etwas tun': *Si è tornata a sposare./È tornata a sposarsi.* – Sie hat wieder geheiratet. Aber: *È tornata per sposarsi.* – Sie ist zurückgekehrt, um zu heiraten.

Die unbetonten Objektpronomen beim *gerundio* 127

1. Die unbetonten Objektpronomen werden an das *gerundio* angehängt:

Avvicinandomi vidi che ...	Als ich mich näherte, sah ich, dass ...
Essendomi avvicinato vidi che ...	Als ich mich genähert hatte, ...

2. Geht dem Gerundium ***andare/venire*** voraus, so können die unbetonten Objektpronomen entweder vor *andare/venire* stehen oder an das Gerundium angehängt werden:

La situazione si va aggravando/ va aggravandosi.	Die Lage verschlimmert sich allmählich.
Mi vengo accorgendo che .../ Vengo accorgendomi che ...	Ich bemerke eben, dass ...

3. Geht dem Gerundium ***stare*** voraus, so stehen die Objektpronomen meist vor *stare*:

Hai già scritto la lettera? – No, la sto scrivendo.	Hast du den Brief schon geschrieben? – Nein, ich schreibe ihn gerade.

128 Die unbetonten Objektpronomen beim Partizip Perfekt

Beim Partizip Perfekt werden die unbetonten Objektpronomen angehängt:

Vistolo, si allontanò.	Nachdem er es/ihn gesehen hatte, entfernte er sich.
Alzatasi, fece subito colazione.	Nachdem sie aufgestanden war, frühstückte sie sofort.

129 Die unbetonten Objektpronomen bei *ecco*

Die unbetonten Objektpronomen werden an ***ecco*** angehängt:

Dov'è la mia chiave? – Eccola/ Eccotela.	Wo ist mein Schlüssel? – Da ist er./ Da hast du ihn.
Eccomi.	Da bin ich.
Eccolo che arriva.	Da kommt er ja!

Anmerkung: Bei Betonung können vor dem Relativpronomen auch die betonten Objektpronomen *lui/lei* und *loro* erscheinen: *Ecco lui che vuole avere sempre ragione.* – **Er** will ja immer Recht haben.

Kapitel 10 Die Relativpronomen (I pronomi relativi)

Das Relativpronomen verknüpft einen Nebensatz mit einer Nominalgruppe, auf die es sich bezieht. Die Wahl des Relativpronomens richtet sich nach der Funktion, die es im Relativsatz erfüllt. Es gibt einfache (*che, cui*) und zusammengesetzte Relativpronomen (*il quale, la quale*).

Typen von Relativsätzen 130

Das Italienische unterscheidet zwei Typen von Relativsätzen (proposizioni relative):

1. einschränkende Relativsätze (relative determinative/limitative), d.h. Relativsätze, die zum Verständnis des Hauptsatzes notwendig sind; sie werden nicht durch Kommas abgetrennt:

Tutti gli alunni che hanno superato le prove scritte sono ammessi agli esami orali.	Alle Schüler, die die schriftlichen Prüfungen bestanden haben, sind zu den mündlichen Prüfungen zugelassen.

2. erläuternde Relativsätze (relative appositive/esplicative), d.h. Relativsätze, die eine Zusatzinformation geben; sie werden durch Kommata abgetrennt:

Il padre di Maria, il quale era sarto, è morto in un incidente.	Marias Vater, der Schneider war, ist bei einem Unfall ums Leben gekommen.

(Zur hervorhebenden Konstruktion *essere ...che* vgl. § 308.1)

Die Formen der Relativpronomen 131

Sing. u. Pl. mask u. fem.		*che*	*a cui*	*di cui*	*in cui*
Sing.	mask.	*il quale*	*al quale*	*del quale*	*nel quale*
	fem.	*la quale*	*alla quale*	*della quale*	*nella quale*
Pl.	mask.	*i quali*	*ai quali*	*dei quali*	*nei quali*
	fem.	*le quali*	*alle quali*	*delle quali*	*nelle quali*

132 Der Gebrauch der Relativpronomen

Das Relativpronomen ***che***, das unveränderlich ist, kann für Personen und Sachen stehen. Es wird als Subjekt und direktes Objekt gebraucht (zum Gebrauch des Konjunktivs im Relativsatz vgl. § 244, zur Veränderlichkeit des Partizips vgl. § 189.3 Anm. 4).

1. ***che*** als Subjekt:

Conosco un signore che parla cinque lingue.	Ich kenne einen Herrn, der fünf Sprachen spricht.
Cerco una segretaria che sappia lo spagnolo.	Ich suche eine Sekretärin, die Spanisch kann.
I turisti che vanno a Firenze hanno interesse per le arti.	Die Touristen, die nach Florenz fahren, interessieren sich für Kunst.

2. ***che*** als direktes Objekt:

Hai trovato la chiave che avevi perduto?	Hast du den Schlüssel gefunden, den du verloren hattest?
Le scarpe che hai comprato mi piacciono molto.	Die Schuhe, die du gekauft hast, gefallen mir sehr.
Il brano che ho tradotto era molto difficile.	Der Abschnitt, den ich übersetzt habe, war sehr schwierig.

133 Anschluss des Relativpronomens *che* an ein Pronomen

Das Relativpronomen ***che*** kann sich nicht nur auf Substantive, sondern auch auf vorangehende Pronomen beziehen, wie zum Beispiel *quello* (vgl. § 51.5), *ciò* (vgl. § 53), *colui* (vgl. § 52.2) usw.:

Fammi vedere quel(lo) che/ciò che hai comprato.	Zeig mir, was du gekauft hast.
Non ha fatto nulla che lo renda colpevole.	Er hat nichts getan, was ihn schuldig macht.
Quel che molti non sanno è che ...	Was viele nicht wissen, ist, dass ...
Quello che ci manca, è lo spirito imprenditoriale.	Was uns fehlt, ist der Unternehmergeist.
All'improvviso entrò l'altro uomo, quello che aveva i baffi.	Auf einmal kam der andere Mann herein, derjenige der einen Schnurrbart hatte.

Questi sono i nomi di tutti quelli che partecipano al corso d'italiano.	Dies sind die Namen all derjenigen, die am Italienisch-Kurs teilnehmen.
Coloro che sono bocciati possono ripetere l'esame una sola volta.	Diejenigen, die durchgefallen sind, können die Prüfung nur einmal wiederholen.
Lasciate ogni speranza voi ch'entrate. (Dante)	Lasset alle Hoffnung fahren, ihr, die ihr eintretet.

Anmerkung 1: Anstelle von *tutto ciò che/tutto quello che* wird häufig *quanto* gebraucht: *Non credo quanto mi ha detto.* – Ich glaube nicht alles, was er mir gesagt hat. *È quanto volevo sapere.* – Das ist alles, was ich wissen wollte. *Da quanto abbiamo detto, emerge che ...* – Aus dem, was wir gesagt haben/Aus dem Gesagten ergibt sich, dass ... Ebenso kann *quanti* für *tutti quelli che* stehen: *Quanti vogliono partecipare al concorso, devono iscriversi entro ottobre.* – Alle, die am Wettbewerb teilnehmen wollen, müssen sich bis Oktober anmelden.

Merke auch folgende Ausdrücke: *Per quanto riguarda il calcio, ...* – Was den Fußball angeht, ... *Per quanto ne so/sappia/Per quello che ne so, non ci sono scioperi in vista.* – Soviel ich weiß, sind keine Streiks in Sicht. *Quanto a suo padre, ...* – Was seinen Vater angeht, ... *A quanto risulta ...* – So wie es aussieht, ... *A quanto pare si sono separati.* – Anscheinend haben sie sich getrennt.

Anmerkung 2: Bezieht sich 'das, was' auf einen konkreten Gegenstand, muss *quello/quella* usw. *che* verwendet werden: *Molti giovani vengono in Italia, soprattutto dai paesi in via di sviluppo, a cercare quell***a** *che un tempo gli Italiani chiamavano 'l'America', cioè una terra ricca e ospitale.* – Viele junge Leute kommen besonders aus den Entwicklungsländern nach Italien, um das zu suchen, was die Italiener früher „Amerika" nannten, d. h. ein reiches und gastfreundliches Land. *Quella che fino a poco tempo fa poteva sembrare una leggenda ...* – Das, was bis vor kurzem als eine Legende erscheinen konnte ...

Anmerkung 3: Bezieht sich 'was' auf eine folgende Aussage, so gebraucht man *quello/quel che*: *[Girolamo Savonarola] era piuttusto brutto e, quel che è peggio, sgraziato, in un'epoca in cui la grazia rappresentava una specie di undicesimo comandamento.* (Montanelli/Gervaso) – Girolamo Savonarola war ziemlich hässlich, und was schlimmer ist, ungraziös, in einer Zeit, in der Anmut eine Art elftes Gebot war.

Anmerkung 4: Man beachte, dass sich das Verb des Relativsatzes stets nach dem Bezugswort des Relativpronomens richtet: *Sono io che ho trovato la soluzione del problema.* – Ich bin es, der die Lösung des Problems gefunden hat./**Ich** habe die Lösung des Problems gefunden. Aber: *Sono io quello che ha trovato ...*

134 Besonderheiten des Gebrauchs von *che*

1. Bezieht sich das Relativpronomen auf einen ganzen Satz (dt. 'was'), so steht ***che*** meistens mit dem maskulinen Artikel (*il che*). In der Umgangssprache wird stattdessen auch *cosa che* verwendet:

Mio marito vuole smettere di fumare, il che non è facile.	Mein Mann will mit dem Rauchen aufhören, was nicht leicht ist.
Ieri ti ho offeso, del che ti chiedo scusa.	Gestern habe ich dich beleidigt, wofür ich dich um Verzeihung bitte.
Mario dice di guadagnare duemila euro al mese, cosa che non credo.	Mario sagt, er verdiene 2.000 Euro im Monat, was ich nicht glaube.
Il giovane è radicale nelle sue scelte e convinzioni, non disposto al compromesso, cosa che è invece più facile per l'adulto.	Der Jugendliche ist radikal in seinen Entscheidungen und Überzeugungen, nicht bereit zum Kompromiss, was hingegen für den Erwachsenen leichter ist.

Anmerkung: Am Satzanfang finden sich Ausdrücke wie: *Dal che si vede che ...* – Daran sieht man, dass ... *Al che risponde che ...* – Darauf antwortet er/sie, dass ...

2. Das Relativpronomen ***che*** kann auch temporale Funktion haben und *in cui/nel quale* usw. ersetzen:

Ricorderemo sempre il giorno che (= in cui/nel quale) ci siamo incontrati per la prima volta.	Wir werden uns immer an den Tag erinnern, an dem wir uns zum ersten Mal begegnet sind.
L'anno che (= in cui/nel quale) sono nato fu molto denso di avvenimenti.	Das Jahr, in dem ich geboren wurde, war sehr ereignisreich.
L'anno che è andata a scuola è morto suo padre.	In dem Jahr, in dem sie in die Schule gekommen ist, ist ihr Vater gestorben.

Anmerkung: In nachlässiger Ausdrucksweise wird der Gebrauch von *che* auch auf andere Funktionen ausgedehnt: *il ragazzo che gli ho detto (= a cui/al quale ho detto)...* der Junge, dem ich gesagt habe, ...
Merke: *Paese che vai, usanza che trovi* (Sprichwort). – Andere Länder, andere Sitten.

Merke: *adesso/ora che ...* jetzt, da/wo ...

Das Relativpronomen *cui* 135

Das unveränderliche Relativpronomen ***cui*** steht nach Präpositionen:

Questa è una decisione di cui ti pentirai.	Das ist eine Entscheidung, die du bereuen wirst.
Ci sono dei periodi in cui tutto va storto.	Es gibt Zeiten, in denen alles schief läuft.
Il treno con cui arrivai era in ritardo.	Der Zug, mit dem ich ankam, hatte Verspätung.
Il paese in cui ho trascorso le vacanze estive è molto tranquillo.	Das Dorf, in dem ich die Sommerferien verbracht habe, ist sehr ruhig.
Questa è la ragione per cui non sono venuto.	Das ist der Grund, weshalb ich nicht gekommen bin.
Quel tuo compagno, di cui i tuoi genitori parlavano sempre male, ha superato brillantemente gli esami.	Dein Kamerad, von dem deine Eltern immer schlecht sprachen, hat die Prüfungen glänzend bestanden.
La mia amica, da cui ho ricevuto una cartolina, si trova a Roma.	Meine Freundin, von der ich eine Karte bekommen habe, ist in Rom.
Il medico a cui vi siete rivolti, è il miglior specialista della città.	Der Arzt, an den ihr euch gewandt habt, ist der beste Spezialist der Stadt.
Quello di cui abbiamo bisogno è la cultura della convivenza.	Was wir brauchen, ist die Kultur des Zusammenlebens/Miteinanders.
Un'altra cosa di cui mi preoccupo un po' è che ...	Eine andere Sache, wegen der ich mir ein wenig Sorgen mache, ist, dass ...

Anmerkung 1: In der Schriftsprache kann die Präposition *a* vor *cui* entfallen: *Questo è un pericolo cui non mi voglio esporre.* – Das ist eine Gefahr, der ich mich nicht aussetzen will.

Anmerkung 2: Während 'der Grund, weshalb' durch *la ragione per cui/perché* wiedergegeben werden kann, heißt es immer *il motivo per cui*: *Il motivo per cui Sandra ha divorziato da suo marito è che ...* – Der Grund, weshalb Sandra sich von ihrem Mann hat scheiden lassen, ist, dass ...

Anmerkung 3: Die Verbindung *per cui* wird häufig mit der Bedeutung 'weshalb/deshalb' gebraucht: *Le scorte non sono inesauribili per cui è necessario che l'uomo cambi mentalità se vuole garantire la sua stessa sopravvivenza.* – Die Reserven sind nicht unerschöpflich, weshalb es notwendig ist, dass der Mensch umdenkt, wenn er sein eigenes Überleben gewährleisten will.

Anmerkung 4: Die Ausdrücke 'in dem Maße, wie' und 'auf dieselbe Weise, wie' werden mit *nella misura in cui* und *allo stesso modo in cui* wiedergegeben: *Nella misura in cui aumenta il benessere economico, diminuisce la fede.* – In dem Maße wie der wirtschaftliche Wohlstand zunimmt, nimmt der Glaube ab.

Anmerkung 5: Zuweilen erscheint in einem mit *di/fra cui* eingeleiteten Relativsatz kein Verb: *Molte persone, fra cui alcuni stranieri, sono intervenute alle cerimonie.* – Viele Personen, darunter einige Ausländer, haben an den Feierlichkeiten teilgenommen. *Questa matina sono stati ricoverati tre feriti gravi, fra cui una tedesca.* – Heute Morgen wurden drei Schwerverletzte eingeliefert, darunter eine Deutsche.

136 Das Relativpronomen *il quale*

1. Das Relativpronomen ***il quale***, das Genus und Numerus unterscheidet, kann für Personen und Sachen verwendet werden. Es hat dieselbe Bedeutung wie *che* und *cui*, die wegen ihrer Kürze besonders in der gesprochenen Sprache vorgezogen werden:

Sono cose delle quali è meglio non parlare.	Das sind Dinge, über die man besser nicht spricht.
La signora alla quale ho ceduto il mio posto non mi ha nemmeno detto 'grazie'.	Die Dame, der ich meinen Platz überlassen habe, hat mir nicht einmal gedankt.
Gli agenti hanno sottoposto a fermo quattordici persone, tre delle quali già in carcere per altri reati.	Die Polizisten haben vierzehn Personen festgenommen, von denen drei schon wegen anderer Vergehen im Gefängnis gewesen waren.
Si cercò di garantire il rispetto tra i diversi gruppi di popolazione ciascuno dei quali ha lingua e tradizioni diverse.	Man versuchte die Achtung unter den verschiedenen Bevölkerungsgruppen zu gewährleisten, von denen jede eine andere Sprache und andere Traditionen hat.
192 incendi, alcuni dei quali di vaste proporzioni, ...	192 Brände, einige davon von großen Ausmaßen, ...
Le frasi, ognuna delle quali ...	Die Sätze, von denen jeder ...

Anmerkung 1: Liegt eine zusammengesetzte Präposition vor, muss *il quale* verwendet werden: *La soluzione a favore della quale si è pronunciata la commissione è questa: ...* – Die Lösung, für die sich die Kommission ausgesprochen hat, ist folgende: ..., *la terapia grazie alla quale è uscito dal tunnel della droga* die Therapie, dank dere er von den Drogen losgekommen ist (vgl. auch § 137.1).

Anmerkung 2: Das Relativpronomen *il quale* kann sich außer auf ein Substantiv auch auf das Pronomen *colui* etc. beziehen: *Mi sono rivolto a colui del quale mi hai parlato.* – Ich habe mich an den(jenigen) gewandt, von dem du mir erzählt hast (vgl. § 52.2.).

Anmerkung 3: Das Relativpronomen *il quale* kann nicht als direktes Objekt fungieren: Der Mann, den ich kennen gelernt habe, ... – *l'uomo che ho conosciuto*, ...

2. Da ***il quale*** eine Unterscheidung von Genus und Numerus erlaubt, wird es besonders in folgenden Fällen eingesetzt:

2.1. wenn *che* oder *cui* keinen eindeutigen Bezug herstellen würden:

La madre di Mario, la quale stimiamo tanto, viene a trovarci.	Marios Mutter, die wir sehr schätzen, besucht uns.
La madre di Mario, il quale stimiamo tanto, viene a trovarci.	Die Mutter Marios, den wir sehr schätzen, besucht uns.

2.2. wenn das Beziehungswort weit vom Relativpronomen entfernt steht:

Mi ricordo benissimo delle gite con i genitori nei dintorni di Firenze, le quali mi facevano molto piacere.	Ich erinnere mich sehr gut an die Ausflüge mit meinen Eltern in die Umgebung von Florenz, die mir große Freude bereiteten.

2.3. wenn mehrere *che* aufeinander folgen würden:

Mi hanno detto che il signor Bianchi, il quale è in Germania per affari, tornerà domani.	Man hat mir gesagt, dass Herr Bianchi, der geschäftlich in Deutschland ist, morgen zurückkehren wird.

Die Wiedergabe von dt. 'dessen/deren' im Italienischen 137

1. Zur Wiedergabe von dt. 'dessen/deren' benutzt man im Italienischen entweder das Relativpronomen *cui* (ohne *di*), das zwischen den bestimmten Artikel und das Substantiv tritt, oder die Relativpronomen *del quale/ della quale/dei quali/delle quali*, die dem Substantiv folgen. Geht 'dessen/ deren' eine zusammengesetzte Präposition voraus, muss *del quale* usw. verwendet werden (vgl. § 136.1 Anm. 1):

Leonardo da Vinci, le cui opere/ le opere del quale ci riempiono d'ammirazione, fu un genio del Rinascimento.	Leonardo da Vinci, dessen Werke uns mit Bewunderung erfüllen, war ein Genie der Renaissance.

Ci sono libri la cui lettura/la lettura dei quali è pericolosa.	Es gibt Bücher, deren Lektüre gefährlich ist.
L'autore al cui articolo/all'articolo del quale mi riferisco vive in Svizzera.	Der Autor, auf dessen Artikel ich mich beziehe, lebt in der Schweiz.
È un'opera il cui contenuto/il contenuto della quale è difficile da capire.	Es ist ein Werk, dessen Inhalt schwer zu verstehen ist.
L'unico criterio in base al quale si può distinguere una novella da un romanzo è quello della dimensione/lunghezza.	Das einzige Kriterium, auf Grund dessen man eine Novelle von einem Roman unterscheiden kann, ist das des Umfangs/der Länge.
Consultate il vocabolario se nel testo notate termini di cui non siete ben certi del significato./ del significato dei quali non siete ben certi.	Schlagt im Wörterbuch nach, wenn ihr im Text Ausdrücke/Wörter findet, über deren Bedeutung ihr euch nicht ganz sicher seid.

2. Ist das auf 'dessen/deren' folgende Substantiv Subjekt oder direktes Objekt des Relativsatzes, so ist auch *di cui* möglich, wobei das Substantiv an das Ende des Relativsatzes tritt:

Questo è il ragazzo di cui è morto il padre.	Das ist der Junge, dessen Vater gestorben ist.
Non leggo volentieri un giallo di cui conosco già la trama.	Ich lese nicht gerne einen Krimi, dessen Handlung ich schon kenne.

138 Das Relativpronomen *chi*

1. Das Relativpronomen ***chi***, dem kein Bezugswort vorausgeht, wird nur auf Personen angewendet, und zwar in verallgemeinerndem Sinn. Es ist unveränderlich und wird nur im Singular gebraucht:

Chi cerca trova.	Wer sucht, der findet.
Chi bella vuol comparire, qualcosa deve soffrire.	Wer schön sein will, muss leiden.
Chi ha i tegoli di vetro, non tiri sassi al vicino.	Wer im Glashaus sitzt, soll nicht mit Steinen werfen.
Ringrazia chi ti ha aiutato.	Danke demjenigen, der dir geholfen hat.
Non c'è chi lo sappia.	Es gibt niemanden, der es weiß.

Dovresti rivolgerti a chi se ne intende.	Du solltest dich an den wenden, der sich darin auskennt.
Non mi piacerebbe essere al posto di chi è responsabile della faccenda.	Ich wäre ungern an der Stelle desjenigen, der für die Angelegenheit verantwortlich ist.
Non gioco a carte con chi non conosco.	Ich spiele nicht Karten mit jemandem, den ich nicht kenne.
Per chi vuole fare una degustazione di vini è consigliabile andare in una delle tante enoteche pubbliche che si trovano in tutte le città italiane.	Für denjenigen, der eine Weinprobe machen möchte, ist es empfehlenswert, in eine der vielen öffentlichen Weinhandlungen zu gehen, die es in allen italienischen Städten gibt.
A chi gli chiedeva dove sarebbe andato in vacanza, rispondeva che quell'anno non avrebbe fatto vacanze.	Wer ihn fragte, wohin er in Urlaub fahren werde, dem antwortete er, dass er dieses Jahr keinen Urlaub machen werde.

Anmerkung 1: Wenn die Unterscheidung des Genus unerheblich ist, ersetzt *chi* meist *colui/colei che.* Soll auf den Plural abgehoben werden, so verwendet man *coloro che* (vgl. § 52.2.).

Anmerkung 2: Als Pronomen mit verallgemeinernder Bedeutung wird *chiunque* verwendet: *Per la sua vicinanza al latino, un dialetto toscano era facilmente comprensibile a chiunque in Italia conosceva il latino.* – Auf Grund seiner Nähe zum Latein war ein toskanischer Dialekt für jeden in Italien leicht verständlich, der Latein konnte.

Merke: *Facciamo a chi arriva prima.* – Laufen wir um die Wette.
rivolgersi a chi di dovere sich an den Zuständigen wenden

2. ***Chi*** + Konjunktiv Imperfekt/Plusquamperfekt steht für *se qualcuno/uno* + Konjunktiv Imperfekt/Plusquamperfekt:

Chi affermasse questo, direbbe una bugia.	Wenn einer das behaupten würde, würde er lügen.
Chi non l'avesse visto, non l'avrebbe creduto.	Wenn einer das nicht gesehen hätte, hätte er es nicht geglaubt.

3. ***Chi ... chi*** entspricht *l'uno ... l'altro/gli uni ... gli altri* oder *alcuni ... altri*:

Chi dice di sì, chi di no.	Der eine sagt ja, der andere nein.
Il mondo è fatto a scale: chi le scende, chi le sale.	Die Welt ist wie eine Leiter: Der eine steigt hinunter, der andere hinauf.

Merke: *Chi più e chi meno./Chi più, chi meno.* – Der eine mehr, der andere weniger.

139 Die Relativadverbien *dove*, *come* und *quando*

1. Das Ortsadverb ***dove*** kann als Relativpronomen verwendet werden:

Mi piace il paese dove (= in cui/ nel quale) abiti.	Mir gefällt das Dorf, in dem du wohnst.
L'Arena è un anfiteatro dove si svolgono rappresentazioni di opere liriche.	Die Arena ist ein Amphitheater, in dem Opern aufgeführt werden.
La ditta da dove mi sono licenziato ha fatto fallimento.	Die Firma, bei der ich gekündigt habe, hat Konkurs gemacht.
Dove oggi ci sono i negozi dei gioiellieri, nel medioevo sul ponte c'erano botteghe gremite delle merci di ortolani, macellai, pescivendoli ed artigiani.	Wo heute die Geschäfte der Juweliere sind, waren im Mittelalter die Läden voller Waren von Gemüsehändlern, Metzgern, Fischverkäufern und Handwerkern.

Anmerkung 1: Auf einen Namen (Stadt, Land, Kontinent) kann nur *dove* folgen: *Firenze dove ha trascorso l'infanzia* Florenz, wo er seine Kindheit verbacht hat, *Firenze, da dove mi hanno mandato una cartolina* Florenz, von wo sie mir eine Karte geschickt haben.

Anmerkung 2: Literarisch können *ove* anstelle von *dove* und *onde/donde* 'woher' anstelle von *da cui/dal quale* etc. stehen: *La città da cui/dalla quale/da dove/*[lit.] *onde/donde viene questo studente* ... – Die Stadt, aus der dieser Student kommt, ...

2. Das Interrogativadverb ***come*** tritt auch in relativer Funktion auf:

Trovo ridicolo come (= il modo in cui) si comporta.	Ich finde es lächerlich, wie er sich benimmt.
Da come si esprimeva era chiaro che non voleva aiutarci.	So wie er sich ausdrückte, war klar, dass er uns nicht helfen wollte.
Dipende da come mi sento.	Es hängt davon ab, wie ich mich fühle.

3. Das Interrogativadverb ***quando*** kann auch als Relativadverb fungieren:

L'abbiamo vista quel giorno (= in cui) quando pioveva a dirotto.	Wir haben sie an dem Tag gesehen, als es in Strömen goss.
Gli amici parlano spesso di quando andavano a caccia.	Die Freunde sprachen oft von der Zeit als sie auf die Jagd gingen.

Andere Wiedergabe deutscher Relativsätze im Italienischen

Ein deutscher Relativsatz kann im Italienischen auch wiedergegeben werden durch:

1. einen mit der Präposition ***a*** eingeleiteten Infinitiv (vgl. § 215.10):

Chi è stato a rompere il bicchiere?	Wer war es, der das Glas zerbrochen hat?/Wer hat das Glas zerbrochen?
Lui è sempre il primo a lamentarsi.	Er ist immer der Erste, der sich beklagt./Er beklagt sich immer als Erster.

2. einen mit der Präposition ***da*** eingeleiteten Infinitiv, sofern der Relativsatz eine Notwendigkeit ausdrückt (vgl. § 216.1):

Questi sono lavori da sbrigare subito.	Das sind Arbeiten, die sofort erledigt werden müssen.
una rappresentazione da non perdere	eine Aufführung, die man nicht verpassen darf

3. ein Partizip Präsens (vgl. § 193.1) bzw. Partizip Perfekt (vgl. § 190.2):

Studiate tutte le parole facenti parte della stessa famiglia.	Lernt alle Wörter, die zur selben Familie gehören.
le invenzioni fatte nel nostro secolo	die Erfindungen, die in unserem Jahrhundert gemacht wurden

4. ein Adjektiv oder einen präpositionalen Ausdruck, von dem ein Infinitiv abhängt:

un pensiero estraneo all'argomento	ein Gedanke, der nicht zum Thema gehört
le donne capaci/in grado di conciliare famiglia e lavoro	die Frauen, die im Stande sind, Familie und Arbeit miteinander zu vereinbaren
un nome facile da ricordare	ein Name, den man sich leicht merken kann

Kapitel 11 Das Adjektiv (L'aggettivo qualificativo)

Die Funktion eines Adjektivs besteht darin, ein Substantiv näher zu bestimmen. Ein Adjektiv kann Bestandteil einer Nominalgruppe sein (attributives Adjektiv, vgl. § 30.9) oder mit *essere/sembrare/diventare* und einigen weiteren Verben das Prädikat bilden (prädikatives Adjektiv, vgl. § 210.1-2). Das attributive Adjektiv kann vor oder nach dem Substantiv stehen (vgl. §§ 146-149). Sowohl das attributive als auch das prädikative Adjektiv stimmen in Genus und Numerus mit dem Substantiv, zu dem sie gehören, überein (vgl. § 145). Adjektive können auch in adverbialer Funktion verwendet werden (vgl. § 255).

141 Die Endungen des Adjektivs

Im Italienischen gibt es je nach ihren Endungen verschiedene Klassen von Adjektiven:

1. Adjektive, die im Singular und im Plural je eine maskuline und eine feminine Form aufweisen;

2. Adjektive, die im Singular und im Plural je eine Endung besitzen.
(Zu den unveränderlichen Adjektiven vgl. § 143)

		Singular	Plural
1. Klasse	maskulin	***-o***	***-i***
	feminin	***-a***	***-e***
2. Klasse	maskulin/feminin	***-e***	***-i***

*un ragazzo biond**o***	ein blonder Junge
*una ragazza biond**a***	ein blondes Mädchen
*ragazzi biond**i***	blonde Jungen
*ragazze biond**e***	blonde Mädchen
*un signore elegant**e***	ein eleganter Herr
*una signora elegant**e***	eine elegante Dame
*signori elegant**i***	elegante Herren
*signore elegant**i***	elegante Damen

Anmerkung: Adjektive auf ***-ista*** haben im Singular nur eine Form; der maskuline Plural lautet ***-isti***, der feminine Plural ***-iste***: *il partito socialista* die sozialistische Partei – *i partiti socialisti* die sozialistischen Parteien, *una persona egoista* eine egoistische Person – *persone egoiste* egoistische Menschen.

Besonderheiten der Pluralbildung 142

Bei der Pluralbildung der Adjektive sind folgende Regeln zu beachten (vgl. auch § 25):

1. Adjektive auf ***-co***, die auf der vorletzten Silbe betont werden, bilden den Plural auf ***-chi***; diejenigen, die auf der drittletzten Silbe betont werden, bilden ihn auf ***-ci***:

un capello bianco	ein weißes Haar
capelli bianchi	weiße Haare
un esercizio pratico	eine praktische Übung
esercizi pratici	praktische Übungen
l'unico luogo	der einzige Ort
gli unici luoghi	die einzigen Orte

Ausnahmen: *carico* und *dimentico* bilden den Plural auf *-chi*: *i camion carichi di merce* die mit Waren beladenen Lastwagen, *uomini dimentichi dei loro doveri* pflichtvergessene Menschen.

2. Adjektive auf ***-ca*** bilden den Plural auf ***-che***:

una borsa pratica	eine praktische Tasche
borse pratiche	praktische Taschen
una nuvola bianca	eine weiße Wolke
nuvole bianche	weiße Wolken

3. Adjektive auf ***-go/-ga*** bilden den Plural auf ***-ghi/-ghe***:

un viaggio lungo	eine lange Reise
viaggi lunghi	lange Reisen
una gonna lunga	ein langer Rock
gonne lunghe	lange Röcke
un caso analogo	ein analoger Fall
casi analoghi	analoge Fälle
una famiglia girovaga	eine umherziehende Familie
famiglie girovaghe	umherziehende Familien

4. Adjektive, die auf unbetontes ***-io*** ausgehen, bilden den Plural auf ***-i***. Gehen sie auf betontes ***-io*** aus, lautet der Plural ***-ii***:

un treno ordinario	ein planmäßiger Zug
treni ordinari	planmäßige Züge
un uomo pio	ein frommer Mann
uomini pii	fromme Männer

5. Adjektive auf ***-cio/-cia*** mit einem vorausgehenden Konsonanten bilden den Plural auf ***-ci/-ce***:

un fico marcio	eine faule Feige
fichi marci	faule Feigen
una pesca marcia	ein fauler Pfirsich
pesche marce	faule Pfirsiche

Anmerkung: Geht einem Adjektiv auf ***-cia*** ein Vokal voraus, so geht der Plural auf ***-cie*** oder ***-ce*** aus: *una scarpa sudicia* ein schmutziger Schuh, *scarpe sudicie/sudice* schmutzige Schuhe.

6. Adjektive auf ***-gio/-gia*** bilden den Plural auf ***-gi/-gie***:

un capello grigio/capelli grigi	ein graues Haar/graue Haare
una giacca grigia/giacche grigie	eine graue Jacke/graue Jacken

7. Zusammengesetzte Adjektive verändern nur den zweiten Bestandteil:

bambine sordomute	taubstumme Mädchen
caramelle agrodolci	süßsaure Bonbons
leggi sacrosante	heilige Gesetze
i rapporti italo-tedeschi	die deutsch-italienischen Beziehungen

143 Unveränderliche Adjektive

Unveränderlich sind:

1. ***pari, impari*** und ***dispari***:

i numeri pari/dispari	die geraden/ungeraden Zahlen
una somma pari	eine gleich hohe Summe
forze impari	ungleiche Kräfte

2. adverbiale Wendungen, die adjektivisch gebraucht werden:

una persona dabbene	eine rechtschaffene Person
uomini perbene	anständige Männer
ragazzi dappoco	nichtsnutzige Burschen

3. adjektivisch gebrauchte Substantive, die eine Farbe bezeichnen:

una cravatta arancio	eine orangefarbene Krawatte
un cappello rosa	ein rosa(farbener) Hut
scarpe marrone	(kastanien)braune Schuhe
un vestito lilla	ein fliederfarbenes Kleid

Auch: *scarpe marroni*

4. ***blu, chic*** und ***tabù***:

una gonna blu	ein blauer Rock
due camicie blu	zwei blaue Hemden
tre ragazze chic	drei schicke Mädchen

5. die mit ***chiaro*** oder ***scuro/cupo*** gebildeten Farbadjektive und sonstige zusammengesetzte Farbbezeichnungen:

una minigonna rosso chiaro	ein hellroter Minirock
vestiti verde scuro/cupo	dunkelgrüne Kleider
pantaloni verde bottiglia	flaschengrüne Hosen

6. Adjektive, die mit ***anti-*** + Substantiv zusammengesetzt sind:

i fari antinebbia	die Nebelscheinwerfer
pittura antigelo	Frostschutzfarbe

7. der als Adjektiv gebrauchte Infinitiv ***avvenire***:

le generazioni avvenire	die künftigen Generationen
negli anni avvenire	in den kommenden Jahren

Ebenso: *bottiglie monouso* Einwegflaschen, *persone sovrappeso/sottopeso* übergewichtige/untergewichtige Personen, *spettacoli mozzafiato* atemberaubende Schauspiele

Sonderformen der Adjektive *bello, buono, santo* und *grande* vor Substantiven 144

1. ***Bello*** verhält sich vor einem Substantiv wie der bestimmte Artikel (vgl. § 34.1-3):

(il ragazzo) un bel ragazzo	ein schöner Junge
(il tempo) col bel tempo	bei schönem Wetter
(lo stadio) un bello stadio	ein schönes Stadion

(l'armadio) un bell'armadio	ein schöner Schrank
(i ragazzi) bei ragazzi	schöne Jungen
(gli stadi) begli stadi	schöne Stadien
(gli armadi) begli armadi	schöne Schränke

Aber: *Io compro solo armadi belli.* – Ich kaufe nur schöne Schränke. *Questi armadi sono belli.* – Diese Schränke sind schön. *Usciamo col bello o col brutto tempo.* – Wir gehen bei schönem oder bei schlechtem Wetter hinaus.

Anmerkung: *Bella* kann vor mit Vokal anlautendem Substantiv elidiert werden: *una bella/bell'abitudine* eine schöne Angewohnheit.

2. ***Buono*** verhält sich vor einem Substantiv wie der unbestimmte Artikel (vgl. § 34.4):

(un libro) un buon libro	ein gutes Buch
(uno zio) un buono zio	ein guter Onkel
(un autore) un buon autore	ein guter Schriftsteller

Anmerkung: Bei *buona* vor mit Vokal anlautendem Substantiv unterbleibt heute die Elision (vgl. § 8.3): *una buona idea* eine gute Idee.

Merke: *una buona metà della popolazione* gut die Hälfte der Bevölkerung

Unterscheide: *un buon pasto* eine gute Mahlzeit – *un buono pasto* ein Essenbon

3. ***Santo*** wird vor einem Eigennamen, der mit Konsonant beginnt, nicht aber vor *s* + Konsonant, zu ***san*** gekürzt (vgl. § 9.1.4, zur Elision vgl. § 8.1.2):

san Giuseppe/san Zeno	der heilige Joseph/der heilige Zeno

Aber: *santo Stefano* der heilige Stephanus, *sant'Ambrogio* der heilige Ambrosius

Anmerkung: *Santa* wird vor einem mit Vokal anlautenden femininen Substantiv elidiert: *sant'Orsola* die heilige Ursula.

4. ***Grande*** kann vor einem maskulinen oder femininen Substantiv im Singular zu ***gran*** gekürzt werden, besonders wenn der unbestimmte Artikel vorausgeht. Diese Kürzung unterbleibt, wenn das folgende Substantiv mit *s* + Konsonant, *z, x, gn, pn* oder *ps* beginnt (vgl. § 9.2.1):

una gran/grande folla	eine große Menge
un gran/grande poeta	ein großer Dichter

Aber: *un grande specchio* ein großer Spiegel, *un grande psicologo* ein großer Psychologe

Anmerkung: Umgangssprachlich kommt *gran* auch vor *s* + Kons. *z, x, gn, pn* oder *ps* vor.

Die Übereinstimmung des Adjektivs mit dem Substantiv 145

1. Das Adjektiv richtet sich sowohl bei attributivem als auch bei prädikativem Gebrauch in Genus und Numerus nach dem Substantiv, auf das es sich bezieht.

Attributiver Gebrauch:

*un lavor**o** dur**o***	eine harte Arbeit
*le mel**e** matur**e***	die reifen Äpfel

Prädikativer Gebrauch:

*La camici**a** è bianc**a**.*	Das Hemd ist weiß.
*I genitor**i** sono nervos**i**.*	Die Eltern sind nervös.

2. Wenn ein Adjektiv sich auf mehrere Substantive mit gleichem Genus bezieht, so richtet es sich nach dem gemeinsamen Genus der Substantive und erscheint (fast immer) im Plural:

*una giacca e una gonna giall**e***	eine gelbe Jacke und ein gelber Rock
*un piatto e un bicchiere rott**i***	ein zerbrochener Teller und ein zerbrochenes Glas
*il consumismo e l'utilitarismo imperant**i***	das herrschende Konsumdenken und Nützlichkeitsprinzip/und der herrschende Utilitarismus
*la lingua e la letteratura tedesch**e***	die deutsche Sprache und Literatur

Auch: *la lingua e la letteratura tedesca*

3. Wenn ein prädikativ gebrauchtes Adjektiv sich auf mehrere Substantive mit verschiedenem Genus bezieht, so steht die maskuline Form des Plurals. Ein attributiv gebrauchtes Adjektiv kann sich auch nach dem am nächsten stehenden Substantiv richten:

*Il frigorifero e la lavatrice sono guast**i**.*	Der Kühlschrank und die Waschmaschine sind kaputt.
*gli studenti e le studentesse italian**i**/italian**e***	die italienischen Studenten und Studentinnen
*Questa giornalista collabora a divers**i** giornali e riviste.*	Diese Journalistin arbeitet mit mehreren Zeitungen und Zeitschriften zusammen.

In Sicilia c'è una colonia di Albanesi che ha mantenuto costumi, religione e abitudini propri.	In Sizilien gibt es eine albanische Kolonie, die ihre eigenen Sitten, Religion und Gewohnheiten beibehalten hat.
La gru ha le zampe e il collo molto lunghi.	Der Kranich hat sehr lange Beine und einen sehr langen Hals.
Cari Silvia e Mario ...	Liebe Silvia, lieber Mario ...

4. Bezieht sich ein Adjektiv auf ein unbestimmtes Subjekt (dt. 'man'), so steht die maskuline Form des Plurals:

Non si è mai contenti.	Man ist nie zufrieden.
Bisogna essere onesti.	Man muss ehrlich sein.
Si è giovani una sola volta.	Man ist nur einmal jung.
Ci si sente depressi e incompresi.	Man fühlt sich deprimiert und unverstanden.
Meglio soli che male accompagnati.	Lieber allein als in schlechter Gesellschaft.
Essere licenziati significa anche essere tagliati fuori.	Entlassen zu sein bedeutet auch ausgeschlossen zu sein.
Basta poco per essere felici.	Man braucht wenig, um glücklich zu sein.
L'amore rende ciechi.	Liebe macht blind.
Prima di iniziare a narrare la mia storia, devo tornare indietro di alcuni anni ... tredici per essere esatti.	Bevor ich mit dem Erzählen meiner Geschichte beginne, muss ich einige Jahre zurückgehen, dreizehn, um genau zu sein.
Bisogna lavorare su se stessi.	Man muss an sich arbeiten.

Anmerkung: Bezieht sich das Adjektiv auf Frauen, so steht natürlich die feminine Form des Adjektivs. *Quando si è incinte, ...* – Wenn man schwanger ist, ... *Non c'è niente di stimolante nel lavoro di casalinga, sempre i medesimi gesti, tutto il giorno a colloquio con se stesse o con le canzonette della radio ...* – Es gibt nichts Stimulierendes bei der Arbeit einer Hausfrau; immer die gleichen Handgriffe, den ganzen Tag im Gespräch mit sich selbst oder mit den Schlagern im Radio. Dieselbe Regel gilt auch für Substantive: *Maestri non si nasce. (= Nessuno nasce maestro).* – Man wird nicht als Meister geboren./Es ist noch kein Meister vom Himmel gefallen. *Diventano madri a un'età in cui si è solitamente nonne.* – Sie werden Mütter in einem Alter, in dem man gewöhnlich Großmutter ist. *Quando si è donne si è sfruttate.* – Als Frau wird man ausgenutzt. *È da maleducati parlare nell'orecchio.* – Es ist unerzogen, ins Ohr zu flüstern.

Die Stellung des Adjektivs 146

Das Adjektiv steht nach dem Substantiv, wenn es unterscheidende Funktion hat; es steht vor dem Substantiv, wenn es beschreibende Funktion hat. Wenn zum Beispiel Eheleute sagen: *Ci siamo comprati una piccola casa,* so wollen sie nur beschreiben, wie ihr Haus ist. Sagen sie hingegen: *Ci siamo comprati una casa piccola,* so bringen sie damit zum Ausdruck, dass es nur ein kleines, kein großes Haus ist, das sie sich gekauft haben. Ähnlich verhält es sich in den beiden folgenden Sätzen: *Le vecchie case sono state lesionate dal sisma.* Die alten Häuser wurden durch das Erdbeben beschädigt. *Le case vecchie sono state lesionate dal sisma.* Die alten Häuser (nicht die neuen) wurden durch das Erdbeben beschädigt. Außerdem gibt die Voranstellung subjektives Urteil, Emphase und besondere Intensität wieder.

Die Voranstellung des Adjektivs 147

Adjektive, die beschreibende Funktion haben, können vorangestellt werden:

un pittoresco paese di pescatori	ein malerisches Fischerdorf
le dure condizioni di vita	die harten Lebensbedingungen
le migliori condizioni economiche	die besten wirtschaftlichen Bedingungen
la classica meta di viaggio	das klassische Reiseziel
la lunga degenza ospedaliera	der lange Krankenhausaufenthalt
le violente piogge degli ultimi giorni	die heftigen Regenfälle der letzten Tage/in den letzten Tagen
un importante centro artistico e culturale	ein bedeutendes künstlerisches und kulturelles Zentrum
i loro eleganti palazzi comunali	ihre eleganten Rathäuser
dei meravigliosi mosaici dorati	wunderbare vergoldete Mosaiken
le strette vie del paese	die engen Straßen des Dorfes
un violento scontro frontale	ein heftiger Frontalzusammenstoß
un vecchio casolare diroccato	ein altes verfallenes Landhaus
i suoi bei capelli biondi	ihr schönes blondes Haar
un vertiginoso aumento dei prezzi	ein schwindelerregender Anstieg der Preise
la moderna società industriale	die moderne Industriegesellschaft
drammatiche vicissitudini familiari e sociali	dramatische familiäre und soziale Wechselfälle

148 Die Nachstellung des Adjektivs

Nachgestellt werden:

1. Adjektive, die stets unterscheidende Funktion haben und die zum Beispiel Farbe, Form, Nationalität, geographische, politische, religiöse Zugehörigkeit usw. angeben:

acqua fredda	kaltes Wasser
le droghe pesanti	die harten Drogen
una borsa nera	eine schwarze Tasche
un tavolo rotondo	ein runder Tisch
la squadra tedesca	die deutsche Mannschaft
il partito comunista	die kommunistische Partei
la chiesa cattolica	die katholische Kirche
l'Europa occidentale	Westeuropa

Anmerkung: In festen Wendungen stehen Farbadjektive gelegentlich vor dem Substantiv, zum Beispiel *un verde prato* eine grüne Wiese, *le verdi colline della Toscana* die grünen Hügel der Toskana.

2. die sogenannten *aggettivi relazionali*; das sind Adjektive, die von Substantiven abgeleitet sind und die eine Verbindung angeben zwischen dem Substantiv, auf das sich das Adjektiv bezieht und dem Substantiv, von dem das Adjektiv abgeleitet ist. Im Deutschen werden solche Verbindungen oft durch ein zusammengesetztes Substantiv wiedergegeben:

la linea ferroviaria	die Eisenbahnlinie
il piano quinquennale	der Fünfjahresplan
la stagione sciistica	die Skisaison

Anmerkung: Diese Adjektive können nicht prädikativ gebraucht werden. Ebensowenig ist eine Steigerung möglich.

3. in der Regel adjektivisch gebrauchte Partizipien:

formaggio grattugiato	geriebener Käse
spiegazioni particolareggiate	ausführliche Erklärungen
un romanzo avvincente	ein fesselnder Roman

4. näher bestimmte Adjektive:

un lavoro molto difficile	eine sehr schwierige Arbeit
una storia ben diversa	eine ganz andere Geschichte
un problema veramente delicato	ein wirklich heikles Problem
i prodotti poveri di grasso	die fettarmen Produkte
un problema difficile da risolvere	ein schwer lösbares Problem

Anmerkung: Gehen dem Adjektiv *più, così* oder *ben* voraus, muss es nicht nachgestellt werden: *una delle più belle città d'Italia* eine der schönsten Städte Italiens, *un così bel giardino* ein so schöner Garten.

5. in der Regel mehrsilbige Adjektive:

una persona caritatevole	ein mildtätiger Mensch
un viaggio meraviglioso	eine wunderbare Reise

6. zwei oder mehr Adjektive, die sich auf dasselbe Substantiv beziehen:

una ragazza giovane e carina	ein junges hübsches Mädchen
una bella signora alta e snella	eine schöne, große und schlanke Dame
un operaio abile e diligente	ein geschickter und fleißiger Arbeiter
un preside severo ma giusto	ein strenger, aber gerechter Direktor

Anmerkung: Steht eines der beiden nachgestellten Adjektive dem Substantiv von der Bedeutung her näher, so steht keine Konjunktion: *una base culturale comune* eine gemeinsame kulturelle Basis, *una società industriale avanzata* eine fortgeschrittene Industriegesellschaft.

Voran- oder Nachstellung von Adjektiven mit Bedeutungsunterschied 149

Folgende Adjektive haben verschiedene Bedeutung, je nachdem ob sie vor oder nach dem Substantiv stehen:

antico	*un antico convento* *un convento antico*	ein ehemaliges Kloster ein altes Kloster
bravo	*un bravo ragazzo* *un ragazzo bravo*	ein guter Junge ein tüchtiger Junge
caro	*un caro bambino* *una macchina cara*	ein liebes Kind ein teures Auto
certo	*un certo Angelo* *un amico certo*	ein gewisser Angelo ein zuverlässiger Freund
curioso	*un curioso tipo* *un tipo curioso*	ein seltsamer Kauz ein neugieriger Kerl
diverso	*diverse faccende* *faccende diverse*	mehrere Angelegenheiten unterschiedliche Angelegenheiten
grande	*un gran quadro* *un quadro grande*	ein großartiges Bild ein großes Bild
magro	*un magro compenso* *una persona magra*	eine dürftige Bezahlung ein magerer Mensch

numeroso	*numerose famiglie* *famiglie numerose*	zahlreiche Familien kinderreiche Familien
povero	*una povera famiglia* *una famiglia povera*	eine bedauernswerte Familie eine mittellose Familie
proprio	*il proprio nome* *il nome proprio*	der eigene Name der Eigenname
santo	*una santa donna* *una donna santa*	eine redliche Frau eine heilige Frau
semplice	*un semplice scherzo* *una vita semplice*	nur ein Scherz ein einfaches Leben
solo	*una sola donna* *una donna sola*	eine einzige Frau eine alleinstehende Frau
unico	*un unico caso* *un caso unico*	ein einziger Fall ein einzigartiger Fall
vero	*un vero amico* *una storia vera*	ein wahrer/richtiger/echter Freund eine wahre Geschichte

Merke: *l'Antico Testamento* das Alte Testament

Unterscheide auch: *un galantuomo* ein Ehrenmann/Gentleman
un uomo galante ein galanter Mann
un gentiluomo ein Edelmann/Gentleman
un uomo gentile ein liebenswürdiger Mann

150 Andere Wiedergabe deutscher oder italienischer Adjektive

1. Deutsche Adjektive werden zuweilen im Italienischen wiedergegeben mit:

1.1. einer Fügung aus Präposition + Substantiv:

ein gutaussehender Mann	*un uomo* ***di*** *bell'aspetto*
gesundheitliche Probleme	*problemi di salute*
farbige Arbeiter	*lavoratori di colore*
aktuelle Themen	*argomenti/temi d'attualità*
das übrige Italien	*il resto d'Italia*
eine erfolgreiche Frau	*una donna di successo*
eine goldene Uhr	*un orologio d'oro*
ein gestreiftes Hemd	*una camicia* ***a*** *righe*
ein zweizügiges Gymnasium	*un liceo a due indirizzi*
eine sehr gefährdete Region	*una regione ad altissimo rischio*
ein zweistöckiges Haus	*una casa a/di due piani*
ein hundertprozentiger Sizilianer	*un siciliano al cento per cento*
eine diesbezügliche Untersuchung	*un'indagine al riguardo*
ein gebührenpflichtiger Parkplatz	*un parcheggio a pagamento*

der betreffende Artikel	*l'articolo* ***in*** *questione*
die streitenden Parteien	*le parti in lite*
die geltenden Gesetze	*le leggi in vigore/vigenti*
ein leeres Blatt	*un foglio in bianco*
ein einfarbiger Schal	*un foulard in tinta unita*
gemeinsame Interessen	*interessi in comune*
eine unangebrachte Bemerkung	*un'osservazione* ***fuori*** *posto*
ein lebloser Körper	*un corpo* ***senza*** *vita*
ein ärmelloses Kleid	*un vestito senza maniche*

1.2. *da* + Infinitiv:

haarsträubende Dinge	*cose da far rizzare i capelli*
in heiratsfähigem Alter	*in età da prendere marito/moglie*
ein ekelhaftes Schauspiel	*uno spettacolo da far vomitare*

1.3. einem Relativsatz:

ein verständiger Junge	*un ragazzo che capisce*
ein epochales Werk	*un'opera che fa epoca*
eine endlose Diskussion	*una discussione che non finisce più*
eine modebewusste Frau	*una donna che segue la moda*
ein wasserreiches Gebiet	*una regione che abbonda di acqua*
ein undichtes Fenster	*una finestra che non chiude bene*

Merke: ein schlüsselfertiges Haus *una casa chiavi in mano*; mein seliger Großvater *mio nonno, buon'anima/la buon'anima di mio nonno*; in der hohlen Hand *nel cavo della mano*

2. Umgekehrt werden zuweilen italienische Adjektive im Deutschen durch eine präpositionale Fügung wiedergegeben:

una casalinga settentrionale	eine Hausfrau aus dem Norden
un vestito fallato	ein Kleid mit Fehlern
un caffè corretto	ein Kaffee mit Schuss
la pietra filosofale	der Stein der Weisen
un malato terminale	ein Kranker im Endstadium
uno stato confusionale	ein Zustand geistiger Verwirrung
la violenza domestica	die Gewalt in der Familie/häusliche Gewalt
tre uomini incappucciati	drei Männer mit Kapuze
una governante referenziata	eine Haushälterin mit Referenzen
gelato artigianale	Eis aus eigener Produktion

151 Die Substantivierung des Adjektivs

1. Im Italienischen können, wie im Deutschen, fast alle Adjektive als Substantive gebraucht werden:

i poveri	die Armen	*i giovani*	die jungen Leute
i ricchi	die Reichen	*gli anziani*	die Alten
il bello	das Schöne	*il vero*	das Wahre

Anmerkung 1: In einigen Fällen muss auf eine Umschreibung bzw. auf ein abstraktes Substantiv zurückgegriffen werden: das Störende *ciò che disturba*, das Vollkommene *ciò che è perfetto/la perfezione.*

Anmerkung 2: Dt. 'alles' + als Substantiv gebrauchtes Adjektiv wird im Italienischen mit *tutto quello che* oder *quanto* wiedergegeben: Alles Neue interessiert ihn. – *Tutto quello che è nuovo gli/l'interessa.* Er schwor bei dem Heiligsten, was er hatte, dass ... – *Giurò su quanto aveva di più sacro che ...*

Anmerkung 3: Dt. 'das Einzige, was ...' wird durch *la sola/l'unica cosa* + Relativsatz ausgedrückt: Das Einzige, was wir tun können, ist warten. – *La sola cosa che possiamo fare è (di) aspettare.* Das ist das Schlimmste, was mir passieren konnte. – *È la peggiore cosa/il peggio che mi poteva capitare.*

Merke: Alles Gute zum Geburtstag! – *Buon compleanno!* das Allernötigste *lo stretto necessario*

2. Viele Adjektive sind zu Substantiven geworden:

la circolare	das Rundschreiben	*il giornale*	die Zeitung
i mobili	die Möbel	*il sonnifero*	das Schlafmittel

3. Adverbiale Wendungen mit als Substantive gebrauchten Adjektiven:

all'improvviso	plötzlich
alla svelta	rasch

Die Steigerung des Adjektivs

152 Der Komparativ

Der Komparativ (il grado comparativo) wird gebildet, indem man dem Adjektiv ***più*** (= Aufwärtssteigerung *comparativo di maggioranza*) bzw. ***meno*** (= Abwärtssteigerung *comparativo di minoranza*) voranstellt:

un vestito più bello	ein schöneres Kleid
un bambino meno intelligente	ein weniger intelligentes Kind
Questo libro è più caro.	Dieses Buch ist teurer.

Anmerkung: In folgenden Ausdrücken wird im Italienischen kein Komparativ verwendet: ein älterer Herr *un signore piuttosto anziano/di una certa età*, die älteren Leute *gli anziani*, die jüngere/ältere Generation *la nuova/vecchia generazione*, Plinius der Ältere *Plinio il Vecchio*, meine bessere Hälfte *la mia dolce metà*, eine längere Reise *un viaggio un po' lungo*, im engeren/weiteren Sinn *in senso stretto/largo*, die neueren Sprachen *le lingue moderne*, ein kleineres/größeres Erdbeben *una leggera/pesante scossa di terremoto.*

Die Wiedergabe der Vergleichspartikel 'als' 153

1. Folgt auf 'als' ein Substantiv, ein Pronomen oder ein Zahlwort, gebraucht man ***di***:

Maria è più bella di sua sorella.	Maria ist schöner als ihre Schwester.
Carlo è meno intelligente di Luigi.	Carlo ist weniger intelligent als Luigi.
I ragazzi passano più tempo delle ragazze davanti al computer.	Jungen verbringen mehr Zeit vor dem Computer als Mädchen.
Suo fratello è più furbo di te.	Sein Bruder ist schlauer als du.
La mia macchina è più veloce della tua.	Mein Auto ist schneller als deines.
La mia macchina consuma meno di quella di mio fratello.	Mein Auto verbraucht weniger als das meines Bruders.
Non puoi spendere più soldi di quelli che hai.	Du kannst nicht mehr Geld ausgeben als du hast.
Era meglio di niente.	Es war besser als nichts.
Questo dizionario costa più/ meno di cinquanta euro.	Dieses Wörterbuch kostet mehr/ weniger als 50 Euro.
Quattro occhi vedono meglio di due.	Vier Augen sehen mehr als zwei.
Che cosa c'è di meglio di un buon caffè?	Was gibt es Besseres als einen guten Kaffee?

Merke: *prima/più tardi/più del solito* früher/später/mehr als sonst, *più a lungo del previsto* länger als vorhergesehen

2. Folgt auf 'als' ein Adjektiv, ein Adverb, ein Verb im Infinitiv, ein Partizip oder eine präpositionale Fügung, oder werden gleiche Wortarten miteinander verglichen, verwendet man ***che***:

Questo ristorante è più caro che buono.	Dieses Restaurant ist mehr teuer als gut.
Sono più che contento.	Ich bin mehr als zufrieden.

Al mare ci sono più turisti che (non) in montagna.	Am Meer sind mehr Touristen als in den Bergen.
Stiamo più dentro che fuori.	Wir halten uns mehr drinnen als draußen auf.
Lo faccio più per abitudine che per convinzione.	Ich tue das mehr aus Gewohnheit als aus Überzeugung.
È più facile spendere che risparmiare.	Es ist leichter auszugeben als zu sparen.
C'erano più ragazzi che ragazze.	Es waren mehr Jungen als Mädchen da.
Val più la pratica che la grammatica.	Probieren geht über Studieren.
Meglio tardi che mai.	Besser spät als nie.
Sei più fortunato che intelligente.	Du hast mehr Glück als Verstand.
Rispetto agli anni '60 il movimento turistico è più che raddoppiato.	Im Vergleich zu den sechziger Jahren hat sich der Tourismus mehr als verdoppelt.

Anmerkung 1: Vor einem mit *quando* oder *come* eingeleiteten Nebensatz wird *di* verwendet: *E [don Camillo] sospirava ancora più di quando aveva seppellito Lampo.* (Guareschi) – Und Don Camillo seufzte noch mehr als damals, als er Lampo begraben hatte. *Tuo padre non avrebbe potuto essere più gentile di come è stato nei miei confronti.* – Dein Vater hätte nicht freundlicher sein können, als er es mir gegenüber gewesen ist. *Le cose sono sempre più complicate di come si pensa.* – Die Dinge sind immer komplizierter als man denkt.

Anmerkung 2: Dt. 'anders als' wird durch *diverso da* ausgedrückt. Meine Methode ist anders als deine. – *Il mio metodo è diverso dal tuo.* Alles ist anders als früher. – *Tutto è diverso da prima.* Alles war anders, als ich dachte. – *Tutto era diverso da come lo pensavo.* Folgt auf 'anders als' eine präpositionale Fügung, wird *diversamente che* verwendet: Anders als in unserem Land ... – *Diversamente che nel nostro paese ...*

Anmerkung 3: Nach *preferire* erscheint *piuttosto che* oder *anziché*: *Preferisco andare a teatro, piuttosto che al cinema.* – Ich gehe lieber ins Theater als ins Kino. *Preferisco viaggiare in treno anziché in macchina.* – Ich fahre lieber mit dem Zug als mit dem Auto. Vor einem Infinitiv erscheint *(piuttosto) che/anziché*: *Preferisco restare a casa (piuttosto) che/anziché uscire con questo tempo.* – Ich bleibe lieber zu Hause als bei diesem Wetter auszugehen. *Piuttosto che* und *anziché* können auch am Satzanfang stehen: *Anziché lamentarti dei tuoi professori, dovresti studiare di più.* – Anstatt dich über deine Lehrer zu beschweren, solltest du mehr lernen.

Anmerkung 4: Vor *ieri* und *prima* können *di* oder *che* stehen: *Sono più contento di/che prima.* – Ich bin zufriedener als früher. Vor *così* steht *di*: *Meglio di così non so fare.* – Besser (als so) kann ich es nicht.

3. Schließt sich ein Vergleichssatz mit 'als' an ein Adjektiv oder Adverb an, gebraucht man ***di quanto, di quello/quel che*** oder [seltener] ***che*** mit dem Verb im Indikativ oder im Konjunktiv. Dem Verb kann ein pleonastisches *non* (vgl. § 270) vorausgehen; in diesem Fall ist der Konjunktiv obligatorisch:

Si è comportato meglio di quanto mi aspettavo/aspettassi.	Er hat sich besser benommen, als ich erwartete.
Mario è più bravo di quanto tu credi/creda/non creda.	Mario ist tüchtiger, als du glaubst.
La cosa finì meglio di quello che io credevo/credessi/non credessi.	Die Sache ging besser aus, als ich glaubte.

Anmerkung: Zum Ausdruck der Möglichkeit kann auch das Konditional stehen: *Hai studiato meno di quanto avresti potuto.* – Du hast weniger gelernt, als du gekonnt hättest.

4. Schließt sich ein Vergleichssatz mit 'als' an ein Substantiv an, verwendet man ***di quanto/quanta/quanti/quante*** je nach Numerus und Genus des Substantivs:

Nel Trentino-Alto Adige si producono più mele di quante si riesce a venderne/si riescono a vendere.	Im Trentino-Alto Adige produziert man mehr Äpfel, als man verkaufen kann.
È caduta più neve, quest'anno, di quanta ne sia caduta negli ultimi cinque anni.	Dieses Jahr ist mehr Schnee gefallen als in den letzten fünf Jahren (gefallen ist).

Anmerkung: Ein hypothetischer Vergleich (dt. 'als ob') wird durch *come (se)* oder *quasi (che)* + Konjunktiv Imperfekt bzw. Plusquamperfekt eingeleitet (vgl. § 247.2-3): *Mi guardava, come (se)/quasi (che) non avesse capito.* – Er schaute mich an, als ob er nicht verstanden hätte.

Merke auch: Er tut so, als ob nichts geschehen wäre. – *Fa finta di niente.* Tu so, als wärst du zu Hause. – *Fai conto di essere a casa tua./Fai come se fossi a casa tua.* Mein Sohn tut, als ob er schliefe. – *Mio figlio fa finta di dormire/finge di dormire.* Als ob das nicht reichte, (kam auch eine schlechte Note in Physik hinzu). – *Come se non bastasse, (si è aggiunto anche un brutto voto in fisica.)*

154 Die Wiedergabe von dt. 'je ... desto/um so'

Dt. 'je ... desto/um so' wird durch *quanto ..., tanto* ausgedrückt, die sich nach ihrem Beziehungswort richten oder durch *più ... più* bzw. *meno*:

Quanti più soldi si guadagnano, tanti più si spendono.	Je mehr Geld man verdient, desto mehr gibt man aus.
Quanto più guadagna, tanto più spende.	Je mehr er/sie verdient, um so mehr gibt er/sie aus.
Quanto più piccola è la valigia tanto più è leggera./Più è piccola la valigia e più è leggera.	Je kleiner der Koffer ist, desto leichter ist er.
Più il PIL (= prodotto interno lordo) è alto, più un paese è ricco/più ricco è un paese.	Je höher das Bruttosozialprodukt ist, desto reicher ist ein Land.
Più aggressivo sei, meno ottieni.	Je aggressiver du bist, desto weniger erreichst du.

155 Die Wiedergabe von dt. '(eben)so ... wie'

1. Dt. '(eben)so ... wie' wird durch ***(tanto)** ... **quanto*** oder durch ***(così)** ... **come*** ausgedrückt (comparativo di uguaglianza):

Riccardo è (tanto) intelligente quanto Roberto.	Riccardo ist so intelligent wie Roberto.
Angelo è (così) alto come Mario.	Angelo ist so groß wie Mario.

Anmerkung: Folgt auf dt. 'wie' eine Verbform, ist nur *(così) come* möglich: *Paolo ha agito (così) come gli avevamo detto.* – Paul hat (so) gehandelt, wie wir ihm gesagt hatten.

2. Schließt sich ein Vergleichssatz an ein Substantiv an, steht ***tanto/tanta/tanti/tante ... quanto/quanta/quanti/quante*** je nach Numerus und Genus des Substantivs:

Non ci sono tanti posti quanti sono i candidati.	Es gibt nicht so viele Stellen wie Bewerber/wie es Bewerber gibt.
Puoi scriverle tante lettere quante ne vuoi/quante lettere vuoi.	Du kannst ihr so viele Briefe schreiben wie du willst.
Non esiste nel 1200 una lingua italiana, ma tanti volgari quanti sono i centri culturali più importanti.	Im 13. Jahrhundert gibt es keine italienische Sprache, sondern so viele Volkssprachen wie es bedeutende Kulturzentren gibt.

Der relative Superlativ (il superlativo relativo) 156

Der relative Superlativ wird mit dem Komparativ und dem bestimmten Artikel (vor dem Adjektiv oder dem Substantiv) gebildet:

Questi sono i francobolli più preziosi della collezione.	Das sind die wertvollsten Briefmarken der Sammlung.
Mario è lo scolaro più bravo di tutti in matematica.	Mario ist von allen der beste Schüler in Mathematik.
Questo è il più bel libro che abbia letto.	Das ist das schönste Buch, das ich gelesen habe.
Il Friuli-Venezia-Giulia è la regione più orientale dell'Italia del nord.	Friaul-Julisch Venetien ist die östlichste Region Norditaliens.
Parma è una delle città più ricche d'Italia.	Parma ist eine der reichsten Städte Italiens.
San Marino è la più antica e la più piccola repubblica del mondo.	San Marino ist die älteste und kleinste Republik der Welt.
Questo è l'uomo più ricco di/fra tutti.	Das ist der allerreichste Mann.
L'alcool è la droga più facilmente accessibile e più a buon mercato.	Alkohol ist die am leichtesten zugängliche und preiswerteste Droge.
Ludovico Ariosto è uno dei/tra i più noti scrittori del Rinascimento.	Ludovico Ariosto ist einer der bekanntesten Schriftsteller der Renaissance.

Anmerkung 1: *Lo scolaro più bravo* bedeutet 'der bessere Schüler', wenn nur zwei Schüler miteinander verglichen werden.

Anmerkung 2: Beziehen sich zwei Adjektive auf ein Substantiv, so braucht *più* nicht wiederholt zu werden: *la Baviera, uno dei più grandi e ricchi dei 16 Länder tedeschi* – Bayern, eines der größten und reichsten der 16 Bundesländer.

Anmerkung 3: Folgt auf einen Superlativ ein Relativsatz, so steht das Prädikat im Konjunktiv (vgl. § 244.2). *Queste sono le scarpe più comode che io abbia.* – Das sind die bequemsten Schuhe, die ich habe.

Anmerkung 4: Man beachte folgende Wiedergaben der Rangordnung: die dritthäufigste Todesursache *la terza fra le più frequenti cause di morte*, der Lago Maggiore, der zweitgrößte See Italiens *il Lago Maggiore, il secondo lago italiano per superficie/estensione*, der Drittgrößte *il terzo in (ordine di) grandezza*, das zweitschönste Mädchen der Klasse *la ragazza seconda per bellezza in classe,* bei der erstbesten Gelegenheit *alla prima occasione che capita* Die Etsch ist der zweitlängste Fluss Italiens. – *L'Adige è il secondo fiume d'Italia per lunghezza.*

Anmerkung 5: Kein Superlativ wird verwendet in: im wahrsten Sinn des Wortes *nel vero senso della parola.*

157 **Der absolute Superlativ** (il superlativo assoluto)

1. Der absolute Superlativ drückt einen sehr hohen Grad einer Eigenschaft aus. Man bildet den absoluten Superlativ, indem man an den Stamm des Adjektivs die Endung ***-issimo*** anhängt:

una donna bellissima	eine sehr schöne Frau
un esercizio facilissimo	eine kinderleichte Übung
guanti carissimi	sehr teure Handschuhe
navigatori abilissimi	sehr geschickte Seefahrer

2. Es gelten folgende orthographische Besonderheiten:

*denti bian**ch**issimi*	strahlend weiße Zähne
*uno zio ric**ch**issimo*	ein sehr reicher Onkel
*un viaggio lun**gh**issimo*	eine sehr lange Reise

Aber: *una borsa praticissima* eine äußerst praktische Tasche, *un ragazzo simpaticissimo* ein äußerst sympathischer Junge

3. In gehobener Sprache finden sich (nach lateinischem Vorbild) einige Formen auf -***errimo*** und ***-entissimo***:

acre	herb	*acerrimo*
celebre	berühmt	*celeberrimo*
misero	ärmlich	*miserrimo*
integro	unversehrt/integer	*integerrimo*
salubre	gesund/bekömmlich	*saluberrimo*
malefico	unheilvoll	*maleficentissimo*
benefico/beneficente	wohltätig	*beneficentissimo*
munifico/munificente	freigebig	*munificentissimo*
benevolo	wohlwollend	*benevolentissimo*

Anmerkung 1: *Ampio* bildet ebenfalls nach lateinischem Vorbild die unregelmäßige Form *ampl**i**ssmo*: *una casa amplissima* ein sehr geräumiges Haus.

Anmerkung 2: In der Gemeinsprache zieht man Bildungen mit *molto* oder *assai* vor: *molto celebre* sehr berühmt, *assai benefico* sehr wohltätig.

Anmerkung 3: In einigen Fällen wird der absolute Superlativ auf *-errimo* nur in übertragener Bedeutung gebraucht, wie zum Beispiel in: *un vino molto acre* ein sehr herber Wein, *una critica acerrima* eine äußerst bissige Kritik.

Anmerkung 4: In der Umgangssprache wird von Wörtern ein absoluter Superlativ gebildet, die eigentlich keine Steigerung zulassen: *un signore inglesissimo* ein typisch englischer Herr, *un'offertissima* ein Sonderangebot, *un'occasionissima* eine äußerst günstige Gelegenheit.

Weitere Möglichkeiten, den sehr hohen Grad einer Eigenschaft auszudrücken, sind

1. Gradadverbien, wie z.B. *molto, assai, estremamente, straordinariamente, tutto* (vgl. § 90.3):

Questa traduzione è molto difficile.	Diese Übersetzung ist sehr schwierig.
Il signor Bianchi è estremamente abile negli affari.	Herr Bianchi ist äußerst geschickt in Geschäften.
Il bambino è tutto pallido.	Das Kind ist ganz blass.

Merke: *una gran bella cosa* eine sehr schöne Sache

2. Wiederholen des Adjektivs:

Hanno un giardino grande grande.	Sie haben einen riesengroßen Garten.
Giovanni ha i capelli neri neri.	Giovanni hat kohlrabenschwarze Haare.
Lo stadio era pieno pieno.	Das Stadion war proppenvoll.

3. Hinzufügen eines zweiten Adjektivs:

Siamo stanchi morti.	Wir sind todmüde.
Il treno è pieno zeppo.	Der Zug ist zum Brechen voll.
Suo zio è ricco sfondato.	Sein Onkel ist steinreich.
Era buio pesto.	Es war stockdunkel.
Mio fratello è innamorato cotto.	Mein Bruder ist bis über beide Ohren verliebt.
I bambini erano bagnati fradici.	Die Kinder waren pudelnass.
Gli uomini erano ubriachi fradici.	Die Männer waren sternhagelvoll.

4. Präfixe (vgl. § 324):

I genitori sono arcicontenti.	Die Eltern sind äußerst zufrieden.
Questo whisky è stravecchio.	Dieser Whisky ist sehr alt.
Mio cognato è ipersensibile.	Mein Schwager ist überempfindlich.
Abbiamo comprato una cucina ultramoderna.	Wir haben eine hypermoderne Küche gekauft.

5. Vergleiche:

povero come Giobbe	bettelarm
magro come un chiodo	spindeldürr
sano come un pesce	kerngesund
buono come il pane	herzensgut
nudo come un verme	splitternackt
brutto come la fame	potthässlich
pesante come il piombo	bleischwer
leggero come una piuma	federleicht

Merke: *Il cielo era rosso come di fuoco.* – Der Himmel war feuerrot.

6. ein mit der Präposition ***da*** eingeleiteter konsekutiver Infinitiv:

Suo fratello è pazzo da legare.	Sein Bruder ist vollkommen verrückt.
Sua sorella è brutta da fare paura.	Seine Schwester ist grundhässlich.
Angela è bella da morire.	Angela ist unendlich schön.

159 Unregelmäßige Komparativ- und Superlativformen

Folgende Adjektive bilden (nach lateinischem Vorbild) einen unregelmäßigen Komparativ und Superlativ:

Positiv	Komparativ	relativer Superlativ	absoluter Superlativ
buono	*migliore*	*il migliore*	*ottimo*
cattivo	*peggiore*	*il peggiore*	*pessimo*
grande	*maggiore*	*il maggiore*	*massimo*
piccolo	*minore*	*il minore*	*minimo*

Anmerkung 1: Neben diesen unregelmäßigen Formen gibt es auch die regelmäßigen Formen *più buono, il più buono, buonissimo, più cattivo, il più cattivo, cattivissimo* usw. *Buono* und *cattivo* werden in der Bedeutung 'gutherzig' bzw. 'bösartig' meist regelmäßig gesteigert. In zunehmendem Maße wird *più buono* anstelle von *migliore* verwendet, besonders in der Werbung: *ancora più buono* noch besser. Die unregelmäßigen Formen von *grande* und *piccolo* werden in übertragener Bedeutung verwendet.

Anmerkung 2: Der Komparativ zu *a buon mercato* (preiswert) lautet *più a buon mercato.*

Questo vino è migliore di quello che abbiamo bevuto ieri.	Dieser Wein ist besser als der, den wir gestern getrunken haben.
Questo è il miglior vino che io abbia mai bevuto.	Das ist der beste Wein, den ich je getrunken habe.

Capita anche nelle migliori famiglie.	Das kommt in den besten Familien vor.
Questo vino è buonissimo/ ottimo.	Dieser Wein ist sehr gut.
Suo padre è buonissimo.	Sein Vater ist herzensgut.
Le condizioni sono peggiori di prima.	Die Bedingungen sind schlechter als zuvor.
Le condizioni sono pessime.	Die Bedingungen sind sehr schlecht.
Parla un pessimo francese.	Er/Sie spricht ein miserables/sehr schlechtes Französisch.
Mario è il ragazzo più cattivo di tutti.	Mario ist der schlimmste Junge von allen.
La maggior parte dei Valdostani sono bilingui.	Der größte Teil der Bewohner des Aostatals ist zweisprachig.
Alessandro Manzoni è uno dei maggiori scrittori italiani.	Alessandro Manzoni ist einer der bedeutendsten italienischen Schriftsteller.
la massima prudenza	die größte Vorsicht
il minimo sforzo	die geringste Anstrengung
la sorella maggiore/più grande	die ältere oder älteste Schwester
il fratello minore/più piccolo	der jüngere oder jüngste Bruder
La mia casa è più piccola della tua.	Mein Haus ist kleiner als deines.
Abbiamo scelto il male minore.	Wir haben das kleinere Übel gewählt.

Anmerkung: Anstelle von *migliore* und *peggiore* werden häufig die Formen *meglio* und *peggio* verwendet: *Questa stampante è meglio/ peggio di quella.* – Dieser Drucker ist besser/schlechter als der dort. *La seconda maestra era molto meglio della prima.* – Die zweite Lehrerin war viel besser als die erste.

Komparativ- und Superlativformen ohne Positiv 160

Einige Komparativ- und Superlativformen, die keinen Positiv besitzen, sind aus dem Lateinischen übernommen:

il labbro superiore	die Oberlippe
il corso inferiore del fiume	der Unterlauf des Flusses
ulteriori informazioni	weitere Informationen
la vita interiore	das Innenleben
le rivoluzioni anteriori	die früheren Revolutionen
le pubblicazioni posteriori	die späteren Veröffentlichungen

gli amici intimi	die engsten Freunde
la parte estrema	der äußerste Teil
l'Estremo Oriente	der Ferne Osten
l'ultimo capitolo	das letzte Kapitel
il sommo poeta	der größte Dichter (Dante Alighieri)
un essere supremo	ein höchstes Wesen

Anmerkung: Einige der genannten Superlativformen, die nicht mehr als solche verstanden werden, können gesteigert werden: *l'ultimissima moda* die allerneueste Mode, *i sentimenti più intimi* die intimsten Gefühle.

Merke: letzte Woche *la settimana scorsa/la scorsa settimana*, die letzte Woche der Ausstellung *l'ultima settimana della mostra*

161 Adjektivergänzungen

Adjektive und adjektivisch gebrauchte Partizipien können Ergänzungen zu sich nehmen, die durch die Präpositionen ***a, con, da, di, in, per*** oder ***su*** angeschlossen werden.

1. Adjektivergänzungen mit ***a***:

essere abbonato alla Stampa	*La Stampa* abonniert haben
abile al servizio militare	wehrdiensttauglich
adatto allo scopo	zweckmäßig
adeguato alla circostanze	den Umständen entsprechend
essere affezionato/attaccato alla mamma	an der Mama hängen
allergico alle fragole	gegen Erdbeeren allergisch
anteriore alla guerra	dem Krieg vorhergehend
Attenti al cane!	Vorsicht bissiger Hund!
chiuso al traffico	für den Verkehr gesperrt
conforme alle norme	den Normen entsprechend
contrario alla legge	gegen das Gesetz
dedito agli studi	auf das Studium konzentriert
destinato ai bambini	für Kinder bestimmt
disposto a tutto	zu allem bereit
dovuto allo stress	stressbedingt
estraneo all'argomento	nicht zum Thema gehörig
essere favorevole all'aborto	für die Abtreibung sein
identico all'originale	mit dem Original identisch
inferiore alla media	unter dem Durchschnitt liegend
insensibile al dolore	schmerzunempfindlich
interessato all'offerta	an dem Angebot interessiert
intitolato a Giovanni Verga	nach Giovanni Verga benannt

nocivo alla salute	gesundheitsschädlich
una società ostile ai bambini	eine kinderfeindliche Gesellschaft
paragonabile alla guerra fredda	vergleichbar mit dem Kalten Krieg
posteriore alla caduta del muro	auf den Mauerfall folgend
sensibile ai cambiamenti del tempo	wetterfühlig
sfavorevole allo sviluppo	ungünstig für die Entwicklung
simile al latino	dem Latein ähnlich
soggetto al dazio	zollpflichtig
superiore a tutti	allen überlegen

2. Adjektivergänzungen mit ***con***:

essere arrabbiato con tutti	auf alle böse sein
comparabile con un terremoto	vergleichbar mit einem Erdbeben
compatibile con la legge	mit dem Gesetz vereinbar
confrontabile con la dittatura di Franco	vergleichbar mit der Franco-Diktatur
essere cortese con le persone anziane	zu den älteren Menschen höflich sein
essere fidanzato con un'impiegata	mit einer Angestellten verlobt sein
essere gentile con tutti	zu allen freundlich sein
incompatibile con la dottrina della Chiesa	unvereinbar mit der Lehre der Kirche
indebitato con tutte le banche	bei allen Banken verschuldet
essere severo con i figli	zu den Söhnen streng sein
essere solidale con i deboli	mit den Schwachen solidarisch sein
sposato con una maestra	mit einer Lehrerin verheiratet
Milano è gemellata con Francoforte.	Mailand und Frankfurt sind Partnerstädte.

3. Adjektivergänzungen mit ***da***:

essere affetto da polmonite	eine Lungenentzündung haben
differente/diverso dagli altri	anders als die anderen
divorziato dalla seconda moglie	von der zweiten Frau geschieden
esente da difetti	frei von Fehlern
indipendente dai genitori	von den Eltern unabhängig
libero da pregiudizi	frei von Vorurteilen
lontano da casa	weit weg von zu Hause
separato dalla moglie	von der Frau getrennt
sommerso dal lavoro	mit Arbeit überhäuft

4. Adjektivergänzungen mit ***di***:

avido di denaro	geldgierig
bisognoso d'amore	liebesbedürftig
capace di tutto	zu allem fähig
caratteristico dei bambini	für Kinder charakteristisch
essere carico di valige	mit Koffern beladen sein
essere coetaneo del collega	mit dem Kollegen gleichaltrig sein
essere colpevole di furto	des Diebstahls schuldig sein
essere composto di/da due parti	aus zwei Teilen bestehen
essere consapevole dei propri difetti	sich seiner Fehler bewusst sein
essere contento dell'albergo	mit dem Hotel zufrieden sein
coperto di neve	schneebedeckt
degno di lode	lobenswert
essere esperto di macchine	sich mit Autos auskennen
essere felice del successo	über den Erfolg glücklich sein
essere formato di/da due gruppi	aus zwei Gruppen bestehen
geloso della sorella	eifersüchtig auf die Schwester
essere goloso di dolci	auf Süßigkeiten versessen sein
incapace di sentimenti umani	menschlicher Gefühle unfähig
indegno di un professore	eines Lehrers unwürdig
essere innamorato di un'italiana	in eine Italienerin verliebt sein
essere invidioso del fratello	auf den Bruder neidisch sein
essere nativo della Basilicata	aus der Basilikata stammen
essere originario del Lazio	aus Latium stammen
essere oriundo della Calabria	aus Kalabrien stammen
essere partecipe del dolore di qd	an jds. Schmerz teilnehmen
pieno di debiti	voller Schulden
povero di grassi	fettarm
essere privo di senso	keinen Sinn haben
provvisto delle cose necessarie	versehen mit den notwendigen Dingen
responsabile dell'incidente	verantwortlich für den Unfall
ricco di fibre	reich an Ballaststoffen
essere scontento dei risultati	mit den Ergebnissen unzufrieden sein
significativo dell'instabilità	bezeichnend für die Instabilität
sintomatico della situazione politica	symptomatisch für die politische Lage
essere sovraccarico di lavoro	mit Arbeit überlastet sein
essere stanco di lui	seiner überdrüssig sein
essere stufo del matrimonio	von der Ehe die Nase voll haben
tipico della Toscana	für die Toskana typisch

5. Adjektivergänzung mit ***in***:

bravo in latino	gut in Latein
coinvolto in uno scandalo	in einen Skandal verwickelt
compreso nel prezzo	im Preis inbegriffen
implicato in una truffa	in einen Betrug verwickelt
inserito nel nuovo ambiente	in die neue Umgebung eingegliedert
integrato nella società	in der Gesellschaft integriert
specializzato in agopuntura	auf Akupunktur spezialisiert

Merke: Ich bin schlecht in Latein. – *Vado male in latino.*

6. Adjektivergänzungen mit ***per***:

celebre per la sua musica	für seine Musik berühmt
conosciuto per la sua severità	für seine Strenge bekannt
famoso per il vino	für den Wein berühmt
andare matto per il calcio	verrückt nach Fußball sein
noto per le tombe etrusche	bekannt wegen der etruskischen Gräber
essere portato per le lingue	sprachbegabt sein
essere preoccupato per il figlio	um seinen Sohn besorgt sein
essere pronto per la partenza	abfahrtbereit sein

7. Adjektivergänzungen mit ***su***:

essere basato su fatti	auf Tatsachen beruhen
essere fondato su un principio	auf einem Prinzip beruhen
essere vittorioso sul nemico	über den Feind siegreich sein

Kapitel 12 Die Formen des Verbs (Le forme del verbo)

Die Bildung der Formen eines italienischen Verbs ist in erster Linie von der Zugehörigkeit des Verbs zu einer bestimmten Konjugationsklasse (vgl. § 162) abhängig. Man unterscheidet finite und infinite Verbformen. Die finiten Verbformen sind durch Person, Numerus, Tempus, Modus und Aktiv/Passiv bestimmt (zum Gebrauch der einzelnen Tempora vgl. Kap. 18, zu den Funktionen der Modi vgl. Kap. 19, zur Verwendung des Passivs vgl. Kap. 20). Zu den infiniten Verbformen zählen der Infinitiv (vgl. Kap. 17), die Partizipien (vgl. Kap. 14) und das Gerundium (vgl. Kap. 15). Bei den Tempora unterscheidet man zwischen einfachen Zeiten (vgl. §§ 163-173) und zusammengesetzten Zeiten (vgl. §§ 174-180).

162 Die Konjugationen (le coniugazioni)

Die italienischen Verben werden in drei Konjugationen eingeteilt:

1. Konjugation: Verben auf ***-are***
2. Konjugation: Verben auf ***-ere***
3. Konjugation: Verben auf ***-ire***

Die einfachen Zeiten (i tempi semplici)

163 Die 1. Konjugation (Typus ***cantare*** singen)

Indikativ Präsens *indicativo presente*	Indikativ Imperfekt *indicativo imperfetto*	*passato remoto*
*(io) cant**o***	*(io) cant**avo***	*(io) cant**ai***
*(tu) cant**i***	*(tu) cant**avi***	*(tu) cant**asti***
*(egli) cant**a***	*(egli) cant**ava***	*(egli) cant**ò***
*(noi) cant**iamo***	*(noi) cant**avamo***	*(noi) cant**ammo***
*(voi) cant**ate***	*(voi) cant**avate***	*(voi) cant**aste***
*(essi) cant**ano***	*(essi) cant**avano***	*(essi) cant**arono***

Futur I *futuro semplice*	Konditional I *condizionale presente*
*(io) cant**erò***	*(io) cant**erei***
*(tu) cant**erai***	*(tu) cant**eresti***
*(egli) cant**erà***	*(egli) cant**erebbe***
*(noi) cant**eremo***	*(noi) cant**eremmo***
*(voi) cant**erete***	*(voi) cant**ereste***
*(essi) cant**eranno***	*(essi) cant**erebbero***

Konjunktiv Präsens *congiuntivo presente*		Konjunktiv Imperfekt *congiuntivo imperfetto*	
che io	*cant**i***	*che io*	*cant**assi***
che tu	*cant**i***	*che tu*	*cant**assi***
che egli	*cant**i***	*che (egli)*	*cant**asse***
che (noi)	*cant**iamo***	*che (noi)*	*cant**assimo***
che (voi)	*cant**iate***	*che (voi)*	*cant**aste***
che (essi)	*cant**ino***	*che (essi)*	*cant**assero***

Imperativ	*imperativo*
*cant**a***	sing!
*cant**i***	singen Sie!
*cant**iamo***	singen wir !
*cant**ate***	singt!/singen Sie!
*cant**ino***	singen Sie!

Besonderheiten der Betonung 164

Einige Verben auf ***-are*** werden im Singular Präsens Indikativ und Konjunktiv auf der drittletzten und in der 3. Person Plural auf der viertletzten Silbe betont. Das Gleiche gilt für die entsprechenden Imperativformen:

Indikativ Präsens	Konjunktiv Präsens	Imperativ	
visito	*visiti*		
visiti	*visiti*	*visita*	besuch!
visita	*visiti*	*visiti*	besuchen Sie!
visitiamo	*visitiamo*	*visitiamo*	besuchen wir!
visitate	*visitiate*	*visitate*	besucht!/besuchen Sie!
visitano	*visitino*	*visitino*	besuchen Sie!

Ebenso werden betont:

abitare	*(abito)*	wohnen
accomodare	*(accomodo)*	wieder instand setzen
augurare	*(auguro)*	(jdm etw.) wünschen
celebrare	*(celebro)*	feiern
desiderare	*(desidero)*	wünschen
dubitare	*(dubito)*	zweifeln
immaginarsi	*(mi immagino)*	sich etw. vorstellen
liberare	*(libero)*	befreien
ordinare	*(ordino)*	ordnen/bestellen
telefonare	*(telefono)*	telefonieren

Unterscheide: *desideri* du wünschst – *desideri* Wünsche
auguri du wünschst – *auguri* Glückwünsche

165 Orthographische Besonderheiten

1. Die Verben auf ***-care*** und ***-gare*** behalten den [k]- bzw. [g]-Laut in allen Formen bei; daher muss der Stammauslaut des Verbs vor folgendem ***-i*** oder ***-e*** als ***ch*** bzw. ***gh*** geschrieben werden:

caricare			beladen	
Indikativ Präsens	Konjunktiv Präsens	Futur I	Konditional I	Imperativ
carico	*cari**chi***	*cari**che**rò*	*cari**che**rei*	
*cari**chi***	*cari**chi***	*cari**che**rai*	*cari**che**resti*	*carica*
carica	*cari**chi***	*cari**che**rà*	*cari**che**rebbe*	*cari**chi***
*cari**chi**amo*	*cari**chi**amo*	*cari**che**remo*	*cari**che**remmo*	*cari**chi**amo*
caricate	*cari**chi**ate*	*cari**che**rete*	*cari**che**reste*	*caricate*
caricano	*cari**chi**no*	*cari**che**ranno*	*cari**che**rebbero*	*cari**chi**no*

pagare			bezahlen	
Indikativ Präsens	Konjunktiv Präsens	Futur I	Konditional I	Imperativ
pago	*pa**ghi***	*pa**ghe**rò*	*pa**ghe**rei*	
*pa**ghi***	*pa**ghi***	*pa**ghe**rai*	*pa**ghe**resti*	*paga*
paga	*pa**ghi***	*pa**ghe**rà*	*pa**ghe**rebbe*	*pa**ghi***
*pa**ghi**amo*	*pa**ghi**amo*	*pa**ghe**remo*	*pa**ghe**remmo*	*pa**ghi**amo*
pagate	*pa**ghi**ate*	*pa**ghe**rete*	*pa**ghe**reste*	*pagate*
pagano	*pa**ghi**no*	*pa**ghe**ranno*	*pa**ghe**rebbero*	*pa**ghi**no*

2. Die Verben auf ***-ciare, -sciare*** und ***-giare*** verlieren das ***-i*** des Stammauslautes, wenn die Endung mit ***-i*** oder ***-e*** beginnt:

baciare			küssen	
Indikativ Präsens	Konjunktiv Präsens	Futur I	Konditional I	Imperativ
bacio	*bac**i***	*bac**e**rò*	*bac**e**rei*	
*bac**i***	*bac**i***	*bac**e**rai*	*bac**e**resti*	*bacia*
bacia	*bac**i***	*bac**e**rà*	*bac**e**rebbe*	*bac**i***
*bac**i**amo*	*bac**i**amo*	*bac**e**remo*	*bac**e**remmo*	*bac**i**amo*
baciate	*baciate*	*bac**e**rete*	*bac**e**reste*	*baciate*
baciano	*bac**i**no*	*bac**e**ranno*	*bac**e**rebbero*	*bac**i**no*

lasciare			lassen	
Indikativ Präsens	Konjunktiv Präsens	Futur I	Konditional I	Imperativ
lascio	*lasc**i***	*lasc**e**rò*	*lasc**e**rei*	
*lasc**i***	*lasc**i***	*lasc**e**rai*	*lasc**e**resti*	*lascia*
lascia	*lasc**i***	*lasc**e**rà*	*lasc**e**rebbe*	*lasc**i***
*lasc**i**amo*	*lasc**i**amo*	*lasc**e**remo*	*lasc**e**remmo*	*lasc**i**amo*
*lasc**i**ate*	*lasc**i**ate*	*lasc**e**rete*	*lasc**e**reste*	*lasc**i**ate*
lasciano	*lascino*	*lasc**e**ranno*	*lasc**e**rebbero*	*lascino*

mangiare			essen	
Indikativ Präsens	Konjunktiv Präsens	Futur I	Konditional I	Imperativ
mangio	*mang**i***	*mang**e**rò*	*mang**e**rei*	
*mang**i***	*mang**i***	*mang**e**rai*	*mang**e**resti*	*mangia*
mangia	*mang**i***	*mang**e**rà*	*mang**e**rebbe*	*mang**i***
*mang**i**amo*	*mang**i**amo*	*mang**e**remo*	*mang**e**remmo*	*mang**i**amo*
*mang**i**ate*	*mang**i**ate*	*mang**e**rete*	*mang**e**reste*	*mang**i**ate*
mangiano	*mangino*	*mang**e**ranno*	*mang**e**rebbero*	*mangino*

3. Die Verben auf ***-iare*** behalten das Stamm ***-i*** vor einem Endungs ***-i***, sofern das Stamm ***-i*** betont ist:

inviare		senden
Indikativ Präsens	Konjunktiv Präsens	Imperativ
invio	*inv**i**i*	
*inv**i**i*	*inv**i**i*	*invia*
invia	*inv**i**i*	*inv**i**i*
inviamo	*inviamo*	*inviamo*
inviate	*inviate*	*inviate*
inviano	*inv**i**ino*	*inv**i**ino*

Ebenso werden konjugiert:

avviare	*(avvio)*	anleiten
deviare	*(devio)*	abweichen/ablenken
rinviare	*(rinvio)*	zurückschicken
sviare	*(svio)*	ablenken/abwenden
espiare	*(espio)*	sühnen
sciare	*(scio)*	Ski fahren
spiare	*(spio)*	spionieren

4. Ist das Stamm ***-i*** unbetont, fällt es vor dem Endungs ***-i*** weg:

cambiare		ändern/wechseln
Indikativ Präsens	Konjunktiv Präsens	Imperativ
cambio	*cambi*	
cambi	*cambi*	*cambia*
cambia	*cambi*	*cambi*
cambiamo	*cambiamo*	*cambiamo*
cambiate	*cambiate*	*cambiate*
cambiano	*cambino*	*cambino*

Ebenso werden konjugiert:

assediare	belagern
rimediare	wieder gutmachen
studiare	lernen
tagliare	schneiden

Anmerkung: Die Verben auf *-gnare* behalten normalerweise das *-i* in der 1. Pers. Pl. Indikativ und in der 1. und 2. Pers. Pl. Konjunktiv: *sogniamo, sogniate.*

5. Nur drei Verben der 1. Konjugation sind unregelmäßig: *andare* gehen/fahren, *dare* geben, *stare* sein/bleiben (*fare* machen/tun gehört zur 2. Konjugation). Vgl. Anhang.

166 Die 2. Konjugation (Typus ***credere*** glauben)

Indikativ Präsens *indicativo presente*		Indikativ Imperfekt *indicativo imperfetto*		*passato remoto*	
(io)	*cred**o***	*(io)*	*cred**evo***	*(io)*	*cred**ei/-etti***
(tu)	*cred**i***	*(tu)*	*cred**evi***	*(tu)*	*cred**esti***
(egli)	*cred**e***	*(egli)*	*cred**eva***	*(egli)*	*cred**é/-ette***
(noi)	*cred**iamo***	*(noi)*	*cred**evamo***	*(noi)*	*cred**emmo***
(voi)	*cred**ete***	*(voi)*	*cred**evate***	*(voi)*	*cred**este***
(essi)	*cred**ono***	*(essi)*	*cred**evano***	*(essi)*	*cred**erono/-ettero***

Futur I *futuro semplice*		Konditional I *condizionale presente*	
(io)	*cred**erò***	*(io)*	*cred**erei***
(tu)	*cred**erai***	*(tu)*	*cred**eresti***
(egli)	*cred**erà***	*(egli)*	*cred**erebbe***
(noi)	*cred**eremo***	*(noi)*	*cred**eremmo***
(voi)	*cred**erete***	*(voi)*	*cred**ereste***
(essi)	*cred**eranno***	*(essi)*	*cred**erebbero***

Konjunktiv Präsens *congiuntivo presente*		Konjunktiv Imperfekt *congiuntivo imperfetto*	
che io	*cred**a***	*che io*	*cred**essi***
che tu	*cred**a***	*che tu*	*cred**essi***
che egli	*cred**a***	*che (egli)*	*cred**esse***
che (noi)	*cred**iamo***	*che (noi)*	*cred**essimo***
che (voi)	*cred**iate***	*che (voi)*	*cred**este***
che (essi)	*cred**ano***	*che (essi)*	*cred**essero***

Imperativ	*imperativo*
*cred**i***	glaub!
*cred**a***	glauben Sie!
*cred**iamo***	glauben wir!
*cred**ete***	glaubt!/glauben Sie!
*cred**ano***	glauben Sie!

Die meisten Verben auf ***-ere*** werden auf der drittletzten Silbe betont. Folgende Verben (vgl. Anhang) und ihre Komposita werden auf der vorletzten Silbe betont:

avere	haben
cadere	fallen
dovere	müssen/schulden
giacere	liegen
godere	genießen
parere	scheinen
persuadere	überreden/überzeugen
piacere	gefallen
potere	können
rimanere	bleiben
sapere	wissen/können
sedere	sitzen/sich setzen
tacere	schweigen
temere	fürchten
tenere	halten
valere	gelten/wert sein
vedere	sehen
volere	wollen

167 Besonderheiten der Aussprache

Bei den Verben auf -***cere***, ***-gere*** und -***scere*** wird die Aussprache von ***c,*** ***g*** und ***sc*** durch den nachfolgenden Vokal der Endung bestimmt (vgl. § 2):

Typus *vincere*		siegen
Indikativ Präsens	Konjunktiv Präsens	Imperativ
vinco	*vinca*	
vinci	*vinca*	*vinci*
vince	*vinca*	*vinca*
vinciamo	*vinciamo*	*vinciamo*
vincete	*vinciate*	*vincete*
vincono	*vincano*	*vincano*

Typus *leggere*		lesen
Indikativ Präsens	Konjunktiv Präsens	Imperativ
leggo	*legga*	
leggi	*legga*	*leggi*
legge	*legga*	*legga*
leggiamo	*leggiamo*	*leggiamo*
leggete	*leggiate*	*leggete*
leggono	*leggano*	*leggano*

Typus *conoscere*		kennen (lernen)
Indikativ Präsens	Konjunktiv Präsens	Imperativ
conosco	*conosca*	
conosci	*conosca*	*conosci*
conosce	*conosca*	*conosca*
conosciamo	*conosciamo*	*conosciamo*
conoscete	*conosciate*	*conoscete*
conoscono	*conoscano*	*conoscano*

168 Besonderheiten der Imperfektbildung

1. Von dem ursprünglichen Stamm bilden folgende Verben Indikativ und Konjunktiv Imperfekt:

bere	trinken	*bevevo*	*bevessi*
condurre	führen	*conducevo*	*conducessi*
dire	sagen	*dicevo*	*dicessi*
fare	tun/machen	*facevo*	*facessi*
porre	setzen	*ponevo*	*ponessi*
trarre	ziehen	*traevo*	*traessi*

Ebenso verhalten sich deren Komposita und die anderen Verben auf *-durre*. Einen unregelmäßigen Konjunktiv Imperfekt bilden *stare (stessi)* sein/bleiben, *dare (dessi)* geben und *essere (fossi)* sein.

2. Bei den Verben, die im Stamm den Diphthong ***-uo-*** aufweisen, bleibt dieser im heutigen Italienisch meist erhalten. Das trifft auch für die Komposita zu. Zuweilen weisen sie im Stamm nur den Vokal -***o***- auf:

cuocere	kochen	*c(u)ocevo*	*c(u)ocessi*
muovere	bewegen	*m(u)ovevo*	*m(u)ovessi*
nuocere	schaden	*n(u)ocevo*	*n(u)ocessi*
scuotere	schütteln	*sc(u)otevo*	*sc(u)otessi*

(vgl. auch die Formen des Partizip Präsens § 192.2 Anm. und die *gerundio*-Formen § 195.2 Anm.)

Das *passato remoto* der unregelmäßigen Verben 169

Die meisten Verben auf ***-ere*** bilden die 1. und 3. Person Singular und die 3. Person Plural des *passato remoto* mit einem vom Infinitiv abweichenden Verbstamm, wie zum Beispiel:

scrivere schreiben	*chiedere* bitten	*piacere* gefallen	*crescere* wachsen
scrissi	***chiesi***	***piacqui***	***crebbi***
scrivesti	*chiedesti*	*piacesti*	*crescesti*
scrisse	***chiese***	***piacque***	***crebbe***
scrivemmo	*chiedemmo*	*piacemmo*	*crescemmo*
scriveste	*chiedeste*	*piaceste*	*cresceste*
scrissero	***chiesero***	***piacquero***	***crebbero***

Sehr viele Verben auf ***-ere*** weisen in der Konjugation unregelmäßige Formen auf. Diese betreffen am häufigsten das *passato remoto* und das Partizip Perfekt (vgl. Anhang).

Die 3. Konjugation 170

Bei der 3. Konjugation gibt es Verben ohne Stammerweiterung und Verben mit Stammerweiterung.

1. Verben ohne Stammerweiterung (Typus ***dormire*** schlafen):

Indikativ Präsens *indicativo presente*	Indikativ Imperfekt *indicativo imperfetto*	*passato remoto*
*(io) dorm**o***	*(io) dorm**ivo***	*(io) dorm**ii***
*(tu) dorm**i***	*(tu) dorm**ivi***	*(tu) dorm**isti***
*(egli) dorm**e***	*(egli) dorm**iva***	*(egli) dorm**ì***
*(noi) dorm**iamo***	*(noi) dorm**ivamo***	*(noi) dorm**immo***
*(voi) dorm**ite***	*(voi) dorm**ivate***	*(voi) dorm**iste***
*(essi) dorm**ono***	*(essi) dorm**ivano***	*(essi) dorm**irono***

Futur I *futuro semplice*		Konditional I *condizionale presente*	
(io)	*dorm**irò***	*(io)*	*dorm**irei***
(tu)	*dorm**irai***	*(tu)*	*dorm**iresti***
(egli)	*dorm**irà***	*(egli)*	*dorm**irebbe***
(noi)	*dorm**iremo***	*(noi)*	*dorm**iremmo***
(voi)	*dorm**irete***	*(voi)*	*dorm**ireste***
(essi)	*dorm**iranno***	*(essi)*	*dorm**irebbero***

Konjunktiv Präsens *congiuntivo presente*		Konjunktiv Imperfekt *congiuntivo imperfetto*	
che io	*dorm**a***	*che io*	*dorm**issi***
che tu	*dorm**a***	*che tu*	*dorm**issi***
che egli	*dorm**a***	*che (egli)*	*dorm**isse***
che (noi)	*dorm**iamo***	*che (noi)*	*dorm**issimo***
che (voi)	*dorm**iate***	*che (voi)*	*dorm**iste***
che (essi)	*dorm**ano***	*che (essi)*	*dorm**issero***

Weitere Verben ohne Stammerweiterung:

aprire	*(apro)*	öffnen
avvertire	*(avverto)*	benachrichtigen
coprire	*(copro)*	bedecken
cucire	*(cucio)*	nähen
divertire	*(diverto)*	unterhalten
fuggire	*(fuggo)*	fliehen
offrire	*(offro)*	anbieten
partire	*(parto)*	abreisen
pentirsi	*(mi pento)*	bereuen
scoprire	*(scopro)*	entdecken
seguire	*(seguo)*	folgen
sentire	*(sento)*	hören/fühlen
servire	*(servo)*	dienen
soffrire	*(soffro)*	leiden
vestire	*(vesto)*	(sich) kleiden

2. Verben mit Stammerweiterung (Typus ***capire***)

Die Stammerweiterung mit ***-isc-*** tritt nur in den stammbetonten Formen des Präsens Indikativ und Konjunktiv sowie in den entsprechenden Formen des Imperativs auf:

Typus *capire*		verstehen
Indikativ Präsens	Konjunktiv Präsens	Imperativ
*cap**isc**o*	*cap**isc**a*	
*cap**isc**i*	*cap**isc**a*	*cap**isc**i*
*cap**isc**e*	*cap**isc**a*	*cap**isc**a*
capiamo	*capiamo*	*capiamo*
capite	*capiate*	*capite*
*cap**isc**ono*	*cap**isc**ano*	*cap**isc**ano*

Weitere Verben mit Stammerweiterung:

agire	*(agisco)*	handeln
chiarire	*(chiarisco)*	klären
colpire	*(colpisco)*	schlagen
contribuire	*(contribuisco)*	beitragen
costruire	*(costruisco)*	bauen
distribuire	*(distribuisco)*	verteilen
favorire	*(favorisco)*	begünstigen
ferire	*(ferisco)*	verletzen
finire	*(finisco)*	(be)enden
fiorire	*(fiorisco)*	blühen
fornire	*(fornisco)*	liefern
guarire	*(guarisco)*	heilen/genesen
impedire	*(impedisco)*	(ver)hindern
preferire	*(preferisco)*	vorziehen
proibire	*(proibisco)*	verbieten
pulire	*(pulisco)*	putzen
punire	*(punisco)*	bestrafen
riferire	*(riferisco)*	berichten
sostituire	*(sostituisco)*	ersetzen
sparire	*(sparisco)*	verschwinden
spedire	*(spedisco)*	absenden
stabilire	*(stabilisco)*	festsetzen
stupire	*(stupisco)*	verblüffen
subire	*(subisco)*	erleiden
suggerire	*(suggerisco)*	einflüstern
tossire	*(tossisco)*	husten
tradire	*(tradisco)*	verraten

ubbidire	*(ubbidisco)*	gehorchen
unire	*(unisco)*	vereinigen

3. Die folgenden Verben können mit oder ohne Stammerweiterung verwendet werden:

apparire	*(appaio/apparisco)*	erscheinen
applaudire	*(applaudo/applaudisco)*	applaudieren
scomparire	*(scompaio)scomparisco)*	verschwinden
assorbire	*(assorbo/assorbisco)*	aufsaugen
eseguire	*(eseguo/eseguisco)*	ausführen
inghiottire	*(inghiotto/inghiottisco)*	hinunterschlucken
languire	*(languo/languisco)*	schmachten
mentire	*(mento/mentisco)*	lügen
nutrire	*(nutro/nutrisco)*	ernähren

Anmerkung: Zur Konjugation von *apparire* und *scomparire* siehe Anhang. Dort finden sich auch die anderen unregelmäßigen Verben auf ***-ire***.

171 Besonderheiten der Aussprache und Schreibung

1. Bei den Verben auf ***-cire*** lautet die Aussprache immer [tʃ]. Daher muss vor ***a*** oder ***o*** der Endung ***-i-*** eingefügt werden:

Typus *cucire*		nähen
Indikativ Präsens	Konjunktiv Präsens	Imperativ
*cuc**i**o*	*cuc**i**a*	
cuci	*cuc**i**a*	*cuci*
cuce	*cuc**i**a*	*cuc**i**a*
cuciamo	*cuciamo*	*cuciamo*
cucite	*cuciate*	*cucite*
*cuc**i**ono*	*cuc**i**ano*	*cuc**i**ano*

2. Bei *fuggire* 'fliehen' und *sfuggire* 'entfliehen' wird die Aussprache des ***-gg-*** durch den folgenden Vokal bestimmt (vgl. § 2):

fuggire		fliehen
Indikativ Präsens	Konjunktiv Präsens	Imperativ
fuggo	*fugga*	
fuggi	*fugga*	*fuggi*
fugge	*fugga*	*fugga*
fuggiamo	*fuggiamo*	*fuggiamo*
fuggite	*fuggiate*	*fuggite*
fuggono	*fuggano*	*fuggano*

Regeln zur Bildung des Konjunktiv Präsens der unregelmäßigen Verben 172

1. Bei den unregelmäßigen Verben wird der Konjunktiv Präsens wie folgt gebildet: Der Singular und die 3. Person Plural werden vom Stamm der 1. Person Singular Präsens Indikativ abgeleitet, während für die 1. und 2. Person Plural der Stamm der 1. Person Plural Präsens Indikativ als Ausgangsbasis dient:

	tenere	halten
1. Person Sing. Präs. Ind.: ***tengo***	1.-3. Pers. Sing. Präs. Konj.: 3. Pers. Pl. Präs. Konj.:	***tenga*** ***teng****ano*
1. Pers. Pl. Präs. Ind.: ***ten****iamo*	1. Pers. Pl. Präs. Konj.: 2. Pers. Pl. Präs. Konj.:	***ten****iamo* ***ten****iate*

2. Nicht ableitbar nach diesem Muster ist der Konjunktiv Präsens der Verben *dare (dia)* geben, *stare (stia)* sein/bleiben, *sapere (sappia)* wissen, *essere (sia)* sein und *avere (abbia)* haben.

Bemerkungen zur Bildung des Futur I und des Konditional I 173

Bei den Verben auf ***-ere*** entfällt in den Futur- und Konditionalformen das **e**, außer wenn der Stamm auf ***-c-*** oder ***-m-*** ausgeht:

avere	haben	*av****rò***	*av****rei***
dovere	müssen	*dov****rò***	*dov****rei***
potere	können	*pot****rò***	*pot****rei***
sapere	wissen	*sap****rò***	*sap****rei***
vedere	sehen	*ved****rò***	*ved****rei***

Aber: *tacere*	schweigen	*tacerò*	*tacerei*
temere	fürchten	*temerò*	*temerei*

Unregelmäßige Formen weisen z.B. auf:

andare	gehen	*and****rò***	*and****rei***
vivere	leben	*viv****rò***	*viv****rei***
bere	trinken	*ber****rò***	*ber****rei***
rimanere	bleiben	*rima****rrò***	*rima****rrei***
essere	sein	***sarò***	***sarei***
tenere	halten	*te****rrò***	*te****rrei***
valere	gelten	*va****rrò***	*va****rrei***
venire	kommen	*ve****rrò***	*ve****rrei***
volere	wollen	*vo****rrò***	*vo****rrei***

Die Bildung der zusammengesetzten Zeiten
(la formazione dei tempi composti)

Die zusammengesetzten Zeiten der Verben werden mit den einfachen Zeiten der Hilfsverben ***avere*** oder ***essere*** + Partizip Perfekt gebildet (zur Bildung des Partizip Perfekt vgl. § 188).

174 Die einfachen Zeiten des Hilfsverbs *avere*

Indikativ Präsens *indicativo presente*		Indikativ Imperfekt *indicativo imperfetto*		*passato remoto*	
(io)	*ho*	*(io)*	*avevo*	*(io)*	*ebbi*
(tu)	*hai*	*(tu)*	*avevi*	*(tu)*	*avesti*
(egli)	*ha*	*(egli)*	*aveva*	*(egli)*	*ebbe*
(noi)	*abbiamo*	*(noi)*	*avevamo*	*(noi)*	*avemmo*
(voi)	*avete*	*(voi)*	*avevate*	*(voi)*	*aveste*
(essi)	*hanno*	*(essi)*	*avevano*	*(essi)*	*ebbero*

Futur I *futuro semplice*		Konditional I *condizionale presente*	
(io)	*avrò*	*(io)*	*avrei*
(tu)	*avrai*	*(tu)*	*avresti*
(egli)	*avrà*	*(egli)*	*avrebbe*
(noi)	*avremo*	*(noi)*	*avremmo*
(voi)	*avrete*	*(voi)*	*avreste*
(essi)	*avranno*	*(essi)*	*avrebbero*

Konjunktiv Präsens *congiuntivo presente*		Konjunktiv Imperfekt *congiuntivo imperfetto*	
che io	*abbia*	*che io*	*avessi*
che tu	*abbia*	*che tu*	*avessi*
che egli	*abbia*	*che (egli)*	*avesse*
che (noi)	*abbiamo*	*che (noi)*	*avessimo*
che (voi)	*abbiate*	*che (voi)*	*aveste*
che (essi)	*abbiano*	*che (essi)*	*avessero*

175 Die einfachen Zeiten des Hilfsverbs *essere*

Indikativ Präsens		Indikativ Imperfekt		*passato remoto*	
(io)	*sono*	*(io)*	*ero*	*(io)*	*fui*
(tu)	*sei*	*(tu)*	*eri*	*(tu)*	*fosti*
(egli)	*è*	*(egli)*	*era*	*(egli)*	*fu*
(noi)	*siamo*	*(noi)*	*eravamo*	*(noi)*	*fummo*
(voi)	*siete*	*(voi)*	*eravate*	*(voi)*	*foste*
(essi)	*sono*	*(essi)*	*erano*	*(essi)*	*furono*

Futur I		Konditional I	
(io)	*sarò*	*(io)*	*sarei*
(tu)	*sarai*	*(tu)*	*saresti*
(egli)	*sarà*	*(egli)*	*sarebbe*
(noi)	*saremo*	*(noi)*	*saremmo*
(voi)	*sarete*	*(voi)*	*sareste*
(essi)	*saranno*	*(essi)*	*sarebbero*

Konjunktiv Präsens		Konjunktiv Imperfekt	
che io	*sia*	*che io*	*fossi*
che tu	*sia*	*che tu*	*fossi*
che egli	*sia*	*che (egli)*	*fosse*
che (noi)	*siamo*	*che (noi)*	*fossimo*
che (voi)	*siate*	*che (voi)*	*foste*
che (essi)	*siano*	*che (essi)*	*fossero*

Die mit *avere* zusammengesetzten Zeiten 176

Pers.	Indikativ Perfekt *passato prossimo*		Ind. Plusquamperfekt *trapassato prossimo*		*trapassato remoto*	
(io)	*ho*	*avuto*	*avevo*	*avuto*	*ebbi*	*avuto*
(tu)	*hai*	*parlato*	*avevi*	*parlato*	*avesti*	*parlato*
(egli)	*ha*	*finito*	*aveva*	*finito*	*ebbe*	*finito*
(noi)	*abbiamo*	*studiato*	*avevamo*	*studiato*	*avemmo*	*studiato*
(voi)	*avete*	*bevuto*	*avevate*	*bevuto*	*aveste*	*bevuto*
(essi)	*hanno*	*fatto*	*avevano*	*fatto*	*ebbero*	*fatto*

Futur II *futuro anteriore*			Konditional II *condizionale passato*		
(io)	*avrò*	*avuto*	*(io)*	*avrei*	*avuto*
(tu)	*avrai*	*parlato*	*(tu)*	*avresti*	*parlato*
(egli)	*avrà*	*finito*	*(egli)*	*avrebbe*	*finito*
(noi)	*avremo*	*studiato*	*(noi)*	*avremmo*	*studiato*
(voi)	*avrete*	*bevuto*	*(voi)*	*avreste*	*bevuto*
(essi)	*avranno*	*fatto*	*(essi)*	*avrebbero*	*fatto*

Konjunktiv Perfekt *congiuntivo passato*				Konjunktiv Plusquamperfekt *congiuntivo trapassato*			
che	*io*	*abbia*	*avuto*	*che*	*io*	*avessi*	*avuto*
che	*tu*	*abbia*	*parlato*	*che*	*tu*	*avessi*	*parlato*
che	*egli*	*abbia*	*finito*	*che*	*(egli)*	*avesse*	*finito*
che	*(noi)*	*abbiamo*	*studiato*	*che*	*(noi)*	*avessimo*	*studiato*
che	*(voi)*	*abbiate*	*bevuto*	*che*	*(voi)*	*aveste*	*bevuto*
che	*(essi)*	*abbiano*	*fatto*	*che*	*(essi)*	*avessero*	*fatto*

177 Die mit *essere* zusammengesetzten Zeiten

Pers.	Indikativ Perfekt *passato prossimo*		Ind. Plusquamperfekt *trapassato prossimo*		*trapassato remoto*	
(io)	*sono*	*stato*	*ero*	*stato*	*fui*	*stato*
(tu)	*sei*	*caduto*	*eri*	*caduto*	*fosti*	*caduto*
(egli)	*è*	*arrivato*	*era*	*arrivato*	*fu*	*arrivato*
(noi)	*siamo*	*venuti*	*eravamo*	*venuti*	*fummo*	*venuti*
(voi)	*siete*	*rimasti*	*eravate*	*rimasti*	*foste*	*rimasti*
(essi)	*sono*	*entrati*	*erano*	*entrati*	*furono*	*entrati*

Futur II *futuro anteriore*			Konditional II *condizionale passato*		
(io)	*sarò*	*stato*	*(io)*	*sarei*	*stato*
(tu)	*sarai*	*caduto*	*(tu)*	*saresti*	*caduto*
(egli)	*sarà*	*arrivato*	*(egli)*	*sarebbe*	*arrivato*
(noi)	*saremo*	*venuti*	*(noi)*	*saremmo*	*venuti*
(voi)	*sarete*	*rimasti*	*(voi)*	*sareste*	*rimasti*
(essi)	*saranno*	*entrati*	*(essi)*	*sarebbero*	*entrati*

Konjunktiv Perfekt *congiuntivo passato*				Konjunktiv Plusquamperfekt *congiuntivo trapassato*			
che	*io*	*sia*	*stato*	*che*	*io*	*fossi*	*stato*
che	*tu*	*sia*	*caduto*	*che*	*tu*	*fossi*	*caduto*
che	*egli*	*sia*	*arrivato*	*che*	*(egli)*	*fosse*	*arrivato*
che	*(noi)*	*siamo*	*venuti*	*che*	*(noi)*	*fossimo*	*venuti*
che	*(voi)*	*siate*	*rimasti*	*che*	*(voi)*	*foste*	*rimasti*
che	*(essi)*	*siano*	*entrati*	*che*	*(essi)*	*fossero*	*entrati*

178 Mit *avere* verbundene Verben

Mit ***avere*** werden verbunden (zur Veränderlichkeit des Partizip Perfekt vgl. § 189):

1. alle transitiven Verben mit Ausnahme der reflexiven:

Ho scritto una lettera.	Ich habe einen Brief geschrieben.
Abbiamo finito il lavoro.	Wir haben die Arbeit beendet.
Hanno letto un libro.	Sie haben ein Buch gelesen.

2. einige intransitive Verben:

Tutti hanno riso.	Alle haben gelacht.
Non ho dormito bene.	Ich habe nicht gut geschlafen.

3. im Gegensatz zum Deutschen folgende Verben:

camminare	gehen
deragliare	entgleisen
divagare	abschweifen
girare	herumkommen
marciare	marschieren
navigare	fahren (zu Wasser)
nuotare	schwimmen
passeggiare	spazieren gehen
sbandare	schleudern (Auto)
sciare	Ski fahren
svoltare	abbiegen
vagare	umherziehen
viaggiare	reisen

Abbiamo camminato sotto la pioggia.	Wir sind im Regen gegangen.
Gli ultimi cinque vagoni hanno deragliato.	Die letzten fünf Wagen sind entgleist.
Ho girato (per) il mondo.	Ich bin in der Welt herumgekommen.
Il gruppo ha marciato per sei ore.	Die Gruppe ist sechs Stunden marschiert.
Abbiamo nuotato nel mare.	Wir sind im Meer geschwommen.
Ho passeggiato per le strade di Roma.	Ich bin in den Straßen Roms spazieren gegangen.
Hanno viaggiato molto.	Sie sind viel gereist.

Mit *essere* verbundene Verben 179

1. Mit ***essere*** werden verbunden (das Partizip Perfekt richtet sich in Genus und Numerus stets nach dem Subjekt):

andare	gehen/fahren
apparire/comparire	erscheinen
arrivare	ankommen
arrossire	erröten
cadere/cascare	fallen
capitare	zufällig kommen/geschehen
crepare	bersten/platzen
crollare	einstürzen
divenire/diventare	werden
emergere	auftauchen

entrare	eintreten
evadere	entweichen
giacere	liegen
giungere	ankommen
immigrare	einwandern
morire	sterben
nascere	geboren werden
partire	abreisen/abfahren
perire	umkommen
pervenire	gelangen
restare	bleiben
rientrare	zurückkehren
rimanere	bleiben
ritornare	zurückkehren
riuscire	gelingen
sbucare	hervorkommen
scadere	verfallen
scampare	entrinnen
scappare	weglaufen
scolare	abfließen
scomparire	verschwinden
scoppiare	bersten
sfuggire	entfliehen
sopraggiungere	hinzukommen
sorgere	sich erheben
sparire	verschwinden
spuntare	sprießen
stare	sein/bleiben
succedere	nachfolgen/geschehen (vgl. Anhang)
svanire	schwinden
svenire	ohnmächtig werden
tornare	zurückkehren
tramontare	untergehen (Sonne)
uscire	(hin)ausgehen
venire	kommen

Il ponte è crollato.	Die Brücke ist eingestürzt.
Cinque detenuti sono evasi dal carcere.	Fünf Häftlinge sind aus dem Gefängnis ausgebrochen.
Mia sorella è nata nel 1942.	Meine Schwester ist 1942 geboren.
Claudio è rimasto dai nonni.	Claudio ist bei den Großeltern geblieben.
Le foto non sono riuscite.	Die Fotos sind nicht gelungen.
Il Suo passaporto è scaduto.	Ihr Pass ist abgelaufen.

Le mie speranze sono svanite.	Meine Hoffnungen sind geschwunden.
I lavoratori sono ritornati in patria.	Die Arbeiter sind in die Heimat zurückgekehrt.

2. im Gegensatz zum Deutschen folgende Verben:

bastare	ausreichen
consistere	bestehen
costare	kosten
dipendere	abhängen
dispiacere	missfallen/Leid tun
durare	dauern
esistere	existieren
giovare	nützen
occorrere	brauchen
parere	scheinen
piacere	gefallen/schmecken
risultare	sich herausstellen
sembrare	scheinen
servire	nützen
sopravvivere	überleben
valere	gelten/nützen

I soldi non sono bastati.	Das Geld hat nicht ausgereicht.
Il libro è costato dieci euro.	Das Buch hat 10 Euro gekostet.
Questo lavoro mi è costato molta fatica.	Diese Arbeit hat mich viel Mühe gekostet.
Le sue parole mi sono dispiaciute.	Seine Worte haben mir missfallen.
Il viaggio è durato cinque ore.	Die Fahrt hat fünf Stunden gedauert.
Mi è parso che le trattative fossero a buon punto.	Es schien mir, dass die Verhandlungen ziemlich weit vorangeschritten waren.
Questi metodi repressivi non sono serviti a nulla.	Diese repressiven Methoden haben nichts genützt.
Questo romanzo non mi è piaciuto.	Dieser Roman hat mir nicht gefallen.
È risultato che non è sieropositivo.	Es hat sich herausgestellt, dass er nicht HIV-positiv ist.
Mi sono occorsi molti soldi.	Ich habe viel Geld gebraucht.
Ne è valsa la pena?	Hat es sich gelohnt?
Il padre è sopravvissuto ai figli.	Der Vater hat seine Söhne überlebt.

Anmerkung: Das Verb *durare* wird in der Bedeutung 'dauern' selten mit *avere* verbunden, in der Bedeutung '(aus)halten' immer: *Queste scarpe hanno durato poco.* – Diese Schuhe haben nicht lange gehalten. *Anche la seconda moglie ha durato poco.* – Auch seine zweite Frau hat es nur kurz bei ihm ausgehalten.

3. alle reflexiven und reflexiv gebrauchten Verben:

Me ne sono pentito.	Ich habe es bereut.
Si è lavata.	Sie hat sich gewaschen.
Si è soffiata il naso.	Sie hat sich die Nase geputzt.
Io mi ero accorto dell'errore.	Ich hatte den Irrtum bemerkt.
Si è costruito un ponte.	Man hat eine Brücke gebaut.

4. die unpersönlichen und unpersönlich gebrauchten Verben:

È piovuto/nevicato/tuonato/ lampeggiato/grandinato.	Es hat geregnet/geschneit/ gedonnert/geblitzt/gehagelt.
Sarebbe bastato andarci.	Es hätte genügt, dorthin zu gehen.
Che cosa è successo?	Was ist passiert?

Anmerkung: Bei den Verben, die atmosphärische Erscheinungen bezeichnen, ist der Gebrauch des Hilfsverbs schwankend. Oft wird *avere* verwendet, wenn die Dauer angegeben ist: *Ha piovuto a lungo/ tutta la notte.* – Es hat lange/die ganze Nacht geregnet.

5. die Modalverben ***dovere, potere, volere***, wenn auf sie ein Verb folgt, das die zusammengesetzten Zeiten mit *essere* bildet:

Non siamo potuti venire.	Wir haben nicht kommen können.
Sono dovuti restare a casa.	Sie haben zu Hause bleiben müssen.
Non è ancora voluta partire.	Sie hat noch nicht abreisen wollen.
Come è potuto succedere?	Wie hat das passieren können?

Anmerkung 1: Der Gebrauch von *avere* gilt ebenfalls als korrekt: *Non abbiamo potuto venire*. Bei vorangestelltem *ci* ist nur *essere* möglich: *Non ci siamo voluti/dovuti/potuti andare.* – Wir haben nicht hingehen wollen/müssen/können. Korrekt ist auch: *Non abbiamo potuto andarci.*

Anmerkung 2: Folgt *essere,* so kann man *avere* oder *essere* verwenden: *Avresti potuto/Saresti potuto/a essere più gentile.* – Du hättest freundlicher sein können. *Avreste dovuto/Sareste dovuti/e essere più puntuali.* – Ihr hättet pünktlicher sein müssen.

Anmerkung 3: Folgt kein Infinitiv, ist nur *avere* möglich: *Perché non sei venuto? – Perché non ho potuto.* Warum bist du nicht gekommen? – Weil ich nicht gekonnt habe.

1. Die folgenden Verben werden entweder mit *essere* oder mit *avere* verbunden, wobei ein Bedeutungsunterschied oder unterschiedliche Verwendung (meistens transitiv/intransitiv; siehe unten) vorliegt:

atterrare	*convenire*	*finire*	*rincarare*
aumentare	*correre*	*fuggire*	*salire*
calare	*crescere*	*mancare*	*saltare*
cambiare	*diminuire*	*passare*	*scendere*
cominciare	*emigrare*	*progredire*	*vivere*
continuare	*esplodere*	*proseguire*	*volare*

mit ***essere*** verbunden	mit ***avere*** verbunden
Siamo atterrati bene. Wir sind gut gelandet.	*L'aereo ha/è atterrato con difficoltà.* Das Flugzeug hatte Schwierigkeiten bei der Landung.
Il lavoro è aumentato. Die Arbeit hat zugenommen.	*Gli hanno aumentato lo stipendio.* Man hat ihm das Gehalt erhöht.
Il sole è calato dietro i monti. Die Sonne ist hinter den Bergen untergegangen.	*Hanno calato una corda dalla finestra.* Sie haben ein Seil vom Fenster heruntergelassen.
Sono calato (di) due chili. Ich habe zwei Kilo abgenommen.	*Mi hanno calato dieci euro.* Man hat mir 10 Euro nachgelassen.
I tempi sono cambiati. Die Zeiten haben sich geändert.	*Abbiamo cambiato casa.* Wir sind umgezogen. *Abbiamo cambiato mille euro.* Wir haben 1.000 Euro gewechselt.
La festa è cominciata alle nove. Das Fest hat um neun begonnen.	*Ho cominciato la nuova lezione.* Ich habe die neue Lektion angefangen.
Il maltempo è continuato. Das Schlechtwetter hat angehalten.	*Ho continuato il lavoro.* Ich habe die Arbeit fortgesetzt.
Sono convenuti a Roma. Sie sind in Rom zusammengetroffen. *La tua proposta non mi era convenuta.* Dein Vorschlag hatte mir nicht gepasst.	*Ho convenuto con la tua proposta.* Ich habe mit deinem Vorschlag übereingestimmt. *Abbiamo convenuto sul prezzo.* Wir haben uns über den Preis geeinigt.

Sono corso alla stazione. Ich bin zum Bahnhof gelaufen. *Sono corso via.* Ich bin weggelaufen.	*Ho corso.* Ich bin gerannt. *Ho corso i mille metri.* Ich bin die 1.000 m gelaufen.
Carlo è cresciuto di tre centimetri. Karl ist 3 cm gewachsen.	*Ha cresciuto i suoi figli con molta severità.* Er hat seine Söhne sehr streng erzogen.
La popolazione è diminuita. Die Bevölkerung hat abgenommen.	*Hanno diminuito le tasse.* Man hat die Steuern gesenkt.
Suo zio è emigrato in America. Sein Onkel ist nach Amerika ausgewandert.	*Suo zio ha emigrato.* Sein Onkel ist ausgewandert.
La caldaia è esplosa. Der Kessel ist explodiert.	*Il fucile ha esploso.* Das Gewehr ist losgegangen.
La partita è già finita. Das Spiel ist schon aus. *Il fegato è finito.* Die Leber ist aus. *Sono (s)finito.* Ich bin erledigt.	*Ho finito i miei compiti.* Ich bin mit meinen Hausaufgaben fertig. *Ho finito i soldi.* Ich habe kein Geld mehr.
I detenuti sono fuggiti. Die Häftlinge sind geflohen.	*Non ha fuggito le cattive compagnie.* Er hat nicht die schlechten Gesellschaften gemieden.
È mancata la corrente. Der Strom ist ausgefallen. *Mi sei mancata molto.* Du hast mir sehr gefehlt.	*Ha mancato ai suoi doveri.* Er hat seine Pflichten versäumt.
Il portalettere è già passato. Der Briefträger war schon da.	*Ho passato le vacanze al mare.* Ich habe die Ferien am Meer verbracht.
La medicina è progredita/ha progredito molto in questo secolo. Die Medizin hat in diesem Jahrhundert große Fortschritte gemacht.	*Il nemico ha progredito di qualche chilometro.* Der Feind ist einige Kilometer vorangekommen.
Il lavoro è/ha proseguito bene. Die Arbeit ist gut fortgeschritten.	*Abbiamo proseguito il viaggio.* Wir haben die Reise fortgesetzt. *Ho proseguito per Roma.* Ich bin nach Rom weitergefahren.

La benzina è rincarata. Das Benzin ist teurer geworden.	*Hanno rincarato l'affitto.* Man hat die Miete angehoben.
Siamo saliti sulla torre. Wir sind auf den Turm gestiegen.	*Ho salito le scale.* Ich bin die Treppe hinaufgestiegen.
È saltato dalla finestra in giardino. Er ist aus dem Fenster in den Garten gesprungen.	*Ha saltato con l'asta.* Er ist stabhochgesprungen. *Ho saltato il pranzo.* Ich habe das Mittagessen ausgelassen.
È scesa in cantina. Sie ist in den Keller hinunter-gegangen.	*Ho sceso le scale.* Ich bin die Treppe hinunter-gegangen.
Sono/Ho vissuto a Roma per cinque anni. Ich habe fünf Jahre in Rom gelebt.	*Ho vissuto una vita tranquilla.* Ich habe ein ruhiges Leben geführt.
Sono volato dall'Italia all'America. Ich bin von Italien nach Amerika geflogen. *L'uccello è volato via.* Der Vogel ist weggeflogen.	*Ho volato spesso.* Ich bin oft geflogen. *Le rondini hanno volato in alto.* Die Schwalben sind hoch geflogen.

2. Verben, die unterschiedslos mit ***essere*** oder ***avere*** gebraucht werden können:

appartenere	gehören
approdare	anlegen
equivalere	gleichkommen
inciampare	stolpern
raddoppiare	sich verdoppeln

Quest'anello è/ha appartenuto a mia zia.	Dieser Ring hat meiner Tante gehört.
La nave è approdata/ha approdato a Genova.	Das Schiff hat in Genua angelegt.
La sua risposta è equivalsa/ha equivalso a un rifiuto.	Seine Antwort ist einer Ablehnung gleichgekommen.
Sono/Ho inciampato in un sasso.	Ich bin über einen Stein gestolpert.
La pioggia è raddoppiata/ha raddoppiato d'intensità.	Der Regen ist doppelt so stark geworden.

Kapitel 13 Das reflexive Verb (Il verbo riflessivo)

Reflexive Verben drücken ein Geschehen aus, das auf das Subjekt zurückwirkt. Man unterscheidet Verben, die reflexiv gebraucht werden können und solche, die nur in reflexiver Form auftreten. Eine weitere Gruppe bilden die reziproken Verben, die eine wechselseitige Handlung ausdrücken und daher nur im Plural erscheinen. Das Reflexivpronomen, das den Bezug zum Subjekt herstellt, kann als direktes Objekt (vgl. § 183.1) oder als indirektes Objekt (vgl. § 183.2) fungieren. (Zur Reflexivkonstruktion mit passivischem Sinn vgl. § 252.1). Mit Ausnahme des Reflexivpronomens *si* sind die Reflexivpronomen mit den unbetonten Objektpronomen identisch (vgl. § 116).

181 Die Formen des reflexiven Verbs

1. Die Formen des reflexiven Verbs in den einfachen Zeiten (Präsens):

lavarsi	sich waschen
mi lavo	ich wasche mich
ti lavi	du wäschst dich
si lava	er/sie wäscht sich
ci laviamo	wir waschen uns
vi lavate	ihr wascht euch
si lavano	sie waschen sich

2. Die Formen des reflexiven Verbs in den zusammengesetzten Zeiten (*passato prossimo*):

essersi lavato	sich gewaschen haben
mi sono lavato/lavata	ich habe mich gewaschen
ti sei lavato/lavata	du hast dich gewaschen
si è lavato/lavata	er/sie hat sich gewaschen
ci siamo lavati/lavate	wir haben uns gewaschen
vi siete lavati/lavate	ihr habt euch gewaschen
si sono lavati/lavate	sie haben sich gewaschen

Die zusammengesetzten Zeiten der reflexiven Verben werden mit ***essere*** gebildet, wobei sich das Partizip nach dem Subjekt richtet (vgl. jedoch § 183.2 Anm.).

Die Stellung des Reflexivpronomens (vgl. §§ 124-128) **182**

1. beim Imperativ:

lavati *lavatevi* *laviamoci*	wasch dich! wascht euch!/waschen Sie [Pl.] sich! waschen wir uns!
non ti lavare/non lavarti *non vi lavate/non lavatevi*	wasch dich nicht! wascht euch nicht!/waschen Sie sich nicht [Pl.]
non ci laviamo/non laviamoci	waschen wir uns nicht!
si lavi *non si lavi* *si lavino* *non si lavino*	waschen Sie [Sg.] sich! waschen Sie [Sg.] sich nicht! waschen Sie [Pl.] sich! waschen Sie [Pl.] sich nicht!

2. beim Infinitiv:

lavarsi *per lavarsi* *prima di lavarsi* *dopo essersi lavato/lavata*	sich waschen um sich zu waschen bevor er/sie sich wäscht nachdem er/sie sich gewaschen hat
l'ho visto lavarsi	ich habe ihn sich waschen sehen
mi voglio lavare/voglio lavarmi *si sono voluti lavare/hanno voluto lavarsi* *ci si deve lavare* *ci si è dovuti lavare*	ich will mich waschen sie haben sich waschen wollen man muss sich waschen man hat sich waschen müssen
si va a lavare/va a lavarsi *si è andato a lavare/è andato a lavarsi*	er geht sich waschen er ist sich waschen gegangen

3. beim *gerundio*:

lavandosi *dovendo lavarsi/dovendosi lavare* *essendosi lavato/lavata*	da/wenn er/sie sich wäscht da/wenn er/sie sich waschen muss da/nachdem er/sie sich gewaschen hat
mi sto lavando/sto lavandomi	ich wasche mich gerade

4. beim Partizip:

lavatosi/lavatasi	nachdem er/sie sich gewaschen hat

183 Unterschiedliche Funktion des Reflexivpronomens

Je nachdem mit welchem Verb das Reflexivpronomen verbunden ist, kann es als direktes oder indirektes Objekt fungieren.

1. Einige Verben, bei denen das Reflexivpronomen direktes Objekt ist:

coprirsi	sich bedecken
divertirsi	sich amüsieren
guardarsi	sich betrachten
immischiarsi	sich einmischen
meravigliarsi	sich wundern
nascondersi	sich verstecken
raccontarsi	von sich erzählen
riferirsi	sich beziehen
sbrigarsi	sich beeilen
scusarsi	sich entschuldigen
sentirsi	sich fühlen
trovarsi	sich befinden
vergognarsi	sich schämen
vestirsi	sich anziehen

Oggi fa freddo, copriti bene.	Heute ist es kalt, zieh dich warm an!
Ci siamo divertiti un mondo.	Wir haben uns köstlich amüsiert.
Guardati allo specchio.	Betrachte dich im Spiegel!
Non immischiarti nelle mie cose.	Misch dich nicht in meine Angelegenheiten ein!
Ci incontriamo domani alle tre.	Wir treffen uns morgen um drei.
Dove si è nascosto?	Wo hat er sich versteckt?
Ragazzi, sbrigatevi.	Jungs, beeilt euch!
Mi sono scusato con Mario.	Ich habe mich bei Mario entschuldigt.
Oggi mi sento meglio.	Heute fühle ich mich besser.
Vergognati!	Schäm dich!

2. Einige Verben, bei denen das Reflexivpronomen indirektes Objekt ist:

comprarsi qc	sich etw. kaufen
concedersi qc	sich etw. gönnen
mettersi qc	sich etw. anziehen
permettersi qc	sich etw. leisten
rompersi qc	sich etw. brechen
togliersi/levarsi qc	sich etw. ausziehen

I Rossi si sono comprati una bellissima casa.	Die Rossis haben sich ein sehr schönes Haus gekauft.
Mi sono concesso qualche giorno di riposo.	Ich habe mir einige Tage Ruhe gegönnt.
Mettiti la giacca.	Zieh dir die Jacke an!
Non mi posso permettere questo lusso.	Ich kann mir diesen Luxus nicht leisten.
Mi sono rotto la gamba.	Ich habe mir das Bein gebrochen.
Toglietevi le scarpe.	Zieht eure Schuhe aus!

Anmerkung: Geht dem Hilfsverb *lo, la, li* oder *le* voraus, richtet sich das Partizip nach dem Objektpronomen: *Mia madre se l'era dimenticato.* – Meine Mutter hatte es vergessen. *Me le (= le fragole) sono mangiate tutte.* – Ich habe sie (= die Erdbeeren) alle aufgegessen. *Perché non te la (= la giacca) sei comprata?* – Warum hast du sie (= die Jacke) dir nicht gekauft? Zur Veränderung des Partizip Perfekt nach dem Pronominaladverb *ne* vgl. § 189.3.

Merke: Schaut euch das dritte Bild an! – *Guardate la terza immagine.*
sich ein Kind wünschen *desiderare un bambino*

3. Das indirekte Reflexivpronomen kann in einigen Fällen eine verstärkte innere Anteilnahme des Subjekts an der Handlung ausdrücken. Man spricht hier vom ethischen Dativ:

Il padre si è bevuto tutto lo stipendio.	Der Vater hat sein ganzes Gehalt vertrunken.
Maria si è mangiata tutte le pesche.	Maria hat alle Pfirsiche aufgegessen.
Adesso mi fumo una sigaretta.	Jetzt rauche ich eine Zigarette.
Ci siamo giocati tutte le nostre ricchezze.	Wir haben unseren ganzen Reichtum verspielt.
Si è preso un ceffone.	Er hat sich eine Ohrfeige eingefangen.
Adesso mi faccio un pisolino.	Jetzt mache ich ein Nickerchen.
Non sai cosa ti sei perso.	Du weißt nicht, was du verpasst hast.

4. Einen Sonderfall stellen die sog. reziproken Verben dar, die im Plural eine wechselseitige Handlung ausdrücken:

abbracciarsi	sich umarmen
aiutarsi	sich helfen
amarsi	sich lieben

avvicendarsi	sich abwechseln
baciarsi	sich küssen
combattersi	sich bekämpfen
conoscersi	sich kennen (lernen)
dirsi	sich sagen
insultarsi	sich beschimpfen
parlarsi	miteinander sprechen
rivedersi	sich wiedersehen
salutarsi	sich (be)grüßen
scambiarsi (tenerezze/indirizzi)	(Zärtlichkeiten/Adressen) austauschen
scriversi	sich schreiben
sentirsi	voneinander hören
separarsi	sich trennen
stimarsi	sich schätzen
telefonarsi	sich anrufen/miteinander telefonieren

Si sono abbracciati affettuosamente.	Sie haben sich herzlich umarmt.
Si sono sempre aiutati.	Sie haben sich immer geholfen.
Giovanni e Maria si sono baciati davanti alla scuola.	Giovanni und Maria haben sich vor der Schule geküsst.
Il mio amico italiano ed io ci siamo rivisti quest'anno a Milano.	Mein italienischer Freund und ich haben uns dieses Jahr in Mailand wieder gesehen.
I suoi genitori vogliono separarsi.	Seine Eltern wollen sich trennen.
Ci conosciamo da cinque anni.	Wir kennen uns seit fünf Jahren.
Ci siamo conosciuti cinque anni fa.	Wir haben uns vor fünf Jahren kennen gelernt.
Non si parlano più da quella volta.	Sie sprechen seitdem nicht mehr miteinander.
Non hanno più niente da dirsi.	Sie haben sich nichts mehr zu sagen.
È un po' di tempo che non ci sentiamo.	Wir haben schon eine Weile nichts mehr voneinander gehört.

Anmerkung: Zur Verstärkung kann noch hinzutreten: *l'un l'altro* bzw. *gli uni gli altri* (bei mehr als zwei Personen), *a vicenda*, *reciprocamente* oder seltener *vicendevolmente*, *mutuamente*, *scambievolmente*: *Si aiutano sempre l'un l'altro.* – Sie helfen sich immer gegenseitig. *Si insultano a vicenda.* – Sie beschimpfen sich gegenseitig. *Si stimavano reciprocamente.* – Sie schätzten sich gegenseitig.

Unterschiedlicher Gebrauch reflexiver und nicht-reflexiver Verben im Italienischen und Deutschen 184

1. Im Gegensatz zum Deutschen werden die folgenden Verben im Italienischen reflexiv gebraucht:

abbonarsi a qc	etw. abonnieren
accamparsi	kampieren
accomodarsi	Platz nehmen
accorgersi di qc	etw. (be)merken
addormentarsi	einschlafen
affezionarsi a qd/qc	jdn./etw. lieb gewinnen
allenarsi	(selbst) trainieren
alzarsi	aufstehen
ammalarsi di qc	an etw. erkranken
andarsene	weggehen
appaiarsi	zusammmenpassen
appellarsi a qd/qc	an jdn./etw. appellieren
appisolarsi	einnicken
arenarsi	stranden
arrampicarsi su qc	auf etw. klettern
bagnarsi	baden/nass werden
candidarsi per qc	für etw. kandidieren
capovolgersi	kentern
chiamarsi	heißen
comporsi di qc	aus etw. bestehen
confessarsi	beichten
congratularsi con qd di/per qc	jdm. zu etw. gratulieren
dimettersi	zurücktreten
dolersi di qc	etw. bedauern
dondolarsi	schaukeln
esercitarsi (al piano)	(Klavier) üben
esibirsi	auftreten (öffentlich)
espandersi	expandieren
estinguersi	erlöschen (Flamme)/aussterben (Tierart)
fermarsi	stehen bleiben
fidarsi di qd	jdm trauen
immettersi	münden
infiltrarsi	einsickern
inginocchiarsi	(sich) niederknien
introdursi	eindringen

laurearsi	promovieren
levarsi	aufstehen
licenziarsi	(selbst) kündigen
masturbarsi	masturbieren
pentirsi di qc	etw. bereuen
portarsi qc	etw. mitnehmen
ribellarsi a qc/qd	gegen etw./jdn. rebellieren
rompersi	zerbrechen
scontrarsi con qd/qc	mit jdm. aneinander geraten/ mit etw. zusammenstoßen
sommergersi	untergehen/sinken
spaventarsi	erschrecken
spegnersi	erlöschen
stupirsi di qc	über etw. staunen
svegliarsi	aufwachen

Mi sono abbonato al Corriere della Sera.	Ich habe den *Corriere della Sera* abonniert.
Si accomodi!	Nehmen Sie Platz!
Non me ne ero accorto.	Ich hatte es nicht gemerkt.
Perché te ne vai?	Warum gehst du weg?
Il ragazzo si è arrampicato sull'albero.	Der Junge ist auf den Baum geklettert.
Il libro si compone di tre parti.	Das Buch besteht aus drei Teilen.
Mi contratulo con te per la tua promozione.	Ich gratuliere dir zu deiner Beförderung.
Il ministro si è dimesso.	Der Minister ist zurückgetreten.
Non dondolarti sulla sedia.	Schaukel nicht auf dem Stuhl!
Il fiume si immette nel lago.	Der Fluss mündet in den See.
I ladri si introdussero in casa sua.	Die Diebe drangen in sein Haus ein.
L'operaio si è licenziato.	Der Arbeiter hat gekündigt.
Non mi fido di lui.	Ich traue ihm nicht.
Il bicchiere si è rotto.	Das Glas ist zerbrochen.
Non spaventarti!	Erschrick nicht!
Svegliatevi!	Wacht auf!
Ti sei portato un maglione pesante per la sera?	Hast du für den Abend einen warmen Pullover mitgenommen?

Merke auch: *offendersi* beleidigt sein, *commuoversi* gerührt sein

2. Im Gegensatz zum Deutschen werden im Italienischen nicht-reflexiv gebraucht:

ammontare a qc	sich belaufen auf
cambiare	sich ändern
congiurare/cospirare contro qd	sich gegen jdn. verschwören
differire da qc	sich von etw. unterscheiden
dilagare	sich ausbreiten/um sich greifen
duellare	sich duellieren
fraternizzare con qd	sich mit jdm. verbrüdern
girare	sich drehen
insorgere contro qd	sich gegen jdn. erheben
migliorare	sich bessern
pazientare	sich gedulden
peggiorare	sich verschlechtern
precipitare	sich überstürzen
raddoppiare	sich verdoppeln
ripagare	sich auszahlen
risultare	sich herausstellen
serpeggiare	sich schlängeln
soggiornare	sich aufhalten
solidarizzare con qd	sich mit jdm solidarisieren

Merke: *girarsi* sich umdrehen; *precipitarsi* sich stürzen

I danni ammontano a parecchi milioni di euro.	Die Schäden belaufen sich auf mehrere Millionen Euro.
La situazione è cambiata.	Die Lage hat sich geändert.
Le tue opinioni differiscono dalle mie.	Deine Ansichten unterscheiden sich von meinen.
Il popolo insorse contro il dittatore.	Das Volk erhob sich gegen den Diktator.
Le condizioni di vita sono migliorate.	Die Lebensbedingungen haben sich gebessert.
Pazienta ancora un po'.	Gedulde dich noch ein wenig!
La sua salute è peggiorata.	Sein Gesundheitszustand hat sich verschlechtert.
La Terra gira intorno al Sole.	Die Erde dreht sich um die Sonne.
Precipitano gli eventi.	Es überstürzen sich die Ereignisse.

Merke auch: *Pensaci su.* – Überleg es dir!
Prima ci devo pensare. – Das muss ich mir zuerst noch überlegen.
Ci ho ripensato. – Ich habe es mir überlegt.
Ho cambiato idea. – Ich habe es mir anders überlegt.

3. Unterschiedslos reflexiv oder nicht-reflexiv werden im Italienischen gebraucht:

ammorbidire/ammorbidirsi	weich werden
appassire/appassirsi	(ver)welken
arrugginire/arrugginirsi	(ver)rosten
bisticciare/bisticciarsi	(sich) zanken/streiten
dimenticare qc/dimenticarsi di qc	etw. vergessen
evolvere/evolversi	sich entwickeln
familiarizzare/familiarizzarsi con qd/qc	sich mit jdm./etw. vertraut machen
gelare/gelarsi	gefrieren
inacidire/inacidirsi	sauer werden
indurire/indurirsi	hart werden
ingelosire/ingelosirsi	eifersüchtig werden
intorpidire/intorpidirsi	gefühllos werden
ricordare qd/qc/ricordarsi (di) qd/qc	sich an jdn./etw. erinnern
riposare/riposarsi	sich ausruhen
rischiarare/rischiararsi	sich aufhellen
sbagliare/sbagliarsi	sich irren

La pera ha ammorbidito/si è ammorbidita.	Die Birne ist weich geworden.
I fiori (si) appassiscono.	Die Blumen verwelken.
L'oro non (si) arrugginisce.	Gold rostet nicht
I bambini (si) bisticciano continuamente.	Die Kinder streiten (sich) ständig.
Ho dimenticato/Mi sono dimenticato di imbucare le lettere.	Ich habe vergessen, die Briefe einzuwerfen.
È difficile familiarizzare/familiarizzarsi con questo autore.	Es ist schwierig, sich mit diesem Autor vertraut zu machen.
L'acqua (si) è gelata nei tubi.	Das Wasser ist in den Rohren gefroren.
Il latte (si) è inacidito.	Die Milch ist sauer geworden.
Suo marito (si) ingelosisce facilmente.	Ihr Mann wird leicht eifersüchtig.
Il pane (si) indurisce.	Das Brot wird hart.
Mi (si) è intorpidito il piede.	Mir ist der Fuß eingeschlafen.
Lo ricorderò/Me ne ricorderò/Me lo ricorderò sempre.	Ich werde mich immer daran erinnern.
Il cielo (si) rischiara.	Der Himmel hellt (sich) auf.
Se sei stanco, riposa(ti).	Wenn du müde bist, ruh dich aus.

Andere Wiedergabe deutscher oder italienischer reflexiver Verben 185

1. In einigen Fällen werden deutsche reflexive Verben im Italienischen durch zusammengesetzte Ausdrücke wiedergegeben:

sich abfinden	*mettersi l'anima in pace/ rassegnarsi*
sich etw. abgewöhnen	*perdere/togliersi il vizio di* + Inf.
sich von jdm abkehren	*voltare le spalle a qd*
sich abnabeln	*tagliare il cordone ombelicale*
sich abwechseln	*darsi il cambio/fare a turno*
sich mit jdm anfreunden	*fare amicizia con qd*
sich (in einer Reihe) anstellen	*fare la fila/la coda*
sich ausschlafen	*fare una bella dormita*
sich ausweisen	*presentare un documento di identità*
sich bei jdm. bedanken	*dire grazie a qd/ringraziare qd*
sich bekreuzigen	*farsi il segno della croce*
sich um etw. bewerben	*presentare/fare domanda per qc*
sich einer Sache bewusst werden	*prendere coscienza di qc*
sich blamieren	*fare una figuraccia*
sich von etw. distanzieren	*prendere le distanze da qc*
sich durchschlagen	*tirare avanti*
sich duschen	*fare/farsi la doccia*
sich eincremen	*spalmarsi/*[fam.] *mettersi la crema*
sich bei jdm. einhaken	*prendere qd sottobraccio/a braccetto*
sich einordnen (Auto)	*mettersi in fila*
sich etw. einreden	*mettersi in testa qc*
sich (von der Politik) fernhalten	*stare alla larga (dalla politica)*
sich habilitieren	*ottenere la libera docenza*
sich (körperlich) lieben	*fare l'amore*
sich lohnen	*valere la pena* (vgl. § 214.8 Anm.)
sich melden (Schule)	*alzare la mano*
sich melden (etw. von sich hören lassen)	*farsi sentire/farsi vivo*
sich etw. notieren	*prendere appunti di qc*
sich räuspern	*schiarirsi la voce/gola*
sich auf etw. reimen	*far rima con qc*
sich schnäuzen	*soffiarsi il naso*
sich sonnen	*prendere il sole*

sich überleben	*fare il proprio tempo*
sich übernehmen	*fare il passo più lungo della gamba*
sich unterstellen	*mettersi al riparo*
sich verabreden	*darsi appuntamento*
sich verrechnen	*sbagliare i calcoli/i conti/sbagliarsi*
sich verschlucken	*a qd va di traverso qc*
sich versprechen	*prendere una papera*
sich verwählen (Telefon)	*sbagliare numero*
sich zieren	*fare il prezioso*
sich zusammenreißen	*darsi una regolata*

Merke auch: Stell dich nicht so an! *Non fare tante storie!* sich weich anfühlen *essere morbido al tatto;* Sie ist sich ihrer Sache sicher. – *È sicura del fatto suo.* sich taub stellen *fare il sordo*; sich das Jawort geben *pronunciare il sì*; Der Kranke behält nichts bei sich. – *Il malato non ritiene nessun cibo.* Ich war mir dessen nicht bewusst. – *Non ne ero consapevole.* Das trifft sich gut! – *Capita proprio a proposito!* die Sache an sich *la cosa in sé/di per sé*, Mach dich nicht unglücklich! – *Non rovinarti la vita!*

2. In einigen Fällen werden italienische reflexive Verben im Deutschen durch einen zusammengesetzten Ausdruck wiedergegeben:

arenarsi	ins Stocken geraten
attribuirsi qc	etw. für sich in Anspruch nehmen
bucarsi	an der Nadel hängen
concludersi	zu Ende gehen
concretizzarsi	konkrete Formen annehmen
coprirsi	sich warm anziehen
dissetarsi	den Durst löschen
drogarsi	Drogen nehmen
esiliarsi	ins Exil gehen
formalizzarsi di/per qc	an etw. Anstoß nehmen
incendiarsi	in Brand geraten/sich entzünden
insabbiarsi	im Sand verlaufen/versanden
laurearsi (in medicina)	sein (Medizin)Studium abschließen
prostituirsi	der Prostitution nachgehen/ sich prostituieren
scandalizzarsi di qc	an etw. Anstoß nehmen
scervellarsi su qc	sich den Kopf über etw. zerbrechen
sfamarsi	seinen Hunger stillen
sindacalizzarsi	sich gewerkschaftlich organisieren
suicidarsi	Selbstmord begehen/sich umbringen

Reflexive und nicht-reflexive Verben mit Bedeutungsunterschied **186**

Bei den folgenden Verben ändert sich die Bedeutung, je nachdem ob sie reflexiv oder nicht-reflexiv gebraucht werden:

accendere	anzünden/einschalten	–	*accendersi*	sich entzünden
addormentare	zum Schlafen bringen	–	*addormentarsi*	einschlafen
alzare	hochheben	–	*alzarsi*	aufstehen
ammazzare	umbringen	–	*ammazzarsi*	umkommen
bagnare	nass machen	–	*bagnarsi*	nass werden/baden
chiamare	rufen	–	*chiamarsi*	heißen
fermare	jdn./etw. anhalten	–	*fermarsi*	anhalten/sich aufhalten
scoraggiare	entmutigen	–	*scoraggiarsi*	mutlos werden
spegnere	löschen/ausschalten	–	*spegnersi*	erlöschen/ausgehen
svegliare	wecken	–	*svegliarsi*	aufwachen
trovare	finden	–	*trovarsi*	sich befinden
uccidere	töten	–	*uccidersi*	umkommen

Il vigile ferma la macchina.	Der Polizist hält das Auto an.
La macchina non si è fermata.	Das Auto hat nicht angehalten.
Hai trovato il pallone?	Hast du den Ball gefunden?
Dove si trova quella città?	Wo liegt diese Stadt?
Spegni la sigaretta.	Mach die Zigarette aus!
Il fuoco si è spento.	Das Feuer ist ausgegangen.
Bisogno chimare un medico.	Man muss einen Arzt rufen.
Come ti chiami?	Wie heißt du?
Hanno ucciso un ostaggio.	Sie haben Geisel getötet.
Suo cognato si è ucciso.	Sein Schwager ist umgekommen/hat sich umgebracht.
Non riesco ad alzare la valigia.	Ich kann den Koffer nicht heben.
A che ora ti sei alzato stamattina?	Um wie viel Uhr bist du heute Morgen aufgestanden?

Anmerkung: Manche Verben können transitiv, intransitiv und reflexiv konstruiert werden, wie zum Beispiel *cambiare*: *Ho cambiato le candele.* – Ich habe die Zündkerzen gewechselt. *Non è cambiato niente.* – Es hat sich nichts geändert. *Va' a cambiarti.* – Geh dich umziehen!

Merke: sich ärgern *arrabbiarsi* – jdn. ärgern *far arrabbiare qd*

Unterscheide: *Il treno si ferma.* – Der Zug hält an/bleibt stehen. – *Il treno ferma in tutte le stazioni.* – Der Zug hält an jedem Bahnhof. (regelmäßig)

187 Ausdrücke mit *farsi* + Infinitiv/Substantiv/Adjektiv/Adverb

farsi obbedire da qd	sich bei jdm. Gehorsam verschaffen
farsi odiare da qd	sich bei jdm. verhasst machen
farsi voler bene da qd	sich bei jdm. beliebt machen
farsi sentire	sich bemerkbar machen/sich melden
farsi vedere	sich blicken lassen
farsi visitare	sich untersuchen lassen
farsi (= diventare) medico/frate/suora	Arzt/Mönch/Nonne werden
farsi giorno/notte	Tag/Nacht werden
farsi la barba	sich rasieren
farsi grande	wachsen/groß werden
farsi bello	sich schön machen/schön werden
farsi bello di qc	sich mit etw. brüsten
farsi buio	dunkel werden
farsi vecchio	alt werden
farsi vivo	ein Lebenszeichen von sich geben
farsi tardi	spät werden
farsi avanti	vortreten/näher kommen

Devo andare a farmi visitare dal medico.	Ich muss mich vom Arzt untersuchen lassen/einen Arzt aufsuchen.
Si fa odiare da tutti.	Er/Sie macht sich bei allen verhasst.
Mia sorella ha deciso di farsi suora.	Meine Schwester hat beschlossen, ins Kloster zu gehen.
Intanto si erano fatte le otto.	Inzwischen war es 8 Uhr geworden.
Come ti sei fatto grande!	Wie groß du geworden bist!
Marco si fa bello dei meriti di suo zio.	Marco brüstet sich mit den Verdiensten seines Onkels.
Fatti bella per stasera.	Mach dich hübsch für heute Abend!
Comincia a farsi buio.	Es wird allmählich dunkel.
Si è fatto tardi.	Es ist spät geworden.
Non mi sono ancora fatto la barba.	Ich habe mich noch nicht rasiert.

Kapitel 14 Die Partizipien (I participi)

Wie im Deutschen gibt es im Italienischen zwei Partizipien, das Partizip Perfekt (il participio passato) und das Partizip Präsens (il participio presente).

Das Partizip Perfekt dient zur Bildung der zusammengesetzten Zeiten (vgl. §§ 174-177) und des Passivs (vgl. § 249). Aus dem Partizip Perfekt haben sich verschiedene Wortarten entwickelt (vgl. §§ 190.5-6). Weiterhin kann es in der geschriebenen Sprache zur Verkürzung von Relativsätzen und Adverbialsätzen (vgl. § 190.2-4) gebraucht werden. Unter bestimmten Voraussetzungen ist das Partizip Perfekt veränderlich (vgl. § 189).

Im Gegensatz zum Partizip Perfekt ist das Partizip Präsens im Italienischen von geringerer Bedeutung. Aus dem Partizip Präsens haben sich verschiedene Wortarten entwickelt; außerdem kann es zur Verkürzung von Relativsätzen gebraucht werden.

Das Partizip Perfekt (il participio passato)

Die Bildung des Partizip Perfekt 188

1. Die Verben auf ***-are*** bilden das Partizip Perfekt auf ***-ato***:

lavorare	arbeiten	*lavorato*	gearbeitet
cantare	singen	*cantato*	gesungen
andare	gehen	*andato*	gegangen

2. Die Verben auf ***-ire*** bilden das Partizip Perfekt auf ***-ito***:

capire	verstehen	*capito*	verstanden
sentire	hören/fühlen	*sentito*	gehört/gefühlt
uscire	hinausgehen	*uscito*	hinausgegangen

Anmerkung: Nur wenige Verben auf *-ire* haben ein unregelmäßiges Partizip Perfekt, wie z.B. *venire* kommen → *venuto* gekommen.

3. Das regelmäßige Partizip Perfekt der Verben auf ***-ere*** geht auf ***-uto*** aus (zu den unregelmäßigen Partizipien siehe Anhang):

godere	genießen	*goduto*	genossen
cadere	fallen	*caduto*	gefallen
vendere	verkaufen	*venduto*	verkauft

Anmerkung 1: Die meisten Verben dieser Gruppe bilden ein unregelmäßiges Partizip Perfekt, wie z.B. *mettere* setzen → *messo* gesetzt, *rimanere* bleiben → *rimasto* geblieben, *scrivere* schreiben → *scritto* geschrieben.

Anmerkung 2: Bei Verben auf *-cere* und *-scere*, die das Partizip Perfekt regelmäßig bilden, wird vor der Endung *-uto* ein *i* eingeschoben, um die Aussprache [tʃ] bzw. [ʃ] zu erhalten: *tacere* schweigen → *taciuto* geschwiegen, *piacere* gefallen → *piaciuto* gefallen, *conoscere* kennen → *conosciuto* kennengelernt.

189 Die Veränderlichkeit des Partizip Perfekt

1. Das Partizip Perfekt richtet sich in Genus und Numerus nach dem Subjekt, wenn ***essere*** oder ***venire*** als Hilfsverb benutzt wird (vgl. §§ 177, 179, 180, 249):

I viaggiatori sono arrivati.	Die Reisenden sind angekommen.
Questa casa viene venduta.	Dieses Haus wird verkauft.
I ragazzi si sono svegliati.	Die Jungen sind aufgewacht.

Anmerkung 1: Folgt auf ein reflexives Verb ein direktes Objekt, so kann sich das Partizip Perfekt in Genus und Numerus nach dem Subjekt oder nach dem direkten Objekt richten: *Mi sono lavato/lavati i denti.* – Ich habe mir die Zähne geputzt.

Anmerkung 2: Bei dem *si impersonale* ist zu beachten, dass das Partizip Perfekt in der maskulinen Pluralform erscheint, wenn das Verb die zusammengesetzte Zeit mit *essere* bildet: *Si è partiti alle nove.* – Man ist um 9 Uhr abgefahren. *Si è riusciti a salvare questo animale.* – Es ist gelungen, dieses Tier zu retten. Aber: *Si è mangiato.* – Man hat gegessen.
Unterscheide: *Si è capito.* – Man hat verstanden. *Si è capiti.* – Man wird verstanden (vgl. § 252.2).

Anmerkung 3: In einigen Wendungen erscheint das Partizip in femininer Form: *Non è finita qui.* – Das ist noch nicht alles (Erzählung). *Com'è andata a scuola?* – Wie war's in der Schule? *Sarebbe potuta andare peggio.* – Es hätte schlimmer kommen können. *È suonata.* – Es hat geläutet (in der Schule; sonst: *hanno suonato.*) *È fatta.* – Es ist geschafft.

Anmerkung 4: Ist das Prädikatsnomen ein Substantiv, bezieht sich das Partizip auf das Subjekt: *L'ecologia è diventata un argomento di pubblico dominio.* – Ökologie ist ein allgemein bekanntes/zu einem allgemein bekannten Thema geworden. *Silvio è considerato una frana in educazione fisica.* – Silvio gilt im Sport als Flasche.

Anmerkung 5: Zuweilen finden sich (besonders in der Presse) Fälle von Angleichung des Partizips an das Prädikatsnomen. Dieser Gebrauch gilt als nicht korrekt: *La stesura del dizionario è *stato un parto difficile.* – Die Abfassung des Wörterbuchs war eine schwierige Geburt.

2. Bei den Partizipialkonstruktionen richtet sich das Partizip Perfekt in Genus und Numerus nach seinem Beziehungswort:

Riparata la macchina, partimmo subito.	Nachdem das Auto repariert war, reisten wir sofort ab.

3. Bei den mit ***avere*** zusammengesetzten Zeiten richtet sich das Partizip Perfekt immer nach den vorausgehenden unbetonten Objektpronomen ***lo, la, li, le*** und fast immer nach dem Bezugswort des **partitiv** gebrauchten Pronominaladverbs ***ne***. Bei *mi, ti, ci, vi* ist die Genus- und Numerusübereinstimmung fakultativ:

Hai comprato la macchina? – Sì, l'ho comprata.	Hast du das Auto gekauft? – Ja, ich habe es gekauft.
Hai sbucciato le mele? – Sì, le ho sbucciate.	Hast du die Äpfel geschält? – Ja, ich habe sie geschält.
Quanti topi hai visto? – Ne ho visti due.	Wie viele Mäuse hast du gesehen? – Ich habe zwei gesehen.
Sparando all'impazzata ha ucciso sette persone e ne ha ferite altre sei. (Corriere della Sera)	Er schoss wie wild um sich und tötete sieben Menschen und verwundete weitere sechs.
(Di) grappa, non ne ho bevuta.	Grappa habe ich keinen getrunken.
Ci ha visto/visti? – Sì, vi ho visto/visti.	Haben Sie uns gesehen? – Ja, ich habe euch gesehen.

Aber: *Avete parlato delle vacanze? – Sì, ne abbiamo parlato.*[kein partitives *ne*!]

Anmerkung 1: Angeglichen wird das Partizip auch bei Anfügung des Pronomens bzw. des Pronominaladverbs: *Bevutala (= la bottiglia di vino), andò a letto.* – Nachdem er sie getrunken hatte, ging er ins Bett.

Anmerkung 2: Folgt dem Partizip ein Objekt, bei dem man Numerus und Genus erkennt, so wird das Partizip korrekterweise an dieses angeglichen: *(Di) grappa, non ne ho bevuta molta.* – Grappa habe ich nicht viel getrunken. *(Di) fichi, ne ho mangiati molti.* – Feigen habe ich viele gegessen. *(Di) prugne, ne ho mangiate poche.* – Pflaumen habe ich wenige gegessen. *(Di) birra, ne ho bevute due bottiglie.* – Bier habe ich zwei Flaschen getrunken. *Quanti topi hai visto? – Ne ho visto uno.* – Wie viele Mäuse hast du gesehen? – Ich habe eine gesehen. *Ho comprato delle pere e ne ho mangiata una/la metà.* – Ich habe Birnen gekauft und habe eine/die Hälfte (davon) gegessen. *Ne ha combinata qualcuna?* – Hat er/sie etwas ausgefressen? *Negli ultimi cinquant'anni ne abbiamo fatta di strada, ma ce n'è ancora molta da percorrere.* – In den letzten fünfzig Jahren haben wir viel erreicht, aber es bleibt noch viel zu tun.

Anmerkung 3: Die oben genannte Regel gilt auch für das Partizip Perfekt der Modalverben, auf die ein Infinitiv folgt: *Non li ho potuti vedere.* – Ich habe sie [mask. Pl.] nicht sehen können. *Le abbiamo fatte venire.* – Wir haben sie [fem. Pl.] kommen lassen.

Anmerkung 4: Selten wird das Partizip verändert, wenn es sich auf ein als direktes Objekt gebrauchtes Relativpronomen, auf ein folgendes oder vorausgehendes direktes Objekt bezieht: *La mattina seguente, quando [don Camillo] uscí dalla chiesa dopo aver celebrata la messa, era cupo.* (Guareschi)– Am folgenden Morgen, als Don Camillo die Kirche verließ, nachdem er die Messe gefeiert hatte, schaute er finster. *Ecco i libri che ho comprati.* – Hier sind die Bücher, die ich gekauft habe.

190 Der Gebrauch des Partizip Perfekt

1. Das Partizip Perfekt wird zur Bildung der zusammengesetzten Zeiten (vgl. §§ 174-177) und des Passivs (vgl. § 249) gebraucht:

Abbiamo lavorato molto.	Wir haben viel gearbeitet.
Sono andato a teatro.	Ich bin ins Theater gegangen.
Il vino bianco deve essere servito freddo.	Weißwein muss kalt serviert werden.
Siamo stati invitati da Mario.	Wir sind von Mario eingeladen worden.

2. Das Partizip Perfekt kann zur Verkürzung von Relativsätzen verwendet werden. Ein partizipial verkürzter Relativsatz schließt sich unmittelbar an die Nominalgruppe an, auf die er sich bezieht. Das Partizip Perfekt stimmt in Numerus und Genus mit seinem Beziehungswort überein:

La partita disputata ieri tra il Milan e l'Inter ...	Das Spiel, das gestern zwischen Milan und Inter ausgetragen wurde, ...
Le iniziative proposte da organizzazioni ambientaliste ...	Die Initiativen, die von Umweltorganisationen vorgeschlagen wurden/werden, ...
i conservanti alimentari rivelatisi cancerogeni	die Lebensmittelkonservierungsstoffe, die sich als krebserzeugend herausgestellt haben
la conferenza tenutasi a Bologna	die Konferenz, die in Bologna stattfand
La lingua unitaria adoperata dagli scrittori nella Europa occidentale durante tutto il medioevo fu il latino. (Cappuccio)	Die Einheitssprache, die von den Schriftstellern während des ganzen Mittelalters in Westeuropa verwendet wurde, war Latein.

in certe situazioni fattesi insostenibili	in manchen Situationen, die unerträglich geworden sind
i coniugi divenuti estranei l'uno all'altra	die Eheleute, die einander fremd geworden sind
il sequestro e l'eventuale delitto a esso connesso	die Entführung und das eventuelle damit verbundene Verbrechen
il compito loro affidato	die ihnen anvertraute Aufgabe
le informazioni forniteci	die uns gelieferten Informationen

Merke: *dopo mangiato* nach dem Essen, *appena alzato* gleich nach dem Aufstehen

Anmerkung: Zuweilen kann bei der Übersetzung ins Deutsche das Partizip entfallen: *le ultime ricerche fatte in questo campo* die letzten Untersuchungen auf diesem Gebiet, *avvelenamento (causato) da funghi* Pilzvergiftung, *l'inquinamento causato dagli scarichi industriali* die Verschmutzung durch Industrieabwässer, *in un'intervista concessa alla nostra rivista* in einem Interview mit unserer Zeitung, *tutta la famiglia messa insieme* die ganze Familie zusammen, *nel periodo compreso tra il '600 e l'800 d.C.* in der Zeit zwischen dem 17. und 19. Jahrhundert.

3. Das Partizip Perfekt kann auch zur Verkürzung von Adverbialsätzen gebraucht werden. Dabei entspricht das Partizip Perfekt einem verkürzten Nebensatz. Es richtet sich in Numerus und Genus nach seinem Beziehungswort. Zur Verdeutlichung der Beziehung zwischen verkürztem Nebensatz und Hauptsatz tritt oft ***appena, se, sebbene, benché, anche se, perché*** oder ***una volta*** hinzu:

Arrivata a casa, mia figlia si mise subito a letto.	Nachdem meine Tochter nach Hause gekommen war, ging sie sofort ins Bett.
Ci sono fabbriche che vanno chiuse perché non dotate di impianti di sicurezza.	Es gibt Fabriken, die geschlossen gehören, weil sie nicht mit Sicherheitsanlagen ausgestattet sind.
Il centravanti, benché ferito, ha giocato molto bene.	Der Mittelstürmer hat, obwohl er verletzt war, sehr gut gespielt.
Sebbene politicamente e economicamente decaduta, la nobiltà formava il vertice di questa gerarchia ereditaria.	Obwohl der Adel politisch und wirtschaftlich heruntergekommen war, bildete er die Spitze der Erbhierarchie.
La pizza, se fatta bene, mi piace.	Pizza schmeckt mir, wenn sie gut gemacht ist.
Appena alzatasi si mise a lavorare.	Kaum war sie aufgestanden, machte sie sich an die Arbeit.

4. Beim absoluten Partizip Perfekt, d.h. wenn Partizipialsatz und Hauptsatz unterschiedliche Subjekte aufweisen, steht das Partizip vor dem Substantiv, auf das es sich bezieht:

Morta la madre, Luigi andò ad abitare a Roma.	Nachdem seine Mutter gestorben war, zog Luigi nach Rom.
Crollato l'unico ponte, le opere di soccorso subirono un forte ritardo.	Da die einzige Brücke eingestürzt war, verzögerten sich die Rettungsarbeiten sehr.
Fatta l'Italia, bisogna fare gli Italiani. (Massimo d'Azeglio)	Nachdem Italien geschaffen ist, muss man die Italiener schaffen.
Finita la sua opera, Garibaldi si ritirò nell'isola di Caprera.	Nachdem Garibaldi sein Werk beendet hatte, zog er sich auf die Insel Caprera zurück.
Molte ragazze, una volta raggiunto il peso che si erano proposte di ottenere, non riescono più a fermarsi.	Viele Mädchen können, sobald sie (einmal) das Gewicht erreicht haben, das sie erreichen wollten, nicht mehr aufhören.
Numerosi studenti, terminati gli studi, non trovano un posto di lavoro adeguato.	Zahlreiche Studenten finden nach dem Abschluss ihres Studiums keinen angemessenen Arbeitsplatz.
Una volta tagliate le radici, si resta estranei dappertutto.	Nachdem/Wenn einmal die Wurzeln abgeschnitten sind, ist man überall fremd.
Arrivata lei, ci mettemmo a tavola.	Nachdem sie angekommen war, setzten wir uns zu Tisch.
Dedotte le spese, mi resta ben poco.	Nach Abzug der Kosten bleibt mir sehr wenig.
Ho speso cento euro comprese le mance.	Ich habe hundert Euro einschließlich Trinkgelder ausgegeben.
Morto un papa se ne fa un altro.	Niemand ist unersetzlich.
Levata quella imperfezione, il mobile è di ottima fattura.	Bis auf diesen kleinen Fehler ist Möbelstück ausgezeichnet gearbeitet.

Anmerkung 1: Bei modalem Gebrauch kann das absolute Partizip dem Substantiv folgen: *le mani intrecciate* Händchen haltend; *la sigaretta appesa all'angolo della bocca* mit der Zigarette im Mundwinkel; *IVA compresa/inclusa* einschließlich Mehrwertsteuer.

Anmerkung 2: Das absolute Partizip kann in Einzelfällen auch mit der Präposition *a* erscheinen, wobei das artikellose Substantiv dem Partizip vorangeht: *Ne riparleremo a cose fatte.* – Wir werden wieder darüber sprechen, wenn es soweit ist. *Abbiamo venduto la casa a ragion veduta.* – Wir haben das Haus nach reiflicher Überlegung verkauft.

5. Einige Partizipien werden als Adjektive oder als Substantive gebraucht:

il topo morto	die tote Maus
Il topo è morto.	Die Maus ist tot.
le persone ferite	die verletzten Personen
Due persone sono ferite.	Zwei Personen sind verletzt.
i feriti	die Verletzten
una donna vissuta	eine erfahrene Frau
il morto	der Tote

Merke: *l'amante* der/die Geliebte, *soddisfatti o rimborsati* bei Nichtgefallen Geld zurück

6. Als Präpositionen und Konjunktionen werden verwendet:

Verrò eccetto che non accada qualche imprevisto.	Ich werde kommen, außer wenn etwas Unvorhergesehenes passiert.
Tutti sono venuti, eccetto Mario.	Alle sind gekommen, außer Mario.
Date le circostanze ...	In Anbetracht der Umstände ...
Dato che fa brutto tempo, ...	Da schlechtes Wetter ist, ...
Visto che non abbiamo soldi, ...	Da wir kein Geld haben, ...

Unterschiedliche Wiedergabe eines deutschen Partizip Perfekt im Italienischen 191

In folgenden deutschen Wendungen mit dem Partizip Perfekt bedient sich das Italienische einer anderen Ausdrucksweise:

besser gesagt	*per meglio dire*
gelinde gesagt	*sarebbe poco dire*
genauer gesagt	*per la precisione/l'esattezza/ per essere esatti*
streng genommen	*a rigor di termini*
angefangen bei	*a cominciare da*
ein bewaffneter Raubüberfall	*una rapina a mano armata*
herausgegeben von	*a cura di*
abgesehen davon, dass	*a prescindere dal fatto che*
mit Verlaub gesagt	*con rispetto parlando*
Koch gesucht.	*Cercasi cuoco.*
Frisch gestrichen!	*Pittura fresca!*
ausgebucht sein	*essere al completo*
Das ist zu viel verlangt.	*(Questo) è chiedere/pretendere troppo.*

Es ist leicht gesagt.	*Si fa presto a dirlo.*
Gute Aufstiegsmöglichkeiten geboten.	*Offronsi buone possibilità di carriera.*
Es ist leichter gesagt als getan.	*È più facile a dirsi che a farsi./ È più facile dire che fare.*
Alle meine Briefe sind unbeantwortet geblieben.	*Tutte le mie lettere sono rimaste senza risposta/non hanno trovato risposta.*
Änderungen vorbehalten	*salvo cambiamenti*
die zurückgetretene Regierung	*il governo dimissionario*
Plakate ankleben verboten	*divieto di affissione*
Irrtum vorbehalten!	*Salvo errore!*

Aber: Auf meinem Schreibtisch liegen noch drei unbeantwortete Brief. – *Sulla mia scrivania ci sono tre lettere a cui devo ancora rispondere.*

Anmerkung 1: Die umgekehrte Erscheinung liegt vor z. B. in: *una macchina targata ...* ein Auto mit dem polizeilichen Kennzeichen ..., *pretendere tre mesi anticipati* drei Monate im Voraus verlangen, *dormire otto ore filate/di fila* acht Stunden ohne Unterbrechung schlafen, *avere una buona padronanza del francese sia scritto che parlato* Französisch in Wort und Schrift beherrschen.

Anmerkung 2: In Verbindung mit *morire* drückt das Partizip Perfekt die Todesart aus: *morire impiccato* gehenkt werden, *morire annegato* ertrinken, *morire assiderato* erfrieren, *morire carbonizzato* verbrennen, *morire dissanguato* verbluten.

Das Partizip Präsens (il participio presente)

192 Die Bildung des Partizip Präsens

1. Die Verben auf ***-are*** bilden das Partizip Präsens auf ***-ante***, diejenigen auf ***-ere*** bilden es auf ***-ente*** und die Verben auf ***-ire*** bilden es entweder auf ***-iente*** oder ***-ente***. Das Partizip Präsens ist veränderlich; es bildet den Plural auf ***-i***:

volare	fliegen	*volante*	fliegend
correre	laufen	*corrente*	laufend
seguire	folgen	*seguente*	folgend
venire	kommen	*veniente*	kommend

Anmerkung: Abweichende Bildung liegt vor in: *tagliente* schneidend/scharf (*tagliare*), *diffidente* misstrauisch (*diffidare*) und *sofferente* leidend (*soffrire*).

2. Von dem ursprünglichen Stamm sind die folgenden Formen des Partizip Präsens abgeleitet:

bere	trinken	*bevente*	trinkend
tradurre	übersetzen	*traducente*	übersetzend
dire	sagen	*dicente*	sagend
fare	machen	*facente*	machend
trarre	ziehen	*traente*	ziehend
porre	setzen	*ponente*	setzend

Ebenso bilden deren Komposita das Partizip Präsens.

Anmerkung: Bei den Verben, die im Infinitiv den Diphthong *-uo-* aufweisen, bleibt der Diphthong im heutigen Italienisch meist erhalten: *cuocente* kochend, *muovente* bewegend. Zuweilen erscheinen auch die Formen *cocente* und *muovente* (vgl. auch §§ 168.2, 195.2 Anm.).

Der Gebrauch des Partizip Präsens 193

1. Das Partizip Präsens findet sich zur Verkürzung meist eines Relativsatzes in gehobener Sprache und im Behördenstil:

gli alunni partecipanti al corso di francese	die am Französischunterricht teilnehmenden Schüler
un quadro raffigurante la Vergine	ein Bild, das die Jungfrau Maria darstellt
i rifiuti industriali contenenti piombo	die bleihaltigen Industrieabfälle
gli articoli della Costituzione riguardanti il mondo del lavoro	die die Arbeitswelt betreffenden Artikel der Verfassung
parole facenti parte della stessa famiglia	Wörter, die zur selben Wortfamilie gehören
i sostantivi uscenti in -ione	die auf *-ione* ausgehenden Substantive
due grandi finestre prospicienti il fiume	zwei große zum Fluss gehende Fenster/mit Blick auf den Fluss
il sabato precedente la prima domenica di maggio	der/am Samstag vor dem ersten Sonntag im Mai
nel periodo seguente il parto	in der Zeit nach der Geburt

Anmerkung: Ein absolutes Partizip, das nur noch selten vorkommt, liegt vor in den Ausdrücken: *vivente l'autore* zu Lebzeiten des Autors; *stanti le attuali condizioni* aufgrund der Umstände; *seduta stante* auf der Stelle/sofort.

2. Einige Partizipien haben sich zu Adjektiven, Substantiven oder Präpositionen entwickelt.

2.1. Zu Adjektiven sind geworden:

una donna affascinante	eine bezaubernde Frau
acqua bollente	kochendes Wasser
il mese corrente	der laufende Monat
una risposta soddisfacente	eine befriedigende Antwort
una valigia pesante	ein schwerer Koffer
il medico curante	der behandelnde Arzt
un bambino ubbidiente	ein folgsames Kind
il punto saliente	der springende Punkt

2.2. Als Substantive werden gebraucht:

l'insegnante	der Lehrer/die Lehrerin
il/la conducente	der Fahrer/die Fahrerin
il/la cantante	der Sänger/die Sängerin
il calmante	das Beruhigungsmittel
l'utente	der Benutzer/die Benutzerin/der Verbraucher/die Verbraucherin
lo stupefacente	das Betäubungsmittel/Rauschgift

Merke: die Überlebenden *i sopravvissuti*; der Abonnent *l'abbonato*; der Konsument *il consumatore*; der Interessent *l'interessato*; der Produzent *il produttore*; der Spekulant *lo speculatore*; der Simulant *il simulatore*

2.3. Als Präpositionen werden verwendet:

durante le vacanze	während der Ferien
nonostante la pioggia	trotz des Regens
mediante l'allenamento continuo	durch ständiges Training
rasante il/al muro	dicht an der Mauer

194 Unterschiedliche Wiedergabe eines deutschen Partizip Präsens im Italienischen

Oft wird das deutsche Partizip Präsens im Italienischen durch eine andere Konstruktion wiedergegeben, nämlich durch:

1. einen Relativsatz (in folgenden Fällen obligatorisch):

eine weinende Frau	*una donna che piange*
ein lachendes Mädchen	*una ragazza che ride*

ein schlecht sitzendes Kleid	*un vestito che cade male*
eine allein erziehende Mutter	*una madre che alleva i figli da sola*
Bellende Hunde beißen nicht.	*Can che abbaia non morde.*
Die Ratten verlassen das sinkende Schiff.	*I topi abbandonano la nave che affonda.*
die aufgehende/untergehende Sonne	*il sole che sorge/tramonta*
lebensverlängernde Maßnahmen	*misure che allungano la vita*

Anmerkung: Der Ausdruck 'ein schlafendes Kind' wird üblicherweise durch *un bambino che dorme* wiedergegeben. Möglich ist auch *un bambino addormentato* oder selten *un bambino dormiente*.

2. einen präpositionalen Ausdruck:

der ankommende/abfahrende Zug	*il treno in arrivo/partenza*
ein gut aussehender Mann	*un uomo di bell'aspetto*
eine ansteigende/abfallende Straße	*una strada in salita/discesa*
ein brennendes Haus	*una casa in fiamme*
die betreffende Person	*la persona in questione*
mit heraushängender Zunge	*con la lingua di fuori*
in betender Haltung	*in atto di preghiera*
aussterbende Tiere	*animali in (via di) estinzione*
eine sich ständig entwickelnde Gesellschaft	*una società in continua evoluzione*
sinkende Temperaturen	*temperature in diminuzione*
eine ständig wachsende Weltbevölkerung	*una poplazione mondiale in continuo aumento*
das aufnehmende Land	*il paese d'accoglienza*

Merke: mit zunehmendem Alter *con l'età*

3. ein Partizip Perfekt:

eine brennende Zigarette	*una sigaretta accesa*
eine blühende Pflanze	*una pianta fiorita*
duftende Blumen	*fiori profumati*
die vergleichende Sprachwissenschaft	*la linguistica comparata*
die bei Tisch sitzende Familie	*la famiglia seduta a tavola*
mit gebührender Achtung	*con il dovuto rispetto*
die staunende Menge	*la folla stupita*

4. das Gerundium:

Er sagte weinend, dass ...	*Piangendo disse che ...*
Er tat es, wohl wissend, dass ...	*Lo fece pur sapendo che ...*

5. *da* + Infinitiv:

das zu lösende Problem	*il problema da risolvere*
schwer zu überwindende Konflikte	*conflitti difficili da superare*
die zu ergreifenden Maßnahmen	*i provvedimenti da prendere*
aus noch zu klärenden Ursachen	*per cause ancora da accertare*
der zu übersetzende Text	*il testo da tradurre*
haarsträubende Dinge	*cose da far rizzare i capelli*

6. ein Adjektiv:

ein fragender Blick	*un'occhiata interrogativa*
eine ausweichende Antwort	*una risposta evasiva*
eine blühende Phantasie	*una fertile fantasia*
eine werdende Mutter	*una madre futura*
ein anstrengender Tag	*una giornata faticosa*
eine stark beanspruchende Tätigkeit	*un'attività impegnativa*
die bildende Kunst	*l'arte figurativa*
der anhaltende Regen	*la pioggia continua*
der einleitende Text	*il testo introduttivo*
ein mahnendes Beispiel	*un esempio ammonitore*
eine nicht zur Familie gehörende Person	*una persona estranea alla famiglia*
die fortschreitende Zerstörung der Umwelt	*la progressiva distruzione dell'ambiente*
eine sitzende Lebensweise	*una vita sedentaria*
eine enthemmende Wirkung	*un effetto disinibitorio*

7. ein Substantiv:

steigende Verkaufszahlen	*l'aumento delle vendite*
die zunehmende Gewalt	*l'aumento della violenza*
fallende Verkaufszahlen	*il calo delle vendite*
im blühenden Alter	*nel fiore degli anni*
der leitende Ingenieur	*l'ingegnere capo*
die nagende Eifersucht	*il tarlo della gelosia*

Kapitel 15 Das Gerundium (Il gerundio)

Das Gerundium ist eine unveränderliche infinite Verbform, die zur Verkürzung von Adverbialsätzen sowie zur Bildung von Verbalperiphrasen dient. Es wird besonders im Schriftitalienischen verwendet. Vom Gerundium gibt es zwei Formen, das einfache Gerundium (gerundio semplice) und das zusammengesetzte Gerundium (gerundio passato/composto).

Die Bildung des Gerundiums 195

1. Die Verben auf ***-are*** bilden das *gerundio* auf ***-ando***, diejenigen auf ***-ere/-ire*** bilden es auf ***-endo***. Das *gerundio* ist unveränderlich (zur Wiedergabe im Deutschen vgl. § 196):

lavorare	arbeiten	*lavorando*
leggere	lesen	*leggendo*
sentire	hören/fühlen	*sentendo*

2. Von dem ursprünglichen Stamm sind die folgenden Formen des Gerundiums abgeleitet:

bere	trinken	*bevendo*
condurre	führen	*conducendo*
dire	sagen	*dicendo*
fare	machen	*facendo*
trarre	ziehen	*traendo*
porre	setzen	*ponendo*

Ebenso bilden deren Komposita das Gerundium.

Anmerkung: Bei den Verben, deren Stamm den Diphthong *-uo-* aufweist, bleibt dieser im heutigen Italienisch meist erhalten: *scuotere* schütteln – *scuotendo*, *nuocere* schaden – *nuocendo.* Zuweilen weisen sie im Stamm nur den Vokal *-o-* auf: *scotendo*, *nocendo* (vgl. auch §§ 168.2, 192.2 Anm.).

Der Gebrauch des Gerundiums

Die Verkürzung von Nebensätzen mit Hilfe des Gerundiums 196

Das Gerundium wird zur Verkürzung temporaler, kausaler, modaler, instrumentaler, konditionaler, konsekutiver und (mit vorausgehendem *pur*) konzessiver Nebensätze verwendet. Außerdem kann es mit vorausgehendem *quasi/come* einen hypothetischen Vergleich ausdrücken.

Das Gerundium gibt eine Handlung an, die gleichzeitig zu der des Hauptsatzes verläuft (zum *gerundio passato* vgl. § 197). Es kann dem Hauptsatz vorausgehen oder ihm folgen. In der Regel stimmen das Subjekt des Gerundiums und das Subjekt des Hauptsatzes überein (zur absoluten Konstruktion des Gerundiums vgl. § 198). Im Einzelnen können unterschieden werden:

1. temporale Beziehung:

Camminando pensavo a tutte le cose che avevo da fare.	Beim Gehen dachte ich an all die Dinge, die ich zu erledigen hatte.
Parlando si accorse che si era sbagliato.	Beim Sprechen/Während er sprach, merkte er, dass er sich geirrt hatte.
Andando a scuola ho visto mio cugino.	Auf dem Weg zur Schule habe ich meinen Cousin gesehen.
È sempre interessante osservare la gente stando comodamente seduti al tavolino di un bar.	Es ist immer interessant, die Leute zu beobachten, während man bequem am kleinen Tisch einer Bar sitzt.

Unterscheide: *L'ho visto uscendo dal negozio.* – Ich habe ihn gesehen, als ich aus dem Geschäft kam [gleiches Subjekt]. – *L'ho visto uscire/che usciva dal negozio.* – Ich habe ihn aus dem Geschäft kommen sehen./Ich habe ihn gesehen, als er aus dem Geschäft kam [verschiedene Subjekte].

2. kausale Beziehung:

Avendo paura, non entrò.	Da er Angst hatte, ging er nicht hinein.
Essendo malata, non poté venire.	Da sie krank war, konnte sie nicht kommen.
Non potendo trovare lavoro nella loro terra, molti uomini di umile estrazione emigrarono negli Stati Uniti.	Da sie in ihrem Land keine Arbeit finden konnten, wanderten viele Männer niedriger Abstammung in die Vereinigten Staaten aus.
Il testimone, non conoscendo una parola di francese, ha dovuto essere interrogato con l'aiuto di un interprete.	Da der Zeuge kein Wort Französisch konnte, musste er mit Hilfe eines Dolmetschers befragt werden.

3. modale und instrumentale Beziehung:

Versare la farina lasciandola cadere a pioggia.	Mehl langsam einstreuen (indem man es tröpfchenweise fallen lässt).
La verità è lapalissiana: si perde peso solo mangiando di meno e muovendosi di più.	Es ist eine Binsenweisheit: Man nimmt nur ab, indem man weniger isst und sich mehr bewegt.
Nuotando si irrobustisce il corpo.	Durch Schwimmen kräftigt man den Körper.
Ho passato la mattina studiando.	Ich habe den Morgen mit Lernen verbracht.
È meglio parcheggiare facendo marcia indietro.	Es ist besser, rückwärts einzuparken.
La polizia ha sventato l'attentato disinnescando la bomba.	Die Polizei hat durch Entschärfen der Bombe den Anschlag vereitelt.
Una città si conosce andando a piedi.	Eine Stadt lernt man kennen, indem man zu Fuß geht.
Il gatto si lava leccandosi.	Die Katze leckt sich sauber.
Mi mantengo in forma facendo dello sport.	Ich halte mich durch Sport fit.

Anmerkung: Wenn das Gerundium eine modale oder konsekutive Beziehung (vgl. § 196.5) ausdrückt, wird es im Deutschen oft durch die Konjunktion 'und' an den Hauptsatz angeschlossen: *Il cliente ci telefonò lamentandosi della cattiva qualità della merce.* – Der Kunde rief uns an und beklagte sich über die schlechte Qualität der Ware.

4. konditionale Beziehung:

Prendendo il treno delle sei, arriviamo puntuali.	Wenn wir den Sechs-Uhr-Zug nehmen, kommen wir pünktlich an.
Prendendo il treno delle sei, saremmo arrivati puntuali.	Wenn wir den Sechs-Uhr-Zug genommen hätten, wären wir pünktlich angekommen.
La madre [...] sperava che Mara, andandosene in un posto nuovo, si sarebbe dimenticata di Bube. (Cassola)	Die Mutter hoffte, dass Mara, wenn sie an einen neuen Ort gehen würde, Bube vergessen würde.
Dicendo la verità, puoi ottenere di più.	Wenn du die Wahrheit sagst, kannst du mehr erreichen.
Desiderando altri chiarimenti, rivolgiti pure a me.	Falls du weitere Erklärungen wünschst, wende dich ruhig an mich.
Sapendolo in tempo, verrò anch'io alla festa.	Wenn ich es rechtzeitig weiß, werde ich auch zu dem Fest kommen.

5. konsekutive Beziehung:

Il bambino scivolò, battendo la testa contro la parete.	Das Kind rutschte aus und schlug mit dem Kopf gegen die Wand.
L'autocisterna si è ribaltata sull'A1, bloccando la articolazione vicino a Firenze e provocando incolonnamenti chilometrici. (La Stampa)	Das Tankfahrzeug kippte auf der A1 um, blockierte das Teilstück bei Florenz und verursachte kilometerlange Staus.
In soli 5 anni la rete viaria è raddoppiata passando da 7 a 14 mila chilometri.	In nur fünf Jahren hat sich das Straßennetz von 7000 auf 14000 km verdoppelt.
Una forte scossa di terremoto ha colpito la Sicilia, provocando due morti.	Ein starkes Erdbeben hat Sizilien heimgesucht und zwei Menschenleben gefordert.
In questo tratto l'Arno si restringe diventando più facile da attraversare.	In diesem Abschnitt verengt sich der Arno und kann so leichter überquert werden.
Agli inizi del XX secolo la mafia estese le sue attività al commercio e all'industria ricavandone guadagni sempre più cospicui.	Zu Beginn des 20. Jh. dehnte die Mafia ihre Aktivitäten auf den Handel und die Industrie aus und erzielte so immer beachtlichere Gewinne.

6. konzessive Beziehung mit vorausgehendem ***pur***:

Pur sapendolo, non disse chi era stato.	Obwohl er es wusste, sagte er nicht, wer es gewesen war.
È davvero sconvolgente [...] pensare che qualcuno possa decidere di lasciarsi morire di fame pur avendo a disposizione tutto il cibo che potrebbe desiderare. (Corriere della Sera)	Es ist wirklich erschütternd sich vorzustellen, dass jemand beschließen kann zu verhungern, obwohl er all die Nahrung zur Verfügung hat, die er sich wünschen könnte.
Pur volendolo, non riuscirei a farlo.	Selbst wenn ich es wollte, würde es mir nicht gelingen.
Le cosiddette minoranze linguistiche sono piccole comunità che, pur essendo formate da cittadini italiani, hanno mantenuto la lingua originaria.	Die sogenannten sprachlichen Minderheiten sind kleine Gemeinden, die, obwohl sie von italienischen Bürgern gebildet werden, ihre ursprüngliche Sprache bewahrt haben.
Fa ancora molto freddo, pur essendo ormai primavera avanzata.	Es ist noch sehr kalt, obwohl schon lange Frühling ist.

Anmerkung: Konzessive Funktion kann auch durch eine adversative Konjunktion deutlich gemacht werden: *Il vocabolario degli Accademici della Crusca offriva uno strumento di prim'ordine per coloro che, non essendo fiorentini o toscani, volevano però adottare quel volgare come lingua comune letteraria.* – Das Wörterbuch der Akademiker der Crusca bot denjenigen ein erstklassiges Arbeitsinstrument, die, obwohl sie keine Florentiner oder Toskaner waren, diese Volkssprache als gemeinsame literarische Sprache annehmen wollten.

7. hypothetischer Vergleich mit vorausgehendem ***come/quasi***:

Marcovaldo sgombrò il tavolo e vi piazzò il coniglio in mezzo, che si appiattì come cercando di sparire. (Calvino)	Marcovaldo räumte den Tisch ab und setzte das Kaninchen in die Mitte, das sich duckte, als ob es versuchen wollte zu verschwinden.
Mario rimase sull'uscio quasi temendo di entrare, poi si decise.	Mario blieb an der Tür stehen, als ob er Angst hätte hineinzugehen, dann entschloss er sich.

8. Wendungen:

tralasciando i dettagli	ohne auf Einzelheiten einzugehen
considerando il fatto che ...	unter Berücksichtigung der Tatsache, dass ...
rischiando la vita	unter Einsatz seines Lebens
concludendo	kurz (gesagt)
... e via dicendo	und so weiter

Das vorzeitige Gerundium (gerundio passato) 197

In der Schriftsprache findet sich auch ein vorzeitiges Gerundium, das mit dem Gerundium von *essere* bzw. *avere* + Partizip Perfekt gebildet wird und nur temporal oder kausal gebraucht wird:

Avendola offesa, le devo chiedere scusa.	Da ich sie beleidigt habe, muss ich mich bei ihr entschuldigen.
Essendo partito, si accorse di aver dimenticato l'ombrello.	Nachdem er abgereist war, merkte er, dass er den Regenschirm vergessen hatte.

Anmerkung: Durch vorangestelltes *pur* erhält das *gerundio passato* konzessive Bedeutung (vgl. § 196.6): *Pur avendo studiato molto Angelo non ha superato l'esame.* – Obwohl Angelo viel gelernt hatte, hat er die Prüfung nicht bestanden.

198 Das Gerundium mit eigenem Subjekt

Das Gerundium kann ein eigenes Subjekt haben, das nachgestellt wird:

Essendo morto il padre, il giovanotto fu avviato al lavoro.	Da der Vater gestorben war, wurde der junge Mann in die Arbeit eingeführt.
Essendosi staccata un'ala, l'apparecchio precipitò.	Da sich ein Flügel gelöst hatte, stürzte das Flugzeug ab.
Essendosi sciolte le nevi, i fiumi sono in piena.	Da die Schneemassen geschmolzen sind, haben die Flüsse Hochwasser.
Stando così le cose, Le voglio dire tutto.	Nachdem die Sache so steht, will ich Ihnen alles sagen.

Anmerkung 1: Unpersönliches Subjekt liegt vor in: *Stando alle statistiche sono diminuiti i consumatori di eroina e sono aumentati quelli di cocaina.* – Den Statistiken nach zu urteilen haben die Konsumenten von Heroin ab- und die von Kokain zugenommen. *Parlando dei drogati, in particolare, le strutture politiche destinate al loro recupero non funzionano.* – Besonders was die Drogenabhängigen betrifft, funktionieren die für ihre Wiedereingliederung vorgesehenen politischen Einrichtungen nicht. *Tornando al problema maggiore, quello del doppio lavoro, non sempre la donna è in grado di conciliare famiglia e lavoro.* – Um auf das Hauptproblem, nämlich die Doppelbelastung, zurückkommen, sind Frauen nicht immer in der Lage, Familie und Arbeit miteinander zu vereinbaren. *Piovendo a dirotto, sono rimasto a casa.* – Da es in Strömen regnete, bin ich zu Hause geblieben. *L'appetito vien(e) mangiando.* – Der Appetit kommt beim Essen/während man isst.

Anmerkung 2: In den Ausdrücken *Salute/Tempo permettendo* ... – Wenn es die Gesundheit/das Wetter erlaubt ... steht das artikellose Subjekt vor dem Gerundio.

199 Verbalperiphrasen mit dem Gerundium

1. ***Stare*** + Gerundium gibt an, dass eine Handlung sich gerade vollzieht [Verlaufsform]; dabei kann *stare* im Präsens, Imperfekt und Futur I stehen:

Sto leggendo un libro.	Ich lese gerade ein Buch.
Stava suonando il pianoforte, quando sua sorella entrò.	Er spielte gerade Klavier, als seine Schwester hereinkam.
Sta facendo una cura disintossicante.	Er/Sie macht gerade eine Entziehungskur/ist auf Entzug.
Non sto scherzando.	Das ist mein voller Ernst.

Anmerkung: *Stare* kann nicht mit dem *gerundio* von *essere* verbunden werden. Ein Satz wie 'Er ist gerade in der Schule.' muss mit *In questo momento/Adesso è a scuola* wiedergegeben werden.

(Zu *stare per* + Infinitiv vgl. §§ 233.4, 263.4)

2. ***Andare*** + Gerundium kennzeichnet einen sich ständig wiederholenden Vorgang:

Andava dicendo sciocchezze.	Er sagte ständig dummes Zeug.
Va lamentandosi di tutto.	Er beklagt sich ständig über alles.
Il problema della disoccupazione giovanile, negli ultimi anni, è andato via via aggravandosi.	Das Problem der Jugendarbeitslosigkeit hat sich in den letzten Jahren zunehmend verschärft.

3. ***Venire*** + Gerundium bezeichnet eine Handlung in ihrem Verlauf:

Mi vengo sempre più persuadendo che ...	Ich komme immer mehr zu der Überzeugung, dass ...
Viene delineandosi una società nuova, dominata dalla produttività, dall'efficientismo, che tende a escludere chi non è competitivo.	Es zeichnet sich allmählich eine neue, von Produktivität und Leistung dominierte Gesellschaft ab, die dazu neigt, denjenigen auszuschließen, der nicht wettbewerbsfähig ist.

Kapitel 16 Das Verb und seine Ergänzungen
(I complementi del verbo)

Italienische Verben können mit direktem, indirektem oder präpositionalem Objekt konstruiert werden oder eine prädikative Ergänzung zu sich nehmen.

200 Verben mit direktem Objekt

1. Die meisten Verben, die im Deutschen mit direktem Objekt konstruiert werden, werden auch im Italienischen mit direktem Objekt gebraucht:

Ho scritto una lettera.	Ich habe einen Brief geschrieben.
Vogliamo vendere la casa.	Wir wollen das Haus verkaufen.

2. Einige Verben, die im Italienischen mit direktem Objekt verwendet werden, werden im Deutschen mit indirektem Objekt bzw. präpositionalem Objekt konstruiert:

affrontare qd/qc	jdm. trotzen/an etw. herangehen
aiutare qd	jdm. helfen
appostare qd	jdm. auflauern
ascoltare qd/qc	jdm./einer Sache zuhören
aspettare/attendere qd/qc	auf jdn./etw. warten/ jdn./etw. erwarten
assistere qd	jdm. beistehen
chiedere/domandare qc	nach etw. fragen/um etw. bitten
consigliare qc	zu etw. raten/etw. empfehlen
contestare qd/qc	gegen jdn./etw. protestieren
contraddire qd/qc	jdm./einer Sache widersprechen
danneggiare qc	einer Sache schaden
dissuadere qd	jdm. abraten
incontrare qd	jdm. begegnen/jdn. treffen
invadere qc	in etw. eindringen
lesinare qc	mit etw. knausern/geizen
licenziare qd	jdm. kündigen/jdn. entlassen
lisciare/lusingare qd	jdm. schmeicheln
minacciare qd	jdm. drohen/jdn. bedrohen
mordere qc	in etw. beißen
odorare qc	an etw. riechen
precedere qd/qc	jdm./einer Sache vorangehen
premere qc	auf etw. drücken
prevenire qd/qc	jdm./einer Sache zuvorkommen

rimpiangere qc	einer Sache nachtrauern/-weinen
rincorrere qd/qc	jdm./etw. nachlaufen
ringraziare qd	jdm. danken
sbagliare qc	sich in etw. irren
scippare qd	jdm. etw. gewaltsam auf der Straße entreißen
scommettere qc	um etw. wetten
sconsigliare qc	von etw. abraten
seguire qd/qc	jdm./einer Sache folgen
servire qd	jdm. dienen
sfogliare qc	in etw. blättern/etw. durchblättern
sfrattare qd	jdm. kündigen (Wohnung)
sgridare qd	mit jdm. schimpfen
soccorrere qd	jdm. helfen/zu Hilfe eilen
sognare qd/di qd/qc	von jdm./etw. träumen
votare qc	über etw. abstimmen

Che cosa aspetti?	Worauf wartest du?
Stanotte ho sognato Maria.	Heute Nacht habe ich von Maria geträumt.
Scusi, ho sbagliato porta.	Entschuldigen Sie, ich habe mich in der Tür geirrt.
Bisogna attendere la coincidenza.	Man muss auf den Anschluss warten.
Dai, aiuta la mamma.	Los, hilf der Mama!
Ringrazio molto tuo zio.	Ich danke deinem Onkel sehr.
Hai chiesto il prezzo?	Hast du nach dem Preis gefragt?
Ieri ho incontrato il signor Rossi.	Gestern bin ich Herrn Rossi begegnet.
Due ragazzi in moto hanno tentato di scippare una anziana signora.	Zwei junge Leute auf einem Motorrad haben versucht, eine alte Frau zu berauben
Li abbiamo seguiti.	Wir sind ihnen gefolgt.
Gli studenti hanno contestato le disposizioni del Ministro della Pubblica Istruzione.	Die Studenten haben gegen die Anordnungen des Kultusministers protestiert.

Anmerkung 1: Diese Verben können im Gegensatz zum Deutschen ein persönliches Passiv bilden (vgl. § 250): *Suo padre fu licenziato.* – Seinem Vater wurde gekündigt.

Anmerkung 2: Dt. ‘etw. kündigen’ wird mit *disdire qc/dare la disdetta di qc* wiedergegeben: *Ho disdetto il contratto.* – Ich habe den Vertrag gekündigt. *L’inquilino ha dato la disdetta della casa.* – Der Mieter hat die Wohnung gekündigt. Aber nur: *L’inquilino ha dato la disdetta.* – Der Mieter hat gekündigt.

Anmerkung 3: Das Verb *sgridare* kann nicht ohne Objekt gebraucht werden: Die Lehrerin hat geschimpft, weil ich zu spät gekommen bin. – *La maestra* ***mi*** *ha sgridato perché sono arrivato in ritardo.*

Anmerkung 4: In einer Reihe von Wendungen erscheint im Italienischen das direkte Objekt, während im Deutschen ein präpositionales Objekt steht:

pregare Dio	zu Gott beten
consultare una grammatica	in einer Grammatik nachschlagen
battere i denti	mit den Zähnen klappern
battere le mani	in die Hände klatschen
pestare i piedi	mit den Füßen aufstampfen
dondolare le gambe	mit den Beinen schlenkern
decidere la pace e la guerra	über Krieg und Frieden entscheiden
guardare l'orologio	auf die Uhr schauen
suonare la messa	zur Messe läuten
tamponare una macchina	auf ein Auto auffahren
gridare aiuto	um Hilfe schreien
alzare le spalle	mit den Schultern/die Schultern zucken
pizzicare la lingua	auf der Zunge brennen
schioccare la lingua	mit der Zunge schnalzen
dimenare la coda	mit dem Schwanz wedeln
grattare la porta	an der Tür kratzen/scharren
tagliarsi/pungersi il dito	sich in den Finger schneiden/ stechen
stuzzicare i denti	in den Zähnen stochern
succhiarsi il pollice	am Daumen lutschen
mangiarsi le unghie	an den Fingernägeln kauen

Anmerkung 5: Der umgekehrte Fall (direktes Objekt im Deutschen, präpositionales Objekt im Italienischen) liegt in folgenden Ausdrücken vor:

Tränen lachen	*ridere fino alle lacrime*
Geige üben	*esercitarsi al violino*
Schach spielen	*giocare a scacchi*
Hochsprung trainieren	*allenarsi nel salto in alto*
Tenor singen	*cantare da tenore*
Eis laufen	*pattinare sul ghiaccio*
Diät halten	*stare a dieta*
Sturm läuten	*suonare a stormo*
Schritt fahren	*procedere a passo d'uomo*
(keinen) Spaß verstehen	*(non) stare allo scherzo*
Achterbahn fahren	*salire sulle montagne russe/ sull'otto volante*
Motorrad fahren	*andare in moto*
Skateboard fahren	*andare sullo skateboard*

3. Mit direktem oder indirektem Objekt werden folgende Verben verwendet (zum Teil mit Bedeutungsunterschied):

applaudire (a) qd/qc	jdm./einer Sache Beifall spenden
compiacere qd/a qd	jdn. zufriedenstellen/jdm. gefällig sein/entgegenkommen
insidiare (a) qd/qc	jdm. auflauern/etw. gefährden
perdonare (a) qd	jdm. verzeihen, jdn. verschonen
soddisfare (a) qd/qc	jdn. zufrieden stellen/einer Sache nachkommen
ubbidire a qd/[selten] *qd*	jdm. gehorchen

La morte non perdona (a) nessuno.	Der Tod verschont niemanden.
Il pubblico ha applaudito il/al cantante.	Das Publikum hat dem Sänger applaudiert.
Cercano di compiacerlo in tutto.	Sie versuchen ihn in jeder Hinsicht zufriedenzustellen.
Cercheremo di compiacerLe.	Wir werden versuchen Ihnen entgegenzukommen.

Anmerkung: Das Verb *interessare* wird mit der Bedeutung 'interessieren' mit indirektem Objekt gebraucht: Ihren Mann/Ihn interessiert nur (das) Geld. – *A suo marito/Gli interessa solo il denaro.* Jungen/Mich interessieren diese Dinge nicht. – *Ai ragazzi/A me non interessano queste cose.* Mit der Bedeutung 'interessieren/betreffen' wird es mit direktem Objekt verbunden: Das ist ein Problem, das viele betrifft. – *Questo è un problema che interessa molti.* Diese Frage scheint ihn nicht zu interessieren. – *Questa questione sembra non interessarlo.*

Verben mit indirektem/präpositionalem Objekt

Verben mit *a*-Objekt 201

1. Den meisten deutschen Verben mit indirektem Objekt (Dativobjekt) entsprechen im Italienischen Verben mit ***a***-Objekt:

appartenere a qd/qc	jdm./einer Sache gehören
assistere a qc	einer Sache beiwohnen
attendere a qc	sich einer Sache widmen
cedere a qd/qc	jdm./einer Sache nachgeben
consentire a qc	einer Sache zustimmen
corrispondere a qc	einer Sache entsprechen

credere a qd/qc	jdm./einer Sache glauben
nuocere a qd/qc	jdm./einer Sache schaden
ovviare a qc	einer Sache abhelfen
reggere a qc	einer Sache standhalten
resistere a qd/qc	jdm./einer Sache widerstehen
rispondere a qd	jdm. antworten
sfuggire a qd/qc	jdm./einer Sache entgehen
somigliare a qd/qc	jdm./einer Sache ähneln
toccare a qd	jdm. widerfahren/zuteil werden

Il figlio somiglia tutto alla mamma.	Der Sohn sieht ganz der Mama ähnlich.
Non crederai mica a quello spaccone?	Du wirst doch diesem Angeber nicht glauben.
Non potei resistere alla tentazione.	Ich konnte der Versuchung nicht widerstehen.
Abbiamo ceduto al suo desiderio.	Wir haben seinem Wunsch nachgegeben.
A mio padre non era sfuggito che ...	Meinem Vater war nicht entgangen, dass...
Gli è toccata una bella fortuna.	Ihm ist ein großes Glück zuteil geworden.

2. Mit indirektem Objekt werden im Gegensatz zum Deutschen folgende Verben konstruiert:

chiedere a qd/domandare a qd	jdn. fragen/bitten
mentire a qd	jdn. anlügen
rispondere a qc	etw. beantworten/auf etw. antworten
sopravvivere a qd/qc	jdn./etw. überleben
telefonare a qd	jdn. anrufen
urlare a qd	jdn. anschreien

Carlo ha mentito al professore.	Carlo hat den Lehrer angelogen.
A chi hai telefonato?	Wen hast du angerufen?
Devo chiedere al portiere.	Ich muss den Portier fragen.
Non ho ancora risposto alla sua lettera.	Ich habe seinen Brief noch nicht beantwortet.
Nessuno è sopravvissuto alla sciagura.	Niemand hat das Unglück überlebt.

Merke: mit jdm. telefonieren *telefonare a qd/parlare al telefono con qd*
bei jdm. anrufen *telefonare a casa di qd;*
jdn. im Büro anrufen *telefonare a qd in ufficio*,
die 089… anrufen *telefonare allo 089….*

3. Folgenden italienischen Verben mit ***a***-Objekt entsprechen deutsche Verben mit präpositionalem Objekt:

(ac)consentire a qc	in etw. einwilligen
alludere a qd/qc	auf jdn./etw. anspielen
ammontare a qc	sich auf etw. belaufen
aspirare a qc	nach etw. streben/trachten
attentare a qd/qc	einen Anschlag auf jdn./etw. verüben
attingere a qc	aus etw. schöpfen
badare a qc	auf etw. achten/sich um etw. kümmern
contribuire a qc	zu etw. beitragen
convenire a qd	sich für jdn. lohnen/schicken
educare a qc	zu etw. erziehen
guardare a qc	auf etw. achten
intervenire a/in qc	an etw. teilnehmen/sich an etw. beteiligen
mancare a qc	gegen etw. verstoßen
mirare a qc	auf etw. abzielen
parlare a qd	zu/mit jdm. sprechen
partecipare a qc	an etw. teilnehmen
passare a qc	zu etw. übergehen
pensare a qd/qc	an jdn./etw. denken
presenziare a qc	bei etw. zugegen sein
presiedere a qc	bei etw. den Vorsitz führen
provvedere a qc	für etw. sorgen
reagire a qc	auf etw. reagieren
ricorrere a qd/qc	sich an jdn. wenden/zu etw. greifen
rinunciare a qc	auf etw. verzichten
risalire a qc	auf etw. zurückgehen
servire a qc	zu etw. dienen/nützen
sparare a qd/qc	auf jdn./etw. schießen
tenere/tenerci a qc	auf etw. Wert legen

Quante persone partecipano al corso d'italiano?	Wie viele Personen nehmen an dem Italienischkurs teil?
I documenti risalgono al tredicesimo secolo.	Die Dokumente gehen auf das 13. Jahrhundert zurück.
Non badare a quello che dice.	Achte nicht auf das, was er sagt.
Il conto ammonta a diecimila euro.	Die Rechnung beläuft sich auf 10.000 Euro.
Quando si tratta di comprare libri, mio marito non guarda a spese.	Wenn es um den Kauf von Büchern geht, scheut mein Mann keine Kosten.

A che cosa stai pensando?	Woran denkst du gerade?
Tutti dovrebbero contribuire alla soluzione di questo problema.	Alle müssten zur Lösung dieses Problems beitragen.
Non credo ai fantasmi.	Ich glaube nicht an Gespenster.
Gli hanno sparato.	Auf ihn ist geschossen worden.
Al dibattito sono intervenuti molti esperti.	An der Diskussion haben viele Fachleute teilgenommen.

4. Folgenden italienischen reflexiven Verben mit ***a***-Objekt entsprechen deutsche reflexive Verben mit indirektem Objekt bzw. präpositionalem Objekt:

abituarsi/assuefarsi a qc	sich an etw. gewöhnen
adattarsi a qc/adeguarsi a qc	sich einer Sache/an etw. anpassen
allearsi a/con	sich mit jdm./etw. verbünden
appassionarsi a qc	sich für etw. begeistern
applicarsi a qc	sich einer Sache hingeben/widmen
attenersi a qc (una regola)	sich an etw. halten (eine Regel)
avvezzarsi a qc	sich an etw. gewöhnen
avvicinarsi/approssimarsi a qd/qc	sich jdm./einer Sache nähern
consacrarsi/darsi/dedicarsi a qc	sich einer Sache widmen
esporsi a qc	sich einer Sache aussetzen
inchinarsi a qd	sich vor jdm. verneigen
interessarsi a qc	sich für etw. interessieren/sich um etw. kümmern
iscriversi a qc	sich in etw. einschreiben
ispirarsi a qd/qc	sich von jdm./etw. anregen lassen
limitarsi a qc	sich auf etw. beschränken
nascondersi a qd	sich vor jdm. verstecken
opporsi a qc	sich einer Sache widersetzen
prepararsi a/per qc (un esame)	sich auf etw. vorbereiten (eine Prüfung)
prestarsi a qc	sich zu etw. eignen
rassegnarsi a qc	sich mit etw. abfinden
ribellarsi a qd/qc	sich jdm./einer Sache widersetzen
riferirsi a qd/qc	sich auf jdn./etw. beziehen
rimettersi a qd	sich auf jdn. verlassen
rivolgersi a qd	sich an jdn. wenden
sostituirsi a qd/qc	an jds. Stelle treten
sottoporsi a qc	sich einer Sache unterziehen
sottrarsi a qc	sich einer Sache entziehen
uniformarsi a qc	sich nach etw. richten

Mi limito allo stretto necessario.	Ich beschränke mich auf das Notwendigste.
Lisa si è iscritta a ingegneria.	Lisa hat sich für Ingenieurwissenschaften eingeschrieben.
Non mi sono ancora abituato al clima.	Ich habe mich noch nicht an das Klima gewöhnt.
Bisogna adattarsi alle esigenze del tempo.	Man muss sich den Erfordernissen der Zeit anpassen.
Mi riferisco a quello che hai detto l'altro giorno.	Ich beziehe mich auf das, was du neulich gesagt hast.
Il suo comportamento si presta a critiche.	Sein Verhalten gibt Anlass zu Kritik.
Mi oppongo alla sua nomina.	Ich widersetze mich seiner Ernennung.
Nessuno potrà sottrarsi al controllo.	Niemand wird sich der Kontrolle entziehen können.
Non avvicinarti troppo all'acqua!	Geh nicht zu nah ans Wasser!
L'alunno non si è attenuto all'argomento.	Der Schüler hat sich nicht an das Thema gehalten.
Si è iscritto al partito comunista.	Er ist der kommunistischen Partei beigetreten.

Verben mit *di*-Objekt 202

1. Nicht-reflexive Verben mit *di*-Objekt:

abbondare di qc	im Überfluss vorhanden sein
abusare di qd/qc	jdn./etw. missbrauchen
approfittare di qc	etw. benutzen/gebrauchen
aver bisogno di qc	etw. brauchen/benötigen
chiedere di qd	nach jdm. fragen
consistere di qc	aus etw. bestehen
diffidare di qd/qc	jdm./einer Sache misstrauen
discutere di qc	über etw. diskutieren
disporre di qd/qc	über jdn./etw. verfügen
domandare di qd	nach jdm. fragen
dubitare di qc	an etw. zweifeln
fruire di qc	etw. genießen
godere di qc	sich über etw. freuen/etw. genießen
mancare di qc	an etw. Mangel haben
morire di qc	an etw. sterben
odorare di qc	nach etw. riechen
parlare di qd/qc	über jdn./etw. sprechen

partecipare di qc	an etw. teilhaben
pullulare di qc	von etw. wimmeln
puzzare di qc	nach etw. stinken
raccontare di qd/qc	von jdm./etw./über jdn./etw. erzählen
ringraziare di/per qc	für etw. danken
risentire di qc	an etw. leiden/unter dem Einfluss einer Sache stehen
risonare di qc (risuona)	von etw. erschallen/erfüllt sein
rispondere di qd/qc	für jdn./etw. bürgen
sapere di qd/qc	von jdm./etw. wissen/nach etw. schmecken/riechen
servire di qc	als etw. dienen
soffrire di qc	an/unter etw. leiden
trattare di qc	von etw. handeln
usufruire di qc	etw. genießen/nießnutzen
vivere di qc	von etw. leben

Hanno chiesto di te.	Man hat nach dir gefragt.
Questa minestra non sa di niente.	Diese Suppe schmeckt nach nichts.
Al tuo posto avrei approfittato dell'offerta.	An deiner Stelle hätte ich von dem Angebot Gebrauch gemacht.
Sua moglie soffre di mal di testa/emicrania.	Seine Frau leidet unter Kopfschmerzen/Migräne.
Abbiamo parlato di politica.	Wir haben über Politik gesprochen.
Il Canadà abbonda di foreste.	In Kanada gibt es Wälder im Überfluss.
Non abusare della mia pazienza.	Missbrauch meine Geduld nicht!
Mancano di intelligenza.	Es mangelt ihnen an Intelligenz.
Purtroppo non disponiamo dei mezzi necessari.	Leider verfügen wir nicht über die notwendigen Mittel.
Non dubito della sua sincerità.	Ich zweifle nicht an seiner Aufrichtigkeit.
Ho goduto della giovinezza.	Ich habe meine Jugend genossen.
La Basilica di San Francesco consiste di due chiese.	Die Basilika des hl. Franziskus besteht aus zwei Kirchen.
Qui puzza di benzina.	Hier stinkt es nach Benzin.
Di che cosa tratta questo libro?	Wovon handelt dieses Buch?
La piazza brulicava di turisti.	Der Platz wimmelte von Touristen.

Aber: von sich erzählen *raccontarsi*

Anmerkung 1: Das Verb *godere* kommt auch in reflexiver Form vor, wobei das folgende Objekt ohne Präposition steht: *godersi la vita/le vacanze* sein Leben/seine Ferien genießen.

Anmerkung 2: In Verbindung mit einer Krankheit steht nach dem Verb *soffrire* die Präposition *di*. Wird der Grund angegeben, so folgt *per* oder *a causa di*: *soffrire per una crisi di astinenza* an Entzugserscheinungen leiden, *soffrire a causa dell'embargo* unter dem Embargo leiden. In den anderen Fällen folgt auf *soffrire* ein direktes Objekt mit dem bestimmten Artikel: *soffrire la fame* an Hunger leiden, *soffrire il caldo/freddo* unter Hitze/Kälte leiden, *soffrire il mal di mare* seekrank sein, *soffrire le pene dell'inferno* Höllenqualen leiden/ausstehen, *soffrire il solletico* kitzlig sein.

Anmerkung 3: Der Ausdruck 'etw. dringend brauchen' wird mit *avere urgentemente bisogno/avere bisogno con urgenza* oder *avere urgente bisogno di qc* wiedergegeben.

2. Reflexive Verben mit *di*-Objekt:

(ac)contentarsi di qc	sich mit etw. begnügen
accorgersi di qc	etw. (be)merken
approfittarsi di qc	etw. ausnutzen/missbrauchen
appropriarsi (di) qc	sich etw. aneignen/sich einer Sache bemächtigen
armarsi di qc	sich mit etw. bewaffnen
beffarsi/burlarsi di qd/qc	sich über jdn./etw. lustig machen
compiacersi di qc	an etw. Freude haben
comporsi di qc	aus etw. bestehen
curarsi di qd/qc	sich um jdn./etw. kümmern
dimenticarsi di qd/qc	jdn./etw. vergessen
disinteressarsi di qc	sich für etw. nicht mehr interessieren
felicitarsi di qc/per qc [lit.]	sich über etw. freuen
fidarsi di qd/qc	jdm./einer Sache trauen/vertrauen
fregarsene di qd/qc [vulg.]	auf jdn./etw. pfeifen
impadronirsi/impossessarsi di qc	sich einer Sache bemächtigen
incaricarsi di qc	etw. übernehmen
infischiarsi di qd/qc	auf jdn./etw. pfeifen
informarsi di/su qd/qc	sich nach jdm./etw. erkundigen
innamorarsi di qd	sich in jdn. verlieben
intendersi di qc	sich auf etw. verstehen/sich in etw. auskennen
interessarsi di qd/qc	sich für jdn./etw. interessieren
lagnarsi/lamentarsi di qd/qc	sich über jdn./etw. beklagen
liberarsi di/da qd/qc	sich von jdm./etw. befreien
meravigliarsi di qd/qc	sich über jdn./etw. wundern
munirsi di qc	sich mit etw. versehen
nutrirsi di qc	sich von etw. ernähren

occuparsi di qd/qc	sich mit jdm./etw. beschäftigen/ sich um jdn./etw. kümmern
pavoneggiarsi di qc	sich mit etw. brüsten
pentirsi di qc	etw. bereuen
preoccuparsi di/per qd/qc	sich wegen jds./einer Sache Sorgen machen/um jdn./etw. besorgt sein
rallegrarsi di qc	sich über etw. freuen
rammaricarsi di qc	wegen einer Sache betrübt sein
ricordarsi di qd/qc	sich an jdn./etw. erinnern
scusarsi di/per qc	sich für etw. entschuldigen
servirsi di qd/qc	sich jds./einer Sache bedienen
trattarsi di qd/qc	sich um jdn./etw. handeln
vantarsi di qc	sich einer Sache rühmen
vendicarsi di qc	sich für etw. rächen
vergognarsi di qd/qc	sich jds./einer Sache schämen

Di che cosa ti lamenti?	Worüber beklagst du dich?
Mi accontento di poco.	Ich bin mit wenigem zufrieden.
Mi interesso di lingue.	Ich interessiere mich für Sprachen.
Non mi fido di lui.	Ich traue ihm nicht.
Claudio si è innamorato di Maria.	Claudio hat sich in Maria verliebt.
Non m'intendo di queste cose.	Ich kenne mich in diesen Dingen nicht aus.
Si tratta del nostro avvenire.	Es geht um unsere Zukunft.
Vi potete servire del dizionario.	Ihr dürft das Wörterbuch benutzen.

Anmerkung 1: Neben *dimenticarsi di qd/qc* und *ricordarsi di qd/qc* gibt es auch *dimenticare/dimenticarsi* und *ricordare/ricordarsi* mit direktem Objekt: *Ho dimenticato/Mi sono dimenticato il suo indirizzo.* – Ich habe seine/ihre Adresse vergessen. *Non (mi) ricordo il suo indirizzo.* – Ich erinnere mich nicht an seine/ihre Adresse.

Anmerkung 2: Während *interessarsi di qc* 'sich für etw. interessieren/sich mit etw. beschäftigen' bedeutet, bedeutet *interessarsi a qc* 'sich für etw. interessieren/an etw. Anteil nehmen': *Mi interesso di informatica.* – Ich interessiere mich für Informatik. *Ci dobbiamo interessare alla sorte dei terremotati.* – Wir müssen am Schicksal der Erdbebenopfer Anteil nehmen.

203 Verben mit *da*-Objekt

allontanarsi da qd/qc	sich von jdm./etw. entfernen
astenersi da qc	sich einer Sache enthalten
camuffarsi da qd	sich als jdm. verkleiden

cominciare da qc	bei etw. anfangen
contagiarsi da qd	sich bei jdm. anstecken
copiare da qd/qc	von jdm./von/aus etw. abschreiben
derivare da qc	von etw. herkommen/herrühren
differire da qd/qc	sich von jdm./etw. unterscheiden
dimettersi da qc	von etw. zurücktreten
dipendere da qd/qc	von jdm./etw. abhängen
dissentire da qd	mit jdm. nicht übereinstimmen
distinguersi da qd/qc	sich von jdm./etw. unterscheiden
divorziare da qd	sich von jdm. scheiden lassen
fungere da qd/qc	als jd. fungieren/als etw. dienen
guardarsi da qd/qc	sich vor jdm./etw. hüten
licenziarsi da qd	bei jdm. kündigen
partire da qc	von etw. abfahren/ausgehen
riaversi da qc	sich von etw. erholen
riprendersi da qc	sich von etw. erholen
separarsi da qd/qc	sich von jdm./etw. trennen
servire da qc	als etw. dienen
staccarsi da qc	sich von etw. lösen/von etw. loskommen
studiare da qc	eine Ausbildung als etw. machen
tradurre da qc	aus etw. übersetzen

Questa parola deriva dal latino.	Dieses Wort kommt aus dem Lateinischen.
Guardati dalle cattive compagnie.	Hüte dich vor schlechter Gesellschaft!
Questo libro è tradotto dall'italiano.	Dieses Buch ist aus dem Italienischen übersetzt.
Il ministro non vuole dimettersi dalla carica.	Der Minister will nicht von dem Amt zurücktreten.
Hai copiato da Mario.	Du hast von Mario abgeschrieben.
Non ti allontanare dall'argomento.	Komme nicht vom Thema ab!
Sei partito da una teoria sbagliata.	Du bist von einer falschen Theorie ausgegangen.
Non si è più riavuto da questo colpo.	Er hat sich von diesem Schlag nicht mehr erholt.
Il mio amico studia da ingegnere.	Mein Freund studiert Ingenieurwesen.

204 Verben mit *in*-Objekt

cimentarsi in qc	sich in etw. versuchen/sich auf etw. einlassen
commerciare in qc	mit etw. handeln
confidare in qd/qc	auf jdn./etw. bauen/vertrauen
consistere in qc	in etw. bestehen/auf etw. beruhen
credere in qd/qc	an jdn./etw. glauben/auf jdn./etw. vertrauen
generare in qc	in etw. ausarten
imbattersi in qd	jdn. (zufällig) treffen
immedesimarsi in qd	sich in jdn. hineinversetzen
immischiarsi in qc	sich in etw. einmischen
impegnarsi in qc	sich für etw. einsetzen/ engagieren
inciampare in qc	über etw. stolpern
ingerirsi/intromettersi in qc	sich in etw. einmischen
inserirsi/integrarsi in qc	sich in etw. einfügen/eingliedern
intervenire in qc	in etw. eingreifen
laurearsi in qc	sein ... Studium abschließen
mercanteggiare/negoziare in qc	mit etw. handeln
persistere in qc	auf etw. bestehen/beharren
rientrare in qc	einer Sache unterliegen/ unter etw. fallen
sperare in qd/qc	auf jdn./etw. hoffen
tradursi in qc	sich in etw. äußern
trafficare in qc	mit etw. (Verbotenem) handeln

Credi in Dio?	Glaubst du an Gott?
Ho inciampato in un sasso.	Ich bin über einen Stein gestolpert.
Questa decisione non rientra nelle mie competenze.	Diese Entscheidung fällt nicht unter meine Kompetenz.
Speriamo nel tuo aiuto.	Wir hoffen auf deine Hilfe.
Non immischiarti in cose che non ti riguardano.	Misch dich nicht in Dinge ein, die dich nichts angehen!
Nostro figlio si è laureato in chimica.	Unser Sohn hat sein Chemiestudium abgeschlossen.
Chi traffica in droga va punito severamente.	Wer mit Drogen handelt muss hart bestraft werden.
La discussione è generata in una lite.	Die Diskussion ist in einen Streit ausgeartet.

Merke: *Il problema consiste nel trovare ...* – Das Problem besteht darin, ... zu finden.

Verben mit *su*-Objekt 205

accomodarsi su qc	sich über etw. einigen
aggirarsi su qc	sich auf etw. belaufen
basarsi su qc	sich auf etw. gründen/ auf etw. basieren
chinarsi su qd/qc	sich über jdn./etw. neigen/ sich nach jdm./etw. bücken
cliccare su qc	etw. anklicken/auf etw. klicken
concentrarsi su qc	sich auf etw. konzentrieren
contare su qd/qc	mit jdm./etw. rechnen/ sich auf jdn./etw. verlassen
convenire su qc	sich auf etw. einigen
dare su	gehen auf (Fenster)
dilungarsi su qc	sich lange über etw. auslassen
discutere su/di qc	über etw. diskutieren
dominare su qd/qc	über jdn./etw. herrschen
esprimersi su qd/qc	sich zu jdm./etw. äußern
fondarsi su qc	sich auf etw. gründen
incidere su qc	sich in etw. bemerkbar machen/ sich auf etw. auswirken/etw. beeinflussen
indagare su qd/qc	gegen jdn./in etw. ermitteln
influire su qd/qc	jdn./etw. beeinflussen
informarsi su/di qd/qc	sich über jdn./etw. informieren
insistere su qc	auf etw. bestehen
poggiare su qc	auf etw. ruhen/sich auf etw. stützen
prevalere su qd/qc	jdm./einer Sache überlegen sein
pronunciarsi su qd/qc	sich zu jdm./etw. äußern
puntare su qc	auf etw. setzen
regolarsi su qd	sich nach jdm. richten
riflettere su qd/qc	über jdn./etw. nachdenken
risparmiare su qc	an etw. sparen
(ri)tornare su qc	auf etw. zurückkommen
soffermarsi su qc	sich bei etw. aufhalten
vendicarsi su/di qd	sich an jdm. rächen
vertere su qc	von etw. handeln/sich um etw. drehen
vincere su qd	über jdn. siegen

Ci siamo accomodati sul prezzo.	Wir haben uns über den Preis geeinigt.
Il tuo esempio ha influito sul loro comportamento.	Dein Beispiel hat ihr Verhalten beeinflusst.
Non soffermiamoci sui particolari.	Halten wir uns nicht bei Einzelheiten auf!
Vorrei informarmi sul corso degli studi in Italia.	Ich möchte mich über den Studiengang in Italien informieren.
Bisogna riflettere sulle conseguenze.	Man muss über die Folgen nachdenken.
Non voglio più ritornare su questo argomento.	Ich will auf dieses Thema nicht mehr zurückkommen.
L'atto d'accusa si fonda su prove sicure.	Die Anklageschrift gründet sich auf sichere Beweise.
Clicca sulla cartella e trascinala nel cestino.	Klick auf den Ordner und ziehe ihn auf den Papierkorb.
Mi regolo su di te.	Ich richte mich nach dir.
L'edificio poggia su solide fondamenta.	Das Gebäude ruht auf solidem Fundament.

206 Verben mit *con*-Objekt

aprirsi con qd	sich jdm. anvertrauen
arrabbiarsi con qd	sich über jdn. ärgern
competere con qd	mit jdm. konkurrieren
confidarsi con qd	sich jdm. anvertrauen
confinare con qc	an etw. angrenzen
contrastare con qc	im Gegensatz zu etw. stehen
fidanzarsi con qd	sich mit jdm. verloben
giocare con qd/qc	mit jdm./etw. spielen
inimicarsi con qd	sich mit jdm. verfeinden
lagnarsi/lamentarsi con qd	sich bei jdm. beklagen/ beschweren
lasciarsi con qd	sich von jdm. trennen
mettersi con qd	sich mit jdm. zusammentun
misurarsi con qd	sich mit jdm. messen
parlare con qd	mit jdm. sprechen
scusarsi con qd	sich bei jdm. entschuldigen
sfogarsi con qd	jdm. sein Herz ausschütten
sposarsi con qd	sich mit jdm. verheiraten
stare bene con qc	zu etw. (gut) passen
vestire con qc	tragen (Kleidungsstück)

Mi sono arrabbiato con Angelo.	Ich habe mich über Angelo geärgert.
La bambina gioca con la sua bambola.	Das Mädchen spielt mit seiner Puppe.
Faresti bene a confidarti con tua madre.	Du tätest gut daran, dich deiner Mutter anzuvertrauen.
La donna vestiva con jeans e maglietta scura.	Die Frau trug Jeans und ein dunkles T-Shirt.
Non mi voglio misurare con lui.	Ich will mich nicht mit ihm messen.
Con chi si è fidanzata?	Mit wem hat sie sich verlobt?
Questa camicetta sta bene con quella gonna.	Diese Bluse passt (gut) zu dem Rock.
Mi sono lasciata col mio fidanzato tre mesi fa.	Ich habe mich vor drei Monaten von meinem Verlobten getrennt.

Verben mit *per*-Objekt 207

agitarsi per qc	sich wegen etw. aufregen
allarmarsi per qc	sich wegen etw. beunruhigen
arrabbiarsi per qc	sich wegen etw. ärgern
combattere per qc	für etw. kämpfen
impegnarsi per qc	sich für etw. einsetzen
intercedere per qd	sich für jdn. einsetzen
litigare per qc	(sich) um etw. streiten
lottare per qc	für etw. kämpfen
parteggiare per qd	für jdn. Partei ergreifen/ zu jdm. halten
preoccuparsi per/di qd/qc	um jdn./etw. besorgt sein
ringraziare per/di qc	für etw. danken
studiare per qc	für etw. lernen
tifare per qd/qc	ein Fan von jdm./etw. sein

Mio padre si arrabbia per un nonnulla.	Mein Vater ärgert sich wegen jeder Kleinigkeit.
Ringraziamo per l'invito.	Wir danken für die Einladung.
Ci preoccupiamo per la salute di nostro figlio.	Wir sind um die Gesundheit unseres Sohnes besorgt.
Devo studiare per il compito di latino.	Ich muss für die Lateinarbeit lernen.

208 Verben mit zwei Objekten

1. Verben mit direktem Objekt und mit ***a***-Objekt:

abilitare qd a qc	jdn. zu etw. befähigen
affidare qc a qd	jdm. etw. anvertrauen
aggiungere qc a qc	einer Sache etw. hinzufügen
augurare qc a qd	jdm. etw. wünschen
cedere qc a qd	jdm. etw. überlassen
chiedere/domandare qc a qd	jdn. um etw. bitten/jdn. (nach) etw. fragen
commissionare qc a qd	etw. bei jdm. bestellen (in Auftrag geben)
comunicare qc a qd	jdm. etw. mitteilen
condannare qd a qc	jdn. zu etw. verurteilen
condizionare qc a qc	etw. von etw. abhängig machen
confidare qc a qd	jdm. etw. anvertrauen/vertraulich mitteilen
consigliare qc a qd	jdm. etw. empfehlen
contestare qc a qd	jdm. etw. bestreiten
dare qc a qd	jdm. etw. geben
dimostrare qc a qd	jdm. etw. beweisen
dire qc a qd	jdm. etw. sagen
dovere qc a qd	jdm. etw. verdanken/schulden
estorcere qc a qd	etw. von jdm. erpressen
garantire qc a qd	jdm. etw. garantieren
imporre qc a qd	jdm. etw. auferlegen/aufdrängen/aufzwingen
insegnare qc a qd	jdn. etw. lehren/jdm. etw. beibringen
interessare qd a/per/di qc	jdn. für etw. interessieren
invidiare qc a qd	jdm. etw. missgönnen
invitare qd a qc	jdn. zu etw. einladen
istigare qd a qc	jdn. zu etw. aufhetzen
mandare qc a qd	jdm. etw. schicken
minacciare qc a qd/qd di qc	jdm. etw. androhen/jdn. mit etw. bedrohen
mostrare qc a qd	jdm. etw. zeigen
nascondere qc a qd	etw. vor jdm. verstecken
negare qc a qd	jdm. etw. verweigern/versagen
offrire qc a qd	jdm. etw. anbieten
ordinare qc a qd	etw. bei jdm. bestellen
paragonare qd/qc a/con qd/qc	jdn./etw. mit jdm./etw. vergleichen
passare qc a qd	jdm. etw. reichen

perdonare qc a qd/qd di qc	jdm. etw. verzeihen
permettere qc a qd	jdm. etw. erlauben
presentare qd a qd	jdn. jdm. vorstellen
prestare qc a qd	jdm. etw. leihen
procurare qc a qd	jdm. etw. besorgen
promettere qc a qd	jdm. etw. versprechen
raccomandare qc a qd	jdm. etw. empfehlen
raccontare qc a qd	jdm. etw. erzählen
rendere/restituire qc a qd	jdm. etw. zurückgeben
(far) ricordare qc a qd	jdn. an etw. erinnern
scippare qc a qd	jdm. etw. wegreißen
sconsigliare qc a qd	jdm. von etw. abraten
scrivere qc a qd	jdm. etw. schreiben
sensibilizzare qd a qc	jdn. für etw. sensibilisieren
sostituire qc a qc/qc con qc	etw. durch etw. ersetzen
spedire qc a qd	jdm. etw. schicken
spingere qd a qc	jdn. zu etw. treiben
togliere qc a qd	jdm. etw. wegnehmen

Ho mandato una cartolina ai miei amici.	Ich habe meinen Freunden eine Karte geschickt.
Che cosa hai promesso a tuo figlio?	Was hast du deinem Sohn versprochen?
Cedi il tuo posto alla signora.	Überlass der Dame deinen Platz!
Ho confidato un segreto a Maria.	Ich habe Maria ein Geheimnis anvertraut.
A chi hai chiesto mille euro?	Wen hast du um tausend Euro gebeten?
Le hanno scippato la borsetta.	Ihr wurde die Handtasche entrissen.

Merke: *costare qc a qd* jdn. etw. kosten: *Questo gli è costato il posto.* – Das hat ihn die Stelle gekostet. *Questa imperdonabile leggerezza le è costata la vita.* – Dieser sträfliche Leichtsinn hat sie das Leben gekostet; *tagliare la strada a qd* jdn. schneiden (beim Autofahren)

2. Verben mit direktem Objekt und ***di***-Objekt:

accusare qd di qc	jdn. einer Sache anklagen
avvertire qd di qc	jdn. vor etw. warnen
avvisare qd di qc	jdn. von etw. benachrichtigen
colmare qc di qc/qd di qc	etw. mit etw. voll machen/jdn. mit etw. überhäufen
convincere qd di qc	jdn. von etw. überzeugen
coprire qd/qc di qc	jdn./etw. mit etw. bedecken

incolpare qd di qc	jdn. einer Sache beschuldigen
informare qd di/su qc	jdn. von/über etw. informieren
ornare qc di qc	etw. mit etw. schmücken
pregare qd di qc	jdn. um etw. bitten
privare qd di qc	jdm. etw. entziehen
provvedere qd/qc di qc	jdn./etw. mit etw. versehen/ausstatten
ricoprire qc di qc	etw. mit etw. bedecken/überziehen
riempire qc di qc	etw. mit etw. füllen
ringraziare qd di/per qc	jdm. für etw. danken
sospettare qd di qc	jdn. einer Sache verdächtigen
spogliare qd di qc	jdm. etw. entziehen

L'hanno accusato di furto.	Man hat ihn des Diebstahls angeklagt.
Non sono riuscito a convincerlo della giustezza della mia decisione.	Es ist mir nicht gelungen, ihn von der Richtigkeit meiner Entscheidung zu überzeugen
L'ho pregato di un favore.	Ich habe ihn um einen Gefallen gebeten.
Li avevo avvertiti del pericolo.	Ich hatte sie vor der Gefahr gewarnt.

3. Weitere Verben mit zwei Objekten

accordarsi con qd su qc	sich mit jdm. über etwas einigen
avanzare qc da qd	etw. bei jdm. guthaben
comprare qc da qd	etw. bei jdm. kaufen
conciliare qc con qc	etw. mit etw. vereinbaren
confondere qd/qc con qd/qc	jdn./etw. mit jdm./etw. verwechseln
confrontare qc con qc	etw. mit etw. vergleichen
congratularsi con qd di/per qc	jdm. zu etw. gratulieren
difendere qd/qc da qd/qc	jdn./etw. vor jdm./etw. verteidigen
dissuadere qd da qc	jdm. von etw. abraten
distogliere qd da qc	jdn. von etw. abbringen/ablenken
ereditare qc da qd	etw. von jdm. erben
imparare qc da qd	etw. von jdm. lernen
invidiare qd per qc	jdn. um etw. beneiden
lagnarsi/lamentarsi con qd di qd/qc	sich bei jdm. über jdn./etw. beklagen
preservare qd/qc da qc	jdn./etw. vor etw. bewahren
proteggere qd/qc da qd/qc	jdn./etw. vor jdm./etw. schützen
riconoscere qd/qc da qc	jdn./etw. an etw. erkennen
sapere qc da qd	etw. von jdm. wissen
scusarsi con qd di/per qc	sich bei jdm. für etw. entschuldigen
sposare qd con qd	jdn. mit jdm. verheiraten

Abbiamo cercato di distoglierlo dal suo proposito.	Wir haben versucht, ihn von seinem Vorhaben abzubringen.
Mi congratulo con te per la tua promozione.	Ich gratuliere dir zu deiner Beförderung.
Bisogna conciliare la crescita economica con la difesa dell'ambiente.	Man muss wirtschaftliches Wachstum mit Umweltschutz verbinden.
Da chi lo sai?	Von wem weißt du es?
Da chi l'hai saputo?	Von wem hast du es erfahren?
L'ho riconosciuta dalla voce.	Ich habe sie an der Stimme erkannt.
Lo dissuademmo da quell'impresa	Wir rieten ihm von dem Unternehmen ab.
Da lei avanzo ancora cento euro.	Bei ihr habe ich noch hundert Euro gut.

Auch: *Bisogna conciliare crescita economica e difesa dell'ambiente.*

Übersicht über Verben mit verschiedenen Ergänzungen 209

Einige Verben können verschiedene Ergänzungen zu sich nehmen, wobei sich je nach Ergänzung die Bedeutung des Verbs ändern kann (bezügl. Infinitivkonstruktionen siehe Kap. 17):

1. ***assistere***

assistere qd	jdm. beistehen/helfen
assistere a qc	einer Sache beiwohnen

Abbiamo assistito il ferito.	Wir haben dem Verletzten geholfen.
Ho assistito alla cerimonia.	Ich habe der Feier beigewohnt.

2. ***chiedere***

chiedere qc	etw. verlangen/um etw. bitten
chiedere a qd	jdn. fragen/bitten
chiedere qc a qd	jdn. nach etw. fragen/um etw. bitten
chiedere di qd	nach jdm. fragen
chiedere a qd di qd	jdn. nach jdm. fragen
chiedere qc da qd	etw. von jdm. verlangen

Hanno chiesto un prezzo ragionevole.	Sie haben einen vernünftigen Preis verlangt.
Bisogna chiedere al medico.	Man muss den Arzt fragen.
Gli ho chiesto la strada.	Ich habe ihn nach der Straße gefragt.
Le ho chiesto scusa.	Ich habe mich bei ihr entschuldigt.
Maria ha chiesto di te.	Maria hat nach dir gefragt.
Che cosa chiedi da me?	Was verlangst du von mir?

3. ***consigliare***

consigliare qd	jdn. beraten
consigliare qc a qd	jdm. zu etw. raten
consigliarsi con qd	sich mit jdm. beraten

Non avete consigliato bene il vostro amico.	Ihr habt euren Freund nicht gut beraten.
Che cosa hai consigliato a tua moglie?	Wozu hast du deiner Frau geraten?
Mi voglio consigliare col mio avvocato.	Ich will mich mit meinem Anwalt beraten.

4. ***credere***

credere qc	etw. glauben
credere a qd	jdm. glauben
credere a qc	an etw. glauben
credere in qd/qc	an jdn. glauben/auf jdn./etw. vertrauen

Non bisogna credere tutto.	Man darf nicht alles glauben.
Non gli ho mai creduto.	Ich habe ihm nie geglaubt.
Credi ai fantasmi?	Glaubst du an Gespenster?
Credo in Dio/Cristo.	Ich glaube an Gott/Christus.
Molti credono nell'astrologia.	Viele glauben an die Astrologie.

Anmerkung 1: Dt. 'ich glaube es dir' wird entweder durch *ti credo* oder *lo/ci credo* wiedergegeben.

Anmerkung 2: Im Passiv wird *credere* persönlich konstruiert: *Non sono stata creduta.* – Mir wurde/Man hat mir nicht geglaubt. [Subjekt ist eine Frau]

5. ***domandare*** vgl. *chiedere*

6. ***mancare***

mancare qc	etw. verpassen/versäumen
mancare a qc	gegen etw. verstoßen
mancare di qc	an etw. Mangel haben/etw. entbehren

Purtroppo abbiamo mancato l'occasione di assistere a quello spettacolo	Leider haben wir die Gelegenheit versäumt, dieser Aufführung beizuwohnen.
Avete mancato alla legge.	Ihr habt gegen das Gesetz verstoßen.
Non manca d'umorismo.	Es fehlt ihm nicht an Humor.

7. ***parlare***

parlare a qd	mit/zu jdm. sprechen
parlare con qd	mit jdm. sprechen
parlare di qd/qc	über jdn./etw. sprechen
parlare su qd/qc	über jdn./etw. sprechen/einen Vortrag über jdn./etw. halten
parlare a qd di qc	jdm. von etw. erzählen

Quando gli parlo, non mi ascolta.	Wenn ich mit ihm spreche, hört er mir nicht zu.
Posso parlare col signor Bianchi?	Kann ich (mit) Herrn Bianchi sprechen?
Di che cosa state parlando?	Worüber sprecht ihr gerade?

8. ***passare***

passare qc	etw. überschreiten/(Zeit) verbringen
passare qc a qd	jdm. etw. reichen
passare a qc	zu etw. übergehen
passare da qd	bei jdm. vorbeigehen
farsi passare per qd	sich als jdn. ausgeben

Abbiamo passato un ponte.	Wir sind über eine Brücke gegangen.
Mi passi il sale, per favore?	Reichst du mir bitte das Salz?
Attenda un attimo, Le passo il signor Rigatelli.	Warten Sie einen Augenblick, ich verbinde Sie mit Herrn Rigatelli.
Passiamo a cose più allegre.	Gehen wir zu lustigeren Dingen über.
Siamo passati da Mario.	Wir sind bei Mario vorbeigegangen.

9. ***pensare***

pensare a qd/qc	an jdn./etw. denken
pensare di qd/qc	halten von/denken über

Penso solo a te.	Ich denke nur an dich.
Che cosa pensi della sua proposta?	Was hältst du von seinem Vorschlag?

10. ***rispondere***

rispondere a qd	jdm. antworten
rispondere a qc	auf etw. antworten/etw. beantworten
rispondere di qd/qc	für jdn./etw. bürgen

Le hai già risposto?	Hast du ihr schon geantwortet?
Non ho ancora risposto alla sua lettera.	Ich habe seinen/ihren Brief noch nicht beantwortet.
Rispondo io di lui.	Ich bürge für ihn.

11. ***sapere***

sapere qc	etw. wissen
sapere di qd/qc	von jdm./etw. wissen/nach etw. schmecken/riechen
sapere qc da qd	etw. von jdm. wissen
sapere qc su qd/qc	etw. über jdn./etw. wissen

Non lo so.	Ich weiß es nicht.
Che cosa sai degli Etruschi?	Was weißt du von den Etruskern?
Questo vino sa di aceto.	Dieser Wein schmeckt nach Essig.
Da chi lo sai?	Von wem weißt du es?
Sai qualcosa di più preciso sulla sua morte?	Weißt du etwas Genaueres über seinen/ihren Tod?

12. ***servire***

servire (a) qd	jdm. dienen
a qd serve qd/qc	jdn. braucht jdn./etw.
servire qc	einer Sache dienen/etw. servieren
servire a qc	zu etw. dienen
servire di/da qc	als etw. dienen
servirsi di qc	sich einer Sache bedienen

Gli schiavi servivano i/ai loro padroni.	Die Sklaven dienten ihren Herren.
A Maria/Le serve una gonna blu.	Maria/Sie braucht einen blauen Rock.
Questo ci può servire d'esempio.	Das kann uns als Beispiel dienen.
Una tazza gli serve da portacenere.	Eine Tasse dient ihm als Aschenbecher.
Posso servire la minestra?	Kann ich die Suppe servieren?
A che cosa serve questo arnese?	Wozu dient dieses Gerät?
Vi potete servire del dizionario.	Ihr dürft das Wörterbuch benutzen.

13. ***toccare***

toccare qc	etw. berühren
toccare a qd	jdm. widerfahren/zuteil werden

È vietato toccare la merce.	Das Berühren der Ware ist verboten.
Gli è toccato un buon posto.	Er hat eine gute Stelle bekommen.

Die prädikative Ergänzung (il complemento predicativo) 210

Prädikative Ergänzungen können sich auf das Subjekt oder auf das direkte Objekt beziehen.

1. Verben mit prädikativer Ergänzung zum Subjekt:

apparire	zu sein scheinen/aussehen
crescere	aufwachsen
definirsi	sich bezeichnen als
divenire/diventare	werden
essere	sein
farsi (vgl. § 187)	werden
fingersi (cieco)	sich (blind) stellen
morire	sterben an
mostrarsi	sich zeigen
nascere	geboren werden als
parere	scheinen
restare/rimanere	bleiben/sein
risultare	sich erweisen als
(ri)tornare	wieder werden
riuscire	sein/vorkommen/hervorgehen
rivelarsi	sich herausstellen
sembrare	scheinen
sentirsi	sich fühlen als
venire considerato	gelten als
vivere	leben

Luigi è cresciuto orfano.	Luigi ist als Waise aufgewachsen.
Mio fratello diventerà medico.	Mein Bruder wird Arzt werden.
Nessuno nasce maestro.	Es ist noch kein Meister vom Himmel gefallen.
La notizia risultò falsa.	Die Nachricht erwies sich als falsch.
Alcuni conservanti si sono rivelati cancerogeni.	Einige Konservierungsmittel haben sich als krebserregend herausgestellt.
I genitori si sono mostrati preoccupati.	Die Eltern zeigten sich besorgt.
La rosa viene considerata la regina dei fiori.	Die Rose gilt als die Königin der Blumen.
Silvia si sente tedesca.	Silvia fühlt sich als Deutsche.

Sua moglie non mi è apparsa molto contenta.	Seine Frau schien mir nicht sehr zufrieden zu sein.
Tuo marito sembrava molto stanco.	Dein Mann schien sehr müde zu sein.
Il nostro esercito riuscì vittorioso in quella battaglia.	Unser Heer ging aus jener Schlacht als Sieger hervor.
Siamo restati buoni amici.	Wir sind gute Freunde geblieben.
Il mio vestito è ritornato nuovo.	Mein Kleid ist wieder wie neu geworden.
Mi riesce difficile crederlo.	Mir fällt es schwer, es zu glauben.
Sono rimasto deluso dal tuo comportamento.	Ich war von deinem Verhalten enttäuscht.

Anmerkung 1: Dt. 'scheint ... zu sein' wird einfach durch *sembra* ausgedrückt: Der Wein scheint mir ein wenig teuer zu sein. – *Il vino mi sembra un po' caro.*

Anmerkung 2: Der dt. Ausdruck 'wurde als Sohn/Tochter eines/einer ... geboren' wird im Italienischen mit *nacque da ...* wiedergegeben: *Leonardo da Vinci nacque a Vinci nel 1452 da un notaio e da una contadina.* – Leonardo da Vinci wurde 1452 in Vinci als Sohn eines Notars und einer Bäuerin geboren. *Nato da una famiglia benestante ...* – Als Sohn einer wohlhabenden Familie geboren, ...

Anmerkung 3: Das Verb *rimanere* wird mit dem Adverb *male* verbunden in dem Ausdruck *rimanere male* unangenehm betroffen/gekränkt/enttäuscht sein.

Anmerkung 4: Hat *riuscire* die Bedeutung 'gelingen' wird das Adverb gebraucht: *La torta è riuscita bene/male.* – Der Kuchen ist gut/schlecht gelungen.

Merke: *andare soldato* einrücken.

2. Verben mit prädikativer Ergänzung zum direkten Objekt:

chiamare	nennen
considerare	halten für
costituire	einsetzen (zu)
creare	wählen zu
credere	halten für
dichiarare	erklären zu/für
eleggere	wählen zu
fare	machen (zu)
figurarsi	sich vorstellen
giudicare	halten für
immaginarsi	sich vorstellen

istituire	einsetzen
lasciare	lassen
nominare	ernennen/wählen zu
proclamare	erklären (zu)
rendere	machen (zu)
ritenere	halten für
soprannominare	einen Spitznamen geben
stimare	schätzen als
tenere	halten
trovare	finden/vorfinden

L'hanno eletto sindaco.	Man hat ihn zum Bürgermeister gewählt.
Tutti lo ritenevano un galantuomo.	Alle hielten ihn für einen Gentleman.
Ti credevo più furbo.	Ich hielt dich für schlauer.
Mio zio mi ha costituito/istituito suo erede.	Mein Onkel hat mich zu seinem Erben eingesetzt.
Questa notizia l'ha fatta/resa felice.	Diese Nachricht hat sie glücklich gemacht.
Me la figuravo più giovane.	Ich hatte sie mir jünger vorgestellt.
Ho lasciato il riscaldamento spento.	Ich habe die Heizung aus gelassen.
Trovo molto buono questo pesce.	Ich finde diesen Fisch sehr gut.
L'industria continua a ridurre il personale per tenere bassi i costi di produzione.	Die Industrie baut weiterhin Personal ab, um die Produktionskosten niedrig zu halten.
L'occasione fa l'uomo ladro.	Gelegenheit macht Diebe.
Lo stimano un bravo professore.	Man schätzt ihn als tüchtigen Lehrer.
Bisogna tener presenti le condizioni di vita.	Man muss die Lebensbedingungen berücksichtigen.
L'ufficiale di stato civile li dichiarò marito e moglie.	Der Standesbeamte erklärte sie zu Mann und Frau.

Unterscheide: *Ho prenotato una camera tre gioni fa.* Ich habe vor drei Tagen ein Zimmer reservieren lassen. – *Ho una camera prenotata.* Ich habe ein reserviertes Zimmer.

Aber: *fare di qd l'oggetto/il bersaglio delle proprie aggressioni* jdn. zum Objekt seiner Aggressionen machen. *Lo trovo molto bene.* – Er sieht sehr gut aus.

3. Ergänzungen zum Subjekt oder Objekt mit Präpositionen oder ***come***:

Mia zia lavora come segretaria.	Meine Tante arbeitet als Sekretärin.
Mi ha trattato come un amico/ da amico.	Er hat mich als Freund behandelt.
Si esibì come spogliarellista.	Sie trat als Stripteasetänzerin auf.
Nessuno ti dà il diritto di erigerti a giudice!	Niemand gibt dir das Recht, dich als Richter aufzuspielen!
Mi ero travestito da pirata.	Ich hatte mich als Seeräuber verkleidet.
L'avevo presa per sua sorella.	Ich hatte sie mit ihrer Schwester verwechselt.
Hai agito da galantuomo.	Du hast als Ehrenmann gehandelt.
Mio fratello ha fatto da tramite.	Mein Bruder hat als Vermittler fungiert.
Gli Etruschi immaginavano la morte come una copia esatta della vita.	Die Etrusker stellten sich den Tod als ein genaues Abbild des Lebens vor.
L'imperatore lo designò come suo successore.	Der Kaiser ernannte ihn zu seinem Nachfolger.
Che cosa hai ricevuto come/in/ per ricompensa?	Was hast du als/zur Belohnung bekommen?
Maria arriva sempre per prima/ultima.	Maria kommt immer als Erste/ Letzte an.
Da ragazza era molto bella.	Als Mädchen war sie sehr schön.
Suo marito si atteggia a vittima.	Ihr Mann spielt sich als Opfer auf.
Carlo Magno scelse Lucca come capitale del ducato di Toscana.	Karl der Große wählte Lucca als Hauptstadt des Herzogtums Toskana.
Ci diamo per vinti.	Wir geben uns geschlagen.

Anmerkung: Der im Deutschen mehrdeutige Satz 'Ich habe sie als Mädchen kennen gelernt' wird im Italienischen durch *L'ho conosciuta da ragazza* wiedergegeben. Will man die Mehrdeutigkeit auflösen, muss folgendermaßen formuliert werden: 1. *L'ho conosciuta quand'era/che era una ragazza.* (= als **sie** noch ein Mädchen war). 2. *L'ho conosciuta quand'ero/che ero una ragazza.* (= als **ich** noch ein Mädchen war).

Die syntaktischen Eigenschaften des Infinitivs 211

Der Infinitiv ist eine Form, die sowohl verbal als auch nominal (als Subjekt oder Objekt) gebraucht werden kann. Wie ein Verb kann er Ergänzungen zu sich nehmen, wie ein Substantiv kann er vom (un)bestimmten Artikel begleitet sein. In bestimmten Fällen geht ihm eine Präposition voraus:

Guardare non costa nulla.	Schauen kostet nichts.
Salvare Venezia è una corsa contro il tempo.	Venedig zu retten ist ein Wettlauf mit der Zeit.
Partire è un po' morire.	Scheiden tut weh.
Preferisco giocare.	Ich spiele lieber.
Mio marito ha deciso di comprare una macchina nuova.	Mein Mann hat beschlossen, ein neues Auto zu kaufen.
L'essere scritta in lingua straniera fa sì che l'autobiografia di Giacomo Casanova non appartenga di diritto alla letteratura italiana.	Die Tatsache, dass die Autobiographie von Giacomo Casanova in einer fremden Sprache geschrieben ist, bewirkt, dass sie von Rechts wegen nicht zur italienischen Literatur gehört.
Il fosforo dei detersivi favorisce il proliferare delle alghe.	Der Phosphor in den Waschmitteln begünstigt die Vermehrung der Algen.
L'XI e il XII secolo videro un rifiorire di industrie e commerci. (Cappuccio)	Das 11. und das 12. Jahrhundert erlebten ein Wiederaufblühen von Industrie und Handel.
Credere che il Rinascimento non sia stato che la riscoperta della civiltà classica sarebbe un diminuirlo. (Montanelli/Gervaso)	Zu glauben, die Renaissance sei nur die Wiederentdeckung der klassischen Kultur gewesen, hieße, sie herabzusetzen.
Per il troppo camminare, a me le ginocchia mi facevano male, come al Venerdì Santo. (Silone)	Von dem zu langen Laufen taten mir die Knie weh, wie am Karfreitag.
Il problema consiste nel trovare un posto di lavoro adeguato.	Das Problem besteht darin, einen angemessenen Arbeitsplatz zu finden.
Al primo insorgere di conflitti si separano.	Beim ersten Auftreten von Konflikten trennen sie sich.
Col nuotare si irrobustisce il corpo.	Durch Schwimmen kräftigt man den Körper.

Anmerkung 1: Einige Infinitive sind zu Substantive geworden, wie z.B.: *il dovere* die Pflicht, *il potere* die Macht, *il sapere* das Wissen.

Anmerkung 2: Im Gegensatz zum Deutschen behält der substantivierte Infinitiv eines transitiven Verbs seinen verbalen Charakter und schließt ein direktes Objekt an: *il piantare un albero* das Pflanzen eines Baumes, *lo scrivere una grammatica* das Schreiben einer Grammatik, *nell'attraversare il confine* beim Überschreiten der Grenze.

Anmerkung 3: In einigen Fällen kann ein deutscher als Subjekt gebrauchter Infinitiv durch ein Substantiv ausgedrückt werden: Tanzen war seine einzige Leidenschaft. – *Il ballo era la sua unica passione.* Lesen ist mein liebster Zeitvertreib. – *La lettura è il mio passatempo preferito.* Rauchen schadet der Gesundheit. – *Il fumo fa male alla salute.* Schwimmen kann man mit sechs Monaten beginnen. – *Il nuoto si può iniziare a sei mesi.*

Merke: *col passare del tempo* im Lauf der Zeit; *a lungo andare* auf die Dauer, *al calare della notte* bei Einbruch der Dunkelheit, *al/sul far del giorno* bei Tagesanbruch, *allo spuntar dell'alba* beim ersten Tageslicht, *soffocare qc sul nascere* etw. im Keim ersticken, *sul volgere del secolo* um die Jahrhundertwende

212 Die Apokopierung des Infinitivs

Der Infinitiv verliert den Endvokal, wenn unbetonte Personalpronomen angehängt werden (vgl. § 126.1). Aus Gründen des Wohlklangs kann der Endvokal entfallen, wenn ein Partizip Perfekt folgt oder sich ein Objekt anschließt, das mit dem Infinitiv eine Sinneinheit bildet (vgl. hierzu auch § 9.1.5):

Voglio rivederti.	Ich will dich wieder sehen.
Crede di aver visto tutto.	Er glaubt, alles gesehen zu haben.
Siamo convinti di aver ragione.	Wir sind überzeugt, Recht zu haben.

213 Der präpositionslose Infinitiv

Der präpositionslose Infinitiv wird gebraucht

1. nach unpersönlichen Ausdrücken, die aus ***essere*** + Adjektiv/Adverb bestehen:

È difficile imparare questa lingua.	Es ist schwierig, diese Sprache zu erlernen.
Non è facile per gli stranieri capire la politica italiana.	Es ist für Ausländer nicht leicht, die italienische Politik zu verstehen.
Non sarà facile fargli cambiare idea.	Es wird nicht leicht sein, ihn umzustimmen.

Oggi non è possibile visitare il museo.	Heute ist es nicht möglich, das Museum zu besuchen.
È pericoloso sporgersi.	Nicht hinauslehnen!
È meglio non andarci.	Es ist besser, nicht hinzugehen.

Aber: *Questa lingua è difficile* ***da*** *imparare.* – Diese Sprache ist schwer zu erlernen.

2. nach einer Reihe unpersönlicher Verben:

Basta chiedere.	Man braucht nur zu fragen.
A chi bisogna rivolgersi?	An wen muss man sich wenden?
Conviene prendere la macchina.	Es empfiehlt sich/Es ist besser mit dem Auto zu fahren.
Non conviene andarci.	Es lohnt sich nicht hinzugehen.
Merita soffermarsi un po' su questo dettaglio.	Es lohnt sich, ein wenig bei diesem Detail zu verweilen.
Mi costa fatica riconoscerlo, ma hai ragione.	Es fällt mir schwer, das anzuerkennen, aber du hast Recht.
Occorrerebbe piantare nuovi alberi per proteggere il suolo.	Man müsste neue Bäume pflanzen, um den Boden zu schützen.
Mi piace giocare a tennis.	Ich spiele gern Tennis.
Non sta bene parlare con la bocca piena.	Es gehört sich nicht, mit vollem Mund zu sprechen.

Anmerkung: *Bisogna* wird nicht im Konjunktiv gebraucht: Obwohl man viel arbeiten muss, ... – *Benché si debba lavorare molto, ...* Nicht: **Benché bisogni ...*

3. nach ***essere*** + unbestimmter Artikel/Possessivadjektiv + Substantiv:

È una cosa meravigliosa essere qui a Firenze.	Es ist eine wunderbare Sache, hier in Florenz zu sein.
È un piacere sentirlo suonare il piano.	Es ist eine Freude, ihn Klavier spielen zu hören.
È una vergogna trattarlo così.	Es ist eine Schande, ihn so zu behandeln.
È mio dovere aiutarlo.	Es ist meine Pflicht, ihm zu helfen.
Era suo desiderio studiare medicina.	Es war sein Wunsch, Medizin zu studieren.

Aber: *È ora/tempo* ***di*** *andare a casa.* – Es ist Zeit, nach Hause zu gehen.

Anmerkung: Erläutert der Infinitiv ein Substantiv, so kann der präpositionslose Infinitiv oder *di* stehen: *La strategia della mafia è (di) intimidire la gente.* – Die Strategie der Mafia ist es, die Menschen einzuschüchtern. *Lo scopo di questo articolo è (di) dimostrare che ...* – Der Zweck dieses Artikels ist es zu zeigen, dass ... Geht dem Infinitiv das Demonstrativum *quello, quella* usw. voraus, so muss *di* stehen: *La strategia della mafia è quella di intimidire la gente. Il mio sogno era quello di iscrivermi alla facoltà di medicina.* – Mein Traum war es, mich in der medizinischen Fakultät einzuschreiben.

4. bei ***che*** + Substantiv im Ausruf:

Che piacere rivederti!	Wie schön, dich wieder zu sehen!
Che vergogna comportarsi così!	Was für eine Schande, sich so zu verhalten!

5. nach den Modalverben ***dovere, potere, volere, osare, sapere, solere, usare***:

Gli devo scrivere una lettera.	Ich muss ihm einen Brief schreiben.
Non volevo offenderti.	Ich wollte dich nicht beleidigen.
Puoi venire con noi?	Kannst du mit uns kommen?
Non osiamo contraddirlo.	Wir wagen nicht, ihm zu widersprechen.
Sai nuotare?	Kannst du schwimmen?
I miei genitori solevano/ usavano fare una passeggiata ogni giorno.	Meine Eltern pflegten jeden Tag einen Spaziergang zu machen.

Anmerkung: Nach *osare* kann auch *di* folgen: *Senza di lui, era facile prevedere che neanche gli altri avrebbero osato di tentare qualcosa.* (Silone) – Ohne ihn war es leicht vorherzusehen, dass auch die anderen es nicht gewagt hätten, etwas zu versuchen.

6. nach den Verben der Wahrnehmung ***ascoltare, guardare, osservare, sentire, vedere***:

Mario ascolta sua sorella suonare la chitarra.	Mario hört seiner Schwester beim Gitarrenspielen zu.
Ho visto crescere i vostri figli.	Ich habe eure Kinder groß werden sehen.
L'abbiamo guardata lavorare.	Wir haben ihr beim Arbeiten/bei der Arbeit zugeschaut.
L'hanno osservato riparare la macchina.	Sie haben ihn beim Reparieren/bei der Reparatur des Autos beobachtet.
Li abbiamo visti arrivare.	Wir haben sie ankommen sehen.

Anmerkung 1: Hängt von diesen Verben ein intransitives Verb ab, so kann die Nominalgruppe vor oder nach dem Infinitiv stehen. Dabei sind oft stilistische Gründe ausschlaggebend: *Vidi entrare gli amici/gli amici entrare.* – Ich sah die Freunde hineingehen. *Vidi i bambini giocare in cortile.* – Ich sah die Kinder im Hof spielen. *La custode ha sentito odore di gas uscire dall'appartamento dell'anziana donna.* – Die Hausmeisterin hat Gasgeruch aus der Wohnung der alten Frau wahrgenommen. Hängt von diesen Verben ein transitives Verb ab, so steht die Nominalgruppe vor dem Infinitiv (s. ersten Beispielsatz im Kasten).

Anmerkung 2: Nach den Verben der Wahrnehmung kann der Infinitiv auch passivische Bedeutung haben: *Mio figlio ha visto mungere le mucche.* – Mein Sohn hat gesehen, wie die Kühe gemolken werden/wurden. *Si sentì chiamare.* – Er hörte, dass er gerufen wurde.

Anmerkung 3: Der Ausdruck 'von jdm./etw. hören' wird mit *sentir parlare di qd/qc* wiedergegeben. Ich habe schon von ihm/davon gehört. – *Ne ho già sentito parlare.* Ich habe schon viel von Ihnen gehört. – *Ho già sentito molto parlare di Lei.*

7. nach den Verben ***amare, desiderare, intendere, preferire*** und dem Ausdruck ***favorisca***:

Amo giocare.	Ich spiele gern.
Desidero rivederti.	Ich wünsche dich wieder zu sehen.
Egli intendeva emigrare.	Er beabsichtigte auszuwandern.
Preferisco restare a casa.	Ich bleibe lieber zu Hause.
Favorisca attendere un momento.	Warten Sie bitte einen Augenblick.

8. nach ***fare*** 'lassen' in der Bedeutung 'veranlassen':

Faccio riparare la lavatrice.	Ich lasse die Waschmaschine reparieren.
Abbiamo fatto coprire il tetto.	Wir haben das Dach decken lassen.

Anmerkung 1: Wenn *fare* + Infinitiv zwei Ergänzungen aufweist, so wird das Personenobjekt indirekt konstruiert: *Faccio riparare la lavatrice* ***al*** *meccanico.* – Ich lasse den Mechaniker die Waschmaschine reparieren (zu *fare* + Infinitiv in Verbindung mit Pronomen vgl. § 126.4).

Anmerkung 2: Der Satz *Ho fatto scrivere una lettera alla studentessa* kann auf zwei Arten verstanden werden: 1. Ich habe der Studentin einen Brief schreiben lassen. 2. Ich habe die Studentin einen Brief schreiben lassen. Will man klar zum Ausdruck bringen, dass die Studentin die Verfasserin des Briefes ist, so sagt man: *Ho fatto scrivere una lettera* ***dalla*** *studentessa.*

Anmerkung 3: Der Satz 'Ich habe mir die Haare schneiden lassen' heißt *Mi sono fatto tagliare i capelli.* Ist ein Missverständnis ausgeschlossen, kann *fatto* durch das Partizip des folgenden Infinitivs ersetzt werden: *Mi sono tagliato i capelli.*

9. nach ***lasciare*** 'lassen' in der Bedeutung von 'zulassen':

Lascia stare tuo fratello!	Lass deinen Bruder in Ruhe!
Il vigile non ha lasciato passare nessuno.	Der Polizist hat niemanden durchgehen lassen.

Anmerkung: Wenn *lasciare* + Infinitiv zwei nominale Ergänzungen hat, so wird das Personenobjekt indirekt konstruiert: *Ho lasciato guidare la macchina* ***a*** *mio figlio* (Als weniger empfehlenswert gilt: *Ho lasciato mio figlio guidare la macchina.*) – Ich habe meinen Sohn das Auto fahren lassen (zu *lasciare* + Infinitiv in Verbindung mit Pronomen vgl. § 126.5).

Unterscheide: *Lascio i bambini giocare nel giardino.* – Ich lasse die Kinder im Garten spielen. (= Ich erlaube es ihnen.)
Faccio i bambini giocare nel giardino. – Ich lasse die Kinder im Garten spielen. (= Ich schicke sie hinaus.)

10. in emphatischen Aussage- und Fragesätzen:

Dove andare?	Wohin soll man gehen?
Io rinunciare?	Ich soll verzichten?
Perché perdere tempo con tante chiacchiere?	Wozu mit so viel Geschwätz Zeit verlieren?
Uno studente universitario comportarsi in quel modo!	Ein Student benimmt sich so! (Missbilligung)
Come affrontare il turismo di massa?	Wie soll man den Massentourismus bewältigen?

11. bei Subjektgleichheit in indirekten Fragesätzen, in denen eine Unsicherheit oder ein Zweifel ausgedrückt wird, wobei das Verb 'sollen' mit inbegriffen ist:

Non so dove andare.	Ich weiß nicht, wohin ich gehen soll.
Non sappiamo se farlo o no.	Wir wissen nicht, ob wir es tun sollen oder nicht.
Non so a che santo votarmi.	Ich weiß weder ein noch aus./Ich weiß mir nicht mehr zu helfen.

12. in Relativsätzen zum Ausdruck einer Möglichkeit:

Ogni bambino ha bisogno di una persona a cui rivolgersi.	Jedes Kind braucht eine Bezugsperson (eine Person, an die es sich wenden kann).
In treno non c'era un posto dove potersi sedere.	Im Zug war kein Platz, wo man sich hätte hinsetzen können.
È una ragazza di quelle che trovano facilmente con chi consolarsi.	Sie ist eines von den Mädchen, die leicht jemanden finden, mit dem sie sich trösten können.
... e dovunque trovava persone da amare e dalle quali essere amata. (Ginzburg)	... und überall fand sie Menschen, die sie lieben konnte und von denen sie geliebt werden konnte.
Cerco qualcuno con cui poter parlare.	Ich suche jemanden, mit dem ich reden kann.
Spero di trovare un buco dove poter parcheggiare la macchina.	Ich hoffe, eine Parklücke zu finden.

13. in Arbeitsanweisungen und Aufforderungen:

Agitare prima dell'uso.	Vor Gebrauch schütteln!
Non aprire prima che il treno sia fermo.	Nicht öffnen, bevor der Zug hält!
Circolare, circolare!	Weitergehen, weitergehen!
Mettere al plurale le espressioni seguenti.	Setze/Setzen Sie folgende Ausdrücke in den Plural.
Prendere (= Prendete) tre uova ...	Man nehme drei Eier ...
Tra moglie e marito non mettere il dito.	Man soll sich nicht in Meinungsverschiedenheiten von Eheleuten einmischen.
Scendere tutti!	Alles aussteigen!
Per ulteriori informazioni rivolgersi alla nostra sede centrale.	Für weitere Auskünfte wenden Sie sich an unseren Stammsitz.

Merke: Einfahrt freihalten! – *Passo carrabile*

14. zur Bildung des verneinten Imperativs der Du-Form (vgl. § 248.3):

Non venire.	Komm nicht!
Non dirlo a nessuno.	Sag es niemandem!
Non andarci.	Geh nicht hin!

Anmerkung: *Non* + Infinitiv kann auch ein allgemeines Verbot ausdrücken: *Non calpestare l'erba.* – Rasen nicht betreten.

15. nach ***ecco*** in lebhafter Schilderung:

Ecco finalmente arrivare l'amico (= Ecco che arriva finalmente ...).	Da kommt endlich der Freund.

16. in Wendungen:

E pensare che prima non voleva accettare l'offerta.	Und wenn man bedenkt, dass er zuerst das Angebot nicht annehmen wollte.
Non c'è che dire.	Dagegen ist nichts zu sagen.
O bere o affogare.	Vogel friss oder stirb!
È più noioso di una zanzara, il che è tutto dire.	Er ist lästiger als eine Stechmücke, und damit ist alles gesagt.

214 Der Infinitiv mit *di*

1. Der Infinitiv mit ***di*** steht nach den meisten Verben, die sonst ein direktes Objekt (Akkusativobjekt) bei sich haben:

affermare di	behaupten
ammettere di	zugeben
aspettare di	darauf warten, dass
asserire di	behaupten
calcolare di	damit rechnen
capire di	verstehen
cercare di	versuchen
cessare di	aufhören
contare di	vorhaben
convenire di	vereinbaren
credere di	glauben
decidere di	beschließen
destinare di	entscheiden
dichiarare di	erklären
dimenticare di	vergessen
dimostrare di	zeigen, dass
dire di	sagen/behaupten
evitare di	vermeiden
fingere di	so tun, als ob
finire di	aufhören
giurare di	schwören
meritare di	es verdienen
negare di	leugnen

odiare di	es hassen
omettere di	es unterlassen
progettare di	vorhaben
riconoscere di	zugeben
ricordare di	sich erinnern
rifiutare di	es ablehnen
rimpiangere di	bereuen
rischiare di	Gefahr laufen
risolvere di	beschließen
sapere di	wissen, dass
smettere di	aufhören
sognare di	davon träumen
sostenere di	behaupten
sperare di	hoffen
stabilire di	beschließen
temere di	fürchten
tentare di	versuchen
tralasciare di	es unterlassen
trascurare di	versäumen
vedere di	zusehen, dass

Cerca di comprendermi una buona volta.	Versuch mich einmal zu verstehen!
Dice di saperlo.	Er sagt, er wisse es.
Che ne dici di prendere un aperitivo?	Wie wär's mit einem Aperitiv?
Direi di avviarci verso casa.	Ich würde sagen, wir machen uns auf den Nachhauseweg.
Nega di averlo fatto.	Er/Sie bestreitet, es getan zu haben.
Giuro di aver detto la verità.	Ich schwöre, die Wahrheit gesagt zu haben.
Riconosco di aver torto.	Ich gebe zu, dass ich Unrecht habe.
Spero di rivederti presto.	Ich hoffe, dich bald wieder zu sehen.
Sa di essere bella.	Sie weiß, dass sie schön ist.
Vedi di essere puntuale domani.	Sieh zu, dass du morgen pünktlich bist.
Abbiamo convenuto di riunirci tutte le settimane.	Wir haben vereinbart, uns jede Woche zu versammeln.
Ha cessato di piovere.	Es hat aufgehört zu regnen.
Un giorno rimpiangerai di avere abbandonato gli studi.	Eines Tages wirst du es bereuen, das Studium aufgegeben zu haben.

Unterscheide: *Hai finito di fumare?* – Hast du zu Ende geraucht? – *Hai smesso di fumare?* – Hast du das Rauchen aufgegeben?

2. Der Infinitiv mit ***di*** steht nach den folgenden Verben und Ausdrücken, die sonst mit einem *di*-Objekt konstruiert werden:

aver bisogno di	müssen
avere paura di	(be)fürchten
disperare di	die Hoffnung aufgeben
dubitare di	Bedenken tragen
parlare di	davon sprechen

Ho bisogno di parlarti.	Ich muss dich sprechen.
Parlano di sposarsi.	Sie sprechen von Heirat.
Dubito di riuscire a convincerlo.	Ich bezweifle, dass es mir gelingt, ihn zu überzeugen.
Sua moglie ha paura di volare.	Seine Frau hat Flugangst.

3. Folgende Verben mit direktem Personenobjekt schließen den Infinitiv mit ***di*** an:

accusare qd di	jdn. anklagen
incaricare qd di	jdn. beauftragen
pregare qd di	jdn. bitten
ringraziare qd di	jdm. danken
scongiurare qd di	jdn. beschwören
sospettare qd di	jdn. verdächtigen
supplicare qd di	jdn. inständig bitten

L'ho pregato di aiutarmi in questa faccenda.	Ich habe ihn gebeten, mir in dieser Angelegenheit zu helfen.
Accusarono il ragazzo di aver rubato il denaro.	Sie klagten den Jungen an, das Geld gestohlen zu haben.
La ringrazio di avermi accompagnato.	Ich danke Ihnen, dass Sie mich begleitet haben.

4. Folgende Verben mit indirektem Personenobjekt schließen den Infinitiv mit ***di*** an:

augurare a qd di	jdm. wünschen, dass
chiedere/domandare a qd di	jdn. bitten
comandare/ordinare a qd di	jdm. befehlen
concedere a qd di	jdm. gestatten
confessare a qd di	jdm. gestehen
consigliare a qd di	jdm. raten
dire a qd di	jdm. sagen, er/sie soll ...
impedire a qd di	jdn. hindern

offrire a qd di	jdm. anbieten
permettere a qd di	jdm. erlauben
proibire/vietare a qd di	jdm. verbieten
promettere a qd di	jdm. versprechen
proporre a qd di	jdm. vorschlagen
raccomandare a qd di	jdm. empfehlen
ricordare a qd di	jdn. daran erinnern, dass er ... soll
rimproverare a qd di	jdm. vorwerfen
suggerire a qd di	jdm. nahe legen/empfehlen

Le consiglio di prendere l'edizione integrale.	Ich rate Ihnen, die ungekürzte Ausgabe zu nehmen.
Digli ti tornare domani.	Sag ihm, er soll morgen wiederkommen.
Gli ho ricordato di imbucare la lettera.	Ich habe ihn daran erinnert, dass er den Brief einwerfen soll/den Brief einzuwerfen.
Le ho promesso di tornare presto.	Ich habe ihr versprochen, bald zurückzukommen.
Suo padre le ha proibito di uscire.	Ihr Vater hat ihr verboten auszugehen.
Il mio stipendio non mi permette di fare pazzie.	Mein Gehalt erlaubt es mir nicht, große Sprünge zu machen.

Auch: *rimproverare qd per aver fatto qc*

5. Reflexive Verben, die den Infinitiv mit ***di*** anschließen:

augurarsi di	sich wünschen
degnarsi di	sich herablassen
immaginarsi/illudersi di	sich einbilden
offrirsi di	sich anbieten
prefiggersi/proporsi di	sich vornehmen
rifiutarsi di	sich weigern
sbrigarsi di	sich beeilen
sognarsi di	es sich träumen lassen

Non mi sarei mai sognato di vincere quel concorso.	Ich hätte es mir nie träumen lassen, diesen Wettbewerb zu gewinnen.
Si offrì di accompagnarmi.	Er bot sich an, mich zu begleiten.
Mi rifiuto di eseguire questo ordine.	Ich weigere mich, diesen Befehl auszuführen.
Mario s'illude di essere più intelligente degli altri.	Mario bildet sich ein, intelligenter zu sein als die anderen.

6. Der Infinitiv mit ***di*** steht nach folgenden reflexiven Verben, die sonst mit einem *di*-Objekt verbunden werden (vgl. § 202.2):

(ac)contentarsi di	sich zufrieden geben
accorgersi di	(be)merken
dimenticarsi di	vergessen
lagnarsi/lamentarsi di	sich beklagen
meravigliarsi di	sich wundern
pentirsi di	bereuen
rallegrarsi di	sich freuen
rammaricarsi di	klagen
ricordarsi di	sich erinnern
vantarsi di	sich rühmen
vergognarsi di	sich schämen

Ti accorgerai presto di aver commesso un gravissimo errore.	Du wirst bald merken, dass du einen sehr schweren Fehler gemacht hast.
Non si vergogna di dire simili bugie.	Er schämt sich nicht, solche Lügen zu erzählen.
Non mi ricordo di averlo visto.	Ich erinnere mich nicht, ihn gesehen zu haben.

7. Der Infinitiv mit ***di*** steht nach folgenden unpersönlichen Ausdrücken:

mi capita di	es kommt vor, dass ich
mi dispiace (di)	es tut mir leid
mi duole di	ich bedaure
mi pare/sembra di	es scheint mir, dass ich
mi riesce di/[häufiger] *riesco a*	es gelingt mir
mi rincresce (di)	es tut mir leid
mi tocca (di)	ich bin gezwungen/ich muss
si tratta di	es geht darum
non mi va di	es gefällt mir nicht/es passt mir nicht

Si tratta di migliorare le condizioni di vita.	Es geht darum, die Lebensbedingungen zu verbessern.
Non mi va di uscire da sola.	Es gefällt mir nicht, allein auszugehen.
Mi sembra di aver dimenticato tutto.	Es scheint mir, dass ich alles vergessen habe.
Lei si buttò sul letto, ma non le riuscì di dormire. (Cassola)	Sie warf sich aufs Bett, konnte aber nicht schlafen.
Che cosa mi tocca (di) sentire!	Was muss ich hören!

Sembra di essere al manicomio.	Man kommt sich wie im Irrenhaus vor.
Mi capita spesso di sbagliare.	Es kommt oft vor, dass ich mich irre.
Gli rincresce di averlo offeso.	Es tut ihm leid, ihn beleidigt zu haben.
Mi pare d'essermi spiegato abbastanza.	Ich glaube mich deutlich ausgedrückt zu haben.

Aber: *Sembra aver dimenticato tutto.* – Er scheint alles vergessen zu haben.

8. Der Infinitiv mit ***di*** steht nach sehr vielen Substantiven:

aver l'aria di	scheinen/so aussehen, als ob
non è il caso di	es ist nicht angebracht
far cenno a qd di	jdm. ein Zeichen geben
avere il compito di	die Aufgabe haben
essere in condizione di	in der Lage sein
avere il coraggio di	den Mut haben
prendere la decisione di	den Beschluss fassen
avere il desiderio di	den Wunsch haben
avere il difetto di	den Fehler haben
avere il diritto di	das Recht haben
avere il dovere di	die Pflicht haben
avere fama di	im Ruf stehen
fare finta di	so tun, als ob
avere fretta di	es eilig haben
essere in grado di	imstande sein
avere l'impressione di	den Eindruck/das Gefühl haben
avere (l')intenzione di	die Absicht haben
non veder l'ora di	es kaum erwarten können
avere l'ordine di	den Befehl haben
avere paura di	Angst haben
avere il permesso	die Erlaubnis haben
avere/fare a qd il piacere di	die Freude haben/jdm. den Gefallen tun
avere la possibilità di	die Möglichkeit haben
aver ragione di	recht daran tun
correre il rischio di	Gefahr laufen
avere la sensazione di	das Gefühl haben
avere la speranza di	die Hoffnung haben
avere tempo di	Zeit haben
mettersi in testa di	es sich in den Kopf setzen
avere voglia di	Lust haben

Ho l'abitudine di alzarmi presto.	Ich habe die Gewohnheit, früh aufzustehen.
Fece finta di dormire.	Er tat, als ob er schliefe.
Non vedo l'ora di partire per le vacanze.	Ich kann es nicht abwarten, in Urlaub zu fahren.
Avremo anche la possibilità di visitare Pompei.	Wir werden auch die Möglichkeit haben, Pompeji zu besuchen.
Fammi il piacere di imbucare questa lettera.	Tu mir den Gefallen und wirf mir diesen Brief ein.
Non ho voglia di aspettare più a lungo.	Ich habe keine Lust, länger zu warten.
Si è messo in testa di diventare medico.	Er hat es sich in den Kopf gesetzt, Arzt zu werden.
La polizia gli fece cenno di accostare.	Die Polizei winkte ihn an die Seite.
Non è il caso di preoccuparsi.	Es besteht kein Grund, sich zu beunruhigen.
Ho la sensazione di soffocare.	Ich habe das Gefühl zu ersticken.

Aber: *Non abbiamo molto tempo per visitare il museo.* – Wir haben nicht viel Zeit, um das Museum zu besuchen.

Anmerkung: Nach *(non) vale la pena* 'es lohnt sich (nicht)' kann der folgende Infinitiv mit oder ohne *di* angeschlossen werden: *Non vale la pena (di) parlarne.* – Es lohnt sich nicht, darüber zu reden.

9. Der Infinitiv mit ***di*** steht nach Adjektiven, die sonst ein nominales Objekt mit *di* anschließen (vgl. § 161.4):

avido di	(be)gierig
(in)capace di	(un)fähig
certo/sicuro di	sicher
contento di	froh
convinto/persuaso di	überzeugt
curioso di	neugierig
degno di	wert/würdig
felice di	glücklich
fiero/orgoglioso di	stolz
impaziente di	ungeduldig
libero di	frei
lieto di	froh
scontento di	unzufrieden
soddisfatto di	zufrieden
stanco/[pop.] *stufo di*	überdrüssig
triste di	traurig

Sei capace di riparare la macchina?	Kannst du das Auto reparieren?
Sono contento di aver superato l'esame.	Ich freue mich, dass ich die Prüfung bestanden habe.
È convinto di aver ragione.	Er ist überzeugt, Recht zu haben.
Siamo curiosi di sapere che cosa farà.	Wir sind gespannt, was er machen wird.
Siete liberi di fare ciò che volete.	Es steht euch frei zu tun, was ihr wollt.
Sei sicuro di averlo visto?	Bist du sicher, ihn gesehen zu haben?
Sono stanco di ripetere sempre le stesse cose.	Ich bin es überdrüssig, immer dieselben Dinge zu wiederholen.
Mario è incapace di condurre una relazione.	Mario ist beziehungsunfähig.

Ebenso: *essere tentato di fare qc* versucht sein, etw. zu tun

Der Infinitiv mit *a* 215

1. Der Infinitiv mit ***a*** steht nach folgenden Verben, die sonst mit direktem Objekt (Akkusativobjekt) konstruiert werden:

(in)cominciare/iniziare/ prendere a	anfangen/beginnen
continuare/seguitare a	fortfahren/weiter...
imparare a	lernen
insegnare a qd a	jdn. lehren
provare a	versuchen

(In)cominciarono a ridere.	Sie begannen zu lachen.
Continua a leggere.	Lies weiter!
Mio figlio sta imparando a nuotare.	Mein Sohn lernt gerade schwimmen.
La maestra insegna ai bambini a leggere e a scrivere.	Die Lehrerin lehrt die Kinder lesen und schreiben.
Provi a farlo!	Wagen Sie es nur!

Merke: *sbagliare a contare/leggere* sich verzählen/sich verlesen; *stendere la biancheria ad asciugarsi* die Wäsche zum Trocknen aufhängen; *mettere i bambini a dormire* die Kinder ins Bett bringen

2. Der Infinitiv mit ***a*** steht nach den Verben der Bewegung:

alzarsi a	aufstehen
andare a	gehen
correre a	laufen
mandare a	schicken
salire a	hinaufgehen
scendere a	hinuntergehen
uscire/entrare a	hinausgehen/hereinkommen
venire a	kommen
voltarsi a	sich (her)umdrehen

Vado ad aprire la porta.	Ich gehe die Tür öffnen.
La mamma è uscita a fare la spesa.	Mama ist einkaufen gegangen.
Tutti si voltano a guardare quella ragazza.	Alle schauen sich nach jenem Mädchen um.
L'ho mandato a chiamare il medico.	Ich habe ihn nach dem Arzt geschickt.
Salgo a svegliare i bambini.	Ich gehe hinauf die Kinder wecken.

Anmerkung 1: Soll der finale Charakter der Infinitivergänzung hervorgehoben werden, so wird anstelle von *a* die Präposition *per* gebraucht (nicht nach *andare*!): *Sono venuto per aiutarti.* – Ich bin gekommen, um dir zu helfen.

Anmerkung 2: Der dt. Ausdruck 'jdn. besuchen' wird im Italienischen durch *andare/venire a trovare qd* wiedergegeben. Bei der Wahl zwischen *andare* und *venire* ist die Bewegungsrichtung entscheidend. Daher muss der Satz 'Ich besuche ihn/sie (= Ich gehe ihn/sie besuchen)' mit *Vado a trovarlo (-la, -li, -le)* wiedergegeben werden. Umgekehrt wird der Satz 'Warum besuchst du mich/uns nicht (= Warum kommst du mich nicht besuchen?)' durch *Perché non vieni a trovarmi/trovarci?* wiedergegeben werden. Zu beachten ist jedoch, dass wenn die angeredete(n) Person(en) besucht werden soll(en), immer *venire* zu verwenden ist: *Vengo a trovarti/trovarvi.* – Ich besuche dich/euch. *Posso venire a trovarLa?* – Kann ich Sie besuchen?

Das Gleiche gilt für die Wiedergabe des Ausdrucks 'jdn./etw. (ab)holen' durch *andare/venire a prendere qd/qc*: *Vado a prendere il giornale.* – Ich hole die Zeitung. *Quando posso venire a prendere le foto?* – Wann kann ich die Fotos abholen? (beim Fotografen/am Telefon). *Vieni a prendermi?* – Holst du mich ab? *Vengo a prendervi alle sette.* – Ich hole euch um sieben ab. Der Ausdruck 'jdn. abholen' kann auch durch *passare a prendere qd* ausgedrückt werden. *Puoi passare a prendermi alla stazione?* – Kannst du mich vom Bahnhof abholen?

Anmerkung 3: Bezüglich der Wiedergabe des dt. Verbs 'kommen' sind folgende Unterschiede zum Deutschen zu beachten: an die Macht kommen *andare/salire al potere*; in den Himmel kommen *andare in cielo/Paradiso*. Das kommt in den Müll. – *Questo va nell'immondizia.* Die Katze ist unter ein Auto gekommen. – *Il gatto è andato sotto una macchina.* Mit wie viel Jahren bist du in die Schule gekommen? – *A quanti anni sei andato/-a a scuola?* Kommst/Gehst du mit mir? – *Vieni con me?* Wie kommt man dahin? – *Come ci si arriva?*

Merke: *venire a sapere* erfahren, *venire a mancare* ausbleiben

3. Der Infinitiv mit ***a*** steht nach den Verben des Bleibens, Verweilens, Zögerns und Beharrens:

esitare/indugiare/tardare a	zögern
persistere a	beharren
restare/rimanere a	bleiben

L'imputato persiste a negare.	Der Angeklagte leugnet beharrlich.
Esitai ad entrare.	Ich zögerte einzutreten.
Restate qui a giocare con noi.	Bleibt hier und spielt mit uns.

Anmerkung: Der Ausdruck *stare a* + Inf. unterstreicht die Kontinuität oder Intensität der Handlung: *Stammi a sentire.* – Hör mir zu! *Non stare a pensarci troppo!* – Denk nicht zu viel daran! *Sta' a vedere che daranno la colpa a me.* – Du wirst sehen, dass sie mir die Schuld geben werden. *È inutile stare a parlarne.* – Es hat keinen Sinn, weiter darüber zu reden.

4. Der Infinitiv mit ***a*** steht nach folgenden Verben und Ausdrücken:

bastare a	genügen
cavarsela a	zurechtkommen
fare a	es fertig bringen/möglich sein
farcela a	es schaffen
far bene/male a	gut/schlecht daran tun
faticare/stentare a	Mühe haben
riuscire a	gelingen

Ce la fai ad aprire questa finestra?	Bringst du dieses Fenster auf?
Hai fatto bene ad andarci.	Du hast gut daran getan hinzugehen.
La chiesa non bastò a contenere tanta folla.	Die Kirche reichte nicht aus, eine so große Menge aufzunehmen.
Bastava un solo bicchiere di vino ad ubriacarlo.	Es reichte einziges Glas Wein aus, um ihn betrunken zu machen.

Non siamo riusciti a metterci d'accordo.	Es ist uns nicht gelungen, uns zu einigen.
Non riesco a capire perché...	Ich kann nicht verstehen, warum ...
A parlare me la cavo abbastanza bene.	Mit dem Sprechen klappt es ganz gut.
Come si fa a lavorare con questo rumore?	Wie ist es möglich, bei einem solchen Lärm zu arbeiten?
Come faccio a saperlo?	Wie soll ich das wissen?
Come hai fatto a convincerlo?	Wie hast du es fertig gebracht, ihn zu überzeugen?

5. Der Infinitiv mit ***a*** steht nach Verben, die sonst eine nominale Ergänzung mit ***a*** anschließen (vgl. § 201.3) (im Deutschen ein mit wo- zusammengesetztes Fragewort: beitragen wozu?, sorgen wofür? etc.):

(ac)consentire a	einwilligen
aspirare a	danach streben
badare a	darauf achten
contribuire a	dazu beitragen
mirare a	darauf abzielen
pensare a	daran denken
provvedere a	dafür sorgen
rinunciare a	darauf verzichten
servire a/per	dazu dienen
tenere/tenerci a	darauf Wert legen

Bada soltanto/Non pensa che a divertirsi.	Er denkt nur ans Vergnügen.
Non ho pensato a imbucare la lettera.	Ich habe nicht daran gedacht, den Brief einzuwerfen.
Tutti vogliono contribuire a migliorare la situazione.	Alle wollen dazu beitragen, die Lage zu verbessern.
Il termometro serve a/per misurare la temperatura.	Das Thermometer dient dazu, die Temperatur zu messen.

Anmerkung 1: *Pensare* ***di*** + Inf. bedeutet 1. denken und 2. 'gedenken/beabsichtigen': *Pensavo di non rivederti più.* – Ich dachte, ich würde dich nicht wiedersehen. *Che cosa pensi di fare?* – Was gedenkst du zu tun?

Anmerkung 2: Bei einer allgemeinen Aussage verwendet man *badare a* + Inf. (siehe Beispiel); bezieht man sich auf eine konkrete Situation, gebraucht man *di*: *Bada di non cadere.* – Pass auf, dass du nicht hinfällst!

6. Der Infinitiv mit ***a*** wird nach folgenden Verben mit direktem Personenobjekt gebraucht:

aiutare qd a	jdm. helfen
autorizzare qd a	jdn. ermächtigen
condannare qd a	jdn. dazu verurteilen
convincere/persuadere qd a	jdn. überreden
costringere/(s)forzare qd a	jdn. zwingen
decidere qd a	jdn. dazu bewegen
esortare qd a	jdn. ermahnen
incitare qd a	jdn. anregen
incoraggiare qd a	jdn. ermutigen
indurre qd a	jdn. veranlassen
invitare qd a	jdn. einladen/auffordern
obbligare qd a	jdn. verpflichten
portare qd a	jdn. dazu bringen
sollecitare qd a	jdn. auffordern
sorprendere qd a	jdn. beim ... überraschen
spingere qd a	jdn. antreiben

Aiutalo a fare i compiti.	Hilf ihm bei den Hausaufgaben!
La commessa sorprese il ragazzo a rubare due dischi.	Die Verkäuferin überraschte den Jungen beim Diebstahl zweier Schallplatten.
La madre esortò il figlio a dire la verità.	Die Mutter ermahnte ihren Sohn, die Wahrheit zu sagen.
Mio zio mi ha incoraggiato a proseguire lo studio.	Mein Onkel hat mich ermutigt, das Studium fortzusetzen.
Il professore spinge gli alunni a studiare di più.	Der Lehrer treibt die Schüler an, mehr zu lernen.
Il mestiere lo aveva obbligato a viaggiare molto.	Durch seinen Beruf hatte er viel reisen müssen/war er gezwungen viel zu reisen.

7. Der Infinitiv mit ***a*** steht nach folgenden reflexiven Verben:

abituarsi a	sich daran gewöhnen
accingersi/apprestarsi/disporsi/ prepararsi a	sich anschicken
acconciarsi/rassegnarsi a	sich damit abfinden
adattarsi a	sich eignen zu
affrettarsi a	sich beeilen

arrischiarsi/avventurarsi/ azzardarsi a	sich getrauen
decidersi/risolversi a	sich entschließen
disturbarsi a	sich die Mühe machen
divertirsi a	Freude daran haben
esercitarsi a	sich üben
fermarsi a	stehen bleiben
impegnarsi a	sich verpflichten
limitarsi a	sich beschränken
mettersi/porsi a	anfangen
provarsi a	sich unterstehen
sporgersi a	sich hinauslehnen
trattenersi a	sich damit aufhalten
trovarsi a	zufällig etw. tun

Ci siamo decisi a passare le vacanze al mare.	Wir haben uns entschlossen, die Ferien am Meer zu verbringen
Si sono divertiti a giocare a carte.	Sie haben mit Vergnügen Karten gespielt.
Mi apprestavo ad uscire.	Ich schickte mich an hinauszugehen.
Provati a farlo!	Untersteh dich, das zu machen!
La bambina si è messa a piangere.	Das Mädchen hat zu weinen angefangen.
Secondo me, lui non si adatta a fare l'insegnante.	Meiner Meinung nach eignet er sich nicht zum Lehrer.
Mi trovavo a passare di lì proprio mentre i rapinatori uscivano dalla banca.	Ich kam zufällig dort vorbei, während/als die Räuber aus der Bank kamen.
Si sporse a guardare.	Er/Sie lehnte sich hinaus, um zu schauen.

Aber: *mettersi a sedere* sich hinsetzen: *Mettiti a sedere e ascoltami.* – Setz dich hin und hör mir zu.

8. Der Infinitiv mit ***a*** steht nach folgenden Ausdrücken:

fare attenzione a	Acht geben
avere difficoltà a	Schwierigkeiten haben
non avere diritto a	kein Recht darauf haben
essere fortunato a	Glück haben
non guadagnarci nulla a	überhaupt nichts davon haben, wenn man …
Che gusto c'è a…?	Worin liegt wohl der Reiz …?
trovarci gusto a	Spaß daran haben

non aver alcun interesse a	kein Interesse daran haben
c'è luogo a	es besteht Grund
Che male c'è a ...?	Was ist denn dabei, wenn man ...?
dare a qd una mano a	jdm. helfen
metterci/impiegare (un mese) a/per	(einen Monat) brauchen
passare (due giorni) a	(zwei Tage) damit verbringen
perdere (due ore) a	(zwei Stunden) damit vergeuden
non avere problemi a	keine Schwierigkeiten haben
avere ragione a	Recht haben, wenn
Che soddisfazione c'è a ...?	Was hat man davon, wenn man ...?
fare in tempo a	etw. noch rechtzeitig tun
perdere tempo a	Zeit verlieren
ci vuole molto tempo a	man braucht lange
avere tendenza a	die Neigung haben/dazu neigen
ci vuole molto/poco a	es gehört viel/wenig dazu, ...

Abbiamo fatto in tempo a prendere il treno.	Wir haben den Zug noch rechtzeitig bekommen.
Quanto tempo ci hai messo a/per fare questo vestito?	Wie lange hast du für dieses Kleid gebraucht?
Faccio fatica a salire le scale.	Das Treppensteigen fällt mir schwer.
Mio marito ha tendenza a ingrassare.	Mein Mann neigt zum Dickwerden.
Hai ragione a lamentarti.	Du hast Recht, wenn du dich beklagst.
Fate bene attenzione a non perdere i soldi!	Gebt gut Acht, dass ihr das Geld nicht verliert!
Non ho alcun interesse a comprare quel terreno.	Ich habe kein Interesse daran, dieses Grundstück zu kaufen.
Mi dai una mano a scaricare la macchina?	Hilfst du mir das Auto (zu) entladen?
Se non riesco a trovare un lavoro fra poco, avrò difficoltà a sbarcare il lunario.	Wenn ich nicht bald eine Arbeit finden kann, werde ich Schwierigkeiten haben, über die Runden zu kommen.
Ho difficoltà a deglutire.	Ich habe Schluckbeschwerden.
Se tu fossi più ordinato, perderesti meno tempo a cercare le tue cose.	Wenn du ordentlicher wärest, würdest du weniger Zeit damit verlieren, deine Sachen zu suchen.
Sei stato proprio fortunato a ritrovare le chiavi.	Du hast wirklich Glück gehabt, dass du die Schlüssel wiedergefunden hast.

Aber: *avere il diritto di fare qc* das Recht haben, etw. zu tun

9. Der Infinitiv mit ***a*** steht nach einigen Adjektiven zum Ausdruck des Zwecks, der Bestimmung oder der Art der Ausführung einer Handlung (vgl. § 161.1):

abile a	geschickt
abituato a	gewohnt
adatto/atto a	geeignet
bravo a	gut/tüchtig
chiamato a	aufgerufen
condannato a	verurteilt
contrario a	dagegen
costretto a	gezwungen
deciso a	entschlossen
destinato a	bestimmt/verurteilt
diretto a	darauf gerichtet
disposto/pronto a	bereit
furbo a	schlau
imbarazzato a	verlegen
inabile a	unfähig
incline/portato/proclive a	geneigt
impegnato/intento/occupato a	beschäftigt
lento a	langsam
obbligato a	verpflichtet
orientato a	darauf ausgerichtet
preparato a	vorbereitet
stupido a	dumm
tenuto a	gehalten
teso a	darauf gerichtet
volto a	darauf abzielend

Lui non è mai imbarazzato a trovare una scusa.	Er ist nie um eine Ausrede verlegen.
Sono portato a concludere che ...	Ich neige zu dem Schluss, dass ...
Angelo è bravo a giocare a scacchi.	Angelo ist gut im Schachspielen.
Mi sento obbligato ad aiutarlo.	Ich fühle mich verpflichtet, ihm zu helfen.
Il piano è destinato a fallire.	Der Plan ist zum Scheitern verurteilt.
Ero intento a tradurre un brano dal tedesco in francese.	Ich war damit beschäftigt, einen Abschnitt aus dem Deutschen ins Französische zu übersetzen.
La nostra società è orientata a produrre e a consumare continuamente.	Unsere Gesellschaft ist darauf ausgerichtet, ständig zu produzieren und zu konsumieren.

Sono contrario a mandare a scuola il figlio a cinque anni.	Ich bin dagegen, meinen Sohn mit fünf Jahren in die Schule zu schicken.
Non sei certo stato furbo a fare così!	Du warst nicht besonders schlau, als du das getan hast!
Sono stato stupido a tentare di fare tutto da solo.	Ich war dumm, dass ich versuchte, alles allein zu machen.
È una legge volta ad incentivare l'economia.	Es ist ein Gesetz zur Ankurbelung der Wirtschaft.

10. Der Infinitiv mit ***a*** steht außerdem nach:

il primo a	der Erste, der
il solo a	der Einzige, der
l'ultimo a	der Letzte, der
l'unico a	der Einzige, der
sono in pochi/molti a	es sind wenige/viele, die

Roberto è sempre il primo ad alzarsi.	Roberto ist immer der Erste, der aufsteht/steht immer als Erster auf.
Maria è l'unica a saperlo.	Maria ist die Einzige, die es weiß.
Sono in pochi a sapere bene il tedesco.	Es sind wenige, die gut Deutsch können.

(Zu ***a*** + Infinitiv als Mittel der Hervorhebung vgl. § 308.3)

11. Der Infinitiv mit *a* kann einen Konditionalsatz ersetzen, wenn Nebensatz und Hauptsatz dasselbe Subjekt aufweisen:

Ad aver conosciuto (= Se avessimo conosciuto) fin da principio la sua situazione, ci saremmo comportati in maniera diversa con lui.	Wenn wir von Anfang an seine Lage gekannt hätten, hätten wir uns ihm gegenüber anders verhalten.
A mangiare (= Se si mangia) sempre di corsa, ci si rovina lo stomaco.	Wenn man immer schnell isst, ruiniert man seinen Magen.
A seguire i tuoi consigli, avrei fatto una figuraccia.	Wenn ich deinen Ratschlägen gefolgt wäre, hätte ich mich bis auf die Knochen blamiert.

Anmerkung: Zuweilen erscheint der Infinitiv mit verschiedenem Subjekt: *Ad ascoltare loro tutto è semplicissimo.* – Wenn man sie hört, ist alles ganz einfach. Geht dem Infinitiv *anche* voraus, liegt konzessive Bedeutung vor: *Anche a telefonargli non verrebbe.* – Auch wenn man ihn anriefe, würde er nicht kommen.

12. Der Infinitiv mit ***a*** ist Bestandteil folgender Ausdrücke und Wendungen:

a dire il vero	offen gestanden/ehrlich gesagt
a/per dire la verità	um die Wahrheit zu sagen
a dir poco/molto	mindestens/höchstens
non è a dire che + Konj.	das soll nicht heißen, dass
a/per farla corta	um es kurz zu machen
a giudicare dall'apparenza	dem Schein nach zu urteilen
a prescindere da	abgesehen von
a guardar bene	wenn man genau hinschaut
discussioni a non finire	endlose Diskussionen
non avere niente a che fare con	nichts zu tun haben mit
Come sarebbe a dire?	Was soll das heißen?
Solo a pensarci ...	Wenn man nur daran denkt, ...

Non è a dire che io non voglia farlo.	Das soll nicht heißen, dass ich es nicht tun will.
Solo a pensarci mi vengono i brividi.	Wenn ich nur daran denke, schaudert es mich.
Non voglio avere niente a che fare con lui.	Ich will mit ihm nichts zu tun haben.

216 Der Infinitiv mit *da*

Der Infinitiv mit ***da*** steht

1. nach Substantive zur Angabe des Zwecks oder der Bestimmung:

Il problema da risolversi è questo: ...	Das Problem, das gelöst werden muss, ist folgendes: ...
le misure da prendersi	die zu ergreifenden Maßnahmen
Vorremmo tre pizze da portar via.	Wir möchten drei Pizzen zum Mitnehmen.

Anmerkung 1: An die Stelle des Infinitivs kann ein Relativsatz treten: *Il problema che bisogna risolvere/che va risolto è questo: …*

Anmerkung 2: Der Infinitiv mit *da* erscheint häufig in Verbindungen, die im Deutschen mit einem zusammengesetzten Substantiv wiedergegeben werden: Schlagsahne (flüssig) *panna da montare*; (geschlagen) *panna montata*; Reibkäse *formaggio da grattuggiare*; Malbuch *libro da colorare*; Schreibmaschine *macchina da scrivere.*

Merke: *pizza da asporto* Pizza zum Mitnehmen (Hinweis)

2. nach den Adjektiven ***facile*** und ***difficile***; dabei erscheint das Verb oft mit dem *si passivante* (vgl. § 252.1):

Queste cose sono difficili da spiegare.	Diese Dinge sind schwer zu erklären.
Questo è un problema facile da risolvere.	Das ist ein leicht lösbares Problem.
È un lavoro facile da eseguirsi.	Das ist eine leicht auszuführende Arbeit.

Aber: *È facile risolvere questo problema.* – Es ist leicht, dieses Problem zu lösen.

Anmerkung 1: Anstelle von *da* kommt auch *a* vor: *Queste cose sono difficili a spiegarsi. È facile a dirsi.* – Das sagt sich so leicht./Das ist leicht gesagt. *È un compito facile a farsi.* – Das ist eine Aufgabe, die leicht zu machen ist.

Anmerkung 2: Zuweilen findet sich anstelle von *da/a* + Infinitiv eine Verbindung mit *di* + *facile/difficile* + Substantiv: *un problema di difficile soluzione, un lavoro di facile esecuzione, un articolo di facile lettura* ein leicht lesbarer Artikel, *un testo di facile comprensione* ein leicht verständlicher Text, *un dizionario di facile consultazione* ein benutzerfreundliches Wörterbuch. Auch *facilmente/difficilmente* + Adjektiv: *un bambino facilmente contentabile* ein leicht zufriedenzustellendes Kind; *un progetto difficilmente realizzabile* ein schwer realisierbares Projekt.

3. zur Angabe der Bestimmung nach ***che cosa, qualcosa, niente, molto, poco,*** oder wenn eines dieser Pronomen zu ergänzen ist:

Portami (qualcosa) da bere.	Bring mir etwas zu trinken!
Che cosa desidera da mangiare?	Was möchten Sie essen?
C'è abbastanza da mangiare.	Es gibt genug zu essen.
Non ho (niente) da fare.	Ich habe nichts zu tun.
Non c'èra più nulla da fare.	Es war nichts mehr zu machen.
Trovi da ridire su tutto.	Du hast an allem etwas auszusetzen.
Non c'è niente da sgranocchiare?	Ist nichts zum Knabbern da?

Merke: *pagare da bere* einen ausgeben, *darsi da fare* sich bemühen, *Hai da accendere?* – Hast du Feuer? *Scusi, ha da cambiare?* – Entschuldigen Sie, können Sie wechseln? *Ho da fare.* – Ich habe zu tun. *Non hai che da dirmelo.* – Du brauchst es mir nur zu sagen. *Mi dà da pensare.* – Das gibt mir zu denken.

Unterscheide: *Ho cercato di dormire.* – Ich habe versucht zu schlafen.
Ho cercato da dormire. – Ich habe eine Schlafstelle gesucht.

4. zur Angabe der Folge nach ***così*** und ***tanto*** + Adjektiv oder Adverb, oder wenn eines dieser Wörter zu ergänzen ist:

Chi è così/tanto gentile da accompagnarmi?	Wer ist so freundlich und begleitet mich?
Come si può essere così stupidi da fare una cosa del genere?	Wie kann man nur so dumm sein, so etwas zu tun?
Era una ragazza brutta da far paura.	Sie war ein grundhässliches Mädchen.
Ha gridato tanto da svegliare tutto il vicinato.	Er/Sie hat so laut geschrien, dass er/sie die ganze Nachbarschaft aufgeweckt hat.

Anmerkung: Auf *abbastanza* kann *da* oder *per* folgen: *Nostra figlia è abbastanza grande da/per decidere da sola.* – Unsere Tochter ist alt genug, um allein Entscheidungen zu treffen.

5. in folgenden Wendungen mit konsekutivem Sinn:

C'è da impazzire/disperare.	Es ist zum Verrücktwerden/Verzweifeln.
C'è poco da ridere.	Da gibt es nichts zu lachen.
C'è da dire che ...	Man muss sagen, dass ...
Fa un caldo da morire.	Es ist mörderisch heiß.
Le albicocche mi piacciono da morire.	Ich esse wahnsinnig gern Aprikosen.
Abbiamo tempo da vendere.	Wir haben sehr viel Zeit.
C'era una folla da non si dire/dirsi.	Dort war einige riesige Menschenmenge.
C'era da aspettarselo.	Das war zu erwarten.
Da non credere!	Nicht zu glauben!

6. nach ***essere*** mit passivischer Bedeutung:

Questa lettera è da tradurre.	Dieser Brief ist zu übersetzen.
Questa casa è da vendere.	Dieses Haus ist zu verkaufen.
C'è molto da fare.	Es gibt viel zu tun.
È assolutamente da vedere.	Es ist absolut sehenswert.
È ancora tutto da decidere.	Es ist noch alles offen.

Merke auch: *da consumarsi preferibilmente entro il 16.5.2011. ...* – Mindesthaltbarkeitsdatum 16.5.2011/mindestens haltbar bis 16.5.2011; *Questo resta ancora da vedere.* – Das bleibt noch abzuwarten.

7. nach ***avere*** in der Bedeutung 'müssen':

Ho da scrivere una lettera/una lettera da scrivere.	Ich muss einen Brief schreiben.
Hai la barba da fare.	Du musst dich rasieren

Anmerkung: Bei physiologischen Vorgängen verwendet man *mi viene da*: *Mi viene da piangere/ridere/starnutire.* – Ich muss weinen/lachen/niesen.

8. nach folgenden Verben, wobei die Präposition ***da*** mit dem bestimmten Artikel verbunden wird:

astenersi da	sich enthalten
diffidare qd da	jdn. warnen
dispensare qd da	es jdm. erlassen
dissuadere/sconsigliare qd da	jdm. davon abraten
guardarsi da	sich hüten
trattenersi da	sich zurückhalten

Mi astengo dal rispondere a una domanda così sciocca.	Ich nehme davon Abstand, auf eine so törichte Frage zu antworten.
Il medico lo dissuase dal passare le vacanze in montagna.	Der Arzt riet ihm davon ab, die Ferien in den Bergen zu verbringen.
La sconsiglio dal comprare questa macchina.	Ich rate Ihnen vom Kauf dieses Autos ab.

Auch: *Le sconsiglio di comprare ...*

9. nach den Adjektiven ***lontano*** und [seltener] ***lungi***:

Sono lontano/lungi dal pensare una cosa simile.	Ich bin weit davon entfernt, so etwas zu denken.

Der Infinitiv mit weiteren Präpositionen 217

Der Infinitiv steht nach weiteren Präpositionen und präpositionalen Wendungen, wenn das Subjekt des Infinitivs und das Subjekt des Hauptsatzes übereinstimmen:

1. temporale Präpositionen:

Dopo *aver fatto colazione siamo andati in piscina.*	Nachdem wir gefrühstückt hatten, sind wir ins Schwimmbad gegangen.
Prima di *andare al cinema devo fare i compiti.*	Bevor ich ins Kino gehe, muss ich die Hausaufgaben machen.

2. konditionale Präpositionen:

Sono pronto ad aiutarti ***a condizione di*** *riceverne la metà.*	Ich bin bereit, dir zu helfen unter der Bedingung, dass ich die Hälfte davon bekomme.
Non lo farò, ***a meno di*** *esserne pregato.*	Ich werde es nicht machen, es sei denn, dass ich darum gebeten werde.
Gli parlerò ***a costo di/a rischio di*** *attendere tre ore.*	Ich werde mit ihm sprechen, auch auf die Gefahr hin, drei Stunden warten zu müssen.

3. finale Präpositionen:

Il mio amico è a Perugia ***per*** *studiare l'italiano.*	Mein Freund ist in Perugia, um Italienisch zu lernen.
Devi esprimerti ***in modo (tale) da*** *essere capito da tutti.*	Du musst dich so ausdrücken, dass du von allen verstanden wirst.
Mi ha scritto la lettera ***allo/con lo scopo di*** *farmi cambiare idea.*	Er hat mir den Brief geschrieben, mit dem Ziel, mich umzustimmen.

Anmerkung 1: Die Präposition *per* + Inf. Perf. wird in kausaler Bedeutung gebraucht: *Mario fu punito per non aver detto la verità.* – Mario wurde bestraft, weil er nicht die Wahrheit gesagt hatte. Weiterhin dient *per* + Inf. zur Hervorhebung: *Per parlare, sai parlare.* – Reden kannst du. Ferner zur Wiedergabe von dt. 'dafür, dass': *Per essere moglie di uno spazzino, ...* – Dafür, dass sie die Frau eines Straßenkehrers ist, ...

Merke: *per non parlare di* ... ganz zu schweigen von ...

Anmerkung 2: Finale Bedeutung hat auch literarisches *onde*: *Onde evitare le code degli esodi estivi, è opportuno non partire in certi giorni di luglio e di agosto.* – Um die Staus der sommerlichen Völkerwanderungen zu vermeiden, ist es angebracht, nicht an bestimmten Juli- und Augusttagen loszufahren.

4. konsekutive Präpositionen:

Gridava ***fino a*** *restare senza voce.*	Er schrie, bis ihm die Stimme versagte.
Mangiano fino a star male.	Sie essen, bis (es) ihnen schlecht ist.
Era ubriaco ***a tal punto da*** *non essere più capace di camminare.*	Er war so betrunken, dass er nicht mehr gehen konnte.

5. sonstige Präpositionen:

A forza/[stärker] ***furia di*** *fumare ci si rovina la salute.*	Durch zu vieles Rauchen ruiniert man seine Gesundheit.
Invece di/Anziché *studiare ha giocato a calcio.*	Anstatt zu lernen, hat er Fußball gespielt.
Oltre a *conoscere tre lingue romanze, mio padre sa anche due lingue slave.*	Außer drei romanischen Sprachen kann mein Vater auch zwei slawische Sprachen.
Se ne andò ***col pretesto/con la scusa di*** *aver ancora da fare.*	Er ging unter dem Vorwand weg, er habe noch zu tun.
Sarebbe capace di tutto, ***pur di*** *arricchirsi.*	Er wäre zu allem fähig, nur um sich zu bereichern.
Sono partiti ***senza*** *salutarci.*	Sie sind abgereist, ohne sich von uns zu verabschieden.
Nella speranza di *vederti presto ...*	In der Hoffnung, dich bald zu sehen, ...
Non ha voglia di niente, ***tranne che*** *di bere.*	Er hat zu nichts Lust, außer zu trinken.

Die Wiedergabe deutscher Modalverben im Italienischen

Deutsche Modalverben können im Italienischen auf sehr unterschiedliche Weise wiedergegeben werden. Im Folgenden wird eine Auswahl der wichtigsten Ausdrucksmöglichkeiten aufgeführt.

brauchen 218

1. 'nicht brauchen' – *non c'è bisogno/non occorre/non è necessario che* + Konjunktiv/*non c'è bisogno di/non dovere* + Inf.:

Du brauchst mich nicht abzuholen.	*Non c'è bisogno che tu venga a prendermi.*
Du brauchst nicht so zu schreien.	*Non c'è bisogno di gridare così.*
Meine Mutter braucht davon nichts zu erfahren.	*Non occorre che mia madre lo venga a sapere.*
Er braucht nicht zu kommen.	*Non è necessario che lui venga.*
Ihr braucht keine Angst zu haben.	*Non dovete avere paura.*

2. 'nur brauchen' – *basta che* + Konjunktiv/*non avere che da/dovere solo* + Inf.:

Sie brauchen nur die Wahrheit zu sagen.	*Basta che dica la verità./Non ha che da dire la verità./Deve solo dire la verità.*
Du hättest es mir nur zu sagen brauchen.	*Sarebbe bastato che tu me lo dicessi.*

3. 'Man braucht nur zu ...' – *Basta* + Inf.:

Man braucht nur zu fragen.	*Basta chiedere.*
Man braucht nur die ersten Zeilen zu lesen, um festzustellen, dass …	*Basta leggere le prime righe per constatare che …*

4. Wendungen:

Du brauchst gar nicht zu lachen.	*Non è proprio il caso di ridere./Non c'è niente da ridere.*
Eigentlich braucht man sich nicht zu wundern.	*In realtà non c'è da meravigliarsi.*
Man braucht sich keine Sorgen zu machen.	*Non c'è da preoccuparsi.*

219 dürfen

1. 'dürfen' als Ausdruck einer Erlaubnis oder als Einleitung einer höflichen Frage – *potere* + Inf.:

Auf dem Flur darf man rauchen.	*Nel corridoio si può fumare.*
Ich darf mit meinem Freund in Urlaub fahren.	*Io posso andare in vacanza con il mio ragazzo.*
Darf ich eintreten/[fam.] reinkommen?	*Posso entrare?*
Darf ich ins Kino gehen?	*Posso andare al cinema?*
Darf ich Sie einen Augenblick stören?	*Posso disturbarLa un attimo?*
Dürfte ich dich um einen Gefallen bitten?	*Potrei chiederti un favore?*

2. 'nicht dürfen' – *non potere/dovere* + Inf.:

Er hat Diabetes/Zucker, er darf nichts Süßes essen.	*Ha il diabete, non può mangiare dolci.*
Hier darf man nicht rauchen.	*Qui non si può fumare./Qui è vietato fumare.*
Man darf nicht immer tun, was man will.	*Non si può sempre fare ciò che si vuole.*
Das hätte nicht passieren dürfen.	*Questo non sarebbe dovuto accadere.*

3. 'Man darf nicht' – *non bisogna/non si deve* + Inf.:

Man darf sich nicht übernehmen.	*Non bisogna fare il passo più lungo della gamba.*
Man darf nicht bei Rot durchfahren.	*Non si deve passare col rosso.*
Man darf nicht den Mut verlieren.	*Non bisogna scoraggiarsi.*
Man darf Kinder nicht schlagen.	*Non si devono picchiare i bambini.*

4. 'dürfen' zum Ausdruck einer Vermutung:

Das Defizit dürfte sich auf zwei Millionen Euro belaufen.	*Il deficit dovrebbe aggirarsi sui due milioni di euro.*
Die Übersetzung dürfte nicht so schwer sein.	*La traduzione non dovrebbe essere tanto difficile.*
Es dürfte Mitternacht gewesen sein.	*Dovrebbe essere stata mezzanotte.*

5. Wendungen:

Darf ich mal kosten?	*Mi fai/fa provare?*
Das darf doch nicht wahr sein!	*Ma non è possibile!*
Was darf es sein?	*Desidera?*

können 220

1. 'können' als Ausdruck einer Erlaubnis, Zustimmung, Möglichkeit oder als Einleitung einer höflichen Frage – *potere* + Inf.:

Kannst du mir bei den Hausaufgaben helfen?	*Mi puoi aiutare a fare i compiti?*
Können Sie mir hundert Euro wechseln?	*Mi può cambiare cento euro?*

Könnten Sie bitte das Fenster öffnen?	*Potrebbe aprire la finestra, per favore?*
Kann man Fahrräder mieten?	*Si possono noleggiare biciclette?*
Kann ich etwas ausrichten?	*Posso riferire qualcosa?*
Du hättest es mir vorher sagen können.	*Me lo potevi dire prima./Avresti potuto dirmelo prima.*

2. 'können' in der Bedeutung von 'fähig sein' – *essere capace di* + Inf.:

Kannst du schwimmen?	*Sei capace di nuotare?*
Silvia kann noch nicht lesen.	*Silvia non è ancora capace di leggere.*

3. 'können' in der Bedeutung von 'wissen', 'gelernt haben' – *sapere* + Inf.:

Kannst du ein Instrument spielen?	*Sai suonare uno strumento?*
Ich kann nicht tanzen.	*Non so ballare.*
Meine Frau kann sehr gut kochen.	*Mia moglie sa cucinare molto bene.*
Man muss auch verlieren können.	*Bisogna anche sapere perdere.*

4. 'nicht umhin können/einfach etwas tun müssen' – *non poter fare a meno di* + Inf.:

Wir können nicht umhin, die Einladung anzunehmen.	*Non possiamo fare a meno di accettare l'invito.*
Ich konnte nicht umhin zu lachen.	*Non potei fare a meno di ridere.*

5. Andere Möglichkeiten der Wiedergabe des deutschen Modalverbs 'können' im Italienischen:

Ich kann mich nicht mehr daran erinnern.	*Non riesco più a ricordarmene.*
Ich kann nicht verstehen, warum er/sie sich hat scheiden lassen.	*Non riesco a capire perché abbia divorziato.*
Ich kann es mir einfach nicht erklären.	*Non riesco proprio a spiegarmelo.*
Ich kann nichts Schlimmes dabei finden.	*Non ci trovo niente di male.*

Wie kannst du es wagen, so etwas zu sagen?	*Come osi dire queste cose?*
Man kann nie wissen.	*Non si sa mai./Non si può mai sapere.*
Kannst du mir (gedanklich) folgen?	*Mi segui?*
Ich könnte schwören, dass …	*Giurerei/Potrei giurare che …*
Er kann sich nicht mehr auf den Beinen halten.	*Non si regge più in piedi.*
Hier kann man stehen. (im Wasser)	*Qui si tocca.*
Der kann was erleben!	*Lo sistemo io!*
Ihn kann nichts erschüttern.	*Non c'è niente che lo sconvolga.*
Das kannst du mir nicht erzählen!	*Questa non me la dai a bere!*
Man könnte meinen, dass …	*Si direbbe che …*
Man kann nichts dagegen sagen.	*Non c'è che dire.*
Man hätte eine Stecknadel fallen hören können.	*Non si sentiva volare una mosca.*
Ich kann ihn mir sehr gut als Arzt vorstellen.	*Lo vedo benissimo come medico.*
Ich kann mich auch täuschen.	*Può essere che mi stia sbagliando.*
Jetzt könnte ich einen Grappa vertragen.	*Adesso non direi di no a una grappa.*
Das Kind kann schon stehen.	*Il bambino si regge/sta già in piedi.*
Man kann ihr nichts recht machen.	*Non le va mai bene niente.*
Können Sie sich ausweisen?	*Ha un documento?*

lassen 221

1. 'lassen' im Sinn von 'zulassen' – *lasciare* + Inf.:

Meine Eltern lassen mich abends nicht ausgehen.	*I miei genitori non mi lasciano uscire la sera.*
Mein Vater hat mich gewinnen lassen.	*Mio padre mi ha lasciato vincere.*
Lass mich nur machen!	*Lascia fare a me.*
Das lasse ich mir nicht entgehen.	*Non me lo lascio sfuggire.*

2. 'lassen' im Sinn von 'veranlassen' – *fare* + Inf.:

Wir haben das Kaninchen einschläfern lassen.	*Abbiamo fatto sopprimere il coniglio.*
Man muss den Arzt kommen lassen.	*Bisogna far venire il medico.*
Man hat mich eine halbe Stunde warten lassen.	*Mi hanno fatto aspettare mezz'ora.*
Ich lasse mir einen Bart wachsen.	*Mi faccio crescere la barba.*
Ich habe mir die Haare schneiden lassen.	*Mi sono fatto tagliare/sono tagliato i capelli.*
Ich muss meinen Pass verlängern lassen.	*Devo far rinnovare il mio passaporto.*
Lass dich nicht bitten!	*Non farti pregare!*

Anmerkung: In einigen Fällen wird unterschiedslos *lasciare* oder *fare* verwendet: Lass mich vorbei! – *Lasciami/Fammi passare!* Meine Schwester lässt sich leicht beeinflussen. – *Mia sorella si fa/lascia influenzare facilmente.* Lass mich einen Augenblick nachdenken. – *Fammi/Lasciami pensare un momento.*

3. 'lasst uns ...' wird mit dem Imperativ der 1. Pers. Pl. wiedergegeben:

Lasst uns nach Hause gehen!	*Andiamo a casa!*
Lasst uns Frieden schließen!	*Facciamo la pace!*

4. 'etw. lässt sich tun' wird oft durch eine reflexive Konstruktion ausgedrückt:

Hier lässt es sich gut leben.	*Qui si vive bene.*
Mit ihm lässt sich reden.	*Con lui si può ragionare.*
Das lässt sich nicht beweisen.	*Non si può provare.*
Das Fenster lässt sich nicht öffnen.	*La finestra non si apre.*
Dieser Wein lässt sich trinken.	*Questo vino si fa bere.*
Hemden lassen sich besser bügeln, wenn du sie ein wenig einsprengst.	*Le camicie si stirano meglio se le inumidisci/bagni un po'.*

5. In einigen Fällen bleibt 'lassen' unausgedrückt:

Warum haben sie sich scheiden lassen?	*Perché hanno divorziato?*
Lassen Sie sich nicht stören!	*Non si distrurbi!*

Diese Erfahrungen haben ihn reifen lassen.	*Queste esperienze l'hanno maturato.*
Beim Staatsexamen haben sie drei von zehn Kandidaten durchfallen lassen.	*All'esame di stato hanno bocciato tre candidati su dieci.*
Man muss diesen Wein drei Jahre lagern lassen.	*Bisogna invecchiare questo vino per tre anni.*
Mein Cousin lässt sich leicht beeindrucken.	*Mio cugino si impressiona facilmente.*
Das hätte ich mir nie träumen lassen!	*Non me lo sarei mai sognato!*
Ich werde mich nächsten Monat operieren lassen.	*Mi opererò il prossimo mese.*
Herr Mancuso lässt sich entschuldigen, er ist leider aus familiären Gründen verhindert.	*Il signor Mancuso si scusa, purtroppo è impossibilitato a venire per motivi familiari.*
Ich werde mich nächstes Jahr pensionieren lassen.	*Andrò in pensione l'anno prossimo.*
Ich habe mir sagen lassen, dass …	*Mi hanno detto che …*

6. 'lassen' + Inf. eines Verbs, das einen Zustand bezeichnet – *lasciare* + Partizip Perfekt:

Ich hatte das Licht brennen lassen.	*Avevo lasciato la luce accesa.*
Unser Sohn hatte den Schlüssel im Schloss stecken lassen.	*Nostro figlio aveva lasciato la chiave (infilata) nella serratura.*

7. Wendungen:

Lass dir das gesagt sein!	*Per tua norma e regola!*
Er lässt sich nicht davon abbringen.	*Non glielo leva di testa nessuno.*
Lasst es euch schmecken!	*Buon appetito!*
Sie lässt nichts von sich hören.	*Non dà segni di vita.*
Ich lasse die Miete von meinem Girokonto abbuchen.	*Ho incaricato la banca di addebitarmi l'affitto sul conto corrente.*
Darüber lässt sich streiten.	*Su questo ci sarebbe da discutere.*
Darüber lasse ich mit mir reden.	*Se ne può discutere.*
den Tee ziehen lassen	*lasciare il tè in infusione*
Hier lässt es sich aushalten.	*Qui sì che si sta bene.*

222 mögen

1. 'mögen' in der Bedeutung von 'wollen/wünschen' – *volere* + Inf.:

Was magst du heute essen?	*Cosa vuoi mangiare oggi?*
Ich mag nicht hingehen.	*Non ci voglio andare.*
Er mag nicht mit dem Rauchen aufhören.	*Non vuole smettere di fumare.*

2. 'mögen' in der Bedeutung von 'Lust haben' – *avere voglia di* + Inf.:

Heute mag ich nicht ins Schwimmbad gehen.	*Oggi non ho voglia di andare in piscina.*
Magst du heute Abend tanzen gehen?	*Hai voglia di andare a ballare stasera?*

3. 'mögen' im Sinn von 'möglich sein' – *può darsi che* + Konjunktiv/*può essere* + Inf. bzw. *può essere che* + Konjunktiv:

Werden sie kommen? – Mag sein.	*Verranno? – Può darsi.*
Das mag stimmen.	*Può essere vero./Può darsi che sia vero.*

4. 'mögen' im Aufforderungssatz wird mit *che* + Konjunktiv wiedergegeben:

Er mag ruhig kommen!	*Che venga pure!*
Sag ihm, er möge warten.	*Digli che aspetti.*

5. 'mögen' im Einräumungsatz:

Wer es auch immer gesagt haben mag, …	*Chiunque l'abbia detto, …*
Ihr mögt euch noch so sehr anstrengen, ihr werdet es nicht schaffen.	*Per quanto vi sforziate, non ce la farete.*

6. 'mögen' als Ausdruck einer Vermutung:

Seine Frau mag schon 60. sein.	*Sua moglie avrà già 60 anni.*
Es mag fünf Uhr sein.	*Saranno le cinque.*
Es mochte fünf Uhr sein.	*Saranno state/Potevano essere le cinque.*

7. 'ich möchte' – *vorrei* + Inf.:

Ich möchte Jura studieren.	*Vorrei studiare legge.*
Möchtest du zur Oma gehen?	*Vorresti andare dalla nonna?*
Antonia möchte ausgehen.	*Antonia vorrebbe uscire.*

Anmerkung: Wenn man jdm. etwas anbietet, verwendet man die Präsensformen von *volere*: Möchtest du einen Kaffee? – *Vuoi un caffè?* Möchten Sie noch etwas Wein? – *Vuole ancora un po' di vino?*

8. 'lieber mögen' – *preferire* + Inf.:

Ich mag meine Ferien lieber am Meer verbringen.	*Preferisco passare le vacanze al mare.*

müssen 223

1. 'müssen' als Ausdruck einer Notwendigkeit oder Pflicht – *dovere* + Inf./*avere da* + Inf.:

Wir müssen umziehen.	*Dobbiamo cambiare casa.*
Ich muss bald tanken.	*Fra poco devo fare benzina.*
Sie hat sofort abreisen müssen.	*È dovuta partire subito.*
Du müsstest dich mehr bewegen.	*Dovresti fare più moto.*
Das hättest du dir früher überlegen müssen.	*Avresti dovuto/Dovevi pensarci prima.*
Ich muss zu meiner großen Schande gestehen, dass …	*Devo confessare, con mia grande vergogna, che …*
Ich müsste mit dir reden.	*Avrei da parlarti.*

Merke: Musst du dich denn immer so aufregen? – *Ma è possibile che tu debba sempre arrabbiarti?*

2. 'müssen' als Ausdruck einer Vermutung oder Wahrscheinlichkeit – *dovere* + Inf.:

Die Mörder mussten durch eines dieser Fenster geflohen sein.	*Gli assassini dovevano essere fuggiti da una di queste finestre.*
Es muss schon zehn Uhr sein.	*Devono essere già le dieci.*
Morgen müsste ein schöner Tag sein/ist wohl ein schöner Tag.	*Domani dovrebbe essere una bella giornata.*
Das musste früher oder später passieren.	*Doveva capitare prima o dopo.*
Es muss etwas passiert sein.	*Dev'essere successo qualcosa.*
Es hat geläutet: Es muss Angela sein.	*Hanno suonato: dev'essere Angela.*

3. 'man muss' – *bisogna/occorre/si deve* + Inf.:

Man muss Geduld haben.	*Bisogna avere pazienza.*
Man muss handeln.	*Occorre agire.*
Man müsste mehr Freizeit haben.	*Si dovrebbe/Bisognerebbe avere più tempo libero.*

4. 'müssen' in Verbindung mit physiologischen Vorgängen – *venire da* + Inf.:

Ich muss weinen.	*Mi viene da piangere.*
Ich muss mich übergeben.	*Mi viene da vomitare.*

5. Andere Möglichkeiten der Wiedergabe des deutschen Modalverbs 'müssen' im Italienischen:

Damit musst du dich abfinden.	*Mettiti l'anima in pace.*
Mama, ich muss Pipi machen.	*Mamma, mi scappa la pipì.*
Was wir uns nicht alles anhören müssen!	*Cosa ci tocca sentire!*
Muss man lange warten?	*C'è da aspettare molto?*
Bei ihm muss man sich auf alles gefasst machen.	*Da lui c'è da aspettarsi di tutto.*
Im Auto muss man sich anschnallen.	*In auto è obbligatorio allacciarsi la cintura.*

224 sollen

1. In Wunschsätzen, Aufforderungen und Verwünschungen wird 'sollen' durch den Konjunktiv ausgedrückt:

Sie soll warten.	*Che aspetti!*
Er soll den Mund halten.	*Che tenga la bocca chiusa!*
Der Schlag soll ihn treffen!	*Gli venisse un accidente!*
Soll er doch zum Teufel gehen!	*Ma vada al diavolo!*

2. 'du solltest' im Sinn von 'du müsstest eigentlich' wird durch den Konditional von *dovere* ausgedrückt:

Du solltest dich bei ihm entschuldigen.	*Dovresti scusarti con lui.*
Wir sollten es ihm sagen.	*Dovremmo dirglielo.*
Mein Mann sollte nicht so viel rauchen.	*Mio marito non dovrebbe fumare tanto.*

3. ‘sollte’ auf die Vergangenheit bezogen wird mit dem Imperfekt von *dovere* wiedergegeben:

Der Installateur sollte um 9 Uhr kommen.	*L’idraulico doveva venire alle nove.*
Ihr solltet einen anderen Text übersetzen.	*Dovevate tradurre un altro testo.*
Du hättest ihre Reaktion sehen sollen.	*Dovevi vedere la sua reazione.*

4. ‘sollen’ wird mit *volere che* + Konjunktiv, *dovere* + Inf. oder einfachem Präsens wiedergegeben, wenn nach dem Willen eines anderen gefragt wird:

Soll ich Ihnen helfen?	*Vuole ch’io Le dia una mano?*
Soll ich dir bei den Hausaufgaben helfen?	*Ti devo aiutare a fare i compiti?*
Wo soll ich die Teller hinstellen?	*Dove metto i piatti?*
Soll ich dich begleiten? – Danke, das ist nicht nötig?	*Ti accompagno? – Grazie, non è il caso.*

5. In direkten und indirekten Fragesätzen, in denen eine Unsicherheit oder ein Zweifel ausgedrückt wird, bleibt ‘sollen’ unübersetzt:

Ich weiß nicht, was ich machen soll.	*Non so (che) cosa fare.*
Wir wissen nicht, wie wir das Problem lösen sollen.	*Non sappiamo come risolvere il problema.*

6. ‘sollen’ zum Ausdruck einer Drohung oder Beschwichtigung, wird durch das Futur des betreffenden Verbs ausgedrückt:

Das sollst du mir büßen!	*Me la pagherai!*
Das soll nicht wieder vorkommen!	*Non si ripeterà più.*

Aber: Du sollst nicht töten! – *Non uccidere!*

7. ‘jdm. sagen, er soll(e) etw. tun’ – *dire a qd di fare qc/che deve fare qc/* [geh.] *che faccia qc*:

Sag ihm, er soll nach Hause gehen.	*Digli di andare a casa/che deve andare a casa/che vada a casa.*
Ich sagte ihm, er solle seine Aktien verkaufen.	*Gli ho detto di vendere le sue azioni.*

8. ‘sollen’ in der Bedeutung von ‘es heißt, dass/man sagt, dass’ wird mit *si dice/dicono che* + Konjunktiv wiedergegeben:

Er soll steinreich sein.	*Si dice che sia/è ricco sfondato.*
Sie soll ihr ganzes Vermögen verloren haben.	*Si dice che abbia perso tutto il patrimonio.*

9. ‘besser/lieber sollen’ – *fare meglio a* + Inf.:

Du solltest besser im Bett bleiben.	*Faresti meglio a restare a letto.*
Ich hätte besser im Hotel bleiben sollen.	*Avrei fatto meglio a rimanere in albergo.*
Dein Sohn sollte lieber diesen Plan aufgeben.	*Tuo figlio farebbe meglio ad abbandonare quel progetto.*

10. Drückt ‘sollen’ unbestätigte Meldungen oder Entrüstung aus, erscheint das Verb im Konditional:

Ein Exhibitionist soll sich in der Nähe des Bahnofs herumtreiben.	*Un esibizionista si aggirerebbe vicino alla stazione.*
Der Minister soll zurückgetreten sein.	*Il ministro si sarebbe dimesso.*
Ich soll so etwas gesagt haben?	*Io avrei detto una cosa del genere?*
Und so was soll Kunst sein?	*E questa sarebbe arte?*

11. Leitet ‘sollen’ einen Bedingungssatz ein, wird es durch *se/qualora/nel caso che* + Konj. von *dovere* wiedergegeben:

Sollte es morgen regnen, verschieben wir den Ausflug auf Samstag.	*Se/Qualora/Nel caso che dovesse piovere domani, rimandiamo la gita a sabato.*

12. Verweist ‘sollte’ aus der Vergangenheit heraus auf ein zukünftiges Geschehen, so steht das Imperfekt von *dovere* + Infinitiv bzw. Konditional II:

Sein Onkel nahm an einer Expedition nach Brasilien teil, von der er nicht mehr zurückkehren sollte.	*Suo zio partecipò a una spedizione in Brasile, dalla quale non doveva più tornare/sarebbe più tornato.*

Diese Entscheidung sollte sich später als tragischer Irrtum erweisen.	*Questa decisione doveva rivelarsi/ si sarebbe rivelata in seguito un tragico errore.*
Es war (wie ich später erfahren sollte) der Sohn eines Bekannten von uns.	*Era (come avrei saputo in seguito) il figlio di un nostro conoscente.*

13. Zum Ausdruck einer zweifelnden Überlegung gebraucht man *che* + Konjunktiv:

Sollte das wahr sein?	*Che sia vero?*
Sollte ich mich getäuscht haben?	*Che mi sia sbagliato?*
Sollte sie schwanger sein?	*Che sia incinta?*

14. Ausdrücke und Wendungen:

Ich soll dich von meinen Eltern grüßen.	*Ti porto i saluti dei miei genitori./ Ti devo salutare da parte dei miei genitori.*
Man sollte meinen, es wäre leicht.	*Si direbbe che è facile.*
Ich weiß nicht, wie das enden soll.	*Non so come andrà a finire.*
Sollen wir mal wechseln? (z.B. beim Autofahren)	*Vogliamo darci il cambio?*
Woher soll ich das wissen?	*Come faccio a saperlo?*
Was soll das heißen?	*Che cosa vuol dire (questo)?/ Cosa significa (questo)?*

wollen **225**

1. 'wollen' zum Ausdruck einer Absicht – *volere* + Inf.:

Wir wollen nach Hause gehen.	*Vogliamo andare a casa.*
Ich will mein Leben ändern.	*Voglio cambiare vita.*
Willst du mit uns ins Kino gehen?	*Vuoi venire con noi al cinema?*
Sie wollen ein paar Schritte gehen.	*Vogliono fare due passi.*

2. 'wollen' im Sinn von 'behaupten'/vorgeben – *dire/pretendere di* + Inf.:

Sie will ihn gesehen haben.	*Dice/Pretende di averlo visto.*
Der Minister will von der Angelegenheit nichts gewusst haben.	*Il ministro pretende di non aver saputo niente dell'affare.*

3. '(gerade) wollen' im Sinn von 'im Begriff sein' – *stare per* + Inf./*essere sul punto di* + Inf.:

Ich wollte gerade das Haus verlassen, als …	*Stavo per uscire di casa quando …*
Sie wollte gerade schlafen gehen, als das Telefon läutete.	*Era sul punto di andare a dormire quando suonò il telefono.*

4. Ausdrücke und Wendungen:

Das will überlegt sein.	*Occorre rifletterci su.*
Was willst du einmal werden?	*Che cosa farai da grande?*
Wir wollen nicht mehr davon sprechen!	*Non ne parliamo più!*
Das will ich nicht gehört haben!	*Faccio come se non avessi sentito!*
Ich will nichts gesagt haben.	*Come non detto.*
Was ich noch sagen wollte …	*A proposito …*
Das will ich meinen.	*Lo credo bene.*
Wollen Sie mir bitte folgen!	*Voglia seguirmi per favore!/ Mi segua, per favore!*
Er will immer alles besser wissen.	*La sa sempre più lunga.*
Heute wollen wir über Umweltschutz sprechen.	*Oggi parleremo della protezione dell'ambiente.*
Ich will dir mal was sagen.	*Ti dirò una cosa.*
Wollen wir einen Kaffee trinken?	*Prendiamo un caffè?*
Und so jemand will Lehrer sein?	*E quello sarebbe un/si chiama professore?*

Kapitel 18 Der Gebrauch der Tempora des Indikativs
(L'uso dei tempi dell'indicativo)

Zu den Tempora des Indikativs gehören das Präsens (il presente), das Imperfekt (l'imperfetto), das Perfekt (il passato prossimo), das *passato remoto*, das Plusquamperfekt (il trapassato prossimo), das *trapassato remoto*, das Futur I (il futuro semplice) und das Futur II (il futuro anteriore). Zur Bildung der einzelnen Formen vgl. Kap. 12. Dem *passato remoto* und dem *imperfetto* entspricht im Deutschen die einfache Vergangenheit (Präteritum) bzw. das Perfekt (in gesprochener Sprache).

Das Präsens (Il presente) 226

1. Das Präsens bezeichnet Zustände oder Handlungen der unmittelbaren Gegenwart, Geschehen, die bis in die Gegenwart andauern, sowie Gewohnheiten und Feststellungen, die zeitlose Gültigkeit besitzen:

Voglio bene a Maria.	Ich habe Maria gern.
Fa bel tempo.	Es ist schönes Wetter.
Conosco Mario da cinque anni.	Ich kenne Mario seit fünf Jahren.
Vado al mercato ogni giovedì.	Ich gehe jeden Donnerstag auf den Markt.
La Terra gira intorno al Sole.	Die Erde dreht sich um die Sonne.
L'uomo propone e Dio dispone.	Der Mensch denkt, Gott lenkt.

2. In der Umgangssprache kann das Präsens auch eine zukünftige Handlung bezeichnen, wenn ein konkreter Zeitpunkt genannt wird und die Durchführung der Handlung als sicher angesehen wird:

Fra quindici giorni parto per Milano.	In vierzehn Tagen fahre ich nach Mailand.
Domani faccio la patente.	Morgen mache ich den Führerschein.

3. Um eine Erzählung aufzulockern oder lebhafter zu gestalten, kann man das historische Präsens (presente storico) anstelle eines Vergangenheitstempus verwenden:

Dante nasce a Firenze nel 1265.	Dante wird 1265 in Florenz geboren.
Per liberare il Sud, Garibaldi chiama a raccolta i volontari.	Um den Süden zu befreien, ruft Garibaldi die Freiwilligen zusammen.

227 **Das Perfekt** (Il passato prossimo)

Das *passato prossimo* gibt Handlungen an, die

1. sich in der Vergangenheit vollzogen haben, deren Folgen aber in der Gegenwart noch andauern:

Dio ha creato il mondo.	Gott hat die Welt erschaffen.
Mi sono ferito al ginocchio. Non posso giocare.	Ich habe mich am Knie verletzt. Ich kann nicht spielen.
Andrea Bocelli è nato a Lajatico, in provincia di Pisa, nel 1958.	Andrea Bocelli wurde 1958 in Lajatico, in der Provinz Pisa, geboren.
Le foto sono venute veramente molto bene.	Die Fotos sind wirklich sehr schön geworden.

2. sich kurz vor der Gegenwart abgespielt haben:

Siamo arrivati un quarto d'ora fa.	Wir sind vor einer Viertelstunde angekommen.
Ho appena finito i compiti.	Ich bin gerade mit den Hausaufgaben fertig geworden.

3. sich in einem noch andauernden Zeitraum ereignet haben:

A che ora ti sei alzato stamattina?	Um wie viel Uhr bist du heute Morgen aufgestanden?
Gli affari sono andati bene quest'anno.	Die Geschäfte sind dieses Jahr gut gegangen.
Oggi ho fumato troppo.	Heute habe ich zu viel geraucht.
Questa settimana sono andato due volte al cinema.	Diese Woche bin ich zweimal ins Kino gegangen.
Non ho ancora pagato la fattura.	Ich habe die Rechnung noch nicht bezahlt.
Finora non l'ho visto.	Bis jetzt habe ich ihn nicht gesehen.
Quando è stata l'ultima volta che hai letto un libro?	Wann hast du zum letzten Mal ein Buch gelesen?

Merke: *Sono due mesi che non lo vedo.* – Ich habe ihn seit zwei Monaten nicht mehr gesehen.
Mi sfugge il nome. – Mir ist der Name entfallen.

4. sich in naher Zukunft ereignen:

Se entro cinque minuti non se ne è andato, lo sbatto fuori.	Wenn er in fünf Minuten nicht gegangen ist, schmeiße ich ihn hinaus.
Ti aiuterò appena ho finito di mangiare.	Ich werde dir helfen, sobald ich mit dem Essen fertig bin.

Das *passato remoto* 228

Das *passato remoto* wird zur Wiedergabe eines in der Vergangenheit vollständig abgeschlossenen Vorgangs gebraucht, das bedeutet, dass auch keine gedankliche Verbindung zur Gegenwart besteht. Außerdem ist die Dauer oder die Häufigkeit des Vorgangs ohne Bedeutung:

Dante nacque a Firenze nel 1265.	Dante wurde 1265 in Florenz geboren.
Pirandello morì nel 1936.	Pirandello starb 1936.
Chi fu Pasolini?	Wer war Pasolini?
La prima guerra mondiale terminò nel 1918.	Der Erste Weltkrieg endete 1918.
La guerra dei trent'anni durò dal 1618 al 1648.	Der Dreißigjährige Krieg dauerte von 1618 bis 1648.
Quella notte non dormii a lungo.	Jene Nacht schlief ich nicht lange.
Quel giorno non riuscì a concentrarsi.	An jenem Tag konnte er sich nicht konzentrieren.
L'anno scorso visitammo gli Uffizi.	Letztes Jahr besuchten wir die Uffizien.
Alcuni anni fa, al mare, conobbi una simpatica ragazza francese.	Vor einigen Jahren lernte ich am Meer ein sympathisches französisches Mädchen kennen.

Anmerkung: Die oben angegebene Regel zum Gebrauch des *passato remoto* bezieht sich auf die Schriftsprache. In der gesprochenen Sprache wird anstelle des *passato remoto* immer häufiger das *passato prossimo* gebraucht. In Norditalien und in einem Teil Mittelitaliens bedienen sich auch gebildete Sprecher nur des *passato prossimo*, während in Süditalien sowohl das *passato remoto* als auch das *passato prossimo* Verwendung finden: *L'anno scorso abbiamo passato/passammo le vacanze in Grecia.* – Letztes Jahr haben wir die Ferien in Griechenland verbracht./Letztes Jahr verbrachten wir die Ferien in Griechenland. *L'altro giorno ho incontrato/incontrai Luisa.* – Neulich habe ich Luisa getroffen/Neulich traf ich Luisa. Auch in Deutschland ist in der gesprochenen und zum Teil in der geschriebenen Sprache der Gebrauch von einfacher [Präteritum] und zusammengesetzter Vergangenheit [Perfekt] uneinheitlich.

229 **Das Imperfekt** (L'imperfetto)

1. Das Imperfekt wird verwendet:

1.1. zur Beschreibung vergangener Handlungen, Vorgänge oder Zustände, die als nicht abgeschlossen angesehen werden:

Mio padre era gentile con tutti.	Mein Vater war zu allen freundlich.
Gli uccelli cinguettavano.	Die Vögel zwitscherten.
I miei genitori non stavano bene.	Meinen Eltern ging es nicht gut.
Pioveva a dirotto.	Es regnete in Strömen.
I bambini dormivano ancora.	Die Kinder schliefen noch.

1.2. zur Bezeichnung von Handlungen, die sich in der Vergangenheit regelmäßig wiederholt haben:

I miei amici venivano a trovarmi ogni giorno.	Meine Freunde besuchten mich jeden Tag.
Mio fratello andava al cinema almeno una volta alla settimana.	Mein Bruder ging mindestens einmal in der Woche ins Kino.
Durante le vacanze non mi alzavo mai prima delle nove.	Während der Ferien stand ich nie vor neun Uhr auf.
In montagna facevamo lunghe passeggiate.	In den Bergen machten wir lange Spaziergänge.

2. Besonderer Gebrauch des Imperfekts

2.1. Das Imperfekt kann in der gesprochenen Sprache zum Ausdruck einer höflichen Bitte verwendet werden:

Volevo chiederti un favore.	Ich wollte dich um einen Gefallen bitten.

2.2. Wenn Kinder ein Rollenspiel planen, verwenden sie das Imperfekt:

Tu eri il maestro e io venivo a chiederti se mio figlio era bravo a scuola.	Du bist/wärst der Lehrer, und ich komme/würde kommen und ich frage dich/würde dich fragen, ob mein Sohn gut in der Schule ist.

2.3. Bei lebhafter Schilderung wird zuweilen das *imperfetto* anstelle des *passato remoto* gebraucht. In diesem Falle wird der Vorgang nicht einfach festgestellt, sondern mit einer affektiven Nuance versehen. Meist wird dabei das Imperfekt von einer adverbialen Zeitangabe begleitet:

Nel 1789 scoppiava la Rivoluzione francese.	1789 brach die Französische Revolution aus.
Nel 1958 nasceva il Parlamento Europeo, con sede a Strasburgo.	1958 entstand das Europäische Parlament mit Sitz in Straßburg.
A questo pensiero mi sentivo assalire da un forte dubbio.	Bei diesem Gedanken fühlte ich, wie ich von einem starken Zweifel befallen wurde.

2.4. In der Umgangssprache wird das Imperfekt auch anstelle des Konditional II verwendet. Im Bedingungssatz ersetzt es auch den Konjunktiv Plusquamperfekt:

Potevi dirmelo (= Avresti potuto dirmelo) prima.	Du hättest es mir früher sagen können.
Dovevo prendere (= Avrei dovuto prendere) il treno delle sei.	Ich hätte den Sechs-Uhr-Zug nehmen sollen.
Se davi (= avessi dato) retta a me, non succedeva (= sarebbe successo).	Wenn du auf mich gehört hättest, wäre es nicht passiert.

Anmerkung: Nach *quasi* steht im Italienischen Indikativ Imperfekt, während im Deutschen nach 'beinahe' Konjunktiv Plusquamperfekt erscheint: *Quasi mi addormentavo.* – Beinahe wäre ich eingeschlafen.

Gegenüberstellung von *imperfetto* und *passato remoto* 230

Dem deutschen Präteritum [Erzählzeit] entsprechen im Italienischen zwei Tempora, das *imperfetto* oder das *passato remoto.*

1. Bei einigen italienischen Verben ergibt sich, je nachdem ob sie im *imperfetto* oder im *passato remoto* stehen, ein Bedeutungsunterschied, der im Deutschen durch zwei verschiedene Verben wiedergegeben wird:

Avevo paura. *Ebbi paura.*	Ich hatte Angst. Ich bekam Angst.
Il ponte era costruito. *Il ponte fu costruito.*	Die Brücke war gebaut. Die Brücke wurde gebaut.
La conoscevo da molto tempo. *La conobbi due anni fa.*	Ich kannte sie seit langem. Ich lernte sie vor zwei Jahren kennen.

Non lo sapevo. *Lo seppi da Mario.*	Ich wusste es nicht. Ich erfuhr es von Mario.
Tutti tacevano. *Tutti tacquero.*	Alle schwiegen. Alle verstummten.
Un signore sedeva al tavolo. *Un signore sedette al tavolo.*	Ein Herr saß am Tisch. Ein Herr setzte sich an den Tisch.
Quando ci vedeva, ... *Quando ci vide, ...*	Wenn er uns sah, ... Als er uns erblickte/sah, ...

2. Wenn mehrere Handlungen gleichzeitig ablaufen, wird das *imperfetto* gebraucht:

La mamma stirava, mio fratello leggeva e io dipingevo.	Mama bügelte, mein Bruder las, und ich malte.
Mentre io mi riposavo un po', mia moglie guardava la tv.	Während ich mich ein wenig ausruhte, sah meine Frau fern.

3. Setzt eine Handlung ein, während die andere weiterläuft und noch nicht abgeschlossen ist, so steht die neu einsetzende im *passato remoto,* die noch im Ablauf begriffene im *imperfetto*:

Stavamo cenando, quando sentimmo un rumore.	Wir aßen gerade zu Abend, als wir ein Geräusch hörten.
Mentre giocavamo a carte, suonò il telefono.	Während wir Karten spielten, läutete das Telefon.

4. Folgen zwei oder mehr Handlungen unmittelbar aufeinander, so dass eine Handlung durch den Beginn der nächsten Handlung abgeschlossen wird, so wird das *passato remoto* verwendet:

A quella notizia Mario arrossì, scattò in piedi e uscì correndo di casa.	Bei dieser Nachricht wurde Mario rot, sprang auf und rannte aus dem Haus.
Il giovane andò alla macchina, esaminò la ruota, quindi aprí il portabagagli, ne estrasse il crick, lo sottopose alla macchina, lo fece funzionare. (Moravia)	Der junge Mann ging zum Auto, untersuchte das Rad, dann öffnete er den Kofferraum, holte den Wagenheber heraus, setzte ihn am Auto an und betätigte ihn.
Mio padre trasse di tasca una sigaretta, l'accese e si mise a fumare.	Mein Vater zog eine Zigarette aus der Tasche, zündete sie an und fing an zu rauchen.

Die folgende Fabel von Mario Pratesi veranschaulicht den Gebrauch von *imperfetto* und *passato remoto* im Textzusammenhang:

La volpe nel pozzo	Der Fuchs im Brunnen
*In un pozzo **c'erano** due secchi, attaccati a una fune che **passava** sopra una carrucola alla bocca del pozzo: quando un secchio **saliva**, l'altro **scendeva**.*	In einem Brunnen waren zwei Eimer, die an einem Seil befestigt waren, das an der Brunnenöffnung über eine Rolle lief: Wenn ein Eimer heraufkam, ging der andere hinunter.
*Un giorno la volpe **entrò** in uno dei secchi e **cadde** nel fondo del pozzo. Ogni volta che **cercava** di uscir fuori **si bagnava** tutta e **faceva** un gran rumore. Il lupo **udì** questo e **corse** a vedere che cosa era successo.*	Eines Tages sprang der Fuchs in einen der Eimer und fiel auf den Boden des Brunnes. Jedesmal, wenn er herauszukommen versuchte, wurde er ganz nass und machte einen großen Lärm. Der Wolf hörte das und lief, um zu sehen, was geschehen war.
*Che state facendo laggiù, sorella volpe?– **domandò**.*	„Was macht ihr da unten, Bruder Fuchs?“, fragte er. „Ich fische“, antwortete der Fuchs. „Kommt herunter und helft mir.“ „Und wie kann ich hinunterkommen?“, fragte der Wolf.
*– Sto pescando – **rispose** la volpe. – Venite giù ad aiutarmi. – E come posso scendere? – **chiese** il lupo.*	
*– Saltate nel secchio che è lassù – **replicò** la volpe – e in un minuto sarete qui.*	„Springt in den Eimer, der da oben ist“, erwiderte der Fuchs, „und in einem Augenblick werdet ihr hier sein.“
*Il lupo **fu** tanto sciocco che **ubbidì, entrò** nel secchio, e poiché egli **era** più pesante di lei, in un momento **fu** in fondo al pozzo, mentre la volpe **saliva** in cima. Quindi **saltò** fuori e **se ne fuggì.***	Der Wolf war so töricht, dass er gehorchte; er sprang in den Eimer, und da er schwerer war als der Fuchs, befand er sich im Nu auf dem Boden des Brunnens, während der Fuchs nach oben fuhr. Darauf sprang er heraus und lief davon.
*– Non mi lasciate quaggiù – **gridava** il lupo. Ma la volpe **rispose** soltanto: – Questo è quanto accade nel mondo: quando uno sale, l'altro scende.*	„Lasst mich nicht hier unten!“, schrie der Wolf. Aber der Fuchs antwortete nur: „So geht es auf der Welt: Wenn einer aufsteigt, steigt der andere ab.“

Ital. Text aus: De Libero/Mosillo: *Voci con voci.* Turin [3]1957, Editori Lattes, S. 10

231 Das Plusquamperfekt (il trapassato prossimo)

Das *trapassato prossimo* bezeichnet einen Vorgang der Vergangenheit, der sich vor einem anderen Vorgang der Vergangenheit vollzogen hat:

Avevo appena spento il televisore, quando arrivarono gli ospiti.	Ich hatte gerade den Fernseher ausgeschaltet, als die Gäste kamen.
Poiché avevamo finito il nostro lavoro, uscimmo a prendere una boccata d'aria.	Da wir unsere Arbeit beendet hatten, gingen wir ein bisschen frische Luft schnappen.
L'hanno licenziato perché aveva rubato.	Er wurde entlassen, weil er gestohlen hatte.
Adesso vi racconto cosa mi è successo l'altro giorno dopo che ero tornato a casa dal lavoro.	Jetzt erzähle ich euch, was mir neulich passiert ist, nachdem ich von der Arbeit nach Hause gekommen war.

Anmerkung: Das *trapassato prossimo* drückt auch die Vorzeitigkeit zu einem *presente storico* aus: *Quella sera è presente anche il nostro collega che alcuni giorni prima era stato dimesso dall'ospedale.* – An diesem Abend ist auch unser Kollege anwesend, der einige Tage zuvor aus dem Krankenhaus entlassen worden war.

232 Das *trapassato remoto*

Das *trapassato remoto* steht gewöhnlich nur nach den temporalen Konjuktionen ***dopo che, quando, appena*** und bezeichnet eine Handlung, die einer im *passato remoto* ausgedrückten Handlung unmittelbar vorausgeht:

Subito dopo che ebbi scritto la lettera, Marco andò a imbucarla.	Sofort nachdem ich den Brief geschrieben hatte, ging Marco ihn einwerfen.
Dopo che fu fallito il tentativo, abbandonarono il progetto.	Nachdem der Versuch gescheitert war, gaben sie den Plan auf.
Quando l'oratore ebbe terminato il suo discorso, tutti l'applaudirono.	Als der Redner seine Rede beendet hatte, klatschten ihm alle Beifall.

Anmerkung 1: Anstelle des *trapassato remoto* wird oft das *passato remoto* bzw. das *trapassato prossimo* verwendet. *Dopo che avevo scritto la lettera, andai ... Appena scoprii il furto chiamai la polizia.* – Kaum hatte ich den Diebstahl entdeckt, rief ich die Polizei.

Anmerkung 2: Bei Subjektgleichheit in Haupt- und Nebensatz wird meist *dopo* + Infinitiv Perfekt gebraucht. *Dopo aver scritto la lettera andai ...*

Das Futur I (il futuro semplice) 233

1. Das Futur I bezeichnet in der Zukunft liegende Handlungen oder Zustände:

Telefonerò alla nonna e la ringrazierò per il suo regalo.	Ich werde die Großmutter anrufen und mich bei ihr für ihr Geschenk bedanken.
Domani arriveranno i nonni.	Morgen werden die Großeltern kommen.
Il presidente degli Stati Uniti verrà in Italia in visita ufficiale.	Der Präsident der Vereinigten Staaten wird zu einem offiziellen Besuch nach Italien kommen.
Che cosa farai da grande?	Was willst du einmal werden?

2. Das Futur I kann auch eine Vermutung oder einen Befehl ausdrücken:

Il nostro professore di latino avrà cinquanta anni.	Unser Lateinlehrer wird fünfzig Jahre alt sein.
Saranno le cinque.	Es wird fünf Uhr sein.
Mi ci vorrà molto tempo per imparare questa lingua.	Ich werde lange brauchen, um diese Sprache zu lernen.
Non ucciderai.	Du sollst nicht töten.
Per domani farete un riassunto del racconto.	Für morgen schreibt ihr eine Zusammenfassung der Erzählung.

3. Das Futur I wird auch verwendet, um von einem Zeitpunkt der Vergangenheit auf ein künftiges Geschehen hinzuweisen, das jedoch vor der Gegenwart liegt:

Dopo aver compiuto due omicidi, accusato di aver rubato al papa, [Benvenuto Cellini] verrà incarcerato in Castel Sant'Angelo, da cui riuscirà ad evadere calandosi da una finestra. Artista apprezzatissimo, lavorerà poi in Francia, alla corte reale, e a Firenze presso i Medici. (P.M. Bertinetto)	Nachdem er [= Benvenuto Cellini] zwei Morde begangen hatte und angeklagt war, den Papst bestohlen zu haben, wurde er in der Engelsburg eingesperrt, aus der ihm die Flucht gelang, indem er sich von einem Fenster abseilte. Als äußerst geschätzter Künstler arbeitete er dann in Frankreich am königlichen Hof und in Florenz bei den Medici.

4. Zum Ausdruck einer unmittelbar bevorstehenden Handlung verwendet man ***stare per, essere sul punto di*** oder [selten] ***essere in procinto di*** + Infinitiv:

Stavamo per partire.	Wir waren im Begriff abzureisen.
Erano sul punto di fare le valigie.	Sie waren im Begriff, die Koffer zu packen.

Wendung: *Starei per dire che ...* – Ich würde fast sagen, dass ...

234 Das Futur II (il futuro anteriore)

1. Steht im Hauptsatz Futur I, so steht im Nebensatz bei Vorzeitigkeit Futur II:

Ti telefoneremo appena saremo arrivati a Firenze.	Wir werden dich anrufen, sobald wir in Florenz ankommen.
Quando avrà smesso di piovere, lavoreremo nell'orto.	Wenn es aufhört zu regnen, werden wir im Garten arbeiten.
Roberto potrà giocare, solo dopo che avrà studiato.	Roberto darf erst spielen, wenn er gelernt hat.
Verrò a sapere se vi sarete comportati bene, o se avrete combinato qualche scherzo.	Ich werde erfahren, ob ihr euch gut benommen (habt) oder etwas angestellt habt.

Anmerkung: In der Umgangssprache wird in diesem Fall häufig Futur I gebraucht.

2. Das Futur II kann eine Vermutung in der Vergangenheit ausdrücken:

Saranno state le dieci.	Es wird 10 Uhr gewesen sein.
Avrai speso più di 100 euro.	Du wirst mehr als 100 Euro ausgegeben haben.

Kapitel 19 Der Gebrauch des Konjunktivs, des Konditionals und des Imperativs
(L'uso del congiuntivo, del condizionale e dell'imperativo)

Außer dem Indikativ gibt es im Italienischen drei weitere Modi, den Konjunktiv, den Konditional und den Imperativ. Die einzelnen Modi bringen eine besondere Haltung des Sprechers hinsichtlich der im Satz enthaltenen Aussage zum Ausdruck.

Der Konjunktiv (il congiuntivo)

Der Konjunktiv kann im Hauptsatz stehen; meist erscheint er jedoch im *che*-Satz nach einem Verb oder einem Ausdruck der Willensäußerung, der persönlichen Bewertung oder des Zweifels bzw. der Unsicherheit. Auch in bestimmten Relativsätzen kann der Konjunktiv auftreten. Daneben können bestimmte Konjunktionen und Ausdrücke den Konjunktiv automatisch auslösen. Zu beachten ist, dass der italienische und der deutsche Konjunktiv in ihrem Gebrauch nicht übereinstimmen.

Der Konjunktiv im Hauptsatz 235

Der Konjunktiv wird im Hauptsatz gebraucht:

1. in formelhaften Wendungen, die einen Wunsch, eine Verwünschung oder eine Aufforderung ausdrücken:

(Che) Dio ce la mandi buona!	Gott sei uns gnädig!
(Che) Dio vi benedica!	Gott segne euch!
(Che) sia ringraziato il Signore!	Dank sei dem Herrn!
(Che) il mio augurio vi accompagni!	Meine guten Wünsche mögen euch begleiten!
Evviva gli sposi!	Hoch lebe das Brautpaar!
Se lo sapessi!	Wenn ich das nur wüsste!
Fosse vero!	Schön wär's!
Gli venga/venisse un accidente!	Ihn soll der Schlag treffen!
Si potesse rompere il collo!	Er soll sich den Hals brechen!
Che la cosa rimanga tra noi!	Die Sache bleibt unter uns!
Che ti serva d'esempio!	Das soll dir eine Lehre sein!

2. in Wünschen, die unerfüllbar sind oder für unerfüllbar gehalten werden. Dabei wird für die Gegenwart Konjunktiv Imperfekt, für die Vergangenheit Konjunktiv Plusquamperfekt verwendet:

Se fosse almeno qui!	Wenn er doch wenigstens hier wäre!
Se solo fosse già Natale!	Wenn doch schon Weihnachten wäre!
Oh se la nostra squadra vincesse!	Wenn unsere Mannschaft doch siegen würde!
Non l'avessi mai detto!	Hätte ich es doch nie gesagt!
(Magari) fosse venuto!	Wenn er doch nur gekommen wäre!
Magari piovesse!	Wenn es doch regnen würde!

Anmerkung: Weitere Bedeutungen von *magari*: *Hai già preso la patente? – Magari!* – Hast du schon den Führerschein gemacht? – Schön wär's. *Saresti contento se te lo dessi? – Magari!* – Würdest du dich freuen, wenn ich es dir gäbe? – Und ob! *Magari ci andiamo domani.* – Vielleicht gehen wir morgen hin. *Posso venire magari un'ora prima.* – Ich kann sogar eine Stunde früher kommen.

3. zum Ausdruck einer Einräumung oder eines Zugeständnisses:

caschi il mondo	mag kommen, was da will
costi quel che costi	koste es, was es wolle
che tu voglia o no	ob du willst oder nicht
vada/passi ancora per ...	es mag noch hingehen für ...
sia detto a suo onore che ...	es sei zu seiner/ihrer Ehre gesagt, dass ...

4. bei zweifelnden Überlegungen:

Che gli sia successo qualcosa?	Ob ihm etwas zugestoßen ist?
Che si sia nascosto?	Ob er sich versteckt hat?
Che abbia avuto una relazione con lei?	Ob er wohl ein Verhältnis mit ihr hatte?
Che mi sia sbagliato?	Sollte ich mich getäuscht haben?

5. als Imperativform der 3. Person Singular und Plural sowie der 1. Person Plural:

parli!	*parlino!*	sprechen Sie!	*parliamo!*	sprechen wir!
legga!	*leggano!*	lesen Sie!	*leggiamo!*	lesen wir!
senta!	*sentano!*	hören Sie!	*sentiamo!*	hören wir!
faccia!	*facciano!*	machen Sie!	*facciamo!*	machen wir!
stia!	*stiano!*	bleiben Sie!	*stiamo!*	bleiben wir!
vada!	*vadano!*	gehen Sie!	*andiamo!*	gehen wir!

dia!	*diano!*	geben Sie!	*diamo!*	geben wir!
dica!	*dicano!*	sagen Sie!	*diciamo!*	sagen wir!
sia!	*siano!*	seien Sie!	*siamo!*	seien wir!
abbia!	*abbiano!*	haben Sie!	*abbiamo!*	haben wir!
sappia!	*sappiano!*	wissen Sie!	*sappiamo!*	wissen wir!

6. bei Aufforderungen an Dritte:

Che vengano!	Sie sollen kommen!
Che lo faccia!	Er/Sie soll es machen!
Che entri!	Er/Sie soll eintreten!

7. bei Aufforderungen, die an Leser, Zuhörer oder Lernende gerichtet sind:

Si pensi per esempio a ...	Man denke zum Beispiel an ...
Sia detto fra noi ...	Unter uns gesagt ...
Si osservi/noti che ...	Man beachte, dass ...
Basti pensare a ...	Man braucht nur an ... zu denken.
Si tenga presente che ...	Man merke sich, dass ...
Non si dimentichi che ...	Man vergesse nicht, dass ...
Si legga, a titolo di assaggio, ...	Man lese als Kostprobe ...
..., si badi bene, ...	wohlgemerkt
Si analizzino le cause di questo fenomeno inquietante.	Analysieren Sie die Ursachen dieses beunruhigenden Phänomens. (Aufsatz)

Der Konjunktiv im *che*- Satz

Der Konjunktiv nach Audrücken der Willensäußerung 236

Im ***che***-Satz steht der Konjunktiv nach Verben und Ausdrücken der Willensäußerung (Wunsch, Verlangen, Erlaubnis, Verbot):

1. unpersönliche Ausdrücke:

bisogna/occorre/è necessario/	es ist notwendig
conviene	es ist angebracht
è indispensabile	es ist unerlässlich
è inevitabile	es ist unvermeidlich
è meglio	es ist besser
è ora/tempo	es ist Zeit

È indispensabile che gli alunni si servano di un buon dizionario.	Es ist unerlässlich, dass die Schüler ein gutes Wörterbuch benutzen.
Bisogna che tutti partecipino alla riunione.	Es ist notwendig, dass alle an der Versammlung teilnehmen.

2. Verben und Verbalgefüge:

ammettere	zulassen
aspettare/attendere	warten
fare attenzione/stare attento/badare	darauf achten
augurare	wünschen
chiedere/domandare	bitten/verlangen
concedere/consentire	gestatten
curare	dafür sorgen
essere d'accordo	einverstanden sein
desiderare	wünschen
dire	sagen, dass ... soll
escludere	ausschließen
esigere	fordern
evitare	vermeiden
fare	machen
impedire	verhindern
implorare/supplicare	flehentlich bitten
lasciare	zulassen
opporsi	sich widersetzen
non veder l'ora	es nicht erwarten können
ordinare	befehlen
ottenere	erreichen
avere paura	Angst haben
permettere	erlauben
preferire	vorziehen
pregare	bitten
pretendere	fordern
procurare	zusehen
raccomandare	empfehlen/nahe legen
scongiurare	beschwören
sopportare/tollerare	dulden
sperare	hoffen
temere	fürchten
tenerci	Wert darauf legen
vietare	verbieten
volere	wollen

Permette che le faccia una domanda?	Darf ich Ihnen eine Frage stellen?
Aspettiamo che finisca di piovere.	Wir warten darauf, dass es aufhört zu regnen.
Procurate che questo lavoro sia fatto bene.	Seht zu, dass diese Arbeit gut gemacht wird.
Non pretendo affatto che tutti siano dello stesso parere.	Ich verlange ganz und gar nicht, dass alle derselben Meinung sind.
Non vedevamo l'ora che nostro padre tornasse a casa.	Wir konnten es nicht erwarten, bis unser Vater nach Hause kam.
Io voglio che tu sappia perché mi sono comportato così.	Ich will, dass du weißt, warum ich mich so verhalten habe.
Gli chiedemmo che ci aiutasse/ di aiutarci in questa faccenda.	Wir baten ihn, uns in dieser Angelegenheit zu helfen.
Con prezzi più contenuti e maggiore pubblicità si potrebbe ottenere che molti più turisti venissero in Italia.	Mit maßvolleren Preisen und mehr Werbung könnte man erreichen, dass viel mehr Touristen nach Italien kommen.

Anmerkung 1: Die Verben *ammettere, tollerare, sopportare* werden meist verneint gebraucht: *Non tollero che si raccontino queste storie sul tuo conto.* – Ich dulde nicht, dass man diese Geschichten über dich erzählt.

Anmerkung 2: Nach Ausdrücken der Hoffnung und Furcht kann im *che*-Satz auch Futur bzw. Konditional stehen. *Temo che non dicano/ diranno la verità.* – Ich fürchte, dass sie nicht die Wahrheit sagen. *Temevo che non dicessero/avrebbero detto la verità.* – Ich fürchtete, sie würden nicht die Wahrheit sagen. *Spero che domani faccia/farà bel tempo*/[ugspr.] *fa bel tempo.* – Ich hoffe, dass morgen schönes Wetter ist. *Speravo che mi aiutasse/mi avrebbe aiutato.* – Ich hoffte, er werde/würde mir helfen. *Spero che abbiate fatto*/[ugspr.] *avete fatto buon viaggio.* – Ich hoffe, ihr hattet eine gute Reise.

Anmerkung 3: Auf *insistere* 'darauf drängen' folgt *affinché/perché* + Konjunktiv: *Insisto perché tuo fratello si scusi con me.* – Ich bestehe darauf, dass dein Bruder sich bei mir entschuldigt.

Anmerkung 4: Auch nach *fare sì che* 'es so einrichten/bewirken, dass' erscheint in der Regel der Konjunktiv: *L'assuefazione dell'organismo agli stupefacenti fa sì che ne occorrano dosi sempre maggiori per ottenere lo stesso effetto.* – Die Gewöhnung des Organismus an das Rauschgift bewirkt, dass immer höhere Dosen notwendig sind, um die gleiche Wirkung zu erzielen.

Anmerkung 5: Statt *dire a qd che* + Konjunktiv wird in der gesprochenen Sprache meist *dire a qd di fare qc* bzw. *dire a qd che deve fare qc* verwendet: *Digli che rimanga qui./Digli di rimanere qui./Digli che deve rimanere qui.* – Sag ihm, er soll hier bleiben.

237 Der Konjunktiv nach Ausdrücken der subjektiven Bewertung

Der Konjunktiv wird nach Verben und Ausdrücken der subjektiven Bewertung eines als wahr vorausgesetzten Sachverhalts verwendet. In der Umgangssprache wird nicht selten der Indikativ gebraucht:

1. unpersönliche Ausdrücke:

è bello	es ist schön
è bene	es ist gut
mi dispiace	es tut mir Leid
è essenziale	es ist wesentlich
mi dà fastidio	es stört mich
è fondamentale	es ist wesentlich
è una fortuna	es ist ein Glück
è giusto	es ist gerecht
è imperdonabile	es ist unverzeihlich
importa/è importante	es ist wichtig
è ingiusto/un'ingiustizia	es ist ungerecht/eine Ungerechtigkeit
è insolito	es ist ungewöhnlich
è inutile	es ist unnötig
è logico	es ist logisch
è male	es ist schlecht
(ci) manca poco	es fehlt wenig und ...
è naturale	es ist natürlich
è normale	es ist normal
è opportuno	es ist angebracht
(è un) peccato	(es ist) schade
mi piace	es gefällt mir
mi fa piacere	es freut mich
è prudente	es ist vernünftig
è raro	es kommt selten vor
è una sfortuna	es ist ein Unglück
sorprende	es überrascht/ist verwunderlich
è lo stesso	es ist gleich, ob
è strano	es ist seltsam/merkwürdig
è svantaggioso/uno svantaggio	es ist ein Nachteil
ciò non toglie	das ändert nichts daran
è utile	es ist nützlich
è vantaggioso/un vantaggio	es ist vorteilhaft
è una vergogna	es ist eine Schande

Peccato che tu non sia potuto venire.	Schade, dass du nicht hast kommen können.
Ciò non toglie che egli si sia comportato male.	Das ändert nichts daran, dass er sich schlecht benommen hat.
Mi dispiace che non abbiano accettato l'invito.	Es tut mir leid, dass sie die Einladung nicht angenommen haben.
Non è giusto che tu stia in ozio mentre gli altri lavorano.	Es ist nicht gerecht, dass du untätig bist, während die anderen arbeiten.
È naturale che tutti vogliano guadagnare di più.	Es ist natürlich, dass alle mehr verdienen wollen.
Non sorprende che il ministro si sia dimesso.	Es ist nicht verwunderlich, dass der Minister zurückgetreten ist.
Per me è fondamentale che ci sia l'ascensore.	Für mich ist es wesentlich, dass es einen Aufzug gibt.
È strano che Lisa non mi abbia ancora telefonato.	Es ist merkwürdig, dass Lisa mich noch nicht angerufen hat.

Anmerkung: Nach *Meno male che* 'Ein Glück/Nur gut, dass ...' steht der Indikativ: *Meno male che le macchine sono sparite dal centro storico.* – Ein Glück, dass die Autos aus der Altstadt verschwunden sind.

2. Verben und verbale Fügungen:

essere afflitto/triste	traurig sein
essere arrabbiato/arrabbiarsi	böse sein/sich ärgern
confidare	darauf vertrauen
essere contento	zufrieden sein/sich freuen
essere desolato/dolente/ spiacente	bedauern/leid tun
essere felice	glücklich sein
essere fiero/orgoglioso	stolz sein
essere grato/riconoscente	dankbar sein
lagnarsi/lamentarsi	sich beklagen
essere lieto	froh sein
meravigliarsi/stupirsi	sich wundern
preoccuparsi	besorgt sein/sich Sorgen machen
rallegrarsi/avere piacere	sich freuen
essere sbalordito	erstaunt/verblüfft sein
essere scontento	unzufrieden sein
essere soddisfatto	zufrieden sein
essere sorpreso	überrascht sein
essere spaventato	erschrocken sein
vergognarsi	sich schämen

Siamo contenti che tu sia guarito.	Wir freuen uns, dass du wieder gesund bist.
Sono felice che tu sia tra noi.	Ich bin glücklich, dass du unter uns bist.
Siamo arrabbiati che ci abbia piantato in asso.	Wir sind böse, dass er uns im Stich gelassen hat.
Mi meraviglio che tu abbia rifiutato l'offerta.	Ich wundere mich, dass du das Angebot abgelehnt hast.
Mi rallegro che tutte le difficoltà siano state superate.	Ich freue mich, dass alle Schwierigkeiten überwunden worden sind.

238 Der Konjunktiv nach Ausdrücken des Zweifels und der Unsicherheit

Der Konjunktiv steht nach Verben und Ausdrücken des Zweifelns und der Unsicherheit:

è una bugia	es ist eine Lüge
può essere/darsi	es kann sein
è difficile/è improbabile	es ist unwahrscheinlich
dubitare	bezweifeln
è facile	es ist leicht möglich
è impossibile	es ist unmöglich
è incredibile	es ist unglaublich
negare	leugnen
è possibile	es ist möglich
è probabile	es ist wahrscheinlich

Può darsi che io mi sia sbagliato.	Es kann sein, dass ich mich getäuscht habe.
È difficile che mio figlio cambi idea.	Es ist unwahrscheinlich, dass mein Sohn es sich anders überlegt.
Dubito che il governo abbia preso le misure necessarie.	Ich bezweifle, dass die Regierung die notwendigen Maßnahmen ergriffen hat.
È molto probabile che nei prossimi anni siano nuovamente aumentate le tasse.	Es ist sehr wahrscheinlich, dass in den nächsten Jahren die Steuern wieder erhöht werden.

Anmerkung 1: Auch nach *non dubitare che* und *non negare che* steht Konjunktiv: *Non dubito che tu sia sincero.* – Ich zweifle nicht daran, dass du aufrichtig bist. Nach *Non c'è dubbio che* kann Indikativ oder Konjunktiv stehen: *Non c'è dubbio che è/sia sincero.* – Es besteht kein Zweifel, dass er aufrichtig ist.

Anmerkung 2: Nach den Verben des Geschehens kann auch der Indikativ stehen: *Capita/succede/avviene/accade che non mi saluta/saluti neanche.* – Es kommt vor, dass er mich nicht einmal grüßt.

Indikativ oder Konjunktiv nach Ausdrücken des Meinens und Glaubens **239**

Nach den Verben und Ausdrücken des Glaubens und Meinens findet sich sowohl der Indikativ als auch der Konjunktiv. Während in gepflegter Ausdrucksweise der Konjunktiv vorgezogen wird, herrscht in der Umgangssprache der Indikativ vor.

essere dell'avviso/dell'opinione/ del parere	der Meinung sein
calcolare	schätzen
credere	glauben
immaginare	vermuten/denken
immaginarsi	sich einbilden
avere l'impressione	den Eindruck haben
(mi) pare/sembra	es scheint (mir)
pensare	denken/meinen
prevedere	voraussehen/vorhersagen
ritenere	glauben/meinen
mi sa	es scheint mir
sospettare/supporre	vermuten
avere il sospetto	den Verdacht haben

Mi pare/sembra che Lei sia/è stanco.	Es scheint mir, dass Sie müde sind.
Ho l'impressione che la situazione sia/è cambiata in meglio.	Ich habe den Eindruck, dass sich die Lage zum Besseren gewendet hat.
Penso che tu abbia/hai fatto un buon affare.	Ich meine, dass du ein gutes Geschäft gemacht hast.
Si calcola che il giro d'affari si aggiri sui dieci miliardi di euro.	Man schätzt, dass der Umsatz ungefähr bei zehn Milliarden Euro liegt.
Credevo che Gianni si fosse dimenticato l'ombrello a casa.	Ich glaubte, Gianni hätte den Regenschirm zu Hause vergessen.
Si prevede che il maltempo duri ancora qualche giorno.	Das schlechte Wetter wird voraussichtlich noch einige Tage anhalten.
Pensavo che fosse stata una scelta giusta.	Ich dachte, es sei eine richtige Wahl gewesen.

Anmerkung 1: Wenn die oben genannten Verben und Ausdrücke fragend oder verneint gebraucht werden oder in einem Konditionalsatz stehen, überwiegt der Gebrauch des Konjunktivs.

Anmerkung 2: Bezieht sich die im *che*-Satz ausgedrückte Handlung auf die Zukunft, steht gewöhnlich das Futur: *Penso che da grande farò il giornalista.* – Ich denke, dass ich, wenn ich einmal groß bin, Journalist werde.

Anmerkung 3: Nach *credere* steht der Indikativ, 1. wenn das Subjekt des Hauptsatzes und des *che*-Satzes übereinstimmen: *Credo che ho sbagliato.* – Ich glaube, dass ich mich geirrt habe. Meist: *Credo di aver sbagliato.* 2. wenn *credere* 'überzeugt sein' bedeutet: *Credo che Dio esiste.* – Ich glaube, dass es Gott gibt.

Anmerkung 4: Nach *pensare/credere/ritenere* und einigen anderen Verben kann *che* entfallen, wenn das darauffolgende Verb im Konjunktiv erscheint. *Ritengo sia meglio aspettare ancora un po'.* – Ich bin der Ansicht, es ist besser, noch ein bisschen zu warten. *Non mi pare sia vostro.* (Guareschi) – Ich glaube nicht, dass er Euch gehört. *Dissi «Mamma» e aspettavo mi rispondesse.* (Pratolini) – Ich sagte 'Mama' und wartete darauf, dass sie mir antwortete. *Pareva ti stessi riposando.* – Es schien, als würdest du dich ausruhen. Manchmal entfällt *che* auch, wenn Futur folgt: *Spero ti fermerai qualche giorno da noi.* – Ich hoffe, du hältst dich einige Tage bei uns auf. *Ti mando un regalo che spero ti piacerà.* – Ich schicke dir ein Geschenk, von dem ich hoffe, dass es dir gefällt.

Anmerkung 5: *Trovare che* in der Bedeutung 'finden, dass' zieht Indikativ, Konjunktiv oder Konditional nach sich: *Trovo che in città è tutto più caro.* – Ich finde, dass in der Stadt alles teurer ist. *Trovo che tuo figlio guardi troppo la tv.* – Ich finde, dein Sohn sieht zu viel fern. *Trovo che hai fatto bene.* – Ich finde, dass du es gut gemacht hast. *Trovo che dovresti cambiarti per la cena.* – Ich finde, du solltest dich zum Abendessen umziehen. Aber nach *trovare* + Adjektiv steht immer der Konjunktiv: *Trovo ingiusto che l'abbiano licenziato.* – Ich finde es ungerecht, dass man ihn entlassen hat.

Anmerkung 6: Nach *capire/comprendere* in der Bedeutung 'geistig erfassen' steht der Indikativ, in der Bedeutung 'Verständnis haben' der Konjunktiv: *Dalle sue parole ho capito/compreso che non vuole venire.* – Seinen Worten habe ich entnommen, dass er nicht kommen will. *Capisco/comprendo che non voglia venire.* – Ich verstehe/habe Verständnis dafür, dass er nicht kommen will. Ebenso erscheint der Konjunktiv nach *È comprensibile che ...* 'Es ist verständlich, dass ....' *È comprensibile che molti insegnanti facciano richiesta di trasferimento in scuole più tranquille.* – Es ist verständlich, dass viele Lehrer den Antrag stellen, an ruhigere Schulen versetzt zu werden. Nach *si capisce che* 'natürlich' steht der Indikativ: *Si capisce che non ci vuole rinunciare.* – Natürlich will er/sie nicht darauf verzichten.

Der Konjunktiv nach Ausdrücken des Behauptens, Versicherns und Wissens 240

Der Konjunktiv steht nach den Ausdrücken des **Behauptens, Versicherns** und **Wissens**, wenn sie in verneinter oder fragender Form gebraucht werden:

accertare/asserire/assicurare	versichern
accorgersi	bemerken
affermare	behaupten
annunciare	ankündigen
avvertire qd	jdn. benachrichtigen
è chiaro	es ist klar
comunicare	mitteilen
confessare	gestehen
dichiarare	erklären
dire	sagen/behaupten
è evidente/è ovvio	es ist offenkundig
garantire	garantieren
giurare	schwören
informare	informieren
raccontare	erzählen
rendersi conto	bemerken
ricordare	sich erinnern
sapere	wissen
essere sicuro	sicher sein
significare	bedeuten
sostenere	behaupten
è vero	es ist wahr

Non sapevo che si fossero separati.	Ich wusste nicht, dass sie sich getrennt hatten.
Ciò non significa che io abbia intenzione di abbandonare il mio progetto.	Das bedeutet nicht, dass ich die Absicht hätte, meinen Plan aufzugeben.
Non è detto che superi gli esami.	Es ist nicht gesagt, dass er/sie die Prüfung besteht.
Non è vero che io l'abbia offeso.	Es ist nicht wahr, dass ich ihn beleidigt habe.
Non ti eri reso conto che gli altri lo prendessero in giro?	Hattest du nicht bemerkt, dass die anderen ihn auf den Arm nahmen?

Chi ci garantisce che non rincarino l'affitto?	Wer garantiert uns, dass sie nicht die Miete erhöhen?
Non ho mai sostenuto che gli altri non ne fossero capaci.	Ich habe niemals behauptet, dass die anderen nicht dazu fähig seien.
Sei sicuro che questo prodotto agisca?	Bist du sicher, dass dieses Mittel wirkt?
Chi dice che gli altri abbiano torto?	Wer sagt, dass die anderen Unrecht haben?

Anmerkung 1: Nach diesen Ausdrücken findet sich, selbst wenn sie in verneinter Form auftreten, auch der Indikativ: *Io non ho mai detto che Angelo è un bugiardo.* – Ich habe nie gesagt, dass Angelo ein Lügner sei. *Non è vero che i grassi sono sempre allegri.* – Es ist nicht wahr, dass Dicke immer lustig sind. *Non è vero che ho copiato il compito.* – Es stimmt nicht, dass ich die Aufgabe abgeschrieben habe.

Anmerkung 2: Werden diese Ausdrücke unpersönlich gebraucht, steht der Konjunktiv, besonders wenn die Unsicherheit der Aussage betont wird: *Si dice/Dicono che suo zio sia/è molto ricco.* – Es heißt, dass sein Onkel sehr reich sei/ist. *Dicono che il numero 17 porti sfortuna.* – Es heißt, dass die Zahl 17 Unglück bringe. *Si diceva che avresti cambiato scuola.* – Es hieß, du würdest die Schule wechseln. *C'è chi dice che sia morto.* – Es gibt Leute, die sagen, dass er tot sei/ist. Nach *si direbbe che* steht meist, nach *si sarebbe detto che* immer der Konjunktiv.

Anmerkung 3: Nach *essere convinto/persuaso che* 'überzeugt sein, dass' sowie *essere certo/sicuro che* 'sicher sein, dass' kann sowohl der Indikativ als auch der Konjunktiv stehen. *È convinta che sia/è a casa.* – Sie ist überzeugt, dass er/sie zu Hause ist. *Era convinta che era a casa.* – Sie war überzeugt, dass er/sie zu Hause war (Er/Sie war zu Hause.) *Era convinta che fosse a casa.* – Sie war überzeugt, dass er/sie zu Hause sei/wäre (Er/Sie war aber nicht.). Ebenso nach den entsprechenden Substantiven: *Si forma la convinzione che l'uomo possa dominare la natura, trasformare e migliorare la società.* – Es bildet sich die Überzeugung, dass der Mensch die Natur beherrschen, die Gesellschaft verändern und verbessern könne. *Fino ad oggi vi è stata la certezza che le risorse fossero illimitate.* – Bis heute bestand die Gewissheit, dass die Ressourcen unbegrenzt seien.

Anmerkung 4: Nach *accertarsi/assicurarsi* 'sich vergewissern' sowie *controllare* 'nachschauen/überprüfen' steht der Konjunktiv: *Fa' una telefonata per accertarti che il museo sia aperto.* – Ruf an, um dich zu vergewissern, dass das Museum geöffnet ist. *Hai controllato che le finestre fossero ben chiuse?* – Hast du nachgeschaut, dass die Fenster richtig geschlossen waren?

Der Konjunktiv im vorangestellten *che*-Satz 241

Geht der ***che***-Satz dem Hauptsatz voraus, so steht im *che*-Satz in der Regel der Konjunktiv. Wenn der *che*-Satz Objektsatz ist, muss er im Hauptsatz durch das Pronomen ***lo*** wieder aufgenommen werden:

1. Subjektsatz:

Che tu non abbia studiato abbastanza è evidente.	Dass du nicht genug gelernt hast, ist offenkundig.
Che un'adolescente non sia contenta del proprio corpo è un fatto noto e per certi versi anche normale. (Corriere della Sera)	Dass eine Heranwachsende mit ihrem Körper nicht zufrieden ist, ist eine bekannte Tatsache und in gewisser Hinsicht auch normal.
Che i danni ci sono è inequivocabile.	Dass Schäden vorliegen, ist eindeutig.

Anmerkung: Ebenso steht der Konjunktiv (seltener der Indikativ) nach vorausgehendem *il fatto che: Il fatto che non ci abbia scritto ci preoccupa molto.* – Dass er uns nicht geschrieben hat, beunruhigt uns sehr.

2. Objektsatz:

Che sia una bugia lo sanno tutti.	Dass es eine Lüge ist, wissen alle.
Che il cane sia vostro dovete dimostrarlo. (Guareschi)	Dass der Hund Euch gehört, müsst ihr beweisen.

Der Konjunktiv nach bestimmten Konjunktionen 242

Der Konjunktiv wird durch bestimmte **Konjunktionen** ausgelöst (vgl. hierzu auch Kap. 23 unter den jeweiligen Konjunktionen):

prima che	bevor
benché/sebbene	obwohl
affinché/perché	damit
nel caso che	falls
a condizione che	unter der Bedingung
purché	nur, wenn
a meno che non	es sei denn, dass
supposto che/ammesso che	vorausgesetzt, dass
non che/non perché	nicht dass/nicht weil
senza che	ohne dass

Benché sia stanca, continua a lavorare.	Obwohl sie müde ist, arbeitet sie weiter.
Ve lo dico perché siate al corrente.	Ich sage es euch, damit ihr auf dem Laufenden seid.
Rimanderemo la partenza nel caso che faccia brutto tempo.	Wir werden die Abreise verschieben, falls schlechtes Wetter herrscht.
Verrò, supposto che abbia finito l'articolo.	Ich werde kommen, vorausgesetzt dass ich den Artikel abgeschlossen habe.
Accetto l'impiego purché sia retribuito bene.	Ich nehme die Stellung nur an, wenn sie gut bezahlt wird.

243 Der Konjunktiv nach Indefinita

Der Konjunktiv steht nach den Indefinita *chiunque* und *qualunque* (vgl. §§ 86, 81) und *checché* sowie nach den Konjunktionen *dovunque, comunque* und *quantunque* (vgl. § 283):

Chiunque l'abbia detto, non credo che sia vero.	Wer es auch immer gesagt haben mag, ich glaube nicht, dass es wahr ist.
Qualunque fossero le sue ragioni, bisogna accettarle.	Welches auch immer seine Gründe waren, man muss sie akzeptieren.
Qualunque cosa abbia fatto, non meritava di far questa fine.	Was er auch immer getan hat, er verdiente es nicht, so zu enden.
Comunque sia, ...	Wie dem auch sei, ...
Dovunque tu vada/andrai, ...	Wohin du auch immer gehst, ...
Dovunque vi troviate, ...	Wo ihr auch immer euch befindet, ..
Non erano in casa, quantunque li avessi avvertiti del mio arrivo.	Sie waren nicht zu Hause, obwohl ich sie von meiner Ankunft benachrichtigt hatte.
Checché tu mi dica, io lo farò.	Was auch immer du mir sagst, ich werde es machen.

244 Der Konjunktiv im Relativsatz

Der Konjunktiv steht in Relativsätzen,

1. die einen Wunsch, eine Forderung oder eine Bedingung enthalten:

Cerco una segretaria che sappia il tedesco e lo spagnolo.	Ich suche eine Sekretärin, die Deutsch und Spanisch kann.

Voglio una camera che dia sulla terrazza.	Ich will ein Zimmer, das zur Terrasse gelegen ist.
Sono ammessi agli esami orali i candidati che abbiano superato le prove scritte.	Zur mündlichen Prüfung werden diejenigen Kandidaten zugelassen, die die schriftliche Prüfung bestanden haben.
Può essere eletto Presidente della Repubblica ogni cittadino che abbia compiuto cinquanta anni di età e goda dei diritti civili e politici.	Zum Präsidenten der Republik kann jeder Bürger gewählt werden, der das fünfzigste Lebensjahr vollendet hat und die bürgerlichen und politischen Rechte besitzt.
In tutti i locali pubblici doveva essere affisso un cartello che dicesse: In questo locale è proibito parlare di politica. (Silone)	In allen öffentlichen Lokalen musste ein Schild angebracht werden, auf dem stand/stehen musste: In diesem Lokal ist es verboten, über Politik zu sprechen.
Formate dieci frasi che contengano il congiuntivo.	Bildet zehn Sätze, die den Konjunktiv enthalten.
Vorrei un vestito che mi facesse sembrare più snella.	Ich möchte ein Kleid, das mich schlanker erscheinen lässt/ schlanker macht.
Avrei bisogno di qualcuno che mi traducesse questo articolo dal tedesco.	Ich brauchte jemanden/Ich könnte jemanden brauchen, der mir diesen Artikel aus dem Deutschen übersetzt.

Anmerkung 1: Dagegen heißt es: *Cerco la segretaria che sa il tedesco.* Ich suche die Sekretärin, die Deutsch kann. – *Ho trovato una segretaria che sa il tedesco.* Ich habe eine Sekretärin gefunden, die Deutsch kann.

Anmerkung 2: In der Umgangssprache wird auch dann der Indikativ gebraucht, wenn der Relativsatz einen Wunsch oder eine Forderung/Bedingung enthält.

2. wenn der Vordersatz verneint ist, eine Frage oder einen superlativischen Begriff enthält:

Non c'era nessuno che volesse venire con me.	Es gab niemanden, der mit mir kommen wollte/hätte kommen wollen.
Non c'è niente che mi trattenga.	Mich hält hier nichts.
Conoscete una medicina che possa guarirlo?	Kennt ihr eine Medizin, die ihn heilen kann/könnte?

Non c'è uno in Sicilia che sia chiamato col suo nome netto, anche se è un bel nome. (Sciascia)	Es gibt nicht einen in Sizilien, der mit seinem richtigen Namen gerufen wird, auch wenn es ein schöner Name ist.
Quel disgraziato era solo, non aveva piú madre né sorella, non aveva nessuno piú che gli lavasse la camicia, gli rifacesse il letto, gli cucinasse la minestra; era naturale che volesse sposarsi. (Silone)	Dieser arme Kerl war allein, er hatte keine Mutter und Schwester mehr, er hatte niemand mehr, der ihm das Hemd wusch, das Bett machte, ihm die Suppe kochte; es war natürlich, dass er heiraten wollte.
Non c'è scusa che tenga.	Da hilft keine Ausrede.
Benvenuto Cellini ha lasciato la più vivace biografia che uomo del suo tempo abbia scritto.	Benvenuto Cellini hat die lebendigste Biographie hinterlassen, die ein Mensch seiner Zeit geschrieben hat.
Era la peggior risoluzione che tu potessi prendere.	Es war der schlechteste Entschluss, den du fassen konntest.

Anmerkung 1: Es findet sich jedoch auch der Indikativ: *Qui non c'è nessuno che parla russo.* – Hier gibt es niemanden, der Russisch spricht. *C'è qualcuno di voi che può darmi notizie di mio fratello?* – Kann jemand von euch mir von meinem Bruder berichten?

Anmerkung 2: Auch nach einem Superlativ ist der Indikativ möglich: *Andrea è il ragazzo più simpatico che io conosca/conosco.* Erscheinen im Relativsatz jedoch die adverbialen Ausdrücke *mai* und *al mondo*, so muss der Konjunktiv stehen: *Firenze è la città più bella che io abbia mai visitato.* – Florenz ist die schönste Stadt, die ich je besucht habe. *Carla è la persona più disponibile che esista/ci sia al mondo.* – Carla ist die hilfsbereiteste Person, die es auf der Welt gibt.

Aber: *Mi dia le rose più belle che avete.* – Geben Sie mir die schönsten Rosen, die Sie haben.

Anmerkung 3: Während nach *primo*, *solo* und *unico* in den meisten Fällen sowohl Indikativ als auch Konjunktiv möglich sind, wird nach *ultimo* fast ausschließlich der Indikativ gebraucht: *Presi la prima cosa che mi capitò/capitasse sottomano.* – Ich nahm das Erstbeste, was mir in die Hände kam. *L'ultimo torneo al quale partecipò fu nel 1999.* – Das letzte Turnier, an dem er/sie teilnahm, war 1999. *L'unica persona che la trattava bene era sua sorella.* – Der einzige Mensch, der sie gut behandelte, war ihre Schwester.

3. wenn darin ein ungewöhnlicher Vergleich ausgedrückt wird:

Più che un maestro sembrate un alunno di quinta che abbia ripetuto parecchie volte. (Mosca)	Eher als ein Lehrer seht ihr aus wie ein Schüler der fünften Klasse, der mehrmals repetiert hat.

4. die konditionalen Charakter haben:

Chi osasse affermare ciò, dimostrerebbe di non aver capito nulla di quanto ho detto.	Wer das zu behaupten wagte, würde zeigen, dass er nichts von dem verstanden hat, was ich gesagt habe.
Sai che cosa può fare un uomo che si trovi di notte in un deserto e abbia sete?	Weißt du, was ein Mensch tun kann, der sich nachts in einer Wüste befindet und Durst hat?
Il sequestro di questo ragazzo non può lasciare indifferente chi abbia ancora la capacità di sentimento umano.	Die Entführung dieses Jungen kann niemanden, der noch eines menschlichen Gefühls fähig ist, gleichgültig lassen.
Ritirerò il foglio a tutti coloro che tentassero di copiare.	Ich werde all denen, die versuchen sollten abzuschreiben, das Blatt abnehmen.
Per ognuno che fosse mancato all'appello, dieci sarebbero stati fucilati. (P. Levi)	Für jeden, der beim Appell fehle, werde man zehn erschießen.
Un giocatore che faccia molti goal, è chiamato «cannoniere».	Ein Spieler, der viele Tore schießt, wird Bomber genannt.
[...] ma ad uno che avesse avuto l'intenzione di farlo fuori, questo fatto non poteva sfuggire. (Sciascia)	[...] aber jemandem, der beabsichtigt hätte, ihn umzulegen, hätte diese Tatsache nicht entgehen können.
Chi lo avesse visto, si sarebbe spaventato.	Wer es gesehen hätte, wäre erschrocken.

Anmerkung: *Chi osasse affermare ...* bedeutet so viel wie *Se uno affermasse ...*

(Zum Gebrauch des Konjunktivs im indirekten Fragesatz vgl. § 318)

Die Zeitenfolge im konjunktivischen Nebensatz 245

1. Steht im Hauptsatz eine Zeit der **Gegenwartsgruppe** (presente, futuro) oder Imperativ, so steht im ***che***-Satz zur Angabe der Gleichzeitigkeit und Nachzeitigkeit *congiuntivo presente*, zur Angabe der Vorzeitigkeit *congiuntivo passato*:

Desidero che tu venga con noi.	Ich wünsche, dass du mit uns kommst.
Permetta che mi presenti.	Gestatten Sie, dass ich mich vorstelle.

Te lo racconto a condizione che tu non lo dica a nessuno.	Ich erzähle es dir unter der Bedingung, dass du es niemanden sagst.
Sarà meglio che torniate a casa.	Es wird besser sein/Es ist wohl besser, wenn ihr nach Hause zurückkehrt.
È possibile che siano già partiti.	Es ist möglich, dass sie schon abgereist sind.
Mi dispiace che Antonia non sia potuta venire.	Es tut mir leid, dass Antonia nicht kommen konnte.
Ho paura che si sia fatto male.	Ich habe Angst, dass er sich wehgetan hat.

Anmerkung: Wenn der Sachverhalt seit langem vergangen ist und nicht mehr mit der Gegenwart des Hauptsatzes zusammenhängt, kann nach einer Zeit der Gegenwartsgruppe im Hauptsatz im *che*-Satz auch *congiuntivo imperfetto* oder *congiuntivo trapassato* stehen: *Non sono convinta/Non era convinta che lo sapesse.* – Ich bin/Sie war nicht davon überzeugt, dass er es wusste. *È possibile che nel 1950 avessero già venduto la casa.* – Es ist möglich, dass sie 1950 das Haus schon verkauft hatten.

2. Steht im Hauptsatz eine Zeit der **Vergangenheitsgruppe** (*imperfetto, passato prossimo, passato remoto* und *trapassato prossimo*), so steht im ***che***-Satz zur Angabe der Gleichzeitigkeit und Nachzeitigkeit *congiuntivo imperfetto*, zur Angabe der Vorzeitigkeit *congiuntivo trapassato*:

Avevo paura che ci avesse tradito.	Ich hatte Angst, er hätte uns verraten.
Pensavamo che fossero a casa.	Wir dachten, sie seien zu Hause.
Gli dissi che chiudesse la porta.	Ich sagte ihm, er solle die Tür schließen.
Ho detto a mio marito che andasse a prendere la nonna alla stazione.	Ich habe meinem Mann gesagt, er solle die Großmutter vom Bahnhof abholen.
Tutti avevano pensato che la zia fosse già partita.	Alle hatten gedacht, dass die Tante schon abgereist wäre.

Anmerkung 1: Nach den Ausdrücken der Hoffnung, Furcht und Erwartung kann im *che*-Satz auch der **Konditional II** gesetzt werden, wenn im Hauptsatz eine Zeit der Vergangenheitsgruppe steht: *Speravo che durante le vacanze facesse/avrebbe fatto bel tempo.* – Ich hoffte, dass während der Ferien schönes Wetter sein werde.

Anmerkung 2: Auf *passato prossimo* kann auch *congiuntivo presente* folgen, wenn der Bezug zur Gegenwart besonders betont werden soll: *Ho pensato che sia meglio rinunciarci.* – Ich habe gedacht, dass es besser sei, darauf zu verzichten.

3. Erscheinen im Hauptsatz die Verben und Ausdrücke der Willensäußerung (vgl. § 236), der subjektiven Bewertung (vgl. § 237) oder des Zweifels und der Unsicherheit (vgl. § 238) im Konditional I (condizionale presente) oder Konditional II (condizionale passato), so wird im ***che***-Satz zur Angabe der Gleichzeitigkeit *congiuntivo imperfetto*, zur Angabe der Vorzeitigkeit *congiuntivo trapassato* und zur Angabe der Nachzeitigkeit Konditional II (condizionale passato) gebraucht:

Vorrei che tu lo sapessi.	Ich möchte, dass du es weißt.
Vorrei evitare che scopiasse un incendio.	Ich möchte vermeiden, dass ein Brand ausbricht.
Non vorrei che tu pensassi che io sia innamorata di lui.	Ich möchte nicht, dass du denkst, dass ich in ihn verliebt sei.
Preferirei che tu stessi a casa.	Ich möchte lieber, dass du zu Hause bleibst.
Sarebbe ora che ti decidessi!	Es wäre Zeit, dass du dich entscheidest!
Sarebbe lo stesso che venisse o no.	Es wäre gleich, ob er kommt oder nicht.
In quel caso avrei creduto che egli avrebbe accettato.	In diesem Fall hätte ich geglaubt, er würde annehmen.

Anmerkung: Der Konditional I eines Verbs des Sagens und Denkens im Hauptsatz, das als abgeschwächte Form des Indikativs verwendet wird, zieht im *che*-Satz *congiuntivo presente* oder *congiuntivo passato* nach sich: *Si direbbe che egli l'abbia fatto apposta.* – Man könnte meinen, er habe es absichtlich getan. *Si dovrebbe credere che egli guadagni abbastanza.* – Man sollte glauben, dass er genug verdient.

Der Konditional (il condizionale) 246

Der Konditional wird nicht nur in Bedingungssätzen (vgl. § 247) und zur Bezeichnung der Nachzeitigkeit (vgl. § 315.2) verwendet, sondern auch

1. zum Ausdruck eines Wunsches:

Vorrei fare un viaggio.	Ich möchte eine Reise machen.
Desidererei parlare con il signor Rossi.	Ich möchte gern mit Herrn Rossi sprechen.
Gli piacerebbe vedere questo film.	Er würde gern diesen Film sehen.

Anmerkung: Die Frage 'Was möchten Sie?' wird im Italienischen folgendermaßen wiedergegeben: *Che cosa desidera/vuole/voleva?* (In diesem Fall ist der Gebrauch des Konditionals unzulässig.) Die Antwort lautet z.B. *Vorrei/voglio/desidero una birra.* – Ich möchte ein Bier.

2. zum Ausdruck einer höflichen Bitte oder Aufforderung:

Le dispiacerebbe chiudere la finestra?	Würden Sie bitte das Fenster schließen?
Faresti meglio a restare a casa.	Du würdest besser zu Hause bleiben.
Sarebbe tanto gentile da aiutarci?	Wären Sie so freundlich und würden uns helfen?

3. in zurückhaltenden oder abschwächenden Äußerungen:

Potrebbe darsi.	Es könnte sein.
Non si direbbe che è tedesco.	Man würde nicht meinen, dass er Deutscher ist.
Potresti averlo cotto un po' di più, questo arrosto.	Du hättest ihn etwas länger garen können, diesen Braten.

Merke: Das wär's für heute. – *Questo è tutto per oggi.*

4. zur vorsichtigen Wiedergabe von Mitteilungen oder Nachrichten (besonders in Presse und Rundfunk):

Il cancelliere avrebbe intenzione di recarsi in Spagna.	Der Kanzler soll beabsichtigen, nach Spanien zu reisen.
I danni ammonterebbero a dieci milioni di euro.	Die Schäden sollen sich auf zehn Millionen Euro belaufen.
L'imputato avrebbe commesso due omicidi.	Der Angeklagte soll zwei Morde verübt haben.
Dovrebbe arrivare il freddo.	Es soll kalt werden.
Secondo alcuni testimoni, il ladro sarebbe fuggito in moto.	Nach einigen Zeugen soll der Dieb auf einem Motorrad geflohen sein.

5. zum Ausdruck der Entrüstung, des Erstaunens über eine Unterstellung oder Annahme:

Come sarebbe a dire?	Was soll das heißen?
Io avrei detto una cosa simile?	Ich soll so etwas gesagt haben?
Perché mai lo avrebbe fatto?	Warum nur hätte er/sie es tun sollen?
Questo non mi passerebbe neanche per l'anticamera del cervello.	Das würde mir nicht einmal im Traum einfallen.

6. Wird aus der Vergangenheit heraus auf ein zukünftiges Ereignis verwiesen, so steht Konditional II:

Nacque così lo Stato pontificio che sarebbe durato fino al 1870.	So entstand der Kirchenstaat, der bis 1870 bestehen sollte.
Li accompagnai a casa di amici dove avrebbero trascorso il fine settimana.	Ich begleitete sie zu Freunden, wo sie das Wochenende verbringen sollten.

Tempora und Modi in dem mit *se* eingeleiteten konditionalen Satzgefüge 247

Bei dem mit der Konjunktion ***se*** eingeleiteten konditionalen Satzgefüge (periodo ipotetico) unterscheidet man folgende Fälle: 1. die reale Hypothese 2. die mögliche Hypothese 3. die irreale Hypothese.

1. Enthält der ***se***-Satz eine reale Hypothese, so steht der Indikativ; im Hauptsatz erscheint ebenfalls der Indikativ, der Imperativ oder der Konditional:

Se fa/farà bel tempo, facciamo/ faremo una gita in bicicletta.	Wenn schönes Wetter ist, machen wir eine Radtour/werden wir eine Radtour machen.
Se credi a queste fandonie, sei un grande sciocco.	Wenn du an diese Märchen glaubst, bist du ein großer Dummkopf.
Se si è comportato così, ha sbagliato.	Wenn er sich so verhalten hat, hat er einen Fehler gemacht.
Se l'ha fatto, saprà perché.	Wenn er es gemacht hat, wird er wissen warum.
Se la porta era aperta, il ladro è potuto entrare senza difficoltà.	Wenn die Tür offen war, hat der Dieb ohne Schwierigkeiten eindringen können.
Se te lo chiede, glielo darei.	Wenn er dich darum bittet, würde ich es ihm geben.
Se sbaglio, correggimi.	Wenn ich mich irre, korrigiere mich!
Se l'hai offeso, scusati.	Wenn du ihn beleidigt hast, entschuldige dich!

2. Enthält der ***se***-Satz eine mögliche Hypthese, so steht Konjunktiv Imperfekt; im Hauptsatz erscheint Konditional I:

Mi farebbe piacere se veniste anche voi.	Ich würde mich freuen, wenn auch ihr kämt.
Se dovessero venire a trovarci, te lo faremmo sapere.	Wenn sie uns besuchen sollten, würden wir es dir mitteilen.

3. Enthält der ***se***-Satz eine irreale Hypothese, so steht Konjunktiv Imperfekt bzw. Konjunktiv Plusquamperfekt; im Hauptsatz erscheint Konditional I bzw. Konditional II:

Se io fossi al tuo posto, non lo farei.	Wenn ich an deiner Stelle wäre, täte ich es nicht.
Se la giacca costasse meno, te la comprerei.	Wenn die Jacke weniger kosten würde, würde ich sie dir kaufen.
Se la giacca fosse costata meno, te l'avrei comprata.	Wenn die Jacke weniger gekostet hätte, hätte ich sie dir gekauft.
Se ci fossimo sbrigati, non avremmo perso il treno.	Wenn wir uns beeilt hätten, hätten wir den Zug nicht verpasst.
Te l'avrei detto se l'avessi saputo.	Ich hätte es dir gesagt, wenn ich es gewusst hätte.
Se fumassi meno, ti sentiresti meglio.	Wenn du weniger rauchen würdest, würdest du dich wohler fühlen.

Anmerkung 1: In der Umgangssprache wird häufig Indikativ Imperfekt statt Konjunktiv Plusquamperfekt und Konditional II gebraucht: *Se lo sapevo, te lo dicevo.* – Wenn ich es gewusst hätte, hätte ich es dir gesagt (vgl. § 229.2.4). Auch Mischformen sind möglich: *Se l'avessi saputo, te lo dicevo./Se lo sapevo te l'avrei detto.*

Anmerkung 2: Es kann natürlich auch im *se*-Satz Konjunktiv Plusquamperfekt und im Hauptsatz Konditional I stehen: *Se tu avessi dato retta a me, non ti troveresti in questa situazione.* – Wenn du auf mich gehört hättest, würdest du dich nicht in dieser Situation befinden.

Anmerkung 3: Liegt eine mögliche oder irreale Hypothese vor, kann *se* entfallen: *Lavorassi di più, guadagneresti di più.* – Würdest du mehr arbeiten, würdest du mehr verdienen. *Fosse per me mi sposerei in chiesa.* – Ginge es nach mir, würde ich kirchlich heiraten. *Avessimo avuto paura, non avremmo fatto questo mestiere.* – Hätten wir Angst gehabt, hätten wir diesen Beruf nicht ausgeübt.

Anmerkung 4: Iterative Bedeutung liegt vor in: *Se inzuppavamo il pane nella salsa, gridava: Non leccate i piatti!* (Ginzburg) – (Jedesmal), wenn wir das Brot in die Soße tauchten, schrie sie: „Leckt nicht die Teller aus!" *Se uno non finiva tutto quello che aveva nel piatto se lo ritrovava davanti al giorno seguente.* (S. Agnelli) – Wenn jemand das, was er auf dem Teller hatte, nicht aufaß, bekam er es am folgenden Tag wieder vorgesetzt.

Anmerkung 5: Kausale Bedeutung liegt vor in einem Satz wie: *Se grandi mammiferi ancora vivono sulla terra, è perché l'uomo li ha voluti risparmiare.* – Wenn noch große Säugetiere auf der Erde leben, so deshalb, weil der Mensch sie hat verschonen wollen.

Anmerkung 6: *se no/sennò* 'sonst': *Gli italiani sanno fare a meno dello Stato. Se no, non sarebbero sopravvissuti fino ad oggi.* (Calvino) – Die Italiener können ohne den Staat auskommen, sonst hätten sie nicht bis heute überlebt.

Anmerkung 7: Nach *se* kann nur Konditional stehen, wenn es einen indirektenFragesatz einleitet (dt. 'ob'): *Non so se verrei/sarei venuto.* – Ich weiß nicht, ob ich käme/gekommen wäre.

Anmerkung 8: Die Wendung 'Wie wäre es, wenn ...' wird durch *E se* + Konjunktiv Imperfekt oder durch *Che ne diresti di* + Infinitiv wiedergegeben: *E se mangiassimo un boccone?/Che ne diresti di mangiare un boccone?* – Wie wäre es, wenn wir etwas essen würden?

Anmerkung 9: Nach den anderen konditionalen Konjunktionen steht immer der Konjunktiv (vgl. § 284).

Anmerkung 10: 'Es wäre gut/besser, wenn ...' kann durch *Sarebbe bene/meglio che* oder *se* ausgedrückt werden: *Sarebbe bene che/se tu me lo dicessi.* – Es wäre gut, wenn du es mir sagen würdest. *Sarebbe meglio che/se stesse a casa.* – Es wäre besser, er/sie würde zu Hause bleiben.

(Zu *come se* vgl. § 153.4 Anm.)

Merke: Entschuldigt, wenn ich euch den Rücken zukehre. – *Scusate le spalle.*

Der Imperativ (l'imperativo) 248

1. der **bejahte** Imperativ der **2. Person Singular** ist bei den Verben der 1. Konjugation mit der 3. Person Präsens, bei den Verben der 2. und 3. Konjugation mit der 2. Person Präsens identisch:

scusa!	entschuldige!	*parla!*	sprich!
credi!	glaub!	*tieni!*	halt!
senti!	hör!	*esci!*	geh hinaus!

Anmerkung: Bei Betonung und Gegenüberstellung kann dem Imperativ ein Personalpronomen folgen: *Compra tu il prosciutto, io penso al resto.* – Kauf du den Schinken, ich kümmere mich um den Rest.

2. Unregelmäßig sind folgende Formen:

fa'/fai!	mach!	*sta'/stai!*	bleib!
va'/vai!	geh!	*da'/dai!*	gib!
di'!	sag!	*sii!*	sei!
abbi!	hab!	*sappi!*	wisse!

3. Der **verneinte** Imperativ der **2. Person Singular** wird mit ***non*** + Infinitiv gebildet:

non parlare!	sprich nicht!	*non credere!*	glaub nicht!
non sentire!	hör nicht!	*non essere!*	sei nicht!

(Zum Imperativ der Höflichkeitsform vgl. § 235.5)

4. Der Imperativ der 2. Person Plural ist mit der entsprechenden Präsensform des Indikativs identisch. In der gesprochenen Sprache ersetzt diese Form auch den Indikativ der 3. Person Plural [sehr formelle Anrede]:

parlate!	sprecht!/sprechen Sie!	*leggete!*	lest!/lesen Sie!
sentite!	hört!/hören Sie!	*venite!*	kommt!/kommen Sie!

Merke: Haltet den Dieb! – *Al ladro!* Schlaf(t) schön! – *Sogni d'oro.*

5. Unregelmäßig sind folgende Formen:

siate!	seid!/seien Sie!	*abbiate!*	habt!/haben Sie!
sappiate!	wisset!/wissen Sie!		

(Zur Stellung der Pronomen beim Imperativ vgl. § 125, zum Gebrauch des Futurs mit Imperativbedeutung vgl. § 233.2, zum Gebrauch des Infinitivs mit Imperativbedeutung vgl. § 213.13)

Kapitel 20 Das Passiv (Il passivo)

Das Passiv ist eine verbale Konstruktion, die immer dann benutzt wird, wenn der Urheber oder die Ursache einer Handlung nicht im Vordergrund der Mitteilung steht oder unausgedrückt bleibt. Während das Passiv in der italienischen Presse und der Behördensprache relativ häufig vorkommt, wird es in der italienischen Umgangssprache sehr viel seltener gebraucht als im Deutschen. Stattdessen werden aktivische Sätze oder das so genannten reflexive Passiv (si passivante) vorgezogen. Darüber hinaus gibt es passivische Verbalperiphrasen.

Die Bildung des Passivs 249

Das Passiv wird mit ***essere* + Partizip Perfekt** gebildet, das in Genus und Numerus mit dem dazugehörigen Nomen übereinstimmt. In den einfachen Zeiten kann ***venire*** anstelle von *essere* gebraucht werden.

Indikativ/*indicativo*			
Präsens/*presente*		Perfekt/*passato prossimo*	
(io)	*sono/vengo amato*	*(io)*	*sono stato amato*
(tu)	*sei/vieni amato*	*(tu)*	*sei stato amato*
(egli)	*è/viene amato*	*(egli)*	*è stato amato*
(noi)	*siamo/veniamo amati*	*(noi)*	*siamo stati amati*
(voi)	*siete/venite amati*	*(voi)*	*siete stati amati*
(essi)	*sono/vengono amati*	*(essi)*	*sono stati amati*

Imperfekt/*imperfetto*		Plusquamperfekt/ *trapassato prossimo*	
(io)	*ero/venivo amato*	*(io)*	*ero stato amato*
(tu)	*eri/venivi amato*	*(tu)*	*eri stato amato*
(egli)	*era/veniva amato*	*(egli)*	*era stato amato*
(noi)	*eravamo/venivamo amati*	*(noi)*	*eravamo stati amati*
(voi)	*eravate/venivate amati*	*(voi)*	*eravate stati amati*
(essi)	*erano/venivano amati*	*(essi)*	*erano stati amati*

passato remoto		*trapassato remoto*	
(io)	*fui/venni amato*	*(io)*	*fui stato amato*
(tu)	*fosti/venisti amato*	*(tu)*	*fosti stato amato*
(egli)	*fu/venne amato*	*(egli)*	*fu stato amato*
(noi)	*fummo/venimmo amati*	*(noi)*	*fummo stati amati*
(voi)	*foste/veniste amati*	*(voi)*	*foste stati amati*
(essi)	*furono/vennero amati*	*(essi)*	*furono stati amati*

Futur I/*futuro semplice*		Futur II/*futuro anteriore*	
(io)	*sarò/verrò amato*	*(io)*	*sarò stato amato*
(tu)	*sarai/verrai amato*	*(tu)*	*sarai stato amato*
(egli)	*sarà/verrà amato*	*(egli)*	*sarà stato amato*
(noi)	*saremo/verremo amati*	*(noi)*	*saremo stati amati*
(voi)	*sarete/verrete amati*	*(voi)*	*sarete stati amati*
(essi)	*saranno/verranno amati*	*(essi)*	*saranno stati amati*

Konjunktiv/*congiuntivo*					
Präsens/*presente*			Perfekt/*passato*		
che	*(io)*	*sia/venga amato*	*che*	*io*	*sia stato amato*
che	*tu*	*sia/venga amato*	*che*	*tu*	*sia stato amato*
che	*egli*	*sia/venga amato*	*che*	*egli*	*sia stato amato*
che	*(noi)*	*siamo/veniamo amati*	*che*	*(noi)*	*siamo stati amati*
che	*(voi)*	*siate/veniate amati*	*che*	*(voi)*	*siate stati amati*
che	*(essi)*	*siano/vengano amati*	*che*	*(essi)*	*siano stati amati*

Imperfekt/*imperfetto*			Plusquamperfekt/*trapassato*		
che	*io*	*fossi/venissi amato*	*che*	*io*	*fossi stato amato*
che	*tu*	*fossi/venissi amato*	*che*	*tu*	*fossi stato amato*
che	*(egli)*	*fosse/venisse amato*	*che*	*(egli)*	*fosse stato amato*
che	*(noi)*	*fossimo/venissimo amati*	*che*	*(noi)*	*fossimo stati amati*
che	*(voi)*	*foste/veniste amati*	*che*	*(voi)*	*foste stati amati*
che	*(essi)*	*fossero/venissero amati*	*che*	*(essi)*	*fossero stati amati*

Konditional/*condizionale*			
Konditional I/*presente*		Konditional II/*passato*	
(io)	*sarei/verrei amato*	*(io)*	*sarei stato amato*
(tu)	*saresti/verresti amato*	*(tu)*	*saresti stato amato*
(egli)	*sarebbe/verrebbe amato*	*(egli)*	*sarebbe stato amato*
(noi)	*saremmo/verremmo amati*	*(noi)*	*saremmo stati amati*
(voi)	*sareste/verreste amati*	*(voi)*	*sareste stati amati*
(essi)	*sarebbero/verrebbero amati*	*(essi)*	*sarebbero stati amati*

Anmerkung: Das *trapassato remoto* wird heute nicht mehr gebraucht.

250 Aktivsatz und Passivsatz

Nur Verben mit direktem Objekt können ein persönliches Passiv bilden. Bei der Umsetzung des Aktivsatzes ins Passiv erscheint das direkte Objekt des Aktivsatzes im Passivsatz als Subjekt; das Subjekt des Aktivsatzes wird im Passivsatz mit Hilfe der Präposition ***da*** ausgedrückt bzw. es entfällt:

Il camion ha investito due persone.	Der Lastwagen hat zwei Personen überfahren.
Due persone sono state investite dal camion.	Zwei Personen sind vom Lastwagen überfahren worden.
Il portiere sorprese il ladro.	Der Portier überraschte den Dieb.
Il ladro fu sorpreso dal portiere.	Der Dieb wurde vom Portier überrascht.

Anmerkung 1: Ein persönliches Passiv bilden auch diejenigen Verben, die im Gegensatz zum Deutschen transitiv sind (vgl. § 200.2): *Siamo stati aiutati dai nostri genitori.* – Uns wurde von unseren Eltern geholfen. *La legge deve essere votata anche dal Senato.* – Über das Gesetz muss auch vom Senat abgestimmt werden.

Anmerkung 2: *Ubbidire, perdonare* und *credere* bilden ein persönliches Passiv: *Voglio essere ubbidito/perdonato/creduto.* – Ich will, dass man mir gehorcht/verzeiht/glaubt.

Anmerkung 3: Ein unpersönliches Passiv bilden diejenigen Verben, die im Gegensatz zum Deutschen intransitiv sind: Mein Vater wurde gefragt, ob ...' wird mit *È stato chiesto a mio padre se ... Al ragazzo è stato impedito di partecipare alla gita.* – Der Junge wurde gehindert, am Ausflug teilzunehmen.

Anmerkung 4: In einer Nominalgruppe wird 'durch/von' durch einen adverbialen Ausdruck, wie z.B. *da parte di* oder *per mano di*, wiedergegeben: *la conquista del potere da parte di Napoleone* die Eroberung der Macht durch Napoleon, *uno sfruttamento sempre maggiore da parte dell'uomo* eine immer größere Ausbeutung durch den Menschen, *la presa del potere da parte di Mussolini* die Machtergreifung Mussolinis, *la modifica del naso per mano del chirurgo plastico* die Korrektur der Nase durch den Schönheitschirurgen.

Vorgangspassiv und Zustandspassiv 251

Während ***venire*** + Partizip Perfekt immer einen Vorgang ausdrückt, kann ***essere*** + Partizip Perfekt sowohl einen Vorgang als auch einen Zustand bezeichnen. Wenn das Verb im Passivsatz im Präsens oder Imperfekt steht und keine nähere Bestimmung bei sich hat, so wird die Satzaussage als Beschreibung eines Zustands aufgefasst:

La porta viene chiusa.	Die Tür wird geschlossen.
La porta è chiusa.	Die Tür ist geschlossen.
La finestra era aperta.	Das Fenster war geöffnet/stand offen.
Il sindaco è eletto.	Der Bürgermeister ist gewählt.
Il sindaco è/viene eletto dal Consiglio comunale.	Der Bürgermeister wird vom Gemeinderat gewählt.

La partita è/viene trasmessa per televisione.	Das Spiel wird im Fernsehen übertragen.
Quella casa pericola, ma il proprietario non permette che sia/venga demolita.	Dieses Haus ist baufällig, aber der Eigentümer erlaubt nicht, dass es abgerissen wird.
Mio figlio vuole fare il compito da solo senza essere/venire aiutato.	Mein Sohn will die Aufgabe alleine machen, ohne dass ihm geholfen wird.
La denuncia dei redditi deve venir consegnata entro la fine del mese.	Die Einkommensteuererklärung muss bis Ende des Monats abgegeben werden.
La proposta non fu/venne accettata.	Der Vorschlag wurde nicht angenommen.
Il traffico fu/venne deviato su strade secondarie.	Der Verkehr wurde auf Nebenstraßen umgeleitet.
Il progetto sarà/verrà cambiato.	Der Plan wird verändert werden.
Credevo che foste stati avvertiti.	Ich glaubte, ihr wärt benachrichtigt worden.
La mostra era stata visitata da migliaia di persone.	Die Ausstellung war von Tausenden von Menschen besucht worden.
I risultati non sono ancora stati pubblicati.	Die Ergebnisse sind noch nicht veröffentlicht worden.

Anmerkung: Es heißt immer *Fu preso dalla paura* (nicht **Venne preso dalla paura*) – Er wurde von Angst gepackt.

252 Die Wiedergabe von dt. 'man'

Das deutsche Indefinitpronomen 'man' kann außer durch das mit *essere/venire* gebildete Passiv auch durch das *si passivante,* das *si impersonale* oder die 3. Person Plural Aktiv wiedergegeben werden; auch das Indefinitpronomen *uno* kann mit dieser Bedeutung gebraucht werden:

1. Folgt auf das dt. 'man' ein transitives Verb, d.h. ein Verb, das mit einem direkten Objekt verbunden ist, so kann im Italienischen eine Konstruktion mit dem Reflexivpronomen *si* (si passivante) verwendet werden. Dabei ist zu beachten, dass sich die aktivische Verbform im Numerus und in den zusammengesetzten Zeiten auch im Genus nach dem Substantiv richtet, auf das sie sich bezieht:

In Italia si parla l'italiano.	In Italien spricht man Italienisch.
In Italia si parlano molti dialetti.	In Italien spricht man viele Dialekte.

Questa parola non si usa più.	Dieses Wort gebraucht man nicht mehr.
Queste parole non si usano più.	Diese Wörter gebraucht man nicht mehr.
Non si è visto nessuno.	Man hat niemanden gesehen.
Si sono sentite le campane di San Pietro.	Man hat die Glocken von Sankt Peter gehört.
Si sono fatti molti errori.	Man hat viele Fehler gemacht.
Negli ultimi trent'anni si sono fatti vari tentativi per sconfiggere la mafia.	In den letzten dreißig Jahren hat man mehrere Versuche unternommen, um die Mafia zu besiegen.
Si sono avuti molti problemi.	Man hatte viele Probleme.
Non si possono risolvere i problemi ignorandoli.	Man kann die Probleme nicht lösen, indem man sie ignoriert.
Purtroppo non si sono potuti risolvere tutti i problemi.	Leider hat man nicht alle Probleme lösen können.
Le camicie si stirano meglio se le bagni un po'.	(Die) Hemden lassen sich besser bügeln, wenn du sie ein wenig einsprengst.
Con questo tempo, uno non sa mai come vestirsi.	Bei diesem Wetter weiß man nie, wie man sich/was man anziehen soll.

Anmerkung 1: Beim *si passivante* steht das Verb sehr häufig vor dem Subjekt (vgl. § 300.4).

Anmerkung 2: Als nicht korrekt gilt ein Satz wie *Si vende terreni.* – 'Man verkauft Grundstücke' gegenüber korrektem *Si vendono terreni.*

Anmerkung 3: Bei den Modalverben *potere, dovere* und *volere* ist sowohl *si passivante* als auch *si impersonale* möglich: *Si possono/Si può mangiare tre fette di torta.* – Man kann drei Stück Kuchen essen. *Si sono potute mangiare/Si è potuto mangiare tre fette di torta.* – Man hat drei Stück Kuchen essen können. (Zu Sätzen wie 'Man kann sie [Sing./Pl.] sehen' vgl. § 123.5 Anm. 1)

Anmerkung 4: Das reflexive *si* kann nur mit dem *si impersonale* verbunden werden (vgl. § 123.4 Anm. 1). Daher lauten Sätze wie 'Man putzt sich die Zähne' *Ci si lava i denti* und 'Man zieht (sich) die Schuhe aus' *Ci si toglie le scarpe. Ci si compra molte cose inutili.* – Man kauft sich viele unnütze Sachen.

Anmerkung 5: Steht bei einer Aufzählung das erste Substantiv im Singular, so kann das Verb im Singular erscheinen: *Nella bassa pianura si coltiva grano, mais, tabacco, vite ed olivo.* – In der Tiefebene werden Weizen, Mais, Tabak, Wein(reben) und Olivenbäume angepflanzt.

2. Folgt auf das dt. 'man' ein intransitives oder intransitiv gebrauchtes Verb, so wird es durch *si* + Verb in der 3. Person Singular (si impersonale) wiedergegeben:

In questo ristorante si mangia bene.	In diesem Restaurant isst man gut.
Si è mangiato bene.	Man hat gut gegessen.
Si gioca a scacchi.	Man spielt Schach.
Si beve e si ride.	Man trinkt und lacht.

Anmerkung 1: Das *si impersonale* kann nicht an den auf ein Modalverb folgenden Infinitiv angehängt werden: *Si deve lavorare.* – Man muss arbeiten. *Si può ballare.* – Man kann tanzen. *Lo si deve accettare./Si deve accettarlo.* – Man muss es annehmen.

Anmerkung 2: In den zusammengesetzten Zeiten ist zu beachten, dass das Partizip Perfekt in der maskulinen Pluralform erscheint, wenn das Verb die zusammengesetzten Zeiten mit *essere* bildet: *Si è partiti alle nove.* – Man ist um neun Uhr abgefahren. *Non si è riusciti a risolvere il problema.* – Es ist nicht gelungen, das Problem zu lösen. *Quando ci si è lavati, ci si sente più freschi.* – Wenn man sich gewaschen hat, fühlt man sich frischer (vgl. auch § 145.4).

Anmerkung 3: Immer häufiger wird der Gebrauch von *si* + 3. Person Singular anstatt der 1. Person Plural: *Dove si va stasera?* – Wohin gehen wir heute Abend? Zur Betonung des Subjekts dient in diesem Falle das Personalpronomen *noi*: *Noi si pensava che...* – Wir dachten, dass ... *Ci si sposò di maggio, e si partì subito dopo la cerimonia.* (Deledda) – Wir heirateten im Mai und reisten sofort nach der Hochzeitsfeier ab.

3. In bestimmten Fällen kann 'man' auch durch die 3. Person Plural Aktiv ausgedrückt werden:

Lì costruiscono una nuova strada.	Dort baut man eine neue Straße.
L'hanno licenziato su due piedi.	Man hat ihn auf der Stelle entlassen.
Ti hanno imbrogliato.	Man hat dich betrogen.
Al «Metropol» danno un film molto interessante.	Im „Metropol“ wird ein sehr interessanter Film gezeigt.
Dicono/Raccontano che ...	Man sagt/Man erzählt, dass ...

Passivische Verbalperiphrasen

Einige Verben bilden mit dem Partizip Perfekt oder mit dem Infinitiv passivische Verbalperiphrasen.

1. ***andare*** + Partizip Perfekt:

1.1. In Verbindung mit bestimmten Partizipien wie *perduto, smarrito, distrutto* usw. hat ***andare*** passive Bedeutung:

L'originale del documento è andato perduto/smarrito.	Das Original des Dokuments ist verloren gegangen.
Il raccolto andò distrutto dal fuoco.	Die Ernte wurde vom Feuer zerstört.
Le speranze degli Italiani erano andate deluse.	Die Hoffnungen der Italiener waren enttäuscht worden.

1.2. In den einfachen Zeiten (mit Ausnahme des *passato remoto*) kann *andare* + Partizip Perfekt in der Bedeutung von *dover essere* gebraucht werden. Bei dieser Konstruktion ist die Angabe des Urhebers nicht möglich:

Questo lavoro va rifatto.	Diese Arbeit muss noch einmal gemacht werden.
La questione andrà esaminata meglio.	Die Frage wird besser untersucht werden müssen.
Il frullatore andrebbe riparato.	Der Mixer müsste repariert werden.
Le siepi vanno potate.	Die Hecken müssen geschnitten werden.

Anmerkung: Nicht in allen Fällen wird *andare* + Partizip im Deutschen durch 'muss ... werden' ausgedrückt: *Il pagamento va effettuato in contanti alla consegna.* – Die Bezahlung erfolgt bar bei Lieferung. *Le foto vanno spedite a ...* – Senden Sie die Fotos an ...

2. ***avere*** + direktes Objekt + Partizip Perfekt:

L'anno scorso avemmo l'appartamento devastato dai ladri.	Letztes Jahr wurde unsere Wohnung von Einbrechern verwüstet.

3. ***rimanere*** + Partizip Perfekt:

Sei persone sono rimaste ferite.	Sechs Personen wurden verletzt.
le due turiste rimaste uccise nell'incidente	die beiden Touristinnen, die bei dem Unfall getötet wurden
il diciannovenne rimasto coinvolto in un incidente stradale	der Neunzehnjährige, der in einen Verkehrsunfall verwickelt wurde

4. ***vedere*** + Partizip Perfekt:

In Toscana un incidente nella galleria del Melarancio – sulla A2 – ha visto coinvolti sei autoveicoli. (Bresciaoggi)	In der Toskana wurden im Melarancio-Tunnel auf der A2 sechs Fahrzeuge in einen Unfall verwickelt.

254 Verbalperiphrasen mit dem Infinitiv

1. ***farsi*** + Infinitiv:

Ma come mai mi sono fatto mandare al confine? (C. Levi)	Aber wieso wurde ich in die Verbannung geschickt?
Si sono fatti prendere dal panico.	Sie wurden von Panik ergriffen.
Roberto si è fatto richiamare per tre volte di seguito.	Roberto wurde dreimal hintereinander ermahnt.

2. ***sentirsi*** + Infinitiv:

Altre persone, invece, al momento in cui facevano richiesta per essere ricoverate, si sarebbero sentite rispondere che non c'era disponibilità di letti, a meno che non sborsassero la mazzetta. (Corriere della Sera)	Anderen Personen dagegen soll, als sie die Aufnahme ins Krankenhaus beantragten, geantwortet worden sein, es seien keine Betten verfügbar, es sei denn, sie würden Schmiergeld bezahlen

3. ***vedersi*** + Infinitiv:

Si sono visti aumentare le tasse.	Ihnen wurden die Steuern erhöht.
Un transessuale si è visto negare il consenso a un cambiamento di sesso.	Einem Transsexuellen wurde die Zustimmung zu einer Geschlechtsumwandlung verweigert.

255 Andere Wiedergabe deutscher Passivkonstruktionen im Italienischen

In einigen Fällen werden deutsche Passivkonstruktionen im Italienischen durch andere Ausdrucksweisen wiedergegeben:

Um 5 Uhr wird geweckt.	*La sveglia è alle cinque.*
Um Antwort wird gebeten.	*Gradita Sua risposta.*

Er wurde künstlich beatmet.	*Gli hanno fatto la respirazione artificiale.*
Drei Personen werden vermisst.	*Tre persone risultano disperse.*
Bei uns wurde eingebrochen.	*A casa nostra c'è stato un furto./ I ladri sono entrati da noi.*
Vor Taschendieben wird gewarnt!	*Attenzione ai borseggiatori!*
Ich bin katholisch erzogen worden.	*Ho ricevuto un'educazione cattolica.*
Jetzt wird aber geschlafen!	*Adesso però si dorme!*
Die Firma wird zurzeit bestreikt.	*Nella ditta stanno scioperando./La ditta è in sciopero.*
Der Verlag wurde vom Vatikan stark unter Druck gesetzt.	*La casa editrice ha subito forti pressioni da parte vaticana.*
gemustert werden	*passare la visita di leva*
eingezogen werden	*passare sotto le armi*
von allen gehasst werden	*essere in odio a tutti*
kritisiert werden	*essere oggetto di critiche*
In manchen Firmen wird häufig gewechselt.	*In certe ditte il personale cambia spesso/c'è molto ricambio di personale.*

Kapitel 21 Das Adverb (L'avverbio)

256 Die Funktion des Adverbs

Adverbien dienen dazu, Verben, Adjektive, andere Adverbien oder ganze Sätze näher zu bestimmen. In seltenen Fällen haben sie auch adjektivische Funktion, wie z.B. in *l'allora ministro* der damalige Minister, *la quasi totalità dei concorrenti* fast alle Konkurrenten:

Cerchiamo di scrivere correttamente.	Wir versuchen, korrekt zu schreiben.
Questa casa è veramente bella.	Dieses Haus ist wirklich schön.
Mario parla molto bene il tedesco.	Mario spricht sehr gut Deutsch.
Siamo felicemente sposati.	Wir sind glücklich verheiratet.
Fortunamente è guarito presto.	Glücklicherweise ist er schnell genesen.
Sono troppo debole per riprendere gli allenamenti.	Ich bin zu schwach, um das Training wieder aufzunehmen.

257 Die Form des Adverbs

Nach ihrer Form werden die Adverbien in ursprüngliche, zusammengesetzte und abgeleitete Adverbien unterteilt.

- **Ursprüngliche** Adverbien sind solche, die sich von keinem anderen Wort herleiten lassen, wie zum Beispiel: *già* schon, *più* mehr, *qui* hier.

- **Zusammengesetzte** Adverbien sind solche, die aus zwei oder mehr Wörtern gebildet sind, wie zum Beispiel: *dappertutto (da per tutto)* überall, *almeno (al meno)* wenigstens.

- **Abgeleitete** Adverbien sind solche, die durch Anhängen eines Suffixes von einem anderen Wort abgeleitet sind: *brevemente* (< *breve*) kurz, *carponi* (< *carpo* Handwurzel) auf allen vieren.

Neben den eigentlichen Adverbien gibt es **adverbiale Ausdrücke**, d.h. mehr oder weniger festgefügte Wortgruppen, die wie Adverbien verwendet werden, wie zum Beispiel *di rado* selten, *con grazia* anmutig.

Adverbtypen 258

Hinsichtlich ihrer Bedeutung unterscheidet man folgende Arten von Adverbien:

- Adverbien der Art und Weise (*lentamente* langsam, *bene* gut),
- Adverbien der Zeit (*oggi* heute, *ieri*, gestern, *tardi* spät, *già* schon),
- Adverbien des Ortes (*qui* hier/hierher, *dirimpetto* gegenüber, *davanti* vorn),
- Adverbien des Urteils (*sì* ja/doch, *certamente* gewiss, *forse* vielleicht),
- Adverbien der Menge (*molto* viel, *poco* wenig, *abbastanza* genug, *niente* nichts),
- Frageadverbien (*come?* wie?, *dove?* wo/wohin?, *perché?* warum?).

Die Bildung der abgeleiteten Adverbien 259

1. Die abgeleiteten Adverbien werden gebildet, indem man an die feminine Form des Adjektivs das Suffix ***-mente*** anhängt:

lento	*lentamente*	langsam
perfetto	*perfettamente*	perfekt
furioso	*furiosamente*	wütend
veloce	*velocemente*	schnell

2. Die Adjektive auf ***-re*** und ***-le*** verlieren das ***-e*** vor ***-mente***:

cordiale	*cordialmente*	herzlich
tradizionale	*tradizionalmente*	traditionell
principale	*principalmente*	hauptsächlich
regolare	*regolarmente*	regelmäßig
particolare	*particolarmente*	besonders

Ausnahme: Geht *-re/-le* ein Konsonant voraus, bleibt das *e* erhalten: *folle* verrückt *follemente*; *salubre* gesund *salubremente.*

3. Abweichende Adverbbildung weisen auf:

buono	*bene*	gut
cattivo	*male*	schlecht
fraudolento	*fraudolentemente*	betrügerisch
violento	*violentemente*	gewaltsam
leggero	*leggermente*	leicht
benevolo	*benevolmente*	wohlwollend
malevolo	*malevolmente*	übelwollend

Ausnahme:	Die Adverbien von *pari* 'gleich' und *altro* 'anderer' lauten *parimenti* und *altrimenti* 'anders/sonst'.
Anmerkung:	Das Adverb *male* kann auch adjektivisch verwendet werden: *Questa gonna non è male*. – Dieser Rock ist nicht übel/schlecht.

L'imputato aveva seriamente messo in pericolo la sicurezza degli altri.	Der Angeklagte hatte die Sicherheit der anderen ernstlich gefährdet.
Il cagnolino seguiva docilmente il suo padrone.	Der kleine Hund lief folgsam hinter seinem Herrchen her.
Ci hanno trattati molto gentilmente.	Sie haben uns sehr freundlich behandelt.
L'autobus passa regolarmente ogni dieci minuti.	Der Bus fährt regelmäßig alle zehn Minuten.
Gli alunni si sono comportati molto bene.	Die Schüler haben sich sehr gut benommen.
Vado male in matematica.	Ich bin schlecht in Mathematik.

4. Neben der Bildung mit *-mente* gibt es einige abgeleitete Adverbien auf ***-oni*** [seltener] ***-one***, die die Haltung oder Lage des Körpers angeben:

Il bambino è caduto bocconi (sulla faccia).	Das Kind ist auf das Gesicht gefallen.
La bambina cammina carponi (a quattro zampe).	Das Mädchen geht auf allen vieren.
Ci mettemmo a cavalcioni della panca.	Wir setzten uns rittlings auf die Bank.
Dovevamo camminare (a) tastoni.	Wir mussten tastend gehen.

260 Die Steigerung der Adverbien

Wie die Adjektive, so bilden auch zahlreiche Adverbien, zumeist Adverbien der Art und Weise (außer denjenigen auf *-oni*) sowie einige Adverbien der Zeit und des Ortes, einen Komparativ und einen Superlativ (zur Wiedergabe von 'als' vgl. § 153):

1. Der regelmäßige Komparativ wird durch Voranstellung von ***più*** gebildet:

velocemente	schnell	*più velocemente*	schneller
tardi	spät	*più tardi*	später
vicino	nahe	*più vicino*	näher

Merke: *presto o tardi* früher oder später; *qualche tempo dopo* einige Zeit später

2. Der absolute Superlativ der abgeleiteten Adverbien entsteht durch Anfügung von ***-issimamente*** an den Adjektivstamm:

lentamente	langsam	*lentissimamente*	sehr langsam

Anmerkung 1: Diese Form wird jedoch meist durch eine Verbindung von *molto* oder *assai* + Adverb ersetzt: *molto lentamente.*

Anmerkung 2: In einem verneinten Satz kann kein Adverb auf *-issimamente* stehen.

Anmerkung 3: Es dürfen keine zwei Adverbien auf *-mente* aufeinander folgen: Nicht: **estremamente lentamente.* Aber: *Pigramente, lentamente si levò in piedi e si stirò un poco, congiungendo le due mani dietro la nuca e rovesciando indietro il capo.* (Moravia) – Träge und langsam stand er auf und streckte sich ein wenig, wobei er die Hände hinter dem Nacken faltete und den Kopf nach hinten warf.

3. Der absolute Superlativ der ursprünglichen Adverbien wird gebildet, indem der Endvokal des Adverbs durch ***-issimo*** ersetzt wird:

tardi	spät	*tardissimo*	sehr spät
presto	früh	*prestissimo*	sehr früh
vicino	nahe	*vicinissimo*	sehr nahe

4. Die unregelmäßige Steigerung:

bene gut	*meglio* besser	*benissimo/ottimamente* sehr gut
male schlecht/schlimm	*peggio* schlechter/schlimmer	*malissimo/pessimamente* sehr schlecht/schlimm
molto viel/sehr	*più* mehr	*moltissimo* sehr viel
poco wenig	*meno* weniger	*pochissimo/minimamente* sehr wenig
grandemente sehr/in hohem Maß	*maggiormente* mehr/in höherem Maß	*massimamente* sehr/in höchstem Maß

Anmerkung: In einem verneinten Satz kann kein Adverb auf *-issimo* stehen: *Non sto molto bene.* – Mir geht es nicht sehr gut. Nicht: **benissimo.*

Merke: *Voglio più bene a Mario che a Giovanni.* – Ich habe Mario lieber als Giovanni.

5. Ausdrücke und Wendungen:

andare di bene in meglio	immer besser gehen/schöner werden [iron.]
alla meglio	so gut es (eben) geht
avere la meglio	die Oberhand haben/bekommen
andare di male in peggio	immer schlimmer werden
avere la peggio	den Kürzeren ziehen
al più presto	so schnell/bald wie möglich
Più ne ha e più ne vuole.	Je mehr er hat, desto mehr will er.
(Quanto) più ce n'è meglio è.	Je mehr, desto besser.
Quanto prima tanto meglio.	Je eher, desto besser.
Devi studiare di più.	Du musst mehr lernen.
Dovresti mangiare (di) meno.	Du müsstest weniger essen.
un po' meno/di più	etwas weniger/mehr
dieci minuti, non di più	zehn Minuten, nicht mehr/länger
un motivo in più	ein Grund mehr
dieci euro in meno	zehn Euro weniger
né più né meno	nicht mehr und nicht weniger
Chi più chi meno.	Der eine mehr, der andere weniger.
per di più	überdies
parlare del più e del meno	von diesem und jenem reden.
Il più è fatto.	Das meiste ist getan.

6. Einen relativen Superlativ, der deutschen Ausdrücken wie 'am besten, am schnellsten' usw. entspricht, gibt es im Italienischen nicht. Stattdessen bedient sich das Italienische einer Umschreibung:

Dieser Roman gefällt mir am besten.	*Questo è il romanzo che più mi piace/che mi piace di più.*
Du kannst machen, was du am liebsten machst.	*Puoi fare ciò che preferisci.*
Roberto singt am besten.	*Roberto canta meglio di tutti.*
(Den) Urlaub nimmt man am besten im Herbst.	*Le ferie è meglio prenderle in autunno.*
Am besten gefällt mir das Fach Physik.	*La materia che più mi piace è la fisica.*
Am besten geht man zu Fuß.	*Conviene andare a piedi.*
Am meisten isst Lucia.	*Quella che mangia più di tutti è Lucia.*
Am meisten liegt mir an meiner Gesundheit.	*Quel che più mi importa è la salute.*
Was ihm am schwersten fällt, ist morgens früh aufzustehen.	*La cosa che più gli costa è quella di alzarsi presto la mattina.*

Die Stellung der Adverbien

1. Die Adverbien der **Art und Weise** stehen in den einfachen Zeiten im Allgemeinen direkt nach dem Verb, in den zusammengesetzten Zeiten in der Regel nach dem Partizip:

Parli bene lo spagnolo.	Du sprichst gut Spanisch.
L'alunno risponde correttamente alle domande del professore.	Der Schüler beantwortet korrekt die Fragen des Lehrers.
È piovuto forte.	Es hat stark geregnet.
L'avventura si è conclusa felicemente.	Das Abenteuer ist glücklich zu Ende gegangen.
Abbiamo camminato lentamente.	Wir sind langsam gegangen.
Il lupo divorò voracemente l'agnello.	Der Wolf verschlang gierig das Lamm.

Anmerkung: Aus stilistischen Gründen kann ein Adverb auch an den Anfang oder das Ende eines Satzes gestellt oder zwischen Subjekt und Verb eingeschoben werden: *Voracemente il lupo divorò l'agnello. Il lupo divorò l'agnello voracemente. Il lupo voracemente divorò l'agnello. Il lupo, voracemente, divorò l'agnello.*

2. Bei den Verbindungen Modalverb + Infinitiv steht das Adverb nach dem Infinitiv:

Devi guidare prudentemente.	Du musst vorsichtig fahren.
Voglio lavorare accuratamente.	Ich will sorgfältig arbeiten.
Dovete comportarvi bene.	Ihr müsst euch gut benehmen.

3. Die unbestimmten Zeitadverbien ***già, appena, ancora, quasi*** und ***sempre*** stehen in der Regel zwischen dem Hilfsverb und dem Partizip sowie zwischen dem Modalverb und dem Infinitiv:

Hai ancora fatto in tempo.	Du bist noch rechtzeitig gekommen.
Ho quasi finito.	Ich bin fast fertig.
Siamo appena arrivati.	Wir sind gerade angekommen.
Ho già letto il giornale.	Ich habe die Zeitung schon gelesen.
Abbiamo sempre vinto.	Wir haben immer gewonnen.
Lì ho sempre mangiato bene/ Lì ho mangiato sempre bene.	Dort habe ich immer gut gegessen.
Il problema non è ancora stato risolto/non è stato ancora risolto.	Das Problem ist noch nicht gelöst worden.
Sanno appena leggere.	Sie können kaum lesen.
Volete già andare a casa?	Wollt ihr schon nach Hause gehen?

4. ***Anche*** 'auch' steht vor dem Wort, das es hervorheben will:

Anch'io sono di Firenze./Sono di Firenze anch'io./Sono, anch'io, di Firenze.	Ich bin auch aus Florenz.
Anche voi siete invitati a nozze?/ Siete anche voi invitati a nozze?/ Siete invitati a nozze anche voi?	Seid ihr auch zur Hochzeit eingeladen?
Anch'io ho visto tua sorella./Ho visto, anch'io, tua sorella./Ho visto tua sorella anch'io.	Ich habe **auch** deine Schwester gesehen.
La signorina era occupata anch'essa in negozio, e così il figliolo. Il padre si vedeva che non contava nulla; il nonno invece brontolava sempre, ma nessuno gli badava, e Mara imparò presto anche lei a non farci caso. (Cassola)	Auch die junge Frau war im Geschäft beschäftigt und ebenso der Sohn. Was den Vater anging, so sah man, dass er nichts zählte; der Großvater dagegen brummte immer, aber keiner nahm Notiz von ihm, und auch Mara lernte bald, ihn nicht zu beachten.
Ho visto anche tua sorella.	Ich habe auch **deine Schwester** gesehen.
Ho anche visto tua sorella.	Ich habe deine Schwester auch **gesehen**.
Vorrei anche mangiare qualcosa.	Ich will auch etwas **essen**.
Mario sa parlare anche il russo.	Mario kann auch **Russisch** sprechen.
Mario sa anche parlare il russo.	Mario kann auch Russisch **sprechen**.

Nicht: **Sono anche di Firenze. *Sandro anche mangia un tramezzino.*

Anmerkung: Dt. 'auch nicht' wird durch *neanche/nemmeno/neppure* ausgedrückt: Ich gehe auch nicht dahin. – *Non ci vado neanch'io.*

5. Die Adverbien der **Menge** stehen in den einfachen Zeiten im Allgemeinen nach dem Verb, nach dem Infinitiv und in den zusammengesetzten Zeiten nach dem Partizip:

Mangi troppo.	Du isst zu viel.
Ho mangiato troppo.	Ich habe zu viel gegessen.
Ieri ho bevuto poco.	Gestern habe ich wenig getrunken.
Ho un po' bevuto.	Ich habe was getrunken.
Voglio studiare molto per migliorare il mio italiano.	Ich will viel lernen, um mein Italienisch zu verbessern.
Ne ho sentito parlare tanto.	Ich habe viel davon gehört.

Ho letto così tanto che ora mi fanno male gli occhi.	Ich habe so viel gelesen, dass mir jetzt die Augen wehtun.
Oggi ho fumato parecchio.	Heute habe ich ziemlich viel geraucht.
Hai mangiato abbastanza?	Hast du genug gegessen?

6. Adverbien, die sich auf den Inhalt des gesamten Satzes beziehen, stehen meist am Satzanfang:

Veramente non ho voglia di andare a teatro.	Eigentlich habe ich keine Lust, ins Theater zu gehen.
Ho perso l'equilibrio e naturalmente sono caduto per terra.	Ich habe das Gleichgewicht verloren und bin natürlich auf den Boden gefallen.
Fortunatamente la posta era ancora aperta.	Glücklicherweise war die Post noch geöffnet.
Purtroppo non ci posso andare.	Leider kann ich nicht hingehen.
Di solito mi alzo alle sei.	Gewöhnlich stehe ich um sechs Uhr auf.

Unterscheide: *Stranamente non ha risposto alla nostra lettera.* – Seltsamerweise hat er auf unseren Brief nicht geantwortet. – *Ha risposto stranamente alla nostra lettera.* – Er hat auf unseren Brief seltsam geantwortet.

(Zur Stellung der Pronominaladverbien *ne* und *ci* vgl. §§ 121, 122, zur Stellung von adverbialen Bestimmungen vgl. § 304)

Adverbial gebrauchte Adjektive 262

Bestimmte Adjektive können in adverbialer Funktion gebraucht werden. Einige richten sich dabei nach dem Subjekt oder Objekt, andere bleiben unverändert; eine kleine Zahl adverbial gebrauchter Adjektive kommt sowohl in veränderter als auch in unveränderter Form vor.

1. Veränderlich sind Adjektive, die sich dem Sinn nach auf das Subjekt oder Objekt beziehen:

Aspettavano impazienti l'arrivo del treno.	Sie warteten ungeduldig auf die Ankunft des Zuges.
Nostra figlia è arrivata a casa tutta sconvolta.	Unsere Tochter ist ganz verstört nach Hause gekommen.
La donna si allontanò furiosa.	Die Frau entfernte sich wütend.
Sono tornato a casa molto stanco.	Ich bin sehr müde nach Hause gekommen.
Stai buona!	Sei brav!

La guardano stupiti.	Sie schauen sie erstaunt an.
I ragazzi non stanno mai fermi.	Die Jungen geben nie Ruhe.
Mi ascoltavano silenziosi.	Sie hörten mir schweigsam zu.
Il libri costano cari.	Die Bücher sind teuer.
Me la pagherà cara.	Er/Sie wird es mir büßen.
Hai pagato cari questi pantaloni.	Für diese Hose hast du viel bezahlt.
Le trattative sono andate lisce.	Die Verhandlungen sind glatt gelaufen.
State zitti!	Seid ruhig.
State comodi!	Bleibt sitzen!
Aggiungete le cipolle tagliate sottili.	Geben Sie die Zwiebeln dünn geschnitten dazu.
I giapponesi mangiano crudo il pesce.	Die Japaner essen den Fisch roh.
Le ragazze camminano svelte.	Die Mädchen gehen schnell.
Andiamo diritti a casa.	Wir gehen geradewegs nach Hause.

Aber: *Signora, vada sempre diritto.* – Gehen Sie immer geradeaus! *Dovete rigar diritto.* – Ihr müsst spuren.

2. Unveränderlich sind:

Tenete duro!	Bleibt hart!
La ragazza lo guardava fisso.	Das Mädchen schaute ihn fest an.
Parlate piano!	Sprecht leise!
Parla più forte!	Sprich lauter!
Andate piano!	Geht langsam!
Votate socialista/verde!	Wählt sozialistisch/grün!
Abbiamo dormito sodo.	Wir haben fest geschlafen!
Abitiamo vicino/lontano.	Wir wohnen in der Nähe/weit weg.
Suo figlio andrà lontano.	Sein/Ihr Sohn wird es weit bringen.
Hanno cantato falso.	Sie haben falsch gesungen.
Mangiamo (mal)sano.	Wir ernähren uns (un)gesund.
Parli troppo difficile.	Du drückst dich zu kompliziert aus.
Cerca di parlare semplice.	Versuche dich einfach auszudrücken.
Mia moglie veste molto giovane.	Meine Frau kleidet sich sehr jugendlich.
Sei arrivata giusto.	Du bist gerade zur rechten Zeit gekommen.
Non avete agito giusto.	Ihr habt nicht recht gehandelt.
Ora (ci) vedo più chiaro.	Jetzt sehe ich klarer.

Selten: *La ragazza lo guardava fissamente.*

3. Verändert oder unverändert treten auf:

Gli uccelli volano alti/alto.	Die Vögel fliegen hoch.
Le rondini volano basse/basso.	Die Schwalben fliegen tief.
Corremmo difilati/difilato a scuola.	Wir liefen schnurstracks in die Schule.

Anmerkung: *Altamente* bedeutet 'sehr': *meravigliarsi altamente* sich sehr wundern.

Andere Wiedergabe deutscher Adverbien im Italienischen 263

Nicht immer muss einem deutschen Adverb ein italienisches Adverb entsprechen. Stattdessen werden häufig adverbiale Wendungen bzw. verbale Umschreibungen verwendet.

1. Adverbiale Wendungen, die aus Präposition + Substantiv/Adjektiv bestehen, können ein Adverb auf *-mente* ersetzen:

improvvisamente	*all'improvviso/d'improvviso*	plötzlich
perfettamente	*a/alla perfezione*	perfekt
sicuramente	*di sicuro*	sicherlich
personalmente	*di persona*	persönlich
tirannicamente	*da tiranno*	tyrannisch
maleducatamente	*da maleducato*	ungezogen
elegantemente	*con eleganza*	elegant
regolarmente	*con regolarità*	regelmäßig
cautamente	*con cautela*	vorsichtig
generalmente	*in generale/in genere*	im Allgemeinen
interamente	*per intero*	ganz
specialmente	*(in) specie*	besonders
casualmente	*per caso*	zufällig
telefonicamente	*per telefono*	telefonisch
indubbiamente	*senza dubbio*	zweifellos
mediamente	*in media*	durchschnittlich
continuamente	*in continuazione/ di continuo*	ständig
prevalentemente	*in prevalenza*	vorwiegend
sostanzialmente	*in sostanza*	im Grunde
effettivamente	*in effetti*	tatsächlich
frequentemente	*di frequente*	häufig
recentemente	*di recente*	vor kurzem/kürzlich
precisamente	*di preciso/con precisione*	genau
raramente	*di rado*	selten

2. Häufig werden Umschreibungen mit Hilfe von ***in modo/maniera, a passo*** etc. + Adjektiv gebraucht:

etw. ausführlich erklären	*spiegare qc in modo dettagliato*
sich seltsam anziehen	*vestirsi in maniera strana*
Die Bevölkerung wächst schnell.	*La popolazione cresce a ritmo accelerato.*
schnell gehen	*camminare a passo veloce*
jdn. flehentlich bitten	*pregare qd con voce supplichevole*
leise sprechen	*parlare a voce bassa/a bassa voce*
laut sprechen	*parlare a voce alta/ad alta voce*
geheimnisvoll sprechen	*parlare in tono misterioso*
ernst antworten	*rispondere in tono serio*
etw. überzeugend erklären	*spiegare qc in maniera convincente*
sich sportlich kleiden	*vestirsi in modo sportivo*
konzentriert arbeiten	*lavorare in modo concentrato*

3. In folgenden Fällen müssen deutsche Adverbien anders wiedergegeben werden:

auswendig lernen	*imparare a memoria*
schriftlich antworten	*rispondere per iscritto*
jdn. gründlich kennen	*conoscere qd a fondo*
herzlich lachen	*ridere di cuore*
kirchlich heiraten	*sposarsi in chiesa*
chinesisch kochen	*cucinare alla cinese*
ein Gesetz einstimmig annehmen	*adottare una legge all'unanimità*
sich elektrisch rasieren	*radersi col rasoio elettrico*
sich ärztlich untersuchen lassen	*sottoporsi a una visita medica*
blutig schlagen	*picchiare a sangue*
sich die Haare blond färben	*tingersi i capelli di biondo*
schwarz arbeiten	*lavorare in nero*
chemisch reinigen	*lavare a secco*
kühl und trocken lagern	*conservare in luogo fresco e asciutto*
wild zelten	*fare campeggio libero*
schlecht träumen	*fare brutti sogni*
kalt duschen	*fare la doccia fredda*
allergisch reagieren	*avere una reazione allergica*
rückwärts einparken	*parcheggiare in retromarcia*

Aber: standesamtlich heiraten *sposarsi civilmente/sposarsi in/al municipio*, mündlich beantworten *rispondere oralmente*

4. In folgenden Fällen werden deutsche Adverbien im Italienischen mit Hilfe eines verbalen Ausdrucks umschrieben:

Ich werde allmählich/langsam müde.	*Comincio ad aver sonno.*
Die Gäste werden bald kommen.	*Gli ospiti non tarderanno a venire (= verranno presto).*
Beinahe wäre ich gefallen.	*Mancò poco che cadessi. (= Quasi cadevo.)*
Schwimmst du gern?	*Ti piace nuotare?*
Während der Ferien standen wir gewöhnlich um 9 Uhr auf.	*Durante le vacanze solevamo/ eravamo soliti alzarci (= ci alzavamo di solito) alle nove.*
Hoffentlich sehen wir dich bald wieder.	*Speriamo di rivederti presto.*
Hoffentlich kommt der Zug pünktlich.	*Speriamo che il treno arrivi/arriverà in orario.*
Es regnet immer noch.	*Continua a piovere (= Piove ancora).*
Wir spielen gerade.	*Stiamo giocando.*
Ich fahre lieber mit dem Auto.	*Preferisco andare in macchina.*
Er arbeitet nur.	*Non fa che lavorare.*
Mama gab schließlich nach.	*La mamma finì col/per cedere. (= Alla fine la mamma cedette).*
Es schneit wieder.	*Torna a nevicare.*
Sie ist ungewollt schwanger geworden.	*È rimasta incinta senza volerlo.*
Das ist leicht gesagt.	*Si fa presto a dirlo.*
Ich dachte, das Mädchen würde gleich ohnmächtig werden.	*Pensai che la ragazza stesse per svenire.*
Ich gehe gleich ins Theater.	*Sto per andare a teatro.*
Ich musste einfach lachen.	*Non potei fare a meno di ridere.*
Ich kann es kaum glauben.	*Stento a crederlo.*

Anmerkung 1: Ist das Adverb 'gerade' mit einem Perfekt, Plusquamperfekt oder Futur II verbunden, wird es durch *appena* wiedergegeben: Wir waren gerade angekommen. – *Eravamo appena arrivati.* Er wird gerade abgefahren sein. – *Sarà appena partito.*

Anmerkung 2: Die Verbindungen 'gern essen/trinken' + direktes Objekt werden im Italienischen entweder mit Hilfe des Verbs *piacere* oder durch *mangiare/bere volentieri* ausgedrückt. Ich esse gerne Eis. – *Mi piace il gelato./Mangio volentieri (il) gelato.* Ich trinke gerne Wein. – *Mi piace il vino./Bevo volentieri (il) vino.*

Merke: Ich esse gern gut. – *Mi piace mangiar bene./Amo la buona tavola.*

264 Die Wiedergabe ausgewählter deutscher Adverbien im Italienischen

Es waren **fast** alle da. Ich bin fast überall gewesen. Friaul bietet fast alles.	*C'erano quasi tutti.* *Sono stato un po' dappertutto.* *Il Friuli offre un po' di tutto.*
Sie sind **schon** angekommen. Schon als Kind zeigt er eine außergewöhnliche Intelligenz. Schon beim ersten Hinschauen merken wir, dass ... Wann könnten Sie anfangen? – Schon nächste Woche. Wie schon der Name sagt, ... Meine Kollegen arbeiten schon länger hier.	*Sono già arrivati.* *Fin da bambino, dimostra un'intelligenza eccezionale.* *Fin dal primo sguardo ci rendiamo conto che ...* *Quando potrebbe incominciare? – Anche la prossima settimana.* *Come il nome stesso dice, ...* *I miei colleghi lavorano qui da più tempo.*
Die Etrusker gelten **noch** heute als ein geheimnisvolles Volk. Wer denkt noch daran? Den Brief schicke ich noch heute ab. Ich danke dir nochmals für den wunderschönen Abend.	*Gli Etruschi, ancora oggi sono considerati un popolo misterioso.* *Chi ci pensa più?* *La lettera la spedisco oggi stesso.* *Ti ringrazio ancora per la bellissima serata.*
Die Legislative wird von dem Parlament ausgeübt, das aus der Abgeordnetenkammer und dem Senat der Republik besteht, die ihren Sitz im Montecitorio **beziehungsweise** im Palazzo Madama haben.	*Il potere legislativo è esercitato dal Parlamento che è costituito dalla Camera dei Deputati e dal Senato della Repubblica, che hanno sede rispettivamente a Montecitorio e a Palazzo Madama.*
Ich will nicht **länger** warten.	*Non voglio aspettare più a lungo/ aspettare oltre.*
Nimm es ruhig, ich brauche es **sowieso** nicht.	*Prendilo pure, tanto non mi serve.*
Ich möchte **möglichst** viel arbeiten. Man muss möglichst schnell laufen. Es geht darum, eine möglichst gerechte Lösung zu finden. Ich bitte Sie, mir Ihren Katalog möglichst bald zuzuschicken.	*Vorrei lavorare il più possibile.* *Bisogna correre il più rapidamente possibile.* *Si tratta di trovare una soluzione la più giusta possibile.* *Vi pregherei di spedirmi il Vostro catalogo al più presto/il più presto possibile.*

Anmerkung Dt. 'allein' wird durch *(da) solo* = ohne Gesellschaft anderer bzw. durch *da solo* = ohne Hilfe wiedergegeben: Ich bin gern allein. – *Mi piace stare (da) solo/-a.* Ich gehe nicht gern allein aus. – *Non mi piace uscire (da) sola.* Das Kind kann schon allein essen. – *Il bambino mangia già da solo.*

Die Wiedergabe deutscher Abtönungspartikeln im Italienischen 265

Was sagst du **da**?	*Che cosa vai dicendo?*
Er ist **doch** nicht so intelligent, wie ich dachte.	*Non è poi così intelligente come pensavo.*
Ich bin doch nicht blöd!	*Non sono mica scemo!/Fossi scemo!*
Es hat keinen Zweck, dass ich ihm gute Ratschläge erteile, er befolgt sie ja doch nicht.	*È inutile che io gli dia dei buoni consigli, tanto non li mette in pratica.*
Deine Ausrede ist doch lächerlich!	*La tua scusa è davvero ridicola.*
Beeil dich doch!	*Dai, sbrigati!*
Wenn doch schon Weihnachten wäre!	*Se solo fosse già Natale!*
Bist du **etwa** eifersüchtig?	*Che per caso sei geloso?*
Das geschieht ihm **ganz** recht.	*Se lo merita proprio.*
Das fängt **ja** gut an.	*Cominciamo bene.*
Schau **mal**!	*Guarda un po'.*
Womit habe ich das **nur** verdient?	*Che cosa ho fatto per meritarmi questo?*
Er wird **schon** aufstehen.	*Si alzerà bene.*
Was macht das schon?	*Che importa?*
Wenn er schon sterben muss, ...	*Se proprio deve morire, ...*
Hätten Sie **vielleicht** ein Streichholz?	*Ha mica un fiammifero?*
Du bist mir vielleicht ein Freund!	*Sei un bell'amico.*

Kapitel 22 Verneinung und Einschränkung (Negazione e restrizione)

Im Gegensatz zum Deutschen wird im Italienischen zwischen der einfachen und der mehrteiligen Verneinung unterschieden. Darüber hinaus gibt es eine Reihe von Ausdrücken, mit denen man die Bedeutung einzelner Satzteile einschränken kann.

266 Die einfache Verneinung

Die Verneinung wird durch ***non*** ausgedrückt, das vor dem Verb und vor einem eventuellen Objektpronomen steht. Außerdem kann ***non*** vor einem Gerundium und einem Partizip ohne Hilfsverb erscheinen, sowie vor dem Wort, das es verneint:

Oggi non lavoriamo.	Heute arbeiten wir nicht.
Non li ho visti.	Ich habe sie nicht gesehen.
Non avendo studiato abbastanza, mi sentivo piuttosto insicuro.	Da ich nicht genug gelernt hatte, fühlte ich mich ziemlich unsicher.
Questa è un'opinione non condivisa da tutti.	Das ist eine nicht von allen geteilte Meinung.
Non tutti sono d'accordo.	Nicht alle sind einverstanden.
Lo dirò a lui, non a lei.	Ich werde es ihm, nicht ihr sagen.
Ci vogliono fatti, non parole.	Es sind Taten notwendig, keine Worte.
L'alcolismo è una vera e propria malattia e non un vizio.	Alkoholismus ist eine richtige Krankheit und kein Laster.
un invito non rifiutabile	eine Einladung, die man nicht ausschlagen kann
il punto di non ritorno	der Punkt, von dem es kein Zurück mehr gibt
il non fumatore	der Nichtraucher
la non proliferazione di armi nucleari	die Nichtweiterverbreitung von Atomwaffen

Anmerkung 1: Die Verbindung *non* + Partizip dient auch zur Wiedergabe eines mit dem Präfix *un-* versehenen Partizips: ein ungelöstes Problem *un problema non risolto*, eine ungewollte Schwangerschaft *una gravidanza non voluta*, ein ungeschriebenes Gesetz *una legge non scritta*, eine unerwiderte Liebe *un amore non corrisposto* (vgl. auch § 64.2 Anm. 6).

Anmerkung 2: In manchen Fällen wird das Präfix 'nicht' durch *mancato* ausgedrückt: die Nichtzahlung *il mancato pagamento*,

Die Wiedergabe von 'kein' 267

1. Dt. 'kein' wird, außer wenn es beim Subjekt steht, gewöhnlich nur durch ***non*** vor dem Verb wiedergegeben. Null-Artikel, bestimmter Artikel und unbestimmter Artikel im Singular bleiben unberührt; Teilungsartikel und unbestimmter Artikel im Plural entfallen (vgl. § 44.1 Anm.):

Sono insegnante.	Ich bin Lehrer.
Non sono insegnante.	Ich bin kein Lehrer.
È italiano.	Er ist Italiener.
Non è italiano.	Er ist kein Italiener.
Hai tempo? – No, non ho tempo.	Hast du Zeit? – Nein, ich habe keine Zeit.
Hai soldi? – No, non ho soldi.	Hast du Geld? – Nein, ich habe kein Geld.
Avete figli? – No, non abbiamo figli.	Habt ihr Kinder? – Nein, wir haben keine Kinder.
Hai la febbre? – No, non ho la febbre.	Hast du Fieber? – Nein, ich habe kein Fieber.
Abbiamo già il telefono.	Wir haben schon Telefon.
Non abbiamo ancora il telefono.	Wir haben noch kein Telefon.
Ho imparato il francese.	Ich habe Französisch gelernt.
Non ho imparato il francese.	Ich habe kein Französisch gelernt.
Parlo (il) tedesco.	Ich spreche Deutsch.
Non parlo (il) tedesco.	Ich spreche kein Deutsch.
Lisa ha comprato un vestito? – No, non ha comprato un vestito (, ma una gonna).	Hat sich Lisa ein Kleid gekauft? – Nein, sie hat sich kein Kleid gekauft (sondern einen Rock).

Aber: *Non abbiamo dei programmi precisi.* – Wir haben keine festen Pläne. *Non ho potuto fare delle foto.* – Ich habe keine Fotos machen können. *Non abbiamo delle olive?* – Haben wir keine Oliven? (vgl. § 44.1 Anm.)

2. Anders wird 'kein' in folgenden Fällen wiedergegeben:

Kein Mensch ist unsterblich.	*Nessun uomo è immortale.*
Es ist kein Schüler da.	*Non c'è nessun alunno.*
Es gibt keinen Schüler, der das weiß/wüsste.	*Non c'è alunno/nessun alunno/alcun alunno/alunno alcuno che lo sappia.*
Es vergeht kein Tag, an dem er sich nicht beschwert.	*Non passa giorno/nessun giorno/ alcun giorno/giorno alcuno che non si lamenti.*
Es besteht keine Eile.	*Non c'è nessuna fretta.* [betont]

Hast du Geschwister? – Nein, ich habe keine Geschwister.	*Hai fratelli e sorelle? – Non ho né fratelli né sorelle.*
Wie viele Fehler hast du gemacht? – Ich habe keinen Fehler gemacht.	*Quanti errori hai fatto? – Non ho fatto nessun errore.*
Haben sie auf deine Briefe geantwortet? – Nein, sie haben auf keinen Brief (von mir) geantwortet.	*Hanno risposto alle tue lettere? – No, non hanno risposto a nessuna (mia) lettera.*
Keine Post!	*Niente posta!/Niente lettere!*
Keine Angst!	*Niente paura!*

268 Die mehrteilige Verneinung

Zu ***non*** können Adverbien/adverbiale Ausdrücke, Pronomen oder Kombinationen von Adverbien und Pronomen hinzutreten.

1. ***non*** + Adverbien/adverbiale Ausdrücke:

non ... ancora	noch nicht/immer noch nicht
non ... più	nicht mehr
non ... mai (e poi mai)	nie (und nimmer)
non ... mica [fam.]	ja nicht/doch nicht/gar nicht
non ... affatto	durchaus nicht/ganz und gar nicht
non ... neanche/nemmeno/ neppure	nicht einmal/auch nicht
non ... né ... né	weder ... noch
non ... da nessuna parte/ non ... in nessun luogo	nirgends/nirgendwo(hin)

Non piove ancora.	Es regnet noch nicht.
Non ci vado più.	Ich gehe nicht mehr dorthin.
Non tradirei mai un amico.	Ich würde nie einen Freund verraten.
Non sono mica scemo!	Ich bin doch nicht blöd!
Non è affatto brutta.	Sie ist ganz und gar nicht hässlich.
Non ci rispondono neanche.	Sie antworten uns nicht einmal.
Lui non sa né leggere né scrivere.	Er kann weder lesen noch schreiben.
Non li trovo da nessuna parte/ in nessun luogo.	Ich finde sie nirgends.
Il gatto mi preoccupa: né gioca, né mangia, né si lava.	Die Katze macht mir Sorgen: weder spielt sie, noch frisst sie, noch putzt sie sich.

Anmerkung 1: Das Adverb *mai* wird in der Bedeutung von 'jemals' in folgenden Fällen gebraucht: 1. in Fragen: *Sei mai stato in Italia?* – Bist du jemals/schon einmal in Italien gewesen? *Chi l'avrebbe mai detto?* – Wer hätte das jemals gesagt? 2. nach hypothetischem *se*: *Se mai capiti a Roma, vieni a trovarci.* – Wenn du jemals nach Rom kommst, besuch uns. 3. Nach *perché* und *quando* verleiht es der Frage einen polemischen Ton: *Perché mai dovrei crederti?* – Warum sollte ich dir denn glauben?

Anmerkung 2: Erscheint *mica* im Fragesatz, so hat es die Bedeutung 'zufällig': *Non hai mica visto Angelo?* – Du hast du nicht zufällig Angelo gesehen?

Anmerkung 3: In Antworten hat *affatto* die Bedeutung 'überhaupt nicht': *Hai freddo? – Affatto.* Ist dir kalt? – Überhaupt nicht. Als korrekter gilt aber: *nient'affatto* oder *per niente.*

2. ***non*** + Pronomen:

non ... niente/nulla	nichts
non ... nessuno/alcuno	niemand/[adj.] kein einziger/ gar keiner
non … niente a nessuno	niemand(em) etwas

Non farei niente/nulla.	Ich würde nichts machen.
Non conoscerà nessuno/alcuno.	Er wird niemand(en) kennen.
Non c'è nessun/alcun dubbio.	Es gibt (gar) keinen Zweifel.
Non dire niente a nessuno!	Sag niemand etwas!
Non devi rendere conto di niente a nessuno.	Du bist niemand(em) Rechenschaft schuldig.

Anmerkung: Umgangssprachlich ist: *Fa niente* – Macht nichts.

3. ***non*** + Kombination von Adverb + Pronomen/Adverb:

non ... mai più	nie mehr
non ... mai niente/nulla	nie etwas
non ... mai nessuno	nie jemand/[adj.] nie irgendein
non ... mica niente	ja/doch nichts
non ... mica nessuno	ja/doch niemand/[adj.] ja/doch gar kein
non ... più niente/nulla	nichts mehr
non ... più nessuno	niemand mehr/[adj.] gar kein ... mehr
non ... ancora niente/nulla	noch nichts
non ... ancora nessuno	noch niemand/[adj.] noch gar kein
non ... per niente/nulla	überhaupt nicht
non ... neanche più	nicht einmal mehr/auch nicht mehr

Non l'inviterò mai più.	Ich werde ihn nie mehr einladen.
Non fa mai niente di buono.	Er macht nie etwas Gutes.
Non ci credo per niente.	Ich glaube das überhaupt nicht.
Non aiuti mai nessuno.	Du hilfst nie jemand(em).
Non faremo più niente.	Wir werden nichts mehr machen.
Non c'è ancora nessun cliente.	Es ist noch gar kein Kunde da.
Non è ancora venuto nessuno.	Es ist noch niemand gekommen.
Il colore non mi piace per niente.	Die Farbe gefällt mir überhaupt nicht.
Non mi saluta neanche più.	Er grüßt mich nicht einmal mehr/auch nicht mehr.

269 Die Stellung der mehrteiligen Negationsausdrücke

1. In den zusammengesetzten Zeiten stehen die Negationsadverbien in der Regel vor dem Partizip Perfekt. Bei Betonung der Negationsadverbien ist auch Endstellung möglich, aber nicht bei nominalem Objekt:

Non ci sono mai andato./Non ci sono andato mai.	Ich bin niemals dorthin gegangen.
Non ci sono ancora riuscito/ riuscito ancora.	Es ist mir noch nicht gelungen.
Non ho più visto Roberto.	Ich habe Roberto nicht mehr gesehen.
Non si è più fatto vivo./Non si è fatto più vivo.	Er hat nichts mehr von sich hören lassen.

2. Die Negationspronomen stehen in den zusammengesetzten Zeiten immer nach dem Partizip Perfekt:

Non ho visto niente.	Ich habe nichts gesehen.
Non è venuto nessuno.	Es ist niemand gekommen.

3. Bei den Kombinationen von Adverb + Pronomen/Adverb wird gemäß den beiden vorausgehenden Regeln verfahren:

Non l'ho mai più invitato./ Non l'ho invitato mai più.	Ich habe ihn nie mehr eingeladen.
Non ha mai fatto niente di buono./ Non ha fatto mai niente di buono.	Er hat nie etwas Gutes getan.
Non mi ha neanche più salutato./ Non mi ha salutato neanche più.	Er hat mich nicht einmal mehr gegrüßt.

4. Am Satzanfang können stehen: *mai, mica, neanche/nemmeno/neppure, niente/nulla, nessuno.* In diesem Fall entfällt *non*:

Niente è successo.	Nichts ist passiert.
Mai gliel'avrei detto.	Niemals hätte ich es ihm gesagt.
Mica sono pazzo.	Ich bin doch nicht verrückt.
Nessuno ha pagato.	Niemand hat bezahlt.
Niente è stato fatto.	Nichts ist gemacht worden.
Nessuno può più fidarsi di te.	Keiner kann dir mehr trauen.
Nemmeno io lo farei.	Nicht einmal ich würde es machen.

Der pleonastische Gebrauch von *non* 270

In folgenden Fällen kann ***non*** stehen, ohne dass es verneinende Wirkung hat:

Aspetta finché io (non) sia tornata.	Warte, bis ich zurück bin.
Questo prodotto si vende più in Italia che (non) in Francia.	Dieses Produkt wird mehr in Italien als in Frankreich verkauft.
Gradiscono la mia firma molto più su un assegno che (non) in fondo a una lettera.	Sie mögen meine Unterschrift viel lieber auf einem Scheck als unter einem Brief.
Si dimentica più in fretta che (non) si impari.	Man vergisst schneller, als man lernt.
(Non) appena saprò qualcosa, ti scriverò.	Sobald ich etwas weiß, werde ich dir schreiben.
Non posso impedire che (non) lo faccia.	Ich kann nicht verhindern, dass er es tut.

Merke: *Ci mancò poco che (non) cadesse.* – Es fehlte wenig, und er wäre hingefallen; *in men che non si dica* im Nu/im Handumdrehen *a meno che (non)* + Konjunktiv - es sei denn, dass ...

Der Gebrauch von *no* 271

No wird gebraucht

1. in der Bedeutung 'nein':

Hai paura? – No, non ho paura.	Hast du Angst? – Nein, ich habe keine Angst.
Sei d'accordo, sì o no?	Bist du damit einverstanden, ja oder nein?
Suo padre non può dire di no.	Sein Vater kann nicht nein sagen.

Merke: *un giorno sì e un giorno no* jeden zweiten Tag, *Oggi è stata una giornata no.* – Der Tag heute war daneben.

2. in der Bedeutung 'nicht' in folgenden Fällen:

Luigi va al cinema, io no.	Luigi geht ins Kino, ich nicht.
Ci aiuti o no?	Hilfst du uns oder nicht?
Perché no?	Warum nicht?
Devo o no pagarlo?/pagarlo o no?	Muss ich es zahlen oder nicht?
Vuoi questa mela? Se no la mangio io.	Willst du diesen Apfel? Wenn nicht, esse ich ihn.
Sono già arrivati? – Ancora no./Non ancora.	Sind sie schon gekommen? – Noch nicht.
Ce la farai? – Credo di no.	Wirst du es schaffen? – Ich glaube nicht.
Sarai bocciato? – Spero di no.	Wirst du durchfallen? – Ich hoffe nicht.

Merke: *Vai al cinema? – No. – Neanch'io/nemmeno io/neppure io.* – Gehst du ins Kino? – Nein. – Ich auch nicht.

272 Die Einschränkung

1. Zur Einschränkung des Subjekts und Objekts werden ***solo/soltanto/solamente*** oder ***non ... che*** gebraucht, wobei zu bemerken ist, dass zwischen *non ... che* nur ein Verb stehen kann, kein Nomen und kein Pronomen:

Solo Mario lo sa.	Nur Mario weiß es.
Lui solo/Solo lui lo sa.	Nur er weiß es.
Non ho che un euro.	Ich habe nur einen Euro.
Il ragazzo non aveva più che una gamba.	Der Junge hatte nur noch ein Bein.
Ho bevuto soltanto/solamente birra.	Ich habe nur Bier getrunken.
Non è che una leggera malattia.	Es ist nur eine leichte Krankheit.

Auch: *Mario è il solo/l'unico a saperlo.*

Anmerkung: Die Adverbien *solamente* und *soltanto* können auch auf das Objekt folgen: *Ho bevuto birra soltanto/solamente.*

2. Vor einem Objektsatz, Infinitiv, Adjektiv oder einem Nomen ohne Artikel wird 'nur' durch *solo, soltanto* oder *solamente* wiedergegeben:

Dico solo che ...	Ich sage nur, dass ...
Vogliamo soltanto giocare.	Wir wollen nur spielen.
Sono solamente stanco.	Ich bin nur müde.
Ho solo paura.	Ich habe nur Angst.

Anmerkung: In einigen Fällen wird 'nur' durch *non ... che* wiedergegeben. Diese Form der Verneinung ist stärker als diejenige durch *solo, soltanto* oder *solamente*: *Dalle sue parole non si può che concludere che vuole dimettersi.* – Aus seinen Worten kann man nur den Schluss ziehen, dass er zurücktreten will. *L'imputato non può che essere prosciolto.* – Der Angeklagte kann nur freigesprochen werden. *Io non posso che essere contento.* – Ich kann nur zufrieden sein. *Non potevo che ubbidire.* – Ich konnte nur gehorchen.

3. Bezieht sich 'nur' auf ein finites Verb, so wird es durch ***non fare** (**altro/ nient'altro**) **che*** + Infinitiv ausgedrückt:

Giovanni non fa che dormire.	Giovanni schläft nur.
Tu non fai altro che lamentarti.	Du beklagst dich nur.

Anmerkung: *Giovanni dorme solo* bedeutet je nach Betonung: 1. Giovanni schläft allein (= *Giovanni dorme da solo*) 2. Giovanni schläft nur (= *Giovanni solo dorme*).

4. Bezieht sich 'nur' auf einen ganzen Satz, so verwendet man ***ma*** oder ***però***:

Glielo puoi offrire, ma io non so se accetterà.	Du kannst es ihm anbieten, nur weiß ich nicht, ob er annehmen wird.

5. Wendungen:

Basta che tu glielo dica./Devi solo dirglielo./Non hai che da dirglielo.	Du brauchst es ihm nur zu sagen.
Entri pure!	Kommen Sie nur herein!
[Il settentrionale] si assoggetta a qualunque sacrificio pur di assicurare vantaggi materiali a se stesso e alla propria famiglia. (L. Barzini)	Der Norditaliener nimmt jegliches Opfer auf sich, nur um sich selbst und seiner Familie materielle Vorteile zu sichern.

Questa camicia l'ho avuta a soli 20 euro.	Dieses Hemd habe ich für nur 20 Euro bekommen.
In soli cinque anni è riuscito a saldare tutti i debiti.	In nur fünf Jahren ist es ihm gelungen, alle Schulden zu begleichen.
A soli diciotto anni, Gioacchino Rossini inizia la sua grande carriera musicale con l'opera 'La Cambiale di Matrimonio'.	Mit erst achtzehn Jahren beginnt Gioacchino Rossini seine große musikalische Karriere mit der Oper 'Der Heiratswechsel'.
Nella sola Milano ...	Allein in Mailand ...
Nella sola giornata di ieri ...	Allein am gestrigen Tag ...
Almeno piovesse./Ah se piovesse!	Wenn es nur regnete!
Niente paura!	Nur keine Angst!
tanto per fare un esempio	nur um ein Beispiel zu geben
Come si fa ad essere così stupidi?	Wie kann man nur so dumm sein?
Non mi restano che/Mi rimangono solo due frasi da tradurre.	Ich habe nur noch zwei Sätze zu übersetzen.
... senza neanche guardarmi	... ohne mich auch nur anzusehen
Tutti scommettevano su di lei. E non solo da ieri.	Alle setzten auf sie. Und nicht erst seit gestern.
... foss'anche per prendere un caffè.	... wäre es auch nur, um einen Kaffee zu trinken.
Molti musicisti furono conosciuti e apprezzati solo dopo la morte.	Viele Musiker wurden erst nach ihrem Tod bekannt und geschätzt.
L'ho saputo solo ieri.	Ich habe es erst gestern erfahren.

Kapitel 23 Die Konjunktionen (Le congiunzioni)

Mit Hilfe von Konjunktionen werden Sätze oder Satzglieder miteinander verbunden. Man unterscheidet beiordnende Konjunktionen (congiunzioni coordinanti), die gleichrangige Sätze oder Satzglieder verbinden, und unterordnende Konjunktionen (congiunzioni subordinanti), die Nebensätze einleiten.

Beiordnende Konjunktionen

Aneinanderreihende Konjunktionen (congiunzioni copulative) 273

e (ed)	und
nonché	sowie/und auch
né	und nicht/auch nicht
oltre che/oltreché	nicht nur ... sondern auch

Mario e Giovanni giocano.	Mario und Giovanni spielen.
Io tacevo ed egli parlava.	Ich schwieg, und er sprach.
Saranno presenti il cancelliere, nonché il ministro degli esteri.	Es werden der Kanzler sowie der Außenminister anwesend sein.
Abbiamo invitato lei, nonché il suo ragazzo.	Wir haben sie sowie ihren Freund eingeladen.
Noi non abbiamo mangiato né bevuto.	Wir haben nicht gegessen und nicht getrunken.
Non ho visto lui né sua moglie.	Ich habe ihn und seine Frau nicht gesehen.
Non posso né voglio/e non voglio rinunciare ai miei diritti.	Ich kann und will nicht auf meine Rechte verzichten.
Bisogna trovare i rimedi per prevenire il male, oltreché reprimerlo.	Man muss Mittel finden, nicht nur um das Übel zu unterdrücken, sondern um ihm vorzubeugen.
Le autorità si trovano di fronte a minacce, a ricatti, oltre che alla legge dell'omertà.	Die Behörden sehen sich nicht nur dem Gesetz des Schweigens sondern auch Drohungen und Erpressungen gegenüber.
Quasimodo, oltre che poeta, è stato anche traduttore.	Quasimodo war nicht nur Dichter sondern auch Übersetzer.

Anmerkung 1: Man beachte die Kongruenz der Verbform bei zwei durch die Konjunktion *e(d)* verbundenen Subjekten: *Io e Mario ci andremo.* – Ich und Mario werden dorthin gehen.

Anmerkung 2: Vor einem Komparativ entspricht *e* 'und zwar': *Molte cose sono cambiate, e in meglio.* – Viele Dinge haben sich verändert, und zwar zum Besseren.

Anmerkung 3: Bei der Wiedergabe von dt. 'je ... desto' geht dem zweiten Komparativ oft die Konjunktion *e* voraus: *A meno persone si dice, e meglio è.* – Je weniger Leuten man es sagt, desto/umso besser ist es. *Più lo conosco e più penso che ...* – Je mehr ich ihn kenne, desto mehr denke ich, dass ...

Anmerkung 4: Dt. 'Geh(t)/Komm(t) und + Imperativ wird durch *Va'/Vai/Andate a* + Infinitiv ausgedrückt: Geh und hilf deiner Mutter! – *Va'/Vai a dare una mano a tua madre.* Kommt und helft uns! – *Venite a darci una mano.*

Anmerkung 5: Der Ausdruck *e cioè* dient der Erläuterung: *Io ho un grande desiderio, e cioè quello di andare a vedere giocare il Bayern.* – Ich habe einen großen Wunsch, und zwar den, Bayern spielen zu sehen; *consumare un pasto completo, e cioè: antipasto, primo, secondo, e contorno, e dessert,* ein vollständiges Menü zu sich nehmen, d.h. Vorspeise, ersten und zweiten Gang, Beilage und Nachtisch.

Anmerkung 6: Ein Ausdruck wie 'ohne Sieger und Besiegte' wird durch *senza vincitori né vinti* wiedergegeben.

Merke: innerhalb ein und desselben Staates *entro uno stesso stato; Dov'è Maria? – È in giardino ad annaffiare/che annaffia i fiori.* Wo ist Maria? – Sie ist im Garten und gießt die Blumen.

Zu *tutt'e due* vgl. § 90.4

274 **Ausschließende Konjunktionen** (congiunzioni disgiuntive)

o (od)	oder
ovvero/oppure	oder [stärker]
ossia	oder auch/das heißt

Vieni o resti a casa?	Kommst du oder bleibst du zu Hause?
Sono arrivato settimo od ottavo.	Ich bin als Siebter oder Achter angekommen.
Riccardo o Paolo ti aiuterà.	Riccardo oder Paolo wird dir helfen.
Non ha più tempo per gli amici: o studia o va in palestra o esce con la ragazza.	Er hat für seine Freunde keine Zeit mehr: entweder lernt er oder er geht ins Fitnessstudio oder er geht mit seiner Freundin aus.
Parli sul serio, ovvero scherzi?	Meinst du es ernst oder scherzt du?
Il Presidente della Repubblica, ossia il Capo dello Stato, ...	Der Präsident der Republik, das heißt das Staatsoberhaupt, ...
Mio figlio è vegetariano, ossia non mangia carne.	Mein Sohn ist Vegetarier, das heißt er isst kein Fleisch.

Entgegensetzende Konjunktionen (congiunzioni avversative) 275

ma/però	aber/jedoch
bensì	sondern
tuttavia/pure	trotzdem/dennoch
invece	dagegen/hingegen/jedoch
nondimeno	nichtsdestoweniger/trotzdem
eppure	und doch/aber doch
anzi	vielmehr/im Gegenteil

Siamo stanchi, ma verremo lo stesso.	Wir sind müde, aber wir werden trotzdem kommen.
Eppure si muove.	Und sie bewegt sich doch.
Ti avevo avvertito, eppure ci sei andato.	Ich hatte dich gewarnt, und doch bist du hingegangen.
Il sardo non è un dialetto, come molti pensano, bensì una lingua: la più arcaica e conservativa delle lingue romanze. (Salvi)	Das Sardische ist kein Dialekt, wie viele meinen, sondern eine Sprache: die archaischste und konservativste der romanischen Sprachen.
È tardi, tuttavia mi fermo ancora un po'.	Es ist spät, trotzdem bleibe ich noch ein wenig.
Questa giacca è caruccia, però la prendo.	Diese Jacke ist etwas teuer, aber ich nehme sie.
Non è stata una bella partita, anzi piuttosto noiosa.	Es war kein schönes Spiel, im Gegenteil, es war ziemlich langweilig.

Anmerkung 1: Im Unterschied zu *ma* braucht *però* nicht am Satzanfang zu stehen.

Anmerkung 2: In der Umgangssprache werden *ma* und *però* oft zusammen gebraucht.

Anmerkung 3: Die Konjunktion *ma* dient auch zur Wiedergabe von dt. 'sondern'. *Non vado al cinema ma a teatro.* – Ich gehe nicht ins Kino, sondern ins Theater.

Anmerkung 4: Dt 'zwar ..., aber ...' wird im It. durch *È vero che ..., ma ...* oder durch *sì, ma ...* ausgedrückt: Ich habe zwar wenig Zeit, aber ich werde dir trotzdem helfen. – *È vero che ho poco tempo/Ho poco tempo sì, ma ti aiuterò lo stesso.*

Anmerkung 5: In einem Satz wie *Vorrei una birra, ma fredda, mi raccomando!* – Ich möchte ein Bier, aber kalt bitte! verwendet man nur *ma.*

Folgernde Konjunktionen (congiunzioni conclusive) 276

allora/dunque/quindi/ di conseguenza	also/folglich
perciò/pertanto/così	daher/deshalb

Penso, dunque sono.	Ich denke, also existiere ich.
Abbiamo finito tutto, quindi possiamo andare.	Wir sind mit allem fertig, folglich können wir gehen.
Mi sono ferito al ginocchio, perciò non mi posso allenare questa settimana.	Ich habe mich am Knie verletzt, daher kann ich diese Woche nicht trainieren.

277 Erläuternde Konjunktionen (congiunzioni dichiarative)

cioè	das heißt
infatti	tatsächlich/nämlich/denn
ossia	oder/besser gesagt/ beziehungsweise

Gli ho raccontato tutto, ossia quasi tutto.	Ich habe ihm alles erzählt, besser gesagt, fast alles.
Verrò a trovarti dopodomani, cioè sabato.	Ich werde dich übermorgen besuchen, das heißt am Samstag.
Mio figlio è stato bocciato, infatti non aveva studiato.	Mein Sohn ist durchgefallen, er hatte nämlich nicht gelernt.

278 Korrelative Konjunktionen (congiunzioni correlative)

e ... e	sowohl ... als auch
né ... né	weder ... noch
o ... o	entweder ... oder
sia ... sia/che	sowohl ... als auch/ob … oder
tanto … quanto	sowohl … als auch
non solo ... ma anche	nicht nur ... sondern auch
ora ... ora	bald ... bald
come ... così	wie ... so

Non mangio né carne né uova.	Ich esse weder Fleisch noch Eier.
[Mia nonna] è morta a più di ottant'anni senza aver mai avuto bisogno né di un medico, né di un dentista. (Ginzburg)	Meine Großmutter ist mit über 80 Jahren gestorben, ohne je einen Arzt oder einen Zahnarzt gebraucht zu haben.
O mi dici la verità o tra noi è finita.	Entweder sagst du mir die Wahrheit oder zwischen uns ist es aus.
Angela non è solo bella, ma anche molto intelligente.	Angela ist nicht nur schön, sondern auch sehr intelligent.

Angela è una ragazza e bella e molto intelligente.	Angela ist sowohl ein schönes, als auch ein sehr intelligentes Mädchen.
Questa giacca la puoi portare sia con i jeans che con i pantaloni eleganti.	Diese Jacke kannst du sowohl zu Jeans als auch zu einer eleganten Hose tragen.
Abbiamo invitato sia i nostri parenti sia i nostri vicini.	Wir haben sowohl unsere Verwandten als auch unsere Nachbarn eingeladen.
Conosco perfettamente le lingue inglese e francese sia parlate che scritte.	Ich beherrsche Englisch und Französisch in Wort und Schrift.
Molti hanno scritto di Cesare in negativo o in positivo mostrandolo ora come un vero genio e un uomo giusto, ora come un ambizioso con grande sete di potere.	Viele haben über Cäsar negativ oder positiv geschrieben, indem sie ihn bald als wahres Genie und gerechten Mann, bald als ehrgeizigen Menschen mit großem Machthunger zeigten.

Merke: Lernst du Italienisch aus Leidenschaft oder wegen der Arbeit? – Sowohl als auch. – *Studi l'italiano per passione o per motivi di lavoro? – Per l'uno e per l'altro.* Entweder oder! – *Scegli!/O l'uno o l'altro.*

Unterordnende Konjunktionen

Temporale Konjunktionen (congiunzioni temporali) 279

quando	als/(jedesmal) wenn
quand'ecco che	als auf einmal/als plötzlich
allorché [lit.]	als
ogni volta che	jedesmal wenn
da quando/[lit.] *dacché*	seitdem
dal momento che	seit dem Augenblick, als
nel momento in cui	in dem Augenblick, als
fino a quando	solange
(non) appena (che)	sobald
come	(so)wie/als/sobald/kaum ..., als
prima che + Konjunktiv	bevor/ehe
dopo che	nachdem
mentre/intanto che/ nel tempo che	während
finché (non)/fino a che (non)/ fintantoché + Konj./Ind.	bis/solange

Quando l'ho visto, gli sono andato incontro. *Quando io la vidi, la salutai.* *Quando mi risvegliai, faceva giorno.* *Quando si sbadiglia, ci si mette la mano davanti alla bocca.* *Quando Roberto mi incontrava si girava dall'altra parte per non salutarmi.* *Quando avrò fatto colazione, andrò in ufficio.* *Quando ebbe/aveva finito di leggere, posò il libro e spense la luce.*	Als ich ihn gesehen habe, bin ich ihm entgegengegangen. Als ich sie sah, grüßte ich sie. Als ich wieder erwachte, war es Tag. Wenn man gähnt, hält man sich die Hand vor den Mund. Wenn Robert mir begegnete, wandte er sich zur anderen Seite, um mich nicht zu grüßen/grüßen zu müssen. Wenn ich gefrühstückt habe, werde ich ins Büro gehen. Als er aufgehört hatte zu lesen, legte er das Buch weg und machte das Licht aus.
Da quando ha cambiato scuola mio figlio va meglio nello studio.	Seitdem mein Sohn die Schule gewechselt hat, lernt er besser.
Ero appena uscito di casa quando/che cominciò a piovere. *(Non) appena mi sarà possibile, verrò.* *Ti chiamerò appena sarò arrivato a Roma.*	Ich hatte kaum das Haus verlassen, als es plötzlich zu regnen begann. Sobald es mir möglich ist, werde ich kommen. Ich werde dich anrufen, sobald ich in Rom ankomme/angekommen bin.
Come esco dal negozio vedo che qualcuno vuole rubarmi la bicicletta. *Come ebbe finito, al lume di una lampada a petrolio si guardò nello specchio, ma senza trovare la letizia che aveva sperato.* (Buzzati)	Wie ich das Geschäft verlasse, sehe ich, dass jemand mir mein Fahrrad stehlen will. Als er fertig war, betrachtete er sich beim Schein einer Petroleumlampe im Spiegel, aber ohne die Freude zu finden, die er erhofft hatte.
Mentre suonavo il pianoforte, bussarono alla porta. *Mentre parlavo col direttore, ero molto nervosa.*	Während ich Klavier spielte, klopfte es an die Tür. Während ich mit dem Direktor sprach, war ich sehr nervös.
Avevo finito prima che tu venissi. *Ti voglio vedere prima che tu parta.*	Ich war fertig, bevor du kamst. Ich will dich sehen, bevor du abreist.
Ogni volta che vado in libreria spendo un sacco di soldi.	Jedesmal wenn ich in eine Buchhandlung gehe, gebe ich eine Menge Geld aus.

Dopo che noi eravamo andati a scuola la mamma andava a fare la spesa. *Dopo che ebbi/avevo messo in ordine la camera andai al cinema.* *Andrò a letto dopo che avrò finito i compiti.*	Nachdem wir in die Schule gegangen waren, ging Mama (immer) einkaufen. Nachdem ich das Zimmer aufgeräumt hatte, ging ich ins Kino. Ich werde ins Bett gehen, nachdem ich mit den Hausaufgaben fertig bin.
Divertitevi finché siete giovani. *Non mi sento di esprimere un'opinione finché non avrò visto il film.* *Resto qui finché lui non arriva/arrivi.* *Aspettai finché arrivò l'ultimo.* *Cercate la chiave finché (non) la troviate.*	Amüsiert euch, solange ihr jung seid. Ich mag keine Meinung äußern, solange ich den Film nicht gesehen habe. Ich bleibe hier, bis er kommt. Ich wartete, bis der Letzte kam. Sucht den Schlüssel, bis ihr ihn findet.
Passeggiavo nel parco quand'ecco che cominciò a grandinare.	Ich ging im Park spazieren, als es plötzlich zu hageln anfing.

Anmerkung 1: *Quando* kann auch kausale Bedeutung haben: *Quando ti dico che non lo so, non lo so davvero.* – Wenn ich dir sage, dass ich es nicht weiß, weiß ich es wirklich nicht.

Anmerkung 2: Ein mit *quand'ecco che* eingeleiteter Nebensatz kann nur dem Hauptsatz folgen.

Anmerkung 3: *Dal momento che* kann auch in kausalem Sinn verwendet werden: *Dal momento che non ho soldi, non mi posso comprare una macchina nuova.* – Da ich kein Geld habe, kann ich mir kein neues Auto kaufen.

Anmerkung 4: *Mentre* und *quando* werden auch adversativ gebraucht: *So che mi disprezzi, mentre dovresti essermi grato.* – Ich weiß, dass du mich verachtest, während du mir dankbar sein müsstest. *La cupola del Duomo è del Brunelleschi, mentre il Campanile è di Giotto.* – Die Kuppel des Doms ist von Brunelleschi, während der Glockenturm von Giotto ist. *Giochi, quando invece dovresti studiare.* – Du spielst, während du doch lernen solltest.

Anmerkung 5: Nach *finché* in der Bedeutung 'solange' steht der Indikativ: *Andate a giocare finché c'è il sole.* – Geht spielen, solange die Sonne scheint. Ebenso steht der Indikativ, wenn der mit *finché* eingeleitete Nebensatz eine Tatsache ausdrückt: *Non lo riconobbe finché non gli fu vicino.* – Er erkannte ihn nicht eher, als bis er in seine Nähe kam. *Lo ascoltai finché non ebbe finito.* – Ich hörte ihm zu, bis er fertig war/zu Ende geredet hatte.

Anmerkung 6: Dt. 'Als ich das erste/letzte Mal nach Italien gefahren bin, ...' wird mit *La prima volta/L'ultima volta che sono andato in Italia, ...* wiedergegeben. 'Wenn ich das nächste Mal nach Italien fahre, ...' *La prossima volta che vado in Italia ...* Wann bist du zum letzten Mal skifahren gewesen? – *Quando è stata l'ultima volta che sei andato a sciare?*

Anmerkung 7: Auch die Konjunktion *che* kann temporale Funktion haben: *La vidi che scendeva le scale (= La vidi scendere le scale).* Ich sah, wie sie die Treppe herunterkam. *Sono arrivato alla stazione che il treno era partito da dieci minuti.* – Ich bin am Bahnhof angekommen, da war der Zug schon seit zehn Minuten weg. *Ho lasciato Milano che avevo vent'anni.* – Ich habe Mailand verlassen, als ich zwanzig Jahre alt war.

280 **Kausale Konjunktionen** (congiunzioni causali)

siccome/giacché/poiché/perché/ dal momento che/dato che/visto che/in quanto (che)/per il fatto che/per la ragione che	da/weil
che/ché	denn
tanto più che	zumal
non che/non perché + Konj.	nicht dass/nicht als ob/nicht weil

Siccome non lo so, non te lo posso dire.	Da ich es nicht weiß, kann ich es dir nicht sagen.
Non posso venire perché non ho tempo.	Ich kann nicht kommen, weil ich keine Zeit habe.
Andiamo ché/che è tardi.	Gehen wir, denn es ist spät.
È inutile avvisarlo, tanto più che è probabile che non venga.	Es ist zwecklos, ihn zu verständigen, zumal er wahrscheinlich nicht kommt.
Non sono andato a scuola, non perché mi sentissi male, ma perché non avevo studiato.	Ich bin nicht in die Schule gegangen, nicht weil ich mich schlecht fühlte, sondern weil ich nicht gelernt hatte.
Poiché voi tacete, parlerò io.	Da ihr schweigt, werde ich sprechen.

Anmerkung 1: Ein mit *siccome/giacché/dato che/visto che* und *poiché* eingeleiteter Kausalsatz geht meist dem Hauptsatz voraus. *Perché* kann nicht am Satzanfang stehen, außer wenn auf eine Frage mit *perché* geantwortet wird: *Perché vai a casa? – Perché sono stanco.* – Warum gehst du nach Hause? – Weil ich müde bin.

Anmerkung 2: Nach *non che/non perché* wird in der Umgangssprache häufig der Indikativ verwendet.

Anmerkung 3: Die Konjunktion *ché* (Kurzform von *perché*) kommt nur noch selten vor.

Anmerkung 4: Der Ausdruck 'da ... (nun) schon (ein)mal' wird mit *già che/dato che* wiedergegeben: Da du schon mal hier bist, warum bleibst du nicht zum Mittagessen? – *Dato che sei qui, perché non resti a pranzo?*

Finale Konjunktionen (congiunzioni finali) 281

affinché/perché/[lit.] *acciocché* + Konj.	damit
per paura che + Konj.	aus Angst, dass

Dobbiamo fare dei grandi sacrifici perché nostro figlio possa frequentare l'università.	Wir müssen große Opfer bringen, damit unser Sohn die Universität besuchen kann.
Parlo ad alta voce, affinché tutti mi sentano.	Ich spreche laut, damit mich alle hören (können).
La ragazza nasconde il suo diario per paura che i genitori lo leggano.	Das Mädchen versteckt sein Tagebuch, aus Angst, dass seine Eltern es lesen.

Anmerkung 1: Im Gegensatz zu kausalem *perché* kann finales *perché* dem Hauptsatz vorausgehen: *Perché non si faccia illusioni, conviene dirle la verità.* – Damit sie sich keine Illusionen macht, ist es besser, ihr die Wahrheit zu sagen.

Anmerkung 2: Auch einfaches *che* kann finale Bedeutung haben: *Fallo parlare che si sfoghi un po'.* – Lass ihn reden, damit er sich ein wenig Luft macht.

Anmerkung 3: Ebenso steht der Konjunktiv nach *troppo* + Adj./Adv. + *perché* mit konsekutiver Bedeutung: *Era troppo buio perché io lo potessi riconoscere.* – Es war zu dunkel, als dass ich ihn hätte erkennen können. *La squadra italiana giocò troppo bene perché la squadra tedesca la potesse battere.* – Die italienische Mannschaft spielte zu gut, als dass die deutsche Mannschaft sie hätte schlagen können. Bei Subjektgleichheit kann die Präposition *da* oder *per* + Infinitiv verwendet werden: *Mario è troppo furbo da/per non accorgersene.* – Mario ist zu schlau, als dass er es nicht merken würde. *Sei troppo giovane da/per capire queste cose.* – Du bist zu jung, um diese Dinge zu verstehen.

Konsekutive Konjunktionen (congiunzioni consecutive) 282

di/in modo che/di/in maniera che/ cosicché	so, dass
a (tal) segno che/a tal punto che	so sehr, dass
(co)sì ... che/talmente ... che/ tanto ... che/tale che	so ..., dass
tanto che	so viel/sehr, dass

Eravamo così commossi che non riuscivamo a pronunciar parola.	Wir waren so bewegt, dass wir kein Wort herausbrachten.
C'era una tale nebbia che non ci si vedeva a due metri di distanza.	Es war ein solcher Nebel, dass man keine zwei Meter weit sehen konnte.
Quel film era talmente noioso che ce ne siamo andati.	Der Film war so langweilig, dass wir gegangen sind.
È dimagrita a tal punto che molti non la riconoscevano.	Sie hat so viel abgenommen, dass viele sie nicht wiedererkannten.
Quest'anno mio figlio ha fatto tante assenze che dovrà ripetere la classe.	Dieses Jahr hat mein Sohn so oft gefehlt, dass er die Klasse wird wiederholen müssen.

Anmerkung 1: In Konsekutivsätzen steht der Konjunktiv, wenn auf etwas Erwünschtes hingedeutet wird: *Spiegamelo in modo che io lo capisca.* – Erklär es mir so, dass ich es verstehe!

Anmerkung 2: Wird eine Möglichkeit ausgedrückt, so gebraucht man den Konditional: *I Rossi sono tanto ricchi che si potrebbero permettere qualsiasi lusso.* – Die Rossis sind so reich, dass sie sich jeden Luxus leisten könnten.

283 **Konzessive Konjunktionen** (congiunzioni concessive)

benché/sebbene/quantunque/ ancorché/nonostante (che)/malgrado (che)/ con tutto che + Konj.	obwohl/obgleich
per + Adj./Adv. + *che* + Konj.	wie ... auch
per quanto + Konj.	wie ... auch/soviel ... auch

Benché avesse ragione, mio fratello non riuscì a convincere gli altri.	Obwohl mein Bruder Recht hatte, gelang es ihm nicht, die anderen zu überzeugen.
Per quanto lui studi, non ottiene risultati soddisfacenti.	So viel er auch lernt, er erreicht keine befriedigenden Ergebnisse.
Per intelligente che sia/Per quanto intelligente sia, non ce la farà.	Wie intelligent er auch ist, er wird es nicht schaffen.
Sebbene conoscessimo le difficoltà, volemmo fare un tentativo.	Obwohl wir die Schwierigkeiten kannten, wollten wir einen Versuch machen.

Ma lei, poveretta, che al fratello voleva bene con tutto che fosse ladro, aveva voluto riceverlo lo stesso in mia assenza. (Moravia)	Aber sie, die Arme, die ihren Bruder gern hatte, obwohl er ein Dieb war, hatte ihn trotzdem in meiner Abwesenheit empfangen wollen.
Mio marito continua a fumare molto nonostante (che) il medico glielo abbia proibito.	Mein Mann raucht weiterhin viel, obwohl der Arzt es ihm verboten hat.

Anmerkung 1: Nach *benché* kann das Verb *essere* entfallen: *Benché (sia) ammalato, continua a lavorare.* – Obwohl er krank ist, arbeitet er weiter.

Anmerkung 2: *Anche se* 'auch wenn' und *neanche se* 'nicht einmal wenn' verhalten sich bezüglich des Modus wie die konditionalen *se*-Sätze (vgl. § 247): *Non te lo direi anche se lo sapessi.* – Ich würde es dir nicht sagen, auch wenn ich es wüsste. *Resto ancora un po' anche se è già tardi.* – Ich bleibe noch ein bisschen, auch wenn es schon spät ist. *Anche se stava male, non lo dava a vedere.* – Auch wenn es ihm/ihr nicht gut ging, zeigte er/sie es nicht/ließ er/sie es sich nicht anmerken. Jedoch ist auch der Konditional möglich, wenn eine Möglichkeit ausgedrückt werden soll. *Basta per oggi, anche se ci sarebbero ancora molte cose da discutere.* – Es reicht für heute, auch wenn es noch viele Dinge zu diskutieren gäbe.

Anmerkung 3: Nach *con tutto che* kann auch der Indikativ erscheinen: *Con tutto che era stato male, venne a trovarmi.* – Obwohl er krank gewesen war, besuchte er mich.

Konditionale Konjunktionen (congiunzioni condizionali) 284

se	wenn/falls

(Zu den Tempora und Modi im *se*-Satz vgl. § 247)

Immer mit Konjunktiv werden verbunden:

qualora/quando/nel caso che/ caso mai	wenn/falls
a meno che (non)	es sei denn, dass/außer wenn
a condizione che/a patto che	unter der Bedingung, dass
purché	nur, wenn
ammesso che/supposto che	vorausgesetzt, dass

Chiamami, qualora ci sia bisogno di me.	Rufe mich, wenn man mich braucht!
Faremo una gita, a meno che non piova.	Wir werden einen Ausflug machen, es sei denn, dass es regnet.

Ci vediamo domani, a meno che il diavolo non ci metta la coda.	Wir sehen uns morgen, wenn nichts dazwischenkommt.
Verrò anch'io, a patto che non ci sia Gianni.	Ich werde auch kommen, unter der Bedingung, dass Gianni nicht da ist.
Te lo do, purché tu non dica niente a nessuno.	Ich gebe es dir nur, wenn du niemandem etwas sagst.
Ti aiuterò supposto che sia come dici tu.	Ich werde dir helfen, vorausgesetzt es ist so, wie du sagst.

285 Modale Konjunktionen (congiunzioni modali)

come	wie
man mano che	so wie
a misura che	in dem Maße wie
se non che	aber/(je)doch
secondo che + Konj.	je nachdem, ob
senza che + Konj.	ohne dass
tranne che/salvo che/eccetto che + Konj.	es sei denn, dass/außer wenn

Verrò, eccetto che (non) accada qualche imprevisto.	Ich werde kommen, es sei denn, dass etwas Unvorhergesehenes passiert.
Come Le ho detto, non c'è niente da fare.	Wie ich Ihnen gesagt habe, ist nichts zu machen.
Man mano che i turisti arrivavano, la direzione del campeggio li accoglieva.	So wie die Touristen ankamen, wurden sie von der Leitung des Campingplatzes empfangen.
Andarono al cinema senza che lo sapessero i genitori.	Sie gingen ins Kino, ohne dass es die Eltern wussten.
È un bravo falegname, se non che è molto caro.	Er ist ein tüchtiger Schreiner, aber er ist sehr teuer.

Anmerkung: Bei der Wiedergabe von 'ohne dass' steht *che* + Indikativ in einem Fall wie: *Non puoi fargli la minima/più piccola osservazione che subito si arrabbia.* – Du kannst ihm gegenüber nicht die geringste Bemerkung machen, ohne dass er sofort wütend wird.

Kapitel 24 Die Präpositionen (Le preposizioni)

Präpositionen und präpositionale Fügungen dienen einerseits zur Angabe von Begleitumständen der im Prädikat ausgedrückten Handlung und drücken andererseits Beziehungen zwischen Satzteilen aus. Den am häufigsten auftretenden Präpositionen ist im Folgenden jeweils ein eigener Paragraph gewidmet. Die italienischen Präpositionen und präpositionalen Fügungen werden ausführlich behandelt, da sie in sehr vielen idiomatischen Ausdrücken auftreten.

Übersicht über die Präpositionen und präpositionalen Fügungen **286**

a	vgl. § 287	
a base di	*una dieta a base di frutta*	eine Obstdiät
a beneficio di	*a beneficio delle famiglie*	zugunsten der Familien
a bordo di	*a bordo della nave*	an Bord des Schiffes
accanto a	*accanto alla casa* *accanto a me*	neben dem Haus neben mir/mich
a casa di	*a casa di Angela*	bei Angela zu Hause
a causa di	*a causa della pioggia*	wegen des Regens
a cavallo di	*a cavallo dei due secoli*	um die Jahrhundertwende
alla conclusione di	*alla conclusione della riunione*	am Ende der Sitzung
a conferma di	*a conferma della sua tesi*	zur Bestätigung seiner These
a contatto con	*a contatto con la natura*	im Kontakt mit der Natur
a cura di	*traduzione a cura di X* *a cura di X*	Übersetzung von X herausgegeben von X
a destra di	*a destra della chiesa*	rechts von der Kirche
a detta di	*a detta degli inquirenti*	nach Aussage der Ermittlungsbeamten
a/in difesa di	*a mia difesa*	zu meiner Verteidigung
a differenza di	*a differenza del tedesco*	im Unterschied zum Deutschen
a dispetto di	*a dispetto della sua età*	trotz seines Alters
a distanza di	*a distanza di sei mesi*	nach einem halben Jahr

ad eccezione di	*ad eccezione di Carlo*	mit Ausnahme von Carlo
a favore di	*a favore degli handicappati*	zugunsten der Behinderten
a giudizio di	*a mio giudizio*	nach meinem Ermessen
a gloria di	*a gloria di Dio*	zum Ruhme Gottes
a immagine di	*Dio creò l'uomo a sua immagine e somiglianza.*	Gott schuf den Menschen nach seinem Bilde.
a partire da	*a partire dalle otto* *il quarto a partire da destra*	ab acht Uhr der Vierte von rechts
a proposito di	*a proposito di film*	apropos Film
a ricordo di	*a ricordo dello scambio*	zur Erinnerung an den Austausch
a scanso di	*a scanso di equivoci*	um Missverständnissen vorzubeugen
a scapito di	*a scapito del cliente*	zu Lasten des Kunden
a seconda di	*a seconda delle circostanze*	je nach den Umständen
a sinistra di	*a sinistra della posta*	links von der Post
a sostegno di	*a sostegno della sua tesi*	zur Unterstützung seiner These
a spese di	*a spese del Sud*	auf Kosten des Südens
a svantaggio di	*a svantaggio dei professori*	zum Nachteil der Lehrer
a vantaggio di	*a vantaggio degli scolari*	zum Vorteil der Schüler
agli occhi di	*agli occhi dei più*	in den Augen der meisten
ai danni di	*ai danni dello Stato*	zum Schaden des Staates
ai margini di	*ai margini del bosco* *ai margini della società*	am Rande des Waldes am Rand der Gesellschaft
ai sensi di	*ai sensi della legge*	nach dem Gesetz
ai tempi di	*ai tempi del Risorgimento*	zur Zeit des Risorgimento
al centro di	*al centro dell'interesse*	im Mittelpunkt des Interesses
al contrario di	*al contrario di lei*	im Gegensatz zu ihr
al di là di	*al di là del fiume*	jenseits des Flusses
al di qua di	*al di qua del Reno*	diesseits des Rheins
al di sopra di	*al di sopra del paese*	oberhalb des Dorfes
al di sotto di	*al di sotto del castello*	unterhalb des Schlosses

al largo di	*al largo dell'isola caraibica*	auf der Höhe der karibischen Insel
al lume di	*al lume di una candela*	beim Schein einer Kerze
al termine di	*al termine della recita*	am Ende der Aufführung
alla fine di	*alla fine della guerra*	am Ende des Krieges
alla ricerca di	*alla ricerca di un lavoro*	auf der Suche nach einer Arbeit
alla stregua di	*alla stessa stregua*	mit dem gleichen Maß
alla testa di	*alla testa dell'esercito*	an der Spitze des Heeres
alla vigilia di	*alla vigilia della caduta del fascismo*	am Vorabend vor dem Ende des Faschismus
all'indomani di	*all'indomani della mia partenza*	am Tag nach meiner Abreise
all'infuori di	*nessuno all'infuori di te*	niemand außer dir
all'inizio/agli inizi di	*all'inizio del Trecento*	zu Beginn des 14. Jahrhunderts
all'interno di	*all'interno del palazzo*	innerhalb des Palastes
all'opposto di	*all'opposto di tuo padre*	im Gegensatz zu deinem Vater
assieme a/con	*assieme ai/con i figli*	zusammen mit den Söhnen
attorno a	*attorno alla casa*	um das Haus herum
attraverso	*attraverso il parco*	quer durch den Park
con	vgl. § 288	
con l'aiuto di	*con l'aiuto dei miei genitori*	mit Hilfe meiner Eltern
con la collaborazione di	*con la collaborazione di alcuni colleghi*	unter Mitwirkung einiger Kollegen
contro	*contro la parete* *contro di me*	gegen die Wand gegen mich
da	vgl. § 289	
da parte di	*da parte dei giovani*	seitens der Jugendlichen
davanti a	*davanti al monumento* *davanti a questa situazione*	vor dem Denkmal angesichts dieser Lage
dentro (a)	*dentro la/alla scatola* *dentro casa* *andare dentro casa* *dentro di me*	in der Schachtel (drin) im Haus ins Haus gehen in mir
di	vgl. § 290	

di faccia a	*di faccia al museo*	gegenüber dem Museum
di fronte a	*di fronte alla prigione* *di fronte a questa situazione*	gegenüber dem Gefängnis angesichts dieser Situation
dietro (a)	*dietro la/alla scrivania* *dietro l'angolo* *dietro compenso* *dietro ricevuta* *dietro di te* *correre dietro a qd*	hinter dem Schreibtisch um die Ecke gegen Entgelt gegen Quittung hinter dir hinter jdm. herlaufen
dinanzi a	*dinanzi all'uscita*	vor dem Ausgang
dirimpetto a	*dirimpetto al campa-nile*	gegenüber dem Kirchturm
dopo	*dopo le cinque* *dopo di me* *la prima casa dopo la posta*	nach fünf Uhr nach mir das erste Haus nach der Post
durante	*durante la festa*	während des Festes
eccetto	*tutti eccetto Maria*	alle außer Maria
entro	*entro il 15 aprile* *entro un mese*	bis spätestens 15. April innerhalb eines Monats
fa	*dieci minuti fa*	vor zehn Minuten
fin(o) a	*fino alle nove* *fino al cimitero* *fino a qui/fin qui* *arrivare fino all'America* *fino a nove persone* *fino a dopo la seconda guerra mondiale* *fino a qualche anno fa*	bis neun Uhr bis zum Friedhof bis hierher bis nach Amerika kommen bis zu neun Personen bis nach dem zweiten Weltkrieg bis vor einigen Jahren
fin da	*fin dall'infanzia* *fin da ieri* *fin dall'inizio*	von Kindesbeinen an seit gestern von Anfang an
fino in	*andare fino in America*	bis nach Amerika fahren
fra	vgl. § 291	
fuorché	*tutti fuorché Mario*	alle außer Mario
fuori	vgl. § 292	
grazie a	*grazie al tuo aiuto*	dank deiner Hilfe
in	vgl. § 293	
in accordo con	*in accordo con la ditta*	im Einvernehmen mit der Firma

in antitesi con	*in antitesi con le mie idee*	im Gegensatz zu meinen Vorstellungen
in assenza di	*in assenza del presidente* *in assenza di leggi scritte*	in Abwesenheit des Präsidenten mangels geschriebener Gesetze
in base a	*in base alle prove*	aufgrund der Beweise
in caso di	*in caso di guerra*	im Falle eines Krieges
in cerca di	*in cerca di lavoro*	auf der Suche nach Arbeit
in coda a	*in coda al treno*	am Zugende
in compagnia di	*in compagnia di un prete*	in Begleitung eines Priesters
in confronto a/con	*in confronto a tuo fratello*	im Vergleich zu deinem Bruder
in contrasto con	*in contrasto col direttore*	im Gegensatz zum Direktor
in disaccordo con	*in disaccordo con il governo tedesco*	uneins mit der deutschen Regierung
in fatto di	*in fatto di religione*	in Sachen Religion
in fondo a	*in fondo alla strada* *in fondo all'aula*	am Ende der Straße hinten im Klassenzimmer
in luogo di	*in luogo del sostantivo*	anstelle des Substantivs
in mezzo a	*in mezzo alla strada*	mitten auf der Straße
in occasione di	*in occasione del mio compleanno*	anlässlich meines Geburtstags
in odore di	*in odore di santità*	im Rufe der Heiligkeit
in onore di	*in onore di S. Benedetto*	zu Ehren des hl. Benedikt
in paragone a/di	*in paragone all'/dell'anno scorso*	im Vergleich zum letzten Jahr
in presenza di	*in presenza del Cancelliere*	in Anwesenheit des Kanzlers
in riferimento a	*in referimento alla Vostra del 25 c.m.*	mit Bezug auf Ihr Schreiben vom 25. dieses Monats
in riva a	*in riva al mare*	am Meeresufer
in seguito a	*in seguito a un incidente*	infolge eines Unfalls
in seno a	*in seno alla Chiesa*	im Schoß der Kirche
in sintonia con	*in sintonia con le sue sorelle*	im Einklang mit seinen/ihren Schwestern
in testa a	*in testa al treno*	an der Spitze des Zuges

in virtù di	*in virtù della legge*	kraft Gesetzes
in vista di	*in vista di un fine comune*	im Hinblick auf ein gemeinsames Ziel
nei confronti di	*nei confronti dei suoi genitori*	seinen Eltern gegenüber
nei dintorni di	*nei dintorni di Roma*	in der Umgebung von Rom
nei riguardi di	*il senso di colpa nei riguardi dei figli*	das Schuldgefühl den Kindern gegenüber
nel corso di	*nel corso dei secoli*	im Laufe der Jahrhunderte
nel cuore di	*nel cuore della Svizzera* *nel cuore della notte*	im Herzen der Schweiz mitten in der Nacht
nell'ambito di	*nell'ambito del congresso*	im Rahmen des Kongresses
incontro a	*andare incontro ai desideri di qd*	jds. Wünschen entgegenkommen
insieme a/ con	*insieme al/col nonno*	zusammen mit dem Großvater
intorno a	*intorno al giardino* *le persone che gli stanno intorno* *intorno al 1950*	um den Garten herum die Personen, die um ihn herum sind um 1950 herum
invece di	*invece della bambina*	statt des Mädchens
lontano da	*lontano dalla stazione*	weit entfernt vom Bahnhof
lungo	*lungo la costa*	die/der Küste entlang
malgrado	*malgrado le difficoltà*	trotz der Schwierigkeiten
mediante	*mediante l'allenamento*	mittels Training
meno	*tutti i ragazzi meno Roberto*	alle Jungen außer Roberto
nonostante	*nonostante la pioggia* *nonostante ciò/ciò nonostante*	trotz des Regens trotzdem
oltre (a)	*oltre il Po* *oltre due ore* *oltre il 70% dei bambini* *Oltre ai libri mi regalò anche una cravatta.*	jenseits des Po über zwei Stunden über 70% der Kinder Außer den Büchern schenkte er mir auch eine Krawatte.
per	vgl. § 294	
per colpa di	*per colpa dello Stato*	durch Verschulden des Staates
per mezzo di	*per mezzo dello zio*	durch seinen Onkel
per opera di	*per opera dei volontari*	dank der Freiwilligen

per ragioni di	*per ragioni di salute*	aus gesundheitlichen Gründen
presso	*presso il teatro* *presso Neri* *presso di noi* *alloggiare presso amici* *presso i Romani* *lavorare presso la Fiat*	nahe beim Theater bei Neri bei uns bei Freunden wohnen bei den Römern bei Fiat arbeiten
prima di	*prima di Pasqua* *Sono arrivato prima di te.* *prima e dopo i giorni festivi* *prima di una curva*	vor Ostern Ich bin vor dir angekommen. vor und nach den Feiertagen vor einer Kurve
quanto a	*quanto a questo problema*	was dieses Problem angeht
riguardo a	*riguardo alla pronuncia*	was die Aussprache betrifft
rispetto a	*rispetto alla sua età*	im Vergleich zu seinem Alter
salvo	*Tutti sono malati, salvo lei.*	Alle sind krank, außer ihr.
secondo	*secondo me* *secondo le regole*	meiner Meinung nach nach den Regeln
senza	*senza mio marito* *senza di lui*	ohne meinen Mann ohne ihn
sino a	vgl. *fino a*	
sopra	*due gradi sopra zero* *sopra il tavolo/sopra di noi*	zwei Grad über Null über dem Tisch/über uns
sotto	vgl. § 295	
su	vgl. § 296	
su istigazione di	*su istigazione della mafia*	auf Anstiftung der Mafia
su/dietro richiesta di	*su richiesta del ministro*	auf Antrag des Ministers
sul bordo di	*sul bordo della strada*	am Straßenrand
sul modello di	*sul modello dei Francesi*	nach dem Vorbild der Franzosen
sulla base di	*sulla base di prove certe*	auf Grund von sicheren Beweisen
sulla falsariga di	*sulla falsariga dei Tedeschi*	nach dem Beispiel der Deutschen

tra	vgl. *fra*	
tramite	*tramite tuo fratello*	durch deinen Bruder
tranne	*tutte le regioni tranne la Puglia*	alle Regionen außer Apulien
verso	*verso sud* *verso le nove* *verso di me*	gegen Süden gegen neun Uhr zu mir/mir gegenüber
via	*mandare qc via fax* *ricevere via satellite* *l'allacciamento via cavo*	etw. per Fax schicken über Satellit empfangen der Kabelanschluss
vicino a	*vicino alla scuola*	in der Nähe der Schule

Anmerkung 1: Anstelle von *invece di*, *oltre* und *tranne* müssen *invece che*, *oltre che* und *tranne che* gebraucht werden, wenn eine präpositionale Ergänzung folgt: *Invece che con Silvia è uscito con Antonia.* – Statt mit Silvia ist er mit Antonia ausgegangen. *È gentile con tutti tranne che con me.* – Er ist zu allen freundlich außer zu mir. *Oltre che nell'industria il raggio laser è ampiamente usato anche in medicina.* – Außer in der Industrie wird der Laserstrahl reichlich auch in der Medizin verwendet.

Anmerkung 2: *Lontano da* richtet sich nach dem Subjekt: *La stazione è lontana dal centro.* – Der Bahnhof ist weit vom Zentrum entfernt.

287 Die Präposition *a*

Die Präposition ***a*** wird verwendet:

1. zur Angabe des indirekten Objekts:

Il cameriere ha portato il vino a mio padre.	Der Kellner hat meinem Vater den Wein gebracht.
Che cosa hai detto ai tuoi genitori?	Was hast du deinen Eltern gesagt?
Non l'ho dato a lui.	Ich habe es nicht ihm gegeben.

2. zur Ortsangabe (wo?):

essere a/in casa	zu Hause sein
abitare a Roma/al terzo piano	in Rom/im dritten Stock wohnen
al piano terra/pianterreno	im Erdgeschoss
abitare al numero 15 di via Manzoni	in der Manzoni-Straße 15 wohnen
essere seduto al sole/all'ombra	in der Sonne/im Schatten sitzen

stare all'albergo Astor	im Hotel Astor wohnen
al banco/al tavolo	an der Theke/am Tisch
all'angolo della strada	an der Straßenecke
scendere alla terza fermata	an der dritten Haltestelle aussteigen
lavorare alla/presso la Fiat	bei Fiat arbeiten
giudice istruttore al/presso il tribunale di Palermo	Untersuchungsrichter am Gericht von Palermo
al mondo	auf der Welt
all'interno e all'estero	im In- und Ausland
a pagina cinque	auf Seite fünf
lasciare un po' di spazio all'inizio della riga	am Zeilenanfang etwas Platz lassen
alla facoltà di medicina	in der medizinischen Fakultät
consegnare le chiavi alla reception	die Schlüssel an der Rezeption abgeben
alla/in televisione/tv	im Fernsehen

Aber: *la signora del terzo piano* die Frau im dritten Stock (Frage: welche Frau?), *sullo stesso piano* auf dem gleichen Stockwerk; *in tutto il mondo* auf der ganzen Welt; *gli gnocchi fatti in casa* hausgemachte/selbst gemachte Gnocchi, *giocare in casa* zu Hause spielen (auswärts spielen *giocare fuori casa/in trasferta*)

(Zu Länder- und Regionennamen vgl. auch § 38)

3. zur Richtungsangabe (wohin?):

andare	gehen/fahren
a Firenze/all'estero	nach Florenz/ins Ausland
a Capri/a(d) Ischia/a Creta	nach Capri/Ischia/Kreta
a casa/a scuola/a teatro/a un concerto	nach Hause/in die Schule/ins Theater/in ein Konzert
al liceo/al museo/al cinema	ins Gymnasium/ins Museum/ins Kino
al bar/al ristorante	in die Bar/ins Restaurant
al mare/alla/in spiaggia	ans Meer/an den Strand
alla/in posta/al mercato	zur Post/auf den Markt
all'/in ospedale	ins Krankenhaus
venire al mondo	auf die Welt kommen
scrivere alla lavagna	an die Tafel schreiben
appendere il quadro alla parete	das Bild an die Wand hängen

Aber: *in un bar* in eine/einer Bar, *in questo bar* in diese/dieser Bar, *nello/allo stesso bar* in dieselbe/derselben Bar, *il treno per Napoli* der Zug nach Neapel, *Alvaro si provò anche nel teatro.* – Alvaro versuchte sich auch beim Theater.

(Zu Länder- und Regionennamen vgl. auch § 38)

4. zur Angabe des Zeitpunktes:

alle tre	um drei Uhr
alla stessa ora	zur selben Stunde/Zeit
Abbiamo latino alla terza ora.	Wir haben in der dritten Stunde Latein.
all'ora di pranzo	zur Mittagszeit
a mezzogiorno/a mezzanotte	am Mittag/um Mitternacht
all'alba/allo spuntar del sole	bei Tagesanbruch/bei Sonnenaufgang
al tramonto (del sole)	bei Sonnenuntergang
a tarda sera	spät am Abend
oggi a otto	heute in acht Tagen
Ciao, a domani/a più tardi/a venerdì!	Tschüss bis morgen/später/ Freitag!
al momento dell'addio	beim Abschied
all'inizio della settimana	am Anfang der Woche
agli inizi dell'Ottocento	zu Beginn des 19. Jahrhunderts
alla fine della settimana/a fine settimana	am Ende der Woche
alla metà di agosto/a metà agosto	Mitte August
ai tempi/al tempo dell'imperatore Augusto	zur Zeit des Kaisers Augustus
a quei tempi/a quel tempo	zu jener Zeit
al tempo attuale/al tempo d'oggi	heutzutage
a Natale/a Pasqua/a Pentecoste	an Weihnachten/Ostern/Pfingsten
a capodanno	zu Neujahr
a carnevale	an Fasching
a fine stagione	bei Saisonende
all'indomani del suo arrivo	am Tage nach seiner Ankunft
al/per il momento	im Augenblick
all'ultimo momento	im letzten Augenblick
al più presto	so schnell wie möglich
A questo punto mi sono svegliato.	Da bin ich aufgewacht.
Alla nascita pesava sei chili.	Bei der Geburt wog er/sie sechs Kilo.
a un certo punto	irgendwann/auf einmal
al mio ritorno in Italia	bei/nach meiner Rückkehr nach Italien

Aber: *prendere il treno delle sette* den Sieben-Uhr-Zug nehmen (Frage: welchen Zug?)

5. zur Angabe der Art und Weise:

parlare ad alta voce/a bassa voce	laut/leise sprechen
risotto alla milanese	Reis nach Mailänder Art
guardare a bocca aperta	mit offenem Mund schauen
andare a braccetto	Arm in Arm gehen
accogliere qd a braccia aperte	jdn. mit offenen Armen empfangen
fare qc a casaccio	etw. aufs Geratewohl tun
piove a catinelle/a dirotto	es regnet in Strömen
lavorare a cottimo	(im) Akkord arbeiten
a cuor leggero	leichten Herzens
tagliare a fette	in Scheiben schneiden
a fatica/a stento	mit Mühe
vivere alla giornata	in den Tag hinein leben
portare qc a spalla	etw. auf dem Rücken tragen
espandersi a macchia d'olio	sich zusehends ausbreiten
a mani vuote	mit leeren Händen
imparare a memoria	auswendig lernen
parlare a braccio	frei/aus dem Stegreif reden
essere a dieta	auf Diät sein
lavorare a orario ridotto	auf Kurzarbeit sein
sapere qc a menadito	etw. aus dem Effeff können
Gli affari vanno a meraviglia.	Die Geschäfte gehen glänzend.
fare le cose a metà	alles nur halb machen
ad ogni modo	auf jeden Fall/jedenfalls
sognare a occhi aperti	mit offenen Augen träumen
parlare con qd a quattr'occhi	mit jdm. unter vier Augen sprechen
un rapporto a due	eine Zweierbeziehung
comprare a rate	auf Raten kaufen
pagare qd a ore	jdn. stundenweise bezahlen
a piacere	nach Belieben
suonare uno strumento a/alla perfezione	ein Instrument perfekt spielen
a scelta/volontà	nach Wahl/Belieben
a torto o a ragione	zu Recht oder Unrecht
un liceo a due indirizzi	ein zweizügiges Gymnasium
lavorare a gruppi	in Gruppen arbeiten
una regione a statuto speciale	eine Region mit Sonderstatut
una caramella alla menta	ein Pfefferminzbonbon
un panino al prosciutto	ein Schinkenbrötchen
frequentare una scuola a tempo pieno	eine Ganztagsschule besuchen

un contratto a tempo indeterminato	ein unbefristeter Vertrag
un'azienda a conduzione familiare	ein Familienbetrieb
un test a risposte multiple	ein Multiple-Choice-Test
vendere a peso	nach Gewicht verkaufen
a larga maggioranza	mit großer Mehrheit
a scrutinio segreto	in geheimer Abstimmung
a torso nudo	mit nacktem Oberkörper
laurearsi a pieni voti	sein Studium mit der Bestnote abschließen
Ce l'ho fatta a mala pena.	Das habe ich mit Müh und Not geschafft.
bere qc a piccoli sorsi/sorsetti	etw. in kleinen Schlucken trinken

Aber: Sprich lauter/leiser. – *Parla più forte/piano.*

6. zur Angabe des Mittels:

scrivere a macchina/al computer	mit der Maschine/dem Computer schreiben
accompagnare qd al piano	jdn. auf dem Klavier begleiten
fatto a mano	handgearbeitet
chiudere la porta a chiave	die Tür abschließen
mostrare a dito qd	mit dem Finger auf jdn. zeigen
lavorare all'uncinetto	häkeln
giocare a carte	Karten spielen
andare a cavallo	reiten
andare a piedi	zu Fuß gehen
intendersi a gesti	sich mit Gesten verständigen
La nostra macchina va a gasolio.	Unser Auto fährt mit Diesel.

7. zur Angabe des Preises:

vendere a cinque euro il chilo	das Kilo zu 5 Euro verkaufen
vendere a (un) prezzo ridotto	zu einem ermäßigten Preis verkaufen
libri a metà prezzo	Bücher zum halben Preis
a caro/basso prezzo	teuer/billig
ad un prezzo fino a cinque volte maggiore	zu einem bis zu fünf Mal höheren Preis
a prezzi stracciati/di realizzo	zu Schleuderpreisen
a un prezzo irrisorio	zu einem Spottpreis

8. zur Angabe der Entfernung (örtlich und zeitlich):

Francoforte è a 70 km da Mannheim.	Frankfurt ist 70 km von Mannheim entfernt.
La scuola è a due passi da qui.	Die Schule ist ein paar Schritte/ein Katzensprung von hier.
È a cinque minuti da qui.	Es ist fünf Minuten von hier.
A soli due mesi dalla morte del marito si è risposata.	Nur zwei Monate nach dem Tod ihres Mannes hat sie wieder geheiratet.

9. zur Angabe des Alters:

sposarsi a trent'anni/all'età di trenta anni	mit dreißig (Jahren) heiraten
alla tenera età di sei anni	im zarten Alter von sechs Jahren

Aber: *in tenera età* in zartem Alter

10. zur Angabe des Grundes:

A quel grido si voltò.	Bei diesem Schrei drehte er sich um.
A quelle parole il fratello impallidì.	Bei diesen Worten wurde der Bruder blass.
Mi sveglio al minimo rumore.	Ich wache beim geringsten Geräusch auf.

11. in distributiver Bedeutung:

Le mele costano due euro al chilo.	Die Äpfel kosten 2 Euro das Kilo.
guadagnare 15 euro all'ora	15 Euro in der Stunde verdienen
due volte alla settimana	zweimal in der Woche
andare a 100 chilometri all'ora	100 km in der Stunde fahren
a centinaia	zu Hunderten

Auch: *il chilo/l'ora*

12. zur Angabe, in welcher Hinsicht eine Aussage zutrifft:

No sto bene a quattrini.	Ich bin nicht gut bei Kasse.
A parole è molto bravo.	Er kann sehr gut Worte machen.
A scacchi è imbattibile.	Im Schach ist er/sie unschlagbar.
A parlare me la cavo, ma a scrivere non tanto.	Mit dem Sprechen geht es, aber mit dem Schreiben nicht so sehr.

13. zur Angabe des Zweckes, des Beweggrundes:

andare a caccia/a pesca	auf die Jagd gehen/fischen gehen
andare a passeggio	spazieren gehen
andare a lezione/al corso	in den Unterricht/Kurs gehen
andare a ripetizione	in die Nachhilfestunde gehen
andare a/per funghi	Pilze suchen
a scopo terapeutico	zu therapeutischem Zweck

14. in Verbindung mit folgenden Substantiven:

l'abbonamento a una rivista	das Abonnement für eine Zeitschrift
l'abilitazione all'insegnamento	die Befähigung zum Unterricht
l'accesso al cantiere	der Zugang zur Baustelle
un'accusa al fascismo	eine Anklage gegen den Faschismus
l'aggressione a un turista	der Überfall auf einen Touristen
aiuti ai paesi in via di sviluppo	Entwicklungshilfe
l'apertura a sinistra	die Öffnung nach links
l'appartenenza a un partito	die Zugehörigkeit zu einer Partei
un appello alla pace	ein Friedensappell
un appello allo sciopero	ein Streikaufruf
un attacco al governo	ein Angriff auf die Regierung
l'attentato a Borsellino	das Attentat auf Borsellino
la caccia ai banditi	die Jagd auf die Banditen
il cancro ai polmoni/al seno	der Lungenkrebs/Brustkrebs
il candidato alla presidenza	der Präsidentschaftskandidat
la condanna a sei anni	die Verurteilung zu sechs Jahren
un contributo alla soluzione del problema	ein Beitrag zur Lösung des Problems
la corsa alle armi	das Wettrüsten
il diritto alla pensione	der Rentenanspruch
l'educazione all'ambiente	die Umwelterziehung
l'erede al trono	der Thronerbe
la guerra alla corruzione	der Kampf gegen die Korruption
una guida ai monumenti di Roma	ein Führer zu den Baudenkmälern Roms
l'incentivo allo studio	der Anreiz zum Studium
l'intervento alla cerimonia	die Teilnahme an der Feier
un'infiammazione alle corde vocali	eine Stimmbänderentzündung
un'intervista al presidente	ein Interview mit dem Präsidenten
un'introduzione alla romanistica	eine Einführung in die Romanistik

l'invito alla festa	die Einladung zum Fest
l'istigazione alla xenofobia	die Anstiftung zum Fremdenhass
la lotta alla/contro la mafia	der Kampf gegen die Mafia
un monumento a Garibaldi	ein Garibaldi-Denkmal
la nomina a presidente	die Ernennung zum Präsidenten
l'opposizione alla proposta	der Widerspruch gegen den Vorschlag
un ostacolo al progresso	ein Hindernis für den Fortschritt
la partecipazione alla gara	die Teilnahme am Wettkampf
la reazione all'attacco	die Reaktion auf den Angriff
il ricorso alla violenza	die Anwendung von Gewalt
la rinuncia al trono	der Verzicht auf den Thron
la risposta alla lettera	die Antwort auf den Brief
una sfida al tribunale	eine Herausforderung des Gerichts
una visita a Pompei	ein Besuch Pompeis

Aber: *una statua di Garibaldi* eine Statue von Garibaldi

(Adjektivergänzungen mit ***a*** vgl. § 161.1, Verben mit ***a***-Objekt vgl. § 201, Infinitiv mit ***a*** vgl. § 215)

15. in folgenden Ausdrücken und Wendungen:

fare pubblicità a qc	für etw. Werbung machen
fare una foto a qd	von jdm. ein Foto machen
fare il ritratto a/di qd	jdn. porträtieren
fare un nodo al fazzoletto	sich einen Knoten ins Taschentuch machen
fare un'eccezione alla regola	eine Ausnahme von der Regel machen
fare piedino a qd	mit jdm. füßeln
fare un'intervista a qd	mit jdm. ein Interview machen
fare/proporre opposizione a un decreto di condanna	gegen einen Strafbefehl Einspruch einlegen
fare tanto di cappello a qd	vor jdm. den Hut ziehen
a parte il tempo	abgesehen vom Wetter
a parte il fatto che …	abgesehen davon, dass …
alla cortese attenzione di	zu Händen von
essere a contatto con qd	mit jdm. in Kontakt sein
andare a capo	eine neue Zeile beginnen
Mi trovi al numero …	Du erreichst mich unter der Nummer…
(Il) Natale è alle porte.	Weihnachten steht vor der Tür.

288 Die Präposition *con*

Die Präposition ***con*** wird gebraucht:

1. zur Angabe der Begleitung:

Resto a casa con i bambini.	Ich bleibe mit den Kindern zu Hause.
Abito ancora con i genitori.	Ich wohne noch bei den Eltern.
Esco sempre con l'ombrello.	Ich habe immer den Regenschirm dabei.
Il ragazzo aspettava con un fiore in mano.	Der Junge wartete mit einer Blume in der Hand.
A me piace il caffè con lo zucchero.	Ich mag den Kaffee mit Zucker.
Che cosa bevi con la pizza?	Was trinkst du zur Pizza?
Questa giacca la puoi portare sia con i jeans che con i pantaloni eleganti.	Diese Jacke kannst du sowohl zu Jeans als auch zu einer eleganten Hose tragen.
È partita con molte valigie.	Sie ist mit vielen Koffern abgereist.

Anmerkung: In folgenden Ausdrücken erscheint zwischen der Präposition *con* und dem dazugehörenden Substantiv eine adverbiale Bestimmung: *con in capo un cilindro* mit einem Zylinder auf dem Kopf; *una piazza con in mezzo una quercia* ein Platz mit einer Eiche in der Mitte, *con in mano una forchetta* mit einer Gabel in der Hand, *con a bordo 56 passeggeri* mit 56 Passagieren an Bord.

2. zur Angabe des Mittels:

scrivere con l'inchiostro/con la matita	mit Tinte/mit Bleistift schreiben
condire l'insalata con (l')olio e (l')aceto	den Salat mit Essig und Öl anmachen
Con le olive si fa l'olio.	Aus Oliven macht man Öl.
mangiare con le dita	mit den Fingern essen
farsi la barba col rasoio elettrico	sich elektrisch rasieren
pagare con un assegno/ la carta di credito	mit (einem) Scheck/(der) Kreditkarte bezahlen
viaggiare col/in treno	mit dem Zug reisen
una scusa tirata coi denti	eine an den Haaren herbeigezogene Entschuldigung
battere una ricerca con il computer	ein Referat mit dem Computer tippen

Aber: *disegnare a matita* mit Bleistift zeichnen

3. zur Angabe des Grundes:

Non riesco a dormire con questo rumore.	Ich kann bei diesem Lärm nicht schlafen.
Con la neve così alta è impossibile continuare.	Bei so hohem Schnee kann man unmöglich weitergehen/-fahren.
Mio marito è a letto con l'influenza.	Mein Mann liegt mit Grippe im Bett.
Siamo fortunati col tempo.	Wir haben Glück mit dem Wetter.

4. zur Angabe der Art und Weise:

lavorare con cura	sorgfältig arbeiten
esprimersi con chiarezza	sich klar ausdrücken
fare qc con intenzione	etw. mit Absicht tun
Faccia pure con comodo!	Lassen Sie sich nur Zeit!
parlare l'italiano con accento tedesco	Italienisch mit deutschem Akzent sprechen
parlare col naso	durch die Nase sprechen
con sentimenti contrastanti	mit gemischten Gefühlen
Studierai con le buone o con le cattive.	Du wirst lernen, ob du willst oder nicht.
guardare con fiducia all'avvenire	der Zukunft zuversichtlich entgegenschauen
aprire una porta con la forza	eine Tür mit Gewalt öffnen
raccontare qc con tutti i particolari	etw. in allen Einzelheiten erzählen
fare un lavoro coi piedi	eine Arbeit hinschludern
una cena coi fiocchi	ein hervorragendes Abendessen

5. zur Angabe des Begleitumstands:

dormire con le finestre aperte	bei offenem Fenster schlafen
parlare con la bocca piena	mit vollem Mund sprechen
con le lacrime agli occhi	mit Tränen in den Augen
È pericoloso attraversare la strada con questo traffico.	Es ist gefährlich, die Straße bei diesem Verkehr zu überqueren.
Ho preso una multa perché sono passato con il rosso.	Ich habe eine Geldstrafe bekommen, weil ich bei Rot durchgefahren bin.
Sei proprio nato con la camicia!	Du bist ein echter Glückspilz!

col favore delle tenebre	unter dem Schutz der Dunkelheit
È stato preso con le mani nel sacco.	Er wurde auf frischer Tat ertappt.
con nostra grande meraviglia	zu unserer großen Verwunderung
con mia soddisfazione	zu meiner Zufriedenheit
con mia grande sorpresa	zu meiner großen Überraschung
con mia grande vergogna	zu meiner großen Schande

6. in konzessiver Bedeutung:

Lo amo con tutti i suoi difetti.	Ich liebe ihn mit all seinen Fehlern.
L'aereo è partito con la nebbia.	Das Flugzeug ist bei Nebel abgeflogen.

7. zur Angabe eines Merkmals, einer Eigenschaft:

un bambino con gli occhi azzurri e con i capelli ricciuti	ein Kind mit blauen Augen und Locken
Mi piacciono le scarpe col tacco alto.	Mir gefallen Schuhe mit hohem Absatz.
le donne con più di ventun anni	die über einundzwanzigjährigen Frauen
una donna con molto seno	eine vollbusige Frau
una gonna con lo spacco	ein Rock mit Schlitz
una macchina con il cambio automatico	ein Auto mit Automatik

(Adjektivergänzungen mit ***con*** vgl. § 161.2, Verben mit ***con***-Objekt vgl. § 206, Infinitiv mit ***con*** vgl. § 217.5)

289 Die Präposition *da*

Die Präposition ***da*** wird verwendet:

1. in Verbindung mit Personen zur Angabe, bei wem man sich befindet oder zu wem man geht:

Siamo da Mario.	Wir sind bei Mario.
Passo da te alle quattro.	Ich komme um vier bei dir vorbei.
Faccio un salto dalla mia amica.	Ich gehe auf einen Sprung zu meiner Freundin.
Vado dal medico.	Ich gehe zum Arzt.
Ho un appuntamento dal medico.	Ich habe einen Termin beim Arzt.

Auch: *mangiare da Mac Donald's* bei Mac Donald's essen

2. zur Angabe der Herkunft und der Trennung (vgl. aber § 290.6):

Da dove vieni? – Vengo da Milano.	Woher kommst du? – Ich komme aus Mailand.
Vengo dal medico.	Ich komme vom Arzt.
Siamo partiti da Roma alle otto.	Wir sind um 8 Uhr von Rom abgefahren.
A che ora torni dall'ufficio?	Um wie viel Uhr kommst du aus dem Büro?
Da dove sei entrato?	Wo bist du hereingekommen?
Il gatto è entrato dall'abbaino del tetto.	Die Katze ist durch das Dachfenster hereingekommen.
Il Po nasce dal Monviso.	Der Po entspringt im Monviso.
Sandro manca da scuola da parecchi giorni.	Sandro fehlt seit mehreren Tagen in der Schule.
il treno (proveniente) da Roma	der Zug aus Rom
La nave traghetto salpa da Olbia alle 19.	Das Fährschiff fährt um 19 Uhr von Olbia ab.
Il camion è sbucato da una via laterale.	Der Lastwagen ist aus einer Seitenstraße gekommen.
La sua fidanzata proviene/ discende da una famiglia di medici.	Seine Verlobte stammt aus einer Arztfamilie.
Da chi l'hai saputo?	Von wem hast du es erfahren?
Ho ricevuto una cartolina da Maria.	Ich habe von Maria eine Karte bekommen.
Aspetto una conferma dalla banca.	Ich warte auf eine Bestätigung von der Bank.
L'ho scaricato da Google.	Ich habe es von Google heruntergeladen.
Sono caduto dalla bicicletta.	Ich bin vom Fahrrad gefallen.
Da quale rivista hai ritagliato questo articolo?	Aus welcher Zeitschrift hast du diesen Artikel ausgeschnitten?
Questo testo lo dobbiamo tradurre dal tedesco in italiano.	Diesen Text müssen wir aus dem Deutschen ins Italienische übersetzen.
Francesco Petrarca nacque ad Arezzo dal notaio Petracco e da Eletta Canigiani, il 20 luglio 1304.	Francesco Petrarca wurde am 20. Juli 1304 als Sohn des Notars Petracco und Eletta Canigiani in Arezzo geboren.
Dal legno del pioppo si estrae la cellulosa con cui si fa la carta.	Aus dem Holz der Pappel gewinnt man Zellulose, aus der man Papier macht.

Dalle sue parole ho capito che non vuole venire.	Seinen/Ihren Worten habe ich entnommen, dass er/sie nicht kommen will.
Come si può vedere dalla tabella, …	Wie man der Tabelle entnehmen kann, …
Il testo è tratto da 'Il giorno della civetta'.	Der Text stammt aus *'Il giorno della civetta'.*
Che cosa vuoi da me?	Was willst du von mir?
È venuto su dal nulla.	Er hat sich aus dem Nichts hochgearbeitet.
Tutto era cominciato dalla protesta contro la legge sul divorzio.	Alles hatte mit dem Protest gegen das Scheidungsgesetz begonnen.
Non so da dove cominciare.	Ich weiß nicht, wo ich anfangen soll.
ritirare un farmaco dal mercato	ein Arzneimittel vom Markt nehmen
bere dalla bottiglia/dal bicchiere	aus der Flasche/einem Glas trinken
cancellare dalla lista	von der Liste streichen
cieco dalla nascita	blind von Geburt an

Anmerkung: Mit *casa* 'Haus' sind sowohl *da* als auch *di* möglich: *uscire da/di casa* aus dem Haus gehen, *fuggire/scappare da/di casa* von zu Hause weglaufen. Wird *casa* genauer bestimmt, muss *da* verwendet werden: *È uscita da casa sua.* – Sie ist aus ihrem Haus gekommen. *È uscito da casa di Lisa.* – Sie ist aus Lisas Haus gekommen.

Aber: eine Flasche aus dem Keller holen *prendere una bottiglia in cantina,* ein Bier vom Fass *una birra alla spina,* ein Steak vom Grill *una bistecca ai ferri,* jdm. etw. vom Gesicht ablesen *leggere qc in faccia a qd,* von Stadt zu Stadt *di città in città,* aus der Hand nehmen *prendere di mano*; Ich hole dich vom Bahnhof ab. – *Ti vengo a prendere alla stazione.* Brauchst du etwas vom Markt? – *Ti serve qualcosa al mercato?*

Merke: *Passiamo dall'altro lato.* – Gehen wir auf die andere Seite! *Passa da/di qui/qua/lì/là!* – Geh hier/da entlang! Aber nur: *Passa di lì!* – Geh dorthin! *Il divano non passa dalla porta.* – Die Couch geht nicht durch die Tür; *dalle nostre parti/da queste parti* in unserer/dieser Gegend

3. zur Wiedergabe der Präposition 'seit':

Sua moglie è malata da cinque anni.	Seine Frau ist seit fünf Jahren krank.
Da quando siete in Germania?	Seit wann seid ihr in Deutschland?

Unterscheide: *Sono arrivato da cinque giorni.* – Ich bin seit fünf Tagen hier. – *Sono arrivato cinque giorni fa.* – Ich bin vor fünf Tagen angekommen.

Merke: *da sempre* schon immer, *a memoria d'uomo* seit Menschengedenken

4. zur Angabe des Grundes:

ridere dalla gioia	vor Freude lachen
piangere dalla commozione	vor Rührung weinen
tenersi la pancia dalle risa	sich vor Lachen den Bauch halten
svenire dallo spavento	vor Schreck ohnmächtig werden

5. zur Angabe des Zwecks:

la vasca da bagno	die Badewanne
la macchina da corsa	das Rennauto
la sveglia da viaggio	der Reisewecker
il ferro da stiro	das Bügeleisen
il cane da caccia	der Jagdhund
la formazione da pediatra	die Ausbildung zum Kinderarzt

6. beim Passiv zur Angabe des Urhebers oder der Ursache (vgl. § 250):

L'alunno fu lodato dal maestro.	Der Schüler wurde vom Lehrer gelobt.
Il ragazzo fu preso dalla paura.	Der Junge wurde von der Angst gepackt.

Aber: *Maria è incinta di Angelo.* – Maria ist von Angelo schwanger.

7. zur Angabe eines Merkmals:

una ragazza dagli occhi celesti	ein Mädchen mit blauen Augen
un ragazzo dai capelli lunghi	ein Junge mit langem Haar
una donna dalla volontà di ferro	eine Frau mit eisernem Willen
un libro dal titolo …	ein Buch mit dem Titel …

Auch: *un ragazzo con i capelli lunghi*

8. zur Angabe des Wertes:

un francobollo da sessanta cent	eine Sechzig-Cent-Briefmarke
un biglietto da venti euro	ein Zwanzig-Euro-Schein

Aber: *un assegno di cinquecento euro* ein Scheck über 500 Euro

9. zum Ausdruck einer Einschränkung:

essere sordo da un orecchio	auf einem Ohr taub sein
zoppicare da una gamba	auf einem Bein hinken
essere paralizzato dal lato destro	rechtsseitig gelähmt sein

10. in prädikativer Funktion:

Te lo dico da amico.	Ich sage es dir als Freund.
Sono stato a Firenze da studente.	Ich war als Student in Florenz.

11. zur Angabe der Art und Weise:

vivere da re	wie ein König leben
morire da eroe	wie ein Held sterben
comportarsi da maleducato	sich ungezogen benehmen

12. in Wendungen:

Roberto fa tutto da sé.	Robert macht alles allein.
Fai da te!	Do it yourself!
Servitevi da soli! (Tankstelle)	Selbsttanken
fare da interprete	dolmetschen
cadere dalla padella nella brace	vom Regen in die Traufe kommen
Lontan dagli occhi, lontan dal cuore.	Aus den Augen, aus dem Sinn.
Non è da lui.	Das passt nicht zu ihm.
dalla testa ai piedi	von Kopf bis Fuß

(Adjektivergänzungen mit ***da*** vgl. § 161.3, Verben mit ***da***-Objekt vgl. § 203, Infinitiv mit ***da*** vgl. § 216)

290 Die Präposition *di*

Die Präposition ***di*** wird verwendet:

1. zur Wiedergabe des deutschen Genitivs:

i giocattoli del bambino	die Spielsachen des Kindes
le vetrine dei negozi	die Schaufenster der Geschäfte

2. zur Wiedergabe zusammengesetzter Substantive:

le chiavi di casa	die Hausschlüssel
il professore di tedesco	der Deutschlehrer
il padrone di casa	der Hausherr
la casa dello studente	das Studentenwohnheim
le vacanze di Pasqua	die Osterferien

Aber mit Artikel: *le chiavi della macchina/dell'appartamento* die Auto-/Wohnungsschlüssel

3. zur näheren Bestimmung eines Substantivs:

3.1. ohne Artikel:

la città di Milano	die Stadt Mailand
le città di Udine e Trieste	die Städte Udine und Triest
la provincia di Matera	die Provinz Matera
il concetto di imperialismo	der Begriff Imperialismus
il mese di aprile	der Monat April
lo spettacolo di stasera	die Vorstellung heute Abend
le donne di nome Barbara	die Frauen mit dem Vornamen Barbara
la battaglia navale di Lepanto	die Seechlacht von Lepanto
rose di colore diverso	Rosen in verschiedenen Farben
il sentimento di solitudine	das Gefühl der Einsamkeit
un sospiro di sollievo	ein Seufzer der Erleichterung
un senso di vuoto	ein Gefühl der Leere
i verbi di moto	die Verben der Bewegung
le idee di libertà e fratellanza	die Ideen der Freiheit und Brüderlichkeit
la mia amica di Milano	meine Freundin aus Mailand
una forma di sfruttamento	eine Form der Ausbeutung
il mestiere di scrittore	der Beruf des/eines Schriftstellers
un assegno/una fattura/ricevuta di 200 euro	ein Scheck/eine Rechnung/ Quittung über 200 Euro
uno dei giornali di maggior tiratura	eine der Zeitungen mit der höchsten Auflage

Aber: *la regione Sicilia* die Region Sizilien, *la parola Italia* das Wort Italien

3.2. mit Artikel:

la virtù della pazienza	die Tugend der Geduld
il problema della disoccupazione	das Problem der Arbeitslosigkeit
il ragazzo della quinta fila	der Junge in der fünften Reihe
la signora del terzo piano	die Frau im dritten Stock
il bambini del vicinato	die Kinder aus der Nachbarschaft
il fornaio dell'angolo	der Bäcker an der Ecke
il traffico del centro	der Verkehr in der Innenstadt
l'uomo della strada	der Mann auf der Straße
il treno delle cinque	der Fünf-Uhr-Zug
il turismo della costa adriatica	der Tourismus an der Adriaküste

4. in partitiver Funktion:

alcuni di noi	einige von uns
migliaia di uomini	Tausende von Menschen
qualcosa di buono	etwas Gutes
due etti di zucchero	200 Gramm Zucker
un sacco di cipolle	ein Sack Zwiebeln
mezzo quintale di patate	ein Zentner Kartoffeln
il più intelligente di tutti	der Intelligenteste von allen

Unterscheide: *un tubetto* ***di*** *dentifricio* eine Tube Zahnpasta – *spremere il tubetto* ***del*** *dentifricio* die Tube Zahnpasta ausdrücken

5. zur Angabe des Vergleichs (vgl. § 153.1):

Il sole è più grande della luna.	Die Sonne ist größer als der Mond.

6. zur Angabe der Herkunft in Verbindung mit *essere* (vgl. aber § 289.2):

Di dove sei? – Sono di Venezia.	Woher bist du? – Ich bin aus Venedig.
Sono nativo/oriundo di Napoli.	Ich stamme aus Neapel.
L'affresco è del 1321.	Das Fresko stammt aus dem Jahr 1321.
Ci sono studenti di tutto il mondo.	Es gibt Studenten aus der ganzen Welt.
La città è di origine romana.	Die Stadt ist römischen Ursprungs.
La cupola del duomo è del Brunelleschi.	Die Kuppel des Doms ist von Brunelleschi.

Anmerkung 1: Weitere Bedeutungen von *essere di* sind 'gehören/angehören' und 'betragen': *Di chi è questa valigia? – È di Angela.* – Wem gehört dieser Koffer? – Er gehört Angela. *Questa cintura è dei pantaloni neri.* – Dieser Gürtel gehört zur schwarzen Hose. *L'età minima per poter votare è di 18 anni.* – Das Mindestalter, um wählen zu können, ist/beträgt 18 Jahre. *La tensione è di 220 volt.* – Die Spannung beträgt 220 Volt. *La coda al casello dell'autostrada è di 30 chilometri.* – Die Schlange an der Mautstelle beträgt 30 km. *In queste aree l'aumento nel 2007 è del 13-14%.* – In diesen Gebieten beträgt die Zunahme im Jahr 2007 13-14%.

Anmerkung 2: In Verbindung mit dem Substantiv *moda* steht immer *di*: *essere di moda* in Mode sein, *diventare di moda* in Mode kommen, *passare di moda* aus der Mode kommen, *tornare di moda* wieder in Mode kommen.

7. zur Angabe des Themas:

un libro di storia	ein Geschichtsbuch
un corso di tedesco	ein Deutschkurs
parlare di letteratura	über Literatur sprechen

8. zur Angabe der Art und Weise:

ringraziare di cuore	von Herzen danken
di nascosto	heimlich
venire di corsa	angerannt kommen
vedere qd di buon occhio	jdn. gern sehen
vincere di misura	knapp gewinnen
acconsentire di mala voglia	ungern zustimmen

9. zur Angabe der Zeit:

di mattina/la mattina	morgens
di pomeriggio	nachmittags
di giorno/di notte	am Tag/bei Nacht
di lunedì/il lunedì	montags
d'estate/in estate	im Sommer

Aber: nachmittags um 3 Uhr *alle tre del pomeriggio*

10. zur Angabe des Grundes:

tremare di paura	vor Angst zittern
piangere di gioia	vor Freude weinen
morire di polmonite	an Lungenentzündung sterben
morire di parto	bei der Geburt sterben
soffrire di emicrania	unter Migräne leiden

Auch: *tremare dalla/per la paura*

11. zur Angabe einer Eigenschaft (vgl. auch § 150.1.1):

un ragazzo di spirito	ein geistreicher Junge
una ragazza di buon senso	ein Mädchen mit gesundem Menschenverstand
un uomo di valore	ein tüchtiger Mann
un pittore di talento	ein talentierter Maler
un uomo di poche parole	ein wortkarger Mann

12. zur Angabe des Alters und des Maßes:

una bambina di cinque anni	ein fünfjähriges Mädchen
un uomo di età avanzata	ein Mann in vorgerücktem Alter
un grattacielo di duecento metri	ein 200 Meter hoher Wolkenkratzer

13. zur Angabe der Differenz (Frage: um wie viel?):

Sono dimagrito (di) cinque chili.	Ich habe fünf Kilo abgenommen.
Il fatturato è aumentato del 10%.	Der Umsatz ist um 10% gestiegen.
Ho aperto la porta di pochi centimetri.	Ich habe die Tür wenige Zentimeter aufgemacht.
Suo fratello è di gran lunga più amabile.	Sein Bruder ist bei weitem liebenswürdiger.
Sono in ritardo di un mese con l'affitto.	Ich bin mit der Miete einen Monat im Rückstand.

14. zur Angabe des Materials (vgl. § 293.6):

un tavolo di marmo	ein Mamortisch
un sacchetto di plastica	eine Plastiktüte
oggetti di peltro	Gegenstände aus Zinn
un paio di guanti di camoscio	ein Paar Wildlederhandschuhe

Anmerkung: In übertragener Bedeutung kann nur *di* stehen: ein Herz aus Stein haben *avere un cuore di pietra.*

15. zur Angabe, in welcher Hinsicht etwas der Fall ist:

Il riso è giusto di sale?	Ist der Reis genug gesalzen?
La gonna mi sta larga di vita.	Der Rock ist mir in der Taille zu weit.
Il vestito mi sta stretto di spalle.	Das Kleid ist mir an den Schultern zu eng.
Silvia è delicata di stomaco.	Silvia hat einen empfindlichen Magen.

16. in Verbindung mit den folgenden Substantiven:

l'abbondanza di denaro	der Überfluss an Geld
l'assenza di luce	der Mangel an Licht
il bisogno di indipendenza	das Bedürfnis nach Unabhängigkeit
la causa del licenziamento	der Grund für die Entlassung

la chiave del successo	der Schlüssel zum Erfolg
il controllo di una regione	die Kontrolle über ein Gebiet
il desiderio di giustizia	der Wunsch nach Gerechtigkeit
un'ecedenza/un surplus di merce	ein Überschuss an Waren
un esempio di architettura gotica	ein Beispiel für gotische Architektur
l'ingresso del teatro	der Eingang zum Theater
la mancanza di esperienza	der Mangel an Erfahrung
la nostalgia della famiglia	das Heimweh nach der Familie
l'odore di gas	der Geruch nach Gas
l'offerta di parcheggi	das Angebot an Parkplätzen
la paura di atti di violenza	die Angst vor Gewalttaten
il pensiero della morte	der Gedanke an den Tod
la povertà di materie prime	die Armut an Bodenschätzen
la ricerca della verità	die Suche nach der Wahrheit
il ricordo di un avvenimento	die Erinnerung an ein Ereignis
un segno di maturità	ein Zeichen der/von Reife
la sete di denaro	die Geldgier
un sintomo di questa malattia	ein Symptom für diese Krankheit
la speranza di miglioramento	die Hoffnung auf Besserung
la via del successo	der Weg zum Erfolg
la voglia di caffè	die Lust auf Kaffee

(Adjektivergänzungen mit ***di*** vgl. § 161.4, Verben mit ***di***-Objekt vgl. § 202, Infinitiv mit ***di*** vgl. § 214, Präp. + ***di*** + Personalpronomen vgl. 115.3 Anm. 1)

17. in folgenden Ausdrücken und Wendungen:

essere l'ago della bilancia	das Zünglein an der Waage sein
uscire di strada	von der Straße abkommen
Tanti cari auguri di buon compleanno!	Herzlichen Glückwunsch zum Geburtstag!
essere di buon auspicio	ein gutes Vorzeichen sein
Rimango della mia idea.	Ich bleibe bei meiner Ansicht.
Che cosa non ti piace della scuola?	Was gefällt dir an der Schule nicht?
La notizia è già di dominio pubblico.	Die Nachricht ist schon allgemein bekannt.
Siamo di partenza/di passaggio.	Wir sind im Begriff abzufahren/ auf der Durchreise.
L'accusa è di rapina.	Die Anklage lautet auf Raub.

Unterscheide: *di solito* gewöhnlich – wie gewöhnlich *come al/il solito*

291 Die Präpositionen *fra/tra*

Die Präpositionen ***fra/tra*** werden unterschiedslos gebraucht. Um Anlautwiederholungen zu vermeiden, wird gelegentlich einer der beiden Formen der Vorzug gegeben. So sagt man beispielsweise stets *tra fratelli* 'unter Brüdern' aber *fra tre ore* 'in drei Stunden'.

Die Präpositionen ***fra/tra*** werden verwendet:

1. zur Wiedergabe der deutschen Präpositionen 'zwischen' und 'unter' (mehreren):

Fra le due case c'è un cortile.	Zwischen beiden Häusern liegt ein Hof.
Sedeva fra i genitori.	Er saß zwischen den Eltern.
Sarà tra noi anche il vescovo.	Es wird auch der Bischof unter uns sein.
Faccio il/la pendolare tra Milano e Torino.	Ich pendle zwischen Mailand und Turin.
Tra me lei c'è una differenza d'età di nove anni.	Zwischen mir und ihr besteht ein Altersunterschied von neun Jahren.
Il divario tra Nord e Sud, che esiste da sempre, si è accentuato negli ultimi anni.	Das Nord-Süd-Gefälle, das schon immer/von jeher existiert, hat sich in den letzten Jahren verschärft.
Fra i due è subito scoppiata la scintilla.	Zwischen den beiden hat es sofort gefunkt.
Tra noi è finita.	Zwischen uns ist es aus.
sia detto fra noi	unter uns gesagt
mescolarsi fra la gente	sich unter die Leute mischen
stringere qd fra le braccia	jdn. in die Arme schließen
seppellirsi tra i libri	sich in seinen Büchern vergraben
leggere tra le righe	zwischen den Zeilen lesen
la pace tra le nazioni	der Friede unter den Nationen
la parità tra i sessi	die Gleichheit zwischen den Geschlechtern
È un litigio fra marito e moglie.	Es ist ein Ehekrach.
Tra i due c'è un certo attrito da anni.	Die beiden haben seit Jahren ein gespanntes Verhältnis.
nella notte fra il 9 e il dieci	in der Nacht vom 9. auf den 10.
la separazione tra Stato e Chiesa	die Trennung von Staat und Kirche
Sono tre tra fratelli e sorelle.	Es/Sie sind drei Geschwister.

2. zur Angabe eines partitiven Verhältnisses:

C'è qualcuno tra (di) voi che conosce il suo indirizzo?	Kennt jemand von euch seine Adresse?
La leva è uno fra gli/degli strumenti più importanti inventati dall'uomo.	Der Hebel ist eines der bedeutendsten Werkzeuge, die vom Menschen erfunden wurden.

3. zur Wiedergabe der deutschen Präposition 'in' in der Bedeutung von 'nach Ablauf von':

Mio fratello tornerà fra una settimana.	Mein Bruder wird in einer Woche zurückkommen.
Tra pochi chilometri ci dev'essere una stazione di servizio.	Nach wenigen Kilometern muss es eine Tankstelle geben.
Lo vedremo fra quindici giorni.	Wir werden ihn in vierzehn Tagen sehen.
Tra poco verrà la mia fidanzata.	Bald wird meine Verlobte kommen.
Fra quanto saranno pronte le pizze?	Bis wann werden die Pizzen fertig sein/sind die Pizzen fertig?

4. in folgenden Wendungen:

tra le lacrime/fra i singhiozzi	unter Tränen/unter Schluchzen
tra l'altro	unter anderem
mettere una parola tra virgolette/parentesi	ein Wort in Anführungszeichen/Klammern setzen
parlare fra sé (e sé)	vor sich hin sprechen
essere tra la vita e la morte	zwischen Leben und Tod schweben
mettere il bastone tra le ruote a qd	jdm. (einen) Knüppel zwischen die Beine werfen
avere la testa tra le nuvole	mit dem Kopf woanders sein
mormorare fra i denti	in den Bart murmeln
la sigaretta tra le labbra	mit der Zigarette im Mund
Fra mangiare e bere ho speso quindici euro.	Für Essen und Trinken habe ich fünfzehn Euro ausgegeben.
Tra il dire e il fare/Dal dire al fare c'è di mezzo il mare.	Gesagt ist noch lange nicht getan.
Mi rispose fra allegro e ironico che ...	Er antwortete mir halb ironisch, dass ...
Prendimi fra le braccia.	Nimm mich in den Arm!

292 Die Präposition *fuori*

1. In der Regel wird die Präposition ***fuori*** mit der Präposition ***di*** verbunden:

fuori di Roma	außerhalb Roms
fuori d'Italia	außerhalb Italiens
fuori delle mura	außerhalb der Stadtmauern

Anmerkung: Folgt auf *fuori* ein Ortsadverb, so muss ebenfalls *di* stehen: *Fuori di qui!* – Hinaus!

2. Bei einigen Ausdrücken kann die Präposition *di* wegfallen:

fuori (di) città	außerhalb der Stadt
fuori (di) mano	abgelegen (Ortschaft)
fuori (di) programma	außerhalb des Programms

3. In folgenden Wendungen fehlt stets die Präposition *di:*

fuori combattimento	außer Gefecht
fuori gioco	abseits (Fußballspiel)
fuori pericolo (di vita)	außer (Lebens)Gefahr
fuori concorso	außer Konkurrenz
fuori servizio	außer Betrieb
fuori luogo	unangebracht/fehl am Platz
fuori orario	außerplanmäßig (Zug)
essere fuori eserzio/allenamento	aus der Übung sein
essere fuori portata di mano	außer Reichweite sein
andare fuori tema	das Thema verfehlen
giocare fuori casa	auswärts spielen
lavorare fuorisede	im Außendienst tätig sein

Merke: außer Kraft sein *non essere più in vigore*, außer Stande sein, etw. zu tun *non essere in grado/essere incapace di fare qc,* außer Puste sein *avere il fiatone/essere senza fiato*

4. Zur Bezeichnung der Herkunft wird die Präposition ***fuori*** mit der Präposition ***da*** verbunden:

Il ragazzo saltò fuori dalla cabina.	Der Junge sprang aus der Kabine.
L'hai tirato fuori dai guai.	Du hast ihm aus der Patsche geholfen.

Die Präposition *in* 293

Die Präposition ***in*** wird gebraucht:

1. zur Angabe des Ortes (wo?):

essere in Spagna	in Spanien sein
nel centro di Torino	im Zentrum Turins
abitare in periferia	am Stadtrand wohnen
nei dintorni di Roma	in der Umgebung Roms
essere in città	in der Stadt sein
giocare in/per strada/in/nel cortile	auf der Straße/im Hof spielen
abitare in via Manzoni	in der Manzonistraße wohnen
incontrarsi in piazza San Pietro	sich auf dem Petersplatz treffen
lasciare la macchina nel parcheggio	das Auto auf dem Parkplatz abstellen
lavorare in fabbrica/in cantiere	in der Fabrik/auf dem Bau arbeiten
essere in ufficio	im Büro sein
speculare in borsa	an der Börse spekulieren
fare colazione in camera	im Zimmer frühstücken
vivere in campagna	auf dem Land leben
in spiaggia	am Strand
nelle zone rurali	in den ländlichen Gebieten
Sono in divieto di sosta/in sosta vietata.	Ich stehe im Halteverbot.
Ho trovato questo passo nel Boccaccio.	Ich habe diese Stelle bei Boccaccio gefunden.
lavorare nell'orto/nel campo	im Garten/auf dem Feld arbeiten
in alto mare	auf hoher See
dormire in tenda/sotto la tenda	im Zelt schlafen
in cielo	am Himmel
Nel quadro/dipinto/Nella pittura è raffigurata la Madonna.	Auf dem Bild/Gemälde ist die Mutter Gottes dargestellt.
in un affresco/nella volta della Cappella Sistina/nella parete di fondo	auf einem Fresco/auf dem Gewölbe der Sixtinischen Kapelle/auf der hinteren Wand
in campo artistico/nel campo dell'arte	auf künstlerischem Gebiet/auf dem Gebiet der Kunst
nella foto accanto	auf dem Foto daneben
nelle pagine seguenti	auf den folgenden Seiten

Aber: *sulla bellissima Piazza del Campo* auf der wunderschönen Piazza del Campo

2. zur Richtungsangabe (wohin?):

andare in Francia/Toscana	nach Frankreich/in die Toskana fahren
andare in Costa Azzurra	an die Côte d'Azur fahren
Il bambino è stato rapito e portato in Germania.	Das Kind wurde nach Deutschland entführt.
uscire in/sulla terrazza	auf die Terrasse hinausgehen
passare in salotto/sala da pranzo	ins Wohn-/Esszimmer gehen
scendere in cantina	in den Keller hinuntergehen
sedersi/mettersi in poltrona	sich in den Sessel setzen
andare in farmacia/discoteca	in die Apotheke/Diskothek gehen
entrare in porto	in den Hafen einfahren
andare in montagna	in die Berge fahren
andare in asilo	in den Kindergarten gehen
andare in cielo	in den Himmel kommen
in direzione (del) centro	in Richtung Stadtmitte
scendere in piazza	auf die Straße gehen/demonstrieren
andare/scendere in politica	in die Politik gehen
È stato promosso in terza.	Er ist in die dritte Klasse versetzt worden.

Aber: *entrare a Roma* in Rom einrücken; *Vado a fare la sauna.* – Ich gehe in die Sauna.

3. zur Angabe der Zeit:

nei prossimi giorni	in den nächsten Tagen
in questo week-end	an diesem Wochende
nell'ultima guerra	im letzten Krieg
nell'antichità	im Altertum/in der Antike
in età romana	in römischer Zeit
nel Medioevo	im Mittelalter
nella seconda metà del 1200	in der zweiten Hälfte des 13. Jahrhunderts
nel periodo delle Signorie	zur Zeit der Signorie
nel Sette-Ottocento	im 18./19. Jahrhundert
nel secondo dopoguerra	in der Zeit nach dem 2. Weltkrieg
negli anni '60/Sessanta/sessanta	in den sechziger Jahren
nel Natale dell'80	Weihnachten 1980
in primavera/in/d'estate	im Frühling/Sommer
in piena estate	im Hochsommer
in alta/bassa stagione	in der Hochsaison/Nebensaison

nell'ora/nelle ore di punta	in der Hauptverkehrszeit
in età prescolare	im Vorschulalter
in/d'autunno/in/d'inverno	im Herbst/Winter
in maggio/giugno/settembre	im Mai/Juni/September
in giornata/mattinata	im Laufe des Tages/vormittags
in un batter d'occhio	im Nu
Ho letto il romanzo in cinque ore.	Ich habe den Roman in fünf Stunden gelesen.
nello/allo stesso tempo	zur selben Zeit
(in) uno di questi giorni	in den nächsten Tagen
nei giorni feriali/festivi	an den Werktagen/Feiertagen
(In) che anno/mese/giorno sei nato?	In welchem Jahr/Monat/an welchem Tag bist du geboren?
In che giorno della settimana c'è il mercato qui? – Tutti i giovedì.	An welchem Tag ist hier Wochenmarkt? – Jeden Donnerstag.
in una mattinata così bella	an einem so schönen Vormittag
nel futuro	in der Zukunft
in un futuro non troppo lontano	in einer nicht zu fernen Zukunft

Auch: *a maggio*

Aber: *la seconda domenica di aprile* am zweiten Sonntag im April, *un martedì mattina* an einem Dienstagmorgen

4. zur Angabe der Art und Weise:

vestirsi in fretta	sich in Eile anziehen
guardarsi in silenzio	sich schweigend ansehen
dire qc in tono scherzoso	etw. in scherzhaftem Ton sagen
camminare in punta di piedi	auf Zehenspitzen gehen
stampato in corsivo	kursiv gedruckt
scrivere qc in stampatello	etw. in Blockschrift schreiben
in questo modo/nello/allo stesso modo	auf diese/dieselbe Weise
rispondere in coro	im Chor antworten
segnato in rosso	rot gekennzeichnet
in via amichevole	auf gütlichem Weg
pagare in contanti/in dollari	bar/in Dollar zahlen
Il romanzo va letto in chiave psicoanalitica.	Den Roman muss man unter einem psychoanalytischen Gesichtspunkt lesen.
vedere la vita in una prospettiva religiosa	das Leben aus einem religiösen Blickwinkel betrachten
palazzi in stile liberty	Jugendstilhäuser
stare in topless	oben ohne sein

5. zur Angabe des Fortbewegungsmittels:

andare in bicicletta/macchina/treno	mit dem Fahrrad/Auto/Zug fahren
andare in autobus/pullman/aereo	mit dem Bus/Reisebus fahren/fliegen

Anmerkung: In diesen Fällen ist auch die Verwendung der Präposition *con* + Artikel möglich (vgl. §§ 40.9 Anm. 1-2, 288.2). Immer: *L'aereo con cui sono arrivato era in ritardo.* – Das Flugzeug, mit dem ich ankam, hatte Verspätung; *con la mia vecchia bicicletta* mit meinem alten Fahrrad

6. zur Angabe des Materials (vgl. § 290.14):

una statua in marmo	eine Marmorstatue
un cancello in ferro battuto	ein schmiedeeisernes Gartentor
una borsa in vera pelle	eine Tasche aus echtem Leder

7. Substantive mit *in*-Ergänzung:

la fiducia nello Stato	das Vertrauen in den Staat
la partecipazione nella vita della scuola	die Teilnahme am Schulleben
uno specialista in pediatria	ein Facharzt für Kinderheilkunde
la speranza in un mondo pacificato	die Hoffnung auf eine befriedete Welt
la trasformazione dello zucchero in alcol	die Umwandlung von Zucker in Alkohol

Aber: *uno specialista di diritto commerciale/lingue antiche* ein Spezialist für Handelsrecht/alte Sprachen

8. Wendungen:

in coda al treno	am Zugende
essere in cerca di lavoro	auf Arbeitssuche sein
in vista di un fine comune	im Hinblick auf ein gemeinsames Ziel
arrivare in anticipo/tempo/ritardo	zu früh/rechtzeitig/zu spät ankommen
Tutti i documenti sono in regola.	Alle Papiere sind in Ordnung.
essere in quattro	zu viert sein
La Fiat mi ha preso in pieno.	Der Fiat hat mich voll erwischt.
In fondo hai ragione.	Im Grunde hast du Recht.
Acqua in bocca!	Still!/Kein Wort darüber!

In bocca al lupo.	Hals- und Beinbruch!
cogliere qd in fallo	jdn. auf frischer Tat ertappen
prendere qd in parola	jdn. beim Wort nehmen
essere in stato interessante	in anderen Umständen sein
essere/stare in piedi	stehen
bere qc in un sorso	etw. mit einem Schluck trinken
Abbiamo fatto Torino-Firenze in una tirata.	Wir sind von Turin nach Florenz durchgefahren.
venire in visita	zu Besuch kommen.
Ti voglio chiedere due libri in prestito.	Ich möchte mir von dir zwei Bücher ausleihen.
Che cosa mi dai in cambio?	Was gibst du mir dafür?
ricevere qc in regalo	etw. geschenkt bekommen
X in arte Y	X mit Künstlernamen Y
Giovanna Pellegrini in Rossi	Giovanna Pellegrini, verheiratete Rossi
Il calcio è uno sport che in Italia praticano in molti.	Fußball ist ein Sport, den in Italien viele ausüben.
In quanti venite a cena?	Zu wievielt kommt ihr zum Abendessen?
Rimanga in linea.	Bleiben Sie am Apparat.
essere in corso di stampa	im Druck sein
andare in tilt	abstürzen (Computer)
essere in partenza	abfahrbereit sein
abitare/essere in affitto	zur Miete wohnen
essere in rosso	in den roten Zahlen sein
essere di nuovo in attivo	wieder in die schwarzen Zahlen kommen
assumere qd in prova	jdn. auf Probe einstellen
essere in osservazione	unter Beobachtung stehen [med.]
essere in gita scolastica	auf Klassenfahrt sein
essere in malattia	krankgeschrieben sein
essere in coda	im Stau stehen
essere in onda	auf Sendung sein
mettere in gioco qc	etw. aufs Spiel setzen
entrare/essere in menopausa/ nel climaterio	in die Wechseljahre kommen/in den Wechseljahren sein
nominato in precedenza	vorher genannt
finire/terminare in vocale	auf einen Vokal enden
L'industria è in ripresa.	Die Industrie befindet sich im Aufschwung.
in rapporto di 3 a 1	im Verhältnis 3:1
acquistare i biglietti in prevendita	die Karten im Vorverkauf besorgen

Merke: Y mit bürgerlichem Namen X *Y per lo stato civile X*,
Giovanna Rossi, geborene Pellegrini *Giovanna Rossi, nata Pellegrini*,
mit Verspätung ankommen *arrivare in ritardo*,
mit großer Verspätung ankommen *arrivare con molto ritardo*,
mit einer Stunde Verspätung ankommen *arrivare con un ritardo di un'ora/con un'ora di ritardo*,
auf einen betonten Vokal enden *terminare con una vocale accentata*

294 Die Präposition *per*

Die Präposition ***per*** wird verwendet:

1. zur Angabe des Ortes (wo?):

Il bambino era seduto per terra.	Das Kind saß auf dem Boden.
Sono caduto per le scale.	Ich bin auf der Treppe gefallen.
I bambini giocano per/in strada.	Die Kinder spielen auf der Straße.

2. zur Angabe der Richtung in Verbindung mit bestimmten Verben (wohin?):

partire per Roma/per la Francia	nach Rom/Frankreich fahren/reisen
imbarcarsi per la Grecia	sich nach Griechenland einschiffen
La nave è salpata per Olbia.	Das Schiff ist nach Olbia abgefahren.
L'aereo prosegue per Milano.	Das Flugzeug fliegt nach Mailand weiter.
cadere/buttare per terra.	auf den Boden fallen/werfen

3. zur Angabe der Bewegung durch einen Raum:

Abbiamo viaggiato per l'Italia.	Wir sind durch Italien gereist.
Passarono per questo ponte.	Sie gingen über diese Brücke.
Il fiume Arno passa per Firenze.	Der Arno fließt durch Florenz.
Il bosco si estende per qualche chilometro.	Der Wald erstreckt sich über einige Kilometer.
per monti e per valli	über Berg und Tal
Il ladro è entrato per la finestra.	Der Dieb ist durch das Fenster eingestiegen.
Abbiamo fatto un giro per negozi.	Wir haben einen Einkaufsbummel gemacht.
Ho proseguito per Udine.	Ich bin nach Udine weitergefahren.

4. zur Angabe der Zeitdauer:

Sono andato a scuola in bicicletta per tutto l'inverno.	Ich bin den ganzen Winter über mit dem Fahrrad in die Schule gefahren.
Ho atteso il tram per mezz'ora.	Ich habe eine halbe Stunde lang auf die Straßenbahn gewartet.
La cura dentaria si è protratta per tre settimane.	Die Zahnbehandlung hat sich über drei Wochen hingezogen.
Il calciatore tedesco ha firmato un contratto per due anni.	Der deutsche Fußballspieler hat einen Zweijahresvertrag unterschrieben.
Ho ascoltato musica per tutta la serata.	Ich habe den ganzen Abend Musik gehört.

5. zur Angabe des Grundes:

sposarsi per amore	aus Liebe heiraten
piangere per un nonnulla	wegen jeder Kleinigkeit weinen
uccidere per gelosia	aus Eifersucht töten
fare qc per dispetto/distrazione	etw. aus Trotz/Versehen tun
prendere una multa per eccesso di velocità	wegen Geschwindigkeitsübertretung eine Geldstrafe bekommen
per guida in stato di ebbrezza	wegen Trunkenheit am Steuer
per rapina a mano armata	wegen bewaffneten Raubüberfalls
per spaccio di droga	wegen Rauschgifthandels
assolvere qd per mancanza di prove	jdn. wegen Mangels an Beweisen freisprechen
per ragioni di famiglia/salute	aus familiären/gesundheitlichen Gründen
per curiosità	aus Neugier
Per quale ragione?	Aus welchem Grund?
Questa è la ragione/Questo è il motivo per cui ...	Das ist der Grund, weshalb ...
per paura dell'Aids	aus Angst vor Aids
Grazie per la sua gentilezza.	Danke für Ihre Freundlichkeit.
chiuso per lutto	wegen Trauerfalls geschlossen
Il numero dei morti per droga è aumentato.	Die Zahl der Drogentoten ist gestiegen.
C'è una deviazione per lavori.	Es gibt eine Umleitung wegen einer Baustelle.

6. zur Angabe des Mittels:

comunicare qc per telefono/fax/lettera/e-mail	etw. telefonisch/per Fax/brieflich/per E-Mail mitteilen
rispondere per iscritto	schriftlich antworten
mandare qc per posta/via aerea	etw. mit der Post/auf dem Luftweg schicken
(per) via terra	auf dem Landweg
afferrare/tirare qd per i capelli	jdn. an den Haaren packen/ziehen
prendere un bambino per mano	ein Kind an die Hand nehmen

Auch: *tirare i capelli a qd* jdn. an den Haaren ziehen

7. zur Angabe der Art und Weise:

dire qc per (i)scherzo	etw. im Spaß sagen
per le vie diplomatiche	auf diplomatischem Wege
Sono venuto a saperlo per vie traverse.	Ich habe es auf Umwegen erfahren.
Ognuno paga per conto suo.	Jeder zahlt für sich.
Si è salvato per miracolo.	Er ist wie durch ein Wunder mit dem Leben davongekommen.
spedire una lettera per raccomandata.	einen Brief als Einschreiben schicken
Gli uomini si prendono per la gola.	Liebe geht durch den Magen.
agire per legittima difesa	in Notwehr handeln
parlare per enigma	in Rätseln sprechen
per ordine alfabetico	in alphabetischer Reihenfolge

8. zur Angabe der Bestimmung, des Ziels und des Zwecks:

Questo è per te.	Das ist für dich.
Farebbe qualsiasi cosa per i suoi figli.	Er/Sie würde alles seine/ihre Kinder tun.
Quel ragazzo non fa per te.	Dieser Junge ist nichts für dich.
Questo non è pane per i miei denti.	Das ist nichts für mich./Das ist ein zu harter Brocken für mich.
Mio marito è in Francia per affari.	Mein Mann ist geschäftlich in Frankreich.
un vestito per tutte le occasioni	ein Kleid für alle Gelegenheiten
la lotta per l'esistenza	der Kampf ums Dasein
sacrificarsi per la famiglia	sich für die Familie aufopfern

combattere/lottare per la giustizia	für die Gerechtigkeit kämpfen
studiare per l'esame	für die Prüfung lernen
allenarsi per le Olimpiadi	für die Olympiade trainieren
Abbiamo risparmiato per (fare) questo viaggio.	Wir haben für diese Reise gespart.
agire per conto di qd	in jds. Auftrag handeln
lavorare per il comune	bei der Gemeinde arbeiten
pastiglie per/contro la tosse	Hustenbonbons
per i suoi settanta anni	zu seinem/ihren 70. (Geburtstag)
per passatempo	zum Zeitvertreib
per Vostra informazione	zu Ihrer Kenntnisnahme
Per tua norma e regola!	Lass dir das gesagt sein!
fare un'eccezione per qd	bei jdm. eine Ausnahme machen

9. zur Angabe, in welcher Hinsicht eine Aussage zutrifft:

superare qd per intelligenza	jdn. an Intelligenz übertreffen
Maria è molto grande per la sua età.	Maria ist sehr groß für ihr Alter.
essere simile per carattere	dem Charakter nach ähnlich sein
L'Italia è il fanalino di coda per numero di trapianti effettuati.	Italien ist das Schlusslicht, was die Zahl durchgeführter Transplantationen betrifft.

10. in Verbindung mit folgenden Substantiven:

l'amore per la natura	die Liebe zur Natur
il treno per Napoli	der Zug nach Neapel
la coincidenza per Verona	der Anschluss nach Verona
l'impegno per la pace	das Engagement für den Frieden
l'interesse per la pittura	das Interesse an der Malerei
la lotta per l'indipendenza	der Kampf für die Unabhängigkeit
la simpatia per una persona	die Sympathie für eine Person

11. in folgenden Ausdrücken und Wendungen:

Per carità!	Um Himmelswillen!
per la verità	offen gestanden
Per poco finivo sotto il tram.	Beinahe wäre ich unter die Straßenbahn gekommen.
Che cosa s'intende per 'nepotismo'?	Was versteht man unter 'Nepotismus'?

Non lo farei per tutto l'oro del mondo.	Ich würde es um alles in der Welt nicht tun.
Occhio per occhio, dente per dente.	Auge um Auge, Zahn um Zahn.
per la prima volta	zum ersten Mal
per/ad esempio	zum Beispiel
il dieci per cento	zehn Prozent
per forza	notgedrungen
Per compito fate ...	Als Hausaufgabe macht ihr ...
Mi fa piacere per te.	Es freut mich für dich.
per quanto mi riguarda	was mich betrifft
per quanto grande sia	wie groß er auch sein mag
Chiudi la finestra, per favore.	Schließe bitte das Fenster!
Come facciamo per i biglietti? – Purtroppo io non posso andare a prenderli.	Wie machen wir es mit den Karten? – Ich kann sie leider nicht holen.
15 anni per la precisione	15 Jahre genauer gesagt/um genauer zu sein
per di qua	hier entlang
Per il momento non vogliono sposarsi.	Im Augenblick wollen sie noch nicht heiraten.
Siamo amici per la pelle.	Wir sind unzertrennliche Freunde.
per la maggior parte	zum größtenTeil
Non mi piace per niente.	Es gefällt mir überhaupt nicht.
andare per le lunghe	sich in die Länge ziehen

Aber: *Con la parola 'nepotismo' s'intende/si indica ...* – Unter dem Wort 'Nepotismus' versteht man/Mit dem Wort 'Nepotismus' bezeichnet man ...

(Adjektivergänzungen mit ***per*** vgl. § 161.6, Verben mit ***per***-Objekt vgl. § 207, Infinitiv mit ***per*** vgl. § 217.3)

295 Die Präposition *sotto*

Die Präposition *sotto* wird gebraucht:

1. zur Angabe des Ortes (wo? und wohin?):

sotto l'armadio/sotto di noi	unter dem/den Schrank/unter uns
dormire sotto la tenda/in tenda	im Zelt schlafen
sotto il sole cocente	unter der sengenden Hitze
prendere il pacco sotto il braccio	das Paket unter den Arm nehmen

2. zur Angabe der Zeit:

sotto il governo dei Medici	unter der Regierung der Medici
sotto le vacanze	in der Ferienzeit

3. in folgenden Ausdrücken und Wendungen:

alici sott'olio	in Öl eingelegte Sardellen
camminare sotto la pioggia	im Regen gehen
sotto pressione/controllo	unter Druck/Kontrolle
essere sotto stress	unter Stress stehen
essere sotto esami	im Examen stehen
sotto gli occhi di tutti	vor aller Augen
vendere sotto banco	unter der Hand verkaufen
buttarsi sotto il treno	sich vor den Zug werfen
sotto l'influenza della droga	unter Drogeneinfluss
sotto l'effetto di sostanze stupefacenti	unter der Einfluss von Rauschmitteln
mettere qc sotto chiave	etw. wegsperren
tenere qc sotto chiave	etw. unter Verschluss halten
essere sotto il tiro di qd/qc	im Kreuzfeuer von jdm./etw. stehen
dichiarare qc sotto giuramento	etw. unter Eid aussagen
essere sotto osservazione	unter Beobachtung stehen [med.]
sotto questo punto di vista	unter diesem Gesichtspunkt

Die Präposition *su* 296

Die Präposition ***su*** wird gebraucht:

1. zur Angabe des Ortes (wo?):

Il libro è sul banco/sulla scrivania.	Das Buch liegt auf der Bank/dem Schreibtisch.
Sulla destra c'è un bar.	Auf der rechten Seite ist eine Bar.
sul bordo della strada	am Straßenrand
sul marciapiede	auf dem Gehsteig
essere/stare seduto sulla sedia	auf dem Stuhl sitzen
camminare sulla neve	im Schnee gehen
giocare sul pavimento/sulla spiaggia	auf dem Fußboden/am Strand spielen
Heidelberg si trova sul Neckar.	Heidelberg liegt am Neckar.
sulla terraferma	auf dem Festland

sbarcare sull'/all'/nell'isola di Capri	auf der Insel Capri an Land gehen
La nave naufragò sulla costa francese.	Das Schiff erlitt vor der französischen Küste Schiffbruch.
Questo paese è a trecento metri sul livello del mare.	Dieses Dorf liegt dreihundert Meter über dem Meeresspiegel.
sull'autostrada Firenze-Bologna	auf der Autobahn Florenz-Bologna
sull'orlo della strada/del fallimento	am Straßenrand/am Rande des Bankrotts
sulla costa adriatica	an der Adriaküste
una casa sul lago	ein Haus am See
una città sul mare	eine Stadt am Meer
sulle rive del fiume Adige	an den Ufern des Flusses Etsch
Lui sta sempre sui libri.	Er sitzt immer über den Büchern.
Che cosa c'è di nuovo sul giornale?	Was gibt es Neues in der Zeitung?
Non riesco a trovare il suo numero sull'elenco telefonico.	Ich kann seine Nummer im Telefonverzeichnis nicht finden.
C'è un messaggio sulla mia segreteria telefonica.	Ich habe eine Nachricht auf meinem Anrufbeantworter.
figurare sulla lista	auf der Liste stehen
L'ho incontrato sul treno.	Ich habe ihn im Zug getroffen.
avere una cicatrice sul viso/ginocchio	eine Narbe im Gesicht/am Knie haben
sul retro del formulario	auf der Rückseite des Formulars
salvare su CD	auf CD speichern
Ce l'ho sulla punta della lingua.	Es liegt mir auf der Zunge.
Trasmettono il concerto sulla rete 2, alle 21.	Das Konzert wird um 21 Uhr im 2. Programm übertragen.
sulla carta geografica	auf der Landkarte
sul mercato internazionale/del lavoro/nero	auf dem internationalen Markt/auf dem Arbeitsmarkt/Schwarzmarkt
sul luogo dell'incidente	am Unfallort
Mio cognate ha avuto un infortunio sul lavoro.	Mein Schwager hatte einen Arbeitsunfall.
Il fulmine si è abbattuto sul campanile.	Der Blitz hat in den Kirchturm eingeschlagen.

Aber: *Le mele le compro al mercato.* – Die Äpfel kaufe ich auf dem Markt.

Anmerkung: Erscheint *su* vor dem unbestimmten Artikel, kann die Präposition *di* eingeschoben werden: *su di un manifesto pubblicitario* auf einem Plakat, *su di un'isola* auf einer Insel.

2. zur Angabe der Richtung (wohin?):

sedersi su una panchina	sich auf eine Bank setzen
sedersi sulle ginocchia di qd	sich auf jds. Schoß setzen
salire sul Vesuvio/tram/treno/ sull'autobus	auf den Vesuv/in die Straßenbahn/ in den Zug/Bus steigen
uscire sul balcone/sulla/in terrazza/sulla/in veranda	auf den Balkon/die Terrasse/die Veranda gehen
buttarsi sul letto	sich auf das Bett fallen lassen
arrampicarsi sull'albero	auf den Baum klettern
andare sulla costa azzurra	an die Côte d'Azur fahren
volare/andare sulla Luna	zum Mond fliegen

3. zur ungefähren Zeit-, Alters-, Zahl- und Gewichtsangabe:

sul mezzogiorno	um die Mittagszeit
sul volgere del secolo	um die Jahrhundertwende
sul far del giorno	bei Tagesanbruch
un uomo sui trenta	ein Mann um die dreißig
Ho speso sui trenta euro.	Ich habe an die 30 Euro ausgegeben.
Peso sui novanta chili.	Ich wiege um die neunzig Kilo.

4. zur Angabe des Themas:

un film sulla vita dei pescatori	ein Film über das Leben der Fischer
un articolo sull'inquinamento delle acque	ein Artikel über die Verunreinigung der Gewässer
tenere una conferenza sulla tutela dell' ambiente	einen Vortrag über den Umweltschutz halten
presentare una relazione sul Risorgimento	ein Referat über das Risorgimento halten
la legge sulla droga/sul divorzio	das Drogengesetz/Scheidungsgesetz
discutere su problemi economici	über wirtschaftliche Probleme diskutieren
parlare sulla scoperta dell'America	über die Entdeckung Amerikas sprechen
informazioni sul volo	Informationen über den Flug
spiegazioni sui piatti	Erklärungen zu den Speisen
Voglio dire la mia opinione su questo argomento.	Ich will meine Meinung zu diesem Thema sagen.

5. in folgenden Ausdrücken und Wendungen:

cogliere qd sul fatto	jdn. auf frischer Tat ertappen
morire sul colpo	auf der Stelle tot sein
essere sulla bocca di tutti	in aller Munde sein
sul serio	im Ernst
un vestito fatto su misura	ein Anzug nach Maß
stare sull'avviso	auf der Hut sein
su invito di qd	auf jds. Einladung
sull'esempio di qd	nach jds. Beispiel
sul modello di altri paesi	nach dem Vorbild anderer Länder
sulla falsariga dei francesi	nach dem Beispiel der Franzosen
su/dietro appuntamento	nach Vereinbarung
su proposta di qd	auf jds. Antrag
essere sul punto di fare qc	im Begriff sein, etw. zu tun
Gli batté la porta sul muso.	Er schlug ihm die Tür vor der Nase zu.
Hai fatto errori su errori.	Du hast Fehler über Fehler gemacht.
cinque italiani su dieci	fünf von zehn Italienern
Siamo tutti sulla stessa barca.	Wir sitzen alle im gleichen Boot.
Quel supermercato è aperto 24 ore su 24.	Dieser Supermarkt hat rund um die Uhr geöffnet.
Mi hanno ritenuto il 5% sullo stipendio.	Sie haben mir 5% meines Gehaltes/ von meinem Gehalt einbehalten.
riportare la vittoria su qd	den Sieg über jdn. davontragen
L'autore gioca sul doppio senso della parola.	Der Autor spielt mit der doppelten Bedeutung des Wortes.
toccare qd sul/nel vivo	jdn. an seinem wunden Punkt treffen
andare su tutte le furie	in Wut geraten
andare sul sicuro	auf Nummer sicher gehen
liberare qd su cauzione	jdn. gegen Kaution freilassen
contare sulle dita	an den Fingern abzählen
avere un vantaggio su qd	einen Vorteil vor jdm. haben
trovarsi sull'orlo del fallimento	am Rande des Bankrotts stehen
navigare su/in Internet	im Internet surfen
Chiamami sul cellulare!	Ruf mich auf dem Handy an!
stare sulla difensiva	defensiv/aus der Defensive spielen
darsi la zappa sui piedi	sich ins eigene Fleisch schneiden
Non sono d'accordo con te su tutto.	Ich stimme nicht in allem mit dir überein.
sul più bello	gerade im schönsten Augenblick

(Verben mit ***su***-Objekt vgl. § 205)

6. in Verbindung mit folgenden Substantiven:

l'addebito sul conto	die Abbuchung vom Konto
annotazioni su alcuni punti poco chiari	Anmerkungen zu einigen unklaren Punkten
gravi conseguenze sulla salute	schlimme Folgen für die Gesundheit
il diritto su qc	das Recht auf etw.
domande sul testo	Fragen zum Text
l'effetto su qd/qc	die Wirkung auf jdn./etw.
il fallo su Messi	das Foul an Messi
l'imposta sul valore aggiunto	die Mehrwertsteuer
l'influenza/l'influsso su qd/qc	der Einfluss auf jdn./etw.
il potere su qd/qc	die Macht über jdn./etw.
il predominio su qc	die Vorherrschaft über etw.
la pressione sugli operai	der Druck auf die Arbeiter
il riflesso su qc	die Auswirkung auf etw.
la ripercussione di qc	die (negative) Auswirkung auf etw.
la supremazia su qc	die Vorherrschaft über etw.
il vantaggio su/rispetto a qc	der Vorteil gegenüber etw.
la vendetta su qd	die Rache an jdm.
la violenza sulle donne	die Gewalt gegen Frauen
la vista sul mare	der Blick aufs Meer
la vittoria su qd	der Sieg über jdn.

Verbindungen mit zwei Präpositionen 297

Einige wenige Präpositionen können miteinander verbunden werden. Meistens handelt es sich dabei um eine Kombination aus Orts- und Richtungsangabe:

Me l'ha portato via da sotto il naso.	Er/Sie hat es mir vor der Nase weggeschnappt.
guardare qd da dietro le spalle di qd	jdm. über die Schulter sehen
È stata ritrovata la macchina fotografica sparita misteriosamente da dentro la borsa da viaggio.	Der auf geheimnisvolle Art aus der Reisetasche verschwundene Fotoapparat ist wiedergefunden worden.
Mi ero accorto che qualcuno mi guardava da dietro le spalle.	Ich hatte bemerkt, dass mir jemand über die Schulter schaute.

298 Adverbial gebrauchte Präpositionen

Einige Präpositionen können adverbial gebraucht werden:

Abitiamo accanto/sotto/sopra/ vicino/lontano/a destra/a sinistra.	Wir wohnen nebenan/unten/oben/ in der Nähe/weit weg/rechts/links.
Mario stava seduto davanti/ dietro/di fronte.	Mario saß vorn/hinten/gegenüber.
Andiamo fuori/dentro!.	Gehen wir hinaus/hinein!
Ho votato contro.	Ich habe dagegen gestimmt.
Ci penserò su.	Ich werde darüber nachdenken.
Vieni su?	Kommst du hoch?
Allora faremo senza.	Dann werden wir ohne auskommen.

Kapitel 25 Die Struktur des italienischen Satzes
(la struttura della frase italiana)

Der Form nach unterscheidet man zwischen einfachen Sätzen (frasi semplici) und zusammengesetzten Sätzen (frasi complesse). Ein einfacher Satz ist stets ein Hauptsatz. Ein zusammengesetzter Satz besteht entweder aus zwei oder mehr aneinander gereihten Hauptsätzen (proposizioni principali coordinate) oder aus einem Hauptsatz und einem oder mehreren Nebensätzen (proposizioni subordinate), die vom Hauptsatz abhängen Dem Inhalt nach unterscheidet man Aussagesätze (frasi enunciative), Fragesätze (frasi interrogative), Aufforderungssätze (frasi imperative) und Ausrufesätze (frasi esclamative).

Die Struktur des einfachen Satzes 299

In der folgenden Übersicht sind die wichtigsten Typen des einfachen Satzes zusammengestellt. Die Satzglieder erscheinen in der üblichen Reihenfolge (zur Umkehrung der Reihenfolge von Subjekt und Prädikat vgl. § 300, zur Stellung der übrigen Satzglieder vgl. §§ 301-307, zur Hervorhebung bestimmter Satzglieder vgl. § 308):

1. finites Verb:

Piove.	Es regnet.
Tuona.	Es donnert.

Anmerkung: In diesem Fall bleibt dt. 'es' unausgedrückt.

2. finites Verb + direktes Objekt (zum Gebrauch der Subjektpronomen vgl. § 113):

Leggo il giornale.	Ich lese die Zeitung.
Impariamo il tedesco.	Wir lernen Deutsch.

3. Subjekt + Verb:

I bambini giocano.	Die Kinder spielen.
Le ragazze ridono.	Die Mädchen lachen.

4. Subjekt + Verb + direktes Objekt:

La scimmia mangia una banana.	Der Affe isst eine Banane.
L'Italia ha sempre attirato gli stranieri.	Italien hat immer Fremde angezogen.

5. Subjekt + Verb + indirektes Objekt:

Mia figlia scrive al suo ragazzo.	Meine Tochter schreibt ihrem Freund.
Mario telefona ai genitori.	Mario ruft die Eltern an.

6. Subjekt + Verb + direktes Objekt + indirektes Objekt:

Il medico ha dato questo consiglio al mio amico.	Der Arzt hat meinem Freund diesen Rat gegeben.
La studentessa non ha restituito il libro al professore.	Die Studentin hat dem Professor das Buch nicht zurückgegeben.

Anmerkung 1: Dieselbe Reihenfolge gilt auch im Nebensatz: *Mio padre è arrabbiato perché suo fratello ha raccontato la faccenda a tutti.* – Mein Vater ist böse, weil sein Bruder allen die Angelegenheit erzählt hat.

Anmerkung 2: Grundsätzlich geht das Subjekt dem Prädikat voraus, auch dann, wenn eine adverbiale Bestimmung am Anfang des Satzes steht: *La settimana scorsa Roberto ha scritto una lettera ai genitori.* – Letzte Woche hat Roberto seinen Eltern einen Brief geschrieben.

7. Subjekt + Verb + präpositionales Objekt:

Il mio amico si è iscritto all'università di Heidelberg.	Mein Freund hat sich an der Universität Heidelberg eingeschrieben.

8. Subjekt + Verb + direktes Objekt + präpositionales Objekt:

Il bambino ha ringraziato i nonni per il regalo.	Das Kind hat den Großeltern für das Geschenk gedankt.
La nonna ha riconosciuto il nipote dalla voce.	Die Großmutter hat den Enkel an der Stimmt erkannt.

9. Subjekt + Verb + indirektes Objekt + präpositionales Objekt:

Marco ha parlato al suo collega del suo viaggio.	Marco hat seinem Kollegen von seiner Reise erzählt.

Anmerkung: Dieser Satztyp ist selten.

10. Subjekt + *essere* + Prädikatsnomen:

Mio padre è impiegato.	Mein Vater ist Angestellter.
Mia moglie è segretaria.	Meine Frau ist Sekretärin.

11. Subjekt + Verb + Prädikativum:

Mia cognata è morta giovane.	Meine Schwägerin ist jung gestorben.
Le misure risultarono insufficienti.	Die Maßnahmen erwiesen sich als unzureichend.

12. Subjekt + Verb + direktes Objekt + Prädikativum:

I miei genitori hanno lasciato il riscaldamento spento.	Meine Eltern haben die Heizung aus gelassen.
L'occasione fa l'uomo ladro.	Gelegenheit macht Diebe.

Anmerkung: Das Prädikativum kann dem direkten Objekt aus stilistischen Gründen auch vorangehen: *La ditta vuole tenere bassi i costi di produzione.* – Die Firma will die Produktionskosten niedrig halten.

Die Umkehrung der Reihenfolge von Subjekt und Prädikat 300

Abweichend von der Grundregel steht das Subjekt nach dem Prädikat

1. wenn das Subjekt den Schwerpunkt der Aussage bildet:

In quel momento venne fuori Mario.	In diesem Augenblick kam Mario heraus.
In un incidente sull'autostrada hanno perso la vita quattro persone.	Bei einem Unfall auf der Autobahn sind vier Menschen ums Leben gekommen.
Ai danni si aggiungono le beffe.	Wer den Schaden hat, braucht für den Spott nicht zu sorgen.
In tutte le città esiste il problema del parcheggio.	In allen Städten gibt es das Parkproblem.
A causa della nebbia fitta si sono formate lunghe code di auto.	Wegen des dichten Nebels haben sich lange Autoschlangen gebildet.
Sarà stato lui/Angelo.	Es wird er/Angelo gewesen sein.
Mi fa male il ginocchio.	Mir tut das Knie weh.
Si aggiunsero ancora altri partecipanti.	Es kamen noch andere Teilnehmer hinzu.
È avanzata della minestra.	Es ist noch Suppe da.
Da quella classe esce un chiasso infernale.	Aus dem Klassenzimmer dort kommt ein höllischer Lärm.
Nascono conflitti all'interno della familia.	Es entstehen Konflikte in der Familie.

Diminuiscono le risorse e aumenta l'inquinamento.	Die Ressourcen nehmen ab und die Umweltverschmutzung nimmt zu.
Mi fu data una risposta stupefacente.	Mir wurde eine verblüffende Antwort gegeben.
Si diffonde un clima di lassismo morale.	Es verbreitet sich ein Klima moralischer Laxheit.
Sono sempre più numerosí i ricercatori che comunicano i loro risultati scrivendo in inglese.	Immer mehr Forscher publizieren ihre Ergebnisse auf Englisch.
Non è ancora detta l'ultima parola.	Das letzte Wort ist noch nicht gesprochen.

Anmerkung: Wenn das Verb verneint ist, so erfolgt keine Umstellung: *Mario non è arrivato.* – Mario ist nicht gekommen. Bei Gegenüberstellung steht das Subjekt jedoch nach: *Non è arrivato Mario, ma Carlo.* – Nicht Mario sondern Carlo ist gekommen.

2. in Verbindung mit bestimmten Verben:

Alle sei in punto è squillata la sveglia.	Punkt 6 hat der Wecker geläutet.
Passarono i giorni.	Die Tage vergingen.
Poi seguì il silenzio.	Dann folgte Schweigen.
Qui regna un disordine terribile.	Hier herrscht eine fürchterliche Unordnung.
È caduta molta neve.	Es ist viel Schnee gefallen.
È successo un brutto incidente.	Es ist ein schlimmer Unfall passiert.
Ora t'arriva un ceffone.	Gleich fängst du eine Ohrfeige.

3. in formelhaften Ausdrücken und Wendungen:

Hanno partecipato …	Es wirkten mit …
Narra la Bibbia che …	In der Bibel steht, dass …
Fanno eccezione i sostantivi seguenti: …	Folgende Substantive bilden eine Ausnahme: …
Corre voce che …	Es geht das Gerücht, dass …
Entra in campo il numero 15.	Es kommt die Nummer 15 aufs Spielfeld.
Mancano cinque minuti alla fine del primo tempo.	Es bleiben noch fünf Minuten bis zum Ende der ersten Halbzeit.
Gli venisse un accidente!	Der Schlag soll ihn treffen!
Qui riposa/giace …	Hier ruht …
Sia lodato Gesù Cristo!	Gelobt sei Jesus Christus!
Esiste la possibilità di …	Es besteht die Möglichkeit, zu …

4. sehr häufig beim *si passivante* (vgl. § 252.1):

Si costruisce un nuovo municipio.	Ein neues Rathaus wird gebaut.
In Spagna si parlano quattro lingue.	In Spanien werden vier Sprachen gesprochen.

5. bei der absoluten Partizipialkonstruktion und beim Gerundium:

Superate le difficoltà iniziali ...	Nachdem die Anfangsschwierigkeiten überwunden waren, ...
Essendo morta la madre ...	Nachdem die Mutter gestorben war, ...

6. bei Sätzen, die in die direkte Rede eingeschoben bzw. nachgestellt werden:

«Io non vado via» disse Giulia.	„Ich gehe nicht weg", sagte Giulia.
«No», rispose il ragazzo, «non è vero».	„Nein", antwortete der Junge, „es ist nicht wahr".

Anmerkung: Ist das Subjekt ein Personalpronomen, kann es dem Prädikat vorausgehen oder folgen: «*Non c'ero perché non ho tempo da perdere*» *egli rispose adirato.* (Silone) – „Ich war nicht da, weil ich keine Zeit zu verlieren habe", antwortete er zornig. «*Tu ci hai imbrogliato*» *io gli gridai/*[seltener] *gli gridai io.* – „Du hast uns betrogen", schrie ich ihn an.

7. in direkten und indirekten Fragesätzen:

È finita la partita?	Ist das Spiel aus?
Perché non è venuta tua sorella?	Warum ist deine Schwester nicht gekommen?
Che cosa ha detto tuo padre?	Was hat dein Vater gesagt?
Dove abitano i tuoi genitori?	Wo wohnen deine Eltern?
Non so che cosa ha detto suo padre.	Ich weiß nicht, was sein Vater gesagt hat.
Dovremmo guardare a come tentano di risolvere il problema altri paesi.	Wir müssten schauen, wie andere Länder das Problem zu lösen versuchen.

Anmerkung 1: Fragesätze ohne Fragewort und Fragesätze mit *perché* und *come* haben oft die regelmäßige Wortstellung des Aussagesatzes: *La partita è finita?/Perché tua sorella non è venuta? I tuoi amici non potevano arrivare un po' prima?* – Hätten deine Freunde nicht ein wenig früher kommen können? *Come il preside ha risolto il problema?* – Wie hat der Direktor das Problem gelöst?

Anmerkung 2: In der gesprochenen Sprache wird das Subjekt zuweilen vorangestellt: *A che ora è la cena?/La cena a che ora è?* – Um wie viel Uhr gibt es Abendessen? *Scusi, dov'è l'ascensore?/Scusi, l'ascensore dov'è?* – Entschuldigung, wo ist der Aufzug? *Quanto costa l'ingresso?/L'ingresso quanto costa?* – Was kostet der Eintritt?

Anmerkung 3: Im indirekten Fragesatz mit dem Verb im Konjunktiv ist die Satzstellung freier: *Non so che cosa volesse dire suo padre/suo padre volesse dire.* – Ich weiß nicht, was sein Vater sagen wollte.

8. in Ausrufesätzen:

Come passa in fretta il tempo!	Wie schnell die Zeit vergeht!
Com'è carina quella ragazza!	Was für ein hübsches Mädchen!

9. in Relativsätzen:

Il vestito che ha comprato tua sorella è molto elegante.	Das Kleid, das deine Schwester gekauft hat, ist sehr elegant.
Il vestito che ha comprato tua sorella a Milano è molto elegante.	Das Kleid, das deine Schwester in Mailand gekauft hat, ist sehr elegant.
Di frequente, le cronache riportano casi di tragici incidenti automobilistici in cui sono coinvolti i giovani.	Oft bringen die Berichte in den Zeitungen Fälle von tragischen Verkehrsunfällen, in die Jugendliche verwickelt sind.
Mi piace il tailleur rosso che indossa Valeria.	Mir gefällt das rote Kostüm, das Valeria trägt.

Anmerkung: Wird der Relativsatz um eine Ergänzung erweitert, so kann das Subjekt wieder vor dem Verb erscheinen: *Il vestito che tua sorella ha comprato a Milano è molto elegante.*

10. in Adverbialsätzen (vgl. § 313):

Avevo dieci anni quando morì mio padre/quando mio padre morì.	Ich war zehn Jahre, als mein Vater starb.

301 Bemerkungen zur Stellung des direkten Objekts

1. In der Regel folgt das direkte Objekt unmittelbar auf das Prädikat. Zwischen Prädikat und direktes Objekt können jedoch Adverbien oder präpositionale Fügungen, die mit dem Verb eine enge Verbindung bilden, eingeschoben werden:

Angela parla correntemente l'inglese.	Angela spricht fließend Englisch.
Non capisco bene la sua spiegazione.	Ich verstehe seine Erklärung nicht ganz.
Giovanni trasse di tasca dieci euro.	Hans zog zehn Euro aus der Tasche.
Il signor Rossi ha promesso in premio una bicicletta a suo figlio.	Herr Rossi hat seinem Sohn als Belohnung ein Fahrrad versprochen.

Anmerkung: Weitere präpositionale Fügungen, die mit dem Verb eine enge Verbindung eingehen: *mettere in pericolo la vita di qd* jds. Leben aufs Spiel setzen, *trarre in salvo qd* jdn. in Sicherheit bringen, *mettere in forse/dubbio qc* etw. in Frage stellen/in Zweifel ziehen, *prendere a modello qd/qc* sich jdn./etw. zum Vorbild nehmen, *prendere in prestito qc* (sich) etw. ausleihen

2. Im Gegensatz zum Deutschen können direkte Objekte in der Regel nur dann am Satzanfang stehen, wenn sie durch das entsprechende Personalpronomen oder Pronominaladverb wieder aufgenommen werden. Diese Konstruktion findet besonders in der gesprochenen Sprache Verwendung (Linksversetzung/dislocazione a sinistra):

Mia moglie l'ho conosciuta a Londra.	Meine Frau habe ich in London kennen gelernt.
I compiti ve li restituirò domani.	Die Arbeiten werde ich euch morgen zurückgeben.
Lui lo vedo ogni giorno.	Ihn sehe ich jeden Tag.
Loro non li conosco.	Sie kenne ich nicht.
Te non ti invitano mai.	Dich laden sie nie ein.
Questo non lo sapevo.	Das wusste ich nicht.
(Di) fichi non ne ho mangiati.	Feigen habe ich keine gegessen.
Una cucina come questa non l'ho mai avuta.	So eine Küche habe ich noch nie gehabt.
Un accordo, lo troveremo.	Wir werden eine Einigung finden.
Un vero ragazzo ancora non ce l'ha.	Einen richtigen Freund hat sie noch nicht.
Almeno un tetto ce l'ho.	Wenigstens ein Dach habe ich über dem Kopf.
Lui un motivo deve averlo.	Einen Grund muss er haben.
Un male non lo si elimina con un altro male.	Ein Übel schafft man nicht mit einem anderen Übel aus der Welt.
Tutti i libri li ho avuti a metà prezzo.	Alle Bücher habe ich zum halben Preis bekommen.

Alcune frasi non sono riuscito a tradurle.	Einige Sätze habe ich nicht übersetzen können.
Due panini li mangio ogni mattina.	Zwei Brötchen esse ich jeden Morgen.
Tutto quello che vuoi, lo metto a tua disposizione. (Silone)	Alles, was du willst, stelle ich dir zur Verfügung.
Due ore, le dura, la visita guidata.	Zwei Stunden dauert die Führung.
Novanta chili, li pesa di certo.	Neunzig Kilo wiegt er bestimmt.

Anmerkung 1: Die Wiederaufnahme durch das Pronomen unterbleibt in emphatischer Redeweise: *Tre panini hai mangiato, non due!* – Drei Brötchen hast du gegessen, nicht zwei! *Tuo fratello ho visto, non tua sorella.* – Deinen Bruder habe ich gesehen, nicht deine Schwester. *Te non inviterò mai più!* – Dich werde ich nie mehr einladen! *Il meccanico vuoi fare.* – Mechaniker willst du werden. *Dieci pagine ho letto!* – Zehn Seiten habe ich gelesen! *Tante case possiede!* – So viele Häuser besitzt er! *Tutto ho capito!* – Alles habe ich verstanden! *Molto non ho bevuto!* – Viel habe ich nicht getrunken! *Tanto disse e tanto fece che riuscì a convincerlo.* – Er ließ nichts unversucht, bis er ihn überzeugt hatte. *Tanto può la volontà.* – So viel vermag der Wille. *Qualcosa so fare anch'io.* – Etwas kann ich auch. *Nessuna frase è riuscito a tradurre.* – Keinen Satz hat er übersetzen können. *Pochi amici ha invitato.* – Wenige Freunde hat er eingeladen. *Nulla sappiamo di lui.* – Nichts wissen wir von ihm.

Anmerkung 2: Einem vorangestellten Objektpronomen der 1. und 2. Pers. Sing. [weniger gut im Pl.] kann die Präposition *a* vorausgehen: *A me, non m'invitano mai.* – Mich laden sie nie ein. *A te, ti imbrogliano sempre.* – Dich betrügen sie immer. *Loro festeggiano, e a noi, ci mandano a letto.* – Sie feiern, und uns schicken sie ins Bett.

3. Häufig kommt in der gesprochenen Sprache die Rechtsversetzung (dislocazione a destra) des direkten Objekts vor. Dabei wird das direkte Objekt durch das entsprechende Personalpronomen vorweggenommen und angekündigt:

L'hai già letto questo romanzo?	Hast du ihn schon gelesen, den Roman?
Li vorrei io i tuoi problemi!	Deine Probleme möchte ich haben./Du hast Sorgen!
La sai l'ultima?	Weißt du schon das Neueste?
Non ce l'ha ancora un vero amico.	Einen richtigen Freund hat sie noch nicht.
Ce l'ha sì l'accento napoletano.	Einen neapolitanischen Akzent hat sie/er ja.

Zur Stellung des indirekten Objekts **302**

1. Im Gegensatz zum Deutschen steht das indirekte Objekt gewöhnlich nach dem direkten Objekt:

Hai restituito i soldi a Franco?	Hast du Franco das Geld zurückgegeben?
Ho spiegato tutto a mio padre.	Ich habe meinem Vater alles erklärt.

Auch: *Hai restituito a Franco i soldi?*

2. Das direkte Objekt steht nach dem indirekten Objekt, wenn es durch einen Relativsatz erweitert ist, wenn es bedeutend länger oder besonders betont ist:

Ho restituito a Franco i soldi che mi aveva prestato.	Ich habe Franco das Geld zurückgegeben, das er mir geliehen hatte.
Lo studente spiegò al preside i motivi del ritardo.	Der Schüler erklärte dem Direktor die Gründe für seine Verspätung.
La banca ha concesso a mio zio un prestito alle solite condizioni.	Die Bank hat meinem Onkel ein Darlehen zu den üblichen Bedingungen gewährt.
Auguro a tutti buone feste.	Ich wünsche allen frohe Feiertage!

Anmerkung: Bildet das direkte Objekt mit dem Verb eine feste Wendung, so kann es nicht nachgestellt werden, wie z.B. bei *porre fine a qc* einer Sache ein Ende bereiten, *fare la corte a qd* jdm. den Hof machen, *fare piacere a qd* jdm. (eine) Freude machen.

3. Das indirekte Objekt kann am Satzanfang stehen, wobei es durch das entsprechende Pronomen wieder aufgenommen werden kann (Linksversetzung/dislocazione a sinistra):

A mio fratello (gli) piacciono le lingue slave, a me invece no.	Meinem Bruder gefallen die slawischen Sprachen, mir dagegen nicht.
A mia figlia (le) servirebbe un paio di scarpe.	Meine Tochter könnte ein Paar Schuhe brauchen.
Ai miei genitori non (gli) ho detto niente.	Meinen Eltern habe ich nichts gesagt.
A me (mi) piace la minestra.	Mir schmeckt die Suppe.

Anmerkung: Die Wiederaufnahme eines Personalpronomens gilt als nicht korrekt (siehe Beispiel).

303 Zur Stellung des Präpositionalobjekts

1. Das Präpositionalobjekt steht in der Regel nach dem Prädikat. Zwischen Prädikat und Präpositionalobjekt können Adverbien oder adverbiale Ausdrücke eingeschoben werden:

Stanno parlando di politica.	Sie reden gerade über Politik.
Questa parola deriva senza dubbio dal latino.	Dieses Wort kommt zweifellos aus dem Lateinischen.
Penso spesso a lei.	Ich denke oft an sie.

2. Das Präpositionalobjekt kann am Satzanfang stehen, wobei umgangssprachlich die Wiederaufnahme durch die Pronominaladverbien ***ne*** bzw. ***ci***, auch in Bezug auf Personen, (vgl. § 121.5, 122.4) erfolgen kann (Linksversetzung/dislocazione a sinistra):

Di questo problema (ne) abbiamo parlato molte volte.	Über dieses Problem haben wir oftmals gesprochen.
Con Silvia non (ci) esco quasi mai.	Mit Silvia gehe ich fast nie aus.
Su questo punto non (ci) voglio ritornare.	Auf diesen Punkt möchte ich nicht zurückkommen.
A San Gimignano (ci) andiamo domani.	Nach San Gimignano fahren wir morgen.
A Valerio (ci) penso spesso.	An Valerio denke ich oft.
A lei penso spesso.	An sie denke ich oft.
Non di solo pane vive l'uomo.	Der Mensch lebt nicht von Brot allein.

304 Zur Stellung der adverbialen Bestimmung

1. Wie im Deutschen können adverbiale Bestimmungen entweder am Satzanfang oder am Satzende stehen. Die Stellung hängt vom Schwerpunkt der Mitteilung ab. Was am Satzende erscheint, hat stärkeres Gewicht:

Da alcuni giorni non mi sento bene.	Seit einigen Tagen fühle ich mich nicht wohl.
Mia figlia tornerà fra una settimana.	Meine Tochter wird in einer Woche zurückkommen.
Sulle spiagge si vedono sempre più donne a seno nudo.	An den Stränden sieht man immer mehr Frauen mit nacktem Busen.

Li abbiamo incontrati alla spiaggia.	Wir haben sie am Strand getroffen.
A quelle parole si mise a ridere.	Bei diesen Worten fing er an zu lachen.
Ho avuto un incidente per la nebbia.	Wegen des Nebels habe ich einen Unfall gehabt.
Oggi Sandra e Mario non escono./Sandra e Mario oggi non escono./Sandra e Mario non escono oggi.	Heute gehen Sandra und Mario nicht aus./Sandra und Mario gehen heute nicht aus.

2. Adverbiale Bestimmungen, die eine Aussage bewerten, stehen gewöhnlich am Satzanfang:

A mio parere non hai studiato abbastanza.	Meiner Meinung nach hast du nicht genug gelernt.
Per fortuna sono arrivato in tempo.	Zum Glück bin ich rechtzeitig angekommen.

3. Adverbiale Bestimmungen, die das Verb wie ein Objekt ergänzen, können nicht am Satzanfang stehen:

Mio padre lavora alla Fiat.	Mein Vater arbeitet bei Fiat.
Il treno è arrivato alle cinque.	Der Zug ist um fünf Uhr angekommen.
Ci andiamo in treno.	Wir fahren mit dem Zug hin.
Bisogna guidare con prudenza.	Man muss vorsichtig fahren.

4. Treffen mehrere adverbiale Bestimmungen aufeinander, so stehen Ortsangaben im Gegensatz zum Deutschen vor weiteren Angaben:

Mio padre è nato ad Amburgo nel 1924.	Mein Vater wurde 1924 in Hamburg geboren.
Ti aspetto a casa fra mezz'ora.	Ich erwarte dich in einer halben Stunde zu Hause.
Il treno è partito da Milano con venti minuti di ritardo.	Der Zug ist mit zwanzig Minuten Verspätung von Mailand abgefahren.
Siamo andati a Roma in macchina.	Wir sind mit dem Auto nach Rom gefahren.
Mio fratello è in Italia per affari.	Mein Bruder ist geschäftlich in Italien.

5. Abgesehen von den oben aufgeführten Regeln herrscht bezüglich der Stellung adverbialer Bestimmungen im Italienischen eine gewisse Freiheit. Sowohl am Satzanfang als auch am Satzende können mehrere adverbiale Bestimmungen aufeinander folgen; ebenso sind auch Einschübe möglich:

In Italia, per lo sciopero oggi non viaggiano treni.	In Italien verkehren heute wegen Streiks keine Züge.
A volte la sera, in montagna, mio padre si preparava per gite o ascensioni. (Ginzburg)	Manchmal bereitete sich abends im Gebirge mein Vater auf Ausflüge oder Bergbesteigungen vor.
Prendevamo una casa in affitto, per tre mesi, da luglio a settembre. (Ginzburg)	Wir mieteten ein Haus für drei Monate, von Juli bis September.
Ogni anno in estate passo 15 giorni al mare.	Jedes Jahr verbringe ich im Sommer 14 Tage am Meer.
Mia nonna Pina, negli ultimi anni, stava a Firenze. (Ginzburg)	Meine Großmutter Pina wohnte in den letzten Jahren in Florenz.
Tutte le mattine vado a scuola in autobus con il mio amico Angelo.	Jeden Morgen fahre ich mit meinem Freund Angelo mit dem Bus in die/zur Schule.
Dopo il semaforo, a destra, c'è il negozio di giocattoli.	Nach der Ampel rechts ist das Spielwarengeschäft.
Durante le vacanze, Silvio ha organizzato con gli amici una gita in bicicletta sui colli.	In den Ferien hat Silvio mit seinen Freunden einen Ausflug mit dem Fahrrad in die Berge organisiert.
Mia sorella maggiore chiacchiera al telefono per ore con le sue amiche.	Meine ältere Schwester schwätzt mit ihren Freundinnen stundenlang am Telefon.
Tina a cinque anni sapeva scrivere.	Tina konnte mit fünf Jahren schreiben.

305 Bemerkungen zur Stellung der prädikativen Ergänzung

1. Prädikative Ergänzungen stehen in der Regel nach dem Prädikat:

Non è stupido.	Er ist nicht dumm.
Mio zio è macellaio.	Mein Onkel ist Metzger.
La sua commozione fu tale che proruppe in pianto.	Seine Ergriffenheit war so groß, dass er in Tränen ausbrach.

2. Prädikative Ergänzungen können – wenn auch selten – bei Hervorhebung am Satzanfang stehen:

Stupido non è.	Dumm ist er nicht.
Capoluogo della Regione è Trieste.	Hauptstadt der Region ist Triest.
Poche sono le eccezioni.	Es gibt nur wenige Ausnahmen.
Numerose sono le malattie professionali dovute a intossicazioni da sostanze nocive.	Zahlreich sind die Berufskrankheiten,die auf Vergiftungen durch schädliche Substanzen zurückzuführen sind.
Ma grande fu la nostra meraviglia nel vedere, la sera stessa, Berardo tornare a Fontamara. (Silone)	Aber groß war unsere Verwunderung, als wir noch am Abend Berardo nach Fontamara zurückkehren sahen.
Poliziotto lo diventò per caso.	Polizist wurde er durch Zufall.
Professionisti lo erano di sicuro.	Profis waren es sicherlich.
Capo dello Stato è il Presidente della Repubblica.	Staatsoberhaupt ist der Präsident der Republik.
Sono sindaco e sindaco resterò.	Ich bin Bürgermeister und werde es bleiben.
Tale fu la sua commozione che ...	So groß war seine Ergriffenheit, dass ..
Francesco Cellini (Firenze 1500-1571) fu grande artista del Rinascimento italiano, scultore e orafo. Sua è, ad esempio, la statua dell'eroe greco Perseo che si ammira nella Loggia dei Lanzi in Piazza della Signoria a Firenze.	Francesco Cellini (Florenz 1500-1571) war ein großer Künstler der italienischen Renaissance; er war Bildhauer und Goldschmied. Von ihm stammt z.B. die Statue des griechischen Helden Perseus, die in der Loggia dei Lanzi auf der Piazza della Signoria zu bewundern ist.

Bemerkungen zur Stellung der Apposition 306

1. Üblicherweise folgt die Apposition auf das Substantiv bzw. die Nominalgruppe, auf die sie sich bezieht (vgl. auch § 46):

Silvia, la figlia più grande, non è contenta del lavoro che fa.	Silvia, die älteste Tochter, ist mit ihrer Arbeit nicht zufrieden.
Mio zio, da giovane, viaggiava molto.	Mein Onkel reiste als junger Mann viel.

2. Wenn Appositionen besonders hervorgehoben werden sollen, können sie der Nominalgruppe vorangestellt werden:

Abitanti di un'isola, i sardi non sono né marinai né pescatori.	Obwohl die Sarden Inselbewohner sind, sind sie weder Seeleute noch Fischer.
Abilissimi agricoltori, gli Etruschi sapevano anche bonificare le paludi con ingegnosi sistemi di canali di drenaggio.	Als äußerst fähige Bauern konnten die Etrusker mit gut durchdachten Dränagesystemen auch Sümpfe trockenlegen.
Intelligente e saggio Teodorico rispettò in gran parte gli ordinamenti romani.	Als intelligenter und weiser Mann achtete Theoderich zum großen Teil die römischen Verordnungen.
Bello e affascinante Alessandro VI ha rapporti con molte donne e non esita a riconoscere con un documento ufficiale un figlio.	Als schöner und charmanter Mann hat Alexander VI. Verhältnisse mit vielen Frauen und zögert nicht, mit einem offiziellen Dokument einen Sohn anzuerkennen.

307 Bemerkungen zur Stellung des Partizips und des Infinitivs

1. Das Partizip eines intransitiven Verbs kann am Satzanfang erscheinen, wobei es am Satzende noch einmal gesetzt werden kann:

Arrivati, non sono ancora./ Arrivati, non sono ancora arrivati.	Angekommen sind sie noch nicht.
Bastati, non possono essere i soldi./Bastati, i soldi non possono essere bastati.	Gereicht kann das Geld nicht haben.

2. Das Partizip eines transitiven Verbs kann am Satzanfang erscheinen, wobei es in Numerus und Genus mit dem Objekt übereinstimmt, auf das durch das entsprechende Personalpronomen verwiesen wird:

Terminati, li ho, i miei studi.	Beendet habe ich mein Studium.
Finita, non l'ha, la sigaretta.	Zu Ende geraucht hat er/sie die Zigarette nicht.

3. Ein Infinitiv kann am Satzanfang auftreten, wobei die finite Form des Verbs nachfolgt. Ein eventuelles Objektpronomen kann an den Infinitiv angehängt werden:

Bere, bevo poco.	Trinken tu ich wenig.
Volere, vorrebbe, ma non può.	Wollen täte er, aber er kann nicht.

Aiutare/Aiutarla, la aiuto come posso.	Helfen tu ich ihr, wie ich kann.
Sposare/Sposarla, non la sposerà.	Heiraten wird er sie nicht.
Per mangiare si mangia la sera.	Gegessen wird abends./Essen tun wir abends.
(Per) venire verrà, ma probabilmente tardi.	Kommen wird er/sie, aber wahrscheinlich spät.

Anmerkung: Bei dem auf *quanto a* folgende Infinitiv kann das Personalpronomen nicht weggelassen werden: *Quanto ad aiutarla, la aiuto come posso.*

Möglichkeiten der Hervorhebung von Satzgliedern 308

Während im Deutschen einzelne Satzglieder gewöhnlich durch besondere Betonung hervorgehoben werden, verwendet das Italienische hierfür bestimmte syntaktische Mittel:

1. Alle Satzglieder können durch ***essere ... che*** (Spaltsatz/frase scissa) hervorgehoben werden. Hierbei muss die Form von *essere* in Person und Numerus, in den zusammengesetzten Zeiten auch im Genus, mit dem Subjekt übereinstimmen.

1.1. Hervorhebung des Subjekts:

È lei che porta i pantaloni/calzoni.	**Sie** hat die Hosen an.
È stato Angelo che ci ha tradito.	**Angelo** hat uns verraten.
È stata lei che l'ha detto.	**Sie** hat es gesagt.
Sei tu che ti devi scusare.	**Du** musst dich entschuldigen.
Sono io che vado sempre a fare la spesa.	**Ich** gehe immer einkaufen.
Sei tu che trovi da ridire su tutto.	**Du** hast an allem etwas auszusetzen.

1.2. Hervorhebung des direkten Objekts:

Sono le chiavi che non riesco a trovare.	**Die Schlüssel** kann ich nicht finden.
È te che stanno cercando.	**Dich** suchen sie.
È tua cugina che ho visto.	**Deine Kusine** habe ich gesehen.

1.3. Hervorhebung des indirekten Objekts:

È a tua sorella che ho dato il pacco.	**Deiner Schwester** habe ich das Paket gegeben.
È a tua cugina che ho telefonato.	**Deine Kusine** habe ich angerufen.

1.4. Hervorhebung des präpositionalen Objekts:

Fu proprio a lei che ricorsero.	Gerade an **sie** wandten sie sich.
È del tuo cattivo comportamento che mi lamento.	**Über dein schlechtes Benehmen** beklage ich mich.
Non è di questo che si tratta.	**Darum** geht es nicht.

1.5. Hervorhebung von adverbialen Bestimmungen:

È a Firenze che ci siamo conosciuti.	In **Florenz** haben wir uns kennen gelernt.
È qui che dovete entrare.	**Hier** müsst ihr hineingehen.
Fu lì, probabilmente, che i due si conobbero.	**Dort** lernten sich die beiden wahrscheinlich kennen.
Noi ridiamo, ma è così che vanno le cose.	Wir lachen, aber **so** laufen die Dinge.
Era già da un po' che voleva cambiare.	**Schon seit einiger Zeit** wollte er/sie wechseln.
È molto che aspetti?	Wartest du **schon lange**?
È da due giorni che non mangio.	**Seit zwei Tagen** habe ich nichts mehr gegessen.
Era da tanto che non la vedevo.	Ich hatte sie **schon lange** nicht mehr gesehen.
È da due ore che ti aspetto./ Sono due ore che ti aspetto.	Ich warte schon **seit zwei Stunden** auf dich.
È la prima volta che vado in Grecia.	Ich fahre **zum ersten Mal** nach Griechenland.
Fu appunto una di queste sere che in montagna accadde una disgrazia. (Alvaro)	**Gerade an einem dieser Abende** geschah in den Bergen ein Unglück.

2. Eine weitere Möglichkeit der Hervorhebung bietet ein vorangestellter Relativsatz, dem ein Hauptsatz mit ***essere*** (Sperrsatz/frase pseudoscissa) folgt. Diese Hervorhebungskonstruktion ist seltener als der Spaltsatz:

Ma ciò che più l'appassionava era l'architettura. *Chi ne fa le spese è sempre l'uomo comune.*	Aber am meisten begeisterte ihn/sie die Architektur. Die Folgen davon muss immer der Durchschnittsmensch tragen.
Chi ho visto in discoteca era tuo fratello.	Wen ich in der Disco gesehen habe, war dein Bruder.
A chi devo il mio successo è mia moglie.	Wem ich meinen Erfolg verdanke, ist meine Frau.
Ciò di cui avrei bisogno è un buon dizionario. *Ciò a cui penso spesso è il soggiorno a Venezia.*	Was ich brauchen könnte, ist ein gutes Wörterbuch. Woran ich oft denke, ist der Aufenthalt in Venedig.
Dove vorrei passare le vacanze è in montagna.	Wo ich Urlaub machen möchte, ist in den Bergen.

3. Der Infinitiv mit ***a*** kann bei Hervorhebung des Subjekts den Relativsatz eines Spalt- oder Sperrsatzes ersetzen:

È stato Angelo a tradirci. *È lei a portare i calzoni.* *È stata lei a chiedere il divorzio.* *In fondo devi essere tu a decidere.* *Non è stata tua sorella a dirmelo.* *Sono stati loro a offenderci.* *Preferirei che foste voi a fare delle domande.*	**Angelo** hat uns verraten. **Sie** hat die Hosen an. **Sie** hat die Scheidung eingereicht. Im Grunde musst **du** entscheiden. **Deine Schwester** hat es mir nicht gesagt. **Sie** haben uns beleidigt. Ich hätte es lieber, wenn **ihr** Fragen stellen würdet.
A trovarlo è stato il fratello minore. *A organizzare le truffe sarebbero stati i titolari della clinica.*	Gefunden hat ihn **sein jüngerer Bruder**. **Die Inhaber der Klinik** sollen die Betrügereien organisiert haben.

4. Das Subjekt und das direkte Objekt können durch ***ecco*** hervorgehoben werden:

«Ho frenato per non investire la macchina avanti, ecco che cosa ho fatto». (Moravia) *Ecco Giovanni che mi ha regalato il pallone.* *Ecco che arriva Luigi./Ecco Luigi che arriva.*	„Ich habe gebremst, um nicht gegen das Auto vor mir zu fahren, **das** habe ich gemacht." Da ist **Giovanni**, der mir den Fußball geschenkt hat. Da kommt **Luigi**.

5. In der Umgangssprache kann ein Subjekt auch mittels eines betonten Personalpronomens hervorgehoben werden:

Roberto, lui non è venuto.	**Roberto** ist nicht gekommen.

309 Die Satzreihe

Zwei oder mehr durch beiordnende Konjunktionen verbundene Hauptsätze bilden eine Satzreihe:

Io sono di Roma, ma mio marito è di Napoli.	Ich bin aus Rom, aber mein Mann ist aus Neapel.
Non mi sento bene, perciò non vado in ufficio.	Ich fühle mich nicht wohl, daher gehe ich nicht ins Büro.

Das Satzgefüge

Ein Satzgefüge besteht aus einem Hauptsatz und einem oder mehreren Nebensätzen. Je nachdem, welches Satzglied ein Nebensatz vertritt, unterscheidet man zwischen Subjektsätzen, direkten Objektsätzen, präpositionalen Objektsätzen, Adverbialsätzen und Attributsätzen.

310 Der Subjektsatz

Ein Subjektsatz kann nach unpersönlichen Ausdrücken stehen oder durch die Konjunktionen *che* oder *il fatto che* eingeleitet werden (zum Modusgebrauch im Subjektsatz vgl. §§ 236.1, 237.1, 238, 241.1):

Che Mario abbia tradito la moglie è evidente.	Dass Mario seine Frau betrogen hat, ist offenkundig.
Il fatto che non telefoni mi preoccupa.	Dass er/sie nicht anruft, macht mir Sorgen.

311 Der direkte Objektsatz

Bei einem direkten Objektsatz kann es sich um einen Aussagesatz (zum Modusgebrauch vgl. §§ 236.2, 240, 241.2) oder um einen indirekten Fragesatz (vgl. § 318) handeln:

So che i Rossi si sono trasferiti a Milano.	Ich weiß, dass die Rossis nach Mailand gezogen sind.
Non so se verranno domani.	Ich weiß nicht, ob sie morgen kommen werden.

Anmerkung: Der direkte Objektsatz kann durch einen Infinitiv verkürzt werden: *So di aver sbagliato.* – Ich weiß, dass ich einen Fehler gemacht habe.

Der präpositionale Objektsatz 312

Ein präpositionaler Objektsatz hängt von einem Verb mit einer präpositionalen Ergänzung ab. Dabei wird zwischen der Präposition und der Konjunktion *che* oft der Ausdruck *il fatto* eingechoben:

Bada a dove metti i piedi.	Pass auf, wo du hintrittst.
Bisogna tener conto del fatto che ci sono pochissimi posti di lavoro.	Man muss berücksichtigen, dass es sehr wenige Arbeitsplätze gibt.
Il problema consiste nel fatto che i disoccupati dispongono di pochi soldi.	Das Problem besteht darin, dass die Arbeitslosen über wenig Geld verfügen.
Sono d'accordo con Lei (sul fatto) che il governo non prende le misure necessarie per risolvere il problema.	Ich stimme mit Ihnen überein, dass die Regierung nicht die notwendigen Maßnahmen ergreift, um das Problem zu lösen.

Der Adverbialsatz 313

Nach ihrem inhaltlichen Bezug zum Hauptsatz unterscheidet man folgende Adverbialsätze: Temporalsatz, Kausalsatz, Finalsatz, Konsekutivsatz, Konzessivsatz, Konditionalsatz und Modalsatz (zu den hierbei verwendeten Konjunktionen vgl. §§ 279-285):

Oggi rimango a letto perché non mi sento bene.	Heute bleibe ich im Bett, weil ich mich nicht wohl fühle.
Benché suo padre avesse ottanta anni, era ancora arzillo.	Obwohl sein Vater 80 Jahre alt war, war er noch rüstig.

Anmerkung: Geht der Nebensatz dem Hauptsatz voraus, so kann das nominale Subjekt im Hauptsatz erscheinen: *Benché avesse ottanta anni, suo padre era ancora arzillo.*

Der Attributsatz 314

Ein Attributsatz bestimmt ein Substantiv näher. Er hat die Form eines Relativsatzes (vgl. §§ 130, 132-137):

Prenderò il treno che parte alle 15.10.	Ich werde den Zug nehmen, der um 15.10 Uhr abfährt.

Kapitel 26 Die indirekte Rede (Il discorso indiretto)

Wenn die direkte Rede einer Person von einer anderen Person wiedergegeben wird, spricht man von indirekter Rede. Die ursprüngliche Äußerung in direkter Rede wird dann zu einem Nebensatz, der von einem Verb des Sagens abhängig ist und in dem besondere Regeln bezüglich der Tempuswahl gelten. Einen Sonderfall stellt die indirekte Frage (vgl. § 318) dar.

direkte Rede	indirekte Rede
Roberto dice: «Non ho voglia di studiare». Roberto sagt: „Ich habe keine Lust zu lernen."	*Roberto dice che non ha voglia di studiare.* Roberto sagt, er habe keine Lust zu lernen.
Maria disse: «Non mi sento bene». Maria sagte: „Ich fühle mich nicht wohl."	*Maria disse che non si sentiva bene.* Maria sagte, dass sie sich nicht wohl fühle.

315 Die Umsetzung der direkten Rede in die indirekte Rede

Bei der Umsetzung von der direkten Rede in die indirekte Rede sind folgende Regeln zu beachten:

1. Steht im einleitenden Satz eine Zeit der **Gegenwartsgruppe** (Präsens, Futur, *passato prossimo*, wenn der Bezug zur Gegenwart betont wird, sowie Konditional I u. II), so wird im abhängigen Satz die Zeit gesetzt, die auch im unabhängigen Satz steht. Imperativ wird zu Konjunktiv Präsens [schriftsprachlich], zu Infinitiv, eingeleitet mit ***di***, oder wird mit Hilfe von ***dovere*** umschrieben; ein Vokativ [Anredeform] wird dabei zum indirekten Objekt des Verbs im einleitenden Satz. Wie im Deutschen erfolgt die Veränderung in der Person des Subjekts, wenn sie singemäß erforderlich wird:

direkte Rede	indirekte Rede
Giovanni dice: «Vengo subito». Giovanni sagt: „Ich komme sofort."	*Giovanni dice che viene subito.* Giovanni sagt, er komme sofort.
Silvia risponde: «La maestra mi ha punita». Silvia antwortet: „Die Lehrerin hat mich bestraft."	*Silvia risponde che la maestra l'ha punita.* Silvia antwortet, dass die Lehrerin sie bestraft habe.

direkte Rede	indirekte Rede
Gli dirò: «Non lo so». Ich werde ihm sagen: „Ich weiß es nicht."	*Gli dirò che non lo so.* Ich werde ihm sagen, dass ich es nicht weiß.
Il signor Bianchi dice: «Domani m'incontrerò con il mio collega». Herr Bianchi sagt mir: „Morgen werde ich mich mit meinem Kollegen treffen."	*Il signor Bianchi dice che domani s'incontrerà con il suo collega.* Herr Bianchi sagt mir, dass er sich morgen mit seinem Kollegen treffen werde.
Mario mi ha detto: «Non lo conosco». Mario hat mir gesagt: „Ich kenne ihn nicht."	*Mario mi ha detto che non lo conosce.* Mario hat mir gesagt, er kenne ihn nicht.
La mamma dice: «Maria, studia di più». Mama sagt: „Maria, lerne mehr!"	*La mamma dice a Maria che studi/ di studiare/che deve studiare di più.* Mama sagt zu Maria, sie solle mehr lernen.
Lo zio dice: «Che venga». Der Onkel sagt: „Er soll kommen." *«È meglio restare a casa».* Es ist besser, zu Hause zu bleiben.	*Lo zio dice che egli/lui venga.* Der Onkel sagt, er solle kommen. *Direi che è meglio restare a casa.* Ich würde sagen, dass es besser ist, zu Hause zu bleiben.

2. Steht im einleitenden Satz eine Zeit der **Vergangenheitsgruppe** (Imperfekt, *passato remoto, passato prossimo,* Plusquamperfekt), so ergeben sich im abhängigen Satz folgende Veränderungen:

- Präsens wird zu Imperfekt;
- *Passato remoto* und *passato prossimo* werden zu Plusquamperfekt;
- Futur I und anstelle von Futur I gebrauchtes Präsens sowie Konditional I werden zu Konditional II;
- Imperativ wird zu Konjunktiv Imperfekt [schriftsprachlich], zu Infinitiv, eingeleitet mit ***di***, oder wird mit Hilfe von ***dovere*** umschrieben.

Unverändert bleiben Imperfekt und Plusquamperfekt:

direkte Rede	indirekte Rede
Risposi: «Mario ha ragione». Ich antwortete: „Mario hat Recht."	*Risposi che Mario aveva ragione.* Ich antwortete, dass Mario Recht habe.
Risposi: «Mario aveva ragione». Ich antwortete: „Mario hatte Recht."	*Risposi che Mario aveva ragione.* Ich antwortete, dass Mario Recht hatte.

direkte Rede	indirekte Rede
Carlo mi disse: «Gli ho dato dieci euro». Carlo sagte mir: „Ich habe ihm 10 Euro gegeben.	*Carlo mi disse che gli aveva dato dieci euro.* Carlo sagte mir, er habe ihm 10 Euro gegeben.
Maria mi disse: «Andrò a prendere la zia alla stazione». Maria sagte mir: „Ich werde die Tante vom Bahnhof abholen."	*Maria mi disse che sarebbe andata a prendere la zia alla stazione.* Maria sagte mir, dass sie die Tante vom Bahnhof abholen werde.
I genitori ci dissero: «Torniamo subito». Die Eltern sagten uns: „Wir sind sofort zurück."	*I genitori ci dissero che sarebbero tornati subito.* Die Eltern sagten uns, dass sie sofort zurück sein würden.
Silvia rispose: «Glielo direi». Silvia antwortete: „Ich würde es ihm sagen."	*Silvia rispose che glielo avrebbe detto.* Silvia antwortete, dass sie es ihm sagen würde.
Il papà mi disse: «Va' a casa»! Papa sagte mir: „Geh nach Hause!"	*Il papà mi disse che andassi/di andare/che dovevo andare a casa.* Papa sagte mir, ich solle nach Hause gehen.
Il papà mi disse: «Che vadano a casa»! Papa sagte mir: „Sie sollen nach Hause gehen!"	*Il papà mi disse che andassero a casa.* Papa sagte mir, sie sollen nach Hause gehen.
«Nessun sindaco mi ha licenziato, e nessun sindaco mi licenzierà mai, perché tutti mi stimano»! (Brancato) „Kein Bürgermeister hat mich entlassen, und kein Bürgermeister wird mich je entlassen, weil mich alle schätzen!"	*Piscitello disse a sua sua moglie che nessun sindaco l'aveva licenziato e che nessun sindaco l'avrebbe mai licenziato, perché tutti lo stimavano.* Piscitello sagte zu seiner Frau, dass kein Bürgermeister ihn entlassen habe und dass kein Bürgermeister ihn je entlassen werde, weil ihn alle schätzten.

Anmerkung 1: Das Verb *venire* wird zu *andare*, außer wenn es sich auf den Erzähler selbst bezieht: *Domani venite al cinema con me?* – Geht ihr/Kommt ihr morgen mit mir ins Kino? *Giovanna chiese alle sue amiche se l'indomani sarebbero andate al cinema con lei.* – Giovanna fragte ihre Freundinnen, ob sie am nächsten Tag mit ihr ins Kino gingen. *Verrò da te.* – Ich werde zu dir kommen. *Gli disse che sarebbe andato da lui.* – Er sagte, er werde zu ihm kommen/gehen.
Aber: *Mi disse che sarebbe venuto da me.* – Er sagte mir, er werde zu mir kommen. (Vgl. § 215.2 Anm. 2)

Anmerkung 2: In idiomatischen Wendungen bleibt das Verb *venire* erhalten: *Che cosa ti è venuto in mente?* – Was ist dir in den Sinn gekommen? *Le chiesi che cosa le fosse venuto in mente.* – Ich fragte sie, was ihr in den Sinn gekommen sei.

Anmerkung 3: Handelt es sich im abhängigen Satz um eine allgemein gültige Aussage, so steht auch nach einer Zeit der Vergangenheitsgruppe Präsens: *Il professore ci spiegò che l'acqua bolle a cento gradi.* – Der Lehrer erklärte uns, dass Wasser bei hundert Grad kocht.

Anmerkung 4: Wenn das Verb im abhängigen Satz nicht in direkter zeitlicher Verbindung zu dem Verb im Haupsatz steht, tritt keine Veränderung ein: *Quando morì mia madre, ero ancora molto giovane.* – Als meine Mutter starb, war ich noch sehr jung. *Silvio disse che quando morì sua madre, era ancora molto giovane.* – Silvio sagte, dass er, als seine Mutter starb, noch sehr jung war.

3. Futur I/II in einem Temporalsatz werden zu Konjunktiv Plusquamperfekt oder zu Konditional II, wenn mehr die zukünftige Handlung betont wird:

direkte Rede	**indirekte Rede**
Mio cugino mi disse: «Ti restituirò il libro appena potrò». Mein Vetter sagte mir: „Ich werde dir das Buch zurückgeben, sobald ich kann."	*Mio cugino mi disse che mi avrebbe restituito il libro appena avesse potuto.* Mein Vetter sagte mir, er werde mir das Buch zurückgeben, sobald er könne.
Maria ci disse: «Mi immagino la gioia che proverà mio marito quando riceverà il regalo». Maria sagte uns: „Ich stelle mir die Freude vor, die mein Mann empfinden wird, wenn er das Geschenk erhält."	*Maria ci disse che si immaginava la gioia che avrebbe provato suo marito quando avesse ricevuto il regalo.* Maria sagte uns, sie stelle sich die Freude vor, die ihr Mann empfinden werde, wenn er das Geschenk erhalte.
«Qualunque cosa voi decidiate di fare, io rimarrò qui e aspetterò finché il sole non tramonterà». „Was ihr auch zu tun beschließt, ich werde hier bleiben und warten, bis die Sonne untergeht."	*Mio fratello disse che, qualunque cosa noi decidessimo di fare, lui sarebbe rimasto lì e avrebbe aspettato finché il sole non fosse tramontato.* Mein Bruder sagte, dass, was wir auch zu tun beschlössen, er da bleiben und warten werde, bis die Sonne untergehe.

direkte Rede	indirekte Rede
«Ti chiamerò appena sarò arrivato a Milano». „Ich werde dich anrufen, sobald ich in Mailand ankomme."	*Sandro aveva detto che mi avrebbe chiamato appena fosse arrivato a Milano.* Sandro hatte gesagt, dass er mich anrufen werde, sobald er in Mailand ankomme.
«Finché non avrai compiuto 18 anni, non andrai in vacanza da sola». „Solange du keine 18 bist, fährst du nicht allein in die Ferien."	*Il padre disse alla figlia che, finché non avesse compiuto 18 anni, non sarebbe andata in vacanza da sola.* Der Vater sagte zu seiner Tochter, dass, solange sie noch keine 18 sei, sie nicht allein in die Ferien fahren werde/dürfe.
«Quando leggerai questa mia lettera io sarò già partito per la Spagna». „Wenn du diesen Brief lesen wirst, werde ich schon nach Spanien abgereist sein." *«Quando avrò tempo vi aiuterò».* „Wenn ich Zeit habe, werde ich euch helfen."	*Lo zio mi scrisse che, quando avessi letto quella sua lettera, lui sarebbe già partito per la Spagna.* Der Onkel schrieb mir, dass, wenn ich seinen Brief lesen würde, er schon nach Spanien abgereist sein werde. *Mario rispose che, quando avrebbe avuto tempo, ci avrebbe aiutato.* Mario antwortete, dass, wenn er Zeit habe, er uns helfen werde.

4. Im Konditionalsatz erscheint **Konjunktiv Plusquamperfekt**, gleichgültig um welchen Typ von ***se***-Satz es sich handelt:

4.1. Reale Hypothese:

direkte Rede	indirekte Rede
«Divorzierò da mio marito se non si separa dalla sua amante». „Ich werde mich von meinem Mann scheiden lassen, wenn er sich nicht von seiner Geliebten trennt."	*Laura disse che avrebbe divorziato da suo marito se non si fosse separato dalla sua amante.* Laura sagte, sie werde sich von ihrem Mann scheiden lassen, wenn er sich nicht von seiner Geliebten trenne.
«(Ci) saranno (dei) guai se lo farai». „Es wird Ärger geben, wenn du das machst."	*Io gli risposi che (ci) sarebbero stati (dei) guai se l'avesse fatto.* Ich antwortete ihm, dass es Ärger geben werde, wenn er es mache.

direkte Rede	indirekte Rede
«Ti presto la somma di cui hai bisogno se mi prometti di utilizzare il denaro per il fine da te indicato». „Ich leihe dir die Summe, die du brauchst, wenn du mir versprichst, das Geld für den von dir genannten Zweck zu verwenden."	*Mio zio rispose che mi avrebbe prestato la somma di cui avevo bisogno se gli avessi promesso di utilizzare il denaro per il fine da me indicato.* Mein Onkel antwortete, er gebe mir die Summe, die ich brauche, wenn ich ihm versprechen würde, das Geld für den von mir genannten Zweck zu verwenden.

4.2. Mögliche Hypothese:

direkte Rede	indirekte Rede
«Divorzierei da mio marito se non si separasse dalla sua amante». „Ich würde mich von meinem Mann scheiden lassen, wenn er sich nicht von seiner Geliebten trennen würde."	*Laura disse che avrebbe divorziato da suo marito se non si fosse separato dalla sua amante.* Laura sagte, sie würde sich von ihrem Mann scheiden lassen, wenn er sich nicht von seiner Geliebten trennen würde.
«(Ci) sarebbero (dei) guai se lo facessi». „Es würde Ärger geben, wenn du das machen würdest."	*Io gli risposi che (ci) sarebbero stati (dei) guai se l'avesse fatto.* Ich antwortete ihm, dass es Ärger geben würde, wenn er es machen würde.

4.3. Irreale Hypothese:

direkte Rede	indirekte Rede
«Avrei divorziato da mio marito se non si fosse separato dalla sua amante». „Ich hätte mich von meinem Mann scheiden lassen, wenn er sich nicht von seiner Geliebten getrennt hätte."	*Laura disse che avrebbe divorziato da suo marito se non si fosse separato dalla sua amante.* Laura sagte, sie hätte sich von ihrem Mann scheiden lassen, wenn er sich nicht von seiner Geliebten getrennt hätte.
«(Ci) sarebbero stati (dei) guai se l'avessi fatto». „Es hätte Ärger geben, wenn du das gemacht hättest."	*Io gli risposi che (ci) sarebbero stati (dei) guai se l'avesse fatto.* Ich antwortete ihm, dass es Ärger gegeben hätte, wenn er es gemacht hätte.

316 Veränderung von Adverbien und Demonstrativpronomen

Bei den Adverbien und den Demonstrativpronomen ergeben sich folgende Veränderungen, wenn es der Sinn verlangt:

direkte Rede			**indirekte Rede**	
qui/qua	hier	-	*lì/là*	da/dort
ora	jetzt	-	*allora*	damals
oggi	heute	-	*quel giorno*	an jenem Tag
ieri	gestern	-	*il giorno prima/ precedente*	am Vortag/tags zuvor
domani	morgen	-	*il giorno seguente/ dopo/successivo/ l'indomani*	am nächsten/ folgenden Tag
dopodomani	über-morgen	-	*due giorni dopo*	am übernächsten Tag
stamattina/ questa mattina	heute Morgen	-	*quella mattina*	an jenem Morgen
stasera/questa sera	heute Abend	-	*quella sera*	an jenem Abend
ieri sera	gestern Abend	-	*la sera prima/ precedente/avanti*	am Abend zuvor
la prossima settimana	nächste Woche	-	*la settimana dopo/ seguente/ successiva*	in der darauf folgenden Woche
due mesi fa	vor zwei Monaten	-	*due mesi prima*	zwei Monate zuvor
fra due mesi	in zwei Monaten	-	*due mesi dopo*	zwei Monate später

direkte Rede	**indirekte Rede**
Ci risposero: «Questa volta non possiamo restare qui a cena». Sie antwortete uns: „Dieses Mal können wir nicht zum Abendessen hier bleiben."	*Ci risposero che quella volta non potevano restare lì a cena.* Sie antwortete uns, dass sie dieses Mal nicht zum Abendessen dableiben könnten.
Giorgio mi disse: «Non potrò venire da te domani». Giorgio sagte mir: „Ich werde morgen nicht zu dir kommen können."	*Giorgio mi disse che non sarebbe potuto venire da me il giorno seguente.* Giorgio sagte mir, dass er am folgenden Tag nicht zu mir werde kommen können.

direkte Rede	**indirekte Rede**
Claudia mi disse: «Oggi non ti posso accompagnare». Claudia sagte mir: „Heute kann ich dich nicht begleiten.“	*Claudia mi disse che quel giorno non mi poteva accompagnare.* Claudia sagte mir, dass sie an jenem (besagten) Tag mich nicht begleiten könne.
Antonio ieri mi ha detto: «Non so se domani verrò da te». Antonio hat mir gestern gesagt: „Ich weiß nicht, ob ich morgen zu dir kommen werde.“	*Antonio ieri mi ha detto che non sapeva se oggi sarebbe venuto da me.* Antonio hat gestern zu mir gesagt, er wisse nicht, ob er heute zu mir kommen werde.
Mario rispose: «Ieri sera ho visto un bel film». Mario antwortete: „Gestern Abend habe ich einen schönen Film gesehen.“	*Mario rispose che la sera prima aveva visto un bel film.* Mario antwortete, dass er am Abend zuvor einen schönen Film gesehen habe.

Die erlebte Rede (il discorso indiretto libero) **317**

Die erlebte Rede ist eine in erzählenden Texten auftretende Zwischenform von direkter und indirekter Rede. Sie dient zum Ausdruck von Gedanken des Protagonisten, wobei der Autor völlig zugunsten der handelnden Person zurücktritt und dem Leser sozusagen Einblick in die Gedanken des Protagonisten gewährt, die in der 3. Person wiedergegeben werden. Dabei ist es zuweilen schwer zu unterscheiden, ob der Autor oder der Protagonist spricht. Die in der erlebten Rede am häufigsten auftretenden Tempora sind: Imperfekt zum Ausdruck der Gegenwart und Konditional II zum Ausdruck der Zukunft. Ein einleitendes Verb fehlt:

direkte Rede	indirekte Rede	erlebte Rede
«Devo sbrigarmi per andare in ufficio. La corriera non mi aspetterà». „Ich muss mich beeilen, um ins Büro zu kommen. Der (Überland)Bus wird nicht auf mich warten.“	*Disse che doveva sbrigarsi per andare in ufficio, che la corriera non l'avrebbe aspettato.* Er sagte, er müsse sich beeilen, um ins Büro zu kommen, der (Überland)Bus werde nicht auf ihn warten.	*Doveva sbrigarsi per andare in ufficio. La corriera non l'avrebbe aspettato.* Er musste sich beeilen, um ins Büro zu kommen. Der (Überland)Bus werde nicht auf ihn warten.

Das folgende Beispiel für erlebte Rede stammt aus *Il deserto dei Tartari* von Dino Buzzati:

Erano giunti in cima a una salita. Drogo si voltò indietro a guardare la città contro luce; fumi mattutini si alzavano dai tetti. Vide di lontano la propria casa. Identificò la finestra della sua stanza. Probabilmente i vetri erano aperti, le donne stavano mettendo in ordine. Avrebbero disfatto il letto, chiuso in un armadio gli oggetti, poi sprangato le persiane. Per mesi e mesi nessuno ci sarebbe entrato, tranne la paziente polvere e nei giorni di sole tenui strisce di luce. Eccolo rinserrato nel buio, il piccolo mondo della sua fanciullezza. La madre l'avrebbe conservato così affinché lui tornando ci si ritrovasse ancora, perché lui potesse là dentro rimanere ragazzo, anche dopo la lunga assenza; oh, certo lei si illudeva di poter conservare intatta una felicità per sempre scomparsa, di trattenere la fuga del tempo, che riaprendo le porte e le finestre al ritorno del figlio le cose sarebbero tornate come prima.	Sie waren oben auf einer Steigung angelangt. Drogo wandte sich um, um die Stadt im Gegenlicht zu betrachten; morgendlicher Dampf stieg von den Dächern auf. Er sah von weitem sein Haus. Er erkannte das Fenster seines Zimmers. Wahrscheinlich waren die Scheiben geöffnet, die Frauen räumten gerade auf. Sie werden das Bett abziehen, die Gegenstände in einen Schrank schließen und dann die Fensterläden verriegeln. Monatelang wird niemand hineinkommen, außer dem geduldigen Staub und an Sonnentagen sanfte Lichtstreifen. Da war sie im Dunkeln eingesperrt, die kleine Welt seiner Kindheit. Die Mutter wird sie so bewahren, damit er bei seiner Rückkehr sich noch wohl fühle, damit er da drin noch ein Junge bleiben könne, auch nach der langen Abwesenheit; ach, sie bildete sich gewiss ein, ein für immer entschwundenes Glück unversehrt bewahren und die Flucht der Zeit aufhalten zu können, dass, wenn sie bei der Rückkehr des Sohnes die Türen und Fenster wieder öffne, alles wieder wie früher sein werde.

318 Die indirekte Frage

1. Die indirekte Frage wird an ein Verb des Sagens oder Fragens angeschlossen und durch die Konjunktion ***se*** bzw. durch Fragewörter eingeleitet, die dieselben sind wie in der direkten Frage (vgl. § 101). Steht im einleitenden Satz eine Zeit der Gegenwartsgruppe, so steht in der Regel der Indikativ, während nach einer Zeit der Vergangenheitsgruppe der Konjunktiv sehr häufig ist:

direkte Frage	indirekte Frage
«Dov'è Via Dante»? „Wo ist die Dantestraße?"	*«Mi sa dire dov'è Via Dante»?* „Können Sie mir sagen, wo die Dantestraße ist?"
«Andrai in montagna con i tuoi genitori»? „Wirst du mit deinen Eltern in die Berge fahren?"	*Claudia mi domandò se sarei andato in montagna con i miei genitori.* Claudia fragte mich, ob ich mit meinen Eltern in die Berge fahren würde.
«Quanti volumi sono già usciti»? „Wie viele Bände sind schon erschienen?"	*Domandai al libraio quanti volumi erano/fossero già usciti.* Ich fragte den Buchhändler, wie viele Bände schon erschienen seien.
«Dov'è andato a finire il mio martello»? „Wo ist mein Hammer hingekommen?"	*Non so dov'è/dove sia andato a finire il mio martello.* Ich weiß nicht, wo mein Hammer hingekommen ist.
«Viene/Verrà domani»? „Kommt er morgen? Wird er morgen kommen?"	*Non so se viene/venga/verrà domani.* Ich weiß nicht, ob er morgen kommt/kommen wird.
«Viene/Verrà domani»? „Kommt er morgen?/Wird er morgen kommen?"	*Non sapevo se veniva/venisse/sarebbe venuto il giorno dopo.* Ich wusste nicht, ob er am folgenden Tag kommen würde.

Anmerkung 1: *Come* kommt literarisch auch mit der Bedeutung von *che* 'dass' vor. In diesem Fall erscheint das Verb fast immer im Konjunktiv: *Mario mi raccontò come avesse intenzione di cambiare mestiere.* – Mario erzählte mir, dass er die Absicht habe, den Beruf zu wechseln. *È noto come il sole sorge ad est.* – Es ist bekannt, dass die Sonne im Osten aufgeht.

Anmerkung 2: In folgenden Fällen muss dem indirekten Fragesatz *sapere/vedere* vorgeschaltet werden: Ich bin neugierig, ob ... – *Sono curioso di sapere se ...,* Es geht darum, wer ... – *Si tratta di sapere chi ...,* Es würde mich interessieren, wie ... – *Mi interesserebbe sapere come ...*

2. Drückt die indirekte Frage Zweifel oder Unsicherheit aus, so steht meist der Infinitiv (vgl. § 213.11):

Non sappiamo se accettare o rifiutare la loro proposta.	Wir wissen nicht, ob wir ihren Vorschlag annehmen oder ablehnen sollen.

Kapitel 27 Die Wortbildung (La formazione delle parole)

Durch Ableitung mit Hilfe von Suffixen (suffissi) oder Präfixen (prefissi) und durch Zusammensetzung (composizione) von zwei oder mehr Wörtern kann eine Sprache ständig neue Begriffe bilden. Auch durch Substantivierung (sostantivazione) oder Kürzung (apocope) können neue Wörter gebildet werden. In der nachfolgenden Übersicht sind die gebräuchlichsten Typen der italienischen Wortbildung aufgeführt.

Wortbildung mittels Suffixen

Ausgangsbasis einer Ableitung mittels Suffixen kann ein Substantiv, ein Verb oder ein Adjektiv sein. Hierbei wird das Suffix in der Regel an den Stamm angehängt, wie z.B. in *fum-are* rauchen → *fum-atore* Raucher, *real-e* wirklich → *real-izzare* verwirklichen, *zupp-a* Suppe → *zupp-iera* Suppenschüssel. Zuweilen treten auch Kombinationen von Suffixen auf, wie z.B. *nazione* Nation → *nazionale* national → *nazionalizzare* verstaatlichen → *nazionalizazzione* Verstaatlichung. Suffixe haben verschiedene Bedeutungen; einige Suffixe können sowohl zur Ableitung von Substantiven als auch zur Bildung von Adjektiven eingesetzt werden.

319 Suffixe zur Bildung von Substantiven

Suffix	Bedeutung	Grundwort	Beispiel	Bedeutung
-aggine	negative Eigenschaft	*buffone* *stupido*	*buffonaggine* *stupidaggine*	Albernheit Dummheit
-aggio	Vorgang	*lavare*	*lavaggio*	Waschen
-aglia	kollektive Bedeutung, oft pejorativ	*muro* *gente*	*muraglia* *gentaglia*	Mauerwerk Gesindel
-aia	1. kollektive Bedeutung 2. Raum	*abete* *piccione*	*abetaia* *piccionaia*	Tannenwald Taubenschlag
-aio	1. Beruf 2. Raum	*orologio* *bagaglio*	*orologiaio* *bagagliaio*	Uhrmacher Kofferraum/ Gepäckraum
-ale	Gegenstand, Schmuckstück	*schiena* *braccio*	*schienale* *bracciale*	Rückenlehne Armband
-ame/ -ume	kollektive Bedeutung, oft pejorativ	*bestia* *scatola* *polvere* *sudicio*	*bestiame* *scatolame* *polverume* *sudiciume*	Vieh Schachteln Staub Schmutz

Suffix	Bedeutung	Grundwort	Beispiel	Bedeutung
-ano	Person, die an einem Ort lebt oder arbeitet	*sagrestia* *castello*	*sagrestano* *castellano*	Mesner Schlossherr
-ante/ -ente	Beruf, Tätigkeit	*braccia* *cantare* *reggere*	*bracciante* *cantante* *reggente*	Tagelöhner Sänger(in) Regent(in)
-anza/ -enza	Eigenschaft	*elegante* *somigliare* *paziente* *dipendere*	*eleganza* *somiglianza* *pazienza* *dipendenza*	Eleganz Ähnlichkeit Geduld Abhängigkeit
-ario	1. Beruf 2. kollektive Bedeutung	*biblioteca* *vocabolo*	*bibliotecario* *vocabolario*	Bibliothekar Wörterbuch
-aro	Beruf, Tätigkeit	*campana*	*campanaro*	Glöckner
-ata	Handlung Inhalt kollekt. Bedeut. Schlag Handlung verstärkende Bedeutung Dauer	*telefonare* *cucchiaio* *scalino* *mano* *birbone* *fiamma* *anno*	*telefonata* *cucchiaiata* *scalinata* *manata* *birbonata* *fiammata* *annata*	Telephon-gespräch Löffel(voll) Freitreppe Schlag mit der Hand Gaunerei Flamme/ Feuer Jahr(esdauer)
-ato	1. Amt bzw. dessen Ort 2. Tätigkeit, kollektive Bed.	*console* *volontario* *ululare*	*consolato* *volontariato* *ululato*	Konsulat Volontariat Geheul
-eria	1. Ort, wo etw. hergestellt od. vertrieben wird 2. Eigenschaft	*pizza* *libro* *fondere* *furbo*	*pizzeria* *libreria* *fonderia* *furberia*	Pizzeria Buchhandlung Gießerei Schlauheit
-eto/ -eta	Ort, wo etw. (bes. Pflanzen) in großer Zahl auftritt	*frutto* *pino*	*frutteto* *pineta*	Obstgarten Pinienhain
-ezza	Eigenschaft	*bello* *esatto*	*bellezza* *esattezza*	Schönheit Genauigkeit
-gione	Ergebnis einer Handlung	*guarire*	*guarigione*	Genesung/ Heilung

Suffix	Bedeutung	Grundwort	Beispiel	Bedeutung
-ia	Eigenschaft	*geloso* *pazzo*	*gelosia* *pazzia*	Eifersucht Wahnsinn
-iera	1. Gefäß 2. Ort der Bearbeitung 3. koll. Bedeut.	*tè* *carta* *tasto*	*teiera* *cartiera* *tastiera*	Teekanne Papierfabrik Tastatur
-iere	1. Beruf 2. Behälter, Instrument	*giardino* *brace* *candela*	*giardiniere* *braciere* *candeliere*	Gärtner Kohlenbecken Kerzenhalter
-ificio	Ort, wo etw. hergestellt wird	*mobile* *calza*	*mobilificio* *calzificio*	Möbelfabrik Strumpffabrik
-ile	Ort, wo etw. aufbewahrt wird	*cane* *fieno*	*canile* *fienile*	Hundehütte Heuschober
-ino	1. Beruf, Tätigkeit 2. Schmuck	*posta* *spazzare* *orecchio*	*postino* *spazzino* *orecchino*	Briefträger Straßen- kehrer Ohrring
-io	kollektive Bedeutung	*brontolare*	*brontolio*	Gebrumm/ Gemurre
-ione	Eigenschaft	*preciso*	*precisione*	Genauigkeit
-ismo/ ***-esimo***	Ideologie, Religion	*sociale* *cristiano*	*socialismo* *cristianesimo*	Sozialismus Christentum
-ista	Beruf, Tätigkeit	*tassì*	*tassista*	Taxifahrer
-ita/ ***-uta***	Vorgang	*dormire* *nascere* *venire*	*dormita* *nascita* *venuta*	Schlaf Geburt Ankunft
-ità/ ***-età/*** ***-tà***	Abstraktum Qualität	*vero* *contrario* *reale* *nobile*	*verità* *contrarietà* *realtà* *nobiltà*	Wahrheit Widerstreit Wirklichkeit Adel
-ito	kollektive Bedeutung	*ruggire*	*ruggito*	Gebrüll
-izia	Eigenschaft	*pigro*	*pigrizia*	Faulheit
-itù/ ***-tù***	Abstraktum	*servo* *giovane*	*servitù* *gioventù*	Knechtschaft Jugend
-itudine	Eigenschaft	*grato*	*gratitudine*	Dankbarkeit
-mento	Handlung/Vorgang	*insegnare* *rifornire* *investire*	*insegnamento* *rifornimento* *investimento*	Unterricht Beschaffung Investition
-ore	Qualität	*rosso* *spesso*	*rossore* *spessore*	Röte Dicke/Dichte

Suffix	Bedeutung	Grundwort	Beispiel	Bedeutung
-sione	Handlung/ Vorgang	*dividere* *invadere*	*divisione* *invasione*	Teilung Invasion
-sore	handelnde Person	*difendere* *invadere*	*difensore* *invasore*	Verteidiger Eroberer
-toio	Ort	*galoppare*	*galoppataio*	Reitbahn
-tore/ -trice	handelnde Person	*giocare* *dirigere*	*giocatore/ giocatrice* *direttore direttrice*	Spieler(in) Direktor(in)
-torio	Ort	*dormire* *osservare*	*dormitorio* *osservatorio*	Schlafsaal Observatorium
-ura	Kollektivum Handlung	*verde* *cucire* *fornire*	*verdura* *cucitura* *fornitura*	Gemüse Nähen/Naht Lieferung
-uta	Vorgang	*cadere*	*caduta*	Fallen/Fall
-zione	Handlung/ Vorgang	*circolare* *punire*	*circolazione* *punizione*	Verkehr Strafe

Anmerkung 1: Das Suffix *-tore/-trice* kann auch Instrumente und Maschinen angeben, z.B. *amplificatore* Verstärker, *copiatrice* Kopierer.

Anmerkung 2: Substantive auf *-tore/-trice* und auf *-sore* werden oft adjektivisch gebraucht, z.B. *avvocato difensore* Strafverteidiger, *classe lavoratrice* Arbeiterklasse.

Anmerkung 3: Substantive auf *-ante* und *-ente* können auch Dinge bezeichnen, z.B. *colorante* Farbstoff, *stampante* Drucker, *stupefacente* Rauschgift, *detergente* Reinigungsmittel.

Anmerkung 4: Das Suffix *-ino* kann auch Dinge bezeichnen, z.B. *frullino* Quirl, *accendino* Feuerzeug.

Anmerkung 5: Das Suffix *-toio* kann auch ein Gerät bezeichnen, z.B. *essiccatoio* Trockner/Trockenraum.

Anmerkung 6: Das Suffix *-ismo* kann auch benutzt werden, um feste Wendungen zu substantivieren: *Me ne frego.* – Das ist mir Wurst. → *il menefreghismo* die Wurstigkeit.

Anmerkung 7: Bei Ableitungen von einem Substantiv kann es zu einem Genuswechsel kommen: *la benzina* das Benzin – *il benzinaio* der Tankwart, *il cannone* die Kanone – *la cannonata* der Kanonenschuss.

Anmerkung 8: Regressive Ableitung liegt vor, wenn ein Verb seine Endung verliert und an den Stamm die Substantivendung *-o*, *-a* oder *-e* tritt: *abbandon-are* verlassen – *l'abbandono* die Verwahrlosung, *lott-are* kämpfen – *la lotta* der Kampf.

320 Suffixe zur Bildung von Adjektiven

Im Italienischen gibt es zahlreiche Suffixe zur Bildung von Adjektiven. Die Suffixe drücken aus, dass es sich bei der Ableitung um eine Eigenschaft handelt oder dass ein inhaltlicher Zusammenhang zum Grundwort besteht:

Suffix	Grundwort	Beispiel	Bedeutung
-abile/ ***-ibile***	*amare* *temere*	*amabile* *temibile*	liebenswürdig zu befürchtend
-aceo/a	*perla*	*perlaceo/a*	perlfarben
-ale	*musica*	*musicale*	musikalisch
-aneo/a	*cute*	*cutaneo/a*	Haut...
-ano/a	*Italia*	*italiano/a*	italienisch
-ante/ ***-ente***	*affascinare* *diffidare* *compiacere*	*affascinante* *diffidente* *compiacente*	bezaubernd misstrauisch entgegenkommend
-are	*popolo*	*popolare*	volkstümlich
-ario/a	*ferrovia*	*ferroviario*	Eisenbahn...
-ato/a/ ***-ito/a/*** ***-uto/a***	*dente* *crine* *pancia*	*dentato* *crinito* *panciuto*	gezähnt dichtbehaart dickbäuchig
-esco/a	*bambino*	*bambinesco*	kindisch
-ese	*Francia*	*francese*	französisch
-estre	*terra*	*terrestre*	Erd...
-evole	*colpa* *piacere*	*colpevole* *piacevole*	schuldig angenehm
-ico/a	*atomo*	*atomico*	Atom...
-iero/a	*petrolio*	*petroliero*	Erdöl...
-ifico/a	*pace*	*pacifico*	friedlich
-igno/a	*terra*	*terrigno*	erdfarben
-ile	*primavera*	*primaverile*	Frühlings...
-ineo/a	*sangue*	*sanguineo*	blutrot
-ino/a	*pecora*	*pecorino*	Schaf...
-istico/a	*arte*	*artistico*	künstlerisch
-ivo/a	*festa* *fuggire*	*festivo* *fuggitivo*	Feier... flüchtend
-izio/a	*reddito*	*redditizio*	einträglich
-orio/a	*divisione*	*divisorio*	Trenn...
-oso/a	*rabbia*	*rabbioso*	wütend
-torio/a	*preparazione*	*preparatorio*	Vorbereitungs...

Anmerkung 1: Die mit dem Suffix *-abile/-ibile* gebildeten Adjektive drücken eine Möglichkeit aus.

Anmerkung 2: In einigen Fällen kann *-oso* bedeuten, dass etw. in hohem Maße hervorgerufen wird: *noioso* langweilig/lästig. Es gibt auch Adjektive auf *-oso*, die beide Bedeutungen haben: *pauroso* 1. ängstlich 2. Angst erregend.

Anmerkung 3: Vielfältig sind die die Endungen von Adjektiven und Substantiven, die von Namen von Ländern, Regionen, Städten und Inseln abgeleitet sind. *Spagna – spagnolo, Polonia – polaco, Genova – genovese, Roma – romano, Svizzera – svizzero.*

Suffixe zur Bildung von Verben 321

Suffix	Bedeutung	Grundwort	Beispiel	Bedeutung
-are/ -ire	Handlung	*azione*	*azionare*	betätigen
		sci	*sciare*	Skilaufen
		calmo	*calmare*	beruhigen
		arrosto	*arrostire*	braten
		scuro	*scurire*	verdunkeln
		marcio	*marcire*	faulen
-eggiare	Vorgang, oft mit express. Bedeutung	*onda*	*ondeggiare*	wogen
		galla	*galleggiare*	schwimmen
		scarso	*scarseggiare*	knapp sein
-iare	Handlung	*differenza*	*differenziare*	differenzieren
-icare	Vorgang	*neve*	*nevicare*	schneien
-ificare	Wirkung erzeugen	*persona*	*personificare*	personifizieren
		dolce	*dolcificare*	süßen
-izzare	Handlung	*terrore*	*terrorizzare*	terrorisieren
		fertile	*fertilizzare*	düngen

Modifizierende Suffixe (suffissi alterativi) 322

1. Das Italienische ist sehr reich an Suffixen, mit denen man einem Substantiv oder einem Adjektiv eine bestimmte Färbung verleihen kann. Man unterscheidet vier Gruppen: Vergrößerungsformen (accrescitivi), Verkleinerungsformen (diminutivi), Koseformen (vezzeggiativi) und Suffixe, die einen abwertenden Sinn haben (peggiorativi). In vielen Fällen ist jedoch die Zuordnung eines Suffixes zu einer dieser Gruppen schwierig, da die Bedeutung einer Ableitung von der Bedeutung des Grundwortes beeinflusst wird. Manchmal gibt auch der Kontext Aufschluss darüber, wie eine Ableitung zu deuten ist:

Suffix	Grundwort	Beispiel	Bedeutung
-acchione	*furbo*	*furbacchione*	Schlaumeier
-acchiotto/a	*orso*	*orsacchiotto*	junger Bär/Teddybär
-accio/a	*avaro*	*avaraccio*	Geizkragen
-astro/a	*giovine*	*giovinastro*	liederlicher Bursche
-azzo/a	*amore*	*amorazzo*	(Liebes-)Affäre
-ello/a	*asino*	*asinello*	kleiner Esel
-erello/a	*fatto*	*fatterello*	unbedeutender Vorfall
-etto/a	*bacio*	*bacetto*	Küsschen
	casa	*casetta*	Häuschen
-iccio/a	*malato*	*malaticcio*	kränklich
-icci(u)olo/a	*strada*	*stradicciola*	Gasse
-icello/a	*campo*	*campicello*	kleines Stück Feld
-iciattolo/a	*uomo*	*omiciattolo*	Knirps
-icino/a	*cuore*	*cuoricino*	Herzchen
-ino/a	*ragazza*	*ragazzina*	kleines/junges Mädchen
	piccolo	*piccolino*	winzig
-occio/a	*grasso*	*grassoccio*	pummelig
-ognolo/a	*amaro*	*amarognolo*	etwas bitter
-olino/a	*cane*	*cagnolino*	Hündchen
-(u)olo/a	*montagna*	*montagnola*	kleiner Berg
-one	*libro*	*librone*	dickes Buch
	mangiare	*mangione*	starker Esser
-otto	*lepre*	*leprotto*	junger Hase
	giovane	*giovanotto*	sehr jung
-uccio/a	*caro*	*caruccio*	ziemlich teuer/nett
-ucolo/a	*poeta*	*poetucolo*	unbedeutender Dichter

Anmerkung 1: In einigen Fällen ändert sich der Wortstamm, wie z.B. bei *cane – cagnolino, uomo – omiciattolo.*

Anmerkung 2: Bei Wörtern auf *-one* wird vor dem Suffix *-ino* ein *c* eingefügt: *bastone – bastoncino* Stöckchen.

Anmerkung 3: Es kann Genuswechsel eintreten: *la donna – il donnone* Riesenweib, *la strada – lo stradone* Landstraße.

Anmerkung 4: Auch an einige Adverbien können Suffixe treten: *bene – benone* ausgezeichnet, *presto – prestino* ziemlich früh, *tardi – tarduccio* ziemlich spät.

Anmerkung 5: Die Suffixe *-astro, -iccio* und *ognolo*, an Farbadjektive angehängt, entsprechen dt. '-lich': *verde – verdastro* grünlich, *rosso – rossiccio* rötlich, *azzurro – azzurrognolo* bläulich.

Anmerkung 6: Das Suffix kann seine ursprüngliche Bedeutung verlieren. So bedeutet *cucchiaino* 'Kaffeelöffel/Teelöffel' und nicht 'kleiner Löffel'.

Anmerkung 7:	Manchmal hat sich die Bedeutung der Ableitung von der des Grundwortes entfernt: *busta* Kuvert – *bustarella* Schmiergeld.
Anmerkung 8:	In einigen Fällen liegt eine scheinbare Vergrößerung bzw. Verkleinerung vor (falsi alterati): *burrone* Schlucht, *manette* Handschellen (kleine Hand *manina*).
Anmerkung 9:	Es können auch mehrere Suffixe an ein Wort treten, wie z.B. *grassottello* dicklich, *libraccione* Schmöker.

2. Auch Verben können durch Anhängen von Suffixen an den Stamm in ihrer Bedeutung verändert werden:

Suffix	Grundwort	Beispiel	Bedeutung
-acchiare/	*ridere*	*ridacchiare*	kichern
-icchiare/	*tossire*	*tossicchiare*	hüsteln
-ucchiare	*mangiare*	*mangiucchiare*	naschen
-(er)ellare	*giocare*	*giocherellare*	spielen/tändeln
	saltare	*salterellare/saltellare*	hüpfen
-ettare	*fischiare*	*fischiettare*	vor sich hin pfeifen
-ottare	*parlare*	*parlottare*	tuscheln/flüstern

Besonderheiten der Suffigierung (suffissazione) 323

Das abgeleitete Wort kann gegenüber dem Stamm des Ausgangswortes orthographische, lautliche oder morphologische Veränderungen aufweisen. Die Veränderungen können den Vokalismus oder den Konsonantismus betreffen. In einigen Fällen wird die Ableitungsbasis durch das ursprüngliche lateinische Wort oder ein sinnverwandtes anderes Ausgangswort ersetzt.

1. Orthographische Veränderungen:

pulce	Floh	-	*pulciaio*	Flohnest
bacio	Kuss	-	*bacetto*	Küsschen

2. Veränderungen des Vokalismus:

lieto	froh	-	*letizia*	Freude
buono	gut	-	*bontà*	Güte
scuola	Schule	-	*scolaro*	Schüler

3. Veränderungen des Konsonantismus:

pratico	praktisch	-	*praticità*	Praktikabilität
mago	Zauberer	-	*magia*	Zauberei
forte	stark	-	*forza*	Stärke

4. Ableitungsbasis ist das dem italienischen Ausdruck zu Grunde liegende lateinische Wort:

oro	Gold	-	*aureo*	golden
mese	Monat	-	*mensile*	monatlich
vetro	Glas	-	*vitreo*	gläsern

5. Sinnverwandte andere lateinische oder griechische Ausgangsform:

uomo	Mann	-	*virile*	männlich
guerra	Krieg	-	*bellico*	kriegerisch
fegato	Leber	-	*epatico*	Leber...

Wortbildung mittels Präfixen

Präfixe sind Wortbildungselemente, die einer Ableitungsbasis vorangesetzt werden und mit dieser ein neues Wort bilden, jedoch, von einigen Präpositionen abgesehen, nicht als selbstständige Wörter auftreten. Im Gegensatz zu den Suffixen verändern Präfixe die Wortart nicht:

324 Die Bildung von präfigierten Substantiven und Adjektiven

Präfix	Bedeutung	Grundwort	Beispiel	Bedeutung
a-	Verneinung	*morale* *tipico*	*amorale* *atipico*	unmoralisch untypisch
ante-/ anti-	vor (zeitlich oder räumlich)	*guerra* *nato* *pasto* *camera*	*anteguerra* *antenato* *antipasto* *anticamera*	Vorkriegszeit Vorfahr Vorspeise Vorzimmer
anti-	gegen, Widerstand	*furto*	*antifurto*	Diebstahlsicherung
arci-	1. höherer Grad 2. äußerst	*vescovo* *contento*	*arcivescovo* *arcicontento*	Erzbischof sehr zufrieden
bi(s)-	zweimal	*mensile* *cugino*	*bimensile* *biscugino*	zweimonatlich Vetter 2. Grades

Präfix	Bedeutung	Grundwort	Beispiel	Bedeutung
circum-	herum	*navigare*	*circum- navigare*	umschiffen
cis-	diesseits	*alpino*	*cisalpino*	diesseits der Alpen liegend
co-/ col-/ com-/ con-	zusammen	*produzione laterale patriota geniale*	*coproduzione collaterale compatriota congeniale*	Koproduktion Seiten... Landsmann kongenial
contra-/ contro-	gegen, Wi- derstand	*peso senso*	*contrappeso controsenso*	Gegengewicht Widersinn
dis-	Negation	*funzione onesto*	*disfunzione disonesto*	Funktionsstörung unehrlich
dopo-	nachzeitig	*guerra*	*dopoguerra*	Nachkriegszeit
ex(-)	ehemalig	*ministro*	*ex-ministro*	ehemaliger Minister
extra-	1. äußerst 2. außerhalb	*fino coniugale*	*extrafino extracon- iugale*	extrafein außerehelich
fuori-	außerhalb	*bordo*	*fuoribordo*	Außenbordmotor
in-/ im-/ il-/ ir-	Verneinung	*capace possibile logico reale*	*incapace impossibile illogico irreale*	unfähig unmöglich unlogisch irreal
infra-	unterhalb	*struttura*	*infrastruttura*	Infrastruktur
inter-	zwischen	*continen- tale*	*intercon- tinentale*	interkontinental
intra-	innerhalb	*muscolare*	*intramusco- lare*	intramuskulär
iper-	höchster Grad	*sensibile tension*	*ipersensibile ipertensione*	überempfindlich Hochdruck
ipo-	niedriger Grad	*calorico*	*ipocalorico*	kalorienarm
meta-	über hinaus	*fisica*	*metafisica*	Metaphysik
non(-)	Verneinung	*senso credente*	*nonsenso non credente*	Unsinn Ungläubige(r)
oltre-	jenseits	*Alpe tomba*	*oltralpe oltretomba*	jenseits der Alpen Jenseits
post-	nach	*bellico*	*postbellico*	Nachkriegs...
pre-	vor	*avviso istoria*	*preavviso preistoria*	Voranzeige Vorgeschichte

Präfix	Bedeutung	Grundwort	Beispiel	Bedeutung
pro-	anstatt	*rettore*	*prorettore*	Prorektor
retro-	hinten/ zurück	*camera* *marcia*	*retrocamera* *retromarcia*	Hinterzimmer Rückwärtsgang
s-	Verneinung	*contento* *fiducia*	*scontento* *sfiducia*	unzufrieden Misstrauen
semi-	halb	*cerchio* *freddo*	*semicerchio* *semifreddo*	Halbkreis halbgefroren
senza-	ohne, -los	*tetto*	*senzatetto*	Obdachlose(r)
sopra-/ sovra-	oben, Über- legenheit	*indicato* *produzione*	*sopraindicato* *sovrapprodu- zione*	obenerwähnt Überproduktion
sotto-	unter	*occupa- zione* *passaggio* *sviluppato*	*sottoccupa- zione* *sottopassaggio* *sottosviluppato*	Unterbeschäf- tigung Unterführung unterentwickelt
stra-	äußerst	*vecchio*	*stravecchio*	uralt
sub-	unter	*affitto*	*subaffitto*	Untermiete
super-	Übermaß, Überlegen- heit	*dotato* *mercato*	*superdotato* *supermercato*	hoch begabt Supermarkt
sur-	über	*reale*	*surreale*	übernatürlich
trans-	1. jenseits 2. durch	*alpino* *siberiano*	*transalpino* *transiberiano*	transalpin transsibirisch
ultra-	1. jenseits 2. äußerst	*terreno* *rapido*	*ultraterreno* *ultrarapido*	überirdisch sehr schnell

Anmerkung: Nach *contra-* und *sopra-/sovra-* wird der nachfolgende Konsonant verdoppelt (Vgl. § 5.3).

325 Die Bildung von präfigierten Verben (verbi prefissati)

Präfix	Grundwort	Beispiel	Bedeutung
a-	*correre*	*accorrere*	herbeilaufen
ante-	*porre*	*anteporre*	vorsetzen
co(n)-	*fondere*	*confondere*	vermischen
contro-/ contra-	*battere* *dire*	*controbattere* *contraddire*	zurückschlagen widersprechen
de-	*colorare*	*decolorare*	entfärben
di-	*sperare*	*disperare*	verzweifeln
dis-	*armare* *imparare*	*disarmare* *disimparare*	entwaffnen verlernen

Präfix	Grundwort	Beispiel	Bedeutung
fra-	*mischiare*	*frammischiare*	vermischen
in-	*mettere*	*immettere*	einlassen
inter-	*venire*	*intervenire*	eingreifen
pre-	*dire*	*predire*	vorhersagen
r-/ ***re-/*** ***ri-***	*assicurare* *integrare* *scrivere*	*rassicurare* *reintegrare* *riscrivere*	beruhigen wiederherstellen wieder schreiben
retro-	*datare*	*retrodatare*	zurückdatieren
s-	*comporre* *caricare*	*scomporre* *scaricare*	zerlegen entladen
sotto-	*porre*	*sottoporre*	unterbreiten
stra-	*cuocere*	*stracuocere*	zu lange kochen
sub-	*ordinare*	*subordinare*	unterordnen
sur-	*riscaldare*	*surriscaldare*	überhitzen
tra-	*forare*	*traforare*	durchbohren
tra(s)-	*piantare* *formare*	*trapiantare* *trasformare*	verpflanzen verwandeln

Anmerkung 1: Die Präfixe *de-*, *di-* und *dis-* haben negative Bedeutung.

Anmerkung 2: Die Präfixe *r-*, *s-* und *stra-* haben intensivierende, *s-* außerdem noch negative Bedeutung.

Anmerkung 3: Die Präfixe *re-* und *ri-* bedeuten meist ‘noch einmal/wieder’.

Die Parasynthese 326

Parasynthese liegt vor, wenn ein Präfix und ein Suffix gleichzeitig an eine Ableitungsbasis angefügt werden. Dieses Wortbildungsverfahren betrifft im Wesentlichen nur Verben (verbi parasintetici):

Grundwort	Bedeutung		Beispiel	Bedeutung
braccio *fetta* *lontano*	Arm Scheibe entfernt	- - -	*__ab__bracci__are__* *__af__fett__are__* *__al__lontan__are__*	umarmen in Scheiben schneiden entfernen
caffeina *trono*	Koffein Thron	- -	*__de__caffein__are__* *__de__tronizz__are__*	das Koffein entziehen entthronen
magro *ramo*	mager Zweig	- -	*__di__magr__ire__* *__di__ram__ar__si*	abnehmen sich verzweigen
colpa *acerbo*	Schuld herb	- -	*__dis__colp__are__* *__dis__acerb__are__*	rechtfertigen lindern
grande *scatola*	groß Schachtel/Dose	- -	*__in__grand__ire__* *__in__scatol__are__*	vergrößern in Dosen füllen

Grundwort	Bedeutung		Beispiel	Bedeutung
amore	Liebe	-	**_inn_**_amor_**_arsi_**	sich verlieben
padrone	Besitzer	-	**_im_**_padron_**_irsi_**	sich bemächtigen
lume	Leuchte	-	**_il_**_lumin_**_are_**	erleuchten
notte	Nacht	-	**_per_**_nott_**_are_**	übernachten
allegro	heiter	-	**_r_**_allegr_**_are_**	erfreuen
faccia	Gesicht	-	**_rin_**_facci_**_are_**	vorhalten/vorwerfen
caro	teuer	-	**_rin_**_car_**_are_**	(sich) verteuern
patria	Heimat	-	**_rim_**_patri_**_are_**	in die Heimat zurückkehren/abschieben
buccia	Schale	-	**_s_**_bucci_**_are_**	schälen
bianco	weiß	-	**_s_**_bianc_**_are_**	bleichen
folto	dicht	-	**_s_**_folt_**_ire_**	lichten
polpa	Fruchtfleisch	-	**_s_**_polp_**_are_**	vom Fleisch lösen
facchino	Gepäckträger	-	**_s_**_facchin_**_are_**	sich abschinden
ripa	Ufer	-	**_stra_**_rip_**_are_**	über die Ufer treten
vaso	Gefäß	-	**_tra_**_vas_**_are_**	umfüllen
cura	Sorge	-	**_tra_**_scur_**_are_**	vernachlässigen

Anmerkung 1: Bei *a-* wird der folgende Konsonant verdoppelt. Beginnt das Grundwort mit Vokal, so lautet die Vorsilbe *ad-*.

Anmerkung 2: Das Präfix *in-/rin-* gleicht sich dem folgenden Konsonanten an.

Anmerkung 3: Das Präfix *s-* kann bezeichnen 1. ein Wegnehmen, ein Entfernen: *forno – sfornare* aus dem Backofen herausnehmen 2. eine Intensivierung: *bandiera – sbandierare* schwingen/schwenken.

327 Die Wortbildung mittels Suffixoiden

Suffixoide (suffissoidi) sind lautlich angepasste lateinische oder altgriechische Wortstämme, die in der Regel keine selbstständigen Wörter darstellen, aber reihenbildend sind und an eine Ableitungsbasis angehängt werden. Sie können Substantive oder Adjektive bilden:

Suffixoid	Bedeutung	Beispiel	Bedeutung
-algia	Schmerz	*nevralgia*	Neuralgie
-algico	schmerzend	*nevralgico*	neuralgisch
-cida	tötend	*insetticida*	Insektenvertilgungsmittel/Insekten tötend
-cratico	zu einer Schicht gehörig	*aristocratico*	aristokratisch/ Aristokrat
-crazia	Herrschaftsform	*democrazia*	Demokratie
-fero	bringend	*sonnifero*	Schlafmittel/ einschläfernd

Suffixoid	Bedeutung	Beispiel	Bedeutung
-filia	Liebe	*anglofilia*	Anglophilie
-filo	liebend	*germanofilo*	deutschfreundlich
-fobo	Angst habend vor	*xenofobo*	fremdenfeindlich
-fono	sprechend	*ispanofono*	Spanisch sprechend
-fugo	vertreibend	*febbrifugo*	Fieber senkend
-geno	erzeugend	*cancerogeno*	krebserzeugend
-grafo	Schreiber	*lessicografo*	Lexikograph
-logia	wissenschaftliche Disziplin	*antropologia*	Anthropologie
-logico	zu einer Wissenschaft gehörend	*psicologico*	psychologisch
-logo	Vertreter einer Wissenschaft	*filologo*	Philologe
-scopia	Schau	*gastroscopia*	Magenspiegelung
-teca	Aufbewahrungsort	*biblioteca*	Bibliothek
-voro	Fresser/fressend	*erbivoro* *carnivoro*	Pflanzenfresser Fleisch fressend

Anmerkung 1: Einige griechische und lateinische Wortstämme treten im Italienischen als selbständige Wörter auf: *fobia* Phobie, *grafia* Schreibweise, *grafico* grafisch, *mania* Manie, *metro* Meter.

Anmerkung 2: In vielen Fällen ist die vom Deutschen abweichenden Betonung zu beachten.

Die Wortbildung mittels Präfixoiden 328

Präfixoide (prefissoidi) sind lautlich angepasste lateinische oder griechische Wortstämme, die in der Regel keine selbständigen Wörter darstellen, aber reihenbildend sind und einer Ableitungsbasis vorangesetzt werden:

Präfixoid	Bedeutung	Beispiel	Bedeutung
aero-	Luft	*aeroporto*	Flughafen
arci-	höherer Grad	*arcivescovo*	Erzbischof
auto-	selbst	*autogestione*	Selbstverwaltung
bi-	zweimal	*bimotore*	zweimotorig
bio-	Leben	*biologia*	Biologie
cyber-	Informatik	*cybercrimine*	Computerkriminalität
eco-	Umwelt	*ecosistema*	Ökosystem
filo-	Freund	*filosofia*	Philosophie
fono-	Ton	*fonografia*	Tonaufnahme
grafo-	Schrift	*grafologia*	Graphologie

Präfixoid	Bedeutung	Beispiel	Bedeutung
idro-	Wasser	*idrocarburo*	Kohlenwasserstoff
macro-	groß	*macrocosmo*	Makrokosmos
mega-	groß	*megafesta*	Riesenfest
megalo-	groß	*megalomania*	Größenwahn
micro-	klein	*microstruttura*	Mikrostruktur
mini-	klein	*minigonna*	Minirock
neo-	neu	*neofascismo*	Neofaschismus
poli-	viel	*poligamia*	Vielehe
psico-	Seele	*psicoterapia*	Psychotherapie
radio-	Strahl	*radioattività*	Radioaktivität
socio-	Gesellschaft	*sociologo*	Soziologe
tele-	fern	*televisione*	Fernsehen
termo-	Wärme	*termometro*	Thermometer
tri-	drei	*triciclo*	Dreirad
vice-	vertretend	*vicepresidente*	Vizepräsident
video-	sehen	*videoconferenza*	Videokonferenz

329 Die Zusammensetzung

Bei der Zusammensetzung werden in der Regel zwei selbstständig vorkommende Wörter zu einer neuen Sinneinheit verbunden. Man unterscheidet Substantivkomposita, Adjektivkomposita und Verbkomposita. Letztere sind selten.

1. Substantivkomposita

Substantivkomposita sind im Italienischen sehr zahlreich. Dabei können Zusammenschreibung, Getrenntschreibung oder, was am häufigsten vorkommt, der Einschub einer Präposition auftreten:

1.1. Substantiv + Substantiv (Zusammenschreibung):

l'arcobaleno	der Regenbogen
il capolavoro	das Meisterwerk
il capoluogo	der Hauptort
la ferrovia	die Eisenbahn
il pescecane	der Hai
la madrelingua	die Muttersprache
la banconota	die Banknote

1.2. Substantiv + Substantiv (Getrenntschreibung):

la conferenza stampa	die Pressekonferenz
la copia pirata	die Raubkopie
il campo profughi	das Flüchtlingslager
il paese ospite	das Gastland
il gel doccia	das Duschgel
la chiusura lampo	der Reißverschluss
l'indirizzo Internet	die Internetadresse
il carro attrezzi	der Abschleppwagen
i gas serra	die Treibhausgase
la pausa caffè	die Kaffeepause
la gonna pantalone	der Hosenrock
la temperatura ambiente	die Zimmertemperatur
il caso limite	der Grenzfall
la stampante laser	der Laserdrucker
il treno merce	der Güterzug
il redattore capo	der Chefredakteur
la tartaruga gigante	die Riesenschildkröte
la città satellite	die Satellitenstadt

1.3. Substantiv + Präposition + Substantiv (zur Funktion der Präpositionen vgl. Kap. 24):

la barca ***a*** *vela*	das Segelboot
il tappo a vite	der Schraubverschluss
la strada a senso unico	die Einbahnstraße
il televisore a colori	der Farbfernseher
il guasto al motore	der Motorschaden
il freno a mano	die Handbremse
la corsa agli armamenti	das Wettrüsten
l'uovo ***con*** *la sorpresa*	das Überraschungsei
l'osso col midollo	der Markknochen
la diarrea con vomito	der Brechdurchfall
il furto con scasso	der Einbruchdiebstahl
l'assicurazione ***contro*** *il furto*	die Diebstahlversicherung
l'assicurazione contro gli incendi	die Feuerversicherung
gli scarponi ***da*** *sci*	die Skischuhe
la vasca da bagno	die Badewanne
la carta da lettere	das Briefpapier
l'avvelenamento da funghi	die Pilzvergiftung
la camera da letto	das Schlafzimmer
il raffreddore da fieno	der Heuschnupfen
il ferro da stiro da viaggio	das Reisebügeleisen

*il professore **di** tedesco*	der Deutschlehrer
il pericolo di morte/vita	die Lebensgefahr
il punto di vista	der Gesichtspunkt
la casa dello studente	das Studentenwohnheim
la cintura di sicurezza	der Sicherheitsgurt
la carta d'identità	der Personalausweis
*il viaggio **in** Italia*	die Italienreise
il giro in bicicletta	die Radtour
il latte in scatola	die Dosenmilch
il ballo in maschera	der Maskenball
il compito in classe	die Klassenarbeit
la rapina in banca	der Banküberfall
*lo scompartimento **per** non fumatori*	das Nichtraucherabteil
il corso per principianti	der Anfängerkurs
la conferenza per il disarmo	die Abrüstungskonferenz
la società per azioni (S.p.A.)	die Aktiengesellschaft (AG)
il rischio per la salute	das Gesundheitsrisiko
via senza uscita	Sackgasse
vuoto senza resa	Einwegflasche
*l'hockey **su** ghiaccio*	das Eishockey
l'infortunio sul lavoro	der Arbeitsunfall
l'imposta sul reddito	die Einkommensteuer
il vestito su misura	der Maßanzug
la legge sul divorzio	das Scheidungsgesetz

Anmerkung: Zusammenschreibung liegt vor in *il pomodoro* die Tomate.

1.4. Substantiv + Adjektiv (Zusammenschreibung):

il camposanto	der Friedhof
la terraferma	das Festland
la cassaforte	der Tresor

1.5. Substantiv + Adjektiv (Getrenntschreibung):

la lingua straniera	die Fremdsprache
il segreto professionale	das Berufsgeheimnis
la medaglia commemorativa	die Gedenkmedaille
il codice segreto	die Geheimzahl
il disco fisso	die Festplatte
la popolazione mondiale	die Weltbevölkerung

1.6. Adjektiv + Substantiv:

il francobollo	die Briefmarke
l'altoforno	der Hochofen
il mezzogiorno	der Mittag/Süditalien

1.7. Substantiv + Partizip Präsens:

la pianta rampicante	die Kletterpflanze
il salice piangente	die Trauerweide
il conto corrente	das Girokonto

1.8. Substantiv + Partizip Perfekt:

le forze armate	die Streitkräfte
i prodotti finiti	die Endprodukte
il riso soffiato	der Puffreis
la raccolta differenziata	die Mülltrennung

1.9. Substantiv + präpositionaler Infinitiv:

la macchina da scrivere	die Schreibmaschine
il posto a sedere	der Sitzplatz
la sete di sapere	der Wissensdurst

1.10. Verb + Substantiv:

lo stuzzicadenti	der Zahnstocher
il portalettere	der Briefträger
la lavastoviglie	die Geschirrspülmaschine
il tergicristallo	der Scheibenwischer
l'asciugacapelli	der Fön
il salvaslip	die Slipeinlage
il salvadanaio	die Spardose
il temperamatite	der Bleistiftspitzer

1.11. Adverb + Substantiv:

il malumore	die schlechte Laune
il maltempo	das Unwetter
la benefattrice	die Wohltäterin

1.12. Adjektiv + Verb:

il belvedere	der Aussichtspunkt

1.13. Adverb + Verb:

il benestare	die Genehmigung
il benessere	das Wohlbefinden
il malessere	das Unwohlsein

1.14. Verb + Verb:

il saliscendi	die Klinke
la giravolta	die Drehung/Windung
il tiremmolla	das Hin und Her [fig.]

2. Adjektivkomposita

2.1. Adjektiv + Adjektiv:

sordomuto	taubstumm
agrodolce	süßsauer
verdegrigio	graugrün
bianconero	schwarzweiß
rosso fuoco	feuerrot
verde chiaro	hellgrün
verde scuro	dunkelgrün

2.2. Adverb + Partizip:

benedetto	gesegnet
benfatto	gut gebaut/ordentlich
benvenuto	willkommen
maledetto	verflucht
malfatto	missraten

Merke: *malfatti* mit Spinat gefüllte Mehlklöße

3. Verbkomposita:

manomettere	aufbrechen/antasten
capovolgere	umkehren/stürzen

Die Konversion (conversione) 330

Bei der Konversion geht ein Wort unverändert in eine andere Wortart über. In der Regel handelt es sich dabei um eine Substantivierung:

sapere	wissen	-	*il sapere*	das Wissen
essere	sein	-	*l'essere*	das Sein
detto	gesagt	-	*il detto*	das Sagen/der Spruch
fatto	gemacht	-	*il fatto*	das Ereignis/die Tat
vero	wahr	-	*il vero*	das Wahre
bene	gut	-	*il bene*	das Gute
perché	warum	-	*il perché*	der Grund
io	ich	-	*l'io*	das Ich

Die Wortkürzung (accorciativi) 331

In der Umgangssprache finden sich zahlreiche Wörter, die um eine oder mehrere Silben verkürzt sind:

la televisione	-	*la tele*	das Fernsehen/der Fernseher
la motocicleta	-	*la moto*	das Motorrad
la bicicleta	-	*la bici*	das Fahrrad
il frigorifero	-	*il frigo*	der Kühlschrank

Anhang

Alphabetische Liste der wichtigsten unregelmäßigen Verben

accadere	geschehen *(essere)*	**s. *cadere***
accendere	anzünden	**s. *prendere***
accludere	beilegen	**s. *chiudere***
accogliere	aufnehmen	**s. *cogliere***
accorgersi	bemerken *(essere)*	**s. *porgere***
accorrere	herbeieilen *(essere)*	**s. *correre***
affiggere	anschlagen pass. rem.: *affissi, affiggesti, affisse, affiggemmo, affiggeste, affissero*	part. pass.: *affisso*
affliggere	betrüben pass. rem.: *afflissi, affliggesti, afflisse, affliggemmo, affliggeste, afflissero*	part. pass.: *afflitto*
aggiungere	hinzufügen	**s. *giungere***
alludere	anspielen	**s. *chiudere***
ammettere	zulassen	**s. *mettere***
andare	gehen *(essere)* indic. pres.: *vado, vai, va, andiamo, andate, vanno* futuro: *andrò, andrai, andrà, andremo, andrete, andranno* condiz.: *andrei, andresti, andrebbe, andremmo, andreste, andrebbero* imperativo: *va'/vai, vada, andiamo, andate, vadano* cong. pres.: *vada, vada, vada, andiamo, andiate, vadano*	part. pass.: *andato*
annettere	beilegen pass. rem.: *annettei/annessi, annettesti, annetté/annesse, annettemmo, annetteste, annetterono/annessero*	part. pass.: *annesso*
anteporre	vorziehen	**s. *porre***
apparire	erscheinen *(essere)* indic. pres.: *appaio/apparisco, appari/apparisci, appare/appa-risce, appariamo, apparite, appaiono/appariscono* pass. rem.: *apparvi/apparii/apparsi, apparisti, apparve/ apparì/apparse, apparimmo, appariste, apparvero/apparirono/ apparsero* imperat.: *appari/apparisci, appaia/apparisca, appariamo, apparite, appaiano/appariscano*	part. pass.: *apparso*
appartenere	gehören *(essere/avere)*	**s. *tenere***
appendere	aufhängen	**s. *prendere***
apprendere	lernen/erfahren	**s. *prendere***
aprire	öffnen pass. rem.: *aprii/apersi, apristi, aprì/aperse, aprimmo, apriste, aprirono/apersero*	part. pass.: *aperto*

ardere	(ver)brennen pass. rem.: *arsi, ardesti, arse, ardemmo, ardeste, arsero*	part. pass.: *arso* **s. *prendere***
arrendersi	sich ergeben (*essere*)	**s. *prendere***
aspergere	besprengen	**s. *emergere***
assalire	angreifen Anm.: indic. pres. und cong. pres. auch *assalisco* bzw. *assalisca*	**s. *salire***
assistere	teilnehmen	part. pass.: *assistito*
assolvere	freisprechen pass. rem.: *assolsi, assolvesti, assolse, assolvemmo, assolveste, assolsero*	part. pass.: *assolto*
assumere	übernehmen pass. rem.: *assunsi, assumesti, assunse, assumemmo, assumeste, assunsero*	part. pass.: *assunto*
astenersi	sich enthalten *(essere)*	**s. *tenere***
attendere	(er)warten	**s. *prendere***
attenersi	sich halten *(essere)*	**s. *tenere***
attingere	schöpfen	**s. *cingere***
attrarre	anziehen	**s. *trarre***
avere	(§ 174)	part. pass.: *avuto*
avvalersi	Gebrauch machen von *(essere)*	**s. *valere***
avvedersi	bemerken *(essere)* Anm.: part. pass. nur: *avveduto*	**s. *vedere***
avvenire	sich ereignen	**s. *venire***
avvolgere	einwickeln	**s. *volgere***
benedire	segnen Anm.: imperat. 2. Pers.: *benedici;* imperf. auch: *benedivo* [pop.]; pass. rem. auch: *benedii* [pop.]	**s. *dire***
bere	trinken indic. pres.: *bevo, bevi, beve, beviamo, bevete, bevono* pass. rem.: *bevvi/bevei/bevetti, bevesti, bevve/bevé/bevette, bevemmo, beveste, bevvero/beverono/bevettero* imperf.: *bevevo, bevevi, beveva, bevevamo, bevevate, bevevano* futuro: *berrò, berrai, berrà, berremo, berrete, berranno* condiz.: *berrei, berresti, berrebbe, berremmo, berreste, berrebbero* imperat.: *bevi, beva, beviamo, bevete, bevano* cong. pres.: *beva, beva, beva, beviamo, beviate, bevano* cong. imperf.: *bevessi, bevessi, bevesse, bevessimo, beveste, bevessero* part. pres.: *bevente*	part. pass.: *bevuto* gerundio: *bevendo*
cadere	fallen *(essere)* pass. rem.: *caddi, cadesti, cadde, cademmo, cadeste, caddero* futuro: *cadrò, cadrai, cadrà, cadremo, cadrete, cadranno* condiz.: *cadrei, cadresti, cadrebbe, cadremmo, cadreste, cadrebbero*	part. pass.: *caduto*

chiedere	fragen	part. pass.: *chiesto*
	pass. rem.: *chiesi, chiedesti, chiese, chiedemmo, chiedeste, chiesero*	
chiudere	schließen	part. pass.: *chiuso*
	pass. rem.: *chiusi, chiudesti, chiuse, chiudemmo, chiudeste, chiusero*	
cingere	umschließen	part. pass.: *cinto*
	pass. rem.: *cinsi, cingesti, cinse, cingemmo, cingeste, cinsero*	
cogliere	pflücken	part. pass.: *colto*
	indic. pres.: *colgo, cogli, coglie, cogliamo, cogliete, colgono*	
	pass. rem.:*colsi, cogliesti, colse, cogliemmo, coglieste, colsero*	
	imperat.: *cogli, colga, cogliamo, cogliete, colgano*	
	cong. pres.: *colga, colga, colga, cogliamo, cogliate, colgano*	
commettere	begehen	**s. *mettere***
commuovere	rühren/ergreifen	**s. *muovere***
compiere	vollenden	part. pass.: *compiuto*
	indic. pres.: *compio, compi, compie, compiamo, compite, compiono*	
	imperf.: *compivo, compivi, compiva, compivamo, compivate, compivano*	
	pass. rem.: *compii, compisti, compì, compimmo, compiste, compirono*	
	imperat.: *compi, compia, compiamo, compite, compiano*	
	cong. pres.: *compia, compia, compia, compiamo, compiate, compiano*	
	cong. imperf.: *compissi, compissi, compisse, compissimo, compiste, compissero*	
comporre	zusammensetzen	**s. *porre***
comprendere	verstehen	**s. *prendere***
comprimere	zusammendrücken	**s. *esprimere***
compromettere	gefährden/bloßstellen	**s. *mettere***
concedere	gewähren	part. pass.: *concesso/* [selten] *conceduto*
	pass. rem.: *concessi/concedei/concedetti, concedesti, concesse/concedé/concedette, concedemmo, concedeste, concessero/concederono/concedettero*	
concludere	abschließen/ beenden	part. pass.: *concluso*
	pass. rem.: *conclusi, concludesti, concluse, concludemmo, concludeste, conclusero*	
concorrere	beitragen/sich bewerben (*avere*)	**s. *correre***
condividere	teilen (Ansicht)	**s. *decidere***

condurre	führen indic. pres.: *conduco, conduci, conduce, conduciamo, conducete, conducono* imperf.: *conducevo, conducevi, conduceva, conducevamo, conducevate, conducevano* pass. rem.: *condussi, conducesti, condusse, conducemmo, conduceste, condussero* futuro: *condurrò, condurrai, condurrà, condurremo, condurrete, condurranno* condiz.: *condurrei, condurresti, condurrebbe, condurremmo, condurreste, condurrebbero* cong. pres.: *conduca, conduca, conduca, conduciamo, conduciate, conducano* cong. imperf.: *conducessi, conducessi, conducesse, conducessimo, conduceste, conducessero* imperat.: *conduci, conduca, conduciamo, conducete, conducano* part. pres.: *conducente*	part. pass.: *condotto* gerundio: *conducendo*
confondere	verwechseln/verwirren	**s. *fondere***
connettere	verbinden/verknüpfen	**s. *annettere***
conoscere	kennen (lernen) pass. rem.: *conobbi, conoscesti, conobbe, conoscemmo, conosceste, conobbero*	part. pass.: *conosciuto*
consistere	bestehen *(essere)*	**s. *assistere***
contenere	enthalten	**s. *tenere***
contraddire	widersprechen Anm.: imperat. 2. Pers.: *contraddici*	**s. *dire***
contraffare	nachmachen/fälschen	**s. *fare***
contravvenire	zuwiderhandeln *(avere)*	**s. *venire***
convenire	zusammenkommen (§ 180)	**s. *venire***
convincere	überzeugen	**s. *vincere***
coprire	bedecken	**s. *aprire***
correggere	verbessern	**s. *leggere***
correre	laufen pass. rem.: *corsi, corresti, corse, corremmo, correste, corsero*	part. pass.: *corso* (§ 180)
corrispondere	entsprechen	**s. *rispondere***
corrompere	verderben/ bestechen	**s. *rompere***
cospargere	bestreuen	**s. *spargere***
costringere	zwingen	**s. *stringere***
crescere	wachsen *(essere)* pass. rem.: *crebbi, crescesti, crebbe, crescemmo, cresceste, crebbero*	part. pass.: *cresciuto*
crocifiggere	kreuzigen	**s. *affiggere***

cucire	nähen indic. pres.: *cucio, cuci, cuce, cuciamo, cucite, cuciono* cong. pres.: *cucia, cucia, cucia, cuciamo, cuciate, cuciano*	part. pass.: *cucito*
cuocere	kochen/backen indic. pres.: *cuocio, cuoci, cuoce, c(u)ociamo, c(u)ocete, cuociono* imperf.: *c(u)ocevo, c(u)ocevi, c(u)oceva, c(u)ocevamo, c(u)ocevate, c(u)ocevano* pass. rem.: *cossi, c(u)ocesti, cosse, c(u)ocemmo, c(u)oceste, cossero* futuro: *c(u)ocerò, c(u)ocerai, c(u)ocerà, c(u)oceremo, c(u)ocerete, c(u)oceranno* condiz.: *c(u)ocerei, c(u)oceresti, c(u)ocerebbe, c(u)oceremmo, c(u)ocereste, c(u)ocerebbero* imperat.: *cuoci, cuocia, c(u)ociamo, c(u)ocete, cuociano* cong. pres.: *cuocia, cuocia, cuocia, c(u)ociamo, c(u)ociate, cuociano*	part. pass.: *cotto*
dare	geben indic. pres.: *do, dai, dà, diamo, date, danno* imperf.: *davo, davi, dava, davamo, davate, davano* pass. rem.: *diedi/detti, desti, diede/dette, demmo, deste, diedero/dettero* futuro: *darò, darai, darà, daremo, darete, daranno* condiz.: *darei, daresti, darebbe, daremmo, dareste, darebbero* imperat.: *da'/dai, dia, diamo, date, diano* cong. pres.: *dia, dia, dia, diamo, diate, diano* cong. imperf.: *dessi, dessi, desse, dessimo, deste, dessero*	part. pass.: *dato*
decidere	beschließen pass. rem.: *decisi, decidesti, decise, decidemmo, decideste, decisero*	part. pass.: *deciso*
decomporre	zerlegen	**s. *porre***
decrescere	abnehmen *(essere)*	**s. *crescere***
dedurre	ableiten/ entnehmen	**s. *condurre***
deflettere	abweichen	**s. *annettere***
deludere	enttäuschen	**s. *chiudere***
deporre	ablegen/aussagen	**s. *porre***
deprimere	bedrücken/ deprimieren	**s. *esprimere***
descrivere	beschreiben	**s. *scrivere***
desistere	ablassen	**s. *assistere***
difendere	verteidigen	**s. *prendere***
diffondere	verbreiten	**s. *fondere***
dimettersi	zurücktreten *(essere)*	**s. *mettere***
dipendere	abhängen *(essere)*	**s. *prendere***
dipingere	malen	**s. *cingere***

dire	sagen indic. pres.: *dico, dici, dice, diciamo, dite, dicono* imperf.: *dicevo, dicevi, diceva, dicevamo, dicevate, dicevano* pass. rem.: *dissi, dicesti, disse, dicemmo, diceste, dissero* futuro: *dirò, dirai, dirà, diremo, direte, diranno* condiz.: *direi, diresti, direbbe, diremmo, direste, direbbero* imperat.: *di', dica, diciamo, dite, dicano* cong. pres.: *dica, dica, dica, diciamo, diciate, dicano* cong. imperf.: *dicessi, dicessi, dicesse, dicessimo, diceste, dicessero* part. pres.: *dicente*	part. pass.: *detto* gerundio: *dicendo*
dirigere	leiten pass. rem.: *diressi, dirigesti, diresse, dirigemmo, dirigeste, diressero*	part. pass.: *diretto*
discendere	herabsteigen/abstammen *(essere)*	**s. *prendere***
discutere	diskutieren pass. rem.: *discussi, discutesti, discusse, discutemmo, discuteste, discussero*	part. pass.: *discusso*
disdire	widerrufen/ absagen Anm.: imperat. 2. Pers.: *disdici*	**s. *dire***
disfare	auseinandernehmen Anm.: Im pres. auch: *disfo/disfò, disfi, disfa, disfano*	**s. *fare***
dispiacere	missfallen *(essere)*	**s. *piacere***
disporre	anordnen/verfügen	**s. *porre***
dissolvere	zerteilen/zerstreuen	**s. *assolvere***
dissuadere	abraten	**s. *radere***
distendere	ausbreiten	**s. *prendere***
distinguere	unterscheiden pass. rem.: *distinsi, distinguesti, distinse, distinguemmo, distingueste, distinsero*	part. pass.: *distinto*
distrarre	ablenken/zerstreuen	**s. *trarre***
distruggere	zerstören	**s. *struggere***
divenire	werden *(essere)*	**s. *venire***
dividere	teilen	**s. *decidere***
dolersi	beklagen *(essere)* indic. pres.: *mi dolgo, ti duoli, si duole, ci do(g)liamo, vi dolete, si dolgono* pass. rem.: *mi dolsi, ti dolesti, si dolse, ci dolemmo, vi doleste, si dolsero* futuro: *mi dorrò, ti dorrai, si dorrà, ci dorremo, vi dorrete, si dorranno* condiz.: *mi dorrei, ti dorresti, si dorrebbe, ci dorremmo, vi dorreste, si dorrebbero* imperat.: *duoliti, si dolga, do(g)liamoci, doletevi, si dolgano* cong. pres.: *mi dolga, ti dolga, si dolga, ci dogliamo, vi dogliate, si dolgano*	part. pass.: *doluto*

dovere	müssen/sollen indic. pres.: *devo/debbo, devi, deve, dobbiamo, dovete, devono/debbono* futuro: *dovrò, dovrai, dovrà, dovremo, dovrete, dovranno* condiz.: *dovrei, dovresti, dovrebbe, dovremmo, dovreste, dovrebbero* cong. pres.: *debba/deva, debba/deva, debba/deva, dobbiamo, dobbiate, debbano/devano*	part. pass.: *dovuto*
eleggere	wählen (zu)	**s. *leggere***
emergere	auftauchen *(essere)* pass. rem.: *emersi, emergesti, emerse, emergemmo, emergeste, emersero*	part. pass.: *emerso*
erigere	errichten	**s. *dirigere***
escludere	ausschließen	**s. *chiudere***
esigere	verlangen	part. pass.: *esatto*
esistere	existieren *(essere)*	**s. *assistere***
espellere	ausstoßen/ausschließen pass. rem.: *espulsi, espellesti, espulse, espellemmo, espelleste, espulsero*	part. pass.: *espulso*
esplodere	explodieren (§ 180)	**s. *rodere***
esporre	darlegen	**s. *porre***
esprimere	ausdrücken pass. rem.: *espressi, esprimesti, espresse, esprimemmo, esprimeste, espressero*	part. pass.: *espresso*
essere	(§ 175)	
estendere	ausdehnen	**s. *prendere***
estinguere	(aus)löschen	**s. *distinguere***
evadere	entfliehen *(essere)*	**s. *radere***
fare	machen/tun indic. pres.: *faccio, fai, fa, facciamo, fate, fanno* imperf.: *facevo, facevi, faceva, facevamo, facevate, facevano* pass. rem.: *feci, facesti, fece, facemmo, faceste, fecero* futuro: *farò, farai, farà, faremo, farete, faranno* condiz.: *farei, faresti, farebbe, faremmo, fareste, farebbero* imperat.: *fa'/fai, faccia, facciamo, fate, facciano* cong. pres.: *faccia, faccia, faccia, facciamo, facciate, facciano* cong. imperf.: *facessi, facessi, facesse, facessimo, faceste, facessero* part. pres.: *facente*	part. pass.: *fatto* gerundio: *facendo*
fingere	vortäuschen	**s. *cingere***
fondere	schmelzen pass. rem.: *fusi, fondesti, fuse, fondemmo, fondeste, fusero*	part. pass.: *fuso*
friggere	braten/backen	**s. *affliggere***
fungere	ausüben (Amt)	**s. *giungere***
giacere	liegen *(essere)*	**s. *piacere***

giungere	ankommen *(essere)* pass. rem.: *giunsi, giungesti, giunse, giungemmo, giungeste, giunsero*	part. pass.: *giunto*
godere	genießen/sich erfreuen futuro: *godrò, godrai, godrà, godremo, godrete, godranno* condiz.: *godrei, godresti, godrebbe, godremmo, godreste, godrebbero*	part. pass.: *goduto*
illudere	täuschen	**s. *chiudere***
immergere	eintauchen	**s. *emergere***
imporre	aufzwingen	**s. *porre***
imprimere	aufdrücken/einprägen	**s. *esprimere***
indurre	veranlassen/verleiten	**s. *condurre***
infliggere	verhängen	**s. *affliggere***
infrangere	(zer)brechen	**s. *piangere***
insistere	bestehen (auf)	**s. *assistere***
insorgere	sich auflehnen *(essere)*	**s. *porgere***
intendere	vorhaben	**s. *prendere***
interrompere	unterbrechen	**s. *rompere***
intervenire	eingreifen *(essere)*	**s. *venire***
intraprendere	unternehmen	**s. *prendere***
introdurre	einführen	**s. *condurre***
intromettersi	sich einmischen *(essere)*	**s. *mettere***
invadere	eindringen	**s. *radere***
iscrivere	einschreiben	**s. *scrivere***
leggere	lesen pass. rem.: *lessi, leggesti, lesse, leggemmo, leggeste, lessero*	part. pass.: *letto*
maledire	verfluchen imperat. 2. Pers.: *maledici;* imperf. auch: *maledivo* [pop.]*;* pass. rem. auch: *maledii* [pop.]	**s. *dire***
mantenere	halten/aufrechterhalten	**s. *tenere***
mettere	setzen/stellen/legen pass. rem.: *misi, mettesti, mise, mettemmo, metteste, misero*	part. pass.: *messo*
mordere	beißen pass. rem.: *morsi, mordesti, morse, mordemmo, mordeste, morsero*	part. pass.: *morso*
morire	sterben *(essere)* indic. pres.: *muoio, muori, muore, moriamo, morite, muoiono* futuro: *morrò/morirò, morrai/morirai, morrà/morirà, morremo/moriremo, morrete/morirete, morranno/moriranno* condiz.: *morrei/morirei, morresti/moriresti/morrebbe/morirebbe, morremmo/moriremmo, morreste/morireste/morrebbero/morirebbero* imperat.: *muori, muoia, moriamo, morite, muoiano* cong. pres.: *muoia, muoia, muoia, moriamo, moriate, muoiano*	part. pass.: *morto*

mungere	melken	**s. *giungere***
muovere	bewegen indic. pres.: *muovo, muovi, muove, moviamo, movete, muovono* pass. rem.: *mossi, movesti, mosse, movemmo, moveste, mossero* Anm.: Häufig sind auch die Formen mit Diphthong: *muoviamo, muovevo, muoverò* usw.	part. pass.: *mosso*
nascere	geboren werden: *(essere)* pass. rem.: *nacqui, nascesti, nacque, nascemmo, nasceste, nacquero*	part. pass.: *nato*
nascondere	verstecken pass. rem.: *nascosi, nascondesti, nascose, nascondemmo, nascondeste, nascosero*	part. pass.: *nascosto*
nuocere	schaden indic. pres.: *n(u)occio, nuoci, nuoce, n(u)ociamo, n(u)ocete, n(u)occiono* imperf.: *n(u)ocevo, n(u)ocevi, n(u)oceva, n(u)ocevamo, n(u)ocevate, n(u)ocevano* pass. rem.: *nocqui, nocesti, nocque, nocemmo, noceste, nocquero* futuro: *n(u)ocerò, n(u)ocerai, n(u)ocerà, n(u)oceremo, n(u)ocerete, n(u)oceranno* condiz.: *n(u)ocerei, n(u)oceresti, n(u)ocerebbe, n(u)oceremmo, n(u)ocereste, n(u)ocerebbero* imperat.: *nuoci, n(u)occia, n(u)ociamo, n(u)ocete, n(u)occiano* cong. pres.: *n(u)occia, n(u)occia, n(u)occia, n(u)occiamo, n(u)occiate, n(u)occiano* cong. imperf.: *n(u)ocessi, n(u)ocessi, n(u)ocesse, n(u)o-cessimo, n(u)oceste, n(u)ocessero* part. pres.: *n(u)ocente*	part. pass.: *nociuto* gerundio: *n(u)ocendo*
occorrere	nötig sein *(essere)*	**s. *correre***
offendere	beleidigen	**s. *difendere***
offrire	anbieten pass. rem.: *offrii/offersi, offristi, offrì/offerse, offrimmo, offriste, offrirono/offersero*	part. pass.: *offerto*
omettere	auslassen	**s. *mettere***
opporre	entgegenstellen	**s. *porre***
ottenere	erhalten/erreichen	**s. *tenere***
parere	(er)scheinen *(essere)* indic. pres.: *paio, pari, pare, paiamo, parete, paiono* pass. rem.: *parvi, paresti, parve, paremmo, pareste, parvero* futuro: *parrò, parrai, parrà, parremo, parrete, parranno* condiz.: *parrei, parresti, parrebbe, parremmo, parreste, parrebbero* cong. pres.: *paia, paia, paia, paiamo, paiate, paiano*	part. pass.: *parso*
percorrere	zurücklegen	**s. *correre***

perdere	verlieren pass. rem.: *persi/perdei/perdetti, perdesti, perse/perdé/perdette, perdemmo, perdeste, persero/perderono/perdettero* Anm.: Man sagt nur *a tempo perso* in den Mußestunden, *avvocato delle cause perse* unfähiger Anwalt, *sono perduto* ich bin verloren, *gente perduta* liederliche Leute	part. pass.: *perduto/perso*
permettere	erlauben	**s. *mettere***
persistere	beharren	**s. *assistere***
persuadere	überzeugen	**s. *radere***
piacere	gefallen (*essere*) indic. pres.: *piaccio, piaci, piace, piac(c)iamo, piacete, piacciono* pass. rem.: *piacqui, piacesti, piacque, piacemmo, piaceste, piacquero* imperat.: *piaci, piaccia, piacciamo, piacete, piacciano* cong. pres.: *piaccia, piaccia, piaccia, piacciamo, piacciate, piacciano*	part. pass.: *piaciuto*
piangere	weinen pass. rem.: *piansi, piangesti, pianse, piangemmo, piangeste, piansero*	part. pass.: *pianto*
piovere	regnen (*essere/avere*) pass. rem.: *piovve*	part. pass.: *piovuto*
porgere	reichen/geben pass. rem.: *porsi, porgesti, porse, porgemmo, porgeste, porsero*	part. pass.: *porto*
porre	setzen/stellen/legen indic. pres.: *pongo, poni, pone, poniamo, ponete, pongono* imperf.: *ponevo, ponevi, poneva, ponevamo, ponevate, ponevano* pass. rem.: *posi, ponesti, pose, ponemmo, poneste, posero* futuro: *porrò, porrai, porrà, porremo, porrete, porranno* condiz.: *porrei, porresti, porrebbe, porremmo, porreste, porrebbero* imperat.: *poni, ponga, poniamo, ponete, pongano* cong. pres.: *ponga, ponga, ponga, poniamo, poniate, pongano* cong. imperf.: *ponessi, ponessi, ponesse, ponessimo, poneste, ponessero* part. pres.: *ponente*	part. pass.: *posto* gerundio: *ponendo*
possedere	besitzen	**s. *sedere***
potere	können indic. pres.: *posso, puoi, può, possiamo, potete, possono* futuro: *potrò, potrai, potrà, potremo, potrete, potranno* condiz.: *potrei, potresti, potrebbe, potremmo, potreste, potrebbero* cong. pres.: *possa, possa, possa, possiamo, possiate, possano*	part. pass.: *potuto*
predire	voraussagen Anm.: imperat. 2. Pers.: *predici*	**s. *dire***

prendere	nehmen pass. rem.: *presi, prendesti, prese, prendemmo, prendeste, presero*	part. pass.: *preso*
prescegliere	aus(er)wählen	**s. *scegliere***
prescrivere	vorschreiben	**s. *scrivere***
pretendere	verlangen/sich einbilden	**s. *prendere***
prevedere	vorhersehen Aber: futuro: *prevederò, prevederai, prevederà, prevederemo,prevederete, prevederanno* condiz.: *prevederei, prevederesti, prevederebbe, prevederemmo, prevedereste, prevederebbero*	**s. *vedere***
prevenire	benachrichtigen/warnen	*(avere)* **s. *venire***
produrre	herstellen/produzieren	**s. *condurre***
promettere	versprechen	**s. *mettere***
proporre	vorschlagen	**s. *porre***
prorompere	hervorbrechen	**s. *rompere***
proteggere	(be)schützen	**s. *leggere***
provvedere	sorgen (für) Aber: futuro: *provvederò, provvederai, provvederà, provvederemo, provvederete, provvederanno* condiz.: *provvederei, provvederesti, provvederebbe, provvederemmo, provvedereste, provvederebbero*	**s. *vedere***
pungere	stechen	**s. *giungere***
raccogliere	sammeln	**s. *cogliere***
radere	rasieren pass. rem.: *rasi, radesti, rase, rademmo, radeste, rasero*	part. pass.: *raso*
raggiungere	erreichen *(avere)*	**s. *giungere***
redigere	verfassen pass. rem.: *redassi/redigei, redigesti, redasse/ redigé, redigemmo, redigeste, redassero/ redigerono*	part. pass.: *redatto*
redimere	erlösen pass. rem.: *redensi, redimesti, redense, redimemmo, redimeste, redensero*	part. pass.: *redento*
reggere	lenken/leiten	**s. *leggere***
rendere	zurückgeben	**s. *prendere***
reprimere	unterdrücken	**s. *esprimere***
resistere	widerstehen/aushalten	**s. *assistere***
respingere	zurückdrängen/ablehnen	**s. *cingere***
restringere	beschränken	**s. *stringere***
ricondurre	zurückführen	**s. *condurre***
riconoscere	wiedererkennen/zugeben	**s. *conoscere***
ricoprire	bedecken	**s. *aprire***
ricorrere	greifen (zu) *(essere)*	**s. *correre***
ridere	lachen pass. rem.: *risi, ridesti, rise, ridemmo, rideste, risero*	part. pass.: *riso*

ridurre	einschränken/reduzieren	**s. *condurre***
riflettere	zurückwerfen/überlegen Anm.: In der Bedeutung ‘zurückwerfen’ wird das pass. rem. *riflessi* usw. und das part. pass. *riflesso* gebraucht, in der Bedeutung ‘überlegen’ *riflettei* und *riflettuto.*	**s. *annettere***
rimanere	bleiben *(essere)* indicat. pres.: *rimango, rimani, rimane, rimaniamo, rimanete, rimangono* pass. rem.: *rimasi, rimanesti, rimase, rimanemmo, rimaneste, rimasero* futuro: *rimarrò, rimarrai, rimarrà, rimarremo, rimarrete, rimarranno* condiz.: *rimarrei, rimarresti, rimarrebbe, rimarremmo, rimarreste, rimarrebbero* imperat.: *rimani, rimanga, rimaniamo, rimanete, rimangano* cong. pres.: *rimanga, rimanga, rimanga, rimaniamo, rimaniate, rimangano*	part. pass.: *rimasto*
rimpiangere	nachtrauern	**s. *piangere***
ripercuotersi	sich auswirken (*essere)*	**s. *scuotere***
riprodurre	nachbilden/reproduzieren	**s. *condurre***
riscuotere	abheben/einlösen	**s. *scuotere***
risolvere	lösen (Problem)	**s. *assolvere***
rispondere	(be)antworten pass. rem.: *risposi, rispondesti, rispose, rispondemmo, rispondeste, risposero*	part. pass.: *risposto*
ritenere	zurückhalten/meinen	**s. *tenere***
riuscire	gelingen *(essere)*	**s. *uscire***
rivolgere	richten (Frage/Bitte)	**s. *volgere***
rodere	(ab)nagen pass. rem.: *rosi, rodesti, rose, rodemmo, rodeste, rosero*	part. pass.: *roso*
rompere	zerbrechen pass. rem.: *ruppi, rompesti, ruppe, rompemmo, rompeste, ruppero*	part. pass.: *rotto*
salire	hinaufgehen, einsteigen indic. pres.: *salgo, sali, sale, saliamo, salite, salgono* imperat.: *sali, salga, saliamo, salite, salgano* cong. pres.: *salga, salga, salga, saliamo, saliate, salgano*	part. pass.: *salito* (§ 180)
sapere	wissen/können indic. pres.: *so, sai, sa, sappiamo, sapete, sanno* pass. rem.: *seppi, sapesti, seppe, sapemmo, sapeste, seppero* futuro: *saprò, saprai, saprà, sapremo, saprete, sapranno* condiz.: *saprei, sapresti, saprebbe, sapremmo, sapreste, saprebbero* imperat.: *sappi, sappia, sappiamo, sappiate, sappiano* cong. pres.: *sappia, sappia, sappia, sappiamo, sappiate, sappiano* part. pres.: *sapiente*	part. pass.: *saputo*

scegliere	(aus)wählen indic. pres.: *scelgo, scegli, sceglie, scegliamo, scegliete, scelgono* pass. rem.: *scelsi, scegliesti, scelse, scegliemmo, sceglieste, scelsero* imperat.: *scegli, scelga, scegliamo, scegliete, scelgano* cong. pres.: *scelga, scelga, scelga, scegliamo, scegliate, scelgano*	part. pass.: *scelto*
scendere	hinuntergehen/ aussteigen (§ 180)	**s. *prendere***
scindere	spalten pass. rem.: *scissi, scindesti, scisse, scindemmo, scindeste, scissero*	part. pass.: *scisso*
sciogliere	(auf)lösen	**s. *cogliere***
scommettere	wetten	**s. *mettere***
scomparire	verschwinden *(essere)*	**s. *apparire***
sconfiggere	besiegen	**s. *affliggere***
sconvolgere	erschüttern	**s. *volgere***
scoprire	entdecken	**s. *aprire***
scorgere	erblicken	**s. *porgere***
scorrere	fließen *(essere)*	**s. *correre***
scrivere	schreiben pass. rem.: *scrissi, scrivesti, scrisse, scrivemmo, scriveste, scrissero*	part. pass.: *scritto*
scuotere	schütteln pass. rem.: *scossi, sc(u)otesti, scosse, sc(u)otemmo, sc(u)o-teste, scossero*	part. pass.: *scosso*
sedere	sitzen/sich setzen indic. pres.: *siedo/seggo, siedi, siede, sediamo, sedete, siedono/seggono* imperat.: *siedi, sieda/segga, sediamo, sedete, siedano/seggano* cong. pres.: *sieda/segga, sieda/segga, sieda/segga, sediamo, sediate, siedano/seggano* Anm.: Im futuro und condiz. kommen neben *sederò bzw. sederei* auch *siederò* bzw. *siederei* vor. *Sedere* wird in den zusammengesetzten Zeiten nur in reflexiver Form gebraucht: *mi sono seduto* ich habe mich gesetzt. *Sono seduto* bedeutet: ich sitze.	part. pass.: *seduto*
sedurre	verführen	**s. *condurre***
seppellire	begraben	part. pass.: *seppellito/ sepolto*
smettere	aufhören	**s. *mettere***
socchiudere	anlehnen (Tür)	**s. *chiudere***
soccorrere	helfen *(avere)*	**s. *correre***

soddisfare	befriedigen Anm.: indic. pres. auch: *soddisfo, soddisfi, soddisfa, soddisfiamo, soddisfate, soddisfano* futuro auch: *soddisferò* condiz. auch: *soddisferei* cong. pres. auch: *soddisfi*	**s. *fare***
soffriggere	anbraten/anrösten	**s. *affliggere***
soffrire	leiden	**s. *offrire***
sopprimere	abschaffen	**s. *esprimere***
sopraffare	überwältigen	**s. *fare***
sopraggiungere	plötzlich erscheinen *(essere)*	**s. *giungere***
sopravvenire	plötzlich erscheinen *(essere)*	**s. *venire***
sopravvivere	überleben *(essere)*	**s. *vivere***
sorgere	sich erheben *(essere)*	**s. *porgere***
sorprendere	überraschen	**s. *prendere***
sorridere	lächeln	**s. *ridere***
sospendere	aufhängen/unterbrechen	**s. *prendere***
sostenere	unterstützen/behaupten	**s. *tenere***
sottoscrivere	unterschreiben	**s. *scrivere***
sottrarre	abziehen	**s. *trarre***
spargere	ausstreuen pass. rem.: *sparsi, spargesti, sparse, spargemmo, spargeste, sparsero*	part. pass.: *sparso*
spegnere	(aus)löschen indic. pres.: *spengo, spegni, spegne, spegniamo, spegnete, spengono* pass. rem.: *spensi, spegnesti, spense, spegnemmo, spegneste, spensero*	part. pass.: *spento*
spendere	ausgeben	**s. *prendere***
spingere	schieben	**s. *cingere***
sporgere	vorstrecken	**s. *porgere***
stare	sein/bleiben *(essere)* indic. pres.: *sto, stai, sta, stiamo, state, stanno* pass. rem.: *stetti, stesti, stette, stemmo, steste, stettero* imperat.: *sta'/stai, stia, stiamo, stiate, stiano* cong. pres.: *stia, stia, stia, stiamo, stiate, stiano* cong. imperf.: *stessi, stessi, stesse, stessimo, steste, stessero*	part. pass.: *stato*
stendere	ausbreiten	**s. *prendere***
stringere	(zusammen)drücken pass. rem.: *strinsi, stringesti, strinse, stringemmo, stringeste, strinsero*	part. pass.: *stretto*
struggere	schmelzen/zerlassen pass. rem.: *strussi, struggesti, strusse, struggemmo, struggeste, strussero*	part. pass.: *strutto*

succedere	geschehen *(essere)* pass. rem.: *successe* Anm.: In der Bedeutung ‘nachfolgen/folgen auf’ ist *succedere* regelmäßig (*succeduto*).	part. pass.: *successo*
supporre	vermuten	**s. *porre***
sussistere	vorliegen/vorhanden sein *(essere)*	**s. *assistere***
svenire	ohnmächtig werden *(essere)* Aber: futuro: *svenirò, svenirai, svenirà, sveniremo, svenirete, sveniranno* condiz.: *svenirei, sveniresti, svenirebbe, sveniremmo, svenireste, svenirebbero*	**s. *venire***
svolgere	abwickeln/durchführen	**s. *volgere***
tacere	schweigen	**s. *piacere***
tendere	spannen/strecken	**s. *prendere***
tenere	(be)halten indic. pres.: *tengo, tieni, tiene, teniamo, tenete, tengono* pass. rem.: *tenni, tenesti, tenne, tenemmo, teneste, tennero* futuro: *terrò, terrai, terrà, terremo, terrete, terranno* condiz.: *terrei, terresti, terrebbe, terremmo, terreste, terrebbero* imperat.: *tieni, tenga, teniamo, tenete, tengano* cong. pres.: *tenga, tenga, tenga, teniamo, teniate, tengano*	part. pass.: *tenuto*
tergere	(ab)wischen	**s. *emergere***
tingere	färben	**s. *cingere***
togliere	wegnehmen/entfernen	**s. *cogliere***
torcere	winden/drehen pass. rem.: *torsi, torcesti, torse, torcemmo, torceste, torsero*	part. pass.: *torto*
tradurre	übersetzen	**s. *condurre***
trafiggere	durchbohren	**s. *affliggere***
trarre	ziehen indic. pres.: *traggo, trai, trae, traiamo, traete, traggono* imperf.: *traevo, traevi, traeva, traevamo, traevate, traevano* pass. rem.: *trassi, traesti, trasse, traemmo, traeste, trassero* futuro: *trarrò, trarrai, trarrà, trarremo, trarrete, trarranno* condiz.: *trarrei, trarresti, trarrebbe, trarremmo, trarreste, trarrebbero* imperat.: *trai, tragga, traiamo, traete, traggano* cong. pres.: *tragga, tragga, tragga, traiamo, traiate, traggano* cong. imperf.: *traessi, traessi, traesse, traessimo, traeste, traessero*	part. pass.: *tratto*
trascorrere	verbringen	**s. *correre***
trascrivere	abschreiben	**s. *scrivere***
trasmettere	übertragen	**s. *mettere***
trattenere	zurückhalten/aufhalten	**s. *tenere***
uccidere	töten	**s. *decidere***

udire	hören indic. pres.: *odo, odi, ode, udiamo, udite, odono* futuro: *udrò/udirò, udrai/udirai, udrà/udirà, udremo/udiremo, udrete/udirete, udranno/udiranno* condiz.: *udrei/udirei, udresti/udiresti, udrebbe/udirebbe, udremmo/udiremmo, udreste/udireste, udrebbero/udirebbero*	part. pass.: *udito*
ungere	schmieren	**s. *giungere***
uscire	(hin)ausgehen *(essere)* indic. pres.: *esco, esci, esce, usciamo, uscite, escono* imperat.: *esci, esca, usciamo, uscite, escano* cong. pres.: *esca, esca, esca, usciamo, usciate, escano*	part. pass.: *uscito*
valere	gelten *(essere)* indic. pres.: *valgo, vali, vale, valiamo, valete, valgono* pass. rem.: *valsi, valesti, valse, valemmo, valeste, valsero* futuro: *varrò, varrai, varrà, varremo, varrete, varranno* condiz.: *varrei, varresti, varrebbe, varremmo, varreste, varrebbero* imperat.: *vali, valga, valiamo, valete, valgano* cong. pres.: *valga, valga, valga, valiamo, valiate, valgano*	part. pass.: *valso*
vedere	sehen pass. rem.: *vidi, vedesti, vide, vedemmo, vedeste, videro* futuro: *vedrò, vedrai, vedrà, vedremo, vedrete, vedranno* condiz.: *vedrei, vedresti, vedrebbe, vedremmo, vedreste, vedrebbero* Anm.: Nur *a ragion veduta* nach reiflicher Überlegung	part. pass.: *visto/veduto*
venire	kommen *(essere)* indic. pres.: *vengo, vieni, viene, veniamo, venite, vengono* pass. rem.: *venni, venisti, venne, venimmo, veniste, vennero* futuro: *verrò, verrai, verrà, verremo, verrete, verranno* condiz.: *verrei, verresti, verrebbe, verremmo, verreste, verrebbero* imperat.: *vieni, venga, veniamo, venite, vengano* cong. pres.: *venga, venga, venga, veniamo, veniate, vengano*	part. pass.: *venuto*
vincere	(be)siegen/gewinnen pass. rem.: *vinsi, vincesti, vinse, vincemmo, vinceste, vinsero*	part. pass.: *vinto*
vivere	leben pass. rem.: *vissi, vivesti, visse, vivemmo, viveste, vissero*	part. pass.: *vissuto* (§ 180)
volere	wollen indic. pres.: *voglio, vuoi, vuole, vogliamo, volete, vogliono* pass. rem.: *volli, volesti, volle, volemmo, voleste, vollero* futuro: *vorrò, vorrai, vorrà, vorremo, vorrete, vorranno* condiz.: *vorrei, vorresti, vorrebbe, vorremmo, vorreste, vorrebbero* cong. pres.: *voglia, voglia, voglia, vogliamo, vogliate, vogliano*	part. pass.: *voluto*
volgere	wenden/richten pass. rem.: *volsi, volgesti, volse, volgemmo, volgeste, volsero*	part. pass.: *volto*

Wort- und Sachregister

Die Zahlenangaben verweisen auf die Paragraphen am Seitenrand. Das Register ist zusammen mit dem Inhaltsverzeichnis zu benutzen. F. = Formen, F. s. Anh. = Formen siehe Anhang

A

B

C

F

G

H

I

J

K

N

Q

R

V

W

Z

Abkürzungen und Zeichen

abw.	abwertend
Adj.	Adjektiv
adj.	adjektivisch
Adv.	Adverb
adv.	adverbial
advers.	adversativ
Anh.	Anhang
Anm.	Anmerkung
anst.	anstatt
Art.	Artikel
Ausdr.	Ausdruck/Ausdrücke
Ausn.	Ausnahme
Ősspr.	Aussprache
Bed.	Bedeutung
best.	bestimmt
bzw.	beziehungsweise
condiz.	*condizionale*
cong. imperf.	*congiuntivo imperfetto*
cong. pres.	*congiuntivo presente*
dial.	dialektal
dir.	direkt
dt.	deutsch
Erg.	Ergänzung
etw.	etwas
F.	Formen
fam.	familiär
fem.	feminin
fig.	figurativ/übertragen
fin.	final
Gebr.	Gebrauch
gebr.	gebraucht
geh.	gehoben
Hilfsv.	Hilfsverb
höfl.	höflich
idiom.	idiomatisch
Imp.	Imperfekt
imperat.	*imperativo*
imperf.	*imperfetto*
Ind.	Indikativ
indir.	indirekt
indic. pres.	*indicativo presente*
Inf.	Infinitiv
it.	italienisch

iron.	ironisch
jdm.	jemandem
jdn.	jemanden
jds.	jemandes
Kap.	Kapitel
kaus.	kausal
Kon.	Konjunktion
kond.	konditional
Konj.	Konjunktiv
lit.	literarisch
med.	medizinisch
mod.	modal
mil.	militärisch
Obj.	Objekt
od.	oder
Part.	Partizip
part. pass.	*participio passato*
part. pres.	*participio presente*
Pass.	Passiv
pass. pross.	*passato prossimo*
pass. rem.	*passato remoto*
Perf.	Perfekt
Periphr.	Periphrase
Pers.	Person
Pl.	Plural
pop.	populär
präd.	prädikativ
Präp.	Präposition
pres.	*presente*
Pron.	Pronomen
qc	*qualcosa* 'etwas'
qd	*qualc(hed)uno* 'jemand'
reg.	regional
s.	siehe
Sing.	Singular
Subst.	Substantiv
temp.	temporal
tosk.	toskanisch
trap. rem.	*trapassato remoto*
u.	und
übertr.	übertragen
ugspr.	umgangssprachlich
unbest.	unbestimmt
unbet.	unbetont

unkorr.	unkorrekt
unpers.	unpersönlich
unreg.	unregelmäßig
usw.	und so weiter
vgl.	vergleiche
vulg.	vulgär
Wend.	Wendung(en)
Wiederg.	Wiedergabe
( )	In runden Klammern stehen fakultative Elemente (auch Ergänzungen)
[ ]	In eckigen Klammern stehen phonetische Transkriptionen, grammatische Angaben oder (Register)Markierungen
*	ungrammatisch